U0062588

制度自信

——在习近平总书记系列重要讲话精神指引下
推进民主政治建设

徐鸿武　　李敬德　　朱峻峰 / 著

社会科学文献出版社

SOCIAL SCIENCES ACADEMIC PRESS (CHINA)

作者简介

徐鸿武，山东潍坊人，1933 年生。曾任北京师范大学党委宣传部长、马列所科学社会主义教研室主任，1985 年评聘教授。享受国务院特殊津贴。1993 年调国家行政学院，任理论教研部负责人。北京大学等高校兼职教授，《求是》杂志特约评论员，北京市邓小平理论研究中心特约研究员，中国科学社会主义学会顾问，北京市政治学行政学学会会长、名誉会长。主编与合著《社会主义民主概论》《社会主义民主政治之路》《民主政治大视野》《社会主义民主建设与政治体制改革》《当代西方民主思潮评析》等重要学术专著。总编《全国领导干部国学教育系列教材》。

李敬德，河北保定人，1936 年 5 月生。曾任北京师范大学党委宣传部副部长兼校报总编辑、马列所副所长。1986 年评聘副教授。1991 年底调中共北京市委党校，任科学社会主义教研部主任，1992 年评聘教授。曾任中国科学社会主义学会理事，中国科社学会世界社会主义专业委员会副会长、顾问，北京创新研究院副院长。主编与合著《官僚主义——历史综合症》《当代世界政治体制比较》《工农一体化城乡一体化——京郊农村现代化必由之路》《北京创新研究报告》等专著多部。主编高中三年级《政治常识》(人民教育出版社出版)。

朱峻峰，上海浦东人，1942 年 11 月生。1968 年 10 月至 1993 年 11 月，在总参谋部从事师以上干部理论教育，正师职、大校、教授，荣立三等功。1993 年 11 月至 1997 年 2 月，任中央宣传部政策法规研究室副主任、主任，中宣部机关 1995～1996 年度优秀党员，参加起草由中央批准的《邓小平同志建设有中国特色社会主义理论学习纲要》。1997 年 2 月至 2004 年 3 月，任《求是》杂志社副总编辑、编审，被中央组织部、国家人事部等授予"模范军队转业干部"称号，享受国务院特殊津贴。主要研究方向为中国共产党指导思想和创新理论。出版十余部著作，发表 150 多篇文章。

CONTENTS 目 录

绪　论

在习近平总书记系列重要讲话
精神指引下推进民主政治建设

2012年11月15日，党的十八届一中全会召开，产生了以习近平为总书记的新一届党中央领导集体，实现了中央领导班子的又一次新老交替，显示了中国特色社会主义事业蓬勃兴旺、薪火相传。

一　本书主题的灵魂和贯穿全书的主线——
习近平总书记系列重要讲话精神

党的十八大以来，习近平总书记在新的历史条件和新的形势下，坚定不移高举中国特色社会主义伟大旗帜，毫不动摇坚持和发展中国特色社会主义，统筹国内国际两个大局，统筹中国特色社会主义伟大事业和党的建设新的伟大工程，夙夜在公、励精图治，身先士卒、敢于担当，勇于实践、善于创新，在管党治党、治国理政、内政外交方面，发表了一系列重要讲话，提出了一系列新思想新观点新论断，形成了全面建成小康社会、全面深化改革、全面依法治国、全面从严治党的战略布局，构成了崭新的思想理论体系，深化了对共产党执政规律、社会主义建设规律、人类社会发展规律的认识，为在新的历史条件下深化改革开放、加快推进社会主义现代化提供了科学理论指导和行动指南，丰富和发展了中国特色社会主义理论体系。十八大以来，笔者怀着深情和敬意，如饥似渴地学习习近平总书记的系列重要讲话，首先武装我们自己的头脑，在政治认同、理论认同、情

1

感认同的高度自觉的基础上，写成了奉献在广大读者面前的这本书。

在习近平总书记系列重要讲话中，包含着丰富和深刻的社会主义民主政治建设的思想。本书的主题是：在习近平总书记系列重要讲话精神指引下推进民主政治建设，彰显中国特色社会主义制度自信。一句话，习近平总书记系列重要讲话精神，是构成本书主题的灵魂。本书的主线是习近平总书记系列重要讲话精神，并将这条主线贯穿全书，这是本书的鲜明特点。为了更好地体现这一主题和主线，除将习近平总书记的相关论述普遍地、分散地在各章、节、目中论述外，还特殊地、集中地以专节专目的形式作了阐述，如"习近平关于党风廉政建设和反腐败斗争的重要论述"、"习近平关于新时期好干部的重要论述"、"习近平关于全面依法治国的重要论述"以及"习近平的新马克思主义文明观"。有的虽然未设专节专目，但在目的标题上有所体现，也相对作了集中阐述，如"马克思主义'公仆'思想从近一个半世纪前一路走来，直至习近平的公仆论"。还有一些是对习近平总书记系列论述中的某些重要论断作出阐述，如对我们清除腐败分子是"向世人证明中国共产党敢于直面问题、纠正错误，勇于从严治党、捍卫党纪，善于自我净化、自我革新"这一重要论断，在绪论和第九章中将其评价为"郑重马克思主义政党的标志"，并专目作出阐述。此外，还有一些对习近平总书记系列论述中的某些重要概念，如"人权的普遍性原则""民主自由的全人类共同价值"等概念作出专门阐释。等等。

二 伟大梦想、伟大斗争与民主政治建设

关于实现中华民族伟大复兴中国梦与民主政治建设。2012年11月底，刚刚履新15天的习近平总书记，在参观《复兴之路》展览时第一次提出了"中国梦"的概念，他指出："实现中华民族伟大复兴，就是中华民族近代以来最伟大的梦想。"接着又指出，实现中华民族伟大复兴的梦想，分为两步，即到中国共产党成立100年时实现全面建成小康社会的目标，到新中国成立100年时实现建成富强民主文明和谐的社会主义现代化国家的目标。①这两个目标中都有民主政治建设的目标。关于全面建成小康社会目标中的民主政治建设的目标，十八大报告指出："人民民主不断扩大。民主制度更

---

① 《习近平谈治国理政》，外文出版社，2014，第36页。

加完善，民主形式更加丰富，人民积极性、主动性、创造性进一步发挥。依法治国基本方略全面落实，法治政府基本建成，司法公信力不断提高，人权得到切实尊重和保障。"①　至于第二个目标，十八大报告和其他中央文献，包括习近平总书记的多次讲话，都明确把"民主"与"富强"、"文明"、"和谐"一起，达到"社会主义现代化"的水平。这就指明了民主是全面建成小康社会的一个重要目标，又是实现中华民族伟大复兴的一个伟大目标。习近平在致 2013 成都《财富》全球论坛的贺信中指出："实现中华民族伟大复兴的中国梦，是中国各族人民的共同愿景。为此，我们将坚持把发展作为第一要务，坚持以人为本，坚持改革开放，全面推进经济建设、政治建设、文化建设、社会建设、生态文明建设，促进现代化建设各个方面、各个环节相协调。"②　这就指明了要实现中华民族伟大复兴的中国梦，必须创造实现中国梦的物质经济、民主政治以及社会、文化、生态等的前提和基础。否则，中国梦就会落空。

　　关于"进行具有许多新的历史特点的伟大斗争"与民主政治建设。前者是十八大报告的一个重要论断。十八大报告指出："发展中国特色社会主义是一项长期的艰巨的历史任务，必须准备进行具有许多新的历史特点的伟大斗争。"③　这指明，这一伟大斗争是由发展中国特色社会主义这一伟大事业决定的。十八大报告又指出："新形势下，党面临的执政考验、改革开放考验、市场经济考验、外部环境考验是长期的、复杂的、严峻的，精神懈怠危险、能力不足危险、脱离群众危险、消极腐败危险更加尖锐地摆在全党面前。"④　这指明，这一伟大斗争又是由"四大考验"和"四大危险"决定的。十八大以后，习近平总书记多次引用和阐述"伟大斗争"这一重要论断。例如，在 2013 年 6 月底召开的全国组织工作会议上，他指出："当前，全党全国各族人民正在为全面建成小康社会、实现中华民族伟大复兴的中国梦而团结奋斗。面对复杂多变的国际形势和艰巨繁重的国内改革发展稳定任务，我们必须准备进行具有许多新的历史特点的伟大斗争。这是党的十八大报告中的一句话。'新的历史特点'这个概念，含义是很深刻的，是全面审视和判断国内国际两个大局发展大势得出的重要判断。"⑤　笔

---

① 《十八大以来重要文献选编》（上），中央文献出版社，2014，第 14 页。
② 习近平致 2013 成都《财富》全球论坛的贺信，《人民日报》2013 年 6 月 7 日。
③ 《十八大以来重要文献选编》（上），中央文献出版社，2014，第 11 页。
④ 《十八大以来重要文献选编》（上），中央文献出版社，2014，第 38～39 页。
⑤ 《十八大以来重要文献选编》（上），中央文献出版社，2014，第 336 页。

者认为，深刻理解这一伟大斗争，就要加深理解十八大报告的上述论断，加深理解习近平在这里指出的"复杂多变的国际形势和艰巨繁重的国内改革发展稳定任务"以及"国内国际两个大局发展大势"。根据上述理解，笔者在《道路自信》①一书专列一章——《坦诚直面和稳妥解决发展起来以后的3+1道难题》，具体地说就是：政治领域的权力腐败、经济领域的两极分化、思想领域的道德下滑和国际领域的美国围堵。笔者认为，这3+1道难题，就是坚持和发展中国特色社会主义道路所绕不开、躲不过的四大难题，也是中国和平崛起路上和中华民族伟大复兴路上的四大障碍。障碍不除，中国道路无法坚持也无法发展，中国梦想也无法实现。解决这些难题，必然要进行具有许多新的历史特点的伟大斗争，而改革体制、完善民主和健全法治是这一伟大斗争必不可少的内容。解决这些难题，就要遵循一个指导性原则，即秉持公平正义。如何解决权力腐败？就是要秉持公平正义，按照毛泽东在延安时期同黄炎培谈话中所说的"民主新路""人民监督"的构想去解决。如何解决道德滑坡？就是要秉持公平正义，既要加强思想道德教育，又要完善体制机制和健全法治。如何解决两极分化？就是要秉持公平正义，既要发展经济，又要完善民主权利保障制度，建立社会保障体系，健全法律法规，完善收入分配制度等。如何解决美国围堵？其中也包括通过伸张公平正义、弘扬平等互信、坚持国家不分大小强弱贫富一律平等、反对霸权主义和强权政治、推动国际关系民主化来解决。

三　"四个全面"战略布局与民主政治建设

关于全面建成小康社会与民主政治建设。有关这个问题，在上述关于实现中华民族伟大复兴中国梦的"两个一百年"的第一个一百年中已经阐述，不再重复。这里要补充的是，我国国民经济和社会发展第十三个五年规划的时期，恰与全面建成小康社会的时间相吻合，因而"十三五"时期是全面建成小康社会的决战决胜阶段，全面建成小康社会是实现"两个一百年"奋斗目标的第一个百年奋斗目标，是实现中国梦的关键一步。小康，这个中华民族世世代代、梦萦千年的美好梦想，要在短短的今后五年内变为活生生的现实，这在人类历史上是何等的壮举！我们党的十八届五中全

① 即朱峻峰《道路自信——中国共产党与中国特色社会主义道路》（修订简明版），社会科学文献出版社，2013。

会审议通过的《中共中央关于制定国民经济和社会发展第十三个五年规划的建议》，就为实现这一民族千年梦想描绘了一幅切实可行的蓝图。全面小康，不是一部分人的小康，而是惠及比美国、欧盟、日本人口总和还要多的十三亿多人民的小康，不是经济的单项突进，而是经济、政治、文化、社会、生态文明五位一体的全面进步。五年规划，历来是指经济社会的发展，而"十三五"规划建议包括了丰富的民主政治发展的内容。一是在"指导思想"中，坚持五位一体的总体布局，强调统筹推进经济建设、政治建设、文化建设、社会建设、生态文明建设和党的建设。二是在"基本原则"中，首先强调的是："坚持人民主体地位。人民是推动发展的根本力量，实现好、维护好、发展好最广大人民根本利益是发展的根本目的。必须坚持以人民为中心的发展思想，把增进人民福祉、促进人的全面发展作为发展的出发点和落脚点，发展人民民主，维护社会公平正义，保障人民平等参与、平等发展权利，充分调动人民积极性、主动性、创造性。"压轴的一条是："坚持党的领导。党的领导是中国特色社会主义制度的最大优势，是实现经济社会持续健康发展的根本政治保证。必须贯彻全面从严治党要求，不断增强党的创造力、凝聚力、战斗力，不断提高党的执政能力和执政水平，确保我国发展航船沿着正确航道破浪前进。"三是在"主要目标"中，强调"各方面制度更加成熟更加定型。国家治理体系和治理能力现代化取得重大进展，各领域基础性制度体系基本形成。人民民主更加健全，法治政府基本建成，司法公信力明显提高。人权得到切实保障，产权得到有效保护。"四是在"基本理念"中，强调"五大理念"中的三个："协调是持续健康发展的内在要求"，要求牢牢把握中国特色社会主义事业总体布局，不断增强发展整体性；"绿色是永续发展的必要条件和人民对美好生活追求的重要体现"；"共享是中国特色社会主义的本质要求。必须坚持发展为了人民、发展依靠人民、发展成果由人民共享，作出更有效的制度安排，使全体人民在共建共享发展中有更多获得感，增强发展动力，增进人民团结，朝着共同富裕方向稳步前进"。五是在"重大举措"中，主要集中在"坚持共享发展，着力增进人民福祉"部分中，包括强调"按照人人参与、人人尽力、人人享有的要求，坚守底线、突出重点、完善制度、引导预期，注重机会公平，保障基本民生，实现全体人民共同迈入全面小康社会"；强调"增加公共服务供给。坚持普惠性、保基本、均等化、可持续方向，从解决人民最关心最直接最现实的利益问题入手，增强政府职责，提高公共服务共建能力和共享水平"；强调"实施脱贫攻坚工程。农村贫困人口脱贫是全面建成小康社会最艰巨的任务。必须充分发挥政治优势和制度优势，坚决打赢脱贫攻坚战"；强调"缩小收入差距。坚持居民收入增长和经济增长同步、劳动报酬提高和劳动生产率提高同步，持续增加城乡居民收入。调整国民收入分配格局，规范初次分配，加大再分配调节力度"，要求实行有利于缩小收入差距的政策，明显增加低收入劳动者收入，扩大中等收入者比重，规范收入分配秩序，保护合法收入，规范隐性收入，遏制以权力、行政垄断等非市场因素获取收入，取缔非法收入，建立更加公平更可持续的社会保障制度。六是在"加强和改善党的领导"中，首先提出要发挥各级党委（党组）领导核心作用，发挥基层党组织战斗堡垒作用和党员先锋模范作用，为此特别强调要坚持全面从严治党、加强党风廉政建设："反腐倡廉建设永远在路上，反腐不能停步、不能放松。要坚持全面从严治党，落实'三严三实'要求，严明党的纪律和规矩，落实党风廉政建设主体责任和监督责任，健全改进作风长效机制，强化权力运行制约和监督，巩固反腐败成果，构建不敢腐、不能腐、不想腐的有效机制，努力实现干部清正、政府清廉、政治清明，为经济社会发展营造良好政治生态。"其次提出要发扬民主，动员人民群众团结奋斗："充分发扬民主，贯彻党的群众路线，提高宣传和组织群众能力，加强经济社会发展重大问题和涉及群众切身利益问题的协商，依法保障人民各项权益，激发各族人民建设祖国的主人翁意识。"强调创新群众工作体制机制和方式方法，注重发挥工会、共青团、妇联等群团组织的作用，正确处理人民内部矛盾，最大限度凝聚全社会推进改革发展、维护社会和谐稳定的共识和力量。强调巩固和发展最广泛的爱国统一战线，巩固全国各族人民大团结，加强海内外中华儿女大团结。再次提出要运用法治思维和法治方式推动发展，坚持依法执政，全面提高党依据宪法法律治国理政、依据党内法规管党治党的能力和水平。要求加强党对立法工作的领导，深入推进科学立法、民主立法，加快形成完备的法律规范体系。要求"加强法治政府建设，依法设定权力、行使权力、制约权力、监督权力，依法调控和治理经济，推行综合执法，实现政府活动全面纳入法治轨道。深化司法体制改革，尊重司法规律，促进司法公正，完善对权利的司法保障、对权力的司法监督。弘扬社会主义法治精神，增强全社会特别是公职人员尊法学法守法用法观念，在全社会形成良好法治氛围和法治习惯"。最后提出要加强和创新社会治理，强调"建设平安中国，完善党委领导、政府主导、社会协同、公众参与、法治保障的社会治理体制，推进社会治理精细化，构建全民共建共享的社会治理格局。健全利益表达、利益协调、利益保护机制，引导群众依法行使权利、表达诉求、解决纠纷。增强社区服务功能，实现政府治理和社会调节、居民自治良性互动"。强调"牢固树立安全发展观念，坚持人民利益至上，加强全民安全意识教育，健全公共安全体系。完善和落实安全生产责任和管理制度……切实维护人民生命财产安全"等。

关于全面深化改革与民主政治建设。习近平总书记反复强调，全面深化改革是一个系统工程，"不是推进一个领域改革，也不是推进几个领域改革，而是推进所有领域改革"，包括经济、政治、文化、社会、生态文明和党的建设等领域，包括经济体制、政治体制、文化体制、社会体制、生态体制，既涉及生产力和生产关系，又涉及经济基础和上层建筑，每一项改革之间，相互影响、协同配合、相互促进、良性互动，要使各方面改革有机衔接、整体推进。[1] 习近平总书记更明确指出："在全面深化改革进程中，我们要积极稳妥推进政治体制改革，以保证人民当家作主为根本，以增强党和国家活力、调动人民积极性为目标，不断建设社会主义政治文明。"[2] 这就告诉我们，全面深化改革，包括政治体制改革，以保证人民当家作主，不断建设社会主义民主政治和社会主义政治文明。十八届三中全会专门通过的《关于全面深化改革若干重大问题的决定》，可以说，整个文献贯穿了民主思想、民主原则和民主精神，特别是第八、九、十、十六部分。比如，第一部分是总论，也是第一板块，其中关于改革的指导思想，强调"以促进社会公平正义、增进人民福祉为出发点和落脚点"。关于改革的总目标，强调改革的系统性、整体性、协同性，强调"加快发展社会主义市场经济、民主政治、先进文化、和谐社会、生态文明，让一切劳动、知识、技术、管理、资本的活力竞相迸发，让一切创造社会财富的源泉充分涌流，让发展成果更多更公平惠及全体人民"。关于改革的总体内容，强调"六个紧紧围绕"，其中第二个是："紧紧围绕坚持党的领导、人民当家作主、依法治国有机统一深化政治体制改革，加快推进社会主义民主政治制度化、规范

---

[1] 《习近平关于协调推进"四个全面"战略布局论述摘编》，中央文献出版社，2015，第55～56、65～79页。

[2] 习近平：《在庆祝全国人民代表大会成立六十周年大会上的讲话》，《人民代表大会制度重要文献选编》（四），中国民主法制出版社、中央文献出版社，2015，第1773～1774页。

化、程序化，建设社会主义法治国家，发展更加广泛、更加充分、更加健全的人民民主。"第四个"紧紧围绕"，强调"促进社会公平正义深化社会体制改革"。第六个"紧紧围绕"，强调科学执政、民主执政、依法执政，加强民主集中制建设。关于改革的总体思路，强调"坚持以人为本，尊重人民主体地位，发挥群众首创精神，紧紧依靠人民推动改革，促进人的全面发展"。又如，第二至第十五部分构成第二板块，是分论，主要从经济、政治、文化、社会、生态文明、国际和军队六个方面，具体部署全面深化改革的主要任务和重大举措。其中第八到第十部分是关于政治方面，全部是讲政治体制改革，讲民主政治建设的内容，第八部分为"加强社会主义民主政治制度建设"，第九部分为"推进法治中国建设"，第十部分为"强化权力运行制约和监督体系"，内容丰富，思想深刻。再如，第十六部分即最后一部分为"加强和改善党对全面深化改革的领导"，构成第三板块，讲组织领导，主要阐述加强和改善党对全面深化改革的领导，其中强调"充分发扬党内民主，坚决维护中央权威"，强调各级党委要"完善科学民主决策机制"，强调要选拔清正廉洁的好干部，强调"破除'官本位'观念"，特别是最后强调："人民是改革的主体，要坚持党的群众路线，建立社会参与机制，充分发挥人民群众积极性、主动性、创造性，充分发挥工会、共青团、妇联等人民团体作用，齐心协力推进改革。"强调"鼓励地方、基层和群众大胆探索"。① 习近平在接受俄罗斯电视台专访时这样评价我们党的十八届三中全会，他说："中共十八届三中全会就全面深化改革作出总体部署，提出了改革的路线图和时间表，涉及十五个领域、三百三十多项较大的改革举措，包括经济、政治、文化、社会、生态文明和党的建设等各个方面。"还指出："现在，同过去相比，中国改革的广度和深度都大大拓展了。"②

关于全面依法治国与民主政治建设。十八届四中全会专门通过的《关于全面推进依法治国若干重大问题的决定》，也可以说，整个文献贯穿了民主思想、民主原则和民主精神。这是由法治和民主的特殊关系决定的。民主与法治是紧密相联、相互统一的，没有无民主的法治，也没有无法治的民主，民主是法治的前提和基础，法治是民主的体现和保障，因此我们强调，为了保障民主，必须加强法治，强调民主法治化、法治民主化。习近

---

① 《中共中央关于全面深化改革若干重大问题的决定》，人民出版社，2013。
② 《习近平关于协调推进"四个全面"战略布局论述摘编》，中央文献出版社，2015，第78页。

平总书记这样解释依法治国，他指出："我们说的依法治国，党的十五大早就明确了，就是广大人民群众在党的领导下，依照宪法和法律规定，通过各种途径和形式管理国家事务，管理经济文化事业，管理社会事务，保证国家各项工作都依法进行，逐步实现社会主义民主的制度化、法律化，使这种制度和法律不因领导人的改变而改变，不因领导人看法和注意力的改变而改变。"① 十八届四中全会的决定，充分体现了上述依法治国精神的全面推进。这个决定共分三大板块。导语和第一部分构成第一板块，属总论。在阐述全面推进依法治国的意义时，强调"我们党深刻总结我国社会主义法治建设的成功经验和深刻教训，提出为了保障人民民主，必须加强法治，必须使民主制度化、法律化，把依法治国确定为党领导人民治理国家的基本方略，把依法执政确定为党治国理政的基本方式"。在阐述全面推进依法治国的指导思想时，强调"坚持党的领导、人民当家作主、依法治国有机统一，坚定不移走中国特色社会主义法治道路，坚决维护宪法法律权威，依法维护人民权益、维护社会公平正义、维护国家安全稳定，为实现'两个一百年'奋斗目标、实现中华民族伟大复兴的中国梦提供有力法治保障"。在阐述全面推进依法治国必须坚持的五条基本原则时，其中第二条是"坚持人民主体地位"，直接讲民主的实质问题，并作了具体阐述，强调人民是依法治国的主体和力量源泉，坚持法治建设为了人民、依靠人民、造福人民、保护人民，以保障人民根本权益为出发点和落脚点，保证人民依法享有广泛的权利和自由。第三条是"坚持法律面前人人平等"，平等既是法治的基本属性，也是民主的基本原则，并作了具体阐述，强调"必须以规范和约束公权力为重点，加大监督力度，做到有权必有责、用权受监督、违法必追究，坚决纠正有法不依、执法不严、违法不究行为"。第二板块包括第二部分至第五部分，从目前法治工作基本格局出发，对科学立法、严格执法、公正司法、全民守法进行论述和部署。第二部分讲立法，讲完善中国特色社会主义法律体系，强调要恪守以民为本、立法为民理念，使每一项立法都符合宪法精神、反映人民意志、得到人民拥护；强调要把公正、公平、公开原则贯穿立法全过程；强调深入推进科学立法、民主立法；强调"依法保障公民权利，加快完善体现权利公平、机会公平、规则公平的法律制度，保障公民人身权、财产权、基本政治权利等各项权利不受侵犯，

———————

① 《习近平关于全面依法治国论述摘编》，中央文献出版社，2015，第 21 页。

保障公民经济、文化、社会等各方面权利得到落实，实现公民权利保障法治化。增强全社会尊重和保障人权意识，健全公民权利救济渠道和方式"；强调"制度化、规范化、程序化是社会主义民主政治的根本保障"，要求以保障人民当家作主为核心，坚持和完善根本政治制度和基本政治制度，推进社会主义民主政治法治化，要求加强社会主义协商民主制度建设，要求完善和发展基层民主制度，要求完善选举制度和工作机制，要求加快推进反腐败国家立法，完善惩治和预防腐败体系，形成不敢腐、不能腐、不想腐的有效机制，坚决遏制和预防腐败现象，要求完善惩治贪污贿赂犯罪法律制度，等等。第三部分讲执法，强调要强化对行政权力的制约和监督，要求加强党内监督、人大监督、民主监督、行政监督、司法监督、审计监督、社会监督、舆论监督制度建设，努力形成科学有效的权力运行制约和监督体系，增强监督合力和实效；强调"加强对政府内部权力的制约，是强化对行政权力制约的重点"，并作出具体规定；强调"全面推进政务公开"，规定坚持以公开为常态、不公开为例外原则，推进决策公开、执行公开、管理公开、服务公开、结果公开。第四部分讲司法，强调"公正是法治的生命线。司法公正对社会公正具有重要引领作用，司法不公对社会公正具有致命破坏作用"；强调"必须完善司法管理体制和司法权力运行机制，规范司法行为，加强对司法活动的监督，努力让人民群众在每一个司法案件中感受到公平正义"；强调要完善确保依法独立公正行使审判权和检察权的制度，规定对干预司法机关办案的，给予党纪政纪处分，造成冤假错案或者其他严重后果的，依法追究刑事责任；强调保障人民群众参与司法，要求坚持人民司法为人民，依靠人民推进公正司法，通过公正司法维护人民权益；强调加强人权司法保障，要求强化诉讼过程中当事人和其他诉讼参与人的知情权、陈述权、辩护辩论权、申请权、申诉权的制度保障，要求加强对刑讯逼供和非法取证的源头预防，健全冤假错案有效防范、及时纠正机制；强调加强对司法活动的监督，并作出具体规定；强调坚决破除各种潜规则，规定绝不允许法外开恩，绝不允许办关系案、人情案、金钱案，要求坚决反对和克服特权思想、衙门作风、霸道作风，坚决反对和惩治粗暴执法、野蛮执法行为。第五部分讲守法，强调增强法治观念，推进法治社会建设。第三板块由第六、七部分和结束语构成，强调必须加强和改进党对法治工作的领导，要求坚持依法执政，要求领导干部带头遵守法律，带头依法办事，不得违法行使权力，更不能以言代法、以权压法、徇私枉法等。① 总之，该决定体现了习近平在十八届四中全会第二次全体会议上所说中国特色社会主义法治道路关于在党的领导下实现人民当家作主的人民主体地位的思想。习近平指出："坚持人民主体地位，必须坚持法治为了人民、依靠人民、造福人民、保护人民。要保证人民在党的领导下，依照法律规定，通过各种途径和形式管理国家事务，管理经济和文化事业，管理社会事务。要把体现人民利益、反映人民愿望、维护人民权益、增进人民福祉落实到依法治国全过程，使法律及其实施充分体现人民意志。"② 习近平在2015年新年贺词中指出："我们要全面推进依法治国，用法治保障人民权益、维护社会公平正义、促进国家发展。"③ 充分肯定了法治对民主的保障作用。

关于全面从严治党与民主政治建设。首先，共产党作为执政党，必然与国家的民主政治建设紧密相联。从实质上讲，党的领导就是领导和支持人民实现当家作主，这就是党的领导和人民当家作主的统一。其次，从民主建设的角度讲，有人民民主和党内民主，作为执政党，必然以党内民主带动人民民主。最后，从全面从严治党的角度讲，其也跟民主政治建设紧密相联。党的十八大以来，习近平总书记全面从严治党的基本思路是，以反"四风"为切入点，以作风建设为突破口，以反腐倡廉为重点，以健全制度为依归，以增强自我净化、自我完善、自我革新、自我提高能力，保持党的先进性和纯洁性，确保党始终成为中国特色社会主义事业领导核心为目标，使党永远保持同人民群众的血肉联系，永远立于不败之地。这一全面从严治党的基本思路，始终围绕着同人民群众血肉联系这个核心问题，始终与民主的实质问题连在一起。这是习近平总书记反复强调的一个问题。比如，他在中央政治局第五次集体学习时的讲话语重心长地指出："我们都知道，一九四五年，毛泽东同志在回答黄炎培提出中国共产党如何跳出中国历代王朝兴亡的历史周期率时说：只有让人民来监督政府，政府才不敢松懈；只有人人起来负责，才不会人亡政息。我们党是中国工人阶级的先锋队，同时是中国人民和中华民族的先锋队，我们党的宗旨是全心全意为人民服务。只要我们始终坚持党的性质和宗旨，不变色，不变质，就一定

---

① 《中共中央关于全面推进依法治国若干重大问题的决定》，人民出版社，2014。
② 习近平：《坚定不移走中国特色社会主义法治道路》，《人民代表大会制度重要文献选编》（四），中国民主法制出版社、中央文献出版社，2015，第1829页。
③ 《习近平关于协调推进"四个全面"战略布局论述摘编》，中央文献出版社，2015，第13页。

能够跳出这个历史周期率。""核心的问题是党要始终紧紧依靠人民，始终保持同人民群众的血肉联系，一刻也不脱离群众。要做到这一点，就必须坚定不移把党风廉政建设和反腐败斗争深入进行下去。人民群众最痛恨各种消极腐败现象，最痛恨各种特权现象，这些现象对党同人民群众的血肉联系最具杀伤力。一个政党，一个政权，其前途和命运最终取决于人心向背。我们必须下最大气力解决好消极腐败问题，确保党始终同人民心连心、同呼吸、共命运。"① 又如，在我们党成立 93 周年之际，习近平在中央政治局第十六次集体学习时强调党的作风问题的核心是党同人民群众的关系问题，坚持从严治党必须落到实处。他指出："党的作风就是党的形象，关系人心向背，关系党的生死存亡。我们党作为一个在中国长期执政的马克思主义政党，对作风问题任何时候都不能掉以轻心。""作风问题核心是党同人民群众的关系问题。加强作风建设，必须坚持马克思主义群众观点、贯彻党的群众路线，把出发点和落脚点归结到实现好、维护好、发展好最广大人民根本利益上来，归结到为民务实清廉上来"。② 再如，习近平在中央政治局第二十六次集体学习时强调从严治党、保持党同人民群众的血肉联系和立于不败之地的问题，他指出："我们党是执政党，党的先进性和纯洁性、党的形象和威望不仅直接关系党的命运，而且直接关系国家的命运、人民的命运、民族的命运。历史使命越光荣，奋斗目标越宏伟，执政环境越复杂，我们就越要从严治党，使党永远保持同人民群众的血肉联系，永远立于不败之地。"③

总之，我们的社会主义民主政治，不仅是包括"四个全面"战略布局思想在内的习近平总书记系列重要讲话精神中的重要内容，而且又必须以包括"四个全面"战略布局思想在内的习近平总书记系列重要讲话精神为指针，才能明确建设的方向和目标，才能取得发展的显著进步和成效。

四　民主——我们的生命和旗帜

由习近平负责起草的十八大报告，强调"人民民主是我们党始终高扬

---

① 《习近平关于党风廉政建设和反腐败斗争论述摘编》，中央文献出版社、中国方正出版社，2015，第 6~7 页。

② 习近平在中共中央政治局第十六次集体学习时的讲话，《人民日报》2014 年 7 月 1 日。

③ 习近平在中共中央政治局第二十六次集体学习时的讲话，《人民日报》2015 年 9 月 13 日。

的光辉旗帜"，强调"人民民主是社会主义的生命"，强调"党内民主是党的生命"，要求"以党内民主带动人民民主"①。十八大以后，习近平重申"旗帜"和"生命"的用语。例如，他在庆祝全国人民代表大会成立60周年大会上的讲话中强调，"人民民主是社会主义的生命""人民民主是中国共产党始终高举的旗帜"。②

把民主（包括党内民主和人民民主）当作"生命"，称作"旗帜"，这在我党的历史上是空前的，把民主提到了至高无上的位置和极其重要的程度，以表示倍加珍惜的信念和坚定不移的决心。这不仅表明习近平总书记对民主的高度重视，而且体现习近平总书记对十一届三中全会以来我们党对民主探索成果的持续坚持。党的十六大报告指出："党内民主是党的生命，对人民民主具有重要的示范和带动作用。"③ 这是我们党第一次提出"党内民主是党的生命"的重要论断。"人民民主是社会主义的生命"④ 的重要论断是在十七大报告中提出的。至于"旗帜"，是胡锦涛在建党90周年讲话中提出的，他指出："人民民主是中国共产党始终高扬的光辉旗帜"。应该看到，我们党把"民主"上升到"生命"和"旗帜"的论断，是总结了苏联党和中国党的长期历史经验教训后提出的，是对社会主义发展规律和执政党建设规律认识的深化，具有重大现实意义和深远历史意义。我们党的十二届六中全会通过的重要决议，深刻而郑重地指出："高度民主是社会主义的伟大目标之一，也是社会主义精神文明在国家和社会生活中的重要体现……社会主义在消灭阶级压迫和剥削的基础上，为充分实现人民当家做主，把民主推向新的历史高度开辟了道路。我国社会主义发展中的主要历史教训，一是没有集中力量发展经济，二是没有切实建设民主政治。"⑤这也正是在中央领导班子新旧交替的十八大和十八大之后，我们党多次重申民主是我们的生命和旗帜的原因所在。总之，习近平总书记对民主是生命和旗帜重要论断的重申，决不是简单地重复，而是要求全党倍加珍惜、始终坚持、不断发展。

党内民主是党的生命，这是由党的先进性的本质决定的。共产党是一

① 《十八大以来重要文献选编》（上），中央文献出版社，2014，第19、40页。

② 习近平：《在庆祝全国人民代表大会成立六十周年大会上的讲话》，《人民代表大会制度重要文献选编》（四），中国民主法制出版社、中央文献出版社，2015，第1766、1770页。

③ 《十六大以来重要文献选编》（上），中央文献出版社，2005，第39页。

④ 《十七大以来重要文献选编》（上），中央文献出版社，2009，第22页。

⑤ 《十二大以来重要文献选编》（下），人民出版社，1988，第1183页。

个没有自身私利的党，它是代表工人阶级和广大人民群众的根本利益并为之奋斗的党，是为人民服务的党，也是为人民争取和实现人民民主权利的党。这样的党，势必在党自身内部、在党员之间都是平等的，是实行民主的。马克思、恩格斯早就说过，无产阶级政党"完全有权把'民主'一词写在自己的旗帜上"。① 他们在谈到世界上第一个国际性的无产阶级的政党组织——共产主义者同盟时指出，其"组织本身是完全民主的，它的各委员会由选举产生并随时可以罢免"，党的章程都交各支部讨论，然后由代表大会审查通过，"现在一切都按这样的民主制度进行"。② 列宁在建立俄国无产阶级政党过程中也指出："整个党组织是按民主原则建立的"，③ 是"民主地组织起来的"。④ 毛泽东同志也多次谈到党内民主，他指出："扩大党内民主，应看作是巩固党和发展党的必要的步骤，是使党在伟大斗争中生动活跃，胜任愉快，生长新的力量，突破战争难关的一个重要的武器。"⑤ 党内民主的实质是，党的制度和党内生活中，由全体党员一律平等地、直接或间接地决定党内一切重大事务的权利。可见，党内民主是党本身的一种根本性制度和根本性原则，是作为党的权利主体的共产党员的根本权利。在夺取政权前，我们党领导和依靠人民群众进行革命斗争，由于受到战争环境等多方面因素的影响，党内民主的发展带有某种必然的局限性。而在夺取全国政权后，我们党成为执政党，充分发展党内民主也带有客观的必然性。在这方面，我们党既有"八大"前后可贵的探索，也有"文化大革命"的深刻教训。十一届三中全会以后，出现了发展党内民主的转机，进入了民主法制建设和党内民主建设的新时期。正反两方面的经验告诉我们，我们党之所以长盛不衰，富于生机和活力，党的事业蒸蒸日上，兴旺发达，就是因为我们有党内民主；缺乏党内民主，或者党内民主受到削弱、破坏，就不可能有党的生机和活力，也不可能有党的事业的兴旺发达。正反两方面的经验还启示我们，在长期执政的条件下，更应坚持党内民主是由党的先进性本质决定的这一规定性，确保党员直接或间接地决定和处理党内事务的权利，使党章规定的党员权利得到切实保障和充分实现，完善和发展党内民主，并以党内民主促进人民民主。

---

① 《马克思恩格斯全集》第 2 卷，人民出版社，1957，第 664 页。
② 《马克思恩格斯选集》第 4 卷，人民出版社，2012，第 207 页。
③ 《列宁全集》第 13 卷，人民出版社，1987，第 191 页。
④ 《列宁全集》第 14 卷，人民出版社，1988，第 249 页。
⑤ 《毛泽东选集》第 2 卷，人民出版社，1991，第 529 页。

　　人民民主是社会主义的生命，这是由社会主义制度的本质决定的。民主民主，就是人民当家作主。但是，在人类的历史上，任何剥削阶级的社会，都不可能实现人民当家作主，资本主义社会也不例外。在资本主义社会，民主只能是资本的权力，资产阶级的民主，亦即资产阶级的统治。只有社会主义才能实现人民当家作主，这是由社会主义制度的本质决定的。社会主义的经济制度和社会主义的政治制度决定了，人民，只有人民才能真正成为国家和社会的主人，才能确实掌握自己的命运，才能真实行使当家作主的权利。社会主义制度的本质和核心，就是人民行使权利、人民当家作主。我国宪法第一条规定，我国是工人阶级领导的、以工农联盟为基础的人民民主专政的社会主义国家，社会主义制度是我国的根本制度；第二条规定，我国的一切权力属于人民，人民行使国家权力的机关是全国人民代表大会和地方各级人民代表大会，人民依照法律规定，通过各种途径和形式，管理国家事务，管理经济和文化事业，管理社会事务。习近平总书记指出："中国实行工人阶级领导的、以工农联盟为基础的人民民主专政的国体，实行人民代表大会制度的政体，实行中国共产党领导的多党合作和政治协商制度，实行民族区域自治制度，实行基层群众自治制度，具有鲜明的中国特色。这样一套制度安排，能够有效保证人民享有更加广泛、更加充实的权利和自由，保证人民广泛参加国家治理和社会治理"。① 这充分说明，在中国，作为社会主义生命的人民民主，是由中国的社会主义制度的本质决定的。

　　坚持民主是我们的生命，高举人民民主的旗帜，关键是要坚持党的领导、人民当家作主、依法治国有机统一。中国共产党是中国特色社会主义的领导核心，党的领导是中国特色社会主义最本质的特征，是实现中华民族伟大复兴的关键，也是人民当家作主和依法治国最根本的保证。党的领导地位是宪法确立的根本原则，也是社会主义法治的根本要求。坚持党的领导是党和国家的根本所在、命脉所在，是全国各族人民的利益所系、幸福所系。只有在党的领导下依法治国、厉行法治，人民当家作主才能实现，国家和社会生活法治化才能有序推进。共产党执政就是领导和支持人民当家作主，就是保证在党的领导下，依照法律规定，通过各种途径和形式管理国家事务，管理经济文化事业，管理社会事务，维护和实现人民群众的

────────────

① 习近平：《在庆祝全国人民代表大会成立六十周年大会上的讲话》，《人民代表大会制度重要文献选编》（四），中国民主法制出版社、中央文献出版社，2015，第1772页。

根本权益。人民群众是历史的创造者，是我们党的力量源泉和胜利之本，是中国特色社会主义建设的主体力量，也是依法治国的主体和力量源泉。人民当家作主是中国特色社会主义民主政治的本质和核心，也是中国特色社会主义制度的本质和核心。依法治国是党领导人民治理国家的基本方略，必须坚持法治建设为了人民、依靠人民、造福人民、保护人民，以保障人民根本权益为出发点和落脚点，保证人民依法享有广泛的权利和自由、承担应尽的义务，维护社会公平正义，促进共同富裕。法律既是人民保障自身权利的有力武器，又是人民必须遵守的行为规范。总之，党的领导、人民当家作主、依法治国紧紧相连，密不可分。坚持党的领导、人民当家作主、依法治国有机统一，是我们党治国理政的成功经验，也是坚持民主是我们的生命、高举人民民主旗帜的关键所在。

五　制度自信——彰显中国特色社会主义民主政治制度的旺盛生命力

当读者看完本书全书，合上书，再看封面，书名的主标题是《制度自信》，经斟酌，也许会提出质疑：本书阐述的政治制度是全面的、系统的，但欠缺一个经济制度。在此，笔者作一回应。上述质疑，是有一定道理的，不过，笔者是经反复斟酌的，一是本书书名有一个副标题，把这"制度"作了规制、限界，就是把"制度"定位在"民主政治制度"，二是这恰好抓住了问题的"关键"和"首要"。习近平总书记在庆祝全国人民代表大会成立60周年的大会上，这样明明白白地告诉过我们，他说："一个国家的政治制度决定于这个国家的经济社会基础，同时又反作用于这个国家的经济社会基础，乃至于起到决定性作用。在一个国家的各种制度中，政治制度处于关键环节。所以，坚定中国特色社会主义制度自信，首先要坚定对中国特色社会主义政治制度的自信，增强走中国特色社会主义政治发展道路的信心和决心。"[①] 习近平总书记的这一重要论断，是对马克思主义经典作家关于上层建筑对经济基础在一定条件下能起决定性反作用思想的继承和发展。正是习近平指出的"关键环节"和"首先"之点，成为本书主题和书名标题的立论依据。

---

① 习近平：《在庆祝全国人民代表大会成立六十周年大会上的讲话》，《人民代表大会制度重要文献选编》（四），中国民主法制出版社、中央文献出版社，2015，第1773页。

　　制度自信是全书的主题，因而本书特别设专章专节深入论述中国特色社会主义民主政治制度的优势和特点，论述中国特色社会主义民主政治制度的自我完善和发展。但仍言犹未尽。于是，根据习近平总书记的相关论述，换个角度在这里作出进一步阐述。

　　习近平总书记在中央政治局第七次集体学习时指出："我们说的道路自信、理论自信、制度自信，来源于实践、来源于人民、来源于真理。"① 这里的实践，是指从事中国特色社会主义事业的活动，即亿万人民在党的领导下进行的中国特色社会主义伟大实践。这里的真理，是指我们党的理论和认识符合客观事物的发展规律。而实践是检验真理的唯一标准，实践的主体是人民，因此归根到底，制度自信来源于人民。

　　中国制度是中国人民在历史上的选择。习近平总书记在庆祝全国人民代表大会成立 60 周年大会上的讲话，阐述过中国特色社会主义政治制度自近代以来人民选择的过程。1840 年鸦片战争后，中国逐步成为半殖民地半封建社会。为了挽救民族危亡、实现民族振兴，中国人民和无数仁人志士孜孜不倦寻找着适合国情的政治制度模式。辛亥革命之前，太平天国运动、洋务运动、戊戌变法、义和团运动、清末新政等都未能取得成功。辛亥革命之后，中国尝试过君主立宪制、帝制复辟、议会制、多党制、总统制等各种形式，各种政治势力及其代表人物纷纷登场，都没能找到正确答案，都不能完成中华民族救亡图存和反帝反封建的历史任务，也都谈不上为中国实现国家富强、人民幸福提供制度保障，中国依然是山河破碎、积贫积弱，列强依然在中国横行霸道、攫取利益，中国人民依然生活在苦难和屈辱之中。在中国人民顽强前行的伟大斗争中，中国共产党诞生了。自成立之日起，中国共产党就以实现中国人民当家作主和中华民族伟大复兴为己任，为"索我理想之中华"矢志不渝，"唤起工农千百万"，进行艰苦卓绝的革命斗争，终于彻底推翻了帝国主义、封建主义、官僚资本主义三座大山，建立了人民当家作主的新中国，亿万中国人民从此成为国家和社会的主人，并终于找到和实行了保证人民当家作主的人民代表大会这一根本政治制度。这就告诉我们，正像党的领导是历史的选择、人民的选择一样，人民代表大会这一政治制度也是历史的选择、人民的选择。正如习近平总书记指出："在中国实行人民代表大会制度，是中国人民在人类政治制度史

————————————

　　① 习近平在中共中央政治局第七次集体学习时的讲话，《人民日报》2013 年 6 月 27 日。

上的伟大创造，是深刻总结近代以后中国政治生活惨痛教训得出的基本结论，是中国社会一百多年激越变革、激荡发展的历史结果，是中国人民翻身作主、掌握自己命运的必然选择。"①

中国制度坚持以人民为主体地位的价值取向。我国宪法规定：国家的一切权力属于人民；人民行使国家权力的机关是人民代表大会；人民依照法律规定，通过各种途径和形式，管理国家事务，管理经济和文化事业，管理社会事务；人民代表大会由民主选举产生，对人民负责，受人民监督；一切国家机关和国家工作人员必须依靠人民的支持，经常保持同人民的密切联系，倾听人民的意见和建议，接受人民的监督，努力为人民服务；国家尊重和保障人权；公民享有宪法和法律规定的权利，有选举权和被选举权，有言论、出版、集会、结社、游行、示威的自由，公民的人身自由和人格尊严不受侵犯，公民对于任何国家机关和国家工作人员有提出批评和建议的权利，对于任何国家机关和国家工作人员的违法失职行为有申诉、控告或检举的权利等。这说明，我国的根本大法宪法从人民与国家的关系上确立了人民的主体地位，确认了人民当家作主的权力。此外，党和国家的重要文献，包括最高领导人的重要讲话，郑重确认人民主体地位和人民当家作主，有的从人民与中国特色社会主义事业的关系上作出阐述。十八大报告在阐述夺取中国特色社会主义新胜利必须牢牢把握的八项基本要求时，把"必须坚持人民主体地位"作为第一项要求，并具体作了这样的阐释："中国特色社会主义是亿万人民自己的事业。要发挥人民主人翁精神，坚持依法治国这个党领导人民治理国家的基本方略，最广泛地动员和组织人民依法管理国家事务和社会事务、管理经济和文化事业、积极投身社会主义现代化建设，更好保障人民权益，更好保证人民当家作主。"② 十八届四中全会在阐述全面推进依法治国必须坚持的原则时，指明第一条原则是"坚持中国共产党的领导"，第二条原则是"坚持人民主体地位"，并作这样的具体阐释："人民是依法治国的主体和力量源泉，人民代表大会制度是保证人民当家作主的根本政治制度。必须坚持法治建设为了人民、依靠人民、造福人民、保护人民，以保障人民根本权益为出发点和落脚点，保证人民依法享有广泛的权利和自由、承担应尽的义务，维护社会公平正义，促进

---

① 习近平：《在庆祝全国人民代表大会成立六十周年大会上的讲话》，《人民代表大会制度重要文献选编》（四），中国民主法制出版社、中央文献出版社，2015，1764 页。
② 《十八大以来重要文献选编》（上），中央文献出版社，2014，第 11 页。

共同富裕……"① 这里讲的是依法治国，而实际上，人民是整个社会的主体，一切工作，所有建设，都是为了人民、依靠人民、造福人民、保护人民，一切工作，所有建设，整个中国特色社会主义建设的出发点和落脚点，都是保障人民根本权益。习近平总书记在十八届四中全会第二次全体会议上讲到"坚持人民主体地位"这一原则时指出："我国社会主义制度保证了人民当家作主的主体地位，也保证了人民在全面推进依法治国中的主体地位。这是我们的制度优势，也是中国特色社会主义法治区别于资本主义法治的根本所在。"② 他还指出，坚持人民主体地位，就要体现人民利益、反映人民愿望、维护人民权益、增进人民福祉。这就指明了中国社会主义制度坚持人民主体地位的价值取向。

中国制度坚持以人民利益为价值追求的共产党的领导核心地位。我国宪法规定了共产党的领导地位。我党党章在规定坚持党的领导核心地位的同时，规定坚持全心全意为人民服务这一党的宗旨。也就是说，中国共产党坚持以人民利益为自己的价值追求。中国特色社会主义制度，包括了中国的政党制度，中国的政党制度既不同于西方国家的两党制或多党竞争制，也有别于一些国家实行的一党制，而是中国共产党领导的多党合作和政治协商制度，是我国的一项基本政治制度。十八大报告在阐述全面推进党的建设新的伟大工程、全面提高党的建设科学化水平时提出了八条要求，第二条要求是："坚持以人为本、执政为民，始终保持党同人民群众的血肉联系。为人民服务是党的根本宗旨，以人为本、执政为民是检验党一切执政活动的最高标准。任何时候都要把人民利益放在第一位，始终与人民心连心、同呼吸、共命运，始终依靠人民推动历史前进。"③ 还提出要进行党的群众路线教育实践活动，着力解决人民群众反映强烈的突出问题；要完善党员干部直接联系群众制度；要坚持问政于民、问需于民、问计于民，从人民伟大实践中汲取智慧和力量等。第七条要求是反对腐败，指出："反对腐败、建设廉洁政治，是党一贯坚持的鲜明政治立场，是人民关注的重大政治问题。"④ 十八大报告最后要求全党："必须增强宗旨意识，相信群众，

① 《中共中央关于全面推进依法治国若干重大问题的决定》，《中国共产党第十八届中央委员会第四次全体会议文件汇编》，人民出版社，2014，第23页。

② 《习近平关于协调推进"四个全面"战略布局论述摘编》，中央文献出版社，2015，第102页。

③ 《十八大以来重要文献选编》（上），中央文献出版社，2014，第39~40页。

④ 《十八大以来重要文献选编》（上），中央文献出版社，2014，第42页。

依靠群众，始终把人民放在心中最高位置"。①

在这里，我们参照上述十八大报告关于党的建设部分第二条和第七条要求，即关于保持党同人民群众血肉联系和反对腐败两个方面摘录习近平总书记的重要论述。关于保持党同人民群众的血肉联系，习近平总书记反复强调：加强干部作风建设，最重要的是要抓住保持同人民群众的血肉联系这个核心问题，必须聚焦解决群众反映强烈的突出问题，必须使人民生活得到改善、人民权益得到保障，使发展成果更多更公平惠及全体人民；党的群众路线教育实践活动，目的就在于帮助广大干部特别是领导干部进一步增强群众观点，解决脱离群众的各种问题，使全党同志牢记并恪守全心全意为人民服务的根本宗旨，以优良作风把人民紧紧凝聚在一起，为实现党的十八大确定的奋斗目标和中国梦而努力奋斗；群众路线是我们党的生命线和根本工作路线，群众路线本质上体现的是马克思主义关于人民群众是历史的创造者这一基本原理；历史反复证明，人民群众是历史发展和社会进步的主体力量，马克思主义执政党的最大危险就是脱离群众；得民心者得天下，失民心者失天下，人民拥护和支持是党执政的最牢固根基，人心向背关系党的生死存亡，党只有始终与人民心连心、同呼吸、共命运，始终依靠人民推动历史前进，才能做到哪怕"黑云压城城欲摧"，"我自岿然不动"，安如泰山、坚如磐石；开展党的群众路线教育实践活动，就是要把为民务实清廉的价值追求深深植根于全党同志的思想和行动中，使保持党的先进性和纯洁性、巩固党的执政基础和执政地位具有广泛、深厚、可靠的群众基础；我们党的集中教育活动都是开门搞，广泛听取广大人民群众意见，这是中国特色社会主义民主的生动实践；我们开展教育实践活动，就是坚持人民当家作主的重要体现，认真听取各方面意见，"三堂会诊"，动员群众来监督，这就是中国式民主，从中我们可以加深对我国社会主义民主符合国情、真正体现人民民主本质的认识；② 等等。关于反对腐败，习近平总书记反复强调：人民群众最痛恨各种消极腐败现象，最痛恨各种特权现象，这些现象对党同人民群众的血肉联系最具杀伤力，对我们党的伤害最大；③ 一个政党，一个政权，其前途和命运最终取决于人心向背，严惩

---

① 《十八大以来重要文献选编》（上），中央文献出版社，2014，第44页。

② 《习近平关于党的群众路线教育实践活动论述摘编》，党建读物出版社、中央文献出版社，2014，第1~10、61页。

③ 《习近平关于党风廉政建设和反腐败斗争论述摘编》，中央文献出版社、中国方正出版社，2015，第6~7、94页。

腐败分子是党心民心所向，党内决不允许有腐败分子藏身之地，这是保持党同人民群众血肉联系的必然要求，也是巩固党的执政基础和执政地位的必然要求；① 我们必须下最大气力解决好消极腐败问题，确保党始终同人民心连心、同呼吸、共命运；② 坚定不移惩治腐败，是我们党有力量的表现，也是全党同志和广大群众的共同愿望；③ 我们党坚决清除腐败分子，向世人证明中国共产党敢于直面问题、纠正错误，勇于从严治党、捍卫党纪，善于自我净化、自我革新；④ 等等。习近平的这些论述，向世人充分表明，我们这个以为人民服务为根本宗旨、以为人民利益为价值追求的党，不愧为中国特色社会主义的领导核心，不愧为中国工人阶级、中国人民和中华民族的先锋队，不愧为敢于追求和坚持真理、勇于承认和修正错误的郑重马克思主义政党。

我们坚定制度自信，拒绝盲目自傲，坚持做自觉和清醒的制度自信者。这也是习近平总书记一贯要求的。他强调：中国特色社会主义制度符合我国国情，集中体现了中国特色社会主义的特点和优势，是中国发展进步的根本制度保障。这个制度是特色鲜明、富有效率的，但还不是尽善尽美、成熟定型的。中国特色社会主义事业不断发展，中国特色社会主义制度也需要不断完善。我们要坚持以实践基础上的理论创新推动制度创新，坚持和完善现有制度，从实际出发，及时制定一些新的制度，构建系统完备、科学规范、运行有效的制度体系，使各方面制度更加成熟更加定型，为夺取中国特色社会主义新胜利提供更加有效的制度保障。⑤ 他又强调：中国特色社会主义民主是个新事物，也是个好事物。当然，这并不是说，中国政治制度就完美无缺了，就不需要完善和发展了。制度自信不是自视清高、自我满足，更不是裹足不前、故步自封，而是要把坚定制度自信和不断改革创新统一起来，在坚持根本政治制度、基本政治制度的基础上，不断推进制度体系完善和发展。我们的民主法治建设同扩大人民民主和经济社会

① 《习近平关于党风廉政建设和反腐败斗争论述摘编》，中央文献出版社、中国方正出版社，2015，第 6～7、94 页。
② 《习近平关于党风廉政建设和反腐败斗争论述摘编》，中央文献出版社、中国方正出版社，2015，第 6～7、94 页。
③ 《习近平关于党风廉政建设和反腐败斗争论述摘编》，中央文献出版社、中国方正出版社，2015，第 94 页。
④ 习近平在十八届中央纪委五次全会上的讲话，《人民日报》2015 年 1 月 14 日。
⑤ 《十八大以来重要文献选编》（上），中央文献出版社，2014，第 75～76 页。

发展的要求还不完全适应，社会主义民主政治的体制、机制、程序、规范以及具体运行上还存在不完善的地方，在保障人民民主权利、发挥人民创造精神方面也还存在一些不足，必须继续加以完善。在全面深化改革进程中，我们要积极稳妥推进政治体制改革，以保证人民当家作主为根本，以增强党和国家活力、调动人民积极性为目标，不断建设社会主义政治文明。① 他又强调：设计和发展国家政治制度，必须注重历史和现实、理论和实践、形式和内容有机统一。要坚持从国情出发、从实际出发，既要把握长期形成的历史传承，又要把握走过的发展道路、积累的政治经验、形成的政治原则，还要把握现实要求、着眼解决现实问题，不能割断历史，不能想象突然搬来一座政治制度上的"飞来峰"。② 他还强调："橘生淮南则为橘，生于淮北则为枳"。我们需要借鉴国外政治文明有益成果，但绝不能放弃中国政治制度的根本。对丰富多彩的世界，我们应该秉持兼容并蓄的态度，虚心学习他人的好东西，在独立自主的立场上把他人的好东西加以消化吸收，化成我们自己的好东西，但决不能囫囵吞枣、决不能邯郸学步。照抄照搬他国的政治制度行不通，会水土不服，会画虎不成反类犬，甚至会把国家前途命运葬送掉。只有扎根本国土壤、汲取充沛养分的制度，才最可靠，也最管用。中国特色社会主义政治制度过去和现在一直生长在中国的社会土壤之中，未来要继续茁壮成长，也必须深深扎根于中国的社会土壤。③ 习近平总书记的这些重要论述，为我们坚定制度自信，完善和发展中国制度，借鉴和吸收外国政治文明的有益成果，指明了方向和目标，阐明了原则和途径。我们深信，只要我们坚持以习近平总书记系列重要讲话精神为指针，推进我国的民主政治建设，就必然能更好地发挥中国制度的特长和优势，为世界文明作出新的更大的贡献！

在这里，我们将以习近平总书记的下述论断作为本书绪论主体部分的结语：总之，我们要不断推进社会主义民主政治制度化、规范化、程序化，更好发挥中国特色社会主义政治制度的优越性，为党和国家兴旺发达、长治久安提供更加完善的制度保障……当代中国共产党人和中国人民一定要

---

① 习近平：《在庆祝全国人民代表大会成立六十周年大会上的讲话》，《人民代表大会制度重要文献选编》（四），中国民主法制出版社、中央文献出版社，2015，第 1773 ~ 1774 页。

② 习近平：《在庆祝全国人民代表大会成立六十周年大会上的讲话》，《人民代表大会制度重要文献选编》（四），中国民主法制出版社、中央文献出版社，2005，第 1770 页。

③ 习近平：《在庆祝全国人民代表大会成立六十周年大会上的讲话》，《人民代表大会制度重要文献选编》（四），中国民主法制出版社、中央文献出版社，2005，第 1771 页。

把这个崇高使命担当起来，不断发展具有强大生命力的社会主义民主政治，在实现中国梦的伟大奋斗中，共同创造中国人民和中华民族更加幸福美好的未来，大家一起努力吧！①

六　本书内容简介

本书是一本中国民主政治专著，又是一本中国特色社会主义制度自信专著。本书除绪论和附录外，主体内容由九章构成。

第一章，论证了民主是实现中华民族伟大复兴中国梦的必由之路。本章站在实现中华民族伟大复兴中国梦的历史新高度，把民主政治建设纳入中国特色社会主义建设"五位一体"的总体布局，系统分析论证了民主是实现中华民族伟大复兴中国梦的必由之路。本章既总结了我国社会主义现代化建设正反两方面的历史经验，又联系当代世界社会主义运动，重点总结了苏联解体、苏共覆亡的历史教训，对"历史周期率"著名论断的现实意义作出新的论证和说明。本章强调，我们党从1992年党的十四大到2012年党的十八大，每一次党的全国代表大会，都承前启后，高屋建瓴，深刻总结党领导人民建设中国特色社会主义必须坚持的基本经验。这些宝贵经验，既一脉相承，又与时俱进，有力地表明：我们党既善于理论思维，又善于总结实践经验，是一个政治上坚定、理论上成熟的马克思主义政党。本章深入总结了改革开放以来我国民主政治建设取得的新进展、新成果、新经验。特别是对十八大以来以习近平为总书记的党中央拒腐防变的理论与实践作了比较全面系统的阐述，包括：习近平同志关于党风廉政建设和反腐败斗争的重要论述，以作风建设为切入点从严管党治党，以零容忍态度惩治腐败，以铁的纪律维护党的团结统一，用好巡视这把反腐"利剑"，把权力关进制度的笼子里，筑牢拒腐防变的思想道德防线。本章深入贯彻党的十八大和十八届三中、四中全会精神，突出体现了以习近平同志为总书记的党中央关于全面建成小康社会、全面深化改革、全面依法治国、全面从严治党的新部署，突出体现了十八大以来我们党推进"四个全面"取得的新进展和新成果。

第二章，阐述了马克思主义民主理论的形成及其基本点。本章坚持理

---

① 习近平：《在庆祝全国人民代表大会成立六十周年大会上的讲话》，《人民代表大会制度重要文献选编》（四），中国民主法制出版社、中央文献出版社，2005，第1775页。

论与实际紧密结合，分析了马克思主义民主理论形成的历史过程，着重阐述了马克思主义民主观的基本点。一是从国体上看民主——民主与专政的统一，从组织制度上看民主——民主与集中的统一，从行为规范上看民主——自由与纪律的统一，从国家治理方式上看民主——民主与法治的统一。二是全面阐述了社会主义民主的形态结构，包括：国家形态民主与非国家形态民主，直接民主与间接民主，票决民主与协商民主，共产党党内民主与人民民主。三是强调民主既是目的又是手段。民主是马克思主义政党始终不渝的奋斗目标。从上层建筑归根结底要为经济基础服务的意义上说，民主也是一种手段。本章依据马克思主义民主理论的基本观点，着重阐明和体现马克思主义民主理论中国化的最新成果。例如，关于直接民主与间接民主，着重分析了社会主义不同发展阶段二者地位和作用的变化，明确提出随着经济的发展和公民科学文化水平的提高，随着现代信息技术的迅猛发展，直接民主将愈来愈得到广泛多层面的发展，逐步形成以直接民主为主要形式的政治局面；到了社会主义高级阶段，发展民主的主客观条件有了更大改善，直接民主和间接民主都会得到更充分的发展，二者的结合会更加紧密，再经过长期的历史发展，直接民主的地位和作用必将超过间接民主的地位和作用。又如，明确提出票决民主和协商民主是我国社会主义民主的两种基本实现形式。这两种民主形式，都是在我国革命、建设和改革开放的长期历史发展过程中形成的；而这两种民主形式的有机结合和良性互动，正是中国社会主义民主政治的突出优势和鲜明特色。再如，关于民主既是目的又是手段，明确提出民主是目的和手段的辩证统一；在社会主义条件下，民主首先和主要是目的，同时也是一种手段。

第三章，阐释了坚持和完善中国特色社会主义民主政治制度。本章考察分析了中国特色社会主义民主政治制度的内涵和由来，强调中国特色社会主义民主政治制度是历史的必然、人民的选择。本章用四个节的篇幅，着重并系统分析论述了我国的几项基本政治制度：第一，我国人民代表大会制度的形成和发展，人民代表大会制度是我国人民当家作主的根本政治制度。习近平总书记指出，在中国实行人民代表大会制度，是中国人民在人类政治制度史上的伟大创造，是符合中国国情和实际、体现社会主义国家性质、保证人民当家作主、保障实现中华民族伟大复兴的好制度。第二，共产党领导的多党合作和政治协商制度，是我国的一项基本政治制度。其显著特征是，共产党领导、多党派合作，共产党执政、民主党派政治协商民主监督参政议政。这项制度包括：共产党领导的多党合作制度，社会主义协商民主制度，政治协商会议制度即人民政协。社会主义协商民主制度是十八大报告第一次提出的，人民政协是协商民主的重要渠道。第三，民族区域自治制度。第四，基层群众自治制度。本章着重阐述了中国特色社会主义民主政治制度的主要特点和突出优势。本章就完善和发展中国民主政治制度，分析了社会主义民主政治制度完善和发展的必然性和必要性，创造性地论证了完善和发展民主政治制度与推进国家治理现代化的关系，并重点阐述了中国民主政治制度完善和发展的几个着力点：一是必须坚持以改革促完善发展；二是必须努力完善四项民主政治制度，包括推动人民代表大会制度与时俱进、推进协商民主广泛多层制度化发展、坚持和完善民族区域自治制度、完善基层民主制度；三是必须完善公民权利的实现和保障制度。

第四章，论证了政治体制改革是社会主义民主政治建设的必由之路。本章对邓小平关于政治体制改革的战略地位、重大意义、指导思想、总体目标、指导原则、主要内容等作了全面阐述；强调邓小平关于政治体制改革的重要论述，为我国新时期进行政治体制改革和社会主义民主政治建设提供了重要指导思想和指导原则。改革开放以来，我国的政治体制改革持续推进，成绩显著。本章深入阐述了我国政治体制改革的几项重要成果：废除领导职务终身制，实现党和国家领导人交替的制度化、法制化；克服权力过分集中现象，实现国家权力的平衡与协调；深化干部人事制度改革，培养选拔党和人民需要的好干部。本章系统阐述了克服权力过分集中现象，实现国家权力的平衡与协调：克服国家权力过分集中的弊端，实行适度分权和适度限权；克服权力与权利的失衡，实现国家权力与公民权利的平衡与协调；正确处理决策权、执行权与监督权的关系，实行三权的互相制约与协调；坚持公民权利的均衡性原则，关注弱势群体的公民参与和法律救助。本章围绕"怎样是好干部、怎样成长为好干部、怎样把好干部用起来"这三个干部工作的根本问题，重点阐述了习近平关于新时期好干部的重要论述，进一步明确了深化干部人事制度改革的方向、原则和要求。本章还阐述了党的十八届三中全会关于进一步深化干部人事制度改革的新部署和十八大以来深化干部人事制度改革的新进展。

第五章，阐述了加强民主政治建设，必须全面推进依法治国，建设社会主义法治国家。本章重点介绍了习近平关于全面依法治国的重要论述，包括：全面依法治国在"四个全面"战略布局中的重要地位和作用；坚持中国特色社会主义法治道路，最根本的是坚持中国共产党的领导；全面把握法治工作基本格局，着力推进科学立法、严格执法、公正司法、全民守法；建设一支德才兼备的高素质法治队伍；全面依法治国，必须紧紧抓住领导干部这个"关键少数"；法治是治国理政的基本方式，是国家治理体系和治理能力的重要依托。本章指出，民主和法治相互依存，不可分割。现代意义上的法治，是与民主政治紧密结合的法治。社会主义民主是社会主义法治的前提和基础，社会主义法治是社会主义民主的体现和保证。本章重点介绍了我国法治建设取得的重大成就：实现党的治国理政理念的根本转变；把依法执政确定为党治国理政的基本方式；坚持科学立法、民主立法，形成了中国特色社会主义法律体系；推进依法行政、建设法治政府，总体上已形成了法治政府制度体系；司法体制不断完善；全社会法治理念明显增强。本章紧紧围绕中国特色社会主义建设"五位一体"的总体布局，全面论证了法治对我国经济建设、政治建设、文化建设、社会建设和生态文明建设的促进和保证作用。本章突出体现了党的十八大和十八届三中、四中全会精神，着重论证了全面推进依法治国必须坚持依法治国、依法执政、依法行政共同推进，坚持法治国家、法治政府、法治社会一体建设；阐述了全面推进依法治国的总目标和总要求，重点阐述了完善中国特色社会主义法律体系、加快建设法治政府、完善司法管理体制和司法权力运行机制、建设法治社会等重大问题。

第六章，论证了建设社会主义民主政治，需要积极借鉴人类政治文明有益成果。本章立足于充分发挥我国社会主义政治制度的优越性，积极借鉴外国政治文明有益成果，但绝不能放弃中国政治制度的根本，绝不能照搬西方政治制度模式，不搞多党轮流执政，不搞"三权鼎立"和两院制。本章阐述了习近平的新马克思主义文明观：文明的多样性特征，决定了各种文明都有独特价值；文明的平等性特征，决定了各种文明都值得尊重；文明的包容性特征，决定了不同文明可以兼收并蓄、交流互鉴；文明的多样性、平等性、包容性和互鉴性，决定了中国梦与世界各国人民的梦想息息相通；人类只有一个地球，共处一个世界，必须倡导人类命运共同体意识，增进共同利益，促进共同发展；大国与大国之间，应当尊重彼此主权和领土完整，尊重各自选择的政治制度和发展道路，尊重彼此核心利益和重大关切，不把自己的意志和模式强加于对方，坚持相互尊重、合作共赢，走出一条不同于历史上大国冲突对抗的新路,共同努力构建新型大国关系,既造福彼此,又兼济天下,更好促进世界和平发展,造福世界各国人民;中国是一个学习大国,以开放包容的姿态,虚心学习各国人民创造的一切文明成果。本章论证了借鉴人类政治文明成果的历史必然性,一是依据马克思主义发展观和马克思主义国家学说,二是社会主义民主与资本主义民主是根本对立的,但它们之间也有某种共同性,因为它们都是封建专制主义的对立物,三是资本主义民主政治具有两面性,一方面具有反人民的一面,另一方面诸如自由权利、主权在民、人权、平等、分权制约、公平公正等进步思想原则,诸如民主共和、代议、选举、公务员、舆论监督、财产申报公示等具体合理政治体制,包含着人类政治文明的有益成果,因而可以批判继承、借鉴吸收。本章以马克思主义、列宁主义、毛泽东思想和中国特色社会主义理论体系,特别是习近平总书记一系列借鉴人类政治文明有益成果的论述和"人权的普遍性原则"、"民主自由的全人类共同价值"的论断为思想武器,既剖析和反对盲目崇拜资本主义民主政治的右的错误倾向,又剖析和反对拒绝吸取资本主义民主政治中某些合理因素的"左"的错误倾向,积极借鉴人类一切文明成果,绝不照搬外国的政治理念和制度模式,立足于我国基本国情,坚持和创新我国自己的制度特色和优势。

第七章,阐释了全面从严治党,必须整治顽疾"四风"。本章提出,形式主义、官僚主义、享乐主义和奢靡之风这"四风",是我们党对目前国内特别是党内存在的"官场病"作出的新概括。反对"四风"问题,直接说是全面从严治党、加强党风政风建设问题,是解决党群政群关系问题;从根本上说,是加强民主政治建设、发展党内民主和人民民主问题。本章论证了"官场病"是古今中外官场通病,是与国家体制密切相连的官僚政治病,是官僚政治的必然产物和集中体现。本章联系世界社会主义的发展进程,对社会主义国家的"官场病"进行了历史回顾与反思,着重对社会主义国家"官场病"产生和存在的原因(包括历史的和现实的诸多原因)进行深入剖析,有力地说明:社会主义国家的官场病,与国家经济政治体制密切相连,就其根本性质来说,它是一种体制病。社会主义国家长期实行的集权型体制,是社会主义条件下官场病产生和存在的直接根源或者说根本原因。本章论证了整治官场病是社会主义国家的历史性课题,明确提出,社会主义国家的官场病,是一种历史综合症。这种贯通古今、遍及中外的官场通病,本是国家的伴生物,要与国家同消长、共始终。只要社会上还存在着阶级、政党和国家政权，只要社会上还存在着工业和农业、城市和乡村、体力劳动和脑力劳动的差别，只要社会上还存在着种种不平等现象，形式主义、官僚主义、享乐主义和奢靡之风这类官场弊害，就有长期存在的社会基础和客观条件。整治社会主义国家中的官场顽症，不能指望速战速决，毕其功于一役，而必须立足于斗争的长期性、战略性，打一场有谋划、有准备、有成效的攻坚战和持久战。打好这场攻坚战和持久战的总体战略方针，是标本兼治，综合治疗。本章强调，要在从严治党中整治"四风"。要把反"四风"改作风作为全面从严治党的着力点，抓作风建设要抓常、抓细、抓长，围绕权力运行扎紧织密制度笼子，完善和落实党风廉政建设责任制，织密人民监督之网。

第八章，阐述了网络民主是信息时代民主政治的新形式，是世界政治文明发展的最新成果。本章提出：网络民主是网络技术与民主政治相结合的产物和表现，是当代信息社会民主政治的新形式，是民主的信息化或信息化的民主；网络民主不是独立的民主形态，而是内在地融入当代现实民主政治之中，是当代民主政治的新理念、新机制、新模式；网络民主的作用范围是覆盖全社会的，随着社会主义民主政治建设的逐步深入推进，网络民主能够全方位、多层面、多领域地发挥重要作用。本章在借鉴国内外学者研究成果的基础上，阐明了网络民主的主要特征：一是网络民主主体的普遍性和平等性；二是网络民主权利的广泛性和全面性；三是网络民主活动的公开性和开放性；四是网络民主参与的直接性和便捷性；五是网络民主过程的互动性和程序性；六是网络民主功能的双重性（既能释放巨大正能量，又可能给社会秩序和社会稳定带来极大干扰和破坏）。本章着重阐述了网络技术对民主政治建设的重要促进作用，强调要积极创造条件，促进网络民主健康安全有序发展。坚持网络自由与网络纪律的辩证统一，坚持网络民主和网络法治的辩证统一。加快完善互联网管理领导体制。加强网络民主法治建设，实现网络民主法治化，切实保障网络安全。建好用好网络平台，有效发挥网络民主功能。大幅提升信息化水平，加快实现网络公平。

第九章，围绕着共产党的领导是实现中华民族伟大复兴和人民民主的关键这个核心，就许多相关的重大问题作了全面展开和深度论证。本章论证了一个"关键"，即党的领导是实现中华民族伟大复兴和人民民主的关键，这个关键是由这些因素决定的：一是坚持党的领导，这是历史的选择、人民的选择；二是坚持党的科学理论和正确道路，这是党的正确领导的显著标志，也是实现中华民族伟大复兴的根本保证；三是坚持从严治党，保持党同人民血肉联系，这是实现党的领导和中华民族伟大复兴的关键；四是由坚持马克思主义政党的特殊本质和品格决定的，这个特殊本质和品格突出表现在习近平总书记所概括的敢于直面问题、纠正错误，勇于从严治党、捍卫党纪，善于自我净化、自我革新，这正是我们党作为郑重马克思主义政党的标志。本章论证了一个"根本"，即实现党的领导和中华民族伟大复兴，根本的是执政党坚持人民主体地位，因为人民是创造历史的真正动力，社会主义制度的本质是人民当家作主，人民群众是共产党的力量源泉和胜利之本。本章论证了一条"原理"，即实现党的领导，必须坚持一个根本原理——党的领导地位和人民主体地位的统一，这个统一是我们党领导人民进行革命、建设、改革的根本原理，也是进行革命、建设、改革的基本经验，又是夺取中国特色社会主义新胜利的基本要求。在长期的革命、建设、改革的实践中，我们党形成了党的领导和人民主体地位相统一的经典论断，如共产党的路线是人民的路线，共产党的根本工作路线是群众路线，共产党除了人民群众的利益没有自己特殊的利益。本章论证了一条"保证"，即坚持党的干部是人民的公仆，是实现党的领导和人民主体地位统一的根本保证。党的干部是人民的公仆，这是由党的干部的地位和作用决定的，只有做到党的干部是人民的公仆，才能做到党的领导和人民当家作主的统一。党的干部是人民的公仆，不仅为党的章程所明确规定，也是马克思主义的一贯主张。本章对马克思主义公仆思想进行了大跨度的历史性考察和深入分析。马克思主义公仆思想从其创始人开始一路走来，至今已近一个半世纪，直至习近平的公仆论，内容丰富多彩，思想博大精深，包括一是何谓公仆即党员、干部与人民群众的关系的定位，二是怎样当好公仆，三是怎样防止公仆变主人，四是怎样惩治颠倒主仆关系即变质了的"公仆"。习近平的公仆思想有五个鲜明特点：一是为从根本上摆正公仆和主人的关系，深入阐述马克思主义群众观点、群众路线和人民主体地位思想，并在实践中领导全党开展党的群众路线教育实践活动；二是为解决群众痛恨的颠倒了主仆关系而变了质的"公仆"的腐败问题，深入阐述反腐败斗争关系党和国家的生死存亡，并在实践中坚持"老虎""苍蝇"一起打，带领全党建立制度铁笼；三是为解决群众反映强烈的有损公仆形象和党群关系的作风问题，深入阐述党的作风问题是关系党和人民事业兴衰成败的大事，并在实践中制定和带头遵守作为党风切入口的"八项规定"，带领全党重在建章立制；四是为重塑公仆形象，鲜明地强调"自我净化、自我完善、自我革新、自我提高"的新要求，以确保党的先进性和纯洁性，确保党始终成为中国特色社会主义事业的坚强领导核心；五是为伸张和弘扬正气，一以贯之、频繁直接使用"公仆"概念，并在实践中树立公仆标杆，重申党员、干部是人民公仆的角色定位。本章阐述党的干部是人民公仆必须解决好这样几个问题：树立正确权力观、探索民主治腐路、切实破除"官本位"、坚决破除小圈子、官员雷语怨言析（包括"你替党说话还是替老百姓说话""官不聊生""为官不易""当官不发财，请我也不来"，等等）。只要我们的党员、干部，特别是领导干部这个"关键少数"，按照全面从严治党的要求，强化自我修炼、自我约束、自我塑造，切实做到"三严三实"，炼就"金刚不坏之身"，永葆人民公仆本色，我们党就有牢固的根基，就有鲜活的血脉，就有无穷的力量，就能始终成为中国特色社会主义事业的坚强领导核心，就能团结和带领全国各族人民，满怀自信，发愤为雄，在中国特色社会主义旗帜下，积极推进"四个全面"战略布局，为实现富强民主文明和谐的社会主义现代化和中华民族的伟大复兴而奋斗！

附录是本书不可缺少的尾部，不仅内容与正文紧密相关，而且记载的是历史或现实中影响深远的重大事件，或对重大事件的深切反思，或在重大事件背景下的亲身体验。它本是独立的，但作为本书的附录又成为本书珍贵的一部分。

附录一，阐述了习近平总书记关于纪念中国抗日战争、世界反法西斯战争胜利70周年和联合国成立70周年一系列重要讲话的深刻思想内容：一是高扬和平正义旗帜，彰显中国主张，揭示抗战性质和和平正义必胜的伟大真理；二是高扬爱国主义旗帜，彰显中国精神，揭示抗战必胜和实现中华民族伟大复兴的精神动力；三是高扬统一战线旗帜，彰显中国力量，揭示中国共产党的中流砥柱作用是抗战胜利的关键；四是高扬民族复兴旗帜，彰显中国梦想，揭示抗战胜利对开启中华民族浴火重生、伟大复兴征程的伟大意义和光明前景；五是高扬人类文明旗帜，彰显中国智慧，揭示各种文明互流互鉴和谐共存规律和合作共赢发展新路。本附录创造性地概括了习近平构建的新型国际关系理论体系："和平、发展、公平、正义、民主、自由是全人类的共同价值"是新型国际关系的总依据，"构建以合作共赢为核心的新型国际关系，打造人类命运共同体"是新型国际关系的总任务，

"建立平等相待、互商互谅的伙伴关系，营造公道正义、共建共享的安全格局，谋求开放创新、包容互惠的发展前景，促进和而不同、兼收并蓄的文明交流，构筑尊崇自然、绿色发展的生态体系"是新型国际关系"五位一体"的总布局。

附录二，阐述了作为列宁政治遗嘱的《给代表大会的信》的背景、内容和此信遭遇的命运以及后来与此相关的苏联政治大风波和国际思想大争论。本附录阐明，列宁在病重病危中分6天口授的遗嘱，一共3000多字，没有任何"民主"或"党内民主"的字样，但全信通篇都体现了"党内民主"的重要思想：一是他临终不指定接班人，而是着眼于党内民主制度建设，着眼于党的制度的改革，首先着眼于改革中央委员会的构成；二是信是专门写给党代表大会的，而不是有关机构，因为党代表大会是党的最高权力机关；三是建议增加中央委员会的人数，新增的人必须是工人农民党员，以此用权力配置和权力制衡来解决权力过分集中在极少数人特别是集中到斯大林一人身上的弊端；四是对6位中央领导人的德才表现和优缺点作了客观公正评价，以供代表大会选举领导人作参考，也期望他们扬长避短、知错补过、避免冲突、防止分裂；五是列宁对6位领导人的评价，体现列宁善于团结不同意见特别是反对自己的同志一起工作的民主作风，指出"斯大林太粗暴"，建议把他从总书记职位上调开；六是为加强对党中央高层、对总书记和政治局的监督，强调加强中央监察委员会。本附录指明，这封给代表大会的信，长时间没有全文在代表大会上传达，一直到1956年苏共召开二十大，赫鲁晓夫在秘密报告中宣读了这个遗嘱，从而掀起了"斯大林问题"的政治大风波。本附录又指明，苏共批评斯大林，毛泽东心情复杂，既有喜，也有忧，喜的是可以破除迷信，解放思想，敢讲真话，独立思考，忧的是全盘否定斯大林，会引起思想混乱和严重后果。毛泽东反复强调要从中总结和吸取经验教训：一是破除那种认为苏联、苏共、斯大林一切都正确的迷信，应该把马列主义的基本原理同中国革命和建设实际相结合，进行第二次结合，努力探索和找出在我国怎样建设社会主义的具体道路；二是用制度来防止个人崇拜，保证集体领导的实施；三是确认社会主义社会存在矛盾，基本的矛盾就是生产关系同生产力、上层建筑同经济基础的矛盾，这些矛盾表现为人民内部矛盾；四是由于斯大林的个人崇拜，违反集体领导和民主集中制，破坏国家法制，发生了肃反扩大化，造成不少冤假错案，斯大林严重破坏社会主义法制这样的事件，在英、法、美这样的西方国家不可能发生。本附录还指出，列宁在遗嘱中说："斯大林掌握了无限的权力，他能不能永远十分谨慎地使用这一权力，我没有把握。"列宁的话不幸言中，教训不可不谓深刻。后来苏联解体、东欧剧变、苏共执政地位丧失，原因是多方面的，但苏共长期以来党内民主和国家法制遭到破坏，可以说早已埋下了祸根，教训不可不谓深刻。毛泽东总结斯大林问题的经验教训，但后来发生"文化大革命"这样的悲剧，教训也不可不谓深刻。十一届三中全会以来，我们党深刻总结了历史经验教训，提出"党内民主是党的生命""人民民主是社会主义的生命"。让我们牢记"党内民主是党的生命"，把我们党建设成最具生命力的党！让我们牢记"人民民主是社会主义的生命"，把我们国家建设成最具生命力的中国特色社会主义国家！

附录三，记载了作者在习近平总书记提出实现中华民族伟大复兴的中国梦后，在全国热议中国梦、不少地方和单位举办"中国梦·我的梦""我的中国梦"活动背景下，自己学习宣传十八大精神和习近平总书记一系列重要讲话，领悟"融入中国梦的我的梦"。附录三真实地体现了作者对中国特色社会主义高度自觉的政治认同、理论认同和情感认同，也真切地反映了作者对习近平总书记提出的"永远紧跟党高高举起中国特色社会主义伟大旗帜"的实践体验。十八大报告发表后，作者一字一句地学，扎扎实实地学。习近平总书记的系列重要讲话陆续发表后，作者如饥似渴地学，认真刻苦地学，真学、真用、真写，已根据十八大报告提出的中国特色社会主义道路、理论体系、制度"三个自信"，先后出版《道路自信——中国共产党与中国特色社会主义道路》和《理论自信十讲》两本专著。正当这两本专著出版时，作者看到报上刊发的习近平总书记在中央党校建校80周年庆祝大会暨2013年春季学期开学典礼上的讲话，讲话强调了以学益智、以学修身、以学增强本领三方面的重要意义，要求领导干部应该把学习作为一种追求、一种爱好、一种健康的生活方式，做到好学乐学，如饥似渴地学，沉下心来学，持之以恒地学。作者表示："习近平总书记的谆谆教诲应该成为我们的座右铭"，"终身看书学习要养成习惯，活到老，学到老，生命不息，学习不止，写作不停；学习和研究我们党的指导思想和创新理论，是我的生命，我的寄托，我的追求，我的真爱，我的生活方式"。附录三生动地印证了习近平总书记以下论断的科学性、真理性：每个人都有理想和追求，都有自己的梦想，现在大家都在讨论中国梦，实现中华民族伟大复兴就是中华民族近代以来最伟大的梦想；中国梦的本质是国家富强、民族振兴、人民幸福；中国梦是国家的、民族的，也是每一个中国人的；每个人的前途命运都与国家和民族的前途命运紧密相连，国家好、民族好，大家才会好；只有每个人都为美好梦想而奋斗，才能汇聚起实现中国梦的磅礴力量；只有把人生理想融入国家和民族的事业中，才能最终成就一番事业；只有把自己的梦想融入人民实现中国梦的壮阔奋斗中，为实现中国梦奉献智慧和力量，为坚持和发展中国特色社会主义作出贡献，才能把自己的名字写在中华民族伟大复兴的光辉史册之上；生活在我们伟大祖国和伟大时代的中国人民，共同享有人生出彩的机会，共同享有梦想成真的机会，共同享有同祖国和时代一起成长与进步的机会；有梦想，有机会，有奋斗，一切美好的东西都能够创造出来。①

后记，为全书结尾，不可或缺。后记阐述了三位作者著书梦与中国梦的关系，本书既是一本中国特色社会主义民主专著，又是一本中国特色社会主义制度专著，是作者的圆梦之作，既是作者民主专著三部曲的第三部，又是中国特色社会主义"三个自信"三部曲的第三部，既体现作者不负习近平总书记"永远紧跟党高高举起中国特色社会主义伟大旗帜"的殷殷嘱托，又体现作者作为党员理论工作者义不容辞的责任担当。后记记载了作者的如下期待：习近平总书记以顽强的意志品质，卓越领导全党和全国人民，在遏制腐败蔓延势头的同时，坚定治理污浊的政治生态、净化恶劣的从政环境和社会环境，我们的党风、社会风气和政治生态一定会全面好起来。后记最后传递了作者愿与广大读者共勉的心声：对中国特色社会主义，坚定"三个自信"——道路自信、理论自信、制度自信；对习近平总书记系列重要讲话精神，坚定"三个认同"——政治认同、理论认同、情感认同。

---

① 《习近平关于实现中华民族伟大复兴的中国梦论述摘编》，中央文献出版社，2013，第3、7、16～17、40、48页。

第一章

民主是实现中华民族伟大复兴
中国梦的必由之路

实现中华民族伟大复兴的中国梦，必须走好民主路。

民主是跳出人亡政息的"历史周期率"的必由之路。党内民主是党的生命。人民民主是社会主义的生命。

人民民主是我们党始终高扬的光辉旗帜。改革开放以来，随着社会主义现代化建设的蓬勃发展，我国的社会主义民主政治建设走上了健康发展的新轨道。

党的十八大以来，以习近平为总书记的党中央采取了一系列重大举措，全面深化改革，全面推进依法治国，全面从严治党，着力发展社会主义民主政治，建设社会主义法治国家，坚定不移走中国特色社会主义政治发展道路，坚定不移走中国特色社会主义法治道路，着力加强党风廉政建设和反腐败斗争，着力解决形式主义、官僚主义、享乐主义和奢靡之风这"四风"问题，取得了显著成效，深得党心民心。

第一节 "历史周期率"理论的当代价值

一 民主是跳出"历史周期率"的必由之路

1945 年 7 月，毛泽东与黄炎培在延安关于"历史周期率"的对话闻名遐迩，这一对话发人深省，探讨与论证了政权更迭的规律，令人深思。

黄炎培（1878.10.1—1965.12.21）字任之，别号抱一，江苏省川沙县人，我国近代爱国主义者，政治活动家，教育家。新中国成立后，曾任政务院副总理兼轻工业部部长，全国人民代表大会常务委员会副委员长，全国政协副主席，中国民主建国会主任等职。

1945年7月1日，黄炎培等七位民主人士应邀到达革命圣地延安访问，历时95个小时，与中共党政军领导人多次会谈，他们对延安所见所闻感触甚多。当时抗日战争胜利在即，黄炎培把希望寄托于中国共产党。

他与毛泽东关于"历史周期率"的谈话，发自肺腑，高瞻远瞩，其内容如下。

黄炎培说："我生六十多年，耳闻的不说，所亲眼看到的，真所谓'其兴也勃焉'，'其亡也忽焉'，一人，一家，一团体，一地方，乃至一国，不少不少单位都没有能跳出这周期率的支配力。大凡初时聚精会神，没有一事不用心，没有一人不卖力，也许那时艰难困苦，只有从万死中觅取一生。既而环境渐渐好转了，精神也就渐渐放下了。有的因为历时长久，自然地惰性发作，由少数演为多数，到风气养成，虽有大力，无法扭转，并且无法补救。也有为了区域一步步扩大了，它的扩大，有的出于自然发展，有的为功业欲所驱使，强求发展，到干部人才渐见竭蹶、艰于应付的时候，环境倒越加复杂起来了，控制力不免趋于薄弱了。一部历史，'政怠宦成'的也有，'人亡政息'的也有，'求荣取辱'的也有。总之没有能跳出这周期率。中共诸君从过去到现在，我略略了解的了，就是希望找出一条新路，来跳出这周期率的支配。"

毛泽东答："我们已经找到新路，我们能跳出这周期率。这条新路，就是民主。只有让人民来监督政府，政府才不敢松懈。只有人人起来负责，才不会人亡政息。"

黄炎培想："这话是对的。只有大政方针决之于公众，个人功业欲才不会发生。只有把每一地方的事，公之于每一地方的人，才能使地地得人，人人得事。把民主来打破这周期率，怕是有效的。"①

黄炎培的提问宏观人类历史发展，探求人类历史曲折前进的历史规律。马克思认为，人类历史的发展不可能直线前进，必然经过曲折道路，反映出否定之否定的规律。马克思指出："一切发展，不管其内容如何，都可以

---

① 黄炎培：《八十年来：黄炎培自述》，文汇出版社，2000，第204~205页。

看做一系列不同的发展阶段，它们以一个否定另一个的方式彼此联系着。"①黄炎培所说的"周期率"，正是从辩证发展的视角体现了这一规律。

我国自有文字记载以来经历了上下五千年的历史，除短暂的历史时期外，较长的历史时期有夏、商、周、西汉、东汉、唐、宋、元、明、清。这些较长的历史朝代，大体上都经历了初期的繁荣，中期的曲折，晚期的衰败。

毛泽东针对黄炎培的提问，作出了切中要害的回答："我们已经找到新路，我们能跳出这周期率。这条新路，就是民主。"民主是跳出"历史周期率"的必由之路，这是颠扑不破的真理。

二　我们党对"历史周期率"的深刻反思

中国共产党成立90多年来，我们党紧紧依靠人民，把马克思主义基本原理同中国实际和时代特征相结合，坚持独立自主，走自己的路，历经千辛万苦，付出各种代价，取得革命、建设和改革的伟大胜利，开创和发展了中国特色社会主义，从根本上改变了中国人民和中华民族的前途命运。我们党带领全国各族人民完成了新民主主义革命，进行了社会主义改造，确立了社会主义基本制度，成功实现了中国历史上最深刻最伟大的社会变革，为当代中国一切发展进步奠定了根本政治前提和制度基础。我们党领导中国的社会主义建设，既取得了独创性的理论成果和巨大成就，也发生过严重错误。这正反两个方面的经验教训，都与对民主建设的认识有密切关系。1945年4月，在世界反法西斯战争和中国人民抗日战争即将取得胜利的时刻，毛泽东在党的第七次全国代表大会上所作《论联合政府》的报告提出，共产党领导解放后的全国人民，走团结和民主的路线，"将中国建设成为一个独立、自由、民主、统一和富强的新国家"。② 在这里，他把民主作为新中国建设总目标的重要内容。1957年，毛泽东在《关于正确处理人民内部矛盾的问题》中提出："民主这个东西，有时看来似乎是目的，实际上，只是一种手段。"③ 这种观点显然是不恰当的，实际上降低了民主建设的重要地位，必然导致忽视民主建设的倾向。1958～1962年，我国经济遇到暂时困难。1962年1月，毛泽东在《扩大的中央工作会议上的讲话》

---

① 《马克思恩格斯选集》第1卷，人民出版社，1972，第169页。
② 《毛泽东选集》第3卷，人民出版社，1991，第1030、1053页。
③ 《毛泽东文集》第7卷，人民出版社，1999，第208～209页。

（即七千人大会上的报告）中，重点强调了发扬党内民主，开展批评与自我批评的重要性。他指出："没有民主，不可能有正确的集中，因为大家意见分歧，没有统一的认识，集中制就建立不起来。""我们的集中制，是建立在民主基础上的集中制。无产阶级的集中，是在广泛民主基础上的集中。"①那段时间，由于党内民主生活开展得比较好，充分听取党内外的批评意见，国民经济很快恢复，经济困难得以克服。1957 年的反右派斗争和 1959 年的反对右倾机会主义斗争，使党的民主制度建设遭到很大冲击。尤其是十年"文化大革命"，未经中央集体讨论研究，一人发动、一人领导，党内民主和人民民主都遭到极大破坏。这些经验教训，必须认真吸取。

恩格斯说过："伟大的阶级，正如伟大的民族一样，无论从哪方面学习都不如从自己所犯错误的后果中学习来得快。"② 20 世纪 80 年代末 90 年代初，国内发生严重政治风波，东欧剧变、苏联解体，世界社会主义出现严重曲折，我国社会主义事业的发展面临空前巨大的困难和压力。在这个决定党和国家前途命运的重大历史关头，党中央冷静观察、沉着应对，科学判断和全面把握国内国际两个大局，坚持党的基本理论、基本路线不动摇，按照体现时代性、把握规律性、富于创造性的要求，不断地研究新情况，解决新问题，总结新经验，为持续推进改革开放和现代化建设适时地作出一系列重大部署，成功地实现了经济持续发展，民主法治加强，国内民族团结，社会和谐稳定。

我们党从 1992 年党的十四大到 2012 年党的十八大，每一次党的全国代表大会，都承前启后，高屋建瓴，深刻总结党领导人民建设中国特色社会主义必须坚持的基本经验。

1992 年，党的十四大在回顾改革开放 14 年来的伟大实践基础上，明确指出："十四年伟大实践的经验，集中到一点，就是要毫不动摇地坚持以建设有中国特色社会主义理论为指导的党的基本路线。这是我们事业能够经受风险考验，顺利达到目标的最可靠的保证。"③ 党的十四大强调，坚持党的基本路线不动摇，关键是坚持以经济建设为中心不动摇，必须把改革开放同四项基本原则统一起来，必须巩固和发展团结稳定的政治局面。基本路线不变，社会政治稳定，有了这两条，我们就能够立于不败之地。

---

① 《毛泽东文集》第 8 卷，人民出版社，1999，第 293~294 页。

② 《马克思恩格斯选集》第 1 卷，人民出版社，2012，第 79 页。

③ 《十四大以来重要文献选编》（上），人民出版社，1996，第 14 页。

1997 年，党的十五大报告指出："全党要毫不动摇地坚持党在社会主义初级阶段的基本路线，把以经济建设为中心同四项基本原则、改革开放这两个基本点统一于建设有中国特色社会主义的伟大实践。这是近二十年来我们党最可宝贵的经验，是我们事业胜利前进最可靠的保证。"① 同时，十五大报告论述了党在社会主义初级阶段的基本纲领，提出了中国特色社会主义的经济、政治、文化的基本目标和基本政策。

2002 年，党的十六大报告总结了"十条基本经验"：一是坚持以邓小平理论为指导，不断推进理论创新；二是坚持以经济建设为中心，用发展的办法解决前进中的问题；三是坚持改革开放，不断完善社会主义市场经济体制；四是坚持四项基本原则，发展社会主义民主政治；五是坚持物质文明和精神文明两手抓，实行依法治国和以德治国相结合；六是坚持稳定压倒一切的方针，正确处理改革发展稳定的关系；七是坚持党对军队的绝对领导，走中国特色的精兵之路；八是坚持团结一切可以团结的力量，不断增强中华民族的凝聚力；九是坚持独立自主的和平外交政策，维护世界和平与促进共同发展；十是坚持加强和改善党的领导，全面推进党的建设新的伟大工程。②

2007 年，党的十七大总结了"十个结合"的宝贵经验：把坚持马克思主义基本原理同推进马克思主义中国化结合起来，把坚持四项基本原则同坚持改革开放结合起来，把尊重人民首创精神同加强和改善党的领导结合起来，把坚持社会主义基本制度同发展市场经济结合起来，把推动经济基础变革同推动上层建筑改革结合起来，把发展社会生产力同提高全民族文明素质结合起来，把提高效率同促进社会公平结合起来，把坚持独立自主同参与经济全球化结合起来，把促进改革发展同保持社会稳定结合起来，把推进中国特色社会主义伟大事业同推进党的建设新的伟大工程结合起来。③ 这"十个结合"，是我们这样一个十几亿人口的发展中大国摆脱贫困、加快实现现代化、巩固和发展社会主义的宝贵经验。

2012 年，党的十八大报告总结提出了"八个必须坚持"的基本要求：必须坚持人民主体地位，必须坚持解放和发展社会生产力，必须坚持推进改革开放，必须坚持维护社会公平正义，必须坚持走共同富裕道路，必须

---

① 《十五大以来重要文献选编》（上），人民出版社，2000，第 18 页。
② 《十六大以来重要文献选编》（上），中央文献出版社，2005，第 6~8 页。
③ 《十七大以来重要文献选编》（上），中央文献出版社，2009，第 8 页。

坚持促进社会和谐，必须坚持和平发展，必须坚持党的领导。①

这些宝贵经验，既一脉相承，又与时俱进。这些宝贵经验，有力地表明：我们党既善于理论思维，又善于总结实践经验，是一个政治上坚定、理论上成熟的马克思主义政党。

2013 年，党的十八届三中全会吹响了全面深化改革的进军号。《中共中央关于全面深化改革若干重大问题的决定》强调，改革开放的成功实践为全面深化改革提供了重要经验，必须长期坚持。全会进一步总结出我国改革开放的四条最重要的经验，就是：坚持党的领导，贯彻党的基本路线，不走封闭僵化的老路，不走改旗易帜的邪路，坚定走中国特色社会主义道路，始终确保改革正确方向；坚持解放思想、实事求是、与时俱进、求真务实，一切从实际出发，总结国内成功做法，借鉴国外有益经验，勇于推进理论和实践创新；坚持以人为本，尊重人民主体地位，发挥群众首创精神，紧紧依靠人民推动改革，促进人的全面发展；坚持正确处理改革发展稳定关系，胆子要大、步子要稳，加强顶层设计和摸着石头过河相结合，整体推进和重点突破相促进，提高改革决策科学性，广泛凝聚共识，形成改革合力。②

2013 年 1 月 22 日，习近平在十八届中纪委第二次全体会议上的讲话指出："腐败是社会毒瘤。如果任凭腐败问题愈演愈烈，最终必然亡党亡国。我们党把党风廉政建设和反腐败斗争提到关系党和国家生死存亡的高度来认识，是深刻总结了古今中外的历史教训的。中国历史上因为统治集团严重腐败导致人亡政息的例子比比皆是，当今世界上由于执政党腐化堕落、严重脱离群众导致失去政权的例子也不胜枚举啊！"③

2013 年 4 月 19 日，习近平在十八届中央政治局第五次集体学习时的讲话中说："我们都知道，一九四五年，毛泽东同志在回答黄炎培提出中国共产党如何跳出中国历代王朝兴亡的历史周期率时说：只有让人民来监督政府，政府才不敢松懈；只有人人起来负责，才不会人亡政息。我们党是中国工人阶级的先锋队，同时是中国人民和中华民族的先锋队，我们党的宗旨是全心全意为人民服务。只要我们始终坚持党的性质和宗旨，不变色，

---

① 胡锦涛：《坚定不移沿着中国特色社会主义道路前进　为全面建成小康社会而奋斗》，人民出版社，2012，第 14～15 页。

② 《中共中央关于全面深化改革若干重大问题的决定》，人民出版社，2013，第 6 页。

③ 习近平：《在第十八届中央纪律检查委员会第二次全体会议上的讲话》，《习近平关于党风廉政建设和反腐败斗争论述摘编》，中央文献出版社、中国方正出版社，2015，第 5 页。

不变质，就一定能够跳出这个历史周期率。"他强调指出："核心的问题是党要始终紧紧依靠人民，始终保持同人民群众的血肉联系，一刻也不脱离群众。要做到这一点，就必须坚定不移把党风廉政建设和反腐败斗争深入进行下去。人民群众最痛恨各种消极腐败现象，最痛恨各种特权现象，这些现象对党同人民群众的血肉联系最具杀伤力。一个政党，一个政权，其前途和命运最终取决于人心向背。我们必须下最大气力解决好消极腐败问题，确保党始终同人民心连心、同呼吸、共命运。"①

十八大以来的实践证明，中国共产党人和中国人民，正高擎中国特色社会主义大旗，在以习近平为总书记的新一届党中央领导下，坚持"四个全面"战略布局，锐意进取，攻坚克难，谱写改革开放伟大事业历史新篇章，为全面建成小康社会、不断夺取中国特色社会主义新胜利、实现中华民族伟大复兴的中国梦而奋斗。

第二节　苏共覆亡的前车之鉴

一　苏共覆亡的标志与成因

20 世纪人类经历了两大灾难（两次世界大战）和两大震撼（1917 年 11 月 7 日的十月革命、1991 年的苏联解体）。这两大灾难和两大震撼给 20 世纪人类带来巨大影响。

苏共覆亡的过程是：1991 年 8 月 22 日，叶利钦（时任苏共莫斯科市委书记、苏共中央政治局委员）宣布苏共为非法组织，8 月 23 日，叶利钦下令禁止苏共活动，查封苏共中央大楼。8 月 24 日，苏共中央总书记戈尔巴乔夫辞去苏共中央总书记的职务，建议苏共中央自行解散。8 月 25 日，全国苏共各地方组织自行解散。

此时，拥有 2000 多万党员（十月革命时只有两万党员），曾由共产党执政 74 年，打败过希特勒几百万军队，二战后两个超级大国之一的苏联，顷刻瓦解，像毁掉地基的大厦一样轰然倒塌。此时全国人民、全国共产党员没有进行任何反抗。

国内外学界对苏联解体、苏共覆亡的成因探析，大体上有四种观点：

---

① 习近平：《在十八届中央政治局第五次集体学习时的讲话》，《习近平关于党风廉政建设和反腐败斗争论述摘编》，中央文献出版社、中国方正出版社，2015，第 6~7 页。

（1）叶利钦、戈尔巴乔夫的叛卖论；（2）经济崩溃论；（3）帝国主义和平演变论；（4）自掘坟墓论。我们认为，上面所说的这几种观点，都有一定道理，也可以说都是导致苏联解体、东欧剧变的重要因素，但不能把其中的某一个方面或某一种因素，说成是苏联解体、东欧剧变的全部原因。我们分析苏联解体、苏共覆亡的真正原因，应当坚持"历史合力论"。恩格斯说过：在重大历史事件中，"有无数互相交错的力量，有无数个力的平行四边形，由此就产生出一个合力，即历史结果"。① 苏联解体、苏共覆亡，是多种因素综合作用的结果。所谓综合因素，有历史的、现实的，有国内、国外的，有党内、党外的，有经济的、政治的、社会的、思想的、文化的，有政党组织的、社会组织的、领导者个人的，有执政党的指导思想、政治路线的，等等。唯物辩证法告诉我们，事物的发展变化，外因是条件，内因是根据，外因通过内因而起作用。决定事物变化的根本原因是内因。苏共覆亡的根本原因，是苏共的自我蜕化、自我腐败、自我政变，是"自杀"而不是"他杀"。人民群众对苏共态度的逻辑链条是：拥护—不满—失望—冷漠—愤怒—抗议。苏共是被广大人民所唾弃的。

纵观世界上第一个社会主义国家"其兴也浡焉""其亡也忽焉"的历史过程，我们清楚地看到，苏共是从长期的"左"，发展到后期的右。据有的学者分析，苏联在 74 年的社会主义建设中，约有 60 年之久都是推行封闭僵化的过"左"路线，只有 1921～1929 年这 9 年奉行新经济政策是正确的，其间也还有局部"左"的错误。苏联长期实行高度集中、封闭僵化、拒不改革的社会主义模式，其间有几次小的改革尝试，但由于受到教条主义和传统体制的束缚，无法冲破利益固化的藩篱，因而收效甚微。封闭僵化的体制改不动，民主政治得不到发展，人民群众的积极性调动不起来，经济就得不到发展，人民群众的生活就得不到改善。封闭僵化的体制，已经在整体上成了苏联社会主义发展的障碍。到 20 世纪 80 年代，国际竞争日趋激烈，新科技革命迅猛发展，高度集中、封闭僵化的计划经济体制和官僚主义的政治体制已经难以为继，改革的大潮不可阻挡。要改革了，但是改革什么、怎么改，当时苏共中央领导人在国内外压力下，不分青红皂白，不坚持马克思主义，不坚持社会主义基本制度，从搞意识形态的多元化，发展到搞政治多元化，照搬西方的议会制和多党制，造成政局动乱。20 世纪

---

① 《马克思恩格斯选集》第 4 卷，人民出版社，2012，第 697 页。

80 年代中期，戈尔巴乔夫上台的前两年依然是"左"。只是到 1987 年底，他抛出《改革与新思维》，尤其是 1988 年 6 月苏共第十九次代表会议之后接受"人道的民主的社会主义"思想路线，政治上全面转向右，引进西方的议会制和多党制，将"改革"变成"改向"，使苏共陷入了政治、经济、社会、民族和国家的全面而深刻的危机，以致丧失了解决自身问题的能力，最终遭到民众抛弃。当然，在这个过程中，西方国家的"和平演变"战略也在起作用。

苏联解体、苏共覆亡，最根本的原因，是苏共的腐败和背离、抛弃马克思主义。苏联虽然是社会主义国家，但封建专制主义流毒甚重，从一定意义上说，苏联是封建社会主义。苏共领导人实行个人集权制、终身制（任职直到老死）、世袭制（个人指定接班人是变相的世袭制）、缺乏民主和法制，严重脱离群众。在苏联，特别是后期，人民当家作主成为一句空话。苏联的社会主义，与民主、法治、自由、人权、人道、文明、人的全面发展，完全背道而驰。苏联解体后，俄共中央总书记久加诺夫说过，苏联解体、苏共覆亡的根本原因，是苏共对财产、权力和真理的垄断。意识形态垄断，大搞一言堂；权力垄断，大搞政治暴力；利益垄断，大搞特权。垄断真理的意识形态制度，垄断权力的政治法律制度，使得苏共攫取了凌驾于政府和法律之上的特权，几十年如一日地压迫人民。垄断资源与经济利益的封建特权制度，使得苏共特权官僚集团几十年如一日地盘剥人民，为了永远垄断真理、垄断权力、垄断资源与经济利益，苏共防民甚于防贼，终于官逼民反，走向灭亡。这三个垄断表明，苏联社会主义的实质，是具有封建专制性质和特征的社会主义。

苏联解体、苏共覆亡，不是社会主义的失败，而是苏联社会主义模式的失败。有着 70 多年社会主义历史的苏联最终解体、苏共覆亡，从执政党的理论、路线和发展道路方面说，最大的错误、最主要的教训就是：前期走的是封闭僵化的老路，后期走的是改旗易帜的邪路。苏联的社会主义模式必须改革，但改革必须坚持共产党的领导，必须坚持社会主义基本制度，必须坚持走社会主义道路，必须确保社会主义体制改革的正确方向。历史性的错误带来历史性的教训，历史性的教训带来历史性的大彻大悟。对苏联模式的深刻反思，就意味着符合时代特征、科学发展要求和本国国情的社会主义新模式的孕育和诞生。这就是历史的辩证法。

二　苏共领导人享受特殊高待遇和种种特权

1. 苏共领导的高工资待遇和"封口钱袋"

苏联建国之初，共产党各部门领导人最高工资不超过熟练的工人。列宁工资每月500卢布，低于高级专家。1918年，人民委员会秘书事先取得办公室主任同意后，将列宁月薪由500卢布提到800卢布，列宁给他严重警告处分。1924年，共产党员厂长的月薪为187.9卢布，非党员厂长月薪为309.5卢布。

1945年4月起，苏共领导月薪迅速提高。中央工业部部长月薪27000卢布，比教授高6~7倍，比工程师、医生、熟练工人高20~25倍。

二战后，苏共建立起一种"党内津贴袋"附加工资制，该津贴袋是一个封口的信封袋，按月发出，根据职务的高低和受重用的程度，从几百到几万不等。领导者严守秘密，走漏消息要遭到严厉处罚。斯大林表面很简朴，"一件大元帅服也打了补丁"。但他实际上有许多社会兼职，每个社会兼职每月都送来一袋钱，"他连封条都懒得拆"。[①]

2. 苏共领导享有名目繁多的特权：豪华别墅、"特种商店"和"特种餐厅"等

（1）豪华别墅

从中央到地方各级官员，均有一处或几处别墅，少则花几十万卢布，多则花上百万卢布。凡是名胜地、风景区、海滨、避暑胜地，几乎全部被大小官员的别墅所占据。

从20世纪30年代初开始，人们为斯大林大规模修建"专用别墅"，用于支付斯大林家庭"豪华生活"的公款不受限制。斯大林在南方就有好几座别墅。

叶利钦初到为他分配的别墅时，"被它巨大的面积所惊呆"，"都弄不清楚到底有多少个洗脸间和浴室"，"餐厅里放着一张长达10米的巨大桌子，桌子那一头便是厨房，像是一个庞大的食品加工厂"，"就连我这个政治局候补委员，这样的级别，都配有3个厨师、3个服务员、1个清洁女工，还有1个花匠。"[②]

（2）"特种商店"

苏联的官员享有特供权。各级党政机关均有特设的内部商店、餐厅、

---

① 〔苏〕莉·沙图诺夫斯卡娅：《克里姆林宫内幕》，华夏出版社，1989。
② 〔俄〕鲍·叶利钦：《我的自述》，东方出版社，1992，第129、133~134页。

冷库等。"全莫斯科享受各类特供商品的人总共有 4 万。国营百货大楼有一些柜台是专为上流社会服务的。而那些级别稍稍低一点的头头们，则有另外的专门商店为他们服务。一切都取决于官级高低。"①

（3）"特种餐厅"

"在'食疗餐厅'享用的都是老顾问和苏联部长会议各主管部门的高级领导人、各部委的上层工作人员、人民演员、艺术家、作家、记者……当时在各共和国首都和某些大城市都有类似的餐厅和内部商店。"作家高尔基也像贵族一样被供养起来。他住在金碧辉煌的别墅里，为他服务的就有 40～50 人之多，在他家每天的亲戚朋友食客有数十人。②

（4）其他特权

党的领导干部享有专机、专列、专用的游船和猎场、专职司机以及专用高级轿车。假日休闲和阔气狩猎的所有费用都由公费支出。高级官员的子女，从幼儿园到大学，均有培养他们的专门机构或保送入学的制度。高级军官的儿子直接送至军事院校培养。高级官员免费为自己的子女留下豪华别墅，供他们终身享用。

三　苏共领导人贪污受贿，任人唯亲，生活奢靡

斯大林的厨师和专门为他的厨房采办食品的人员当中，有的当上了陆军少校，有的当上了陆军中将，而且还不断被授予各种勋章。斯大林的儿子瓦西里毕业于航空学院，开始参加反法西斯战争时只是一个 20 岁的上尉，战争结束时就成了一名 24 岁的中将。后来又当了莫斯科军区的首脑，"他要什么有什么，想干什么干什么"，没有什么特权他得不到。③

勃列日涅夫执掌苏共长达 18 年。在此期间他任人唯亲，对下属自由放任、纵容姑息，党内高官腐败泛滥，勃列日涅夫和家人都深陷其中。各级官员的种种腐败事件广为流传，贪污受贿、盗窃国库等行为迅速蔓延。

苏共的许多中央书记、州委书记、边疆区委书记、中央委员都卷入了这些肮脏勾当。赠送贵重礼品，包括赠给总书记，被认为是正当的。一到节日前夕，机要通信部门就忙得不可开交，分发从各方各地区寄给总书记

---

① 〔俄〕鲍·叶利钦：《我的自述》，东方出版社，1992，第 130 页。
② 〔法〕罗曼·罗兰：《莫斯科日记》，上海人民出版社，1995。
③ 〔苏〕斯维特兰娜·阿利卢耶娃：《致友人的二十封信》，中国社会科学出版社，1979，第 230～238 页。

和政治局委员的盒子。这种现象在勃列日涅夫时期特别盛行。勃列日涅夫喜好奉迎，他所得勋章有 200 多枚，他死后，在送葬队伍中专为他捧勋章奖章的就有 44 人。

勃列日涅夫嗜好狩猎和驾驶高速汽车。他收藏了 100 多把豪华猎枪，他的车库里有国产和外国赠送的轿车 30 多辆。他的豪华轿车和豪华猎枪可开展览会。他寻找机会接受馈赠礼物，雅库特自治共和国曾赠送他用黄金和贵重宝石做成的礼物。①

地方官员送给勃列日涅夫的巨大钻石戒指经常被他在外交、会议和媒体采访的公开场合炫耀。他招待尊贵外国元首的经常项目是私人狩猎，所用费用全部由国家财政开支。

苏共领导人的腐败程度早已超过当代资产阶级达官贵族，甚至超过封建社会帝王将相。作为工人阶级先锋队的苏联共产党早已名存实亡，只剩下一个令人嘲笑的空壳。

第三节　改革开放以来我们党高度重视民主政治建设

一　邓小平关于加强社会主义民主和法制建设的重要论述

1979 年 1 月 1 日，邓小平在全国政协举行的座谈讨论《全国人民代表大会常务委员会告台湾同胞书》的会议上的讲话指出："毛主席在一九五七年就提出的那种又有集中又有民主，又有纪律又有自由，又有统一意志又有个人心情舒畅、生动活泼的政治局面，在去年逐渐地形成了。""我们要把这种风气和局面在全国发扬开来、坚持下去"，② 这种"六又"的生动活泼的政治局面，是社会主义民主政治的生动体现，是中国特色社会主义民主生活的鲜明特点。

1979 年 3 月 30 日，邓小平在党的理论工作务虚会上的讲话明确指出："没有民主就没有社会主义，就没有社会主义的现代化。当然，民主化和现代化一样，也要一步一步地前进。社会主义愈发展，民主也愈发展。"③ 这就把社会主义民主建设提到与现代化建设同等重要的地位和高度。在这次

---

① 徐葵：《勃列日涅夫年代：苏联走向衰亡的关键性转折时期》，《东欧中亚研究》1998 年第 1 期。

② 《邓小平文选》第 2 卷，人民出版社，1994，第 154～155 页。

③ 《邓小平文选》第 2 卷，人民出版社，1994，第 168 页。

会议的报告中，针对过去民主宣传不够的问题，他明确指出："我们过去对民主宣传得不够，实行得不够，制度上有许多不完善，因此，继续努力发扬民主，是我们全党今后一个长时期的坚定不移的目标。"① 这里把宣传民主，发扬民主，实行民主，健全和完善民主制度，确定为长期工作的重要目标。

1979年6月，邓小平在会见日本公明党第八次访华团时的谈话中，重点论述了民主与法制相结合的重要性，指出："民主和法制，这两个方面都应该加强，过去我们都不足。要加强民主就要加强法制。没有广泛的民主是不行的，没有健全的法制也是不行的。""民主要坚持下去，法制要坚持下去。这好像两只手，任何一只手削弱都不行。"②

1980年8月28日，邓小平在《党和国家领导制度的改革》的重要讲话中指出："我们进行社会主义现代化建设，是要在经济上赶上发达的资本主义国家，在政治上创造比资本主义国家的民主更高更切实的民主，并且造就比这些国家更多更优秀的人才。"他强调，我们要充分发挥社会主义制度的优越性，就要从经济、政治、组织三个方面作出努力。在政治上，"充分发扬人民民主，保证全体人民真正享有通过各种有效形式管理国家、特别是管理基层地方政权和各项企业事业的权力，享有各项公民权利，健全革命法制，正确处理人民内部矛盾，打击一切敌对力量和犯罪活动，调动人民群众的积极性，巩固和发展安定团结、生动活泼的政治局面"③。在这里，邓小平把建设高于资本主义的民主作为社会主义制度优越性的重要体现。邓小平强调，社会主义民主是实现社会主义现代化最重要的保证。他说："切实改革并完善党和国家的制度，从制度上保证党和国家政治生活的民主化、经济管理的民主化、整个社会生活的民主化，促进现代化建设事业的顺利发展。"④

1986年9月，邓小平明确指出，我们政治体制改革总的目标是三条：第一，巩固社会主义制度；第二，发展社会主义社会的生产力；第三，发扬社会主义民主，调动广大人民的积极性。⑤

1986年11月，邓小平在会见外国领导人时进一步指出，我们进行政治

---

① 《邓小平文选》第2卷，人民出版社，1994，第176页。
② 《邓小平文选》第2卷，人民出版社，1994，第189页。
③ 《邓小平文选》第2卷，人民出版社，1994，第322页。
④ 《邓小平文选》第2卷，人民出版社，1994，第336页。
⑤ 《邓小平文选》第3卷，人民出版社，1993，第178页。

体制改革，要向着三个目标前进。一是始终保持党和国家的活力。这里说的活力，主要是指领导层干部的年轻化。二是克服官僚主义，提高工作效率。三是调动基层和工人、农民、知识分子的积极性。①

二 党的十二大以来历次党代会对加强社会主义民主政治建设的重要论述

1982 年，党的十二大报告提出，建设高度的社会主义民主，是我们的根本目标和根本任务之一。报告从全面开创社会主义现代化建设新局面的高度，阐明了加强社会主义民主建设同社会主义物质文明建设和社会主义精神文明建设的关系，强调了民主政治建设对物质文明建设和精神文明建设的保证作用，指出："社会主义的物质文明和精神文明建设，都要靠继续发展社会主义民主来保证和支持。"②

1987 年，党的十三大报告在"社会主义初级阶段和党的基本路线"部分，在谈到党和国家具有长远意义的指导方针时指出："必须以安定团结为前提，努力建设民主政治。社会主义应当有高度的民主，完备的法制和安定的社会环境。"报告在"关于政治体制改革"部分指出，进行政治体制改革，就是要兴利除弊，建设有中国特色的社会主义民主政治。政治体制改革的长远目标，是建立高度民主、法制完备、富有效率、充满活力的社会主义政治体制。③

1992 年，党的十四大报告提出，人民民主是社会主义的内在要求和本质属性。报告强调，同经济体制改革和经济发展相适应，必须按照民主化和法制化紧密结合的要求，积极推进政治体制改革，使社会主义民主和法制建设有一个较大的发展。进行政治体制改革，目标是建设中国特色的社会主义民主政治。

1997 年，党的十五大报告提出，发展社会主义民主政治，是我们党始终不渝的奋斗目标。建设中国特色社会主义的政治，就是在中国共产党领导下，在人民当家作主的基础上，依法治国，发展社会主义民主政治，建设社会主义法治国家。发展民主必须同健全法制紧密结合，实行依法治国。依法治国是党领导人民治理国家的基本方略，是发展社会主义市场经济的

---

① 《邓小平文选》第 3 卷，人民出版社，1993，第 179~180 页。
② 《十二大以来重要文献选编》（上），人民出版社，1986，第 33 页。
③ 《十三大以来重要文献选编》（上），人民出版社，1991，第 14、35 页。

客观需要，是社会文明进步的重要标志，是国家长治久安的重要保障。依法治国把坚持党的领导、发扬人民民主和严格依法办事统一起来，从制度和法律上保证党的基本路线和基本方针的贯彻实施，保证党始终发挥总揽全局、协调各方的领导核心作用。

2002年，党的十六大报告提出，发展社会主义民主政治，建设社会主义政治文明，是全面建设小康社会的重要目标。在这里，把发展社会主义民主政治同建设社会主义政治文明联系起来进行论证，从而把发展民主政治提到建设政治文明的新高度。报告在"政治建设和政治体制改革"部分强调，发展社会主义民主政治，最根本的是要把坚持党的领导、人民当家作主和依法治国有机统一起来。报告提出，要着重加强制度建设，实现社会主义民主政治的制度化、规范化和程序化。一是坚持和完善社会主义民主制度。二是加强社会主义法制建设。三是改革和完善党的领导方式和执政方式。四是改革和完善决策机制。五是深化行政管理体制改革。六是推进司法体制改革。七是深化干部人事制度改革。八是加强对权力的制约和监督。九是维护社会稳定。

2007年，党的十七大报告首次提出，人民民主是社会主义的生命。强调发展社会主义民主政治，是我们党始终不渝的奋斗目标。深化政治体制改革，必须坚持正确政治方向，以保证人民当家作主为根本，以增强党和国家活力、调动人民积极性为目标，扩大社会主义民主，建设社会主义法治国家，发展社会主义政治文明。报告提出了民主政治建设的六项重点任务：一是扩大人民民主，保证人民当家作主；二是发展基层民主，保障人民享有更多更切实的民主权利；三是全面落实依法治国基本方略，加快建设社会主义法治国家；四是壮大爱国统一战线，团结一切可以团结的力量；五是加快行政管理体制改革，建设服务型政府；六是完善制约和监督机制，保证人民赋予的权力始终用来为人民谋利益。

2012年，党的十八大报告强调，人民民主是我们党始终高扬的光辉旗帜。必须坚持人民主体地位。要继续积极稳妥推进政治体制改革，发展更加广泛、更加充分、更加健全的人民民主。要坚定不移走中国特色社会主义政治发展道路，使我国社会主义民主政治展现出更加旺盛的生命力。

综合上述内容，可以看出，改革开放以来，我国社会主义现代化建设进入了蓬勃发展的新时期，在全面开创中国特色社会主义的新征程中，社会主义民主政治建设走上了健康发展的新轨道。我们党对社会主义民主建设在全面建设中国特色社会主义总战略、总布局中的重要地位的认识逐步深化和提高，对社会主义民主建设的力度逐步加强。正因为这样，我国社会主义民主政治建设的成效日益显著，全党和全国各族人民走中国特色社会主义民主政治之路的信心和决心更加坚定。

第四节　十八大以来党中央拒腐防变的理论与实践

一　习近平关于党风廉政建设和反腐败斗争的重要论述

党的十八大以来，习近平同志站在党和国家工作全局的高度，强调要按照"四个全面"战略布局的要求，坚持全面从严治党，夯实拒腐防变根基，发表了一系列重要论述，深刻阐释了党风廉政建设和反腐败斗争的重大理论和实践问题，为新形势下深入推进党风廉政建设和反腐败斗争提供了强有力的思想武器和行动指南。

在党的十八大闭幕的第二天，刚刚当选中共中央总书记、中央军委主席的习近平同志就向全党全国人民表明了党要管党、从严治党的坚定决心和责任担当。他在当天发表的《在中共十八届一中全会上的讲话》、《在十八届中共中央政治局常委同中外记者见面时的讲话》和《在中央军委常务会议上的讲话》三篇重要讲话中，都对党风廉政建设和反腐败斗争作了专门论述。他强调，打铁还需自身硬。党内不正之风和腐败问题是人民群众最不满意的，必须下大气力解决。要坚持有案必查、有腐必惩，决不允许党内有腐败分子藏身之地。

习近平同志抓党风廉政建设和反腐败斗争，首先从立规矩、讲规矩开始。2012年11月16日，他在《认真学习党章，严格遵守党章》一文中明确指出，党章就是党的根本大法，是全党必须遵循的总规矩。12月4日《在中央政治局会议上关于改进工作作风、密切联系群众的讲话》进一步指出，新一届中央领导集体要定规矩，中央八项规定就是很重要的规矩。同日，《在首都各界纪念现行宪法公布施行三十周年大会上的讲话》强调，各级党组织和党员领导干部要带头厉行法治，不断推进各项治国理政活动的制度化、法律化。他明确指出，法律是治国理政最大最重要的规矩。

2015年1月，由中央纪律检查委员会和中央文献研究室编辑的《习近平关于党风廉政建设和反腐败斗争论述摘编》出版发行，中纪委机关和中宣部联合发出学习通知。通知要求把学习习近平总书记重要讲话同学习这本重要论著结合起来，深刻认识党中央加强党风廉政建设和反腐败斗争的重大意义，深化改革，切实巩固和积极拓展已经取得的成果，不断把反腐败斗争引向深入。

习近平同志关于党风廉政建设和反腐败斗争的论述，集中反映在以下三个方面的重要讲话中。一是关于中央纪委工作和巡视工作的一系列重要讲话。包括：2013 年 1 月 22 日在中央纪委二次全会上的讲话，2014 年 1 月 14 日在中央纪委三次全会上的讲话，2015 年 1 月 13 日在中央纪委五次全会上的讲话；2013 年 4 月 25 日《在中央政治局常委会审议〈关于中央巡视工作领导小组第一次会议研究部署巡视工作情况的报告〉时的讲话》，2013 年 9 月 26 日、2014 年 1 月 23 日、6 月 26 日、10 月 16 日在中央政治局常委会分别审议和听取中央巡视组 2013 年上半年、2013 年下半年、2014 年首轮、2014 年第二轮巡视情况汇报时的讲话。二是关于党的群众路线教育实践活动的一系列重要讲话。包括：2013 年 6 月 18 日《在党的群众路线教育实践活动工作会议上的讲话》，2014 年 1 月 20 日《在党的群众路线教育实践活动第一批总结暨第二批部署会议上的讲话》，10 月 8 日《在党的群众路线教育实践活动总结大会上的讲话》，2013 年 7 月 11 日、12 日《在河北调研指导党的群众路线教育实践活动时的讲话》，9 月 23 日至 25 日《在参加河北省委常委班子专题民主生活会时的讲话》，2014 年 3 月 18 日《在河南省兰考县委常委扩大会议上的讲话》，5 月 9 日《在参加河南省兰考县委常委班子专题民主生活会时的讲话》，2013 年 12 月 9 日、2014 年 8 月 27 日分别在京听取河北省委、兰考县委和河南省委党的群众路线教育实践活动情况汇报时的讲话。习近平总书记在军队党的群众教育实践活动中也发表多次重要讲话。三是习近平总书记在党的十八届二中、三中、四中全会上以及 2013 年 4 月 19 日《在十八届中央政治局第五次集体学习时的讲话》，6 月 28 日《在全国组织工作会议上的讲话》，8 月 19 日《在全国宣传思想工作会议上的讲话》，2014 年 1 月 7 日《在中央政法工作会议上的讲话》，6 月 30 日《在十八届中央政治局第十六次集体学习时的讲话》等重要讲话中，对党风廉政建设和反腐败斗争都作了许多重要论述。

《习近平关于党风廉政建设和反腐败斗争论述摘编》这本书，正是从这些大量的、有着丰富思想内容的重要讲话中选编而成的。全书从习近平总书记 2012 年 11 月 15 日至 2014 年 10 月 23 日的 42 篇讲话、文章、批示中选编了 8 万字、216 段重要论述，分为九个部分。第一部分，"党风廉政建设和反腐败斗争是我们必须抓好的重大政治任务"。习近平同志强调，实现"两个一百年"奋斗目标，实现中华民族伟大复兴的中国梦，必须把我们党建设好。腐败问题对我们党的伤害最大，严惩腐败分子是党心民心所向，要把反腐败提高到关系党和国家生死存亡的高度上来认识，要有强烈的危机感和使命感。第二部分，"党风廉政建设和反腐败斗争形势依然严峻复杂"。习近平同志强调，党风廉政建设和反腐败斗争是一项长期的、复杂的、艰巨的任务，不可能毕其功于一役。从巡视情况看，印证了中央对反腐败斗争形势依然严峻复杂的判断，从严治党任务紧迫，不可有丝毫懈怠。作风建设是攻坚战，也是持久战。第三部分，"从严治党，严明党的纪律"。习近平同志强调，党的纪律是全党必须遵守的行为准则。从严治党要靠严明党的纪律，首要的是严明政治纪律，最核心的是同党中央保持高度一致，自觉维护中央权威。第四部分，"落实党委的主体责任和纪委的监督责任"。习近平同志指出，抓好党风廉政建设和反腐败斗争，必须全党动手。各级党委对职责范围内的党风廉政建设负有全面领导责任，党委主要负责人是第一责任人。各级纪委要履行好监督责任，更好发挥党内监督专门机关作用。第五部分，"深入落实中央八项规定精神，坚持不懈纠正'四风'"。习近平同志指出，中央八项规定是很重要的规矩，是一个切入口和动员令。党的群众路线教育实践活动的主要任务是聚焦解决"四风"问题。作风问题具有顽固性和反复性。解决"四风"问题没有休止符，一直是进行时，没有完成时。作风建设永远在路上。第六部分，"以零容忍态度惩治腐败，坚决遏制腐败现象蔓延势头"。习近平同志指出，要坚持有案必查、有腐必惩，任何人触犯了党纪国法都要依法依纪严肃查处，决不姑息。要坚持"老虎""苍蝇"一起打。要持续保持高压态势，不定指标，上不封顶，凡腐必反，除恶务尽。第七部分，"用好巡视这把反腐'利剑'"。习近平同志指出，巡视工作要围绕党风廉政建设和反腐败斗争这个中心进行，就是要发现和反映问题，无论是谁，都在巡视监督的范围之内。巡视组要当好中央的"千里眼"，找出"老虎""苍蝇"，确保巡视成果落到实处。第八部分，"把权力关进制度的笼子里"。习近平同志指出，要坚持破立并举，注重建章立制，加强对权力运行的制约和监督，把权力关进制度的笼子里，形成不敢腐的惩戒机制、不能腐的防范机制、不易腐的保障机制。要坚持制度面前人人平等，坚决纠正有令不行、有禁不止的行为。第九部分，"筑牢拒腐防变的思想道德防线"。习近平同志指出，反腐倡廉是一个复杂的系统工程，从思想道德抓起具有基础性作用。要加强党性教育和党性修养，加强反腐倡廉教育和廉政文化建设，不断夯实党员干部廉洁从政的思想道德基础，筑牢拒腐防变的思想道德防线。①

习近平同志这些重要论述，内涵丰富，思想深刻，系统阐释了党风廉政建设和反腐败斗争的重大理论问题和实践问题。这些重要论述，充分体现了习近平总书记对党和人民事业高度负责的精神和强烈的使命感，充分表明了习近平总书记对目前党内存在的突出问题和面临的严峻形势的清醒认识，充分表现了习近平总书记强力反腐的坚强决心，充分彰显了习近平总书记高超的领导智慧和工作方法。这些重要论述，充分反映了习近平总书记关于党风廉政建设的独创性思想观点。他着眼全面从严治党，提出一系列新的理念、思路、举措，就坚持党的群众路线、遵守党的政治纪律和政治规矩、坚持和发扬民主集中制、加强巡视工作等，提出许多新的要求，论述精辟，思想深刻，理论性强，是对党的建设理论的最新发展。经过实践探索和理论总结，我们正在走出一条具有中国特色的反腐倡廉道路。

二　以作风建设为切入点从严管党治党

党的十八大以来，党中央坚持思想建党和制度治党紧密结合，以作风建设为切入点和突破口，全面从严管党治党。习近平同志就此发表一系列重要讲话，强调要以踏石留印、抓铁有痕的劲头抓作风建设，要坚持标本兼治，努力形成系统完备的制度体系，确保改进作风规范化、常态化、长效化，切实防止"四风"问题反弹。全党必须保持常抓的韧劲、长抓的耐心，把作风建设不断引向深入，努力营造风清气正的良好政治生态，为推动改革发展提供强大正能量。

十八大以来，党中央聚焦、聚神、聚力抓"四风"问题，从制定出台改进工作作风、密切联系群众的"八项规定"，到分两批深入开展党的群众路线教育实践活动；从集中整治"四风"到持续开展"三严三实"专题教育活动；从整治中秋国庆期间公款送礼等不正之风，到整治"会所歪风"；从狠刹"舌尖上的浪费"，到禁办奢华晚会……党风政风为之一新，党心民心为之大振。

---

① 中央文献研究室：《深入推进党风廉政建设和反腐败斗争的思想武器和行动指南——学习〈习近平关于党风廉政建设和反腐败斗争论述摘编〉》，《人民日报》2015 年 1 月 26 日。

（一）制定出台改进工作作风、密切联系群众的"八项规定"

2012年12月4日，中共中央政治局通过《关于改进工作作风、密切联系群众的八项规定》，其主要内容如下。（1）调研：不贴标语，不铺地毯，不迎送，不宴请。（2）开会：开短会，讲短话，力戒空话套话。（3）文件：没有实质内容、可发可不发的一律不发。（4）出访：一般不安排华侨华人等到机场迎送。（5）警卫：减少交通管理，一般不封路、不清场闭馆。（6）新闻：出席活动依新闻价值决定是否报道。（7）文稿：个人一般不发贺信贺电，不题词题字。（8）勤俭：严格执行住房、车辆、设备等待遇规定。

2013年12月8日，中共中央办公厅、国务院办公厅印发《党政机关国内公务接待管理规定》，具体体现了中央八项规定。例如"国内公务接待不得在机场、车站、码头和辖区边界组织迎送活动，不得跨地区迎送，不得张贴悬挂标语横幅，不得安排群众迎送，不得铺设迎宾地毯"。"工作餐应当供应家常菜，不得提供鱼翅、燕窝等高档菜肴和用野生保护动物制作的菜肴，不得提供香烟和高档酒水"。"不得组织旅游和与公务活动无关的参观，不得组织到营业性娱乐、健身场所活动，不得安排专场文艺演出，不得以任何名义赠送礼金、有价证券、纪念品和土特产品"，等等。这些规定有三大特点：第一，这是对领导干部尤其是对中央领导干部提出的要求，而不是对一般干部提出的要求；第二，这是针对过去领导干部在工作作风方面存在的突出问题而制定的，因而针对性实用性强；第三，这些规定内容非常具体，不是"原则性"规定，而是具体的"刚性"规定，没有灵活掌握的余地，必须严格遵守。这些规定反映了党中央大处着眼、小处着手的战略思维。"积跬步而至千里，积涓流而至江海。"以细微处见功夫，防微杜渐，防患于未然。

作风问题本质上是党性问题：作风是党性在工作作风上的生动体现。2014年3月18日，习近平在河南省兰考县委常委扩大会议上指出："作风问题本质上是党性问题。抓作风建设，就要返璞归真，固本培元，重点突出坚定理想信念、践行根本宗旨、加强道德修养。"① "八项规定"公布后，在全党全社会引起强烈反响，得到广大党员和群众热烈拥护。特别是习近平和中央其他领导同志以身垂范，带头贯彻执行，给全党作出了榜样。

---

① 习近平：《在河南省兰考县委常委扩大会议上的讲话》，《习近平关于党风廉政建设和反腐败斗争论述摘编》，中央文献出版社、中国方正出版社，2015，第144页。

（二）在全党深入开展群众路线教育实践活动

从 2013 年 6 月开始，在全党深入开展以为民务实清廉为主要内容的党的群众路线教育实践活动，是党的十八大作出的重大部署，是解决作风问题的战略性举措。这次教育活动是依靠群众开门整风的活动，其重大意义是保持党的先进性和纯洁性，巩固党的执政基础和执政地位，解决群众反映强烈的突出问题，为持续推进思想建党和制度治党奠定良好基础。

1. 开展群众路线教育实践活动的具体安排和主要做法

从 2013 年 6 月到 2014 年 10 月，教育实践活动自上而下分两批开展。

群众路线教育实践活动分深入学习、查摆问题、整改建制三个阶段进行。第一阶段：深入学习，领会精神实质，提高认识水平。通过学习树立马克思主义关于群众路线的基本理论，包括人民群众是人类历史发展根本动力的理论，党的工作必须依靠群众的理论，党的工作必须全心全意为人民谋利益的理论，党的工作必须遵循从群众中来到群众中去的理论等。通过学习，增强依靠群众进行开门整风的自觉性。防止学习不深，领会不到位，依靠群众不自觉。第二阶段：聚焦"四风"，查找问题，开展批评与自我批评。这一活动的主要任务，是解决形式主义、官僚主义、享乐主义和奢靡之风的"四风"问题。这就抓住了当前党的作风建设的关键和重点。开展教育实践活动，要贯彻好"照镜子，正衣冠，洗洗澡，治治病"的总要求。"照镜子"就是对照党章和党中央的要求找差距，查找不作为、不适应、不符合的问题。"正衣冠"就是对照时代潮流、社会需求、国家大局，查找自己的缺点和问题，振奋精神，勇于担当。"洗洗澡"，就是广泛征求群众意见、开展批评与自我批评，要触及深处痛处，使思想灵魂得到净化和升华。"治治病"就是对症下药，治病救人，不能讳疾忌医，解决不屑治、不想治、不敢治、不让治的问题。要达到挖掉病根、治而愈之的目的。要采取多种方法，包括座谈会、谈心会和民主生活会等，广泛征求群众意见和深入开展批评与自我批评，把问题找准，对问题的成因认识深透。第三阶段：落实整改，建章立制。这个阶段的工作成果，是检验这次教育实践活动成功与否的标志。对查摆出来的突出问题，要逐个分析，找出原因，制定改革的有效措施，敢于硬碰硬，敢于攻坚克难，要真抓实干，埋头苦干，以求真务实的态度抓好整改，要做出整改规划，具体条件易于近期解决的应立即解决，以增强人民群众的信心和信任度，需要较长时间解决的，应积极创造条件，建立常态化长效化机制，逐步进行解决。整改规划要向群众公布，取得群众的认可，接受群众的监督。

教育实践活动坚持从实际出发，采取了行之有效的做法。一是中央和领导干部带头示范。中央政治局召开专门会议，开展批评和自我批评；中央政治局常委同志建立联系点，全程指导联系点教育实践活动，为面上活动树立了标杆；各地区、各部门、各单位党委党组主要负责同志以身作则，履行第一责任人责任，有力指导和推动了活动的健康开展。二是坚持开门搞活动。真正敞开大门，请群众帮助找准找实问题，整改措施、结果及时向群众公布、反馈，避免以自我感觉代替群众评价。三是突出问题导向。自始至终着力解决问题，边学边改、边查边改，以问题整改开局亮相，以问题整改注入动力，以问题整改交出答卷，回应群众期盼，赢得群众信任。四是强化外力推动。各级加大督导力度，坚持标准，严格把关，不断拧紧螺丝，上紧发条，保证活动不走过场，加强宣传引导，为教育实践活动营造良好氛围。①

2. 党的群众路线教育实践活动取得重大成果

在这次党的群众路线教育实践活动中，各级党组织和广大党员、干部积极响应党中央号召，高度重视、踊跃参与，广大人民群众热烈响应、热情支持，整个活动进展有序、扎实深入，达到了预期目的，取得了重大成果。

一是广大党员、干部受到马克思主义群众观点的深刻教育，贯彻党的群众路线的自觉性和坚定性明显增强。通过活动，广大党员、干部精神上补了"钙"，进一步认识到人民是历史的创造者，我们党来自人民、植根人民，各级干部无论职位高低都是人民公仆、必须全心全意为人民服务；进一步增进了同群众的感情，拉近了同群众的距离，增强了同群众一块过、一块苦、一块干的自觉性；进一步掌握了贯彻群众路线的工作方法，看到了在联系服务群众中的差距，增强了做好群众工作的本领。广大党员、干部表示，自己找回了群众观点，站正了群众立场，强化了宗旨意识。许多党员、干部受到猛击一掌的警醒，感到以往热衷于装门面出政绩，做一点事情不怕群众不满意、就怕上级不知道，心里"小九九"打得多，把自己看重了，把群众看轻了。广大人民群众感到领导见得勤了，办事不卡壳了，政策能落地了，能掏心窝子的党员、干部多了。

二是形式主义、官僚主义、享乐主义和奢靡之风得到有力整治，群众

---

① 习近平：《在党的群众路线教育实践活动第一批总结暨第二批部署会议上的讲话》，《人民日报》2014 年 1 月 21 日。

反映强烈的突出问题得到有效解决。这次活动以解决问题开局亮相、以正风肃纪先声夺人、以专项整治寻求突破,对"四风"问题进行大排查、大检修、大扫除,刹住了"四风"蔓延势头。从上到下、各个领域都压缩了会议、精简了文件,减少了评比达标、迎来送往活动,全面清理了超标超配公车、超标办公用房、多占住房,普遍压缩了"三公"经费、停建了楼堂馆所,狠刹了公款送月饼、贺卡、节礼和年货等行为,坚决整治了"会所中的歪风"、培训中心的腐败,坚决整治了"裸官"、"走读"、"吃空饷"、"收红包"及购物卡、参加天价培训、党政领导干部在企业兼职等问题,广泛查处了吃拿卡要、庸懒散拖问题,高高在上、挥霍浪费、脱离群众现象明显扭转,党风、政风和社会风气为之一新。不少党员、干部表示,反"四风"治好了自己的"亚健康",把自己从不胜其烦的应酬中解脱出来,有更多精力考虑工作、服务群众了。一些同志表示,这次活动教育了干部,也保护和挽救了一批干部。

三是恢复和发扬了批评和自我批评优良传统,探索了新形势下严肃党内政治生活的有效途径。广大党员、干部深入查摆问题,深挖问题根源,自我剖析触及了痛处。上下级之间不顾忌身份、不隐瞒观点,提意见开诚布公。领导班子成员脱去"隐身衣",捅破"窗户纸",相互批评不留情面。专题民主生活会和组织生活会敢于揭短亮丑、真刀真枪、见筋见骨,点准了穴位,戳到了麻骨,开出了辣味,起到了脸红心跳、出汗排毒、治病救人、加油鼓劲的作用。广大党员、干部普遍反映,自己经历了一次严格的党内政治生活锻炼,思想受到洗礼,灵魂受到触动。不少同志说,自己的对照检查材料数易其稿,每一次修改都是一次对标、一次醒悟。许多年轻党员、干部感慨,这次真是补了课,明白了党内政治生活是什么样、该怎么过。

四是以转作风改作风为重点的制度体系更加完善,制度执行力和约束力得到增强。这次活动坚持破立并举,注重建章立制。中央相继出台党政机关厉行节约反对浪费、国内公务接待管理、公务用车改革等一系列制度。各级根据中央八项规定精神,在联系服务群众、规范权力运行等方面制定和修订了一批工作制度和管理制度,扎紧了制度笼子,强化了对不良作风的刚性约束,按规矩办事、按规矩用权意识显著增强,越界犯规行为减少。不少领导干部说,过去习以为常、司空见惯的"四风"问题不敢小视了,一人说了就算、一拍脑袋就定、一拍胸脯就办,不大行得通了,什么饭都敢吃、什么人都敢交、什么事都敢做受到节制了，头脑中在这几方面的"紧箍咒"自觉勒紧了。

五是影响群众切身利益的症结难点得到突破，党的执政基础更加稳固。作风问题，核心是党和人民群众的关系问题，根本是始终保持党同人民群众的血肉联系。这次活动积极回应群众关切，着力打通联系服务群众的"最后一公里"，形成了人往基层走、钱往基层投、政策往基层倾斜的良好导向，改作风改到群众心坎上。一大批多年积累的矛盾和问题得到有效化解，一大批信访积案得到切实解决。执法监管部门和窗口服务单位门难进、脸难看、事难办等突出问题得到有效整治，随意执法、选择性执法，不给好处不办事、给了好处乱办事的现象大为减少。软弱涣散的基层党组织得到初步整顿，党员、干部服务群众的自觉性得以增强。广大党员、干部从一系列部署要求中感受到了严肃，从敢于啃硬骨头、破老大难的行动中体会到了认真，从改进作风的实际成效中看到了希望，在全党全社会弘扬了正气。

2013年，在这次活动启动时，党中央向全党承诺，一定要精心组织、确保实效，做到善始善终、善作善成。在全党共同努力下，这个承诺已经兑现。

风清则气正，气正则心齐，心齐则事成。这次活动使党在群众中的威信和形象进一步树立，党心民心进一步凝聚，形成了推动改革发展的强大正能量。对此，群众充分认同，党内外积极评价。实践证明，党的十八大作出的在全党深入开展党的群众路线教育实践活动的战略决策是完全正确的，党中央关于这次活动的一系列部署是完全正确的。这次活动为我们进行具有许多新的历史特点的伟大斗争作了思想上组织上作风上的重要准备，其重大意义必将随着时间的推移不断显现出来。①

3. 党的群众路线教育实践活动取得的主要经验

这次教育实践活动是在总结运用党内历次集中教育活动成功经验的基础上开展的。通过这次活动，我们对新形势下如何开展党内集中教育活动取得了新的认识、积累了新的经验。

一是必须突出重点、聚焦问题。"伤其十指，不如断其一指。"党中央在谋划这次活动时认为，这次活动的重点是促使全党更好执行党的群众路线，而当前影响执行党的群众路线的要害是作风问题，必须突出改进作风

---

① 习近平：《在党的群众路线教育实践活动总结大会上的讲话》，《人民日报》2014年10月9日。

这个主题。而作风又有很多方面，需要进一步聚焦，我们就聚焦到形式主义、官僚主义、享乐主义和奢靡之风这些群众反映强烈的突出问题上。党中央明确提出以反"四风"为突破口，以点带面，不搞面面俱到，打到了七寸。我们抓住要害、集中发力、持续用劲，对群众反映强烈的共性问题，集中开展专项整治；对出现的"四风"种种变异问题，保持高度警惕，坚持露头就打；对顶风违纪现象，严肃责任追究，加大查处力度。实践证明，有的放矢事易成，无的放矢事难成，集中教育活动要取得实效，必须找准靶子、点中穴位。

二是必须领导带头、以上率下。正人必先正己，正己才能正人。中央怎么做，上层怎么做，领导干部怎么做，全党都在看。首先从中央做起，各级主要领导亲自抓、作表率，是这次活动取得成效的关键。党中央制定了一系列规范党内高层作风问题的制度，中央政治局带头围绕落实八项规定进行对照检查，开展批评和自我批评。中央政治局常委同志建立联系点并全程指导，深入联系点真诚谈心，对工作进行具体帮助。各级领导班子成员特别是主要负责同志，以向我看齐的姿态听意见、摆问题、管自身、抓督查，发挥示范作用。实践证明，各级领导干部敢于拿自己开刀，解决问题才能势如破竹，改进工作才能立竿见影。

三是必须以知促行、以行促知。集中教育活动需要提高认识，更需要付诸行动，以新的思想认识推动实践，又以新的实践深化思想认识。这次活动强调把学习教育贯穿始终、把解决问题贯穿始终，做到教育和实践两手抓、两结合，边学边查边改。我们不断加强理论武装，促进思想认识提高和党性增强，为解决实际问题增添了精神动力、破除了思想障碍。我们深入进行查摆剖析和落实整改措施，为提高思想认识、增强党性提供了现实教材和真切感悟。实践证明，集中教育活动只有坚持知行合一，不断让思想自觉引导行动自觉、让行动自觉深化思想自觉，才能抓得实、做得深、走得远。

四是必须严字当头、从严从实。"取法于上，仅得为中；取法于中，故为其下。"我们一开始就强调活动要高标准、严要求，全程贯彻整风精神，"照镜子、正衣冠、洗洗澡、治治病"，坚决防止搞形式、放空炮、走过场。我们坚持严的标准、采取严的举措，重要节点一环紧扣一环抓。对存在的问题明察暗访，及时查处并公开曝光违纪案件。对党员、干部特别是领导干部的对照检查提出具体标准，要求必须见人见物见思想，有深度、像自己。对专题民主生活会和组织生活会提出明确要求，防止批评和自我批评蜻蜓点水、避实就虚、避重就轻、一团和气。对整改项目，实行台账管理，完成一个销号一个。中央和地方各级督导组敢于"唱黑脸""当包公"，紧紧围绕关键环节、重要部位、重点工作严督实导、持续用劲。实践证明，只有严要求、动真格，真实抓、抓真实，才能真正达到预期目的。

五是必须层层压紧、上下互动。集中教育活动要搞好，必须批批接续、层层压紧、环环相扣。上面的问题需要下面配合解决的就上题下答，下面的问题根子在上面的就下题上答，需要地方和地方、地方和部门、部门和部门联合会诊的就同题共答，前后照应、左右衔接，使查摆和解决问题做到纵向到底、横向到边。实践证明，只有坚持问题导向，从细处入手，向实处着力，一环紧着一环拧，一锤接着一锤敲，才能积小胜为大胜。

六是必须相信群众、敞开大门。"知屋漏者在宇下，知政失者在草野。"让群众满意是我们党做好一切工作的价值取向和根本标准，群众意见是一把最好的尺子。这次活动在坚持自我教育为主的同时，注重强化外力推动，坚持真开门、开大门，让群众参与，让群众监督，诚恳请群众评判。我们加强舆论监督，注重对比宣传，既发挥先进典型示范引领作用，又发挥反面典型警示震慑作用。实践证明，集中教育活动必须打开大门、依靠群众，让群众来监督和评判，才能做到不虚不空不偏。

在充分肯定这次活动取得成绩的同时，我们也要看到存在的问题和不足。经过这次活动，全党改进作风有了一个良好开端，但取得的成果还是初步的，基础还不稳固。作风有所好转，"四风"问题有所收敛，但树倒根存，有些是在高压态势下取得的，仅仅停留在"不敢"上，"不想"的自觉尚未完全形成。有些问题的整改还没有完全到位，一些深层次问题还没有从根本上破解，上下联动解决问题还没有真正形成合力。有的地方基层基础薄弱的情况还没有改变，联系服务群众机制不畅、能力不强，贯彻群众路线到不了末端。有的干部留恋过去那种"一张报纸一包烟，优哉游哉过一天"的日子，希望教育实践活动只是一阵风，风头过了就可以我行我素了。如此等等。

现在，广大干部群众最担心的是问题反弹、雨过地皮湿、活动一阵风，最盼望的是形成常态化、常抓不懈、保持长效。因此，我们要说，活动收尾绝不是作风建设收场，必须以锲而不舍、驰而不息的决心和毅力，把作风建设不断引向深入，把目前作风转变的好势头保持下去，使作风建设要求真正落地生根。①

经过党的群众路线教育实践活动，"四风"问题有所收敛，但是不能松劲，必须清醒认识到"四风"问题的顽固性、反复性、变异性和传染性。解决"四风"问题不可能一蹴而就、一劳永逸。习近平总书记在讲话中强调：必须横下一条心纠正"四风"，常抓抓出习惯、抓出长效，在坚持中见常态，向制度建设要长效，强化执纪监督，把顶风违纪搞"四风"列为纪律审查的重点。

（三）开展"三严三实"专题教育活动

2014年3月9日，习近平同志在参加十二届全国人大二次会议安徽代表团审议时，明确提出领导干部要遵守"三严三实"的要求：各级领导干部都要树立和发扬好的作风，既严以修身、严以用权、严以律己，又谋事要实、创业要实、做人要实。他所提出的"三严三实"要求，正是领导干部必须躬身践行的作风新要求和勤廉新标准。同年3月31日，中央党的群众路线教育实践活动领导小组印发《关于在教育实践活动中学习弘扬焦裕禄精神、践行"三严三实"要求的通知》（以下简称《通知》），就开展"三严三实"教育提出了具体要求。《通知》指出，"三严三实"要求是党员干部加强自身建设的基本准则和目标追求，是检验党员干部党性修养和言行举止的一把尺子、一面镜子，为开展教育实践活动、推进作风建设树立了新的标杆。《通知》明确指出，要把学习弘扬焦裕禄精神、践行"三严三实"要求贯穿第二批教育实践活动全过程。强调在整改落实、建章立制中，要坚持思想上严起来、整改上严起来、正风肃纪上严起来，既立足当前，从自身改起、从现在改起、从具体事改起，立说立行、即知即改；又着眼长远，建立健全相关制度，持之以恒抓好执行，推动学习弘扬焦裕禄精神、践行"三严三实"要求长效化。

2015年4月，中共中央办公厅印发《关于在县处级以上领导干部中开展"三严三实"专题教育方案》（以下简称《方案》），对在县处级以上领导干部中开展"三严三实"专题教育作出安排。《方案》明确，"三严三实"专题教育作为党的群众路线教育实践活动的延展深化，作为加强党的思想政治建设和作风建设的重要举措，要融入领导干部经常性学习教育，

---

① 习近平：《在党的群众路线教育实践活动总结大会上的讲话》，《人民日报》2014年10月9日。

不分批次、不划阶段、不设环节，不是一次活动。从 2015 年 4 月底开始，在各级党政机关、人民团体及其内设机构县处级以上领导干部和事业单位、国有企业中层以上领导人员中开展，各级同步进行。《方案》要求，开展"三严三实"专题教育，要紧紧围绕协调推进"四个全面"战略布局，对照"三严三实"的要求，聚焦对党忠诚、个人干净、敢于担当，着力解决"不严不实"问题，切实增强践行"三严三实"要求的思想自觉和行动自觉，努力在深化"四风"整治、巩固和拓展党的群众路线教育实践活动成果上见实效，在守纪律讲规矩、营造良好政治生态上见实效，在真抓实干、推动改革发展稳定上见实效。《方案》强调，坚持从严要求，强化问题导向，真正把自己摆进去，着力解决理想信念动摇、信仰迷茫、精神迷失，宗旨意识淡薄、忽视群众利益、漠视群众疾苦，党性修养缺失、不讲党的原则等问题，推动各级领导干部把"三严三实"作为修身做人用权律己的基本遵循、干事创业的行为准则，争做"三严三实"的好干部。《方案》提出，坚持以上率下、示范带动。结合专题教育动员部署工作，县级以上党委（党组）书记要带头讲"三严三实"专题党课。党委（党组）中心组和内设机构党组织要开展"三严三实"专题学习研讨。要强化整改落实和立规执纪，坚持边学边查边改，主要领导干部带头，列出问题清单，一项一项整改，进行专项整治，严格正风肃纪。针对"不严不实"问题，建制度、立规矩，强化刚性执行。

2015 年 4 月 21 日，"三严三实"专题教育工作座谈会在京召开，中共中央政治局常委、中央书记处书记刘云山出席会议并讲话，强调要深入学习贯彻习近平总书记系列重要讲话精神，认真落实党中央部署，突出教育主题，强化问题导向，贯彻从严要求，坚持以上率下，注重讲究实效，确保专题教育取得实实在在的成果。刘云山说，"三严三实"体现着共产党人的价值追求和政治品格，明确了领导干部的修身之本、为政之道、成事之要。开展专题教育，目的是推动领导干部自觉践行"三严三实"，在深化"四风"整治、巩固和拓展党的群众路线教育实践活动成果上见实效，在守纪律讲规矩、营造良好政治生态上见实效，在真抓实干、推动改革发展稳定上见实效。

2015 年 7 月，中共中央组织部发出通知，要求在"三严三实"专题教育学习研讨中，以周永康、薄熙来、徐才厚、令计划、苏荣等严重违纪违法案件为反面教材，聚焦严守党的政治纪律和政治规矩，组织县处级以上领导干部深刻总结反思、汲取教训、引以为戒，真正在思想上、工作上、作风上严起来、实起来。该通知强调，要组织领导干部认真学习中央精神，充分认识严肃查处这些严重违纪违法案件，彻底肃清其恶劣影响，对于严肃党纲党纪、净化党的队伍的重要意义，使党员领导干部真正把思想和行动统一到中央精神上来，从反面典型中汲取教训，知敬畏、明底线、受警醒，严守党的政治纪律和政治规矩，坚决维护党的集中统一，为协调推进"四个全面"战略布局作出新的更大贡献。

2015年7月31日，省区市和部分部门单位"三严三实"专题教育工作座谈会在北京召开，中共中央政治局常委、中央书记处书记刘云山出席并讲话，强调要深入学习贯彻习近平总书记重要指示精神，以先进典型为标杆、以反面典型为镜鉴，认真查找解决不严不实突出问题，把"三严三实"专题教育引向深入。刘云山说，典型是最直接、最直观的教材，注重运用正反典型开展教育是加强党员干部教育的重要经验，也是党的十八大以来加强思想政治建设和作风建设的鲜明特点。深化"三严三实"专题教育，要发挥好先进典型的引领作用和反面典型的警示作用，做到见贤思齐、见不贤而自省。刘云山强调，评价专题教育成效，关键看不严不实问题查出了多少、解决了没有。要强化问题导向，把自己摆进去，聚焦对党忠诚、个人干净、敢于担当，把问题查清楚、摆具体，不能大而化之。要坚持边学边查边改，继续向"四风"问题开刀，向不严不实问题叫板，尤其对群众反映强烈、影响面大的问题，要抓好专项整治。刘云山指出，开展专题教育，目的是推动领导干部树立严和实的作风，更好地促进事业发展。要把"三严三实"要求贯穿于改革发展稳定各项工作之中，用专题教育的成效来推动事业全面进步，用事业发展的成果来衡量专题教育的成效。

三 以零容忍态度惩治腐败

（一）坚决遏制腐败现象蔓延势头

2012年11月15日，习近平同志在中共十八届一中全会上指出："要深入抓好反腐倡廉工作，坚持有案必查、有腐必惩，任何人触犯了党纪国法都要依纪依法严肃查处，决不姑息，党内决不允许腐败分子有藏身之地。"[①] 2013年1月22日，习近平同志在第十八届中纪委第二次全体会议上指出：

---

① 习近平：《在中共十八届一中全会上的讲话》，《习近平关于党风廉政建设和反腐败斗争论述摘编》，中央文献出版社、中国方正出版社，2015，第93页。

"反腐倡廉必须常抓不懈，拒腐防变必须警钟长鸣，关键就在'常'、'长'二字，一个是要经常抓，一个是要长期抓。我们要坚定决心，有腐必反、有贪必肃，不断铲除腐败现象滋生蔓延的土壤，以实际成效取信于民。"①2013年4月19日，习近平同志在十八届中央政治局第五次集体学习时指出："我们要牢记'蠹众而木折，隙大而墙坏'的道理，保持惩治腐败的高压态势，做到有案必查、有腐必惩。要严格依纪依法查处各类腐败案件，坚持'老虎'、'苍蝇'一起打，既坚决查处大案要案，严肃查办发生在领导机关和领导干部中的滥用职权、贪污贿赂、腐化堕落、失职渎职案件，又要着力解决发生在群众身边的腐败问题，严肃查处损害群众利益的各类案件，切实维护人民合法权益，努力做到干部清正、政府清廉、政治清明。"②2014年1月14日，习近平同志在十八届中纪委第三次全体会议上指出：过去一年，"坚持运用法治思维和法治方式反腐败，查处了一批大案要案，形成了对腐败分子的高压态势"。他强调：滋生腐败的土壤依然存在，反腐败形势依然严峻复杂，一些不正之风和腐败问题影响恶劣、亟待解决。全党同志要深刻认识反腐败斗争的长期性、复杂性、艰巨性，坚决把党风廉政建设和反腐败斗争进行到底。要好好抓一抓国际追逃工作，不能让外国成为一些腐败分子的"避罪天堂"，腐败分子即使逃到天涯海角，也要把他们追回来绳之以法。③2014年6月26日，习近平同志在中央政治局常委会听取中央巡视组首轮巡视情况汇报时说："要有忧患意识，坚持党要管党、从严治党，保持高压态势，坚决遏制腐败现象蔓延势头。""有贪必反，有腐必惩！"④2014年10月23日，习近平同志在中共十八届四中全会第二次全体会议上强调："深入推进反腐败斗争，持续保持高压态势，做到零容忍的态度不变、猛药去疴的决心不减、刮骨疗毒的勇气不泄、严厉惩处的尺度不松，发现一起查处一起，发现多少查处多少，不定指标、上不封顶，

---

① 习近平：《在第十八届中央纪律检查委员会第二次全体会议上的讲话》，《习近平关于党风廉政建设和反腐败斗争论述摘编》，中央文献出版社、中国方正出版社，2015，第93～94页。

② 习近平：《在十八届中央政治局第五次集体学习时的讲话》，《习近平关于党风廉政建设和反腐败斗争论述摘编》，中央文献出版社、中国方正出版社，2015，第96页。

③ 习近平：《在第十八届中央纪律检查委员会第三次全体会议上的讲话》，《习近平关于党风廉政建设和反腐败斗争论述摘编》，中央文献出版社、中国方正出版社，2015，第97～98页。

④ 习近平：《在中央政治局常委会听取中央巡视工作领导小组二〇一四年中央巡视组首轮巡视情况汇报时的讲话》，《习近平关于党风廉政建设和反腐败斗争论述摘编》，中央文献出版社、中国方正出版社，2015，第99～100页。

凡腐必反，除恶务尽。"① 习近平同志的讲话铿锵有力、掷地有声，出重拳，施重典，用利器，大有"要扫除一切害人虫，全无敌"的气概和勇气，给全党和全国人民以巨大鼓舞和坚强信心。

（二）制定实施《建立健全惩治和预防腐败体系 2013～2017 年工作规划》

2013 年，中共中央制定实施《建立健全惩治和预防腐败体系 2013～2017 年工作规划》（以下简称《规划》）。《规划》在加大查办违纪违法案件力度、强化权力运行制约和监督、加强反腐倡廉法律法规制度建设、加强反腐败体制机制创新等方面提出一系列新举措、新部署，目标是经过今后 5 年不懈努力，坚决遏制腐败蔓延势头，取得人民群众比较满意的进展和成效。

《规划》提出，要充分发挥惩治的震慑作用，严格审查和处置党员干部违反党纪政纪、涉嫌违法的行为。要严肃查办五类腐败案件：严肃查办领导干部贪污贿赂、权钱交易、腐化堕落、失职渎职的案件；严肃查办执法、司法人员徇私舞弊、枉法裁判、以案谋私的案件；严肃查办严重违反政治纪律的案件；严肃查办群体性事件、重大责任事故背后的腐败案件；严肃查办商业贿赂案件，加大对行贿行为的惩处力度。

《规划》提出强化权力运行制约和监督，确保权力正确行使：落实集体领导和分工负责、重要情况通报和报告、述职述廉、民主生活会、信访处理、谈话和诫勉、询问和质询、特定问题调查等监督制度，加强和改进对主要领导干部行使权力的制约和监督；中央和国家机关各部门、各省（自治区、直辖市）党委和政府主要负责同志每年向中央提交述廉报告；加强行政监督，强化对政府职能部门履行监管职责情况的监督，加强行政监察和审计监督，加大行政问责力度。《规划》提出，继续推进党务公开、政务公开、司法公开和各领域办事公开，深化财政预算决算、部门预算决算、重大建设项目和社会公益事业信息公开，推进电子政务建设，让权力在阳光下运行。

《规划》从三个方面提出加强反腐倡廉法制建设：一是健全改进作风常态化制度；二是完善反腐倡廉党内法规，修订《中国共产党党内监督条例（试行）》；三是健全和完善惩治和预防腐败方面的立法，研究完善惩治贪污贿赂和渎职侵权犯罪、规范国家工作人员从政行为方面的法律

---

① 习近平：《在中共十八届四中全会第二次全体会议上的讲话》，《习近平关于党风廉政建设和反腐败斗争论述摘编》，中央文献出版社、中国方正出版社，2015，第 102～103 页。

规定。

《规划》对于改革党的纪律检查体制进一步作出新的部署：全面落实中央纪委向中央一级党和国家机关派驻纪检机构，实行统一名称、统一管理；改进中央和省区市巡视制度，做到对地方、部门、企事业单位全覆盖，发现问题、形成震慑；推动党的纪律检查工作双重领导体制具体化、程序化、制度化，强化上级纪委对下级纪委的领导。改革党的纪律检查体制的目的，就是改变过去纪检监察机关存在的职责划分不清、任务过多过杂的情况，把不该牵头或参与的协调工作交还给主要责任部门，集中精力抓好党风廉政建设和反腐败工作。

《规划》指出，要着力解决群众反映强烈的突出问题。例如"整治社会保障、教育医疗、保障性住房、征地拆迁、环境保护等涉及民生的突出问题"。"治理乱收费、乱罚款、乱摊派和吃拿卡要等问题"，"坚决纠正违规收送礼金、有价证券、会员卡、商业预付卡等"，并建立纠正不正之风的长效机制。

（三）惩治腐败取得实效

十八大以来，新一届党中央以强烈的历史责任感、深沉的使命忧患感、顽强的意志品质推进党风廉政建设和反腐败斗争，坚持无禁区、全覆盖、零容忍，严肃查处腐败分子，着力营造不敢腐、不能腐、不想腐的政治氛围。从坚决查处周永康、徐才厚、令计划、苏荣等严重违纪违法案件，到以严的态度、严的措施狠抓惩治"四风"问题；从努力让纪律成为"带电的高压线"，到巡视利剑高悬、形成持续震慑，党风廉政建设和反腐败斗争态度坚决、措施有力、成效明显。这里以2014年为例，说明惩治腐败取得令人鼓舞的实效。

——坚持老虎苍蝇一起打，坚决查办腐败案件。中央纪委认真贯彻中央的要求，坚持无禁区全覆盖零容忍，严肃查处腐败案子。2014年查处的案件数量创了历史新高，特别值得注意的是大老虎案件，从公开披露的名单看，共立案查处省军级干部50多人，是2013年的3倍多。特别要指出的是其中包括周永康、徐才厚、令计划、苏荣等四名副国级及以上领导干部，这是改革开放30多年查处省部级及以上干部，力度最大，数量最多的一年，前所未有，体现了以习近平为代表的这一代共产党人怀着强烈的历史责任感和深沉的使命忧虑感以及顽强的意志品质，推进党风廉政建设和反腐败斗争取得了重要成果，得到了全党和十三亿人民的由衷支持和拥护。2014

年反腐败的成效和这一代共产党人的历史功勋，必将载入史册。

——强化对"四风"的监督检查，推进作风建设。中央纪委坚决贯彻总书记指示，2014年继续聚焦"四风"，加强执纪监督，具体地坚持一个结点一个结点抓，由浅入深，循序渐进。一方面巩固严禁用公款赠送贺卡、月饼等节礼专项整治成果；另一方面严肃查处公款吃喝，公款送礼，公款旅游和领导干部出入私人会所，借婚丧喜庆敛财，在培训中心搞奢靡享乐等问题，抓住一件件实事不断推进，集小胜为大胜。一些群众反映强烈的突出问题得到有效解决，刹住了很多人认为不可能刹住的歪风，比如吃喝风。多年来中央有关部门先后发了几十个文件，但就是管不住一张嘴，这次解决了。2014年共查处违规违纪问题5万多起，处理了一批党员干部，其中有相当部分给予了党政纪处分，并在媒体公开，起到了震慑作用。

——加强巡视工作，创新方法。中央要求巡视工作狠抓四个"着力"，就是着力抓违反政治纪律问题，着力抓违纪违法问题，着力抓"四风"问题，着力抓选人用人问题。集中精力来主抓党风廉政建设方面问题，并且增加巡视组的数量和巡视频率，在不到两年的时间里，完成了对31个省区市和新疆生产建设兵团的巡视。据了解，中央纪委查处的省部级干部案件，其中相当部分就是通过巡视发现的线索，有些线索是常规的检查很难发现的。2014年的巡视还有一个重要创新，就是探索开展了专项巡视，针对某个省区市某个部门或者单位的突出问题，针对反映某个干部的问题随机查处。这种方法机动灵活，有很强的针对性，发现问题的命中率比较高。习近平同志指出，事实证明巡视制度是党内监督有效管用的制度，是一把反腐利剑。

——深化派出机构改革，做到全覆盖。中央决定将首次在党和国家治理体系的神经中枢，即中共中央办公厅、国务院办公厅、中共中央组织部等七家中央和国家机关设立派出机构。与巡视制度专注打虎不同的是，派驻制度专注的是防患于未然，这是与中央纪委反腐体制改革互为补充的制度设计，最终指向的是标本兼治。

——加强纪律建设，严明政治纪律和组织纪律。2014年中央有关部门对6万多名领导干部个人有关报告情况进行抽样核实，其中发现了一些问题，有一些人因此被取消提拔资格，有的还受到处理。另外副处以上的裸官也得到严肃清理，截至2014年12月，全国已清理副处级以上裸官3200多名。通过加强纪律建设，严格执纪，纪律的刚性约束力明显强化。

2014年开展的党风廉政建设和反腐败工作，得到全党和全国人民的坚

决拥护和高度评价。据国家统计局在 22 个省区市开展的入户调查，88.4%
的群众表示很满意或比较满意。

四　用铁的纪律维护党的团结统一

党的十八大以来，习近平同志就加强新形势下党的纪律建设作出一系
列重要论述。他强调，党面临的形势越复杂、肩负的任务越艰巨，就越要
加强纪律建设，越要维护党的团结统一，确保全党统一意志、统一行动，
步调一致前进；要把守纪律讲规矩摆在更加重要的位置；在所有党的纪律
和规矩中，第一位的是政治纪律和政治规矩。

2013 年 1 月，习近平同志指出："严明党的纪律，首要的就是严明政治
纪律。党的纪律是多方面的，但政治纪律是最重要、最根本、最关键的纪
律，遵守党的政治纪律是遵守党的全部纪律的重要基础。"① 严明政治纪律，
最根本的是要严格遵守和维护党章。党章就是党的根本大法，是全党必须
遵循的总规矩。党员、干部特别是各级领导干部要牢固树立党章意识，不
论担任何种职务、从事何种工作，都要牢记自己是一名在党旗下宣过誓的
共产党员，时刻用入党誓词约束自己；坚持以党章为镜，对照党的纪律、
群众期盼、先进典型，对照改进作风要求，在宗旨意识、工作作风、廉洁
自律上查问题、找差距、明方向，自觉用党章规范自己的一言一行；对党
章规定的党员义务、权利和领导干部基本条件要了然于胸，并作为必须遵
守的根本行为规范，不断加强党性修养和党性锻炼，永葆共产党人政治
本色。

铁的纪律，首要是政治纪律。遵守政治纪律的核心就是同党中央保持
高度一致，这是重大政治原则。各级党组织和全体党员干部，务必牢固树
立大局观念、全局意识和党章意识，正确处理保证中央政令畅通和立足实
际创造性开展工作的关系，任何具有地方特点的工作部署都必须以贯彻中
央精神为前提，在任何情况下都要做到政治信仰不变、政治立场不移、政
治方向不偏。

严明党的纪律，还必须严明党的组织纪律。要在全党进一步强化组织
观念、程序观念，严格执行请示报告制度，明确必须报告的事项和程序，
该请示的必须请示，该报告的必须报告，决不能我行我素、自行其是，决

---

① 习近平：《严明政治纪律，自觉维护党的团结统一》，《习近平关于党风廉政建设和反腐败
斗争论述摘编》，中央文献出版社、中国方正出版社，2015，第 30 页。

不能遮遮掩掩，甚至隐瞒不报。抓好组织纪律，强化管理是关键。党组织功能的实现、作用的发挥要靠有效管理。党的各级组织及主要负责人要坚持原则，敢抓敢管，敢于板起脸来开展批评，努力在全党形成敢于批评、善于批评的氛围，不断增强党内生活的政治性、原则性、战斗性。

党的纪律之所以具有强大的生命力，关键在于我们党始终根据时代的发展和形势的需要不断完善各项纪律规范，关键在于制定的纪律能够得到党的各级组织和广大党员、干部的自觉遵守。党的十八大以来，习近平同志多次强调提高纪律执行力的重要性。他指出："党的规矩，党组织和党员、干部必须遵照执行，不能搞特殊、有例外。各级党组织要敢抓敢管，使纪律真正成为带电的高压线。"

2015年10月，中共中央印发了新修订的《中国共产党纪律处分条例》（以下简称《条例》）。一些党建专家认为，新修订的《条例》是"改革开放以来最全、最严的党纪"。《条例》通过制度的刚性和建设性力量，真正实现让党员干部从"不敢腐"到"不能腐""不想腐"。新修订的《条例》，将党的十八大以来有关严明政治纪律和政治规矩、组织纪律、落实八项规定、反对"四风"等从严治党的实践成果制度化、常态化了。《条例》把政治纪律、政治规矩和组织纪律列在突出位置，明确增加了拉帮结派、对抗组织审查、搞无原则一团和气等违反政治纪律条款，把非组织活动、不如实向组织说明问题、不执行请示报告制度、不如实报告个人事项等列入违反组织纪律的要求之中。有的专家说："过去常说与党中央保持高度一致，但怎样算做到，一些人并不清楚，现在《条例》中对此明明白白说清楚了，不能再打擦边球。"《条例》增加了一些违纪条款，如廉洁纪律方面增加了权权交易、利用权职或职务影响为亲属和身边人员谋利等；在违反群众纪律方面新增了侵害群众利益、漠视群众诉求、侵害群众民主权益等；在工作纪律方面增加了党组织履行全面从严治党主体责任不力、工作失职等；在违反生活纪律方面增加了生活奢靡、违背社会公序良俗等。新修订的《条例》，强化了"负面清单"作用，将原有条例规定的10类违纪行为梳理整合、科学修订为6类：违反政治纪律、组织纪律、廉洁纪律、群众纪律、工作纪律和生活纪律，把党章关于纪律的要求具体化，并在分则各章中按照同类相近和从重到轻的原则进行排序。新修订的《条例》第七章"对违反组织纪律行为的处分"，主要对违反民主集中制原则、违背"四个服从"要求的违纪行为作出处分规定。对侵犯党员权利、违反组织工作原则、违规办理因私出国（境）证件和在国（境）外擅自脱离组织等违反组织纪律的行为，作出了明确的处分规定。还增加了不按照有关规定或者工作要求向组织请示报告重大问题，不如实报告个人有关事项，篡改、伪造个人档案资料，隐瞒入党前严重错误，党员领导干部违反有关规定组织、参加自发成立的老乡会、校友会、战友会，违规取得国（境）外居留权或者外国国籍，违规办理因私出国（境）证件等违纪条款。

五　用好巡视这把反腐"利剑"

我们党十分重视巡视工作。党的十八大以来，习近平总书记根据党风廉政建设和反腐败斗争依然严峻复杂的形势，对巡视工作进行了重大调整，进一步提升了巡视工作在党的建设特别是党风廉政建设和反腐败斗争中的重要地位。他多次主持召开中央政治局常委会，听取巡视情况汇报并发表重要讲话。

习近平同志关于巡视工作的重要论述包括：巡视作为党内监督的战略性制度安排，不是权宜之计，要用好巡视这把反腐"利剑"；巡视工作要把发现问题、形成震慑作为重点，当好中央的"千里眼"，找出"老虎""苍蝇"；巡视发现的问题线索，要分类处置，做到件件有着落，确保巡视成果落到实处；要适应形势发展，推动巡视内容、方式方法、制度建设的创新，形成更大震慑力。

巡视是党章赋予的重要职责，是加强党的建设的重要举措，是从严治党、维护党纪的重要手段，是加强党内监督的重要形式。习近平同志进一步明确了巡视工作的职责定位，指出巡视工作就是要发现和反映问题。要围绕"四个着力"发现问题，就是要着力发现是否存在形式主义、官僚主义、享乐主义和奢靡之风等违反中央八项规定的问题，着力发现领导干部是否存在权钱交易、以权谋私、贪污贿赂、腐化堕落等违纪违法问题，着力发现领导干部是否公开发表违背中央决定的言论、散布违背党的理论和路线方针政策的意见、搞"上有政策、下有对策"等违反政治纪律的问题，着力发现是否存在买官卖官、拉票贿选、突击提拔干部等选人用人上的不正之风和腐败行为。巡视工作要围绕党风廉政建设和反腐败斗争这个中心进行。

习近平总书记强调，要抓好工作创新，在总结经验的基础上，适应形势发展，推动巡视内容、方式方法、制度建设等方面与时俱进，完善工作机制,增强巡视工作的针对性、实效性。一是探索建立组长库的办法。习近平总书记充分肯定建立组长库的办法,巡视组组长作为"钦差大臣",也不是"铁帽子",组长库人选有刚离开工作岗位的,也有现职的,一次一授权,谁参加巡视不固定,巡视什么地区和单位也不固定。二是巩固和深化专项巡视。习近平总书记充分肯定开展专项巡视试点的探索,强调要以问题为导向,派出"侦察兵",哪里反映声音大、问题多,就派到哪里去侦察,就像公安系统的110、路面巡警制度,要在创新机制上下功夫。三是改进中央和省区市的巡视工作。习近平总书记强调,党的十八大以来,中央率先改进巡视工作,发挥了示范作用,下一步要加强对省区市巡视工作的领导,层层传导压力,层层落实责任,发挥省级巡视的基础作用。省区市党委必须坚决贯彻中央巡视方针,深化聚焦转型,做到横向全覆盖、纵向全链接、全国一盘棋,上下联动遏制腐败现象蔓延势头。四是加强"回头看"。习近平总书记强调,巡视过的31个省区市,不是一巡视了就完事,要出其不意,杀个"回马枪",让心存侥幸的人感到震慑常在。通过"回头看",一方面切实督促落实整改责任;另一方面对新的问题线索深入了解,可以形成更大威慑力。要带着问题去,盯着线索查,使有问题的人无处藏身。①

2013年6月,中央办公厅转发了《中央纪委中央组织部关于进一步加强巡视工作的意见》和《中央巡视工作2013~2017年规划》,对当前和今后一个时期的巡视工作作出新部署,提出了新要求。今后五年巡视工作的总体要求是紧紧围绕党风廉政建设和反腐败工作这个中心,牢牢抓住党组织领导班子及其成员特别是主要负责人这个重点,切实完成好发现和反映问题这个主要任务。

2015年6月26日,中共中央政治局召开会议,审议通过《中国共产党巡视工作条例(修订稿)》(以下简称《条例》修订稿)。《条例》修订稿贯彻党的十八大和十八届三中、四中全会精神,贯彻习近平总书记系列重要讲话精神,充分吸收巡视工作实践创新成果,注重解决巡视工作面临的新情况新问题,进一步明确巡视工作定位,围绕党的政治纪律、组织纪律、廉洁纪律、群众纪律、工作纪律和生活纪律,深化巡视监督内容,对机构设置、工作职责、方式权限、纪律要求等作出明确规范,对于推动依法依规开展巡视,更好发挥巡视的"利剑"作用具有重大意义。

---

① 陈理:《用好巡视这把反腐"利剑"——学习习近平总书记关于巡视工作的重要论述》,《党的文献》2015年第1期。

六　把权力关进制度的笼子里

全面从严治党，包括思想建党和制度治党。习近平总书记对加强党的制度建设作过许多重要论述。他在多次讲话中强调：要全面深化改革，推进反腐倡廉制度建设。"要健全权力运行制约和监督体系，有权必有责，用权受监督，失职要问责，违法要追究，保证人民赋予的权力始终用来为人民谋利益。"①

如何靠制度更有效地防治腐败，是我们面临的一个重大课题。腐败案件的存在，除了有理想信念动摇、宗旨意识淡薄这一重要原因外，还有体制机制上的原因。制度好可以使坏人无法任意横行，制度不好可以使好人无法充分做事，甚至会走向反面。因此，习近平同志强调，一定要坚持破立并举，注重建章立制，加强对权力运行的制约和监督，把权力关进制度的笼子里，形成不敢腐的惩戒机制、不能腐的防范机制、不易腐的保障机制。② 反腐倡廉建章立制要着重抓好四个方面的制度建设。一要完善监督制度。加强党内监督、人大监督、民主监督、行政监督、司法监督、审计监督、社会监督、舆论监督，努力形成科学有效的权力运行和监督体系，增强监督合力和实效，做到有权必有责、用权受监督、失职要问责、违法要追究，保证人民赋予的权力始终用来为人民谋利益。要着力改进对领导干部特别是一把手的监督，认真执行民主集中制。二要坚持用制度管权管事管人。要推行权力清单制度，公开审批流程，防止权力滥用。三要着力完善国有企业监管制度，完善国有资产资源监管制度，强化对权力集中、资金密集、资源富集的部门和岗位的监管。要加强对干部经常性的管理监督，形成严格约束，让他们始终有如履薄冰、如临深渊的警觉。四要深化体制机制改革。习近平同志强调，要增强制度执行力。制度不在多，而在于精，在于务实管用，突出针对性和指导性。牛栏关猫是不行的！要搞好配套衔接，做到彼此呼应，增强整体功能。

2015 年 6 月 26 日，习近平在中共中央政治局第二十四次集体学习时再次强调指出，铲除不良作风和腐败现象滋生蔓延的土壤，根本上要靠法规制度。要加强反腐倡廉法规制度建设，把法规制度建设贯穿到反腐倡廉各个领域、落实到制约和监督权力各个方面，发挥法规制度的激励约束作用，

---

① 《十八大以来重要文献选编》（上），中央文献出版社，2014，第 92 页。
② 《十八大以来重要文献选编》（上），中央文献出版社，2014，第 135～136 页。

推动形成不敢腐不能腐不想腐的有效机制。习近平指出，法规制度带有根本性、全局性、稳定性、长期性。在反腐倡廉法规制度建设中，要把中央要求、群众期盼、实际需要、新鲜经验结合起来，本着于法周延、于事有效的原则制定新的法规制度、完善已有的法规制度、废止不适应的法规制度，努力形成系统完备的反腐倡廉法规制度体系。习近平指出，反腐倡廉法规制度建设系统性强，要坚持问题导向、突出重点，充分体现科学性、针对性、可操作性。要坚持宏观思考、总体规划，既要注意体现党章的基本原则和精神，符合国家法律法规，也要同其他方面法规制度相衔接，提升法规制度整体效应。要系统完备、衔接配套，立治有体、施治有序，把反腐倡廉法规制度的笼子扎细扎密扎牢，做到前后衔接、左右联动、上下配套、系统集成。要务实管用、简便易行，法规制度在务实管用。要责任明确、奖惩严明，明确责任主体，确保可执行、可监督、可检查、可问责。习近平强调，法规制度的生命力在于执行。贯彻执行法规制度关键在真抓，靠的是严管。要加大贯彻执行力度，让铁规发力、让禁令生威，确保各项法规制度落地生根。要加强监督检查，落实监督制度，用监督传递压力，用压力推动落实。对违规违纪、破坏法规制度踩"红线"、越"底线"、闯"雷区"的，要坚决严肃查处，不以权势大而破规，不以问题小而姑息，不以违者众而放任，不留"暗门"、不开"天窗"，坚决防止"破窗效应"。习近平指出，要健全问责机制，坚持有责必问、问责必严，把监督检查、目标考核、责任追究有机结合起来，形成法规制度执行强大推动力。问责的内容、对象、事项、主体、程序、方式都要制度化、程序化。要把法规制度执行情况纳入党风廉政建设责任制检查考核和党政领导干部述职述廉范围，通过严肃追究主体责任、监督责任、领导责任，让法规制度的力量在反腐倡廉建设中得到充分释放。纪律检查机关要加大监督检查力度，对有令不行、有禁不止的，不仅要严肃查处直接责任人，而且要严肃追究相关领导人员的责任。

七 筑牢拒腐防变的思想道德防线

党的十八大以来，以习近平同志为总书记的中央领导集体坚持思想建党和制度治党紧密结合，全面从严管党治党，加强理想信念教育，加强党性和道德教育，加强反腐倡廉教育和廉政文化建设，不断夯实党员干部廉洁从政的思想道德基础，筑牢拒腐防变的思想道德防线。

习近平同志强调，从严治党靠教育，也靠制度，二者一柔一刚，要同向发力、同时发力。现在，一个比较明显的问题就是轻视思想政治工作，以为定了制度、有了规章就万事大吉了，有的甚至已经不会或不大习惯于做认真细致的思想政治工作了，有的甚至认为组织找自己谈话是多此一举。正是这样的简单化和片面性，使一些本来可以落实的制度得不到落实、一些本来可以避免的问题不断发生。"求木之长者，必固其根本；欲流之远者，必浚其泉源"。对党员、干部来说，思想上的滑坡是最严重的病变，"总开关"没拧紧，不能正确处理公私关系，缺乏正确的是非观、义利观、权力观、事业观，各种出轨越界、跑冒滴漏就在所难免了。

在新形势下推进党风廉政建设，只有把思想建党和制度治党紧密结合起来，做到二者同向发力、同时发力，才能使加强制度治党的过程成为加强思想建党的过程，同时使加强思想建党的过程成为加强制度治党的过程，才能使广大党员、干部增强党性修养，提高思想觉悟，点亮心中的明灯，筑牢思想防线。

坚定理想信念，守住共产党人拒腐防变的政治生命线。习近平同志强调："坚定理想信念，坚守共产党人精神追求，始终是共产党人安身立命的根本。对马克思主义的信仰，对社会主义和共产主义的信念，是共产党人的政治灵魂，是共产党人经受住任何考验的精神支柱。形象地说，理想信念就是共产党人精神上的'钙'，没有理想信念，理想信念不坚定，精神上就会'缺钙'，就会得'软骨病'。现实生活中，一些党员、干部出这样那样的问题，说到底是信仰迷茫、精神迷失。全党要按照党的十八大部署，深入学习实践中国特色社会主义理论体系特别是科学发展观，讲党性、重品行、作表率，矢志不渝为实现中国特色社会主义共同理想而奋斗。"[①] 2013 年 1 月，习近平同志在一次讲话中指出："干部廉洁自律的关键在于守住底线。只要能守住做人、处事、用权、交友的底线，就能守住党和人民交给自己的政治责任，守住自己的政治生命线，守住正确的人生价值观。所有领导干部都必须把反腐倡廉当作政治必修课来认真对待，决不能把权力变成牟取个人或少数人私利的工具，永葆共产党人政治本色。"[②] 同年 6

[①]　习近平：《紧紧围绕坚持和发展中国特色社会主义学习宣传贯彻党的十八大精神》，《习近平关于党风廉政建设和反腐败斗争论述摘编》，中央文献出版社、中国方正出版社，2015，第 137 页。

[②]　习近平：《依纪依法严惩腐败，着力解决群众反映强烈的突出问题》，《习近平关于党风廉政建设和反腐败斗争论述摘编》，中央文献出版社、中国方正出版社，2015，第 139 页。

月，习近平同志在全国组织工作会议上指出："理想信念坚定，是好干部第一位的标准，是不是好干部首先看这一条。如果理想信念不坚定，不相信马克思主义，不相信中国特色社会主义，政治上不合格，经不起风浪，这样的干部能耐再大也不是我们党需要的好干部。只有理想信念坚定，用坚定理想信念炼就了'金刚不坏之身'，干部才能在大是大非面前旗帜鲜明，在风浪考验面前无所畏惧，在各种诱惑面前立场坚定，在关键时刻靠得住、信得过、能放心。"①

推进反腐倡廉建设，要坚持依法治国和以德治国相结合。要规范人们的行为，规范社会秩序，不仅要确立与之相适应的法律体系，而且要形成与之相适应的思想道德体系。反腐倡廉是一个复杂的系统工程，需要多管齐下、综合施策，但从思想道德抓起具有基础性作用。习近平同志强调，思想纯洁是马克思主义政党保持纯洁性的根本，道德高尚是领导干部做到清正廉洁的基础。要把思想道德建设放在十分突出的位置。他指出："我们要坚持从教育抓起，教育引导广大党员、干部坚定理想信念、坚守共产党人精神家园，不断夯实党员干部廉洁从政的思想道德基础，筑牢拒腐防变的思想道德防线。"为了加强思想道德建设，他提出"三个抓好"，即抓好思想理论建设、抓好党性教育和党性修养、抓好道德建设，教育引导党员干部以理论上的坚定保证行动上的坚定，以思想上的清醒保证用权上的清醒。②

领导干部要做到"三严三实"。2014 年 3 月 9 日，习近平同志在参加十二届全国人大二次会议安徽代表团审议时明确指出："各级领导干部都要树立和发扬好的作风，既严以修身、严以用权、严以律己，又谋事要实、创业要实、做人要实。"这"三严三实"要求，正是领导干部必须躬身践行的作风新要求和勤廉新标准。③ 同年 5 月 8 日，习近平同志在同中央办公厅各单位班子成员和干部职工代表座谈时指出：廉洁自律，必须筑牢思想防线，加强主观世界改造，牢固树立正确的世界观、人生观、价值观，加强党性修养，做到持之为明镜、内化为修养、升华为信条。要耐得住寂寞、守得住清贫。一个人能否廉洁自律，最大的诱惑是自己，最难战胜的敌人也是

---

① 习近平：《在全国组织工作会议上的讲话》，《习近平关于党风廉政建设和反腐败斗争论述摘编》，中央文献出版社、中国方正出版社，2015，第 142 页。

② 习近平：《在十八届中央政治局第五次集体学习时的讲话》，《习近平关于党风廉政建设和反腐败斗争论述摘编》，中央文献出版社、中国方正出版社，2015，第 139～141 页。

③ 习近平在参加十二届全国人大二次会议安徽代表团审议时的讲话，《人民日报》2014 年 3 月 10 日。

自己。一个人战胜不了自己，制度设计得再缜密，也会"法令滋彰，盗贼多有"。中国传统文化历来把自律看作做人、做事、做官的基础和根本。《论语》中就说，要"修己以敬""修己以安人""修己以安百姓"。古人所推崇的修身齐家、治国平天下，修身是第一位的。习近平同志强调："我们共产党人更应该强化自我修炼、自我约束、自我塑造，在廉洁自律上作出表率。"①

筑牢拒腐防变的思想道德防线，教育是基础。党的十八大作出建设学习型、服务型、创新型马克思主义执政党的战略部署，对加强和改进干部教育培训、提高干部素质和能力提出了新的更高要求。为深入贯彻落实党的十八大精神，培养造就高素质干部队伍，2013年，中共中央发布《2013～2017年全国干部教育培训规划》。该规划提出的重点培训内容包括：深入开展马克思主义基本原理学习培训，突出抓好中国特色社会主义理论体系学习培训，大力加强党性党风党纪和党史国史教育，深入开展社会主义核心价值体系教育，着力加强推动科学发展能力培养，积极开展各种知识教育。为贯彻落实该规划，中央各部门和各地方根据反腐倡廉建设需要，制定了符合实际情况的规划和实施方案，加强了干部教育培训工作。与此同时，各部门和各地区进一步完善党委（党组）理论学习中心组学习制度，定期安排学习我们党关于反腐倡廉重要思想，学习党章等党内法规和国家法律法规，学习党性知识和党的作风，加强党性修养和从政道德修养，使各级领导干部讲党性、重品行、作表率，增强公仆意识，密切联系群众，做到为民、务实、清廉，打牢廉洁从政的思想道德基础。

---

① 习近平：《在同中央办公厅各单位班子成员和干部职工代表座谈时的讲话》，《习近平关于党风廉政建设和反腐败斗争论述摘编》，中央文献出版社、中国方正出版社，2015，第145页。

第二章
马克思主义民主理论的基本点

民主是政治文明的核心内容，在几千年人类社会历史发展的过程中，不同的政治学者，不同的政治家都先后对民主问题提出过不同的观点，赋予其不同的内涵，但受其阶级的和历史的局限，都未能作出科学的说明。马克思、恩格斯以历史唯物主义为指导，创立了马克思主义民主理论，并在革命实践中不断进行丰富和发展，为无产阶级革命斗争和社会主义建设提供了理论指导和思想武器。

第一节 马克思主义民主理论形成的历史过程

一 在批判黑格尔哲学中，提出"不是国家决定市民社会，而是市民社会决定国家"

早在 19 世纪 40 年代，当马克思、恩格斯还是激进的革命民主主义者的时候，他们就十分关注作为国家制度的民主问题。他们不仅在实际的政治斗争中尖锐揭露和批判普鲁士专制国家的反动实质，而且提出在否定私有财产的基础上建立民主国家，"使国家制度的实际体现者——人民成为国家制度的原则"和"社会的原则"。[1] 但是当时处于黑格尔唯心主义国家观影响之下的马克思、恩格斯，还不能对民主问题作出科学说明。

①《马克思恩格斯全集》第 1 卷，人民出版社，1956，第 315 页。

　　黑格尔作为客观唯心主义的大师，他不能从具体的社会历史中去把握国家的本质，从根本上颠倒了国家和社会的关系。他认为，"国家是伦理理念的规定"，"国家是绝对自在自为的理性东西"。认为有种神秘的"绝对精神"主宰着全民的意向和活动，才使结合起来的人群成为"政治国家"。认为国家是家庭、市民社会的"真实基础"，家庭、市民社会从属于国家，因国家的存在而存在。他进而宣称普鲁士君主专制国家是"绝对精神"的体现，是地上的神物和理性的楷模，是社会道德最完善的体现。

　　马克思在1843年所著《黑格尔法哲学批判》一书中，对黑格尔这些观点进行了批判分析，提出了"不是国家决定社会，而是社会决定国家"的著名论断，指出"家庭和市民社会都是国家的前提，它们才是真正活动着的"。① 他还指出，黑格尔之所以把市民社会和国家的关系头足倒置，"重要的是黑格尔在任何地方都把观念当作主体，而把本来意义上的现实的主体，例如，'政治信念'变成谓语。"② 并揭示了国家制度的经济根源，提出了"私有财产的国家制度"③。这就是说，私人财产占有制是国家赖以建立的基础。这就为创立唯物史观提供了可靠的元素。马克思后来曾经说过："我的研究得出这样一个结果：法的关系正像国家的形式一样，既不能从它们本身来理解，也不能从所谓人类精神的一般发展来理解，相反，它们根源于物质的生活关系，这种物质的生活关系的总和，黑格尔按照18世纪的英国人和法国人的先例，概括为'市民社会'，而对市民社会的解剖应该到政治经济学中去寻求。"④ 这些论述，为我们科学地认识国家问题奠定了理论基础。

二　在《德意志意识形态》等著作中，形成了经济基础决定上层建筑的基本思想

　　1846年马克思、恩格斯在合写的《德意志意识形态》中，第一次提出了"物质生活条件"⑤ 的概念，进而揭示了生产力与生产关系对社会发展的决定作用。马克思在1846年底致巴·瓦·安年科夫的信中进一步指出："在人们的生产力发展的一定状况下，就会有一定的交换［commerce］和消

---

① 《马克思恩格斯全集》第3卷，人民出版社，2002，第10页。
② 《马克思恩格斯全集》第3卷，人民出版社，2002，第14页。
③ 《马克思恩格斯全集》第3卷，人民出版社，2002，第135页。
④ 《马克思恩格斯选集》第2卷，人民出版社，2012，第2页。
⑤ 《马克思恩格斯选集》第4卷，人民出版社，2012，第261页。

费形式。在生产、交换和消费发展的一定阶段上，就会有相应的社会制度形式、相应的家庭、等级或阶级组织，一句话，就会有相应的市民社会。有一定的市民社会，就会有不过是市民社会的正式表现的相应的政治国家。"① 在这里虽然没有提出经济基础与上层建筑的概念，但其基本思想已经形成了。

三　在批判封建专制主义中形成了人民民主理论

19世纪上半叶，德国处于封建专制主义的反动统治之下，集一切权力于君主一人手中，广大人民群众毫无任何政治权利可言。黑格尔为普鲁士的反动政权大唱赞歌，为君主制度的合理性进行辩护，竟然提出德国的君主制是人民主权的代表和象征。马克思针锋相对地指出："主权这个概念本身不可能有双重的存在"，"不是君主的主权，就是人民的主权"。② 君主主权与人民主权是根本对立的，由此形成了人民民主的理论概念。马克思指出："民主制是一切形式的国家制度的已经解开的谜。""是一切国家制度的本质，作为特殊国家制度的社会化的人。"③ 他指出君主制是轻视人、蔑视人，使人不成为其人。他极力主张人民主权的国家制度。

马克思还通过对德国书报检查制度进行无情的批判和猛烈抨击，阐明了新闻自由是民主制度的重要内容。他指出，书报检查令是"禁止人们写文章论述被公开谈论的事物的令人痛恨的强制手段"。"没有新闻出版自由，其他一切自由都会成为泡影。"④

四　在剖析资产阶级民主中确立了无产阶级民主理论

资产阶级民主理论是在反对封建专制斗争中形成的，它与封建专制主义相比无疑是历史的巨大进步。它的历史功绩是否定了封建专制主义的等级权力制度，提出了"自由、平等、博爱"等民主理论原则。在资产阶级民主理论体系中，再没有出身、财产、文化程度、职业的差别，所有公民在法律面前一律平等。但资本主义社会是私有制为经济基础的剥削阶级占统治地位的社会，不可能存在一切公民在法律面前的平等。马克思深刻地

---

① 《马克思恩格斯选集》第4卷，人民出版社，2012，第408页。
② 《马克思恩格斯全集》第3卷，人民出版社，2002，第38页。
③ 《马克思恩格斯全集》第3卷，人民出版社，2002，第39~40页。
④ 《马克思恩格斯全集》第1卷，人民出版社，1995，第199~201页。

指出：资产阶级为了达到自己的目的，"不得不把自己的利益说成是社会全体成员的共同利益，就是说，这在观念上的表达就是：赋予自己的思想以普遍性的形式，把它们描绘成唯一合乎理性的、有普遍意义的思想。"① 资产阶级法权特点就是形式上的平等掩盖着实质上的不平等，"普遍形式"下的民主、自由掩盖着实质上的剥削。"平等地剥削劳动力，是资本的首要的人权"。② 当资产阶级的统治受到威胁，资产阶级就会撕下自由、民主的面纱，对劳动人民进行残酷镇压。资产阶级为要"显出自己的真面目来……并把共和国的'自由，平等，博爱'这句格言代以毫不含糊的'步兵，骑兵，炮兵'"。③

无产阶级民主是资产阶级民主的对立物。无产阶级民主继承了资产阶级民主"自由、平等、博爱"的民主形式，赋予其广大劳动者真正享有民主权利的真实内容，达到了理论形式与实质内容的统一。马克思在总结巴黎公社经验时指出：巴黎公社"实质上是工人阶级的政府"，"是终于发现的可以使劳动在经济上获得解放的政治形式"，是工人阶级"执掌政权的形式"。④ 为了防止工人阶级政府的蜕变，防止"社会公仆"蜕变为"社会主人"，马克思总结了巴黎公社的经验，即实行公社委员的选举制、罢免制和领取不超过普通工人的工资。这些措施能够"可靠地防止人们去追求升官发财"。⑤ 巴黎公社的原则是永存的。巴黎公社的基本经验，对推进社会主义民主建设仍然具有重要现实意义。

五　恩格斯晚年关于无产阶级民主国家形式和国家消亡的论述

无产阶级民主究竟采取什么形式，是马克思主义民主理论的重大课题。1891 年，恩格斯在他的《1891 年社会民主党纲领草案批判》中提出了"民主共和国"是无产阶级民主政治形式的设想。他指出："如果说有什么是毋庸置疑的，那就是，我们的党和工人阶级只有在民主共和国这种形式下，才能取得统治。民主共和国甚至是无产阶级专政的特殊形式"。⑥ 恩格斯还曾指出："国家的最高形式，民主共和国，在我们现代的社会条件下正日益

---

① 《马克思恩格斯选集》第 1 卷，人民出版社，2012，第 180 页。

② 《马克思恩格斯全集》第 44 卷，人民出版社，2001，第 338 页。

③ 《马克思恩格斯选集》第 1 卷，人民出版社，2012，第 706 页。

④ 《马克思恩格斯选集》第 3 卷，人民出版社，2012，第 102、116 页。

⑤ 《马克思恩格斯选集》第 3 卷，人民出版社，2012，第 55 页。

⑥ 《马克思恩格斯选集》第 4 卷，人民出版社，2012，第 294 页。

成为一种不可避免的必然性"。① 恩格斯关于无产阶级民主政治形式的重要论述，成为各社会主义国家政体称谓的重要理论依据。

1894 年恩格斯的《家庭、私有制和国家的起源》一书，是一部取材丰富，逻辑严密，观点鲜明的历史唯物主义的重要著作。在这一重要著作中，他根据许多历史资料，提出了"原始民主"的概念。原始民主建立在原始公有制的经济基础之上。原始社会没有阶级划分，没有权利与义务的差别，原始民主完全是非政治性的。这是一种单纯质朴的氏族制度，"这种组织是注定要灭亡的"。② 在这一著作中，恩格斯提出无产阶级民主也不是永恒的，它随着生产力的发展和社会的进步而逐渐消亡。这个消亡是一个长期的自然的发展过程。恩格斯指出："在生产者自由平等的联合体的基础上按新方式来组织生产的社会，将把全部国家机器放到它应该去的地方，即放到古物陈列馆去，同纺车和青铜斧陈列在一起。"③

第二节　马克思主义民主理论的基本内容

一　从国体上看民主——民主与专政的统一

（一）民主是一种国家制度，是国体与政体的统一

民主是进步人类所共同追求的社会价值目标，是现代政治文明的主要标志。一部中国近现代历史，在政治方面，就是中国人民为实现和发展人民民主而斗争的历史。中国民主革命的先驱孙中山先生曾经把民主革命的内容概括为民族主义、民权主义和民生主义。对于民权主义，孙先生解释说："我们推倒满洲政府，从驱除满人那一面说是民族革命，从颠覆君主政体那一面说是政治革命，并不是把米分作两次去做。讲到那政治革命的结果，是建立民主立宪政体。"④ 中国共产党从诞生之日起就高举民族革命和民主革命的旗帜，把"对外推翻帝国主义压迫的民族革命和对内推翻封建地主压迫的民主革命"⑤，作为自己在民主革命阶段的主要任务。新中国成立以后，我们把建设富强、民主、文明的社会主义国家作为全国人民的奋

---

① 《马克思恩格斯选集》第 4 卷，人民出版社，2012，第 189 页。
② 《马克思恩格斯选集》第 4 卷，人民出版社，2012，第 110 页。
③ 《马克思恩格斯选集》第 4 卷，人民出版社，2012，第 190 页。
④ 《孙中山选集》，人民出版社，1981，第 82 页。
⑤ 《毛泽东选集》第 2 卷，人民出版社，1991，第 637 页。

斗目标。鉴于"文化大革命"的历史教训，我们党在改革开放的新时期更加重视发展社会主义民主与法制。邓小平明确提出："要继续发展社会主义民主，健全社会主义法制。这是三中全会以来中央坚定不移的基本方针，今后也决不允许有任何动摇。我们的民主制度还有不完善的地方，要制定一系列的法律、法令和条例，使民主制度化、法律化。"①

国家是阶级统治的工具，是政治活动的中心，民主是国家的一种类型。马克思指出："民主制是国家制度的类。君主制则只是国家制度的种，并且是坏的种。"② 列宁指出："民主是国家形式，是国家形态的一种。"③ "民主就是承认少数服从多数的国家，即一个阶级对另一个阶级、一部分居民对另一部分居民使用有系统的暴力的组织。"④

什么是国体？什么是政体？国体就是社会各阶级在国家政权中的地位，也就是政权的阶级性质，政体是国家政权的组织形式，作为国家制度的民主都是国体与政体的统一。但在马克思主义以前的国家学说中，只承认民主是一种政体，一种政权的组织形式，极力否认民主是国体，否认民主的阶级性质。只有马克思主义才深刻揭示了民主的阶级性质，把民主的国体含义与政体含义统一起来。

列宁对国体、政体概念作出了严格界定。他批判了考茨基用混淆国体、政体的手法歪曲马克思国家学说的错误，指出：对无产阶级专政来说，"谈论管理形式，不仅是愚蠢地而且是拙劣地伪造马克思的意思，因为马克思在这里说的分明是国家的形式或类型，而不是管理形式"。⑤

毛泽东在《新民主主义论》中具体论述了新民主主义共和国的国体和政体。他通过分析指出："国体——各革命阶级联合专政。政体——民主集中制。这就是新民主主义的政治，这就是新民主主义的共和国"。⑥ 他具体解释说，任何国家政权都包括两个方面，一个方面是国体，另一个方面是政体。所谓国体，指的是社会各阶级在国家政权中的地位问题，主要是什么阶级在政权中处于统治地位。所谓政体，指的是政权的构成形式问题，即在政权中占统治地位的阶级采取什么形式去组织那反对敌人、保护自己

---

① 《邓小平文选》第 2 卷，人民出版社，1994，第 359 页。
② 《马克思恩格斯全集》第 3 卷，人民出版社，2002，第 39 页。
③ 《列宁选集》第 3 卷，人民出版社，2012，第 201 页。
④ 《列宁选集》第 3 卷，人民出版社，2012，第 184 页。
⑤ 《列宁选集》第 3 卷，人民出版社，2012，第 596 页。
⑥ 《毛泽东选集》第 2 卷，人民出版社，1991，第 677 页。

的政权机关的问题。他指出，虽然国体和政体不可分割，但二者的地位不同，国体决定政体，政体从属于国体，并体现国体的要求。

（二）就国体而言，民主与专政紧密结合、互相依存

毛泽东提出了人民民主专政的理论，进一步阐释了民主的国体思想。在新中国成立前夕，全国胜利在即，他在所著《论人民民主专政》的重要论著中，明确指出："对人民内部的民主方面和对反动派的专政方面，互相结合起来，就是人民民主专政。"① 并把人民民主专政上升为治国纲领的地位，指出："总结我们的经验，集中到一点，就是工人阶级（经过共产党）领导的以工农联盟为基础的人民民主专政。这个专政必须和国际革命力量团结一致。这就是我们的公式，这就是我们的主要经验，这就是我们的主要纲领。"②

民主与专政互为条件，互相依存。民主是专政的基础，专政是民主的保证。只有充分发挥人民群众的积极性、创造性，体现人民群众当家作主的地位和作用，才能有效地对敌对分子进行专政；只有对敌对分子进行有效的专政，打击敌人的反动气焰，制止敌人的猖狂活动，才能保证人民民主权利的实现，保障人民的幸福安全。

我国宪法第一条规定："中华人民共和国是工人阶级领导的、以工农联盟为基础的人民民主专政的社会主义国家。"这就是我们国家的国体规定，我们必须从民主与专政的相互依存关系上深刻认识这一根本制度。邓小平指出："人民的民主同对敌人的专政分不开"，"一定要把对人民的民主和对敌人的专政结合起来"。③ "社会主义民主，是工人、农民、知识分子和其他劳动者所共同享受的民主，是历史上最广泛的民主"，"发展社会主义民主，决不是可以不要对敌视社会主义的势力实行无产阶级专政"。不对敌视社会主义的势力实行专政，就不可能有社会主义民主。④

适应现阶段我国社会主义民主发展的总趋势，借用周恩来1956年7月在中共上海市第一次代表大会上的讲话，他指出："现在我们的人民民主专政应该是：专政要继续，民主要扩大。"⑤ 他认为，扩大民主应该是重点，因为容易忽视民主，鉴于苏联的历史经验，扩大民主带有本质的意义。同

① 《毛泽东选集》第4卷，人民出版社，1991，第1475页。
② 《毛泽东选集》第4卷，人民出版社，1991，第1480页。
③ 《邓小平文选》第2卷，人民出版社，1994，第175~176页。
④ 《邓小平文选》第2卷，人民出版社，1994，第168页。
⑤ 《周恩来选集》（下），人民出版社，1984，第207页。

时专政必须坚持和继续，不能放松对敌人的专政。我国当前社会主义民主建设已经取得巨大成就，今后仍然必须坚定不移地把社会主义民主建设推向一个新阶段、新水平；同时我们也必须看到各种敌对势力的存在。近年来民族分裂势力、恐怖势力有所抬头。2014 年 3 月 1 日，在昆明火车站候车室人群密集的地方，8 名暴力恐怖分子手持大刀乱砍乱杀，当场杀死无辜群众 29 人，130 多人受伤，凶犯 4 人被我干警击毙，1 人被击伤捕获，其余 3 名已落网。事实证明，此案为恐怖势力所为。边疆恐怖分子近年来由边疆作案发展到内地作案，对此必须高度警惕，严厉打击各种暴力恐怖犯罪活动，绝不手软，更不能姑息。

（三）　毛泽东关于两类不同性质矛盾的理论是对马克思主义民主理论的重大发展

1957 年 2 月 27 日，毛泽东在最高国务会议第十一次（扩大）会议上作了题为《关于正确处理人民内部矛盾的问题》的重要讲话。这一讲话的历史背景是，1956 年我国生产资料私有制的社会主义改造已基本完成，大规模疾风暴雨式的阶级斗争已经过去，人民内部矛盾逐渐突显出来，正确处理大量的人民内部矛盾已成为我国政治生活的主题。毛泽东此报告恰逢其时，具有重大的理论和现实意义。

这一理论的主要内容如下。

（1）正确区分两类不同性质的矛盾。毛泽东在讲话中指出："为了正确地认识敌我之间和人民内部这两类不同的矛盾，应该首先弄清楚什么是人民，什么是敌人。"在现阶段，在建设社会主义的时期，一切赞成、拥护和参加社会主义建设的阶级、阶层和社会团体，都属于人民的范围；一切反抗社会主义革命和敌视、破坏社会主义建设的社会势力和社会集团，都是人民的敌人。

（2）正确认识两类矛盾的表现形式。毛泽东在讲话中指出："敌我之间的矛盾是对抗性的矛盾。人民内部的矛盾，在劳动人民之间说来，是非对抗性的"。"一般说来，人民内部的矛盾，是在人民利益根本一致的基础上的矛盾。"

（3）正确运用解决两类矛盾的方法。毛泽东在讲话中指出，解决不同性质的两类矛盾，应采取不同的解决方法。对人民内部矛盾采取民主的方法，对敌我矛盾采取专政的方法。讲话中指出 1942 年我们党在延安进行整风时，解决人民内部矛盾采取"团结—批评—团结"的方法，"就是从团结的愿望出发，经过批评或者斗争使矛盾得到解决，从而在新的基础上达到新的团结"。采用这个方法，取得了"伟大的成功"。①

我国现阶段，社会矛盾纷繁复杂，表现形式多种多样，应采取多种有效形式予以化解。但从总体来讲，区分两类不同性质的矛盾，采取不同的方法解决，这仍然是我们必须坚持的重要指导原则，仍然具有现实指导意义。

二 从组织制度上看民主——民主与集中的统一

（一）民主集中制是党和国家的根本组织制度

中国共产党党章第十条规定："党是根据自己的纲领和章程，按照民主集中制组织起来的统一整体。"我国宪法规定："中华人民共和国的国家机构实行民主集中制的原则。"

实行民主集中制在国际共产主义运动中，已经成为惯例。在马克思、恩格斯时期，还没有民主集中制的称谓，只有民主制的称谓。马克思、恩格斯一直主张党内实行民主制。1860 年，马克思指出："支部、区部的领导人和中央委员会的委员全是选举出来的，这种民主制度……同一个宣传团体的任务是不矛盾的。"② 1885 年，恩格斯指出：共产主义者同盟"组织本身是完全民主的……现在一切都按这样的民主制度进行"。③ 但马克思、恩格斯主张必要的权威。恩格斯举例说明权威的重要性，他说："能最清楚地说明需要权威，而且是需要专断的权威的，要算是在汪洋大海上航行的船了。那里，在危急关头，大家的生命能否得救，就要看所有的人能否立即绝对服从一个人的意志。"④

民主集中制的称谓起始于列宁，这与列宁所处残酷险恶的斗争环境有关，在秘密斗争的形势下，党内不能不强调一定的集中领导。1905 年俄国社会民主工党第一次代表大会上，第一次指出："代表会议确认民主集中制原则是不容争论的"。⑤ 1906 年党的第四次代表大会通过的党章载明：党的一切组织"是按照民主集中制的原则建立起来的。"后来列宁又把实行民主集中制原则列入加入第三国际的必备条件，规定："加入共产国际的党，应

---

① 《毛泽东文集》第 7 卷，人民出版社，1999，第 205～211 页。
② 《马克思恩格斯全集》第 14 卷，人民出版社，1964，第 463～464 页。
③ 《马克思恩格斯选集》第 4 卷，人民出版社，2012，第 207 页。
④ 《马克思恩格斯选集》第 3 卷，人民出版社，2012，第 276 页。
⑤ 《苏联共产党决议汇编》第一分册，人民出版社，1964，第 119 页。

该是按照民主集中制的原则建立起来的。"①

中国共产党是以马克思列宁主义为指导思想的政党，完全忠实于马克思列宁主义。早在井冈山革命斗争时期，毛泽东就提出：工农兵代表会是"民主集中主义的制度"。② 抗日战争时期，1937 年 10 月，毛泽东更明确地指出：在未来的民主共和国，"政府的组织形式是民主集中制，它是民主的，又是集中的，将民主和集中两个似乎相冲突的东西，在一定形式上统一起来"。③ 新中国成立后，曾经起过宪法作用的《中国人民政治协商会议共同纲领》规定："各级政权机关一律实行民主集中制。"我国宪法第三条，不仅明确规定了中华人民共和国的国家机构实行民主集中制的原则，而且明确规定：全国人民代表大会和地方各级人民代表大会都由民主选举产生，对人民负责，受人民监督；国家行政机关、审判机关、检察机关都由人民代表大会产生，对它负责，受它监督；中央和地方的国家机构职权的划分，遵循在中央的统一领导下，充分发挥地方的主动性、积极性的原则。这充分说明，我国从中央到地方，从国家权力机关到国家行政机关、审判机关、检察机关，全部国家机构都是按照民主集中制的原则组织起来，并依法有序地开展活动的。

什么是民主集中制？一般概括为："在民主基础上的集中，在集中指导下的民主。"④ 民主是基础，集中是指导。也可以理解为，民主集中制的实质是民主制，民主集中制是民主制的一种表达方式。

党的民主集中制是党的群众路线在党的生活中的运用和体现。民主集中制的核心和实质，是如何对待群众、如何发挥人民群众的伟大历史作用的问题。邓小平在 1956 年党的第八次全国代表大会上所作的《关于修改党章的报告》中指出："民主集中制是我们党的列宁主义的组织原则，是党的根本的组织原则，也是党的工作中的群众路线在党的生活中的应用。"⑤ 马克思主义唯物史观确认，人民群众是历史的主人，是推动人类社会发展的根本动力。党的全部任务就是全心全意地为人民服务，就是动员和组织群众自己解放自己，创造自己的幸福生活。因此，在党的一切工作中，必须坚持"从群众中来，到群众中去"的群众工作路线。按照毛泽东的说法，就

① 《列宁选集》第 4 卷，人民出版社，2012，第 254 页。

② 《毛泽东选集》第 1 卷，人民出版社，1991，第 72 页。

③ 《毛泽东选集》第 2 卷，人民出版社，1991，第 383 页。

④ 《毛泽东选集》第 3 卷，人民出版社，1991，第 1057 页。

⑤ 《邓小平文选》第 1 卷，人民出版社，1994，第 225 页。

是"将群众的意见（分散的无系统的意见）集中起来（经过研究，化为集中的系统的意见），又到群众中去作宣传解释，化为群众的意见，使群众坚持下去，见之于行动，并在群众行动中考验这些意见是否正确。然后再从群众中集中起来，再到群众中坚持下去。如此无限循环，一次比一次地更正确、更生动、更丰富"。① 党的群众路线同样适合于党内。"从群众中来"，就是充分发挥党员、群众的智慧和创造精神，进行民主决策的过程。"到群众中去"，就是把党的整体意志变成党员、群众行动来执行决策的过程。党的民主集中制正是从本质上从程序过程上都生动地体现着党的群众路线。

（二）民主集中制是革命和建设事业兴旺发达的制度保证

第一，坚持党的民主集中制，是发扬党员积极性，保持充满生机活力的党内生活秩序的重要保证。共产党是工人阶级的先锋队组织，这就决定党的组织必须充满生机活力，党内必须有良好的正常生活秩序，这种生活秩序能够使党员朝气蓬勃、心情舒畅，精神振奋、勇于战斗。

我们党在坚持民主集中制方面，有过许多光荣的革命传统。在井冈山革命斗争时期，党员通过选举产生各级党的领导组织，重大问题由党委集体讨论决定。党员对任何领导都可提出批评、意见，进行监督。毛泽东宣布废除官兵之间的繁琐礼节，实行官兵平等、军民平等，实行经济公开，由士兵委员会管理伙食。朱德军长和战士一起下山挑米。虽然红军生活条件艰苦，但精神上得到了解放。党员之间、党员与非党员同志之间、领导与群众之间亲密无间，精诚团结，保证了革命斗争的胜利发展。在延安整风时期，党内民主大大发扬，毛泽东号召"知无不言，言无不尽"，"言者无罪，闻者足戒"，"有则改之，无则加勉"，出现了畅所欲言、生动活泼的政治局面，既分清了路线是非，又增强了党内团结。在党中央领导下，经过充分民主协商与民主选举，产生了辖区各级人民政府。在党的第七次全国代表大会上，充分发扬党内民主，选举产生了新的领导集体，为夺取革命在全国的胜利奠定了坚实的思想基础和组织基础。

第二，坚持民主集中制是坚持真理、修正错误、制定和执行正确的路线、方针、政策的重要保证。共产党的先进性，就在于能够依据马克思主义的普遍真理与本国国情相结合，制定和执行正确的路线、方针、政策，为实现党的纲领而奋斗。而制定与执行党的路线、方针、政策的过程，就

---

① 《毛泽东选集》第3卷，人民出版社，1991，第899页。

是贯彻执行民主集中制的过程。党的历史经验充分证明,什么时候党的民主集中制贯彻得好,什么时候党的路线、方针、政策就正确;若有错误,也易纠正。相反,什么时候党的民主集中制贯彻得不好,党的路线、方针、政策就必然产生失误,甚至产生重大失误,给革命与建设事业带来重大损失。第一次国内革命战争时期,陈独秀的右倾路线错误和第二次国内革命战争时期王明的"左"倾路线错误,都与破坏民主集中制、独断专行、听不得不同意见有密切关系。"文化大革命"十年动乱的错误,也是因为违背了党的民主集中制原则,把个人权威凌驾于党的集体领导之上所造成的。

第三,坚持党的民主集中制,是维护党的团结统一,增强党的凝聚力、战斗力的重要保证。党的先进性还体现在党的组织的团结统一,体现在党的凝聚力和战斗力上。如果党内意见分歧严重,组织涣散,纪律松弛,甚至地方主义、分散主义、无政府主义泛滥,各自为政,各行其是,就不可能完成党的崇高的历史使命。只有严格执行党的民主集中制,才能做到全党团结一致,做到全党统一认识,统一政策,统一指挥,统一行动,全党一条心,上下一股劲,为实现共同的理想目标而奋斗。

第四,坚持党的民主集中制,是党永葆革命青春、永不变质的重要保证。民主集中制的实质是使党永远保持与党内外群众的血肉联系,永远坚定不移地全心全意为人民服务,将人民群众的根本利益作为党的最高原则,将人民群众的根本利益体现于党的路线、方针、政策,并有效地贯彻实施。如果不能坚持与执行党的民主集中制,必然走向脱离群众的危险道路。邓小平曾经尖锐地指出:"如果搞得不好,特别是民主集中制执行得不好,党是可以变质的,国家也是可以变质的,社会主义也是可以变质的。"① 充分发扬党内民主,充分发挥全体党员的积极性和创造性,严格执行民主集中制,是党的事业兴旺发达永不衰败的可靠保证。

(三) 善于把握民主与集中的辩证统一,全面严格执行民主集中制

第一,全面认识和把握民主与集中的辩证统一关系,反对集权主义和分散主义两种错误倾向。

民主集中制就是在民主基础上的集中和集中指导下的民主相结合。民主与集中是一个统一体的两个矛盾着的侧面,不能片面强调某一个侧面而否定另一个侧面。我们在党的生活实践中,必须把握这个辩证统一关系,

---

① 《邓小平文选》第1卷,人民出版社,1994,第303页。

全面认识，全面贯彻。既要发扬民主，调动各方面积极性，又要坚决维护党和国家的集中统一。列宁根据俄共（布）建党经验指出："我们主张民主集中制。因此必须弄明白，民主集中制一方面同官僚主义集中制，另一方面同无政府主义有多么大的区别。"①

首先必须大力发展党内民主，反对和防止忽视民主的集权主义与官僚主义倾向。由于我国具有两千多年的封建专制主义历史，个人专权制、家长制、终身制、世袭制、特权制等集权主义影响深远，加上党长期执政，容易产生脱离群众、忽视民主的倾向。这是必须高度重视、努力防止和克服的。

同时又必须加强集中统一，反对和防止忽视集中的分散主义和无政府主义倾向。我国原本是小生产汪洋大海的大国，分散主义与无政府主义有其深厚的历史渊源和滋生土壤。尤其在市场经济条件下容易滋生的本位主义、地方保护主义，有令不行、有禁不止，"上有政策，下有对策"等，都属此例，也是我们必须高度重视、努力防止和克服的。

第二，在党的领导集体中，坚持和执行集体领导和个人分工负责相结合的制度。

民主集中制体现在领导制度上，就是集体领导与分工负责相结合的制度。这一制度的首创者是列宁，在苏联建国时期，列宁就指出："苏维埃机关的管理工作问题一概通过集体讨论来决定，同时应当极其明确地规定每个担任公职的人对执行一定的具体任务和实际工作所担负的责任。"② 中国共产党将这一制度进一步完善，作出一系列规范性的规定。集体领导是党的领导的最高原则。实行集体领导，还是个人专断，这是贯彻民主集中制领导制度的关键。凡属重大方针政策问题、重要人事任免、重大战略决策，都必须经过集体讨论和集体表决。领导集体中实行一票制，书记只是班长，同样按一票计。党内不能实行"一长制"，书记和委员之间不是上下级关系，任何领导者都不能有超越集体的特权，坚决反对个人"拍板"的"一言堂""家长制"，坚决反对一切形式的个人崇拜现象。《中共中央关于加强和改进党的作风建设的决定》指出："党委书记要成为执行民主集中制的表率"。③ 马克思主义从来都肯定个人在历史中的作用，但一向反对对领袖个人的崇拜。马克思曾就他与恩格斯对这个问题的态度，明确指出："我们两

---

① 《列宁全集》第34卷，人民出版社，1985，第139页。
② 《列宁全集》第35卷，人民出版社，1985，第359页。
③ 《十五大以来重要文献选编》（下），人民出版社，2003，第2007页。

人都把声望看得一钱不值……由于厌恶一切个人迷信，在国际存在的时候，我从来都不让公布那许许多多来自各国的使我厌烦的歌功颂德的东西；我甚至从来也不予答复，偶尔答复，也只是加以斥责。"①　历史经验证明，个人崇拜的滋长和后果，必然破坏集体领导，甚至给野心家、阴谋家、腐败分子以可乘之机。为此，我们党规定，禁止给领导人祝寿、送礼、发致敬电，禁止用领导人的名字命名城市、街道、企业、学校等。

在执行党委决议的过程中，党委领导成员要分工负责，切实履行自己的职责。党委书记对日常工作要负起第一位的责任，党委其他成员都要明确个人分工。只有明确责任分工，才能把党的决议落到实处，使之真正得到贯彻执行。邓小平曾批评过责任不清、分工不明、无人落实的情况，指出："名曰集体负责，实际上等于无人负责。一项工作布置之后，落实了没有，无人过问，结果好坏，谁也不管。所以急需建立严格的责任制。"②　要落实分工负责制，必须建立相应的定期工作报告制度、绩效评估制度、奖惩制度和责任追究制度等。

第三，加强组织纪律性，严格做到"四个服从"，即少数服从多数，个人服从组织，下级服从上级，全党服从中央。

加强组织纪律性是增强战斗力的必要条件。"四个服从"是民主集中制的基本原则，也是党组织纪律的主要规定。邓小平指出："要坚持和改善党的领导，必须严格地维护党的纪律，极大地加强纪律性。个人必须服从组织，少数必须服从多数，下级必须服从上级，全党必须服从中央。必须严格执行这几条。否则，形成不了一个战斗的集体，也就没有资格当先锋队。"③

少数服从多数，这是民主集中制的核心内容和精髓所在。党员在任何会议上都可以发表自己的意见，详尽阐明自己的观点，但最后必须根据少数服从多数的原则进行民主表决，形成决议。形成决议后所有党员必须服从和执行，但并不要求有不同意见的党员放弃个人意见、改变个人观点。只要这些意见不违背党章，党员不仅可以保留个人意见，而且可以在适当场合提出复议，或者向上级组织申诉。

党员个人服从组织，是民主集中制原则对党员提出的起码要求。主要内容包括：党员个人拥护按照少数服从多数的原则通过的党章，服从并执

---

①　《马克思恩格斯全集》第34卷，人民出版社，1972，第288～289页。
②　《邓小平文选》第2卷，人民出版社，1994，第150～151页。
③　《邓小平文选》第2卷，人民出版社，1994，第271页。

行根据少数服从多数的原则通过的决议，服从根据少数服从多数的原则选举产生的领导机构的领导。

党的下级组织服从上级组织，是党的组织纪律的重要体现。党的下级组织必须坚决执行上级组织的决定。下级组织如果认为上级组织的决定不符合本地区、本部门的实际情况，可以请求改变；如果上级组织坚持原决定，下级组织必须执行，并不得公开发表不同意见，但有权向再上一级组织报告。

全党各个组织和全党党员服从党的全国代表大会和中央委员会，是党的组织纪律的集中体现。这是维护党的团结统一的关键。党和国家的指导思想、奋斗目标、大政方针和法律制度以及重大工作部署，全党全国必须统一。维护党中央的权威，在政治上和思想上和党中央保持一致，是全国人民最高利益的体现。

三　从行为规范上看民主——自由与纪律的统一

（一）自由是人类追求的永恒价值目标，自由是对必然的认识和对客观世界的改造

自由是一个美好的字眼，是人类所追求的永恒价值目标，所以说，人类社会发展的历史，就是人们不断追求自由的历史。匈牙利著名诗人裴多菲写出了千古流传的诗句："生命诚可贵，爱情价更高；若为自由故，二者皆可抛。"把自由看作高于一切的价值目标。

什么是自由呢？从哲学的认识论上看，自由是对必然的认识和对客观世界的改造。德国古典哲学大师黑格尔曾对自由与必然的关系作过深刻论析。恩格斯认为："黑格尔第一个正确地叙述了自由和必然之间的关系。在他看来，自由是对必然的认识。'必然只有在它没有被理解时才是盲目的。'自由不在于幻想中摆脱自然规律而独立，而在于认识这些规律，从而能够有计划地使自然规律为一定的目的服务。"① 毛泽东对自由的科学内涵作出了进一步阐释，他指出："自由是对必然的认识和对客观世界的改造。"② 这是对自由概念作出的经典论析。

自由与必然的关系，在现实生活中并不深奥。比如，人们只有掌握了游泳的"水性"，在水中游泳才是自由的；"旱鸭子"下水，无论怎样任意

---

① 《马克思恩格斯选集》第3卷，人民出版社，2012，第491页。
② 《毛泽东文集》第8卷，人民出版社，1999，第306页。

选择，是不可能自由的。再如，人人都有驾驶飞机和火车的自由，但只有掌握了这些驾驶技术，并对这些技术（特别是其中的控制技术）运用自如的人，才是自由的；否则就是不自由的。任何单凭主观意愿办事，都会造成灾难性后果。

（二） 自由是做法律所允许的事情，自由是以不妨碍他人自由为条件

从政治学意义来看，自由是做法律允许的事情，自由是以不妨碍他人自由为条件。著名法国启蒙学者孟德斯鸠在他的代表作《论法的精神》一书中精辟地指出："自由仅仅是能够做法律所许可的事情；如果一个公民能够做法律所禁止的事情，他就不再有自由了，因为其他人也同样会有这样的权利。"换言之，政治自由应该是"不被强迫去作他不应该做的事，也不禁止任何人去做法律许可的事情"。①

法是统治阶级意志的体现，政治自由具有鲜明的阶级性。不同社会政治自由具有不同的含义。马克思在《资本论》中深刻揭露过资本主义自由的实质。他指出，在这里工人的自由"具有双重意义：一方面，工人是自由人，能够把自己的劳动力当做自己的商品来支配，另一方面，他没有别的商品可以出卖，自由得一无所有，没有任何实现自己的劳动力所必需的东西"。② 这种状况，只有社会主义革命胜利后才能解决。

（三） 由必然王国通向自由王国之路

恩格斯高瞻远瞩，站在人类整个历史发展的高度，提出了人类历史就是从必然王国向自由王国不断过渡的历史。他认为，在人从动物转变而来的过程中，劳动起了决定作用。动物仅仅利用自然界外部条件来为自身服务，而人通过劳动，支配自然界为自身服务。这是人从动物界向人的第一次提升和飞跃。这次提升和飞跃，开始了人逐渐从自然界的统治下争取自由的过程。但是，在阶级社会里，人们一直受着所处社会制度的束缚和限制，因此，从一定意义上讲，人还远没有完全脱离动物界，弱肉强食的动物界的规律仍然支配着人的社会生活。

只有社会占有了生产资料，消灭了剥削制度，人类才最终脱离了动物界，成为自然和社会的真正的主人，人类才真正获得了完全意义上的自由，打开了通向自由王国之路。这是人从动物界向人转变的第二次提升和飞跃。恩格斯指出："至今一直统治着历史的客观的异己的力量，现在处于人们自

---

① 〔法〕孟德斯鸠：《论法的精神》（上），商务印书馆，1959，第183页。
② 《马克思恩格斯选集》第2卷，人民出版社，2012，第164页。

己的控制之下了。只是从这时起，人们才完全自觉地自己创造自己的历史；只是从这时起，由人们使之起作用的社会原因才大部分并且越来越多地达到他们所预期的结果。这是人类从必然王国进入自由王国的飞跃。"①

（四）把握权利与义务、自由与纪律的辩证统一，尊重保障自由权利，反对极端自由主义

马克思在起草的国际工人协会共同章程中规定："没有无义务的权利，也没有无权利的义务。"② 我国宪法规定："任何公民享有宪法和法律规定的权利，同时必须履行宪法和法律规定的义务。"所谓权利，是指公民依法行使的权力和享受的利益。所谓义务，是指个人对社会、国家和他人所负有的一种职责。权利规定了人的自由，规定了人们可以做什么；义务规定了自由的条件，规定了必须做什么和不能做什么，人们只有在履行应尽义务的前提下才是自由的。

我国宪法规定，我国公民享有广泛的权利，主要有：（1）选举权和被选举权的政治权利；（2）言论、出版、集会、结社、游行、示威的自由；（3）宗教信仰自由；（4）人身自由不受侵犯；（5）人格尊严不受侵犯；（6）住宅不受侵犯；（7）通信自由；（8）向国家机关和国家工作人员提出批评和建议等。宪法还规定权利与义务相统一的内容有：（1）劳动的权利与义务；（2）受教育的权利与义务等。宪法还规定特殊群体如退休人员、年老者、残疾人员、残废军人、妇女、儿童、华侨应享有的特殊权利等。宪法还规定公民所必须履行的义务，主要有：（1）公民在行使自由和权利时不得损害国家、社会、集体和其他公民的合法自由权利；（2）公民有维护国家统一和各民族团结的义务；（3）公民有维护祖国的安全、荣誉和利益的义务；（4）公民有保卫祖国、抵抗侵略的义务；（5）公民有依法纳税的义务等。所有这些规定都体现了国际通则，体现了中国国情和社会主义制度的优越性。随着我国经济社会的发展，这些权利和义务的规定，就会更加完善。

把握权利与义务、自由与纪律的统一，一方面我们要尊重和保障公民的权利，扫除阻碍公民自由权利发展的障碍，另一方面要教育人们增强法制观念和义务观念，反对各种形式的绝对自由主义。在中共历史上自由主义（因为在西方自由主义是褒义词，所以我改称为极端自由主义）曾经造

---

① 《马克思恩格斯选集》第3卷，人民出版社，2012，第671页。
② 《马克思恩格斯选集》第3卷，人民出版社，2012，第172页。

成过严重危害，毛泽东认为自由主义是"一种严重的恶劣倾向"①。毛泽东分析了自由主义的十一种表现：不坚持原则，一团和气；不负责任的背后批评；事不关己，高高挂起；命令不服从，个人意见第一；个人攻击，闹意气，泄私愤，图报复；听了不正确的意见不争辩、不报告；不宣传组织群众；见损害群众利益的行为不制止；办事不认真；摆老资格，工作随便，学习松懈；知错不改。② 这些论述今天仍有现实指导意义。

在改革开放的新形势下，绝对自由主义有了新特点，主要是"上有政策，下有对策"；有令不行，有禁不止，我行我素；当面一套，背后一套；对上级唯唯诺诺，对下级对群众专横跋扈；个人利益、小集团利益高于一切；视人民利益和国家利益于不顾，等等。这些现象必须予以谴责和制止。

四　从国家治理方式上看民主——民主与法治的统一

法治是治国理政的基本方式，是国家治理体系和治理能力的重要依托。民主与法治有机统一的国家治理方式，是人类社会政治文明发展的重要成果，是现代政治文明的重要特征。古代的奴隶社会和封建社会，基本国家形态是君主专制制，其国家治理是靠"人治"。那时也有"民主"，但只是个别、是例外；也有"法制"，但没有"法治"。到了近现代，民主政治得到发展，国家治理逐步形成民主与法治相结合的治理方式；其重要标志是，用法律的准绳去衡量、规范、引导社会生活，这就是法治。"法治"强调人民主权、法律平等、权力制约和人权保障。"法治"与"人治"的根本区别，就在于它能够有效制约国家权力的滥用和保证公民的权利和自由。由此可见，现代意义上的法治，是与民主紧密结合的法治；现代意义上的国家治理，是民主与法治有机统一的国家治理。在社会主义国家，社会主义民主是社会主义法治的前提和基础；社会主义法治是社会主义民主的体现和保证。我国和其他社会主义国家正反两方面的历史经验表明，法治兴则国家兴，法治衰则国家乱。什么时候重视民主法治，总体上保持法治昌明、政治清明，什么时候就国泰民安；什么时候忽视民主法治，什么时候就国乱民怨。民主和法治，二者相互依存，互补互动，是须臾不可分开的。

在我国的民主政治建设实践中，民主与法治的统一性，集中体现在坚持党的领导、人民当家作主、依法治国有机统一这个根本政治原则上。党

---

① 《毛泽东选集》第2卷，人民出版社，1991，第360页。
② 《毛泽东选集》第2卷，人民出版社，1991，第359~360页。

的十八届三中全会强调：紧紧围绕坚持党的领导、人民当家作主、依法治国有机统一深化政治体制改革，加快推进社会主义民主政治制度化、规范化、程序化，建设社会主义法治国家，发展更加广泛、更加充分、更加健全的人民民主。党的领导是人民当家作主和依法治国的根本保证，人民当家作主是社会主义民主政治的本质和核心，依法治国是党领导人民治理国家的基本方略。党的领导、人民当家作主、依法治国三者是一个有机整体，统一于中国特色社会主义民主政治实践，任何时候任何情况下都不能动摇、都不能偏废。2014年1月，习近平同志在中央政法工作会议上的讲话中指出："坚持党的领导，就是要支持人民当家作主，实施好依法治国这个党领导人民治理国家的基本方略。党的领导和社会主义法治是一致的，只有坚持党的领导，人民当家作主才能充分实现，国家和社会生活制度化、法治化才能有序推进。不能把坚持党的领导同人民当家作主、依法治国对立起来，更不能用人民当家作主、依法治国来动摇和否定党的领导。那样做在思想上是错误的，在政治上是十分危险的。"①

人民当家作主与依法治国的关系，二者内在地统一于我们党的依法治国基本方略中。党的十五大报告明确指出，依法治国是党领导人民治理国家的基本方略。依法治国，就是广大人民群众在党的领导下，依照宪法和法律规定，通过各种形式和途径管理国家事务、管理经济文化事业、管理社会事务，保证国家各项工作都依法进行，逐步实现社会主义民主的制度化、法律化，使这种制度和法律不因领导人的改变而改变，不因领导人看法和注意力的改变而改变。依法治国把坚持党的领导、发扬人民民主和严格依法办事统一起来，从制度和法律上保证党的基本路线和基本方针的贯彻实施，保证党始终发挥总揽全局、协调各方的领导核心作用。依法治国的主体是人民群众，依法治国的实施依靠人民群众，依法治国的目的是维护人民群众的根本利益和各项权益。我国宪法明确规定，国家的一切权力属于人民。我们所说的法治，不是"治民"，而是"民治"，就是人民当家作主，人民依法治理国家。

在全面推进依法治国、建设法治中国的整个过程中，都要坚持民主与法治的有机统一，发挥我国社会主义民主政治的独特优势和重要作用。党的十八届四中全会强调，全面推进依法治国，总目标是建设中国特色社会

---

① 习近平：《在中央政法工作会议上的讲话》，《习近平关于全面依法治国论述摘编》，中央文献出版社，2015，第19页。

主义法治体系，建设社会主义法治国家。要实现这个总目标，必须坚持人民主体地位。人民既是依法治国的主体，又是依法治国的力量源泉，必须坚持法治建设为了人民、依靠人民、造福人民、保护人民，以保障人民根本权益为出发点和落脚点，保证人民依法享有广泛的权利和自由、承担应尽的义务，维护社会公平正义，促进共同富裕。坚持法律面前人人平等。平等是社会主义法律的基本属性。要恪守以民为本、立法为民理念，使每一项立法都符合宪法精神、反映人民意志、得到人民拥护。要深入推进科学立法、民主立法。健全立法机关和社会公众沟通机制，开展立法协商，充分发挥政协委员、民主党派、工商联、无党派人士、人民团体、社会组织在立法协商中的作用，探索建立有关国家机关、社会团体、专家学者等对立法中涉及的重大利益调整论证咨询机制。要拓宽公民有序参与立法途径，健全法律法规章草案公开征求意见和公众意见采纳情况反馈机制，广泛凝聚社会共识。要依法保障公民权利，加快完善体现权利公平、机会公平、规则公平的法律制度，保障公民人身权、财产权、基本政治权利等各项权利不受侵犯，保障公民经济、文化、社会等各方面权利得到落实，实现公民权利保障法治化。党的十八届四中全会强调，要以保障人民当家作主为核心，坚持和完善人民代表大会制度，坚持和完善中国共产党领导的多党合作和政治协商制度、民族区域自治制度以及基层群众自治制度，推进社会主义民主政治法治化。①

第三节　社会主义民主的形态结构

一　国家形态民主与非国家形态民主

社会主义民主不仅是国家概念，而且是广泛的社会概念。社会主义民主包括国家形态民主与非国家形态民主两个部分。马克思说："民主制是国家制度的类。"②

所谓国家形态民主，就是作为国家制度的民主，是人民群众通过行使民主权利，实现对国家事务的管理。具体地说，人民群众选举代表，组成国家机关；进行国家事务管理；人民群众通过各种社会组织、舆论工具、

---

① 《中共中央关于全面推进依法治国若干重大问题的决定》，人民出版社，2014，第4～13页。
② 《马克思恩格斯全集》第3卷，人民出版社，2002，第39页。

集会结社等民主渠道和民主形式，参与和影响国家事务的决策与决策的执行。所谓非国家形态民主，就是作为社会管理制度的民主，是人民群众行使自己的民主权利，实现对经济事业、文化事业和社会事业的管理。具体地说，人民群众通过企业单位、事业单位、社会团体、生活组织，如工厂、学校、商店以及村镇、街道的群众生活组织，实现对社会生活各个领域的管理。

社会主义民主包括国家形态民主与非国家形态民主两个部分，是由社会主义民主的本质特点和过渡性质决定的。首先是由社会主义民主的本质特点决定的。社会主义民主的本质特点，不仅表现在民主主体的根本变化，而且表现在民主权利实施领域的扩大。在社会主义社会里，人民群众是国家和社会的主人。人民群众不仅有权管理国家，而且有权管理经济、文化和一切社会主义事业。这在理论上是不言而喻的。决不能想象，社会主义民主只限于国家管理，而不适用于对社会主义一切事业的管理。俄国十月革命胜利后，列宁在总结历史进程时，曾经把俄国革命的历史概括为"说服俄国"、"夺取俄国"和"管理俄国"三个阶段。革命胜利后是"从主要任务是说服人民和用武力镇压剥削者转到主要任务是管理这一过渡的特征"。① 这里所说的"管理"，当然不限于管理国家事务，而是管理整个国家和社会事务，列宁尤其强调了管理经济。继苏联之后，南斯拉夫在社会主义建设中，明确提出：社会主义所有制要求不断扩大社会主义民主的领域，包括政治、经济、文化、社会等各个方面。在我们党领导革命和建设过程中，这一指导思想也逐步形成和明确起来。早在新民主主义革命时期，我们党在革命军队中就建立起政治民主、经济民主和军事民主制度。1948 年 1 月 30 日，毛泽东在为中共中央革命军事委员会起草的《军队内部的民主运动》的指示中指出："关于经济民主，必须使士兵选出的代表有权协助（不是超过）连队首长管理连队的给养和伙食。""关于军事民主，必须在练兵时实行官兵互教，兵兵互教；在作战时，实行在火线上连队开各种大、小会，在连队首长指导下，发动士兵群众讨论如何攻克敌阵，如何完成战斗任务。"② 这些民主制度，虽然受到当时军事斗争条件的限制，但它反映了人民军队自己管理自己的本质特点。20 世纪 60 年代，毛泽东曾经提出过："劳动者管理国家、管理军队、管理各种企业、管理文化教育的权利。实际

---

① 《列宁选集》第 3 卷，人民出版社，2012，第 477 页。
② 《毛泽东选集》第 4 卷，人民出版社，1991，第 1275 页。

上，这是社会主义制度下劳动者最大的权利"。① 改革开放以来，我们党在新的实践中又大大丰富和发展了这一观点。1980 年，邓小平明确提出："保证党和国家政治生活的民主化、经济管理的民主化、整个社会生活的民主化。"② 我国 1982 年宪法明确规定："人民依照法律规定，通过各种途径和形式，管理国家事务，管理经济和文化事业，管理社会事务。"党的十二大报告明确指出："社会主义民主要扩展到政治生活、经济生活、文化生活和社会生活的各个方面"。③ 这一切都说明，社会主义民主不仅限于管理国家事务的民主，而且包括了经济、文化和社会各个领域的民主。前者属于国家形态的民主，后者属于非国家形态的民主。

社会主义民主包括国家形态民主与非国家形态民主两个部分，也是由社会主义民主的过渡性质决定的。在社会主义社会中，由于剥削阶级基本被消灭，阶级斗争已经不再具有全局性和决定性，不能构成社会的主要矛盾。因此，阶级性的事务逐渐减少和削弱，非阶级性（全民性）的事务逐渐成长和壮大。就民主而言，作为国家形态的民主，就必然处在逐渐消亡的过程中。虽然这个消亡过程是长期的和渐进的，但逐渐消亡是它发展的必然趋势。与此同时，非国家形态的民主，则逐步发展和扩大。这种状况，是不以人的意志为转移的社会发展规律。

国家形态民主与非国家形态民主之间，既相联系又相区别。其主要联系在于：第一，非国家形态民主是国家形态民主的支持条件。非国家形态民主的健全和发展，能够促进经济、文化和社会各项事业的发展，从而为国家形态民主的发展创造更好的物质条件和精神条件。第二，国家形态民主是非国家形态民主的重要保障。社会主义事业的发展，需要发挥国家政权的支撑和保证作用。通过发展国家形态的民主，既可以从根本上调动起广大人民群众管理国家的积极性、主动性，又有利于促进和保证人民群众更好地管理经济和文化事业，管理社会事务。总之，国家形态民主与非国家形态民主，都是人民群众当家作主的体现，二者密切联系、不可分割，互相促进、协调发展，构成人民群众行使民主权利的统一整体。

二者的区别在于：第一，适用范围不同。国家形态民主主要适用于国家的政治生活，即人民群众行使政治民主权利，实行对国家事务的管理。

---

① 《毛泽东文集》第 8 卷，人民出版社，1999，第 129 页。
② 《邓小平文选》第 2 卷，人民出版社，1994，第 336 页。
③ 《十二大以来重要文献选编》（上），人民出版社，1986，第 34 页。

当然，国家形态民主也有管理经济、文化和社会的职能，但这不是主要方面。非国家形态民主主要适用于政治生活领域之外的其他生活领域，也就是人民群众在经济、文化和社会各个领域中行使民主权利，实现对社会主义各项事业的管理。

第二，解决矛盾的方法有所不同。国家形态民主不仅要处理人民内部的民主与集中的关系，还要处理民主与专政的关系，要担负与少数破坏分子和各种腐败现象作斗争的任务，它必然以强大的暴力机关作后盾，解决问题的方法往往带有一定的强制性。国家政权通过以民主程序制定的法律、法令，通过国家政权的力量保证其贯彻执行。非国家形态的民主，虽然也有纪律的约束，但主要是用民主的方法来处理人民内部矛盾，用民主的方法来探讨经济、文化和社会事业的发展问题，因此不能用强制的方法。经济民主是与生产关系相交叉的，从一定意义上讲，它也可以说是生产关系的重要方面，它体现了人民群众在掌握生产资料所有权基础上对经济的支配权、经营权、管理权，它较少地运用行政手段，更多地体现经济发展规律。文化民主是在文化教育科学领域内实现人民当家作主的民主权利，它也尽量摆脱行政干预的手段，更好地体现精神生产的发展规律。尤其是科学领域的问题，只能通过讨论的方法、争鸣的方法来解决。

第三，发展趋势不同。国家形态的民主，必然会随着阶级差别的彻底消灭，随着社会生产的发展，随着经济、政治、文化、社会条件的成熟，而逐步消亡。列宁一再指出："国家的消灭也就是民主的消灭，国家的消亡也就是民主的消亡。"[1] "完全的民主等于没有任何民主。这不是怪论，而是真理。"[2] 这里所说的民主，就是国家形态的民主。而非国家形态的民主，其发展趋势恰恰相反。随着经济、政治、文化、社会条件的逐步成熟，非国家形态的民主，即作为社会管理制度的民主不但不会消亡，反而会日臻完善，向更高阶段发展，最后逐渐取代国家形态的民主，成为民主制度的唯一形态。

纵观社会历史的发展，民主制度发展的客观规律是由非国家形态民主，到国家形态民主，到国家形态民主与非国家形态民主协同发展，再到非国家形态民主。在原始社会，不存在国家，也就不存在国家形态民主，原始民主是一种非国家形态的民主。恩格斯将原始民主称为"古代自然形成的

---

① 《列宁选集》第 3 卷，人民出版社，2012，第 184 页。
② 列宁：《马克思主义论国家》，人民出版社，1964，第 30 页。

民主制"。① 国家产生以后，在剥削阶级占统治地位的国家里，国家形态民主占主导地位，同时也存在着非国家形态的民主。列宁说："民主是国家形式，是国家形态的一种。"② 在社会主义的长期历史发展过程中，国家形态民主与非国家形态民主同时并存、协同发展。在社会主义初级阶段，国家形态民主还占主导地位，在政治生活中还起着决定性作用，而非国家形态民主也在不断发展和扩大，并日益显示其强大生命力。因此，在社会主义初级阶段，应当重点发展国家形态民主，使之更好地发挥主导作用；同时要大力发展非国家形态民主，使之更好地体现社会主义民主政治的优越性。经过社会主义的长期历史发展，到了共产主义社会，国家最终消亡，国家形态的民主也随之消亡。列宁指出："只有共产主义才能提供真正完全的民主，而民主愈完全，它也就愈迅速地成为不需要的东西，愈迅速地自行消亡。"③ 这里所说的自行消亡的民主，只限于国家形态的民主；而非国家形态的民主不仅不会消亡，还将会成为民主制度的唯一形态。

二 直接民主与间接民主

社会主义民主，就公民行使民主权利的方式来说，又可分为直接民主与间接民主。

所谓直接民主，就是人民群众的个体或集体，直接行使民主权利，实现对社会主义事业的管理，包括基层组织的民主管理。如工矿企业、学校、商店、社会团体以及村镇、街道群众社会生活组织的民主管理；重大问题的全民讨论、全民裁决，如全民讨论或全民复决宪法，重大国事的全民讨论、全民裁决或全民复决等；公民利用大众传播工具（报刊、书籍、广播、电视、互联网等）发表意见、表达诉求，参与决策和实行监督；公民行使言论、出版、集会、结社、游行、示威等自由权利，影响决策和监督决策的执行；群众向国家机关及舆论工具反映问题；公民个体或集体向国家机关提出有关法律、法令的建议案等。所谓间接民主，或称代表制民主，就是人民群众不直接行使民主权利，而是通过自己选出的代表代替自己行使民主权利，实现对社会主义事业的管理。我国的间接民主或代表制民主，主要是指作为我国根本政治制度的人民代表大会制度。共产党和民主党派

---

① 《马克思恩格斯选集》第 4 卷，人民出版社，2012，第 117～118 页。
② 《列宁选集》第 3 卷，人民出版社，2012，第 201 页。
③ 《列宁选集》第 3 卷，人民出版社，2012，第 192 页。

的代表制度，工会、共青团和妇联等社会群众组织的代表制度，也是间接民主的重要组成部分。

直接民主与间接民主，都是社会主义民主不可缺少的重要形态，它们各自具有不可取代的特点和优点。间接民主的特点在于它的间接性。一般地说，由于代表的素质和履职能力高于其他公民的素质和参政能力，因此更能够从整体上代表和体现公民的意志；由于代表的人数只是公民总人数中较少的一部分，因此便于讨论，便于集中，便于形成决策。间接民主的局限性，是其会受到代表条件的限制，往往不能完全体现公民意志，甚至有可能出现对公民意志的片面反映和扭曲。直接民主的特点和优点，在于它的直接性。由于直接民主是广大人民群众直接参与，因此它能够更真实地体现公民的意志，更能够保证重大决策的科学性，它对于纠正违反公民意志的现象具有无比强大的威力。直接民主也有局限性，即易于产生分散主义倾向。因此，发展社会主义民主，必须兼顾直接民主与间接民主这两种形态，使之互相促进、互相补充。列宁在论述苏维埃新型国家政权的特点时指出，苏维埃"能够把议会制的长处和直接民主制的长处结合起来"。①

社会主义的实践证明，在发展和健全代表制民主的同时，大力发展人民的直接民主具有特殊的重要意义。首先，直接民主更能深刻体现社会主义民主的本质。社会主义民主的本质，就是确保人民群众在国家和社会中的主人翁地位。社会主义民主就是人民当家作主。吸收最广泛的人民群众乃至全体公民参与对国家和社会的管理，是社会主义民主的本质要求。马克思高度评价巴黎公社吸引群众直接管理国家和直接管理社会。例如，对公职人员的直接选举和直接批评与监督；把企业主逃亡和停业的企业交给工人管理；实行政治事务、政治活动向社会公开；等等。马克思认为，这些措施，"只能显示出走向属于人民、由人民掌权的政府的趋势"。② 列宁把实行全民管理看作社会主义民主的基本标志。十月革命前，他曾对社会主义民主作过设想，提出："人民群众在文明社会史上破天荒第一次站起来了，不仅独立地参加投票和选举，而且独立地参加日常管理。在社会主义条件下，所有的人将轮流来管理，因此很快就会习惯于不要任何人来管理。"③ 这样的设想不免有些理想主义的色彩，但这毕竟指明了直接民主是

---

① 《列宁选集》第3卷，人民出版社，2012，第296页。

② 《马克思恩格斯选集》第3卷，人民出版社，2012，第107页。

③ 《列宁选集》第3卷，人民出版社，2012，第217页。

社会主义民主的发展方向。十月革命胜利后，由于受到社会各种因素的制约，苏维埃政权在短时期内实现这种设想是不可能的。列宁承认："由于文化水平这样低，苏维埃虽然按党纲规定是通过劳动者来实行管理的机关，而实际上却是通过无产阶级先进阶层来为劳动者实行管理而不是通过劳动群众来实行管理的机关。"① 但他总不满足于这种间接民主的状况，积极创造条件，逐步实现直接民主，"采取一系列逐步的、经过慎重选择而又坚决实行的措施，以吸引全体劳动居民独立参加国家的管理工作"。② 大力发展直接民主，尽可能吸引广大人民群众直接参与国家和社会的管理，这是社会主义民主的本质体现和发展方向。

其次，发展直接民主，有利于克服官僚主义和防止社会主义国家的蜕变。在社会主义条件下，官僚主义既是一种体制病，又是思想和工作作风方面的病症。官僚主义的突出表现和危害，是高高在上，滥用权力，脱离实际，脱离群众，办事拖拉，不讲效率，不负责任，官气十足，动辄训人，等等。发展直接民主，是治疗官僚主义"顽症"的一剂良药。列宁认为，为了有效地反对官僚主义，需要有"千百个措施"，但最根本的措施是发扬直接民主，吸引广大人民群众参加国家和社会管理。他说："只有当全体居民都参加管理工作时，才能把反官僚主义的斗争进行到底，直到取得完全的胜利。"③ 列宁在论述苏维埃的任务时指出：应当使苏维埃的每一个成员除参加苏维埃的会议外，"都必须担负管理国家的经常工作，然后逐步吸引全体人民参加苏维埃组织的工作（在服从劳动者组织的条件下）并担负管理国家的职务"。④

最后，发展直接民主，是实现国家消亡的重要途径。国家消亡需要经历一个长期的、渐进的历史过程。这个过程，实际是国家职能逐步实现社会化的过程。国家是从社会中产生又"凌驾于社会之上"的特殊物质力量，是一种特殊的公共权力。随着物质文明、政治文明、精神文明、社会文明、生态文明的发展，这种特殊的公共权力会通过国家职能社会化的途径，逐步地回归社会；这个过程，就是发展社会自治组织、强化社会自治管理的过程，就是逐步发展人民的直接民主的过程。列宁指出："通过苏维埃国家

---

① 《列宁选集》第 3 卷，人民出版社，2012，第 770 页。
② 《列宁选集》第 3 卷，人民出版社，2012，第 724 页。
③ 《列宁选集》第 3 卷，人民出版社，2012，第 770 页。
④ 《列宁全集》第 27 卷，人民出版社，1959，第 142 页。

过渡到逐步消灭国家，其办法是有系统地吸引越来越多的公民，然后是吸引所有公民直接地经常地来担负管理国家的重任。"① 可见，发展直接民主具有极其深远的历史意义。实现全民的直接管理之日，就是国家最终消亡之时。

正因为如此，社会主义国家在深化政治体制改革的过程中，应当把发展直接民主作为民主政治建设的重要任务。

从人类社会发展的历史来看，直接民主与间接民主的关系，经历了以下几个阶段：

其一，原始社会时期。原始社会的民主是直接民主。

其二，剥削阶级国家的民主制度，尤其是资本主义社会的民主制，代表制民主是主要形式。在资本主义国家里，公民通过参加选举，选出代表，组成议会，议会立法，并由议会的多数党组织政府，执行国家法律，行使国家权力。现在有的学者预言，"代议民主制的历史作用已经完成了"，"我们在政治上正处于一个从代议民主制到共同参与民主制的大规模转变过程中。"② 说代议民主制的历史作用已经完成，未免有些言过其实；这里只不过是预言未来社会发展的总趋势罢了。在资本主义制度下，由于种种主客观条件的限制，直接民主的大发展不可能真正实现。

其三，在社会主义社会里，由于确立了人民群众在国家和社会管理中的主人翁地位，就为大力发展直接民主创造了基本条件。随着公民科学文化水平的提高，随着现代信息技术的迅猛发展，直接民主将愈来愈得到广泛多层面的发展，逐步形成以直接民主为主要形式的政治局面。现在，我国仍然处于社会主义初级阶段，由于受经济、政治、文化、社会等条件的限制，发展直接民主的步子还不可能走得过快，因此间接民主还占有更为重要的地位，这一阶段的重点任务，是"把议会制的长处和直接民主制的长处结合起来"③。到了社会主义高级阶段，发展民主的主客观条件有了更大改善，直接民主和间接民主都会得到更充分的发展，二者的结合会更加紧密，再经过长期的历史发展，直接民主的地位和作用必将超过间接民主的地位和作用。

总之，从以直接民主为主，到以代表制民主为主；再从代表制民主为

---

① 《列宁全集》第27卷，人民出版社，1959，第142～143页。

② 〔美〕约翰·奈斯比特：《大趋势》，中国社会科学出版社，1984，第162页。

③ 《列宁选集》第3卷，人民出版社，2012，第296页。

主到直接民主与代表制民主这两种民主的有机结合；再到以直接民主为主，是民主形式发展的必然趋势。

三 票决民主与协商民主

票决民主和协商民主是我国社会主义民主的两种基本实现形式。这两种民主形式，都是在我国革命、建设和改革开放的长期历史发展过程中形成的；而这两种民主形式的有机结合和良性互动，正是中国社会主义民主政治的突出优势和鲜明特色。

所谓票决民主，或称代表制民主，就是人民通过选举、投票行使权利，产生自己的代表，由这些代表组成权力机关行使国家权力，实现对国家和社会公共事务的管理。我国的票决民主或代表制民主，主要是指作为我国根本政治制度的人民代表大会制度。我国宪法规定，中华人民共和国的一切权力属于人民，人民行使国家权力的机关是全国人民代表大会和地方各级人民代表大会。人民通过民主选举产生自己的代表，组成各级人民代表大会，行使国家权力。人大代表选举制度是我国人民代表大会制度的组织制度基础，是我国社会主义民主政治的重要组成部分。

1953 年，中央人民政府委员会第 22 次会议通过新中国首部选举法。1979 年 7 月 1 日，五届全国人大二次会议通过《全国人民代表大会和地方各级人民代表大会选举法》（以下简称《选举法》）。《选举法》对我国选举制度作出了重要改革和完善：扩大了普选的范围，改进选区划分的办法，实行自下而上、自上而下、充分民主地酝酿候选人的办法，赋予省级人大常委会决定地方人大代表名额的权利，明确规定每一个少数民族至少应有一名代表参加全国人民代表大会，特别是将直接选举人大代表的范围扩大到县一级，实行普遍的差额选举。从 1979 年下半年起，在试点基础上，我国开展了全国范围的县级人大代表直接选举工作。根据《选举法》，此后的选举工作普遍采取差额选举等民主选举方式，受到广大人民群众热烈拥护。1982 年 12 月、1986 年 12 月、1995 年 2 月、2004 年 10 月和 2010 年 3 月，全国人大和全国人大常委会，对《选举法》进行了五次重要修改。1986 年第二次修改的《选举法》规定，地方、国家政权机关领导人员的选举，一律实行差额选举，并规定了具体的差额数。1995 年第三次修改的《选举法》，将县级人大代表的任期由三年改为五年。2004 年第四次修改的《选举法》，将乡级人大代表的任期由三年改为五年。2010 年 3 月，十一届全国人大三次会议通过的关于修改《选举法》的决定，明确城乡按相同人口比例选举人大代表。从8:1、4:1再到1:1，农村和城市全国人大代表所代表人口数比例的变化，反映出我国城乡经济社会的发展变迁，成为我国推进社会主义民主政治的生动写照。改革开放30多年来，通过五次修改《选举法》，制定和完善具体规定，人大代表选举制度更加民主、科学、有效，选举程序和选举办法更加简便、易行、规范，逐步形成了一套适合我国国情、具有鲜明中国特色的选举制度。

协商民主在我国具有深厚的文化基础、理论基础、实践基础、制度基础，为发展中国社会主义民主政治丰富了形式，拓展了渠道，增加了内涵。我国的协商民主与中国共产党领导的多党合作和政治协商制度紧密联系，在我国民主革命过程中，特别是在新中国的形成和发展中发挥了重要作用。随着中国人民革命取得全面胜利，1948年4月30日，中共中央发出纪念"五一"劳动节口号，立即得到各民主党派和无党派人士、各人民团体和各族各界人士的响应和拥护，成为建立新中国的动员令。1949年9月，中国人民政治协商会议第一届全体会议召开，宣告新中国成立，标志着中国共产党领导的多党合作和政治协商制度正式确立。1954年，人民代表大会制度建立后，毛泽东同志指出："通过政协容纳许多人来商量事情很需要"，[①]明确人民政协继续存在的必要性。改革开放以来，邓小平同志指出人民政协是我国政治体制中发扬社会主义民主和实行互相监督的重要形式。1987年，党的十三大提出建立社会协商对话机制，侧重于建立党、政府与群众之间的协商机制。1989年12月，中共中央发出《关于坚持和完善中国共产党领导的多党合作和政治协商制度的意见》。1993年，中国共产党领导的多党合作和政治协商制度作为一项基本政治制度，庄严地写入宪法。2005年，中共中央发出《关于进一步加强中国共产党领导的多党合作和政治协商制度建设的意见》。2006年2月，中共中央发出《关于加强人民政协工作的意见》，首次以正式文件形式确立了我国两种重要民主形式，明确提出：人民通过选举、投票行使权利和人民内部各方面在重大决策之前进行充分协商，尽可能就共同性问题取得一致意见，是我国社会主义民主的两种重要形式。与此同时，党委、人大、政府、基层等方面的协商实践也在不断丰富。2012年，党的十八大报告提出"健全社会主义协商民主制度"，把协商民主从一

---

① 《毛泽东文集》第6卷，人民出版社，1999，第384页。

种民主形式上升为一种制度形式，成为国家政治体制的重要组成部分，这是社会主义民主政治的理论创新和制度创新。由此可以看出，我国协商实践从政党之间、政府与社会之间逐渐扩展到社会团体、公民之间，形成了国家层面的政治协商、国家与社会之间的社会协商和社会层面公民协商的具有中国特色的协商民主体系。

2013年11月15日，中共中央发布《关于全面深化改革若干重大问题的决定》（以下简称《决定》），明确指出，要推进协商民主广泛多层制度化发展。《决定》指出，协商民主是我国社会主义民主政治的特有形式和独特优势，是党的群众路线在政治领域的重要体现。在党的领导下，以经济社会发展重大问题和涉及群众切身利益的实际问题为内容，在全社会开展广泛协商，坚持协商于决策之前和决策实施之中。《决定》要求构建程序合理、环节完整的协商民主体系，拓宽国家政权机关、政协组织、党派团体、基层组织、社会组织的协商渠道。深入开展立法协商、行政协商、民主协商、参政协商、社会协商。加强中国特色新型智库建设，建立健全决策咨询制度。《决定》强调，要发挥统一战线在协商民主中的重要作用。完善中国共产党同各民主党派的政治协商，认真听取各民主党派和无党派人士意见。中共中央根据年度工作重点提出规划，采取协商会、谈心会、座谈会等进行协商。完善民主党派中央直接向中共中央提出建议制度。《决定》进一步强调，要发挥人民政协作为协商民主重要渠道作用。重点推进政治协商、民主监督，推动参政议政制度化、规范化、程序化。各级党委和政府、政协制定并组织实施协商年度工作计划，就一些重要决策听取政协意见。完善人民政协制度体系，规范协商内容、协商程序。拓展协商民主形式，更加活跃有序地组织专题协商、对口协商、界别协商、提案办理协商，增加协商密度，提高协商成效。在政协健全委员联络机构，完善委员联络制度。

2015年2月，中共中央发布《关于加强社会主义协商民主建设的意见》（以下简称《意见》）。《意见》明确了社会主义协商民主的本质属性和基本内涵，阐述了加强社会主义协商民主建设的重要意义、指导思想、基本原则和渠道程序，对新形势下开展政党协商、人大协商、政府协商、政协协商、人民团体协商、基层协商、社会组织协商等作出全面部署，是指导社会主义协商民主建设的纲领性文件。《意见》强调，加强协商民主建设，有利于扩大公民有序政治参与、更好实现人民当家作主的权利，有利于促进科学民主决策、推进国家治理体系和治理能力现代化，有利于化解矛盾冲突、促进社会和谐稳定，有利于保持党同人民群众的血肉联系、巩固和扩大党的执政基础，有利于发挥我国政治制度优越性，增强中国特色社会主义道路自信、理论自信、制度自信。

我国协商民主坚持中国共产党领导下的民主集中制原则，与票决民主共同构成社会主义民主的两种重要形式，互相促进、共同发展。选举之前充分协商，以达到集中的效果；之后，又在集中指导下进行新的民主协商，讨论和决定决策的落实。这是一个协商民主与票决民主相统一的过程，是从群众中来、到群众中去的党的群众路线在民主决策中的具体运用。

四 共产党党内民主与人民民主

社会主义民主，就领导与被领导的关系来说，又可区分为共产党党内民主与社会的人民民主。

所谓党内民主，就是在共产党组织内部，按照党章和党内法规实行的民主原则和民主制度。党内民主的主要内容有：（1）党员充分行使民主权利，直接参与或通过自己选出的代表，实现对党内事务的管理。党的一切决议，必须体现全党的意志。（2）党的各级领导机关和负责人员，都定期选举产生，选举应体现选举人的意志。党员按照规定在一定组织内享有表决权、选举权和被选举权，对不称职的领导和代表，可根据一定程序予以撤换。（3）党的各级代表大会和基层党组织的党员大会，是党的组织的权力机关，党的各级委员会向党的代表大会或党员大会负责，并定期报告工作。（4）党的重大决策，应事先在党内充分征求党员意见，集思广益，充分吸收各种有益的意见。党员对党的决议、路线、方针、政策，如有不同意见，允许保留意见，并向上级组织直至中央提出。党员对党组织和对党的负责人如有不同意见，应受到保护，真正实行知无不言、言无不尽、言者无罪、闻者足戒的原则，真正实行"不抓辫子、不扣帽子、不打棍子"。（5）党员对党的组织和领导人有批评监督的权利，党的组织和领导人对党员的批评和监督应热情欢迎、认真听取，不能拒绝排斥，更不能打击报复。（6）党的领导机构实行集体领导制度，重大决策必须经过集体充分讨论，形成决议，反对个人专断，反对在党内以任何形式制造个人崇拜。

所谓人民民主，就是人民群众按照国家宪法和法律规定，行使民主权利，实现对国家事务和社会事务的管理。人民民主包括国家形态的民主和非国家形态的民主、直接民主和间接民主、选举民主和协商民主等基本形态。

共产党党内民主与人民民主之间，不是互不相干的，而是密切联系、互相促进的。作为社会主义国家的执政党，党内民主的健全和发展，有利于党制定和执行正确的路线、方针、政策，有利于党组织、支持和领导人民群众当家作主，依法管理国家事务和社会事务、管理经济和文化事业；人民民主的健全和发展，必然会极大地调动人民群众的积极性、创造性，有效地增强人民群众对共产党的信赖和对党的路线方针政策的支持度，有力地加强人民群众对共产党的监督，可以大大促进党内民主的健全和发展。

党内民主是党的生命。加强党内民主建设，对推进社会主义革命、建设和改革事业具有决定性的意义。马克思、恩格斯、列宁都高度重视发展党内民主，健全党内民主制度。他们主张定期召开党的代表大会，充分发挥党代会作为党的权力机关的作用；加强党内民主监督；维护党员的自由民主权利，反对对党员的打击报复；领袖带头遵守党的纪律，反对个人崇拜和个人专断。第一国际时期欧洲各国党和列宁时期的俄共（布）党，在一般情况下，都做到了每一至二年召开一次党代会，在党代会上各种意见都能充分发表。对党代会的决议，党的执行机关必须认真贯彻执行。党内的监察机构的地位和作用，都很突出。马克思、恩格斯都提倡和尊重党内不同意见，主张发扬党内的公开批评和公开讨论，反对对持不同意见的同志采取简单的惩处办法。

与此相反，如果不重视健全和发展党内民主，在党内出现和滋长个人崇拜、独断专行、压制不同意见等情况，就必然会出现党的路线、方针、政策上的重大失误，给革命和建设事业带来巨大损失。斯大林长期压制党内民主，助长个人崇拜，实行个人专断，对党内同志实行残酷镇压，给苏联人民和国际共产主义运动都带来严重损失。在我们党的历史上，陈独秀的右倾错误，王明的"左"倾错误，毛泽东在"文化大革命"中的严重错误，都与个人专断有密切关系，都是因为违反和破坏了党内的民主制度，压制和打击了党内不同意见。纵观国际共产主义运动的历史，可以得出一个结论：在党内民主制度比较健全、民主生活比较正常的时期，革命和建设事业就发展，就胜利；在党内民主制度遭到破坏、民主生活极不正常的时期，革命和建设事业就遭到挫折和失败，甚至会招致国家和民族的灾难。

人民民主是社会主义的生命。健全和发展党内民主的根本目的，就在于健全和发展人民民主。社会主义国家的人民群众是国家和社会的主人，是推动社会主义事业发展的决定性力量。社会主义制度优越性的发挥，就在于能够调动亿万人民群众的积极性和创造性，从而促进社会生产力的发展。检验党的路线方针政策正确与否的唯一标准，就在于看其是否能够调动人民群众的积极性和推动生产力的向前发展。如何调动和发挥人民群众的积极性和创造性，是当代社会主义实践中的重要现实问题。作为社会主义国家的执政党，调动亿万人民群众的社会主义积极性，主要靠两个方面的举措：一是制定和实行正确的路线方针政策，使人们从自己付出的劳动和智慧中得到实际的物质利益和精神享受，从社会主义事业欣欣向荣的发展中得到激励和鼓舞；二是大力发展人民民主，增强人民群众的主人翁责任感，使他们能够通过各种途径和形式，充分行使民主权利，积极主动地参与国家和社会事务的管理。如果不重视人民民主制度的健全和发展，人民群众对国家的大事、集体的事务、社会的事务无权过问，甚至人民群众的发言权、决定权和监督权等民主权利受到压制和侵犯，人民群众的积极性和创造性就必然会受到严重挫折，社会主义现代化建设就不能顺利向前推进。

政党是近代社会民主政治的产物，是民主政治的重要组织形式。政党由一定阶级和阶层中的骨干分子所组成，具有独立的政治纲领和独立的组织形式，是为参与政权、执掌政权而奋斗的政治组织。政党与政权有着极其密切的联系。政党的基本功能，就是参政、执政。政党和国家一样，都是历史地产生的，也都要历史地自行消亡。毛泽东曾经指出："人到老年就要死亡，党也是这样。阶级消灭了，作为阶级斗争的工具的一切东西，政党和国家机器，将因其丧失作用，没有需要，逐步地衰亡下去，完结自己的历史使命，而走到更高级的人类社会。"① 但在社会主义阶段，政党还必须存在，尤其是在社会主义初级阶段，健全和发展党内民主，应当作为健全和发展社会主义民主的重点内容。从必要性上看，由于共产党在社会主义国家中所处的领导和执政地位，党内民主制度的健全和发展，对国家政治生活的发展，甚至对整个国家的政治发展道路和社会发展道路，都起着重大作用。大凡党内民主生活正常，国家的发展就健康；党内民主生活遭到破坏，国家的发展就会遭受挫折。从可能性上看，一般说来，党员的思想政治觉悟和文

---

① 《毛泽东选集》第 4 卷，人民出版社，1991，第 1468 页。

化素质要高于党外群众，党的干部的政治阅历和组织能力也高于党外群众，这就具备了发展党内民主的重要条件。党内民主的建设应该优先于人民民主建设，党内民主建设应当成为人民民主建设的表率和示范，以此来带动和促进人民民主建设。我们党在近百年来的革命、建设和改革实践中，逐步形成并不断深化和强化了这样一个重要观点：用发展党内民主来带动人民民主发展。因此，在社会主义初级阶段，任何轻视党内民主建设的思想和行为，都不利于党的领导作用的发挥，不利于社会主义民主政治的建设，不利于整个社会主义事业的持续健康发展。同时，必须充分发挥党内民主对人民民主的促进和带动作用，大力发展更加广泛、更加充分、更加健全的人民民主。加强党内民主建设，归根结底是为了加强人民民主建设，是为了人民群众更充分、更广泛、更有效地行使各项民主权利，是为了发展人民的民主自治，为最终形成全社会的自由人联合体积极创造条件。

第四节　民主既是目的又是手段

民主是目的，还是手段？这是长期以来人们争论不休的一个问题。我们认为，民主既是目的，又是手段。在社会主义条件下，民主首先和主要是目的，同时也是一种手段。只讲民主是目的，不承认民主同时也是手段，显然是片面的；只讲民主是手段，否认民主首先和主要是目的，更是错误的。研究社会主义民主理论，搞清楚民主是目的还是手段的问题，具有重要意义。

一　民主是马克思主义政党始终不渝的奋斗目标

马克思主义的基本原理，共产党人开展无产阶级解放运动的历史进程，当代社会主义的实践经验，都清楚地表明，民主是马克思主义政党和人民群众始终不渝的奋斗目标。恩格斯指出："首先无产阶级革命将建立民主的国家制度，从而直接或间接地建立无产阶级的政治统治。"[1] 1848 年，马克思和恩格斯合著的《共产党宣言》的发表，不仅标志着马克思主义的诞生，而且标志着马克思主义民主观的确立。马克思、恩格斯在《共产党宣言》中明确指出："工人革命的第一步就是使无产阶级上升为统治阶级，争得民主。"无产阶级推翻资产阶级的统治，夺取政权，成为统治阶级，这是"共

---

[1]　《马克思恩格斯选集》第 1 卷，人民出版社，2012，第 304 页。

产党人的最近目的"。①

1919 年，在共产国际第一次代表大会上，列宁指出，世界无产阶级革命运动，是以建立新式民主即无产阶级民主为目的的运动，这个运动是向无产阶级专政、向共产主义的完全胜利迈出的最重要的一步。②

在中国革命和社会主义建设的各个历史时期，我们党都把民主明确地规定为党和人民的奋斗目标。在我国第二次国内革命战争时期，毛泽东在中国共产党全国代表会议上的报告中，把建立统一的民主共和国作为抗日时期的总目标和总任务，号召全国人民为之努力奋斗。在抗日战争时期，毛泽东多次明确指出，我国新民主主义革命要达到的目的，就是要建立一个人民民主的共和国。1944 年，毛泽东在陕甘宁边区参议会上的演说中说，"迅速建立民主的联合政府。这是全国人民的总任务"，并号召全国人民要"为此目标而奋斗"。③ 紧接着，毛泽东在党的七大开幕词和政治报告中强调，要为"建设一个独立的、自由的、民主的、统一的、富强的新中国而奋斗"。④ 1957 年，毛泽东明确提出：我们的目标，是要"造成一个又有集中又有民主，又有纪律又有自由，又有统一意志、又有个人心情舒畅、生动活泼，那样一种政治局面"。⑤

改革开放以来，我们党在社会主义现代化建设的新的历史时期，坚持推进实践基础上的理论创新，围绕坚持和发展中国特色社会主义，提出了一系列紧密相连、相互贯通的新思想、新观点、新论断，形成和贯彻科学发展观，对新形势下我国实现什么样的发展、怎样发展等重大问题作出了新的回答，把我们对中国特色社会主义规律的认识提高到新的水平，开辟了当代中国马克思主义发展的新境界。正是在这个过程中，我们党对社会主义民主政治建设的认识，一步一步地得到深化和提高。这种认识上的深化和提高，最重要的成果之一，就是进一步确立了社会主义民主政治建设在社会主义现代化建设总体战略、总体布局中的重要地位，把发展社会主义民主政治、建设社会主义政治文明作为建设和发展中国特色社会主义的重要目标。1981 年，党的十一届六中全会通过的《关于建国以来党的若干历史问题的决议》明确指出，建设高度民主的社会主义政治制度是社会主

① 《马克思恩格斯选集》第 1 卷，人民出版社，2012，第 421、413 页。
② 《列宁全集》第 35 卷，人民出版社，1985，第 503 页。
③ 《毛泽东文集》第 3 卷，人民出版社，1996，第 235 页。
④ 《毛泽东选集》第 3 卷，人民出版社，1991，第 1026 页。
⑤ 《毛泽东选集》第 5 卷，人民出版社，1977，第 456～457 页。

义革命的根本任务之一，是"我们党在新的历史时期的奋斗目标"。1982年，党的十二大报告提出，建设高度的社会主义民主，是我们的根本目标和根本任务之一。1987年，党的十三大报告提出，进行政治体制改革的长远目标，是建立高度民主、法制完备、富有效率、充满活力的社会主义政治体制。1992年，党的十四大报告提出，进行政治体制改革，目标是建设有中国特色的社会主义民主政治。

1997年，党的十五大报告提出，发展社会主义民主政治，是我们党始终不渝的奋斗目标。要坚持依法治国，建设社会主义法治国家。2002年，党的十六大报告提出，发展社会主义民主政治，建设社会主义政治文明，是全面建成小康社会的重要目标。2007年，党的十七大报告首次提出，人民民主是社会主义的生命。发展社会主义民主政治是我们党始终不渝的奋斗目标。2012年，党的十八大报告强调，要坚定不移走中国特色社会主义政治发展道路，使我国社会主义民主政治展现出更加旺盛的生命力。

二　从上层建筑归根结底要为经济基础服务的意义上说，民主也是一种手段

民主作为一定社会的上层建筑，是由一定社会的经济基础决定的，是为一定社会的经济基础服务的。从这个意义上说，即从上层建筑归根结底要为经济基础服务的意义上说，民主也是一种手段。恩格斯曾经说过："无产阶级为了夺取政权也需要民主的形式，然而对于无产阶级来说，这种形式和一切政治形式一样，只是一种手段。"[①] 1957年，毛泽东指出："民主这个东西，有时看来似乎是目的，实际上，只是一种手段。马克思主义告诉我们，民主属于上层建筑，属于政治这个范畴。这就是说，归根结底，它是为经济基础服务的。"[②] 从这些论述中，我们可以看到，讲民主是手段，第一是从上层建筑与经济基础的关系的角度讲的，第二是从上层建筑"归根结底"要为经济基础服务的意义上讲的。在这里，我们也看到，毛泽东说民主"有时看来似乎是目的，实际上，只是一种手段"，这就忽略了社会主义民主首先和主要是目的，不能不说是认识上的一种失误。

三　从目的与手段的相互关系来说，民主是目的与手段的辩证统一

我们知道，目的与手段的区别是相对而言的，并不是绝对的。人们的

---

① 《马克思恩格斯选集》第4卷，人民出版社，2012，第565页。
② 《毛泽东文集》第7卷，人民出版社，1999，第208~209页。

实践活动，都是有目的的活动。一定的手段总是为一定的目的服务，而一定的目的的实现总要借助于一定的手段。但目的与手段的位置不是固定不变的，而是可以相互转化的。在一定范围内和一定意义上表现为手段的东西，在别的范围内和别的意义上又可以表现为目的。手段可以转化为目的：为了造成或创造某个手段，就需要借助于别的手段，前一个手段就成了后一个手段的目的。而目的也可以转化为手段：当一定的目的达到以后，这个目的就成为实现未来新目的的手段。列宁指出："任何单独存在的民主制度都不会产生社会主义，但在实际生活中民主制度永远不会是'单独存在'，而总是'共同存在'的，它也会影响经济，推动经济的改造，受经济发展的影响等等。这就是活生生的历史辩证法。"① 列宁这里讲的，是民主与经济的"相互依存"和"相互作用"。既然是相互作用，就不存在绝对的谁主谁次，固定的谁决定谁，这里没有绝对的东西，一切都是相对的，"相互作用消除了一切绝对的首要性和次要性"。②

民主与经济，互为目的又互为手段。没有社会主义民主，就不能充分调动广大人民群众的生产和工作的积极性，也就不可能有社会主义经济的充分发展。我国改革开放初期，农村实行以家庭联产承包为主的生产责任制，农民有了生产经营的自主权，极大地调动了亿万农民群众的生产积极性，促进了农村经济的快速发展。发展社会主义民主的目的，就是为了调动人民群众建设社会主义的积极性，促进社会主义经济的发展。在这里，发展经济是目的，民主则是发展经济的手段。没有社会主义公有制和社会主义经济的发展，就谈不到有人民群众当家作主和享受更加广泛、更加充分、更加健全的民主权利。建立社会主义的公有制和发展社会主义经济，是为了保证人民群众真正能够做到当家作主。在这里，民主是目的，而发展经济是手段。我国工人阶级和人民群众在中国共产党的领导下，进行了长期的不屈不挠的斗争，目的是为了推翻帝国主义、封建主义和官僚资本主义这"三座大山"，建立人民自己的政权——人民民主专政。在这里，建立人民民主专政的国家政权，就是目的。我们利用人民民主专政的国家政权的力量，来建立社会主义的经济制度，发展社会主义经济，满足人民群众不断增长的物质和文化生活的需要，人民民主专政的国家政权就成了手段。

还要看到，目的与手段的关系，从一定意义上说，又是原因与结果的

---

① 《列宁选集》第3卷，人民出版社，2012，第181页。
② 《马克思恩格斯全集》第20卷，人民出版社，1971，第506页。

关系。这是因为，所谓手段，就是造成一定结果的原因；所谓目的，就是运用一定手段达到的结果。原因与结果是什么关系呢？原因产生结果，一定的原因产生一定的结果；而结果又反过来影响原因，改变原因。原因与结果在一定条件下可以相互转化，原因转化为结果，结果转化为原因。同一现象，在一种关系中是结果，在另一种关系中就成了原因。例如，我国人民民主专政的国家制度，是促进和保证社会主义经济突飞猛进的原因和手段，社会主义经济的发展则成为结果和目的。社会主义经济的发展使人民民主专政的国家政权得到巩固和健全，社会主义经济的发展是原因和手段，巩固和健全人民民主专政就成了结果和目的。正如恩格斯所指出的：事物"都是互相转化、互相制约的，在这里是原因，在那里就是结果"。①恩格斯还指出：在事物的相互作用中，"原因和结果经常交换位置；在此时或此地是结果，在彼时或彼地就成了原因，反之亦然"。②

---

① 《马克思恩格斯选集》第 3 卷，人民出版社，2012，第 920 页。
② 《马克思恩格斯选集》第 3 卷，人民出版社，2012，第 397 页。

第三章
中国特色社会主义民主政治制度

党的十八大报告阐述了中国特色社会主义制度在"三位一体"的中国特色社会主义中的地位和作用。报告概括了中国特色社会主义是由中国特色社会主义道路、中国特色社会主义理论体系和中国特色社会主义制度"三位一体"统一构成的科学内涵，并且揭示了中国特色社会主义道路、理论体系和制度"三者"的相互关系：道路是实现途径，理论体系是行动指南，制度是根本保障，三者统一于中国特色社会主义伟大实践，这是党领导人民在建设社会主义长期实践中形成的最鲜明特色。① 本章要讨论的是，中国特色社会主义民主政治制度的地位、内涵、由来、特点和优势及其完善和发展。

第一节　中国特色社会主义民主政治制度的内涵和由来

一　中国特色社会主义民主政治制度的科学内涵

十八大报告概括的中国特色社会主义制度的科学内涵是：人民代表大会制度的根本政治制度，中国共产党领导的多党合作和政治协商制度、民族区域自治制度以及基层群众自治制度等基本政治制度，中国特色社会主

---

① 胡锦涛：《坚定不移沿着中国特色社会主义道路前进　为全面建成小康社会而奋斗》，人民出版社，2012，第12～13页。

义法律体系，公有制为主体、多种所有制经济共同发展的基本经济制度，以及建立在这些制度基础上的各方面的体制即各项具体制度。① 我们试以马克思主义的观点来解读十八大报告对中国特色社会主义制度科学内涵的界定。十八大之后，有一本专门阐述中国制度的书，这本书说："历史唯物主义认为，经济基础决定上层建筑，制度属于上层建筑的范畴，是为经济基础服务的。"这一观点值得商榷，它不符合马克思主义。马克思主义认为，一个社会的制度，都是一定的经济、政治、文化等制度的总称，都是经济基础与上层建筑的统一。制度不都属于上层建筑的范畴，因为制度中的经济制度属于经济基础的范畴，而制度中的政治制度属于上层建筑的范畴，上层建筑又不光是政治制度，还有意识形态。按照这一马克思主义的观点，十八大报告所界定的中国特色社会主义制度中，公有制为主体、多种所有制经济共同发展的基本经济制度是属于经济基础的范畴，而人民代表大会制度的根本政治制度，中国共产党领导的多党合作和政治协商制度、民族区域自治制度以及基层群众自治制度等基本政治制度，属于上层建筑中的政治制度。总之，我们认为，十八大报告所指出的人民代表大会制度的根本政治制度，中国共产党领导的多党合作和政治协商制度、民族区域自治制度以及基层群众自治制度等基本政治制度，共同构成中国特色社会主义民主政治制度的科学内涵；完善和发展这些政治制度，是坚持走中国特色社会主义政治发展道路和推进政治体制改革的重要内容。

二　中国特色社会主义民主政治制度是历史的必然，人民的选择

一个国家选择和实行什么样的政治制度，走什么样的政治发展道路，必须合乎这个国家的国情，必须顺应时代发展的潮流，必须符合广大人民的愿望。中国特色社会主义民主政治制度就是历史的必然、人民的选择，就是凝结了几代中国共产党人集中人民意志和智慧的历史性创造。

1840 年鸦片战争失败后，中国逐渐沦为半殖民地半封建社会，先进的中国人经过千辛万苦，向西方国家寻找救国良方。以康有为、梁启超为代表的资产阶级改良派，主张以君主立宪制取代君主专制制度，但很快以失败告终。以孙中山为代表的资产阶级革命派，以西方资产阶级共和制为目标，发动了辛亥革命，推翻了清朝专制王朝，结束了封建帝制，选择了共

---

① 胡锦涛：《坚定不移沿着中国特色社会主义道路前进　为全面建成小康社会而奋斗》，人民出版社，2012，第 12~13 页。

和新制，但没有也无力进行彻底的反帝反封建的革命，辛亥革命的果实很快被北洋军阀袁世凯所篡夺，中国仍然没有改变半殖民地半封建的制度。接着登场的是国民党政权，走上了专制独裁道路。

中华人民共和国的成立，标志着中国共产党领导人民推翻了帝国主义、封建主义、官僚资本主义的黑暗统治，实现了民族独立和人民解放，建立了人民当家作主的新制度。而后我们对农业、手工业和资本主义工商业进行社会主义改造，完成了社会主义革命，确立了社会主义制度。接着进行了改革开放新的伟大革命，开创和发展了中国特色社会主义。从新中国成立开始，我们建立并逐步完善了人民代表大会制度、中国共产党领导的多党合作和政治协商会议制度、民族区域自治制度等各项中国特色社会主义民主政治制度。实践是检验真理的唯一标准，一切都试验过了，资产阶级共和国的一切方案都破产了，只有社会主义才能救中国，只有中国特色社会主义才能发展中国。正如历史和人民选择了中国共产党的领导一样，历史和人民也选择了中国特色社会主义，选择了中国特色社会主义民主政治制度。

第二节　人民代表大会制度

习近平总书记在庆祝全国人民代表大会成立 60 周年大会上发表讲话指出："中国这样一个有五千多年文明史、几亿人口的国家建立起人民当家作主的新型政治制度，在中国政治发展史乃至世界政治发展史上都是具有划时代意义的"，我们"要回顾人民代表大会制度建立和发展的历程，坚定中国特色社会主义道路自信、理论自信、制度自信，在新的历史起点上坚持和完善人民代表大会制度"。①

一　人民代表大会制度的形成和发展

人民代表大会制度顺应历史潮流，深刻反映近代以来我国社会发展的必然趋势，是我国人民在长期的斗争中作出的必然选择。胡锦涛在首都各界纪念全国人民代表大会成立 50 周年大会上的讲话指出："在我国实行人民代表大会制度，是我们党把马克思主义基本原理同中国具体实际相结合

---

① 习近平：《在庆祝全国人民代表大会成立六十周年大会上的讲话》，《人民代表大会制度重要文献选编》（四），中国民主法制出版社、中央文献出版社，2015，第 1762 页。

的伟大创造，是近代以来中国社会发展的必然选择，是中国共产党带领全国各族人民长期奋斗的重要成果，反映了全国各族人民的共同利益和共同愿望。"① 我们党在带领人民推翻帝国主义、封建主义和官僚资本主义的斗争中，创造性地把马克思主义国家学说同中国具体实际相结合，对建立新型人民民主政权及其组织形式进行了长期的探索和实践。从第一次国内革命战争时期的罢工工人代表大会和农民协会到第二次国内革命战争时期的工农兵代表苏维埃，从抗日战争时期的参议会到解放战争后期和新中国成立初期各地普遍召开的各界人民代表会议，都是我们党为实现人民民主而进行的探索和创造。1940 年，毛泽东在《新民主主义论》中明确指出，我们"可以采取全国人民代表大会、省人民代表大会、县人民代表大会、区人民代表大会直到乡人民代表大会的系统，并由各级代表大会选举政府"。②1945 年，毛泽东在《论联合政府》中，又明确指出：我们的政权组织，"应该采取民主集中制，由各级人民代表大会决定大政方针，选举政府"，"只有这个制度，才既能表现广泛的民主，使各级政府能集中地处理被各级人民代表大会所委托的一切事务，并保障人民的一切必要的民主活动"。③1949 年 9 月，新中国成立前夕召开的中国人民政治协商会议第一届全体会议通过了具有临时宪法地位的《中国人民政治协商会议共同纲领》，规定中华人民共和国的国家政权属于人民，人民行使国家政权的机关为各级人民代表大会和各级人民政府。新中国的成立，标志着中国人民从此成为国家和社会的主人。1953 年，我们在全国范围进行了历史上第一次空前规模的普选，在此基础上自下而上逐级召开人民代表大会，为全国人民代表大会的召开奠定了法律和组织基础。1954 年 9 月 15 日，第一届全国人民代表大会第一次会议召开，标志着人民代表大会制度在全国范围内建立起来，会议通过的新中国第一部宪法，即《中华人民共和国宪法》庄严规定：中华人民共和国的一切权力属于人民，人民行使权力的机关是全国人民代表大会和地方各级人民代表大会。这就以国家根本法的形式确立了人民代表大会制度。人民代表大会制度的确立和宪法的公布实施，开创了我国人民民主的全新阶段，实现了中国政治制度的一次伟大变革。从此，有关人民代表大会制度的各项规章制度逐步建立和完善。但在"文化大革命"中人民

---

① 《十六大以来重要文献选编》（中），中央文献出版社，2006，第 218 页。
② 《毛泽东选集》第 2 卷，人民出版社，1991，第 677 页。
③ 《毛泽东选集》第 3 卷，人民出版社，1991，第 1057 页。

代表大会制度遭受破坏，从十一届三中全会开始进入新的发展阶段。总之，我国的人民代表大会制度符合我国国情，深得人民拥护，因而在长期的实践中不断得到巩固和完善，显示出强大的生命力和巨大的优越性，在今后的实践中还将继续得到完善和发展。

习近平总书记指出："在中国实行人民代表大会制度，是中国人民在人类政治制度史上的伟大创造，是深刻总结近代以后中国政治生活惨痛教训得出的基本结论，是中国社会一百多年激越变革、激荡发展的历史结果，是中国人民翻身作主、掌握自己命运的必然选择。"他还指出："六十年的实践充分证明，人民代表大会制度是符合中国国情和实际、体现社会主义国家性质、保证人民当家作主、保障实现中华民族伟大复兴的好制度。"①这是习近平总书记总结中国近代以来的历史和 60 年来的人民代表大会制度的历史得出的重要结论，深刻地揭示了人民代表大会制度的性质和地位、作用和优势。在新的奋斗征程上，我们必须按照习近平总书记的要求，充分发挥人民代表大会制度的根本政治制度作用，增加和扩大我们的优势和特点，做到既能毫不动摇地坚持人民代表大会制度，又能与时俱进地完善人民代表大会制度，继续通过人民代表大会制度牢牢把国家和民族的前途命运掌握在人民手中。

二　人民代表大会制度是我国人民当家作主的根本政治制度

我国宪法规定：我国的"一切权力属于人民"，"人民行使国家权力的机关是全国人民代表大会和地方各级人民代表大会"，"人民依照法律规定，通过各种途径和形式，管理国家事务，管理经济和文化事业，管理社会事务"。各级人民代表大会都由民主选举产生，对人民负责，受人民监督。我国宪法还规定，国家行政机关、审判机关、检察机关都由人民代表大会产生，对它负责，受它监督。国家的重大事项由人民代表大会决定。行政机关负责执行人民代表大会通过的法律、决议、决定。法院、检察院依照法律规定分别独立行使审判权、检察权，不受行政机关、社会团体和个人的干涉。因此，人民代表大会是我国人民当家作主的重要途径和最高实现形式，体现了我国社会主义的国家性质，体现人民是国家和社会的主人，从而表明人民代表大会制度是我国人民当家作主的根本政治制度。由此可见，

---

① 习近平：《在庆祝全国人民代表大会成立六十周年大会上的讲话》，《人民代表大会制度重要文献选编》（四），中国民主法制出版社、中央文献出版社，2015，第 1764 页。

我国的人民代表大会制度既不同于西方国家的三权分立的资本主义民主制度，也不同于苏联的两院制的苏维埃制度，而是植根于中国大地，富有中国特色的社会主义民主制度。

作为我国人民当家作主的根本政治制度，人民代表大会的职权主要有四项：立法权、监督权、人事任免权、重大事项决定权。

关于立法权。中国宪法规定，全国人民代表大会和全国人民代表大会常务委员会行使国家立法权，主要是修改宪法，制定和修改刑事、民事、国家机构的和其他的基本法律。省级人大及其常委会根据本行政区域的具体情况和实际需要，在不同国家宪法、法律、行政法规相抵触的前提下，可以制定地方性法规；较大的市的人大及其常委会根据本市的具体情况和实际需要，在不同国家宪法、法律、行政法规和本省、自治区的地方性法规相抵触的前提下，可以制定地方性法规，报省、自治区的人大常委会批准后施行；经济特区所在地的省、市的人大及其常委会根据全国人大的授权决定，可以制定法规，在经济特区范围内实施；民族自治地方的人民代表大会还有权依照当地民族的政治、经济和文化特点，制定自治条例和单行条例，对法律、行政法规的规定作变通。

从 1949 年中华人民共和国成立至 2010 年底，一个立足中国实际，以宪法为统师，以宪法相关法和民法商法等多个法律部门的法律为主干，由法律、行政法规、地方性法规等多个层次法律规范构成的中国特色社会主义法律体系已经形成。截至 2014 年 12 月底，我国除现行宪法外，已制定了现行有效的法律 242 件，行政法规 739 件。

这些年来，中国的立法民主不断向前推进。几乎每一件法案的起草都采取专家座谈会、论证会等形式，听取专家的意见。有的法案还由立法机构直接委托社会研究部门起草。对于调整重要社会关系的立法项目，地方人大常委会还经常召开听证会，让不同利害关系方发表意见。中国立法法对立法听证会作出了规定。1982 年以来，全国人大及其常委会在制定包括宪法修正案、婚姻法修改草案、合同法草案、物权法草案在内的许多关系到人民切身利益的重要法律案过程中，都把草案向全民公布征求意见。人民群众直接参与法律的制定，不仅提高了立法质量，使法律能够充分体现人民的意愿和要求，而且增强了全社会的法律意识，通过后也能比较顺利地执行。

关于监督权。监督宪法和法律的实施，是全国人大及其常委会行使监督权的主要内容。这种监督的基本形式是执法检查、法规备案审查。地方人大常委会也在本行政区域范围内对法律、有关法规实施情况进行检查。人大常委会通过执法检查，进一步了解和掌握法律、法规实施中的真实情况和存在的问题，督促同级政府和法院、检察院改进执法工作，促进了法律实施主管机关依法行政、公正司法。通过备案审查，撤销违反宪法和法律的法规、规章，督促有关制定机关纠正不适当的条文，对保障国家法制统一具有重要的作用。全国人大常委会还对最高人民法院、最高人民检察院的司法解释进行备案审查。

监督同级政府和法院、检察院的工作，是人大及其常委会行使监督权的另一重要内容。听取和审议"一府两院"的工作报告，是人大及其常委会进行工作监督的基本形式。人民代表大会举行会议的时候，同级人民政府、人民法院、人民检察院向大会报告工作，人民政府还须向大会提出预算草案、国民经济和社会发展计划草案，预算草案须经大会审查批准。人民代表大会常务委员会召开会议时，经常就关系改革发展稳定全局的重大问题和同人民群众切身利益密切相关的热点难点问题，听取有关专题工作报告或汇报。

关于人事任免权。人民代表大会及其常务委员会有权选举、决定、任免、撤换、罢免有关国家机构组成人员。全国人民代表大会选举国家主席、副主席，中央军事委员会主席；根据国家主席的提名，决定国务院总理的人选；根据国务院总理的提名，决定国务院副总理、国务委员、各部部长、各委员会主任、审计长、秘书长的人选；根据中央军事委员会主席的提名，决定中央军事委员会其他组成人员的人选；选举最高人民法院院长、最高人民检察院检察长。地方各级人民代表大会依法认真履行对地方有关国家机构组成人员的选举、决定、任免、撤换、罢免。

关于重大事项决定权。全国人民代表大会依据宪法有权批准省、自治区、直辖市的建置，决定特别行政区的设立及其制度，决定战争和和平的问题，以及其他重大事项。对国家经济和社会发展中的重大问题，如长江三峡工程等，须全国人民代表大会作出决议后方可实施。地方人大及其常委会就本地区的城市建设规划、环境保护等重大事项行使决定权。

第三节　共产党领导的多党合作和政治协商制度

一　我国的一项基本政治制度

中国共产党领导的多党合作和政治协商制度是我国的一项基本政治制

度。我国是社会主义国家，人民民主专政是国体，同这种国体相适应的政权组织形式是人民代表大会制度，同这种国体相适应的政党制度是中国共产党领导的多党合作和政治协商制度。这一政党制度的显著特征是：共产党领导、多党派合作，共产党执政、多党派参政。

中国共产党领导的多党合作和政治协商制度，具有鲜明的中国特色，具有显著的政治优势：既能充分调动社会各方面的积极性、主动性和创造性，实现广泛的民主参与，集中各民主党派、各人民团体和各界人士的智慧，促进执政党和各级政府决策的科学化、民主化，又能实现集中统一，统筹兼顾各方面群众的利益要求；既能避免一党执政缺乏监督的弊端，又可避免多党纷争、互相倾轧造成的政治混乱和社会不稳定；既有利于共产党的科学执政、民主执政和依法执政，又有利于扩大社会有序政治参与，有利于实现广泛的人民民主和社会治理。

二　共产党领导的多党合作制度

我国实行的共产党领导、多党合作的政党制度是我国政治制度的特点和优点。它不同于西方资本主义国家的多党制和两党制，也有别于一些国家实行的一党制。它是马克思主义同中国的实际相结合的一个创造，是符合中国国情的社会主义政党制度。

我国的各民主党派是同共产党长期风雨同舟、患难与共的亲密战友，是爱国统一战线的一支重要力量，也是维护我国安定团结、促进社会主义现代化建设和祖国统一的一支重要力量。中国共产党是中国社会主义事业的领导核心，是执政党。我国有八个民主党派，即中国国民党革命委员会（民革）、中国民主同盟（民盟）、中国民主建国会（民建）、中国民主促进会（民进）、中国农工民主党（农工党）、中国致公党（致公党）、九三学社、台湾民主自治同盟（台盟）。它们是各自所联系的一部分社会主义劳动者和一部分拥护社会主义的爱国者的政治联盟，是接受共产党领导的，同中共通力合作、共同致力于社会主义事业的亲密友党，是致力于中国特色社会主义事业的参政党，而不是反对党或在野党。我国的多党合作坚持共产党的领导，这是中国共产党同各民主党派合作的政治基础、首要前提和根本保证。中共对各民主党派的领导是政治领导，即政治原则、政治方向和重大方针政策的领导，而不是简单的包办代替。"长期共存、互相监督、肝胆相照、荣辱与共"，是中国共产党同各民主党派合作的基本方针。民主党派的主要作用是政治协商、民主监督、参政议政。

三 社会主义协商民主制度

党的十八大报告第一次提出"社会主义协商民主制度"的概念，并就相关问题提出了新论断和新阐述。十八届三中全会《决定》进一步提出"推进协商民主广泛多层制度化发展"的新要求。

社会主义协商民主的含义和实质。十八大报告指出："社会主义协商民主是我国人民民主的重要形式"。[①] 十八届三中全会的《决定》指出："协商民主是我国社会主义民主政治的特有形式和独特优势，是党的群众路线在政治领域的重要体现。"[②] 那么，社会主义协商民主的含义是什么呢？根据十八届三中全会决定的精神，吸收理论界的探讨的某些成果，笔者认为，社会主义协商民主含义的归纳应该是：在中国共产党领导下，通过政权机关、政协组织、党派团体、基层组织、社会组织等渠道，就经济社会发展重大问题和涉及群众切身利益的实际问题，进行平等自由讨论，以实现公民有序政治参与，开展广泛协商达成共识，以推进科学民主决策，实现国家治理现代化和人民群众利益最大化。社会主义协商民主就是这一系列条件规划、程序和目标的总称。社会主义协商民主的实质就是实现人民群众当家作主，就是实现人民民主。这也是社会主义协商民主的最高价值。

社会主义协商民主的由来和发展。社会主义协商民主这一概念虽然是十八大报告首先提出来的，但不等于这种民主形式过去没有存在过。恰恰相反，协商民主这种特有形式早已存在。当然，在我国社会主义制度建立以前，可以叫新民主主义协商民主而不叫社会主义协商民主。在抗日战争时期，共产党在局部执政条件下，在各抗日根据地和陕甘宁边区按照"三三制"原则建立各级政权组织。所谓"三三制"原则，就是在政权结构中，共产党员、非党左派进步分子和中间派人士各占1/3。这一政权组织的性质是新民主主义，属统一战线性质。在这一政权组织结构下，经过座谈协商等渠道，采用先协商后决议、先协商后票决的两种民主形式，开启了中国共产党与抗日各阶级阶层和各界政治人物相互合作、共商国是的历程。到新中国成立前夕，我们党领导的协商民主制度从共商抗日、共商新民主主

---

① 胡锦涛：《坚定不移沿着中国特色社会主义道路前进 为全面建成小康社会而奋斗》，人民出版社，2012，第 26 页。

② 《中共中央关于全面深化改革若干重大问题的决定》，人民出版社，2013，第 29 页。

义革命到共商建国，开创了中国共产党领导的同各民主党派、无党派人士共商国是的多党合作和政治协商制度，创建了协商民主的运作平台——中国人民政治协商会议。这届中国人民政治协商会议执行全国人民代表大会的职权，协商并选举产生了中央人民政府。从 1954 年起，人民代表大会制度确立，我们党开始了人大选举民主与政协政治协商的结合，一直到 1956 年三大改造基本结束，国家的大政方针，重要的法律政策，重大的事项问题，都经协商决定，而后付诸实施。在改革开放的新时期，我们党进行了新的历史条件下协商民主的新探索。1987 年的十三大报告，很有创意地提出"建立社会协商对话制度"，报告阐明了建立社会协商对话制度的必要性和重要性，提出："正确处理和协调各种不同的社会利益和矛盾，是社会主义条件下的一个重大课题。各级领导机关的工作，只有建立在倾听群众意见的基础上，才能切合实际，避免失误。领导机关的活动和面临的困难，也只有为群众所了解，才能被群众所理解。群众的要求和呼声，必须有渠道经常地顺畅地反映上来，建议有地方提，委屈有地方说。这部分群众同那部分群众之间，具体利益和具体意见不尽相同，也需要有互相沟通的机会和渠道。因此，必须使社会协商对话形成制度，及时地、畅通地、准确地做到下情上达，上情下达，彼此沟通，互相理解。"报告还提出要发扬"从群众中来、到群众中去"的优良传统，提高领导机关活动的开放程度，重大情况让人民知道，重大问题经人民讨论。还提出对全国性的、地方性的、基层单位内部的重大问题的协商对话，应分别在国家、地方和基层三个不同的层次上展开，还提出进一步发挥现有协商对话渠道的作用，注意开辟新的渠道。① 以后我们党又相继提出人民通过选举投票行使权利与人民内部进行协商两种形式的民主、选举民主与协商民主相结合是我国社会主义民主的一大特点等重要思想。党的十八大又开始了确认社会主义协商民主制度的新阶段。十八大报告提出"健全社会主义协商民主制度"的新任务，指出："社会主义协商民主是我国人民民主的重要形式。要完善协商民主制度和工作机制，推进协商民主广泛、多层、制度化发展。通过国家政权机关、政协组织、党派团体等渠道，就经济社会发展重大问题和涉及群众切身利益的实际问题广泛协商，广纳群言、广集民智，增进共识、增强合力。"② 还

---

① 《十三大以来重要文献选编》（上），人民出版社，1991，第 43～44 页。
② 胡锦涛：《坚定不移沿着中国特色社会主义道路前进 为全面建成小康社会而奋斗》，人民出版社，2012，第 26～27 页。

提出要充分发挥人民政协作为协商民主重要渠道作用，加强同民主党派的政治协商，积极开展基层民主协商等思想和要求。十八届三中全会关于全面深化改革若干重大问题的决定，就"推进协商民主广泛多层制度化发展"问题提出了一些重要论断，作出了一些重要部署。全会提出：协商民主是我国社会主义民主政治的特有形式和独特优势，是党的群众路线在政治领域的重要体现；在党的领导下，以经济社会发展重大问题和涉及群众切身利益的实际问题为内容，在全社会开展广泛协商，坚持协商于决策之前和决策实施之中；构建程序合理、环节完整的协商民主体系，拓展国家政权机关、政协组织、党派团体、基层组织、社会组织的协商渠道；深入开展立法协商、行政协商、民主协商、参政协商、社会协商；完善中国共产党同各民主党派的政治协商，完善民主党派中央直接向中共中央提出建议制度；推进人民政协政治协商、民主监督、参政议政制度化、规范化、程序化，完善人民政协制度体系，规范协商内容、协商程序；等等。以党的十八大和十八届三中全会为标志，我国的社会主义协商民主建设进入新阶段，并必将开创新局面。

社会主义协商民主的作用和意义。一是对公民而言。拓宽了公民有序参与政治的渠道，有助于保障公民的民主权利，有利于培养公民的民主意识和民主素质，有利于提高公民的利益诉求的表达能力和政治参与能力，有利于养成公民的包容心态和理性处事习惯。二是对党和政府而言。党和政府能够听到各方的利益诉求、意见和建议，在形成共识的基础上作出决策，促进党和政府决策的科学化、民主化，密切了党和政府同社会各方和人民群众的血肉联系。三是对社会而言。改革开放以来，在经济发展和社会进步的同时，贫富悬殊、利益失衡、诚信缺失、道德失范、官员腐败等现象十分突出，矛盾纷繁复杂，甚至引发群体性冲突。通过社会协商，增进理解，化解矛盾，防止冲突，维护稳定，促进团结，以利发展。

在2014年春节即将到来之际，习近平总书记同各民主党派中央、全国工商联负责人和无党派人士座谈时发表讲话。他首先阐述了协商民主的地位和作用。他指出：协商民主是我国社会主义民主政治的重要组成部分，是我国社会主义民主政治的特有形式和独特优势，也是中国共产党执政和决策的重要方式。他指出：一个篱笆三个桩，一个好汉三个帮。实践证明，建立新中国，建设新中国，开拓改革路，实现中国梦，都需要各党派团体和各界人士努力。越是处于改革攻坚期，越需要汇集众智、增强合力；越是处于发展关键期，越需要凝聚人心、众志成城。习近平希望大家积极引导所联系群众，凝聚广泛共识，积聚强大能量，深入考察调研，提出真知灼见，让党和政府看问题更全面，作决策更科学。他还希望大家更加主动发展好协商民主，不断提高协商民主成效和水平。习近平还强调共产党和各民主党派加强自身建设。他要求中国共产党各级组织特别是领导干部要以开阔的胸襟、平等的心态、民主的作风广纳群言、广集众智，丰富协商民主形式，增强民主协商实效，为民主党派、工商联和无党派人士发挥作用创造有利条件。同时，他要求各参政党加强自身建设。他指出：坚持和发展中国特色社会主义，要求中国共产党加强自身建设，也要求各参政党加强自身建设。希望同志们准确把握建设中国特色社会主义参政党的基本要求，继承优良传统，把握时代要求，不断提高政治把握能力、参政议政能力、组织领导能力、合作共事能力，努力把中国特色社会主义参政党建设提高到一个新的水平。① 习近平这样既从坚持和发展中国特色社会主义的高度，强调执政党和参政党自身建设的必要性和重要性，又从健全社会主义协商民主制度的角度，对共产党各级组织和各民主党派提出明确要求，无疑具有重大现实意义和深远历史意义。

四　政治协商会议制度——人民政协

中国人民政治协商会议即人民政协，是我国社会主义协商民主的重要渠道，是中国人民爱国统一战线的组织，是中国共产党领导的多党合作和政治协商的重要机构，也是我国政治生活中发扬社会主义民主的重要形式。人民政协是实行共产党领导的多党合作和政治协商制度的重要政治形式和组织形式。坚持和完善人民政协的民主形式，既符合社会主义民主政治的本质要求，又体现中华民族兼容并蓄的优秀文化传统，具有鲜明的中国特色。

中国人民政治协商会议全国委员会由中国共产党、各民主党派、无党派人士、人民团体、各少数民族和各界的代表，香港特别行政区同胞、澳门特别行政区同胞、台湾同胞和归国侨胞的代表以及特别邀请的人士组成，设若干界别（现有 34 个界别）。中国人民政治协商会议全国委员会设主席、副主席若干人和秘书长，每届任期五年，全体会议每年举行一次。在中国，省、自治区、直辖市设中国人民政治协商会议省、自治区、直辖市委员会；

---

① 《习近平同党外人士共迎新春》，《人民日报》2014 年 1 月 24 日。

自治州、设区的市、县、自治县、不设区的市和市辖区，凡有条件的地方，均可设立中国人民政治协商会议各该地方的地方委员会，每届任期五年，全体会议每年至少举行一次。人民政协围绕团结和民主两大主题开展工作，履行政治协商、民主监督、参政议政职能。中国人民政治协商会议在国家政治生活、社会生活和对外友好活动中，在进行现代化建设、维护国家统一和团结中，发挥着重要作用。中国共产党和各级政府就大政方针以及政治、经济、文化、社会生活中的重要问题，在决策之前和决策执行过程中在人民政协进行协商，广泛听取各方面意见，集思广益，这是中国共产党和各级政府实现决策科学化和民主化的重要环节。

中国人民政治协商会议是同新中国一起诞生、一起成长的。在人民政协成立55周年和60周年大会上，胡锦涛都作了重要讲话。胡锦涛指出："中国人民政治协商会议是中国共产党把马克思列宁主义统一战线理论、政党理论、社会主义民主政治理论同中国具体实践相结合的伟大创造，是中国共产党同各民主党派和无党派人士、各人民团体和各族各界人士风雨同舟、团结奋斗的伟大成果。"[1] 20世纪40年代末，共产党在领导全国各族人民争取民族独立、人民解放、建立新中国的艰苦卓绝斗争的最后阶段，以毛泽东为代表的共产党人深刻地认识到，我们党同各民主党派和无党派人士、各人民团体、各族各界人士建立的广泛统一战线，将进入新的发展阶段，迎来新中国的诞生，进入建设新社会新生活的新时代。1948年"五一"前夕，中共中央发布"五一口号"，提出"各民主党派、各人民团体、各社会贤达迅速召开政治协商会议，讨论并实现召集人民代表大会，成立民主联合政府"。1949年6月，召开了由共产党、各民主党派、各人民团体、各界民主人士、国内少数民族、海外华侨等23个单位134人参加的新政治协商会议筹备会，会议通过了《新政治协商会议筹备会组织条例》《关于参加新政治协商会议的单位及其代表名额的规定》，选出了以毛泽东主席为首的常务委员会。毛泽东在会上提出："必须召集一个包含各民主党派、各人民团体、各界民主人士、国内少数民族和海外华侨的代表人物的政治协商会议，宣告中华人民共和国的成立，并选举代表这个共和国的民主联合政府，才能使我们的伟大的祖国脱离半殖民地的和半封建的命运，走上独立、自由、和平、统一和强盛的道路。""只有这一条道路，才是解决中国一切问

---

① 《十七大以来重要文献选编》（中），中央文献出版社，2011，第200页。

题的正确的方向。"[1] 1949 年 9 月下旬，中国人民政治协商会议第一届全体会议召开，标志着人民政协正式成立，也标志着中国共产党领导的多党合作和政治协商制度的确立。

从此，在中国共产党领导和支持下，人民政协在我国政治生活中发挥了重要作用，为恢复和发展国民经济、巩固新生人民政权、推动各项社会改革、促进社会主义革命和建设、促进改革开放和社会主义现代化建设作出了重大贡献，也使人民政协事业不断发展壮大。

第四节　民族区域自治制度

我国是一个统一的多民族国家，共 56 个民族，汉族人口最多，其他 55 个为少数民族，少数民族人口约占全国总人口的 8.4%。在处理民族问题上，世界上多民族国家有不同的制度模式，我国采用的是民族区域自治，即在国家统一领导下，各少数民族聚居地方设立自治机关，实行区域自治。民族区域自治制度，是我国的一项基本政治制度，是发展社会主义民主的重要内容，是我们党解决我国民族问题基本经验的重要成果，也是我们党团结带领各族人民建设中国特色社会主义、实现中华民族伟大复兴的重要保证。这一制度符合我国国情和各族人民的根本利益，是我国社会主义的政治优势，具有强大的生命力。

一　实行民族区域自治是由我国统一多民族国家国情传统决定的必然选择

中国共产党自 1921 年成立后，就积极探索解决中国民族问题的正确道路，成功地制定和执行了民族政策，团结并带领全国各族人民取得了新民主主义革命的胜利。1949 年 9 月，在新中国成立前夕召开的中国人民政治协商会议上，根据中国共产党的建议，各民族、各党派代表共同协商决定，建立统一的多民族的中华人民共和国，并通过了在当时具有临时宪法性质的《中国人民政治协商会议共同纲领》。这个纲领专章阐述了新中国的民族政策，并明确把民族区域自治确定为一项基本国策，还规定了实施民族区域自治制度的基本原则。这是由我国国情包括历史发展、文化特点、民族关系和民族分布等具体情况决定的必然选择和制度安排。

---

① 《毛泽东选集》第 4 卷，人民出版社，1991，第 1463～1464 页。

（一）统一的多民族国家的长期存在，是实行民族区域自治的历史传统基础

中国是有着悠久历史的统一的多民族国家。中国历史上第一个封建王朝秦朝，实现了国家的第一次大统一，接着的汉朝维护和发展了统一的局面。秦汉在全国推行郡县制，统一法律、文字、历法、车轨、货币和度量衡，促进了各地区各民族的交流，奠定了中国长达两千多年统一的多民族国家的基本格局。此后，无论是汉族建立的隋、唐、宋、明等朝代，还是少数民族建立的元、清等朝代的中央政权，都以中国的"正统"为旗帜，把建立统一的多民族国家作为根本原则和最高政治目标。

中国历代中央政权，大都对少数民族地区采取了"因俗而治"的政策，即在实现政治统一的前提下，保持民族地区原有的社会制度和文化形态。汉朝在今中国新疆地区设立的西域都护府，唐朝在这一地区设立的安西和北庭两大都护府，都只管理军政要务。清朝中央政权针对不同民族地区的特点采取了不同的治理措施：蒙古族地区实行盟旗制度；对西藏则派驻藏大臣，通过册封达赖和班禅两大活佛实行政教合一制度；在新疆维吾尔族最集中的地区实行伯克制度；对南方一些少数民族地区则实行土司制度。尽管在旧的社会制度下各民族之间不可能形成现代意义上的平等关系，民族间也不可避免地发生矛盾、冲突甚至战争，但是，中国历史上统一多民族国家的长期存在，促进了各民族之间的联系和交流，增进了各民族对中央政权的向心力和认同感。

（二）近代以来中华民族反抗侵略、维护主权的斗争传统和爱国主义精神，是实行民族区域自治的政治思想基础

1840 年鸦片战争之后的 110 年间，中国屡遭帝国主义侵略、欺凌，中国各族人民陷入被压迫、被奴役境地。在国家四分五裂、民族生死存亡的危急关头，中国各族人民团结一心、共御外侮，为维护国家主权统一、争取民族独立和解放进行了艰苦卓绝的斗争。特别是抗日战争时期，中国各民族进一步联合起来，同仇敌忾，抗击侵略，保家卫国。回民支队、内蒙古抗日游击队等许多以少数民族为主的抗日力量，为夺取反法西斯战争胜利谱写了可歌可泣的历史篇章。中国各民族在反对帝国主义侵略的同时，针对极少数民族分裂分子在帝国主义势力的扶持下，策划、制造"西藏独立"、"东突厥斯坦"、伪"满洲国"等分裂行径，进行了坚决的斗争。在反抗外来侵略的斗争中，各族人民深切体会到：伟大祖国是各民族的共有家园，只有国家的主权统一和领土完整，各民族才能实现真正的自由平等和发展进步；中国各族人民只有更加紧密地团结和联合起来，才能维护国家主权统一、领土完整和实现国家繁荣富强。

（三）各民族大杂居、小聚居的居住地域环境和人口分布格局，各地区资源条件和发展的差距，是实行民族区域自治的地理环境基础

中国各民族形成和发展的历史，也是各民族之间彼此交融的历史。在长期的历史发展过程中，各民族频繁迁徙，逐渐形成了大杂居、小聚居的分布格局。汉族作为中国人口最多的民族遍布全国。少数民族人口虽少，且主要居住在广大边疆地区，但在内地县级以上行政区域都有少数民族居住。这种大杂居、小聚居的区域地理区别和你中有我、我中有你、相互依存的人口分布状况，决定了以少数民族聚居的地方为基础，把民族自治与区域自治结合起来，建立不同类型和不同行政级别的民族自治地方，有利于民族关系的和谐稳定和各民族的共同发展。少数民族聚居的地方面积广大，自然资源丰富，但与其他地区特别是发达地区相比，经济社会发展水平相对落后。实行民族区域自治，可以在充分发挥少数民族地区优势的同时，促进少数民族地区与其他地区之间的交流与合作，从而加快少数民族地区和整个国家的现代化建设步伐，实现各地区的共同发展和各民族的共同繁荣。

二　我国民族自治地方的建立和自治机关的组成

（一）民族自治地方的建立

中华人民共和国成立之前的 1947 年，在中国共产党领导下，已经解放的蒙古族地区就建立了中国第一个省级少数民族自治地方——内蒙古自治区。中华人民共和国成立后，中国政府开始在少数民族聚居的地方全面推行民族区域自治。1955 年 10 月，新疆维吾尔自治区成立；1958 年 3 月，广西壮族自治区成立；1958 年 10 月，宁夏回族自治区成立；1965 年 9 月，西藏自治区成立。现有上述 5 个自治区，还有 30 多个自治州、100 多个自治县（旗）。民族自治地方的面积占全国国土总面积的 60% 以上。

中国的民族自治地方分为自治区、自治州、自治县三级。划分三级行政地位的依据，是少数民族聚居区人口的多少、区域面积的大小。鉴于中国的一些少数民族聚居地域较小、人口较少并且分散，不宜建立自治地方，《宪法》规定通过设立民族乡的办法，使这些少数民族也能行使当家作主、管理本民族内部事务的权利，现有 1000 多个民族乡。各民族自治地方都是中华人民共和国领土不可分割的部分。民族自治地方的自治机关必须维护国家的统一，保证宪法和法律在本地方的遵守和执行。上级国家机关和民族自治地方的自治机关都要维护和发展平等、团结、互助的民族关系。

（二）民族自治地方自治机关的组成

民族自治地方的自治机关是自治区、自治州、自治县的人民代表大会和人民政府。民族自治地方的人民代表大会中，除实行区域自治的民族的代表外，其他居住在本行政区域内的民族也有适当名额的代表。民族自治地方的人民代表大会常务委员会中由实行区域自治的民族的公民担任主任或者副主任。自治区主席、自治州州长、自治县县长由实行区域自治的民族的公民担任。民族自治地方人民政府的其他组成人员，合理配备实行区域自治的民族和其他少数民族的人员。自治机关所属工作部门的干部中，合理配备实行区域自治的民族和其他少数民族的人员。

三　我国民族区域自治的政治地位和民族自治地方的自治权

（一）民族区域自治的政治地位

1954 年召开的第一届全国人民代表大会，把民族区域自治制度载入了《中华人民共和国宪法》之中。此后中国历次《宪法》修改，都载明坚持实行这一制度。2001 年修改颁布的《中华人民共和国民族区域自治法》则明确规定："民族区域自治制度是国家的一项基本政治制度"。

早在 1952 年，中国政府就发布《中华人民共和国民族区域自治实施纲要》，对民族自治地方的建立、自治机关的组成、自治机关的自治权利等重要问题作出明确规定。1984 年 5 月 31 日，在总结实施民族区域自治经验的基础上，第六届全国人民代表大会第二次会议通过了《民族区域自治法》，并决定自同年 10 月 1 日起正式实施。2001 年，根据社会主义市场经济条件下进一步加快民族自治地方经济社会事业发展的需要，在充分尊重和体现民族自治地方各族人民意愿的基础上，全国人大常委会对《民族区域自治法》进行了修改，使这一法律更加完善。《民族区域自治法》是实施《宪法》规定的民族区域自治制度的基本法律，其内容涵盖政治、经济、文化、社会等各个方面。它规范了中央和民族自治地方的关系，以及民族自治地方各民族之间关系，其法律效力不只限于民族自治地方，全国各族人民和一切国家机关都必须遵守、执行该项法律。

（二）民族自治地方的自治权

民族自治地方的自治机关行使《宪法》第三章第五节规定的地方国家机关的职权，同时依照《宪法》、《民族区域自治法》和其他法律的规定行使自治权，根据本地方实际情况贯彻执行国家的法律、政策。上级国家机关保障民族自治地方的自治机关行使自治权。

一是自主管理本民族、本地区的内部事务。民族自治地方各族人民行使宪法和法律赋予的选举权和被选举权，通过选出人民代表大会代表，组成自治机关，行使管理本民族、本地区内部事务的民主权利。为切实保障自治机关充分行使管理本民族、本地区内部事务的政治权利，上级国家机关和民族自治地方的自治机关采取各种措施，大量培养少数民族各级干部和各种科学技术、经营管理等专业人才。同时，各少数民族还通过选出本民族的全国人民代表大会代表，行使管理国家事务的权力。历届全国人民代表大会少数民族代表的比例都高于少数民族人口的比例。每个民族都有全国人民代表大会代表，人口在百万以上的民族都有全国人民代表大会常务委员会委员。

二是享有制定自治条例和单行条例的权力。《民族区域自治法》规定："民族自治地方的人民代表大会除享有一般地方国家权力机关的权力外，还有权依照当地民族的政治、经济和文化的特点，制定自治条例和单行条例"。《中华人民共和国立法法》规定："自治条例和单行条例可以依照当地民族的特点，对法律和行政法规的规定作出变通规定"，"自治条例和单行条例依法对法律、行政法规、地方性法规作变通规定的，在本自治地方适用自治条例和单行条例的规定"。《民族区域自治法》还规定："上级国家机关的决议、决定、命令和指示，如有不适合民族自治地方实际情况的，自治机关可以报经该上级国家机关批准，变通执行或停止执行"。

三是使用和发展本民族语言文字。民族自治地方的自治机关在执行公务时，依照本民族自治地方自治条例的规定，使用当地通用的一种或者几种语言文字；同时使用几种通用的语言文字执行职务的，可以以实行区域自治的民族语言文字为主。内蒙古、新疆、西藏等民族自治地方，都制定和实施了使用和发展本民族语言文字的有关规定或实施细则。新中国成立后，国家帮助10多个少数民族改进和创制了文字。无论在司法、行政、教育等领域，还是在国家政治生活和社会生活中，少数民族语言文字都得到广泛使用。现在，中国共产党全国代表大会、全国人民代表大会和中国人民政治协商会议等重要会议上都提供蒙古、藏、维吾尔、哈萨克、朝鲜、彝、壮等民族语言文字的文件和同声传译。

四是尊重和保障少数民族宗教信仰自由。中国少数民族群众大多有宗教信仰，有的民族多数群众信仰某种宗教，如藏族群众信仰藏传佛教，回、维吾尔等民族信仰伊斯兰教。民族自治地方的自治机关根据宪法和法律的规定，尊重和保护少数民族的宗教信仰自由，保障少数民族公民一切合法的正常宗教活动。各种宗教活动正常进行，少数民族群众的宗教信仰自由得到充分尊重和保障。

五是保持或者改革本民族风俗习惯。民族自治地方的自治机关保障各少数民族都有按照传统风俗习惯生活、进行社会活动的权利和自由。包括尊重少数民族生活习惯，尊重和照顾少数民族的节庆习俗，保障少数民族特殊食品的经营，扶持和保证少数民族特需用品的生产和供应以及尊重少数民族的婚姻、丧葬习俗等。同时，提倡少数民族在衣食住行、婚丧嫁娶各方面奉行科学、文明、健康的新习俗。

六是自主安排、管理、发展经济建设事业。民族自治地方的自治机关根据法律规定和本地方经济发展的特点，合理调整生产关系和经济结构；在国家计划的指导下，根据本地方的财力、物力和其他具体条件，自主地安排地方基本建设项目；自主地管理隶属于本地方的企业、事业。民族自治地方依照国家规定，可以开展对外经济贸易活动，经国务院批准，可以开辟对外贸易口岸；民族自治地方在对外经济贸易活动中，享受国家的优惠政策。根据国家的国民经济和社会发展的总体规划，各民族自治地方结合实际，都制定了经济社会发展的规划、目标和措施。

民族自治地方的自治机关保护和改善生活环境和生态环境，防治污染和其他公害。根据法律规定，确定本地方内草场和森林的所有权和使用权。依法管理和保护本地方的自然资源；根据法律规定和国家的统一规划，对可以由本地方开发的自然资源，优先合理开发利用。

民族自治地方的自治机关有管理地方财政的自治权。凡是依照国家财政体制属于民族自治地方的财政收入，都由民族自治地方的自治机关自主地安排使用。民族自治地方的财政预算支出，按照国家规定，设机动资金，预备费在预算中所占比例高于一般地区。民族自治地方的自治机关在执行财政预算的过程中，自行安排使用收入的超收和支出的节余资金。同时，民族自治地方的自治机关在执行国家税法的时候，除应由国家统一审批的减免税收项目以外，对属于地方财政收入某些需要从税收上加以照顾和鼓励的，可以实行减税或者免税。

七是自主发展教育、科技、文化等社会事业。民族自治地方的自治机关根据国家的教育方针，依照法律的规定，决定本地方的教育规划，各级各类学校的设置、学制、办学形式、教学内容、教学用语和招生办法。在少数民族牧区和经济困难、居住分散的少数民族山区，设立以寄宿为主和助学金为主的公办民族小学和民族中学，保障就读学生完成义务教育阶段的学业。招收少数民族学生为主的学校（班级）和其他教育机构，有条件的应当采用少数民族文字的课本，并用少数民族语言讲课；根据不同情况从小学低年级或者高年级起开设汉语文课程，推广全国通用的普通话和规范汉字。

民族自治地方的自治机关自主地发展具有民族形式和民族特点的文学、艺术、新闻、出版、广播、电影、电视等民族文化事业。组织、支持有关单位和部门收集、整理、翻译和出版民族历史文化书籍，保护民族地区的名胜古迹、珍贵文物和其他重要历史文化遗产，继承和发展优秀的民族传统文化。

民族自治地方的自治机关自主地决定本地方的科学技术发展规划，普及科学技术知识。自主地决定本地方的医疗卫生事业的发展规划，发展现代医药和民族传统医药。

四　国家对民族自治地方的支持和帮助，民族自治地方各项事业的历史性发展

（一）国家对民族自治地方的支持和帮助

《宪法》规定："国家尽一切努力，促进全国各民族的共同繁荣。"《民族区域自治法》进一步把上级国家机关支持、帮助民族自治地方加快发展，明确规定为一项法律义务。为贯彻落实《宪法》和《民族区域自治法》的规定，中国政府采取了一系列举措。

一是把加快民族自治地方的发展摆到突出位置。国家在制定国民经济和社会发展计划时，充分尊重和照顾民族自治地方的特点和需要，根据全国发展的整体布局和总体要求，将加快民族自治地方的发展摆到突出的战略位置。

二是优先合理安排民族自治地方基础设施建设项目。国家在民族自治地方安排基础设施建设和开发资源的时候，适当提高投资比重和政策性银

行贷款比重。需要民族自治地方配套资金的，根据不同情况给予减少或者免除配套资金的照顾。中国政府自第一个五年计划开始，就在民族自治地方安排了一批重点建设项目。国家通过投资建设"西气东输"、"西电东送"、青藏铁路等一批重大工程，帮助民族自治地方进一步把资源优势转化为经济优势。国家对西藏的基础设施建设和基础产业发展给予特殊安排。1984～1994 年，国家投资、全国 9 省市援建西藏 43 项工程，总投资达 4.8 亿元人民币。1994～2001 年，中央政府直接投资 39 亿元人民币，建设了 30 项工程；东部发达地区对口支援投资 9.6 亿元人民币，援建了 32 项工程。第十个五年计划（2001～2005 年）期间，中央政府在西藏投资 312 亿元人民币，建设 117 个项目。西藏"十一五"规划（2006～2010 年）重点项目总投资规模达到 1378 亿元，188 个重点项目拉动西藏经济社会全面发展。从 1999 年开始，中国政府相继大规模地实施了惠及所有民族自治地方的"贫困县出口公路建设""西部通县油路工程""县际和农村公路建设"等交通基础设施建设。共投资近 1000 亿元人民币，新建和改造了 22.5 万公里农村和县级道路，使一些少数民族地区落后的交通条件得到了显著改善。

三是加大对民族自治地方财政支持力度。随着国民经济的发展和财政收入的增长，各级政府逐步加大对民族自治地方财政转移支付力度。国家通过一般性财政转移支付、专项财政转移支付、民族优惠政策财政转移支付以及国家确定的其他方式，增加对民族自治地方的资金投入，促进民族自治地方经济发展和社会进步，逐步缩小与发达地区的差距。

四是重视民族自治地方的生态建设和环境保护。中国政府确定的《全国生态环境建设规划》中的四个重点地区和四项重点工程全部在少数民族地区。国家实施的"天然林保护工程"和退耕还林、退牧还草项目主要在少数民族地区。全国 226 个国家级自然保护区，接近半数在少数民族地区。

五是采取特殊措施帮助民族自治地方发展教育事业。国家帮助民族自治地方普及九年义务教育和发展各类教育事业。民族自治地方是国家实施基本普及九年义务教育、基本扫除青壮年文盲的攻坚计划的重点地区。国家实施的"贫困地区义务教育工程"，主要也是面向西部少数民族地区。同时，国家举办民族高等学校和民族班、民族预科，招收少数民族学生。高等学校和中等专业学校招收新生时，对少数民族考生适当放宽录取标准和条件，对人口特少的少数民族考生给予特殊照顾。

六是加大对少数民族贫困地区的扶持力度。政府自 20 世纪 80 年代中期大规模地开展有组织有计划的扶贫工作以来，少数民族和民族地区始终是国家重点扶持对象。1986 年首次确定的 331 个国家重点扶持贫困县中，民族自治地方有 141 个，占总数的 42.6%。1994 年国家开始实施《八七扶贫攻坚计划》，在确定的 592 个国家重点扶持贫困县中民族自治地方有 257 个，占总数的 43.4%。从 2001 年开始实施的《中国农村扶贫开发纲要》，再次把民族地区确定为重点扶持对象，在新确定的 592 个国家扶贫开发重点县中，民族自治地方（不含西藏）增加为 267 个，占重点县总数的 45.1%。同时，西藏整体被列入国家扶贫开发重点扶持范围。

七是增加对民族自治地方社会事业的投入。国家加大对民族自治地方卫生事业的投入力度，提高少数民族地区人民群众的医疗保障水平。

八是扶持民族自治地方扩大对外开放。国家扩大民族自治地方生产企业对外贸易经营自主权，鼓励地方优势产品出口，实行优惠的边境贸易政策。国家鼓励、支持民族自治地方发挥区位优势和人文优势，扩大对陆地周边国家的开放与合作。

九是组织发达地区与民族自治地方开展对口支援。中国政府致力于在地区之间和民族之间先富帮后富，最终实现共同富裕。从 20 世纪 70 年代末开始，中国政府开始组织东部沿海发达地区和西部地区的对口支援，帮助少数民族地区发展经济和社会事业。

十是照顾少数民族特殊的生产生活需要。为尊重少数民族的风俗习惯，适应和满足各少数民族生产生活特殊用品的需要，国家实行特殊的民族贸易和民族特需用品生产供应政策。

（二）民族自治地方各项事业的历史性发展

新中国成立前，少数民族地区生产力水平低下，经济、社会、文化发展相当落后，几乎没有现代工业、现代教育和现代医疗，基础设施建设很差，文盲人口占绝大多数，鼠疫、天花、疟疾等各种传染性疾病流行。少数民族群众主要从事传统的农牧业，一些地区还处在"刀耕火种"的原始状态，部分地区铁器尚未得到普遍使用。群众的生活十分困苦，特别是广大山区和沙漠盐碱地区的少数民族，几乎每年都有几个月断粮。少数民族发展受到严重阻碍，有的民族甚至濒临灭绝。

新中国成立后，特别是改革开放以来，民族自治地方的各族人民，在国家和发达地区的大力帮助和支援下，发挥自身优势，自力更生，奋发图强，不断增强自我发展能力。中国民族自治地方的各族人民，生存和生活环境明显改善，经济和各项社会事业迅速发展，民族自治地方的各族人民与全国人民一道，分享着国家现代化建设带来的发展成果。一是经济快速增长，二是人民生活水平显著提高，三是基础设施明显改善，四是传统文化得到保护和弘扬，五是教育水平显著提高，六是医疗卫生事业持续进步，七是对外贸易和旅游业迅速发展。

不过，我们也清醒地看到，由于受历史基础和地理条件等诸多因素的制约和影响，少数民族分布较集中的西部地区，经济和社会发展水平较东部发达地区还不高，特别是一些偏远地区，还比较落后。坚持和完善民族区域自治，充分发挥制度优势，不断提高民族地区的经济和社会发展水平，是新的历史阶段中国全面建成小康社会所要着力解决的问题，从而实现新的历史性发展。

五 我国民族区域自治制度是马克思主义民族理论中国化的成功范例

我国民族区域自治制度是我们党将马克思主义民族理论与中国实际情况相结合的产物，是马克思主义民族理论中国化的成功范例，是独具中国特色的一项政治制度。还在民主革命时期，我们党就根据马列主义关于反对民族压迫、实行民族平等的思想，制定和执行民族平等团结的方针，对国内各民族一视同仁，一律平等，积极深入少数民族地区发动民众，注意培养少数民族干部，组织革命武装，开辟革命根据地。1941 年 5 月 1 日，我们党发布了《陕甘宁边区施政纲领》的重要文件，第一次提出了建立民族区域自治的主张，指出："依据民族平等原则，实行蒙、回民族与汉族在政治经济文化上的平等权利，建立蒙、回民族的自治区，尊重蒙、回民族的宗教信仰与风俗习惯。"① 这个文件是中共边区中央局提出，中共中央政治局批准，绝大部分是毛泽东加写和改写的，因此，这是毛泽东的贡献，又是党中央集体智慧的结晶。1949 年 9 月通过的《中国人民政治协商会议共同纲领》规定："中华人民共和国是统一的多民族国家"，"各少数民族聚居的地区，应实行民族区域自治，按照民族聚居区的人口多少和区域大小，分别建立各种民族自治机关"。这一规定后来写入了《中华人民共和国宪法》。周恩来在1957 年 8 月由全国人民代表大会民族委员会召开的民族工作座谈会上有一个重要讲话，专门阐述我国的民族政策和民族区域自治问题。

---

① 《毛泽东文集》第 2 卷，人民出版社，1993，第 337 页。

他详尽地把中国与俄国的历史和民族情况作了区别对照，专门阐述我们实行民族区域自治制度与苏联实行民族共和国和联邦制度的质的区别，并揭示了这种质的区别的原因。他反复地指出：实行民族区域自治，是新中国成立以后在民族问题上的一个根本性的政策。这是我国宪法上规定了的。我国为什么要实行民族区域自治，而没有实行苏联的民族自治共和国那样的制度呢？这不光是名称上的不同，还是制度本身不同，实质不同，区域划分不同，权利、权限规定也不同，"这些不同，是从两国的历史发展的不同而来的，部分地也是由于中国和当年十月革命时代的形势不同而来的"。他分析了俄国在周边搞扩张，拥有殖民地，俄国各民族又多聚居，完全不同于我国各民族多杂居，再加上中俄两国各民族语言、民族关系、民族文化等的区别，因此"我们就得出一个结论：在中国适宜于实行民族区域自治，而不宜于建立也无法建立民族共和国"，"我们是根据中国民族历史的发展、经济的发展和革命的发展，采取了最适当的民族区域自治政策，而不采取民族共和国的制度。中华人民共和国是单一体的多民族的国家，而不是联邦国家，也无法采取联邦制度"，我们的民族区域自治制度，是"根据我国实际情况，实事求是地实行民族区域自治，这种民族区域自治，是民族自治与区域自治的正确结合，是经济因素与政治因素的正确结合，不仅使聚居的民族能够享受到自治权利，而且使杂居的民族也能够享受到自治权利。从人口多的民族到人口少的民族，从大聚居的民族到小聚居的民族，几乎都成了相当的自治单位，充分享受了民族自治权利。这样的制度是史无前例的创举"。[①]

十一届三中全会以来，我们党坚持和完善民族区域自治制度，在理论和实践方面都有了新的发展。邓小平强调："中国采取的不是民族共和国联邦的制度，而是民族区域自治的制度。我们认为这个制度比较好，适合中国的情况。"[②] 邓小平还强调，在新时期，搞好民族工作，最重要的是要创造条件，加快发展少数民族地区的经济和科学文化事业，坚定不移地帮助少数民族地区发展，这是真正体现民族平等政策。1981 年 8 月，邓小平还特意要求："要把我国实行的民族区域自治制度用法律形式规定下来，要从法律上解决这个问题，要有民族区域自治法。"[③] 邓小平讲后不到三年，六

---

① 《周恩来选集》（下），人民出版社，1984，第 253～260 页。
② 《邓小平文选》第 3 卷，人民出版社，1993，第 257 页。
③ 《邓小平年谱（1975～1997）》（下），中央文献出版社，2004，第 762 页。

届全国人大二次会议通过了《中华人民共和国民族区域自治法》，以法律的形式把民族区域自治制度固定下来，使宪法有关民族区域自治的规定的落实有了法律基础和法律保障。江泽民强调指出："民族区域自治制度是解决我国民族问题的根本制度，《民族区域自治法》是以法律形式把这种制度确定下来的一项基本法律……要继续认真贯彻落实《民族区域自治法》，不断完善民族区域自治制度。"① 他还强调："民族区域自治，是我国的一项基本政治制度，它把国家的集中统一领导与少数民族聚居区的区域自治紧密结合起来，具有强大的政治生命力，我们要始终不渝地坚持并不断加以完善。"② 2005年5月底，胡锦涛在中央民族工作会议暨国务院第四次全国民族团结进步表彰大会上发表讲话。讲话开头就强调，要从中国特色社会主义伟大事业和中国特色社会主义道路的高度来处理和解决民族问题，他指出：我国民族自治地方的基本国情，"决定了民族问题始终是我们建设中国特色社会主义必须处理好的一个重大问题，也决定了民族工作始终是关系党和人民事业发展全局的一项重大工作"，我们党坚持把马克思主义民族理论同中国民族问题的具体实际相结合，开创了具有中国特色的解决民族问题的正确道路。他还指出："正确处理民族问题，是建设中国特色社会主义的重要内容"，"我国的民族问题必须放到建设中国特色社会主义的全局中来解决，解决好民族问题又有利于推进建设中国特色社会主义。中国特色社会主义是我国各族人民的共同事业，中国特色社会主义道路是解决我国民族问题的根本道路"。胡锦涛从中国特色社会主义及其道路的高度上阐述处理民族问题后接着指出："坚持和完善民族区域自治制度，切实贯彻民族区域自治法，充分保证民族自治地方依法行使自治权，切实尊重和保障少数民族的合法权益。"③

习近平负责起草的十八大报告将民族区域自治制度作为一项基本政治制度纳入中国特色社会主义制度的内容，并指出："全面正确贯彻落实党的民族政策，坚持和完善民族区域自治制度，牢牢把握各民族共同团结奋斗、共同繁荣发展的主题，深入开展民族团结进步教育，加快民族地区发展，保障少数民族合法权益，巩固和发展平等团结互助和谐的社会主义民族关

---

① 《江泽民论有中国特色社会主义（专题摘编）》，中央文献出版社，2002，第359页。
② 《十五大以来重要文献选编》（中），人民出版社，2001，第1055页。
③ 《十六大以来重要文献选编》（中），中央文献出版社，2006，第899~904页。

系，促进各民族和睦相处、和衷共济、和谐发展。"① 2014 年 5 月底，习近平在第二次中央新疆工作座谈会上指出：要坚定不移坚持党的民族政策、坚持民族区域自治制度。民族团结是各族人民的生命线。要高举各民族大团结的旗帜，在各民族中牢固树立国家意识、公民意识、中华民族共同体意识，最大限度团结依靠各族群众，使每个民族、每个公民都为实现中华民族伟大复兴的中国梦贡献力量，共享祖国繁荣发展的成果。各民族要相互了解、相互尊重、相互包容、相互欣赏、相互学习、相互帮助，像石榴籽那样紧紧抱在一起。要加强民族交往交流交融，部署和开展多种形式的共建工作，推进"双语"教育，推动建立各民族相互嵌入式的社会结构和社区环境，有序扩大新疆少数民族群众到内地接受教育、就业、居住的规模，促进各族群众在共同生产生活和工作学习中加深了解、增进感情。② 习近平这一重要讲话，是对新疆工作的重要指示，也完全适用于各民族区域自治地方的工作，具有很强的政治性、全局性、战略性、指导性。习近平非常强调高举民族大团结的旗帜，加强新形势下反分裂斗争。他指出："要正确把握党的民族、宗教政策，及时妥善解决影响民族团结的矛盾纠纷，坚决遏制和打击境内外敌对势力利用民族问题进行的分裂、渗透、破坏活动。"③

总之，十一届三中全会以来，在以邓小平为核心的第二代党中央领导集体、以江泽民为核心的第三代党中央领导集体、以胡锦涛为总书记的党中央领导集体和以习近平为总书记的党中央领导集体的领导下，我国的民族区域自治制度得到不断落实和完善，强有力地促进了民族地区经济社会各项事业的蓬勃发展。

第五节　基层群众自治制度

基层群众自治制度，是指人民群众依法直接行使民主权利的制度，即依法直接参与民主选举、民主决策、民主管理和民主监督，享受更为广泛的民主权利和自由的一种制度。群众自治组织主要包括村民委员会、居民委员会、企事业单位职工代表大会等。

---

① 胡锦涛：《坚定不移沿着中国特色社会主义道路前进　为全面建成小康社会而奋斗》，人民出版社，2012，第 29～30 页。

② 习近平在第二次中央新疆工作座谈会上的讲话，《人民日报》2014 年 5 月 30 日。

③ 习近平在中央政治局第 14 次集体学习时的讲话，《人民日报》2014 年 4 月 27 日。

一　基层群众自治制度的形成和发展

我国的基层群众自治是在民主政治建设实践中逐步形成和发展起来的。新中国成立初期,一些城市就有居民委员会等群众自治组织。1954 年,一届全国人大四次会议通过了《城市居民委员会组织条例》,以法律的形式确认居民委员会是"群众自治性的居民组织"。同时,在一些公有制企业成立了职工代表会议,到 1957 年前后,职工代表会议已相当普遍。

十一届三中全会后,这种基层组织的自治活动更加广泛地开展起来,在理论和实践上都富有创造性。这种创造性主要表现在以下两点。

一是基层群众自治制度由国家根本大法来确认,并经党的重要会议将其界定为"是我国的一项基本政治制度"。我国宪法郑重规定:"城市和农村按居民居住地区设立的居民委员会或者村民委员会是基层群众性自治组织"。并相应规定其职能和设置。宪法还规定:"国有企业依照法律规定,通过职工代表大会和其他形式,实行民主管理。"党的十五大报告,把扩大直接行使民主权利的基层民主,作为政治体制改革和民主法制建设的一项内容,指出:"扩大基层民主,保证人民群众直接行使民主权利,依法管理自己的事情,创造自己的幸福生活,是社会主义民主最广泛的实践。城乡基层政权机关和基层群众性自治组织,都要健全民主选举制度,实行政务和财务公开,让群众参与讨论和决定基层公共事务和公益事业,对干部实行民主监督,坚持和完善以职工代表大会为基本形式的企事业民主管理制度,组织职工参与改革和管理,维护职工合法权益。"[1] 十五届三中全会通过的《中共中央关于农业和农村工作若干重大问题的决定》强调指出:"扩大农村基层民主,实行村民自治,是党领导亿万农民建设有中国特色社会主义民主政治的伟大创造";村民委员会要依法坚持公平、公开、公正原则,由村民进行直接选举;涉及村民利益的重要事项,都须提请全体村民或村民代表会议讨论,按多数人的意见作出决定;全体村民讨论制定村民自治章程和村规民约,加强村民的自我管理、自我教育、自我服务;凡是村里的重大事项和群众普遍关心的问题,都应向村民公开,村务公开的重点是财务公开;要坚持和完善乡镇人民代表大会的直接选举制度,乡镇政权机关都要实行政务公开,方便群众办事,接受群众监督。[2] 党的十六大对

---

① 《江泽民文选》第 2 卷,人民出版社,2006,第 30 页。
② 《十五大以来重要文献选编》(上),人民出版社,2000,第 572 ~ 573 页。

基层民主政治建设的内容、目标和方式作出规定，为我国基层民主建设指明了方向。十七大把基层群众自治制度同人民代表大会制度、中国共产党领导的多党合作和政治协商制度、民族区域自治制度并列，作为中国特色社会主义民主政治四项制度之一，要求把发展基层民主自治作为发展社会主义民主政治的基础性工程重点推进，从而不断推进社会主义政治制度自我完善和发展。十八大把基层群众自治制度正式纳入中国特色社会主义制度之中，作为一项基本政治制度。

二是基层群众自治体系已经形成，其实践形式不断丰富和发展。目前，我国已形成了以城市居民委员会、农村村民委员会和企业职工代表大会为主要内容的基层群众自治体系。关于居民自治：1980年，国家重新颁布了关于城市居民委员会的法规。1982年，我国宪法规定了城市居民委员会作为基层群众性组织的性质。1989年，七届人大常委会第十一次会议通过《城市居民委员会组织法》，对城市居民委员会的性质、地位及主要职能作出了规定，为城市居民委员会发展提供了法律保障。1999年，国家在全国26个城区开展社区建设试点工作，而后普遍展开。关于企事业职工自治：企事业单位的民主管理在经济体制改革中不断推进。1981年7月，中共中央、国务院批准颁布了我国第一个关于职工代表大会的专门法规，即《国营工业企业职工代表大会暂行条例》。而后国有企业通过职工代表大会等形式实行民主管理的条文正式列入宪法。之后，关于职工代表大会的性质、地位、职能、构成等众多法规先后制定出来。关于村民自治：1982年宪法对村民委员会作出规定，1998年又出台了《中华人民共和国村民委员会组织法》，对村民委员会的性质、职能、产生程序和任期作出规定。此后，全国很大部分地区都建立了村民代表大会和居民代表大会，并开展了有关村务公开、厂务公开以及民主评议等活动。

二　基层群众自治制度的地位和作用

我们党明确把基层群众自治制度作为中国特色社会主义制度中的一项基本政治制度，把基层群众自治制度作为中国特色社会主义政治发展道路的重要内容，可见基层群众自治制度的显著地位和重要作用。

基层群众自治制度是中国特色社会主义民主政治建设的基础。我国宪法庄严规定，国家的一切权力属于人民，人民依照法律规定，通过各种途径和形式，管理国家事务，管理经济和文化事业，管理社会事务。人民群众通过选举产生的人大代表组成全国人大和地方各级人大，行使当家作主的权力，同时，通过建立基层群众自治组织实现有序政治参与，依法管理自己的事情。离开这个基础，很难完整体现人民当家作主的权力。

基层群众自治制度为广大人民群众直接、广泛、实际地参与社会主义民主政治实践活动提供了舞台。社会主义民主政治不是从天上掉下来的，也不是什么人赐给人民的现成的美好制度，而是在党的领导下，亿万人民群众生机勃勃的创造性活动。也就是说，生机勃勃的创造性的社会主义民主政治是在党的领导下，亿万人民群众自己在实践中创立的。基层广大人民群众就是利用基层群众自治这个舞台，直接行使民主权利，开展民主选举、民主决策、民主管理和民主监督的实践，实现自我管理、自我服务、自我教育、自我监督，不断地丰富着群众自治的内容和形式，也创造着自己的美好生活。

三 以村民自治为核心的农村基层民主

中国 13 亿人口中有 8 亿多在农村。如何扩大和发展农村基层民主，使农民在所在村庄真正当家作主，充分行使自己的民主权利，是中国民主政治建设的重大课题。经过多年的探索和实践，中国共产党领导亿万农民找到了一条适合中国国情的推进农村基层民主政治建设的途径，这就是实行村民自治。

村民自治是广大农民直接行使民主权利，依法办理自己的事情，实行自我管理、自我教育、自我服务的一项基本制度。它发端于 20 世纪 80 年代初期，发展于 80 年代，普遍推行于 90 年代，已成为在当今中国农村扩大基层民主和提高农村治理水平的一种有效方式。

中国宪法规定了村民委员会作为农村基层群众性自治组织的法律地位。中国的村民委员会组织法，对村民委员会的性质、职能、产生程序和任期等相关问题作了明确规定，使农村基层民主自治走上健康发展的轨道。目前，全国 31 个省、自治区、直辖市已经制定或修订了村民委员会组织法实施办法或村委会选举办法，使村民自治有了更加具体的法律法规保障。

民主选举、民主决策、民主管理和民主监督是村民自治的主要内容。

关于民主选举。按照宪法、村民委员会组织法等法律法规，由村民直接选举或罢免村民委员会成员。村民委员会由主任、副主任和委员三至七人组成，每届任期三年。在选举过程中，村民委员会成员候选人由村民直接提名和参加投票选举，当场公布选举结果，做到公正、公开、公平。村民的参选热情高涨，据不完全统计，全国农村居民的平均参选率在80%以上，有的地方高达90%以上。全国绝大多数省、自治区、直辖市都普遍完成了五至六届村委会换届选举。

关于民主决策。凡涉及村民利益的重要事项，都由村民会议或村民代表会议讨论，按多数人的意见作出决定。鉴于中国农村千差万别，村庄规模大小不一，在一些人数较多、居住分散的村庄，村民会议面临难组织、难召开、难议决的实际困难，通过设立村民代表会议，较好地解决了这个问题。目前，中国85%的农村已经建立了实施民主决策的村民会议或村民代表会议制度。

关于民主管理。依据国家法律法规和有关政策，结合本地实际情况，由全体村民讨论制定或修改村民自治章程或村规民约。村民委员会和村民按照被形象地称为"小宪法"的自治章程，实行自我管理、自我教育和自我服务。

关于民主监督。村民通过村务公开、民主评议村干部、村民委员会定期报告工作、对村干部进行离任审计等制度和形式，监督村民委员会工作情况和村干部行为。特别是村务公开，得到了村民的普遍欢迎。

村民自治的成功实践，是中国共产党领导亿万农民发展中国特色社会主义民主政治的伟大创举。扩大农村基层民主，实行村民自治，大大激发了广大农民当家作主的积极性、创造性和责任感，掀开了中国农村民主政治建设的新篇章。

四　以社区居民自治为核心的城市基层民主

城市居民委员会是中国城市居民实现自我管理、自我教育、自我服务的基层群众性自治组织，是在城市基层实现直接民主的重要形式。

新中国成立后，即在全国各个城市普遍建立居民委员会，实现城市居民对居住地公共事务管理的民主自治。1982年，城市居民委员会制度首次写入中国宪法。1989年，全国人大常委会制定了《城市居民委员会组织法》，为城市居民委员会发展提供了法律基础和制度保障。1999年，国家在全国26个城区开展了社区建设的试点和实验工作。此后，在全国开展了社区建设示范活动。目前，城市社区建设正在由点到面、由大城市向中小城市、由东部地区向西部地区推进，以完善城市居民自治，建设管理有序、服务完善、环境优美、文明祥和的新型社区正在全国展开。

城市社区居民自治的主要内容也是实行民主选举、民主决策、民主管理和民主监督。在民主选举方面，选举的形式经历了由候选人提名到自荐报名，由等额选举到差额选举，由间接选举到直接选举，并打破了地域和身份的限制，民主程度不断提高。在民主决策方面，社区居民是民主决策的主体，通过社区居民会议、协商议事会、听证会等有效形式和渠道，对社区内公共事务进行民主决策。在民主管理方面，居委会依法办事，按照社区居民自治章程和规约规范工作，努力增强居民当家作主意识，实现"社区的事大家管"。在民主监督方面，实行居民委员会事务公开，凡是居民关心的热点、难点问题和涉及全体居民切身利益的重大事务，都及时向居民公开，并通过召开居民评议会，听取居民意见，接受居民监督。

五 以职工代表大会制度为核心的企事业基层民主

职工代表大会，是保证职工对企事业单位实行民主管理的基本制度。在中国，职工在企事业单位中享有的当家作主的民主权利，主要通过职工代表大会制度来实现。

新中国成立后即在公有制企业中实行了职工代表会议制度，1957 年后在全国普遍推行了这一制度。中国宪法、全民所有制工业企业法、劳动法、工会法和全民所有制工业企业职工代表大会条例等法律法规，均对职工代表大会制度作了相应规定。依据有关法律，职工代表大会具有五项职权：对企业生产经营、发展计划和方案有审议建议权；对工资、奖金、劳动保护、奖惩等重要规章制度有审查通过权；对有关职工生活福利等重大事项有审议决定权；对企业行政领导干部有评议监督权；对厂长有推荐或选举权。

职工代表大会具有广泛的群众基础，代表中不仅有工人，而且有科技人员、管理人员和其他工作人员，能够代表全体职工民主管理企业。职工代表大会闭幕后，由企业工会委员会作为职代会的工作机构，负责职工代表大会的日常工作。从 1998 年起，厂务公开在国有企业、集体企业及其控股企业开始实施，并逐步向非公有制企业拓展。

改革开放以来，职工代表大会和其他形式的企事业单位的民主管理制度在实行民主管理、协调劳动关系、保障和维护职工合法权益、推进企事业单位的改革发展稳定等方面发挥了不可替代的作用。国家坚持全心全意地依靠职工办企业的方针，随着改革开放的深入，将努力推动各类所有制企事业单位建立和完善民主管理制度，切实解决在这方面存在的突出问题，确保职工的民主权利和合法权益得到落实。

第六节 中国特色社会主义民主政治制度的特点和优势

正如中国特色社会主义制度是当代中国发展进步的根本制度保障，集中体现了中国特色社会主义的特点和优势一样，中国特色社会主义民主政治制度也是当代中国发展进步的根本制度保障，集中体现了中国特色社会主义的特点和优势，也集中体现了中国特色社会主义制度的特点和优势。

一 我国民主政治制度的特点

我国民主政治制度最大的特点是符合我国国情，具有鲜明的中国特色。我国的民主政治制度，既是近代以来我国社会历史发展的必然反映，也是我国人民在长期的斗争中的正确选择，也是人民意志、愿望和利益的集中体现。如人民代表大会制度，既不同于西方资本主义国家的"三权分立"制，也不同于苏俄的苏维埃制度，是深深扎根于中国土壤的独特创造。共产党领导的多党合作和政治协商制度，既不同于西方轮流执政的两党制或多党制，又不同于某些国家不允许别党存在的一党制，而是我国在半殖民地半封建条件下经济政治发展的必然产物，在国际上是个重大创造。我国的民族区域自治制度，是我国根据历史发展、文化特点、民族关系和民族分布状况作出的正确选择，符合各族人民的共同利益、平等原则和发展要求。

我国民主政治制度的又一个特点是，我们党把共产党的核心领导地位、人民当家作主的特殊本质、多党合作的协商机制统一起来和结合起来，把国家民主政治制度与政党制度统一起来和结合起来，把根本政治制度和基本政治制度统一起来和结合起来，把民主与法制、民主与集中、自由与纪律统一起来和结合起来，把国家层面的民主制度与基层群众自治制度统一起来和结合起来，把社会主义民主政治制度坚持不动摇与改革和完善体制、吸收和借鉴人类政治文明优秀成果统一起来和结合起来。

二 我国民主政治制度的优势

上述我国民主政治制度的特点，彰显了我国社会主义民主政治制度的特殊优势。

我国的民主政治制度有利于保持党和国家的活力，统筹和协调各方面的利益，调动广大人民群众和社会各方面的积极性、主动性、创造性。由于坚持党的领导和人民当家作主的统一，确保密切联系群众的这一党的最大优势，确保群众路线这一党的生命线，以党内民主促进人民民主，从而始终保持党和国家的生机和活力。我国的社会主义民主政治制度，第一次在我国历史上实现了人民当家作主，把过去几千年以来只有少数剥削者才能享受的民主变为大多数人即劳动人民都能享受的人民民主，使广大人民群众真正成为国家和社会的主人，极大地激发了人民群众建设新社会和新生活的奋斗精神和创造活力。这是作为执政党共产党的活力源泉，也是社会主义国家政权的活力源泉。由于共产党代表着最广大人民的根本利益，坚持全心全意为人民服务的宗旨，能够制定符合人民群众根本利益的路线方针政策，能够协调各方面的利益，从而能够调动亿万人民群众的投身社会主义现代化建设的积极性、主动性、创造性，为中国特色社会主义发展提供源源不断的强大动力。

我国的民主政治制度有利于集中力量办大事，有力克服各种艰难困苦，有效应对各种风险挑战。要把我国建设成为富强民主文明和谐的社会主义现代化国家，要实现国家富强、民族振兴、人民幸福的中国梦，必然会遇到各种艰难困苦和各种风险挑战。我国的民主政治制度能够集中力量办大事，能够弘扬中国精神，能够凝聚中国力量，能够整合各种资源和智慧，能够保证国家机构协调高效运转，从而战胜一切艰难险阻。这些年来，我们成功举办北京奥运会、上海世博会，妥善应对汶川大地震等重大自然灾害，有效应对国际金融危机冲击，就是我国民主政治制度生命力的鲜明例证。习近平2014年6月在中国科学院和中国工程院院士大会上的重要讲话，在阐述科技实力在实现中华民族伟大复兴中国梦，在决定世界政治经济力量对比变化和各国各民族前途命运的重要作用时，阐述了科技创新和科技体制改革的特殊意义，而在阐述科技体制改革时又特别提出了我国社会主义制度能集中力量办大事是我们成就事业的重要法宝的重要论断。他指出："在推进科技体制改革的过程中，我们要注意一个问题，就是我国社会主义制度能够集中力量办大事是我们成就事业的重要法宝。我国很多重大科技成果都是依靠这个法宝搞出来的，千万不能丢了！要让市场在资源配置中起决定性作用，同时要更好发挥政府作用，加强统筹协调，大力开展协同创新，集中力量办大事，抓重大、抓尖端、抓基本，形成推进自主创新的强大合力。"① 我们将依靠这一重要法宝，依靠这一制度优势，夺取中国特色社会主义的新胜利，实现中华民族的伟大复兴。

我国的民主政治制度有利于维护民族团结、社会稳定、国家统一。民族团结、社会稳定、国家统一，对于实现中华民族伟大复兴至关重要。国际上，风云变幻，一些反华势力与我国内的敌对势力相互策应，对我民族团结、社会稳定、国家统一构成严重威胁。我国的社会主义制度有利于加强国防和军队的建设和改革，增强国防实力，实现强军目标，保卫国家安全，维护国家统一。同时，我国的社会主义制度决定了我们始终走和平发展道路，坚决维护国家主权、安全、发展利益，反对各种形式的霸权主义和一切形式的恐怖主义，促进人类和平与发展的崇高事业。在国内，改革进入攻坚战、涉入深水区，需要调整利益格局，需要冲破思想观念的束缚，需要突破利益固化的藩篱。我们通过加强民主政治建设，通过深化改革，建立健全利益协调机制、诉求表达机制、矛盾调处机制和利益保障机制，化解社会矛盾，实现社会稳定。

以上几点优势，主要和直接是就中国民主政治制度说的，而作为中国特色社会主义制度的优势就不止这一些，如有利于解放和发展社会生产力，推动经济社会全面发展，又如有利于维护和促进社会公平正义、实现全体人民共同富裕。后两个"有利于"虽都与中国民主政治制度有密切联系，但不是中国民主政治制度单独具有的优势，而是中国民主政治制度与公有制为主体、多种所有制经济共同发展的基本经济制度一起，共同形成的优势。我国的民主政治制度当然有利于解放和发展社会生产力，但同时我国特有的基本经济制度无疑起着更直接的作用。我国创造性地把社会主义制度与市场经济相结合，建立充满生机和活力的社会主义市场经济体制，形成了公有制为主体、多种所有制经济共同发展的基本经济制度，不仅强调毫不动摇巩固和发展公有制经济，坚持公有制主体地位，发挥国有经济主导作用，不断增强国有经济活力、控制力、影响力，而且强调毫不动摇鼓励、支持、引导非公有制经济发展，激发非公有制经济活力和创造力，从而极大地促进了社会生产力的解放和发展，极大地推动了经济社会持续快速发展。我国的民主政治制度当然也有利于维护和促进社会公平正义、实

① 习近平：《在中国科学院第十七次院士大会、中国工程院第十二次院士大会上的讲话》，《人民日报》2014 年 6 月 10 日。

现全体人民共同富裕，但同时我国特有的基本经济制度无疑也起着更直接的作用。我们在强调多种所有制共同发展的同时，坚持公有制为主体，巩固和发展公有制经济，为实现共同富裕奠定坚实的经济基础；在强调多种分配方式并存的同时，坚持按劳分配为主体，坚持在初次分配和再分配上都处理好效率和公平的关系，再分配更加注重公平；在强调一部分地区率先发展的同时，坚持地区之间、城乡之间协调发展，缩小地区之间、城乡之间的差距，推动东、中、西部地区协调发展；在强调一部分人先富起来的同时，坚持深化社会体制改革，改革收入分配制度，健全和完善社会保障体系，努力提高低收入者收入，缩小贫富差距，促进社会公平正义，推进共同富裕。可见，我国独具特色的基本经济制度与深化社会体制改革和我国的民主政治制度一起，有利于维护和促进社会公平正义、实现共同富裕。

总之，我们在考察中国特色社会主义民主政治制度这一上层建筑的特点和优势时，既要把握其独有的特点和优势，又要把它与中国特色社会主义基本经济制度这一经济基础联系起来和结合起来，弄清它们之间的相互联系、相互促进和互为保证的关系和作用，才能比较全面地把握中国特色社会主义民主政治制度的特点和优势，同时也比较全面地把握中国特色社会主义制度的特点和优势，从而坚持中国特色社会主义制度的高度自信。

第七节　完善和发展中国民主政治制度

一　社会主义民主政治制度完善和发展的必然性和必要性

任何一种社会制度都是经常变化和变革的，社会主义社会也不例外。恩格斯指出："'社会主义社会'不是一种一成不变的东西，而应当和任何其他社会制度一样，把它看成是经常变化和改革的社会。"[1] 中国特色社会主义制度，也包括其中的中国特色社会主义民主政治制度，都是处在不断变化和改革的进程中。中国特色社会主义制度、中国民主政治制度都是在长期的实践过程中产生发展的，又经历了改革开放的伟大变革，现在还处在并将长期处在社会主义的初级阶段，必将在深化改革和扩大开放的实践中进一步完善和发展。

---

[1]《马克思恩格斯选集》第 4 卷，人民出版社，2012，第 601 页。

中国特色社会主义制度是一种新型的制度，它不可能一开始就很完善，它总是会经历从不完善到完善，从适应到不适应再到适应的长期过程，这是完全合乎规律的。在我国刚刚完成对农业、手工业、资本主义工商业的社会主义改造，建立了社会主义制度的第二年，即1956年，毛泽东在他著名的《关于正确处理人民内部矛盾的问题》报告中，运用哲学上的矛盾规律说明社会主义社会发展的规律，他说："在社会主义社会中，基本的矛盾仍然是生产关系和生产力之间的矛盾，上层建筑和经济基础之间的矛盾"，但矛盾的性质和情况与旧社会不同，"可以经过社会主义制度本身，不断地得到解决"。"我国的社会主义制度还刚刚建立，还没有完全建成，还不完全巩固。""总之，社会主义生产关系已经建立起来，它是和生产力的发展相适应的；但是，它又还很不完善，这些不完善的方面和生产力的发展又是相矛盾的。除了生产关系和生产力发展的这种又相适应又相矛盾的情况以外，还有上层建筑和经济基础的又相适应又相矛盾的情况。""我们今后必须按照具体的情况，继续解决上述的各种矛盾。当然，在解决这些矛盾以后，又会出现新的问题，新的矛盾，又需要人们去解决。""矛盾不断出现，又不断解决，就是事物发展的辩证规律。""这就是说，我们的社会主义制度还需要有一个继续建立和巩固的过程"，我们工作的经验和政策"应当继续考察和探索"，在正确处理人民内部矛盾的过程中，发展我们的经济，发展我们的文化，"巩固我们的新制度，建设我们的新国家"。[①] 在社会主义改革开放和现代化建设的新时期，邓小平在他著名的南方谈话中说："我们搞社会主义才几十年，还处在初级阶段。巩固和发展社会主义制度，还需要一个很长的历史阶段，需要我们几代人、十几代人，甚至几十代人坚持不懈地努力奋斗，决不能掉以轻心。""社会主义经历一个长过程发展后必然代替资本主义。这是社会历史发展不可逆转的总趋势，但道路是曲折的。""我们要在建设有中国特色的社会主义道路上继续前进。资本主义发展几百年了，我们干社会主义才多长时间！"[②] 毛泽东和邓小平就是这样从唯物辩证法关于事物发展规律的高度，揭示了社会主义制度和中国特色社会主义完善和发展是一个长过程的客观规律。习近平在十八届中央政治局第一次集体学习时的讲话指出："中国特色社会主义制度是特色鲜明、富有效率的，但还不是尽善尽美、成熟定型的。中国特色社会主义事业不断

---

① 《毛泽东文集》第7卷，人民出版社，1999，第213～216页。
② 《邓小平文选》第3卷，人民出版社，1993，第379、382～383页。

发展，中国特色社会主义制度也需要不断完善。"① 十八届三中全会通过的关于全面深化改革若干重大问题的决定，把"完善和发展中国特色社会主义制度，推进国家治理体系和治理能力现代化"明确规定为"全面深化改革的总目标"。这一总目标的确定，深刻地表明了"完善和发展中国特色社会主义制度"是全面深化改革的一个鲜明性质和一个根本任务。习近平同志就全会的这个决定作了说明，他指出：当前，国内外环境都在发生极为广泛而深刻的变化，我国发展面临一系列突出矛盾和挑战，前进道路上还有不少困难和问题。"面对新形势新任务，我们必须通过全面深化改革，着力解决我国发展面临的一系列突出矛盾和问题，不断推进中国特色社会主义制度自我完善和发展。"他还指出：全会作出的这个决定，"是全面深化改革的又一次总部署、总动员，必将对推动中国特色社会主义事业发展产生重大而深远的影响。"② 总之，十八届三中全会的决定和习近平的说明，表明了我们党对深化改革的性质和根本任务的深刻认识，也表明了我们党对完善和发展中国特色社会主义制度的深刻认识。

同样，中国特色社会主义民主政治制度的完善和发展也要经历一个长过程。在新民主主义革命时期，我们党就领导人民为建立一个独立、自由、民主、统一和富强的新中国流血牺牲、不懈奋斗，终于在 1949 年建立了人民当家作主的新中国的国家政权，实现了几千年来中国政治由封建专制向人民民主的历史巨变。对农业、手工业、资本主义工商业的社会主义改造的结束，实现了几千年来中国由私有制度向社会主义制度的历史巨变。在改革开放的新时期，我们党又在总结正反两个方面经验的基础上，在理论和实践两方面空前地扩大了人民民主，在中国民主政治建设上取得了巨大成就。不过，我们在肯定已有成就的同时，决不能以此为满足，应看到我们在民主政治建设上仍有许多不足和缺陷，仍有许多亟待解决的问题和弊端，仍有许多制度和机制上的不完善、不健全和未定型。例如，民主的制度化、法制化不够，人民当家作主的权利在某些方面未得到充分实现，未得到真实保障，腐败现象在一些地方和部门没有得到有效遏制，对权力运行的监督和制约还不健全。因此，十八届三中全会的决定，在"指导思想"中提出加快推进社会主义民主政治的"三化"要求，即"制度化、规范化、程序化"，并要求"发展更加广泛、更加充分、更加健全的人民民主"。在

---

① 《习近平谈治国理政》，外文出版社，2014，第10页。
② 《十八大以来重要文献选编》（上），中央文献出版社，2014，第494、496页。

"加强社会主义民主政治制度建设"中提出："发展社会主义民主政治，必须以保证人民当家作主为根本，坚持和完善人民代表大会制度、中国共产党领导的多党合作和政治协商制度、民族区域自治制度以及基层群众自治制度，更加注重健全民主制度、丰富民主形式，从各层次各领域扩大公民有序政治参与，充分发挥我国社会主义政治制度优越性"。还具体从"推动人民代表大会制度与时俱进""推进协商民主广泛多层制度化发展""发展基层民主"三个层面提出完善的具体要求。[①] 这都告诉我们，社会主义民主政治的完善和发展肯定是个长过程，需要我们作长期的、锲而不舍的努力，不断推动社会主义民主政治制度的自我完善和发展。

二 中国民主政治制度完善和发展的几个着力点

（一）必须坚持以改革促完善发展

我国进入改革开放新时期以来，我们党在以经济建设为中心、推动经济发展和推进经济体制改革的同时，坚持推进政治体制改革，成功开辟和坚持了中国特色社会主义政治发展道路，为实现最广泛的人民民主确立了正确方向，社会主义民主政治建设取得了重大进展和显著成效。但同我国的经济社会发展相比，同人民群众扩大民主的要求相比，我国的政治体制还有明显不相适应的地方，因此必须坚持政治体制改革，必须在深化改革中逐步得到完善和发展。

如何推进政治体制改革？推进政治体制改革，要做到"两个必须""三个更加注重""一个突出位置"。"两个必须"是：一是必须继续积极稳妥推进政治体制改革，发展更加广泛、更加充分、更加健全的人民民主；二是必须坚持党的领导、人民当家作主、依法治国有机统一，以保证人民当家作主为根本，以增强党和国家活力、调动人民积极性为目标，扩大社会主义民主，加快建设社会主义法治国家，发展社会主义政治文明。"三个更加注重"是：一是更加注重改进党的领导方式和执政方式，保证党领导人民有效治理国家；二是更加注重健全民主制度、丰富民主形式，保证人民依法实行民主选举、民主决策、民主管理、民主监督；三是更加注重发挥法治在国家治理和社会管理中的重要作用，维护国家法制统一、尊严、权威，保证人民依法享有广泛权利自由。"一个突出位置"是：要把制度建设摆在

---

① 《中共中央关于全面深化改革若干重大问题的决定》，人民出版社，2013，第28～31页。

突出位置，充分发挥我国社会主义政治制度优越性，积极借鉴人类政治文明有益成果，绝不照搬西方政治制度模式。

（二）必须努力完善四项民主政治制度

根据十八大报告精神，我国的民主政治制度，主要是指人民代表大会制度这一根本政治制度，中国共产党领导的多党合作和政治协商制度、民族区域自治制度以及基层群众自治制度等基本政治制度。十八届三中全会的决定，在阐述加强社会主义民主政治制度建设时，也主要是围绕着这四项民主政治制度的改革展开的，强调"坚持和完善人民代表大会制度、中国共产党领导的多党合作和政治协商制度、民族区域自治制度以及基层群众自治制度"。[①]

1. 推动人民代表大会制度与时俱进

人民代表大会制度要与时俱进。第一，推进人民代表大会制度理论和实践创新，发挥人民代表大会制度保证人民当家作主的根本政治制度作用。第二，要加强重点领域立法，拓展人民有序参与立法途径，善于使党的主张通过法定程序成为国家意志，完善中国特色社会主义法律体系，支持人大及其常委会充分发挥国家权力机关作用，依法行使立法、监督、决定、任免等职权，健全"一府两院"由人大产生、对人大负责、受人大监督制度，健全人大讨论、决定重大事项制度，各级政府重大决策出台前向本级人大报告，加强人大预算决算审查监督、国有资产监督职能。第三，完善人大工作机制，通过座谈、听证、评估、公布法律草案等扩大公民有序参与立法途径，通过询问、质询、特定问题调查、备案审查等积极回应社会关切。第四，加强人大常委会同人大代表的联系，充分发挥代表作用。通过建立健全代表联络机构、网络平台等形式密切代表同人民群众联系。第五，提高基层人大代表特别是一线工人、农民、知识分子代表比例，降低党政干部代表比例，优化知识和年龄结构，提高代表素质和能力。尤其要纠正有些地方把学历较高的领导干部代表列入知识分子代表、把个体和私人企业主列入工农代表的做法。第六，坚持人民主体地位原则，改进和完善人大选举制度。人民代表是代表人民的，由人民选举自己的代表。选举好人民代表大会的代表，使人民的代表真正能代表人民的意志和愿望，倾听人民的意见和呼声，反映人民的利益和要求，能替民说话、为民办事，

---

① 《中共中央关于全面深化改革若干重大问题的决定》，人民出版社，2013，第28页。

这一点至关重要。要保证选举权的公正性、平等性和被选举者的选择性、竞争性。要逐步扩大差额选举，为人民提供较大的选择权。不仅要保证人民对人民代表的选举权，而且要保证人民对人民代表的监督权和罢免权。代表应对人民负责，受人民监督，向人民报告工作，对不称职者人民有权罢免、撤换。第七，健全国家权力机关组织制度，优化常委会、专委会组成人员知识和年龄结构，提高专职委员比例，增强依法履职能力。

2. 推进协商民主广泛多层制度化发展

推进协商民主广泛多层制度化发展，是党的十八大报告和十八届三中全会关于全面深化改革若干重大问题的决定提出的要求。

在党领导下，在全社会开展广泛协商。这主要是指协商主体的广泛性和协商内容的广泛性。协商主体包括作为执政党的共产党和政府、各民主党派、无党派人士、社会组织、基层自治组织、各族各界代表人士、社会大众和基层群众，特别要注意吸收弱势群体、一线工人、农民工和农民群众参加。协商内容是经济社会发展重大问题和涉及群众切身利益的实际问题，如发展规划、项目论证、社会治安、拆迁补偿、食品卫生、环境保护、养老保险、住房保障、医疗保险、交通出行等问题。

构建协商民主体系，拓宽民主渠道。构建程序合理、环节完整的协商民主体系，拓宽国家政权机关、政协组织、党派团体、基层组织、社会组织的协商渠道。深入开展立法协商、行政协商、民主协商、参政协商、社会协商。加强中国特色新型智库建设，建立健全决策咨询制度。

发挥统一战线在协商民主中的重要作用。完善中国共产党同各民主党派的政治协商，认真听取各民主党派和无党派人士意见。中共中央根据年度工作重点提出规划，采取协商会、谈心会、座谈会等进行协商。完善民主党派中央直接向中共中央提出建议制度。

发挥人民政协作为协商民主重要渠道作用。重点推进政治协商、民主监督、参政议政制度化、规范化、程序化。各级党委和政府、政协制定并组织实施协商年度工作计划，就一些重要决策听取政协意见。完善人民政协制度体系，规范协商内容、协商程序。拓展协商民主形式，更加活跃有序地组织专题协商、对口协商、界别协商、提案办理协商，增加协商密度，提高协商成效。在政协健全委员联络机构，完善委员联络制度。比如，专题协商要加强和改进，充分发挥拥有广泛社会民意基础的政协委员的作用，组织好他们对重大社会决策的讨论，使讨论成果成为决策的重要参考。再如，社会界别可适当进行调整。界别是开展协商议政活动的基本单位，政协委员是以界别代表的身份参加政协的，但农民、农民工没有专门的界别代表，他们的利益诉求很难得到体现，因而对界别似应作适当调整。

3. 坚持和完善民族区域自治制度

全面正确贯彻落实党的民族政策，坚持和完善民族区域自治制度，牢牢把握各民族共同团结奋斗、共同繁荣发展的主题，深入开展民族团结进步教育，加快民族地区发展，保障少数民族合法权益，巩固和发展平等团结互助和谐的社会主义民族关系，促进各民族和睦相处、和衷共济、和谐发展。全面贯彻党的宗教工作基本方针，发挥宗教界人士和信教群众在促进经济社会发展中的积极作用。

4. 完善基层民主制度

畅通民主渠道，健全基层选举、议事、公开、述职、问责等机制。开展形式多样的基层民主协商，推进基层协商制度化，建立健全居民、村民监督机制，促进群众在城乡社区治理、基层公共事务和公益事业中依法自我管理、自我服务、自我教育、自我监督。健全以职工代表大会为基本形式的企事业单位民主管理制度，保障职工参与管理和监督的民主权利。加强社会组织民主机制建设，发挥基层各类组织协同作用，实现政府管理和基层民主有机结合。

（三）必须完善公民权利的实现和保障制度

我国宪法规定，社会主义制度是我国的根本制度，国家的"一切权力属于人民"，"国家尊重和保障人权"。我国的社会主义民主政治，就是实行人民当家作主，人民切实享有宪法和法律规定的公民权利。完善和发展社会主义民主政治，就是完善和发展公民权利的实现与保障制度。公民的权利，包括人民的生存权和发展权；包括公民权利和政治权利，如有选举权和被选举权，言论、出版、集会、结社、游行、示威的自由，宗教信仰自由等权利，公民的财产权、名誉权、姓名权、荣誉权、人格尊严权、人身自由及住宅不受侵犯等权利，包括通信自由和通信秘密受法律保护的权利，包括知情权、监督权和公共事务管理权，包括劳动权、休息权、男女平等权、男女同工同酬权、知识产权、社会保障权、获得物质帮助权、受教育权、结婚和离婚自由权，以及从事和参加科学研究、文学艺术创作和其他文化活动的权利，包括批评建议的权利以及申诉、控告和检举的权利，包括公民权利遭到侵犯有权得到赔偿的权利。还有特殊人群和残疾人等弱势群体的合法权利,少数民族权利等。我国的民主政治建设取得了巨大成就,公民的基本权利得到了实现和保障,但要在各方面形成制度,使这些权利得到充分的实现和保障,还有一个完善和发展的过程。

我们不可否认,在现实生活中,在有些地方,在某些人身上,公民的权利没有得到有力保护,没有得到充分实现。

1. 利用权力、金钱或其他不正当手段收买和拉拢选举人手中的选票即进行"拉票贿选",公然破坏选举

通过不记名投票、公开计票、现场监票、秘密写票、公开陈述或竞职演讲等形式行使选举权,是现代民主政治制度的重要内容,这一方面是选举者的基本权利,另一方面使当选者具有正当性和合法性。但在某些地方、在某些单位,屡屡曝出与此相违背的选举现象,包括一些被人为操纵、被权力支配和被金钱左右的暗箱操作、违反程序的破坏选举、"拉票贿选"案件。

对于用不正当权力和手段进行的破坏选举和贿赂选举的行为,不能采取听之任之、坐视不管或包庇、掩盖、隐瞒等态度,而要坚决查处、追究责任、依法惩治。2009 年,黑龙江省齐齐哈尔市政府原秘书长李某在得知省委组织部考察组即将到齐齐哈尔市进行地厅级后备干部推荐考察工作的消息后,先后分 3 轮给 180 多位领导干部群发手机短信 410 多条,进行拉票。后被举报并经组织核查,该市取消了李某的副厅级后备干部考察人选资格,并免除其市政府党组成员、秘书长职务。湖南省衡阳市破坏选举案更是媒体广为关注的违法案件。2012 年底至 2013 年初,湖南省衡阳市召开第十四届人民代表大会第一次会议,共 527 名市人大代表出席会议,在差额选举省人大代表过程中,发生了严重的贿赂破坏选举的违法案件。初步查明,共 50 多名当选的省人大代表存在送钱拉票行为,涉案金额 1 亿多元,有 500 多名衡阳市人大代表和近 70 名大会工作人员收受钱物。市人大代表人均收受 20 万元,人大工作人员人均收受 14 万～15 万元。这是对人民代表大会制度的公然挑战,也是对选举法的严重践踏。截至 2014 年 6 月中旬,已依法终止 749 名省、市、县(市区)人大代表资格,分两批给予 466 人党纪政纪处分,第一批 409 人已下达处分决定,其中涉及厅级干部 18 人,处级干部 139 人。

轰动全国的湖南衡阳人大贿选案,具体情况也许有些特殊,但拉票、贿选现象带有普遍性和广泛性。2014 年 10 月,辽宁省委公布了对中央巡视组反

馈意见的整改情况，针对巡视组提出的"拉票贿选情况较为普遍"问题，全省这一年已排查筛选信访举报中反映选人用人不当之风和拉票贿选等问题线索572件，并对选举全国人大代表中违反纪律的问题整改自查。从衡阳人大贿选案到中央巡视组对辽宁等地指出的拉票贿选问题都证明，与法治中国和真实民主背道而驰的拉票贿选在一些地方、一些领域、一些部门、一些单位普遍存在。除了各种各样的选举，还有名目繁多的评审，花掉了多少国家和百姓的钱财，但到底有多少做到了公平、公正？在有些领导那里，似乎一切都可以"搞定"，只要有权，有钱，假借"民主""选举""民意"之名，行破坏民主之实，行以权谋私之实，而那些踏实做事、为人正派、不求名利、与党同心、为民谋利的人，却成了其排挤对象和打击目标。如此官场风气和政治生态，导致败坏党纪国法，必然伤及党的执政基础。

有媒体披露，有些地方的实权人物搞权钱交易，通过贿选使一些有钱人甚至有问题的人，乃至黑恶势力头子都竞相争当人大代表，以提高这些人的政治社会地位，实现其身份转换，获取并保护更大利益。这类事情，是否得到严肃查处，笔者未见媒体披露，人们也不得而知。据2013年11月20日《报刊文摘》转载的《时代周刊》2013年10月24日报道，在2013年9月29日召开的山西省人大常委会上，表决通过了山西省劳动模范、一等功荣立者、二级高级检察官张旭民的辞职报告。张旭民的主动辞职，则是由其实名举报该省检察院副检察长严某在担任院政治部主任期间，主持2009年的一次全院公开竞争上岗工作时，涉嫌存在滥用职权、徇私舞弊等严重违法犯罪问题三年无果而引发。当时，张旭民预测自己的得票应在1/3，即100票左右，结果却只有37票。而且其他几位各方面条件和人缘都不错的老同志得票也很少。而个别来院时间短、人们还不太熟悉的新同志，得票却高得惊人，达到168票、188票。笔试成绩也存在类似的情况。张旭民的感觉是作弊了。后来以纪检干部宿永旺为组长的调查组查明，37票的得票是整整短缺了一半计票表的数字。政治部有关人员为了应对复核，将纪检组盖章密封的两袋原始推荐票隐匿，制作了两袋与公示票数一致的假推荐票，制造了"表、票、示一体化"的假象。调查组查明以上事实后，却仍然起草了一份"经对推荐票、计票表复核，申诉人得票数字均与公示的37票一致"的"调查报告"。为此，张旭民进行了为期三年的实名举报，无果后，愤而辞职。辞职获批后，张旭民回到自己的办公室，收拾了一堆书籍，脱下了检察服，然后拖着一条因公伤残的左腿，离开了已工作30年的监察部门。张旭民说，自己还要继续举报下去。

2. 有权有势有钱的犯罪分子利用权力和金钱徇私舞弊，获得减刑、假释，逃避法律惩罚

"法律面前人人平等"是民主法制的一条根本原则，司法公正是社会公平正义的重要内容。减刑、假释、暂予监外执行，本是对罪犯进行教育改造的刑罚执行制度。但在司法实践中，某些先前有权有势有钱的犯罪分子利用权力和金钱徇私舞弊，从而获得减刑、假释，逃避法律惩罚。2007 年 2 月，广东健力宝集团原董事长张某被佛山市中级人民法院判处有期徒刑 15 年。在羁押一年多的时间里，张某买通了佛山市看守所的两名官员，他们将其他犯罪嫌疑人的检举揭发材料作为张某立功减刑的依据，以致广东省高级人民法院终审判决时，将原判有期徒刑 15 年改判为有期徒刑 10 年，后又连续获得两次减刑，使张某得以提前出狱。河南省禹州市公安局原局长王某，2009 年因受贿罪被判处有期徒刑 11 年 6 个月，但在王某被收监后的三年多时间里，他先后五次被保外就医，只在狱中待了 22 个月。后来，河南省一所监狱又向郑州市中级人民法院提出王某有立功行为，建议对其再减刑 9 个月。广西阳朔县国土局原局长石某，在 2010 年 7 月因受贿罪被判有期徒刑 10 年。但法院判决后，石某并没有被送进监狱。在 2010 年 11 月至 2013 年 12 月期间，石某不仅开车往来于桂林、阳朔之间，还前往柳州、河池、南宁、广州等地，甚至乘飞机前往山东和四川等地，如同休假和旅游。此案至 2014 年 7 月，还在进一步核查。以上这些"越狱"捷径，现在越来越走不通了。2014 年 6 月，最高法院作出规定，减刑、假释案件一律在立案后 5 日内依法向社会公示，引入社会监督，堵塞执法漏洞，防止司法腐败。同时，最高检在全国检察机关启动开展减刑、假释、暂予监外执行专项检查活动，截至 2014 年 5 月底，已发现违法减刑、假释、暂予监外执行案件线索 188 起，已建议将暂予监外执行案件消失的 247 名罪犯收监执行，其中副厅级以上职务犯罪罪犯 18 人。同时，立案查处相关职务犯罪案件 30 件 40 人。

3. 执法人员知法犯法，搞刑讯逼供，造成冤假错案

冤假错案不仅给当事人带来无穷伤害，包括身心摧残和家破人亡，也引发了社会公众对司法公正的强烈质疑和严重担忧。造成冤假错案的重要原因，是执法人员知法犯法，搞刑讯逼供，在严刑拷打之下，当事人往往感到极度绝望，生不如死，以死解脱，便屈打成招。笔者从媒体上引述两

个典型的案例，第一个案例是赵作海案。1999 年，河南柘城县村民赵振晌同邻居赵作海打架后失踪，一年后警方发现了一具无头尸体认为就是赵振晌，由此赵作海被列为重大嫌疑人并被刑拘。最初并不认罪的赵作海做了 9 次有罪供述，2002 年商丘市中级人民法院以故意杀人罪判处赵作海死刑，缓期二年执行。然而在 2010 年，"被害人"赵振晌回到村庄，已在监狱服刑多年的赵作海被宣告无罪释放。河南省高级人民法院认定赵作海故意杀人案系一起错案，赵作海领到国家赔偿金和困难补助费 65 万元。释放后的赵作海已年逾六旬，回到家乡后发现自己已经家破人亡，房屋倒塌，妻子改嫁，多个孩子被送人。据赵作海对媒体回忆，在审讯时，被打了一个月，生不如死就招了。其后检方承认赵作海冤案存在逼供，调查披露赵作海当年被三个审讯组不间断轮番审讯，被体罚 33 天，且被手枪恐吓。2012 年 5 名刑讯逼供赵作海的警察被判刑。第二个案例是佘祥林案。1994 年湖北京山县佘祥林的妻子张在玉因患精神病失踪，张的家人怀疑张在玉被丈夫杀害。同年 4 月 28 日，佘祥林因涉嫌杀人被批捕，法院一审被判处死刑（后中级人民法院改判为有期徒刑 15 年），剥夺政治权利终身。2005 年 3 月 28 日，佘妻张在玉突然从山东回到京山。4 月 13 日，京山县人民法院经重新开庭审理，宣判佘祥林无罪。2005 年 9 月 2 日佘祥林领取 70 余万元国家赔偿。佘祥林说，警方对其进行了 10 天的刑讯逼供，并为了达到他们破案的目的，让他画"作案路线图"。佘祥林的母亲和大哥为其上诉时被抓走，其母被关了 10 个月，大哥被关 41 天。母亲从看守所出来时双目失明，双腿几近瘫痪，进食困难，不久去世。

我们必须从冤假错案中吸取深刻教训。造成冤假错案，缺失的是制度，因而造成执法不公、司法腐败，不能保证办案人员都能在制度的监督制约下行动；缺失的还有责任的追究，而责任追究的缺失，也是一种制度的缺失；缺失的还有办案人员对公平正义的追求和对公民人权的维护。司法机关是维护社会公平正义的最后一道防线，即使是万分之一的错案率，在全国会有多少起错案！而每一个错案对当事人来说，那是百分之百的伤害！这伤害不仅是对当事人一个人的伤害，而且也是对当事人一个家庭的伤害，也是对司法机关的伤害。从这些年的一些冤假错案来看，有的是强权操纵所致，某些强权人物动用国家专权机器，操纵司法机构，置法律于不顾，置规则于不顾，置事实于不顾，对其对手或仇人，包括举报人进行残酷迫害和诬陷，他可以颠倒黑白，他可以杀人灭口。这是对司法机关的挑战，对人民民主专政制度的挑战，也是对人民利益忠实代表者——共产党权威的挑战！当然，结局必然是：某些强权人物的挑战行为必然遭到可耻失败，他自己必然遭致身败名裂和受到法律的惩罚！

4. 违反《著作权法》，不经作者许可，恶意篡改作者原作

根据《宪法》关于公民有言论、出版自由的规定，《著作权法》进一步规定，图书出版者必须经作者许可才能对其作品作修改、删节。现实中却有此规定横遭恶意践踏的典型事例。

2013 年 4 月，某单位召开理论研讨会，讨论中国模式和中国道路。智某在会上发言，他完全根据中央精神，阐述了对习近平总书记讲话和十八大报告关于中国特色社会主义道路的界定，构划了这条道路的基本内容、框架结构、内在联系、精神实质和重大意义，并阐述了中央对中国特色社会主义理论体系的科学论断。邢某对中央关于中国特色社会主义理论体系的科学论断提出不同意见，他批评那种认为中国特色社会主义理论体系是对毛泽东思想的继承和发展，而又不把毛泽东思想包括在中国特色社会主义理论体系中的观点，指出这是把中国特色社会主义理论体系与毛泽东思想割裂开来了，他强调中国特色社会主义理论体系必须包括毛泽东思想。针对邢某否定中央关于中国特色社会主义理论体系的科学论断，智某当即拿出十七大报告、胡锦涛在建党 90 周年大会上的讲话和十八大报告，加重语气念了中央这三个重要文献里关于什么是中国特色社会主义理论体系的科学论断，并谈了自己的学习体会。此时，邢某已哑口无言。智某表示，在学习讨论中出现不同看法，是正常的，但作为一个共产党员，应该通过努力学习党的重要文件，把自己的认识统一到中央的精神上。但会后出现了极为不正常的情况。

因为要公开刊发，发言录音交由发言人自己审定。智某的发言录音稿基本符合原意，智某在此份录音稿基础上手写作审定，这是智某的第一个审定稿。根据智某的这一手写审定稿，他们打印出一份正式稿再次让智某审定。此稿符合原貌，智某只改了几个错别字，这是智某的第二个审定稿。这第二个审定稿是作者方和编者方共同确认的审定稿，是有效的，具有法律效力。按照规定，他们应按智某的第二个审定稿发稿印成清样稿再交智某审定。恰恰在这个关键环节上，他们不按智某的第二个审定稿发稿，而是被他们调了包，某种形式上、某些语句上似乎像原来的，但背着智某删除和篡改了核心层和实质内容，即他们将智某的第二个审定稿作了大肆篡

改，他们不仅删除篡改了上述智某与邢某争论的关于中国特色社会主义理论体系的核心内容，而且删除篡改了智某整个发言的核心内容，即删除篡改了智某详细阐述党的十八大报告对中国特色社会主义道路的科学界定。这就是他们背着智某非法编写的报道稿清样稿。智某看到了这份报道稿清样稿，智某对部分删除表示了强烈不满，在智某加进了两三句中央精神的话后认可了。但这是在智某不知情和他们非法篡改既成事实以及没有完全识破他们设置圈套的情况下造成的。

2013年12月，这份清样稿以报道稿的形式公开印发。智某手拿正式出版的报道稿与录音稿和智某的两个审定稿作核对比照，确认报道稿大量篡改、删除属严重违法、违纪事件。

下面具体分析这一事件的性质和真相。

第一，报道稿删除智某根据中央精神阐述的在中国特色社会主义理论体系同毛泽东思想关系上的正确观点和相关论述，故意制造混乱，以达到他们推翻中央正确论断的目的。

智某的发言录音稿和审定稿所提出的问题是："中国特色社会主义道路到底跟毛泽东思想是什么关系？对此理论界是有不同看法的。毛泽东思想里边包括的不光是关于民主革命，而且也包括关于社会主义改造，特别是包括了适合中国特点的社会主义建设这种理论。我写了三万多字的文章，专门讲毛泽东适合中国特点的社会主义建设思想，而且仅仅局限在1956年的探索，我认为已构成了体系。有的人认为毛泽东有这方面思想，但是只是片言只语，只是个别论断。我认为已构成体系。有的人说只要是构成体系的，它应该成为中国特色社会主义理论体系的重要组成部分。但是我又不同意这种看法。我既不同意认为毛泽东这方面的思想是片言只语，是个别论断，我又不同意认为它是中国特色社会主义理论体系的组成部分。……那么有人认为你这个看法是有矛盾的，既构成体系又不把它纳入其中。到底什么原因？我认为重要的一个原因是，虽然它构成体系了，但是它构成这个体系的时间很短，1956年三大改造基本结束，他开始总结苏联经验教训，我们不再走苏联老路，要走自己的路，中国自己的路，而且提出一系列的观点，包括农轻重的观点跟苏联是不一样的，一系列新的观点。但是这个时间很短，1957年反右派是必要的，但扩大化，就开始出问题了。后来又一直发展到'文化大革命'，因此后面他自己否定了，不但中断了这个道路的探索，而且从理论上加以否定，形成了一套系统的理论体系，来否定原来的正确理论，他自己否定了，而且时间更长，从 1957 年开始，一直到'文化大革命'就长达十年，因此后来邓小平在创立这条道路的时候，有一个重要的任务，拨乱反正，除了拨林彪、'四人帮'这个乱外，也纠正毛泽东那种'左'，那时候费了好大的劲，才走上了这条道路。我认为他原来在 1956 年开始探索这条道路，应该说是很精辟的，是难能可贵的，但是也非常可惜的，时间很短，后来被错误的代替。"这是既坚持实事求是，又坚持解放思想，既反"左"，又反右，既旗帜鲜明，又创造性地维护中央科学论断的正确观点。报道稿把智某上述概括的理论界两种不同的看法和智某自己的看法包括智某对毛泽东关于适合中国特点的社会主义建设道路探索的高度肯定以及后来的失误，作全部删除。智某讲的理论界的两种看法，实际上是"左"和右的倾向，智某自己的看法完全是根据中央精神概括的、正确的看法，因为智某指明中央明确肯定了毛泽东探索适合中国特点的社会主义道路的重要思想，中央说这为中国特色社会主义理论体系作了重要的理论准备，但又没有把毛泽东这方面的思想作为中国特色社会主义理论体系的组成部分。智某所讲这些中央精神的内容全被删除，他们意在混淆视听，颠倒是非，达到其否定中央正确论断的目的。

第二，报道稿为邢某否定中央精神的错误观点大开绿灯，而对智某引用中央重要文献的原话及其相关论述却无情删除，这不仅不公正、不公道、不正派、不平等，而且强烈体现出"左"的错误倾向，赤裸裸暴露出其矛头直指中央精神的实质。

邢某发言强调"中国特色社会主义理论体系就是包括毛泽东思想"，用所谓哲学一般性与特殊性的关系来说明这个"包括"，并且明白无误地说："你说因为它进入了一个新阶段，你老是说中国特色社会主义理论体系是对毛泽东思想的继承和发展，你既然继承了，肯定有它的东西。"所有听众和读者都会清楚，是谁说"进入了新阶段"？是谁老是说"中国特色社会主义理论体系是对毛泽东思想的继承和发展"？明明是党中央，是多次全国党代表大会的报告。而智某在会上没有说过、没有引用这样的话，因而智某确认邢某的矛头所向是对着中央的。在这种情况下，智某随即拿出人民出版社出版的十七大报告、胡锦涛在建党 90 周年大会上的讲话、十八大报告，严肃地说："我现在念一下党的文件原件。十七大报告咱们都看了，这个报告说：'中国特色社会主义理论体系，就是包括邓小平理论、三个代表重要思想以及科学发展观等重大战略思想在内的科学理论体系。'这里的'等'

字不是指毛泽东思想，因为当时还没有把科学发展观作为一个完整的指导思想，而是把科学发展观与和谐社会等等一系列战略思想连在一起的，因此当时用了这个'等'。十七大报告之后，胡锦涛在建党90周年大会的重要讲话中说'中国特色社会主义理论体系是包括邓小平理论、三个代表重要思想以及科学发展观等重大战略思想在内的科学理论体系'。再后来到十八大，十八大报告说：'中国特色社会主义理论体系，就是包括邓小平理论、三个代表重要思想、科学发展观在内的科学理论体系'，这里在'科学发展观'后就没有一个'等'字了，因为从十八大开始把'科学发展观'作为命名，把胡锦涛同志这一届的中央的一系列创新成果，统称为'科学发展观'，统一以此命名，作为党的一个指导思想。因此，中央一以贯之，使用'包括'二字，而且'包括什么'说得最清楚了。当然，在我们中间，在党的内部讨论，有不同看法是可以允许的，而且我认为咱们内部还可以叫百家争鸣。"智某在审定稿中在上述内容后追加了这样一句："不过，我们作为党员，还是应该通过努力学习党的文件，把自己的认识统一到中央的精神上。"这是一句真心话，是智某对自己长期以来从事党的指导思想研究的一贯要求，也是对邢某的真诚希望。可见，智某一方面斩钉截铁地维护了中央的一贯精神，同时又宽容地对待邢某不符合中央精神的论调。但是，以上这些内容，报道稿中全部删除，看来他们既下定决心要与中央三大重要文献的重要论断作对到底，又很不情愿通过学习与中央保持一致。本来，智某引述上述三个中央重要文献的话和自己的看法后，这次座谈会上关于这个问题的争论已经打了句号，邢某本人也已哑口无言。但报道稿在删除智某的话的同时，却让邢某加进了这样一句："最近有一种说法，说中国特色社会主义理论体系不包括或包含毛泽东思想。我认为这种说法是极其不准确的。"然后详尽批驳这一邢某追加进去的，又含沙射影而直截了当强加到他的"对手"身上的观点，这样邢某不仅可以把自己批驳的矛头对着中央精神的实质和真相掩盖和隐藏起来，而且因为智某的上述内容被全部删除，读者已看不到智某所引用的党的十七大和十八大等中央重要文件的原话以及对文件原话的正确阐述，而只看到邢某否定中央精神的歪理邪论，达到他们否定中央科学论断的目的。

第三，邢某直接篡改和歪曲十八大报告，其论点是错误的，论据也是荒谬的。

邢某说："党的十八大报告说，中国特色社会主义包括邓小平理论，

'三个代表'重要思想和科学发展观。这当然是毫无疑义的。但无论是党的文件还是党的领导人都没有说过中国特色社会主义理论体系'不包括'毛泽东思想。"这里存在三个严重问题。一是十八大报告没有说过邢某的这句话，十八大的话被邢某篡改了。十八大报告这么说："中国特色社会主义理论体系，就是包括邓小平理论、'三个代表'重要思想、科学发展观在内的科学理论体系"，显然，邢某后加的引十八大报告的话在两个地方作了篡改：一个地方是把"中国特色社会主义"与"中国特色社会主义理论体系"混为一谈，"中国特色社会主义""三位一体"的科学内涵被篡改了，因为理论体系只是"三位"中的"一位"。另一个地方是把"就是"这个斩钉截铁、不容怀疑的用语故意删除了。这里，邢某又篡改了十八大报告，而智某在发言中念十八大报告时念到"就是"二字是特意加重了语气的。智某照念的十八大报告原话被删除，把邢某篡改的十八大报告冒充为十八大报告，报道稿如此恶劣作为，意在混淆是非，以假乱真。二是到底党的重要文件，特别是党的最高权力机关——党的全国代表大会通过的报告，有没有说过中国特色社会主义理论体系"还'包括'毛泽东思想"呢？党中央从来没有说过！邢某妄想把自己的歪论强加到中央头上！三是邢某阐述中国特色社会主义理论体系应该包括毛泽东思想的论据是不能成立的。邢某说："党的基本路线显然是邓小平理论的重要内容，而其中的'四项基本原则'中就包括坚持马列主义、毛泽东思想。怎么能说中国特色社会主义理论不包含毛泽东思想呢？不包含毛泽东思想，还包含马列主义的基本原理。"这是典型的诡辩和偷换概念。我们党是对"中国特色社会主义理论体系"下定义、作界定，是对邓小平理论、"三个代表"重要思想和科学发展观作整合，但邢某非要把毛泽东思想包括进去、整合进去，用意到底是什么？如果按邢某的逻辑，毛泽东思想和马克思主义、列宁主义都包括在中国特色社会主义理论体系中，岂非笑话？本来只是把从中国实际出发，适合中国特点，符合中国国情的建设社会主义的理论才称为中国特色社会主义理论，请问马克思主义和列宁主义对此都作了回答了吗？如果中国特色社会主义理论体系把马克思主义、列宁主义都包括进去，别的国家和别国的共产党能认可吗？邢某还上升到哲学的特殊与一般关系的高度作立论根据，这也是站不住脚的。比如，小米、小麦、玉米是特殊，而粮食是一般，粮食这个一般包括了小米、小麦、玉米，也寓于这些特殊之中，而小米、小麦、玉米这些特殊也包含着粮食这个一般。请问邢某，你说毛泽东思想和中国特色社会主义理论，到底哪个是特殊，又哪个是一般？照智某看，相对于总的马克思主义，而不是单指马克思创立的理论，而是专指包括马克思创立的马克思主义，也包括马克思主义后来的丰富和发展的列宁主义和毛泽东思想等在内的马克思主义，那么这个马克思主义是一般，而毛泽东思想与中国特色社会主义理论体系都是特殊。所以，在这里，毛泽东思想与中国特色社会主义理论体系的关系不是一般与特殊的关系，而是特殊与特殊的关系。显然，邢某把毛泽东思想与中国特色社会主义理论体系套用到一般与特殊的关系中是不合适的，邢某用教条主义地搬用一般与特殊的方式和态度教训别人也是不合适的，而必然都是荒谬的，是典型的歪理邪论。

第四，邢某的出发点是贬低中国特色社会主义理论体系，特别是它的开创之作邓小平理论，同时又不恰当地抬高毛泽东思想，而结果既贬低了中国特色社会主义理论体系，又贬低了毛泽东思想。

本来，中央强调毛泽东思想和中国特色社会主义理论体系都是我们党的指导思想，后者是对前者的继承和发展，因而不能把两者割裂、对立起来，也不能贬一个、抬一个。邢某提出中国特色社会主义理论体系包括毛泽东思想，意在贬一个、抬一个。但是，正如列宁所说，真理只要再多走一小步，就会变成错误，如果把真理说得过火，加以夸大，就会变成荒谬绝伦的东西。邢某过分抬高毛泽东思想的结果，也必然荒谬绝伦，也必然贬损毛泽东思想。毛泽东思想按历史阶段讲，大体包括了三个方面的理论，一是中国特色的新民主主义革命的理论，二是中国特色的社会主义革命的理论，即对农业、手工业和资本主义工商业的社会主义改造的理论，三是中国特色的社会主义建设的理论。而中国特色社会主义理论只是指上述第三个方面，而没有包括也无法包括第一、二两个方面。邢某把毛泽东思想包括进中国特色社会主义理论体系中，就把毛泽东思想关于第一、二两个方面的理论贡献全给抹煞了。

第五，如果邢某关于"中国特色社会主义理论体系包括毛泽东思想"的论断被肯定，那就否定了中央对"中国特色社会主义理论体系"的科学界定，同时，中央其他一系列科学论断和习近平总书记一系列讲话的重要论断都将被他们否定。

这是邢某错误观点的危害性。比如，中央多次强调，"中国特色社会主义理论体系是马克思主义与中国实际相结合的第二次历史性飞跃""中国特色社会主义理论体系是马克思主义中国化的最新成果"，这些重大而科学的论断将被邢某的错误观点所否定，因为毛泽东思想是马克思主义与中国实际相结合的第一次历史性飞跃，毛泽东思想是马克思主义中国化的第一个成果。又如，习近平总书记在纪念邓小平诞辰 110 周年座谈会上强调：邓小平同志是"中国特色社会主义道路的开创者"。习近平总书记没有说其他人也是开创者。再如，2014 年 10 月，习近平在主持中央政治局第 18 次集体学习时强调："我们共产党人是坚定的马克思主义者，我们党的指导思想就是马克思列宁主义、毛泽东思想和中国特色社会主义理论体系。"按照邢某的观点，中国特色社会主义理论体系包括了毛泽东思想，那就不必单提毛泽东思想，可以不提毛泽东思想，否则概念上会出现重复，这势必走向否定毛泽东思想、取消毛泽东思想。因此，邢某的论断如果被肯定，习近平总书记的这些重要论断就要被否定。看看 2014 年 8 月 28 日《人民日报》所刊两位记者对电视剧《历史转折中的邓小平》的编剧龙平平的访谈吧。记者问："习总书记在《在纪念邓小平同志诞辰 110 周年座谈会上的讲话》中有一些新的提法，你是怎么理解的？"龙平平回答说："我觉得最重要的是两点，一个是强调邓小平是中国特色社会主义道路的开创者。一直以来，对于我们今天这条道路究竟是谁开创的，是怎么来的这个问题，有各种各样的提法，现在总书记对这个问题作了结论性的评价，就等于把这条道路的来源、邓小平在这条道路上的历史地位都说清楚了。还有一点，就是强调邓小平不仅改变了中国命运，而且改变了世界的历史进程，使中华民族和中华人民共和国能以新的姿态屹立于世界东方。这是把中国放入世界范围的历史进程中，把中国的改革开放与世界发展的关系讲清楚了。"他紧接着说："现在我们的改革进入矛盾凸显期，社会上对要不要坚持改革开放，或者怎么坚持改革开放有许多说法。这时候听到总书记深情地说：'我们要说：小平您好！祖国和人民永远怀念您！'我真是心潮澎湃。我认为这表达了我们党和人民对改革开放总设计师邓小平的深深敬意，也表达了党和人民坚持改革开放不动摇的坚定决心。"建议邢某认真学一下习近平总书记的这一讲话，看看自己所顽固坚持的，与习近平总书记的论断、立场和感情作个对照，也与《人民日报》这篇访谈的思想、观点和感情作个对照。

第六，邢某篡改和歪曲习近平总书记关于改革开放前后两个历史时期不能否定的重要论述。

习近平总书记阐述"两个不能否定"，既讲两者的"相互联系"，又讲两者的"重大区别"；既讲两者"决不是彼此割裂的，更不是根本对立的"，又讲两者在"进行社会主义建设的思想指导、方针政策，实际工作上有很大差别"；既讲"两个不能否定"，又讲"要坚持实事求是"，"分清主流和支流，坚持真理，修正错误，发扬经验，吸取教训"。但邢某在审定稿中专门增加的关于阐述习近平总书记这一重要思想时，只说了"相互联系"的一面，而看不到任何"重大区别"的一面；只有"两个不能否定"，而没有丝毫"分清主流和支流，坚持真理，修正错误"的意思。许多阐述习近平总书记这一重要论述的文章，都会涉及对"文化大革命"的"左"倾严重错误的否定，而邢某在论述习近平总书记这一论述时，却无视了"文化大革命"。当然，邢某在别的段落中，在评价某同志一本关于中国模式的论著时说到了，说这部著作"连'文化大革命'这样的重大失误也没有回避"。这段文字，邢某发言中本来也是没有的，是邢某专门加进去的。这段专门加进去的文字，其论调也是很奇怪的，"文化大革命"这样的全局性、长时间的"左"倾严重错误，党的十一届六中全会专门有决议有结论，需要回避吗？再说，从一定意义上说，中国特色社会主义道路是在否定"阶级斗争为纲"的前提下探索的，否定"阶级斗争是纲"，确立"经济建设是中心"。一部专门研究中国道路、中国模式的著作需要回避吗？仅仅"没有回避"是这本书的重要特点吗？与邢某专门加上关于"文化大革命"的话相比较，智某专门阐述中国特色社会主义道路与"文化大革命"一套系统的错误理论的关系的长段文字，却被全部删除。

第七，报道稿明目张胆，在本单位进行党的群众路线教育实践活动中，公然篡改、歪曲和删除中央关于中国特色社会主义理论体系的经典论断，公然篡改、歪曲和删除中央关于中国特色社会主义道路的经典界定，特别是删除包括共产党的领导和党的基本路线在内的核心内容，从"左"右两个方面向中央的正确理论、道路和路线发出严重挑战，是一起严重的违反国家法律和违反党的政治纪律的政治事件。

前述党的十七大报告、总书记建党90周年大会的讲话和十八大报告，都明确说"中国特色社会主义理论体系，就是包括邓小平理论、'三个代表'重要思想、科学发展观在内的科学理论体系"，报道稿却非要把斩钉截铁的"就是"二字去掉，非要把毛泽东思想也包括进中国特色社会主义理论体系中。前述习近平总书记关于改革开放前后两个历史时期不能否定的重要论述，报道稿只讲两者"相互联系"，不讲两者"重大区别"。前述党的十七大报告、总书记建党90周年大会上的讲话和十八大报告关于什么是中国特色社会主义理论体系的论断，连同党的代表大会和讲话的名称，都被报道稿全部删除。前述关于对毛泽东对适合中国特点的社会主义建设道路探索的肯定和对"文化大革命"的否定，也被删除，等等。所有这些都是从"左"的方面向中央精神发出的严重挑战。

不仅如此，报道稿甚至胆大包天把智某紧紧围绕这次讨论会的主题，完全按照党的十八大报告关于中国道路的科学界定所作的阐释这样的核心内容，都加以篡改和删除。这次讨论会的主持人在录音稿和报道稿中都这么写着：从全党来讲，当前的一个主要任务，就是学习贯彻实践党的十八大文件，作为理论工作者，应该学好、实践、宣传十八大文件，所以今天这个讨论会的主题，就是围绕中国道路把自己学习的心得作一个交流。接着主持人指名让智某发言，智某发言直奔这个主题。首先，围绕道路这个主题，智某阐明了对"什么是道路"的看法，即阐明了"道路"这个概念的"四要素"（即"四块"）。发言录音稿和智某的审定稿是这么写的："什么叫道路？道路就是党规定在一定的时间内的指导方针、基本任务、基本途径和奋斗目标，就是在一定的时间里我们党规定的一系列的方针政策，这条道路包括：一条是指导方针，一条是基本任务，第三条是基本途径，最后一条就是要达到的目标。"这相当于对"道路"这个核心概念下定义，指明它的实质内容即内涵，强调了道路的"四要素"结构。正是这段精练、准确的文字即智某整个发言的核心观点被报道稿全部删除。其次，智某明确指出必须按照道路定义的"四要素"来认识十八大报告的道路界定，并说"这是我自己的认识"。仅仅这么一小段简短的话，然而又是如何认识十八大报告道路界定的一个十分重要的要求，也被报道稿删除了。再次，正是根据这个要求，按照道路定义的"四要素"的顺序，也按照十八大报告对道路界定的顺序，用"开头几句""紧接着""再接着""最后"的四个连续的句式，分别说明道路界定所包含的"指导方针""基本任务""基本途径""奋斗目标"的"四要素"。这是对十八大报告道路界定所作的完整阐释，也是智某整个发言的核心内容。正是这个核心内容，被报道稿断章取义地删除、阉割和割裂了。被删除的头两个"要素"的话是："我把这条道路一长串的话作了分析，开始的几句话，包括党的领导也好，初级阶段也好，一个中心也好，四项基本原则也好，改革开放也好，这些都是作为指导方针，也是我们党的基本路线。紧接着的一句话，解放和发展社会生产力，这是中国特色社会主义的根本任务"。报道稿删除了头两个"要素"，并进而阉割、割裂与后两个"要素"的关系，阉割和割裂整个道路"四要素"的完整性及其相互关系。最后，智某讲完了头两个"要素"即这条道路的指导方针和基本任务后，紧接着讲基本途径，即为了完成基本任务要进行"五位一体"的建设，再讲通过这个基本途径，最后达到奋斗目标。智某在讲基本途径和奋斗目标之间有一个过渡段，讲明承上启下、前后呼应的必然关系，这就是："贯彻那个指导方针，完成那个基本任务，要通过这几个途径，最后达到奋斗目标"。这个过渡段，这个承上启下、前后呼应的必然关系，报道稿倒是照样保留着。但由于删除了指导方针和基本任务这些"上"，就谈不上，也看不出这种承上启下、上下呼应的必然关系了，而且在行文上也是不通的，使用"那个指导方针"、"那个基本任务"这种指示代词和量词的表达方式就会莫明其妙、荒诞无稽。读者会问："是哪个指导方针？""是哪个基本任务？"这一方面说明，这种篡改是荒唐的，另一方面却也留下了痕迹，暴露了篡改的真相。这是最典型的断章取义、最典型的歪曲篡改，非常恶劣地采取了"斩头""断腰""留尾"的做法，即把作为道路"头"的整个指导方针和作为道路"腰"的基本任务都斩掉了，只剩下作为"尾"的基本途径和奋斗目标。斩掉了党的领导、初级阶段、一个中心、四项基本原则、改革开放，即斩掉了党的基本路线的核心内容，斩掉了中国特色社会主义道路的核心内容，基本途径和奋斗目标的社会主义方向就失去了保证，奋斗目标就无法实现；斩掉了解放和发展社会生产力这个基本任务，"五位一体"建设的总体布局就会失去所要围绕的中心，奋斗目标也会失去物质基础和厚实根基。必须指出，斩掉了这些核心内容，特别是斩掉包括党的领导在内的指导方针，这是从右的方面向中央精神发出的严重挑战，是违法、违纪和违宪的。

胆敢斩掉包括党的领导在内的指导方针（习近平总书记多次强调，党的领导是中国特色社会主义最本质的特征），胆敢删除智某的发言、录音稿和审定稿的上述原话，胆敢篡改十八大报告关于道路的科学界定，胆敢肢解、割裂、阉割被习近平总书记称为"党的生命"的道路，是否似乎已经到了利令智昏、丧心病狂的程度？邢某的错误观点体现出"左"，报道稿在这里集中体现出右的错误倾向。他们"左"右开弓，妄图否定和颠覆十八大报告和习近平总书记反复强调的"三个自信"中的"理论自信"和"道路自信"。可惜，他们只能蚍蜉撼大树，可笑不自量。

也许他们会说，报道稿的清样稿给智某审定过，因此不存在违反《著

《作权法》的问题。这是完全站不住脚的。其一，之前他们给智某的录音稿以及两个审定稿，是符合真实情况的，是合法的，是有效的。其二，报道稿清样稿抛弃智某的两个审定稿，肆意篡改智某的两个审定稿，是典型的"另搞一套""另搞一稿"，是非法的。其三，《著作权法》规定，"图书出版者经作者许可，可以对作品修改、删节。"而报道稿的清样没有经过智某本人许可，而是背着智某搞的，不但事前不告知而且事后也不告诉"已有改动"，更不告诉"作了哪些改动"，而是出于不可告人的目的，背后偷偷摸摸故意并恶意背着智某篡改编造而成，而后默不作声让智某签字画押。其四，他们篡改而编造出来的清样稿，是他们精心策划的圈套，他们要将这种篡改和违法违纪以清样稿的形式，制造既成事实，诱使、迫使智某同意，逼智某就范，以合法的外衣和形式掩盖其违法违纪的实质。其五，他们篡改和编造出来的清样稿，他们给智某看过，智某也认可过，但这是在他们故意不让智某知情的情况下造成的，也是智某违心和被迫的：一是他们已经制造了既成事实；二是对部分实质性的篡改，智某已表示了反对，向单位主要负责人和另一负责人提出过意见；三是有关负责人历来要求对清样稿审定不能增加文字，因为版面页码已固定，在某页一处增写了文字，就必须在同页另一处删除同样的字数；四是清样稿上邢某的发言内容，智某看不到，也不给智某看，邢某在会上歪曲和否定中央精神的观点，想不到他胆敢在清样稿和正式出版物中顽固坚持，想不到他胆敢如此挑战中央重要精神，想不到报道稿对他放行，让他放声；五是十八大以来智某一直潜心学习和研究习近平总书记一系列重要讲话，特别是看到理论上有许多新提法，实践上有许多新进展，从严治党取得新成效，党风和社会风气出现新转机，于是智某跟踪关注着新形势，时不时思考些新问题，也时不时写点新体会，根本不想把时间和精力浪费在有些人制造的内耗上，当时智某也没有时间从几大堆积存的资料中寻找出录音稿和两个审定稿复印件并同这份清样稿进行核对比照，想不到智某的这种价值观念、人生追求、生命寄托和生活方式以及为人处事方式被他们利用并遭受其打击；六是多次听到有人反映，你若站在党的立场上与这里的某些人争是非往往会遭到围攻。出于以上种种考虑，对于这份清样稿智某是想淡化处理，当时强烈的第一印象是，智某在会上非常强调和特意加重语气原文照念的十七大报告、胡锦涛在建党 90 周年大会上的讲话和十八大报告非常重要的内容一字不剩地被斩掉了，甚至连党代表大会和讲话的名称都不见了。于是智某给单位主要负责人和另一负责人打了电话表示强烈不满，在得到"你可以加上"的允许后，在这种既成事实的情况下，智某在这份清样稿上除作极个别文字的改动和纠正错别字外，只有一处作了实质性改动，即只加了这样一句话："毛泽东思想是否包括在中国特色社会主义理论体系中，中央是有定论的，十七大报告、建党90周年大会上的讲话和十八大报告中都有结论。"但连什么结论都没有补写上去。在这里，智某遵循了一条，既不多加文字，又坚持点明中央精神、亮明旗帜，以维护中央权威和维护中央的科学论断，既坚持了原则，又作了违心的妥协，当然也有轻信他们的一面。总之，如此容忍、退让和妥协，决不出自智某的本意，是在智某不知情和他们非法篡改既成事实的多种情况下违背智某个人意愿的、迫不得已的举动。

智某确认报道稿违法违纪的另一个原因是：与智某的审定稿被恶劣篡改、删除其中包括篡改和删除智某发言引用的中央重要文献和总书记重要讲话的原话和对其的正确阐释、剥夺智某维护中央重要论断和重要精神的权力相对照，邢某否定中央科学论断的错误观点不但得到保留，而且他可自由地作大的修改、补充，从而使其错误观点得到充实强化，任其批驳、歪曲和篡改中央重要论断和重要精神。毛泽东说，世上决没有无缘无故的爱，也没有无缘无故的恨。毛泽东还说，有比较才能鉴别。一比较，可鉴别出他们篡改的性质，鉴别出其违法违纪的实质，鉴别出其否定中央精神的目的。两种截然不同的做法以及把这两种不同做法组合起来的效应，强化了歪曲、否定、颠覆中央精神的力度。否定中央精神的错误观点得以畅行、强化和渲染，而坚持中央精神的正确观点甚至中央精神本身被歪曲、弱化、删除。中央的精神以及坚持、拥护中央精神的声音听不到了，只听到他们否定中央精神的雷语狂言和歪理邪论，矛头直接指向中央精神，直接伤害中央精神。这是一切愿意与中央保持一致的人们和富有正义感和正派正直的人们所不能容忍的。报道稿的出笼表明，否定和反对中央精神的错误观点得到支持和纵容，而坚持和拥护中央精神的正确观点却遭受打击和围攻。有些人过去即使在职责范围内也从来不会动手修改别人的文稿，即使需要修改也是责成作者本人去修改。这一次不同了，他们一反常态，积极性调动起来了，要勤奋刻苦、埋头苦干了，事先不跟智某打招呼，背着智某主动亲自操刀，绞尽脑汁，"精心"进行"修改"，静悄悄地搞一场"颜色革命"。为什么要静悄悄搞"颜色革命"？如前所述，在智某拿出中央三个重要文献，加重语气照念文献上关于什么是中国特色社会主义理论体系斩钉截铁的论断后，讨论会对此问题的争论已经打了句号，邢某也已哑口无言。但他们绝不甘心于这种结局，他们要"翻盘"，要"反败为胜"，要把中央的精神否定掉、压下去，必然要策划于密室、搞"颜色革命"。而那些搞"颜色革命"的人都企图把这场"革命"喷涂上"合法性"，并且回过头来再来一个倒打一耙，企图把责任都推到别人头上。

上述澄清和揭示的七条事实真相，足以说明这一违法违纪事件的严重性，那么它给我们留下哪些启示和教训呢？

第一，必须"警惕右，但主要是防止'左'"。

这是现行党章规定的原话。反对"左"、右两种错误倾向，是我们党的一条重要经验。当前，仍然有这两种错误倾向的干扰。上述事件反映的主要是"左"的思想倾向抬头，同时也有右的思想倾向干扰。有的人错误地估计形势。我们可以明确地告诉有关的人们，习近平总书记的一系列讲话，旗帜鲜明，坚持什么，反对什么，都明确无误，无论是对"左"的东西，还是对右的东西，都保持高度警惕，明察秋毫，洞察本质，体现了一个政治家的巨大政治勇气和卓越政治智慧。在纪念建党90周年时，中央文献出版社出版了军事科学院一位将军写的一本反"左"反右的专著。此书回顾和总结了国际共产主义运动漫长历史上和我们党90年的历程中反"左"反右的经验教训，书名叫《论反"左"反右——中国共产党反对错误倾向的理论与实践》。此书扉页上专门刊印了十二大以来历次党代表大会通过的党章关于反对"左"右两种错误倾向的文字，还专门刊印了时任政治局常委、国家副主席、军委副主席习近平的题词手迹："总结经验，开拓进取，解放思想，实事求是，防止错误倾向。"在习近平负责起草的十八大报告中，在习近平担任总书记后的多次讲话中，一再重申："我们坚定不移高举中国特色社会主义伟大旗帜，既不走封闭僵化的老路，也不走改旗易帜的邪路"。"老路"是指"左"的路，"邪路"是指右的路。"左"右两种错误倾向，都会葬送社会主义，都会葬送中国特色社会主义。此违法违纪事件中，删除和篡改中国特色社会主义理论体系的内容，散布邢某贬低邓小平理论的言论，是明显的"左"的错误倾向；删除和篡改中国特色社会主义道路的内容，特别是删除包括党的领导在内的指导方针，是明显的右的错误倾向。

第二，必须严明和遵守政治纪律。

习近平总书记指出：严明党的纪律，首要的是严明政治纪律。政治纪律是最重要、最根本、最关键的纪律。遵守党的政治纪律最核心的，就是坚持党的领导，坚持党的基本理论、基本路线、基本纲领、基本经验、基本要求，同党中央保持高度一致，自觉维护中央权威。在指导思想和路线方针政策以及关系全局的重大原则问题上，全党必须在思想上政治上行动上同党中央保持高度一致。对党的决议和政策如有不同意见，在坚决执行的前提下，可以声明保留，并且可以把自己的意见向党的上级组织直至中央提出，这是党员的权利。但是，不允许公开发表违背中央决定的言论。总书记还具体明确要求，防止打折扣、做选择、搞变通。总书记还指出，必须全面准确地领会中央精神，不要盲人摸象、以偏概全，特别要防止一些人恶意曲解中央精神，歪嘴和尚念经，蛊惑人心，搬弄是非，不能搞各取所需、挑三拣四，注意避免合意则取、不合意则舍的倾向。总书记还提醒我们，有少数党员干部对涉及党的理论和路线方针政策等重大政治问题公开发表反对意见，有的阳奉阴违，有的想说什么说什么，想干什么干什么，有的还专门挑那些党已经明确规定的政治原则来说事，口无遮拦，毫无顾忌，以显示自己的所谓"能耐"，受到敌对势力追捧，对此他们不以为耻、反以为荣。总书记的讲话鲜明、透彻，具有极强的针对性和穿透力。此违法违纪事件发生在该单位正在进行的群众路线教育实践活动期间。该事件相关人员，都应该用总书记的上述讲话精神对照衡量一下自己，对对号，入入座，把把脉，照照镜子，正正衣冠，洗洗澡，治治病。这才是应有的起码态度。

第三，必须讲法治。

十八大以来，特别强调法治，而且与过去相比，有创新、有发展。过去有"法制16字方针"——"有法可依，有法必依，执法必严，违法必究"。现在有"法治新16字方针"——"科学立法、严格执法、公正司法、全民守法"。"全民守法"不是只老百姓守法，而是"全体公民守法"，你是公民就得守法！我国宪法规定，任何政党，任何个人，都必须遵守宪法和法律，都不得有超越宪法和法律的特权。习近平总书记非常强调依法治国的基本方略，强调坚持法律面前人人平等，强调全民守法，强调坚决纠正有法不依、执法不严、违法不究现象，强调坚决整治以权谋私、以权压法、徇私枉法，强调严禁侵犯群众合法权益。十八届四中全会又专题研究依法治国。此事件相关人员该有点法律和法治观念了，也该受到应有惩罚了。

第四，必须讲德治。

讲德治，就必须弘扬和践行社会主义核心价值观。社会主义核心价值观倡导富强、民主、文明、和谐，倡导自由、平等、公正、法治，倡导爱国、敬业、诚信、友善。该事件相关人员的所作所为，符合民主、文明、和谐吗？符合自由、平等、公正、法治吗？符合诚信、友善吗？不祛邪，哪能扶正？不惩恶，哪能扬善？习近平总书记在非常强调法治的同时，非常强调德治，他指出：国无德不兴，人无德不立。必须加强全社会的思想道德建设，激发人们形成善良的道德意愿、道德情感，培育正确的道德判断和道德责任，提高道德实践能力尤其是自觉实践能力，引导人们向往和追求讲道德、尊道德、守道德的生活，形成向上的力量、向善的力量。用习近平总书记的崇德向善重要思想来衡量，对照此事件策划、制造过程的阴暗心理和恶劣手段，可以确认此起违法违纪政治事件同时又是一起缺德违善事件。

第五，必须破除"小圈子"。

"小圈子"行为是一种十分恶劣的不正派的活动。邓小平曾深刻地揭示过"小圈子"的性质和危害，他指出："党内无论如何不能形成小派、小圈子。我们这个党，严格地说来没有形成过这一派或那一派。三十年代在江西的时候，人家说我是毛派，本来没有那回事，没有什么毛派。能容忍各方面、团结各方面是一个关键性问题。自我评论，我不是完人，也犯过很多错误，不是不犯错误的人，但是我问心无愧，其中一点就是从来不搞小圈子。过去我调任这样那样的工作，就是一个人，连勤务员都不带。小圈子那个东西害死人呐！很多失误就从这里出来，错误就从这里犯起。"他还说："我们的传统是军队听党的话，不能搞小圈子，不能把权力集中在几个人身上。军队任何时候都要听中央的话，听党的话，选人也要选听党的话的人。"这是邓小平在退出领导岗位、向新一代领导集体的嘱托和劝告，他说这是他的"政治交代"，可见分量之重。习近平总书记在十八届中纪委三次全会上专门批判了拉帮结派的小圈子。他指出："有的干部信奉拉帮结派的'圈子文化'，整天琢磨拉关系、找门路，分析某某是谁的人，某某是谁提拔的，该同谁搞搞关系、套套近乎，看看能抱上谁的大腿。"接着引用邓小平引述毛泽东批评"帮派关系"的话，并指出："党内决不能搞封建依附那一套，决不能搞小山头、小圈子、小团伙那一套，决不能搞门客、门宦、门附那一套，搞这种东西总有一天会出事！有的案件一查处就是一串人，拔出萝卜带出泥，其中一个重要原因就是形成了事实上的人身依附关系。"此事件有关人员的违法违纪之所以得逞，恐怕就是因为有小圈子，就是从小圈子犯起的，恐怕也像邓小平所言要害死人的。

第六，必须严肃党内政治生活。

这是习近平总书记在党的群众路线教育实践活动总结大会上讲话中强调的从严治党的明确要求。他指出：这些年，一些地方和部门自由主义、个人主义等盛行，有的搞家长制、独断专行，以至于一些人不知党内政治生活为何物，是非判断十分模糊。对此，总书记严肃指出：党中央权威，全党都必须自觉维护，并具体体现到自己的全部工作中去，决不能表面上喊着同党中央保持一致、实际上没当回事，更不能违背中央大政方针各自为政、各行其是；党内政治生活要讲政治、讲原则、讲规矩；党内不允许搞团团伙伙、帮帮派派。此事件相关人员的行为、手段、事件过程以及造成的恶果，都是违背党的政治生活原则的，也是违反国家法律规定的。同时这一违法违纪事件正发生在党的群众路线教育实践活动进行过程中，可谓顶风违法违纪。可见党内政治生活之不正常已经到了何等严重的程度。此事件有关人员恶意篡改他人文稿，甚至胆敢恶意篡改中央重要文献和党中央总书记的重要讲话，中央创新理论的重要论断和结论，在他们手里可以任意拿捏，在他们嘴里和笔下可以"自由"批驳，而这一切言行不但得不到批评，反而得到支持，居然堂而皇之公开出版发行，这哪里是正常、严肃的党内政治生活?！这哪里是正常、健康的政治生态?！这哪里是公平、公正的法治环境?！现在亡羊补牢，尚未为晚。有关组织和单位，应该按照总书记在这次讲话中要求的，检查自己的工作，拿起批评和自我批评的武器，开展积极的思想斗争，帮助广大党员、干部分清是非、辨别真假，坚持真理、修正错误，统一意志、增进团结。

第七，必须让权力受制约，使监督不可少，使法律更完善。

权力受不到监督和制约，必然产生腐败，这是铁的定律。那种违反选举法，以贿选等非法手段争得票捞权力的案例，那些上至高层、下至基层的各种贪腐案例，都与权力滥用、权力得不到制约和监督有关。《著作权法》明文规定，却明目张胆违反，他人作品明明已经审定，却明目张胆篡改，因为非法介入的权力没有受到制约，监督也荡然无存。相关人员之所以利令智昏、胆大妄为，无非是利用了某种不当权力，以权谋"左"、以权谋私，以权散布否定和篡改中央精神的言论，以权违反党纪国法篡改他人原作。《著作权法》只有原则规定，而没有明确细则，只规定必须经作者许可才能进行修改，但没有进一步规定，一旦违反了受何处置，违反到什么程度作何种处置，没有进一步规定修改与篡改、无意与故意与恶意的区别及其相应的不同处罚。这就使某些人看到有漏洞可钻便胆大妄为、有恃无恐。因此，法律必须完善。

笔者在这里之所以用了较长的篇幅阐述此事，是因为此事件存在两大严重问题，一是大肆篡改原文，严重违反《著作权法》问题，二是恶意歪曲中央文件，严重违反政治纪律问题。特别要指出的是，关于严重违反政治纪律问题，就是对中央重要文件和习近平总书记讲话，对中国特色社会主义理论体系和中国特色社会主义道路的核心论断和核心内容，一是否定其重要结论的正确性和科学性，二是篡改、歪曲其原话、原意，三是强词夺理对其进行批驳，四是从"左"右两个方面违反政治纪律否定中央精神。这都是意识形态领域必须高度警惕和切实解决的问题。

5.《宪法》和《党章》分别规定，公民、党员有批评权和建议权，但在现实中因提批评建议惨遭打击报复的甚多

《宪法》是我国的根本大法，它明文规定："中华人民共和国公民对于任何国家机关和国家工作人员，有提出批评和建议的权利；对于任何国家机关和国家工作人员的违法失职行为，有向有关国家机关提出申诉、控告或者检举的权利，但是不得捏造或者歪曲事实进行诬告陷害。""对于公民的申诉、控告或者检举，有关国家机关必须查清事实，负责处理。任何人不得压制和打击报复。"①

《党章》是党的根本大法，它在"总纲"中明文庄严规定："充分发扬党内民主，尊重党员主体地位，保障党员民主权利"。在"党员"章第四条关于党员享有的权利中又明文庄严规定：党员享有"对党的工作提出建议和倡议"，"在党的会议上有根据地批评党的任何组织和任何党员，向党负责地揭发、检举党的任何组织和任何党员违法乱纪的事实，要求处分违法乱纪的党员，要求罢免或撤换不称职的干部"，"向党的上级组织直至中央提出请求、申诉和控告，并要求有关组织给以负责的答复"的多种权利，并且规定："党的任何一级组织直至中央都无权剥夺党员的上述权利"。②

《关于党内政治生活的若干准则》（以下简称《准则》）是党的重要法规，它总结我党党内政治生活的经验教训，在第六条专门规定："发扬党内民主，正确对待不同意见"，并特别强调："要纠正一部分领导干部中缺乏

----

① 《中华人民共和国宪法》，人民出版社，2004，第69页。
② 《中国共产党章程》，人民出版社，2012，第20～26页。

民主精神，听不得批评意见，甚至压制批评的家长作风。对于任何党员提出的批评和意见，只要是正确的，都应该采纳和接受。如果确有错误，只能实事求是地指出来，不允许追查所谓动机和背景。"《准则》具体规定："领导干部利用职权对同志挟嫌报复、打击陷害，用'穿小鞋'、'装材料'的办法和任意加上'反党'、'反领导'、'恶毒攻击'、'犯路线错误'等罪名整人，是违反党内民主制度和违反革命道德品质的行为。"《准则》在第七条专门规定："保障党员的权利不受侵犯"，具体规定："党员有权在党的会议上和党的报刊上参加关于党的政策的制定和实施问题的讨论，有权在党的会议上对党的任何组织和个人提出批评"，"党组织应当欢迎党员群众的批评和建议，并且鼓励党员为了推进社会主义事业提出创造性的见解和主张"。①

长期以来，中国共产党在中国人民中产生了新的工作作风，这就是理论和实践相结合的作风，和人民群众紧密地联系在一起的作风以及批评和自我批评的作风。不知从何时起，在党内、在社会上开始流行起一种"新三大作风"，这就是"理论联系实惠，密切联系领导，表扬和自我表扬"。针对党风和社会风气的新变化，党的十二大曾经决定，用三年的时间整顿党风，用五年的时间实现党风和社会风气的根本好转。这个估计是过于乐观的。还是邓小平清醒，他在1986年的一次政治局常委会上说："我们在一九八二年九月开十二大的时候，讲过要抓紧建设社会主义精神文明，争取五年实现党风和社会风气的根本好转。现在已经过去三年四个月了，剩下一年八个月，可能时间来不及。"② 后来，中央明确，解决党风的问题需要一定阶段一定时间的集中整顿，又需要树立"长期作战"的准备。习近平明确指出，党风廉政建设"关键就在'常'、'长'二字，一个是要经常抓，一个是要长期抓"。③ 党风中的"批评与自我批评"也是如此，而且批评与自我批评同党风中的其他方面相互之间紧密相联，因此决不能小视、轻视和近视。

这些年来，批评确实难，批评领导更难，尤其是批评直接领导、一把手和上级领导，更是难上加难。普通干部、党员群众不敢批评领导，主要是因为领导厌恶和排斥批评。领导之所以厌恶和排斥批评，是由种种原因决定的，有领导作风霸道问题，有领导怕"权威""面子""威信"受损问

---

① 《三中全会以来重要文献选编》（上），人民出版社，1982，第394~395页。
② 邓小平：《建设有中国特色的社会主义》（增订本），人民出版社，1987，第128页。
③ 《论群众路线——重要论述摘编》，中央文献出版社、党建读物出版社，2013，第131页。

题，也有领导怕影响自己的升任等自身利益问题。领导为自己能升任，需要有政绩，需要上级对他有好印象，需要本单位不出现矛盾和问题，因此他只需要表扬，只需要歌功颂德，只需要抬轿子、吹喇叭，而根本不需要批评，而且往往对批评者恨之入骨，打击报复。因此，普通干部、党员群众要批评领导，那是有风险的，是要付出代价甚至惨重代价的。习近平根据党的批评与自我批评的优良传统，针对新的实际，要求我们的党员干部"要容得下尖锐批评，做到有则改之、无则加勉"。①但我们的不少领导很难做到，有的甚至"容不下任何批评"，一听到批评就"闻过则怒"，火冒三丈，破口大骂，大发雷霆，对批评者投下圈套，设置陷阱，栽赃陷害，打击报复。

新华社发文说，"批评官员限度标示国家民主尺度。这需要党的各级组织和官员个人要有容人之心、宽容之量。因触怒官员导致批评者被劳教、被跨省追捕时有发生，如何能限制官员使其无法动用公权力打击报复批评者是当务之急。"②《人民日报》发文直指部分官员对批评者的打击报复，称"听不进尖锐批评的领导干部并非个例，一些敢'直谏'的下属和群众被'穿小鞋''打入冷宫'也非鲜见"。③

一公务员因实名举报遭打击报复，两度被辞退并被劳动教养一年。李文娟原是辽宁省鞍山市国税局的一名公务员，在负责税收登记工作的过程中，她发现鞍山市国税局存在人为地少征国家巨额税款等违法和违规行为。便于2002年6月向国家税务总局等有关单位实名举报了鞍山市国税局存在的5项违法违规行为。2002年8月15日，李文娟被调离鞍山市国税局中央省直属企业分局，调到了铁东分局。这在李文娟看来是对她举报后的一种打击报复行为，于是她多次写信向有关单位反映。2003年春节过后，李文娟又进行了第二次实名举报。2003年6月16日，鞍山市国税局以旷工为由正式辞退了李文娟。直到2004年2月，李文娟才恢复了工作。但是2004年9月3日，鞍山市公安局的3名警察突然向李文娟出示了传唤通知书。2004年10月3日，李文娟被转为劳动教养，《劳动教养决定书》对她的犯罪事实这样认定：李文娟自2003年12月至2004年5月多次无理上访，扰乱国

---

① 《习近平同党外人士共迎新春》，《人民日报》2013年2月8日。

② 《限制官员打击报复批评者系当务之急》，新华网，2013年2月8日，http://www.zj.xinhua-net.com/newscenter/view/2013 - 02/08/c_114658633.htm。

③ 彭国华：《要容得下尖锐批评》，《人民日报》2013年3月28日。

家机关工作秩序。依法决定对李文娟劳动教养一年。李文娟向沈阳市于洪区法院提起了上诉。2005 年 7 月 18 日，李文娟的劳动教养结束，她一直苦苦等待着法院对她的判决。终于在 2005 年 10 月 27 日，沈阳市于洪区法院作出一审判决，李文娟胜诉，撤销对她的劳动教养决定。法院一审判决认为，被告鞍山市劳动教养管理委员会提供的 21 份证据不符合证据规则，而李文娟提供的证据能够证明原告向有关机关举报问题是正当行为。李文娟终于获得清白，但长期没有恢复工作。①

河北省委原书记程维高专横跋扈，滥用权力，对多名批评者残酷打击报复。石家庄市建委工程处处长兼定额站站长郭光允，负责工程管理审批，他曾向程维高反映市建委副主任李山林违规批工程项目的问题，但程维高不听，郭只好举报，于是郭多次遭暗算，被人袭击，被人用汽车撞伤。郭的一封检举程维高、李山林破坏建筑市场公平竞争原则问题的信，却落到程维高手里，于是郭先被免除工程处处长职务，后被关进看守所，被判劳教两年，被开除党籍。郭前后挨整 16 年，上访不下 100 次，写了不知多少封检举信，光寄 22 元一封的快递，就花了数千元，在看守所和劳教所里受折磨得了一身病，身心遭到严重摧残。最后在中纪委的重视和干预下，郭才被彻底平反。秦皇岛市委书记丁文斌因反对程维高接任省委书记，被很快免除市委书记职务。省纪委书记刘善祥因发现程维高的秘书李真的贪腐问题，向程维高建议将李真从程身边调离，以方便调查，程维高根本不听，反而对刘怀恨在心，将刘善祥免职，从此刘离开了政坛。

…………

习近平总书记在首都各界纪念现行宪法实施 30 周年大会上发表重要讲话，他强调："公民的基本权利和义务是宪法的核心内容，宪法是每个公民享有权利、履行义务的根本保证。""我们要依法保障全体公民享有广泛的权利，保障公民的人身权、财产权、基本政治权利等各项权利不受侵犯，保证公民的经济、文化、社会等各方面权利得到落实，努力维护最广大人民根本利益，保障人民群众对美好生活的向往和追求。我们要依法公正对待人民群众的诉求，努力让人民群众在每一个司法案件中都能感受到公平正义，决不能让不公正的审判伤害人民群众感情、损害人民群众权益。"②这是新任总书记不到一个月的习近平，向 13 亿人民所作的郑重承诺，深信

---

① 《一公务员实名举报遭报复》，《文摘报》2006 年 4 月 2 日。
② 《十八大以来重要文献选编》（上），中央文献出版社，2014，第 90~91 页。

在党的领导下，我国公民权利的实现和保障制度必将得到进一步完善，我国的社会主义民主政治必将得到进一步健全。

三　完善和发展民主政治制度与推进国家治理体系和治理能力现代化

习近平指出：党的十八届三中全会提出的全面深化改革的总目标，就是完善和发展中国特色社会主义制度，推进国家治理体系和治理能力现代化。"这是完善和发展中国特色社会主义制度的必然要求，是实现社会主义现代化的应有之义。我们之所以决定这次三中全会研究全面深化改革问题，不是推进一个领域改革，也不是推进几个领域改革，而是推进所有领域改革，就是从国家治理体系和治理能力的总体角度考虑的。"① 推进国家治理体系和治理能力现代化，这是一个全新的概念；"全面深化改革的总目标是完善和发展中国特色社会主义制度，推进国家治理体系和治理能力现代化"，这是一个全新的论断。

上述这一全新的概念和全新的论断，在国内各界已经引起了积极反响。当然，学习讨论过程中，也有一些不同的看法。有的学者对总目标的两句话，作为整体重视不够，有的只重视前一句，有的只重视后一句。有的学者认为，西方现代国家体制是"善治"，用西方的治理模式来解释中国国家治理现代化，认为我们党无非是接受了西方"国家治理"的概念而已。这需要我们认真学习十八届三中全会《决定》和习近平的相关论述，全面准确理解中央精神，统一思想，提高认识，以利于我们更好地把握全面深化改革的总目标，以利于我们更好地推进国家治理体系和治理能力现代化，以利于我们更好地实现中华民族的伟大复兴。

首先，完善和发展中国特色社会主义制度，推进国家治理体系和治理能力现代化，这两句话相互联系，缺一不可，不能孤立，不能割裂。前者为后者确定性质和方向，后者为前者提供条件和保障。包括根本政治制度和基本政治制度在内的中国特色社会主义制度，是当代中国发展进步的根本制度保障，集中体现了中国特色社会主义的特点和优势。同样，中国特色社会主义民主政治制度也是推进我国的国家治理体系和治理能力现代化的根本制度保障，否则就不能保证国家治理体系和治理能力现代化的性质和方向。同时，推进国家治理体系和治理能力现代化，也要符合中国国情，

---

① 《十八大以来重要文献选编》（上），中央文献出版社，2014，第547页。

合乎中国人民意愿，体现中国特色，有助于中国特色社会主义特点和优势的彰显和发挥。习近平要求我们完整准确地理解作为一个整体的深化改革总目标的两句话，指出"两句话都讲，才是完整的"，并进一步指出："深刻理解和准确把握这个总目标，是贯彻落实各项改革举措的关键"。① 只有不断完善和发展中国特色社会主义制度，不断推进社会主义民主政治制度化、规范化、程序化建设，才能更好地推进国家治理体系和治理能力现代化。

其次，我们党提出推进国家治理体系和治理能力现代化，是对我们长期以来治国理政经验的深刻总结，当然也借鉴人类政治文明包括西方治理的有益成果。自从我们党成为执政党，就走上了党领导人民治理这个人民当家作主的国家的历程。特别是进入改革开放的新时期，从建立和完善社会主义市场经济体制到形成中国特色社会主义法律体系，从实行基层群众自治到创新社会管理制度，在治理社会主义国家的探索历程中，积累了许多经验，取得了重大成果。我们党在 21 世纪召开的第一次代表大会即十六大上的报告中，在阐述发展社会主义民主政治时，提出了"依法治国是党领导人民治理国家的基本方略"②。在十七大报告中，同样在阐述发展社会主义民主政治中关于党的领导核心作用时，提出了"保证党领导人民有效治理国家"的论断。③ 在十八大报告中，多处使用"治理"概念，在阐述夺取中国特色社会主义新胜利时，强调"坚持依法治国这个党领导人民治理国家的基本方略"，在阐述社会主义民主政治建设时，强调"保证党领导人民有效治理国家"，强调"法治在国家治理和社会管理中的重要作用"。④ 十八届三中全会的决定把"推进国家治理体系和治理能力现代化"与"完善和发展中国特色社会主义制度"一起，提到全面深化改革总目标的高度，凸显了国家治理体系和治理能力现代化的重大现实意义和深远历史意义。当然，我们也注意到"国家治理"这个概念也被西方国家所广泛使用，说明我们党积极借鉴人类政治文明的积极成果，但绝不照搬西方国家的国家治理模式，探索和创建中国特色国家治理体系和治理能力现代化的道路。

最后，中国民主政治建设与国家治理现代化紧密相联、相互渗透、相

---

① 《习近平关于全面深化改革论述摘编》，中央文献出版社，2014，第21、26页。
② 《江泽民文选》第3卷，人民出版社，2006，第553页。
③ 胡锦涛：《高举中国特色社会主义伟大旗帜　为夺取全面建设小康社会新胜利而奋斗》，《中国共产党第十七次全国代表大会文件汇编》，人民出版社，2007，第28页。
④ 胡锦涛：《坚定不移沿着中国特色社会主义道路前进　为全面建成小康社会而奋斗》，人民出版社，2012，第14、25页。

互促进、相辅相成，统一到中国特色社会主义伟大事业的伟大实践中。习近平明确指出："发展社会主义民主政治，是推进国家治理体系和治理能力现代化的题中应有之义。"① 无论是我国国家治理体系的现代化，还是国家治理能力的现代化，都离不开我国的民主政治制度和民主政治建设，不仅在内涵上相互交叉，相互渗透，而且在途径上双向前行、共同发展，在目标上一致——现代化，即中国特色社会主义国家的现代化与国家治理体系和国家治理能力的现代化。我们先从民主的实质来看。民主，就是人民当家作主。治理与过去的"统治""管理"有相同和接近之处，但前者强调多元主体、多元共治，而后者强调主体是国家机构，前者更要求公共权力运行和公共政策制定顺应民意和公众需求，更接近民主的原则，可以说，民主是现代国家治理的基本属性和本质要求，现代化治理实质上也是民主的治理。我们再从社会治理的方式来看。十八届三中全会明确提出以"四个治理"原则来改进和创新社会治理方式，即坚持系统治理、依法治理、综合治理和源头治理。关于系统治理，《决定》说："坚持系统治理，加强党委领导，发挥政府主导作用，鼓励和支持社会各方面参与，实现政府治理和社会自我调节、居民自治良性互动。"党委领导和政府主导，体现了中国特色，各方参与、社会自我调节和居民自治，借鉴国外有益做法。关于依法治理，《决定》说："坚持依法治理，加强法治保障，运用法治思维和法治方式化解社会矛盾。"这是治理的法律依据、法律支撑，任何民主自由都是法律范围内的权利。关于综合治理，《决定》说："坚持综合治理，强化道德约束，规范社会行为，调节利益关系，协调社会关系，解决社会问题。"强调法律，这是"硬治理"，强调道德，这是"软治理"，法律侧重于"他律"，道德侧重于"自律"，解决社会问题做到既合法律，又合情理，既讲法治，又讲德治，真正做到"善治"。关于源头治理，《决定》说："坚持源头治理，标本兼治、重在治本，以网格化管理、社会化服务为方向，健全基层综合服务管理平台，及时反映和协调人民群众各方面各层次利益诉求。"强调源头治理，重在治本，又标本兼治，通过各种治理方式，协调好人民群众的利益诉求。上述"四个治理"的出发点和落脚点是实现好、维护好、发展好最广大人民的根本利益，正如《决定》所说："创新社会治理，必须着眼于维护最广大人民根本利益，最大限度增加和谐因素，增强

① 习近平：《在庆祝全国人民代表大会成立六十周年大会上的讲话》，《人民代表大会制度重要文献选编》（四），中国民主法制出版社、中央文献出版社，2015，第1774页。

社会发展活力，提高社会治理水平，全面推进平安中国建设，维护国家安全，确保人民安居乐业、社会安定有序。"① 这与民主政治建设的根本任务是保证人民当家作主、保障公民各项权利完全一致。我们还可从强化权力运行制约和监督体系来看。腐败是执政党肌体的毒瘤，也是社会肌体的毒瘤。惩治腐败和预防腐败是民主政治建设应有之义，也是国家治理的应有之义。坚持用制度管权管事管人，让人民监督权力，让权力在阳光下运行，把权力关进制度的笼子，健全和强化权力运行制约和监督体系，是惩治和预防腐败的根本之策，这是民主政治建设之所需，也是国家治理体系和治理能力现代化之所需。

总之，十八届三中全会决定和习近平有关讲话告诉我们，包括我国社会主义民主政治制度在内的中国特色社会主义制度与国家治理体系和治理能力现代化，两者紧密相联，相互促进，我们必须把自己的认识从管理提高到治理，从人治提高到法治，从传统治理提高到现代治理，从一般国家或西方国家治理现代化提高到中国特色社会主义治理现代化，从而进一步认识到，中国特色社会主义治理现代化就是完善和发展中国特色社会主义民主政治制度，而完善和发展中国特色社会主义民主政治制度就是实现中国特色社会主义治理体系和治理能力现代化，两者统一在中国特色社会主义伟大实践。正如习近平指出："我们必须适应国家现代化总进程，提高党科学执政、民主执政、依法执政水平，提高国家机构履职能力，提高人民群众依法管理国家事务、经济社会文化事务、自身事务的能力，实现党、国家、社会各项事务治理制度化、规范化、程序化，不断提高运用中国特色社会主义制度有效治理国家的能力。"②

---

① 《中共中央关于全面深化改革若干重大问题的决定》，人民出版社，2013，第49页。
② 《习近平关于全面深化改革论述摘编》，中央文献出版社，2014，第28~29页。

第四章

社会主义民主建设与政治体制改革

政治体制改革是社会主义民主政治建设的必由之路。

邓小平对政治体制改革的战略地位、重大意义、指导思想、总体目标、指导原则、主要内容等作出了一系列重要论述，成为我国新时期进行政治体制改革和社会主义民主政治建设的重要指导思想和指导原则。

改革开放以来，我国的政治体制改革持续推进，成绩显著。如废除领导职务终身制，实现党和国家领导人交替的制度化、法制化；克服权力过分集中现象，实行国家权力的平衡与协调；深化干部人事制度改革，培养选拔党和人民需要的好干部。

第一节　邓小平关于政治体制改革的思想

邓小平关于政治体制改革的思想，是邓小平理论的重要组成部分。邓小平这方面的思想，主要形成于 1979～1980 年和 1986～1987 年两个时期。1979～1980 年，主要是为了从政治制度和领导制度上总结"文化大革命"的历史教训，探求我国长治久安和社会稳定的政治发展道路。主要研究成果和代表作，是 1980 年 8 月所写的《党和国家领导制度的改革》一文。1986～1987 年，其历史背景是在党的十三大召开前后，我国经济体制改革取得了巨大成就，迫切要求政治体制改革与此相适应、相配合。为了适应这一历史发展的要求，将政治体制改革作为十三大报告的重要内容，邓小平对我国政治体制改革的指导思想、目标、内容作出了一系列重要论述。主要体现在 1986 年 9～11 月所作的《关于政治体制改革问题》的四次谈话中。邓小平关于政治体制改革的思想，成为我国新时期政治体制改革的重要指导思想。

一 政治体制改革的重要地位和重大意义

第一，政治体制改革是全面改革的重要组成部分。

我国的社会主义现代化建设，是"五位一体"的全面建设，包括经济建设、政治建设、文化建设、社会建设和生态文明建设；我国的体制改革，也是全面改革，包括经济体制改革、政治体制改革、文化体制改革、社会管理体制改革、生态环境保护管理体制改革等。早在 1978 年，邓小平就指出，这场改革，"既要大幅度地改变目前落后的生产力，就必然要多方面地改变生产关系，改变上层建筑，改变工农业企业的管理方式和国家对工农业企业的管理方式，使之适应于现代化大经济的需要"。[①] 这里指的是适应生产力发展所需要的全面改革。后来，他多次更明确地指出："正确地改革同生产力迅速发展不相适应的生产关系和上层建筑"。[②] 这里所指的"上层建筑"，主要是指政治体制的改革。

第二，政治体制改革是经济体制改革的重要保证。

从社会协调发展的理论来认识，经济体制改革是不能孤立地进行的，经济体制改革不可能是单纯的经济行为，必须有政治体制改革的密切配合。邓小平明确指出："政治体制改革同经济体制改革应该相互依赖，相互配合。只搞经济体制改革，不搞政治体制改革，经济体制改革也搞不通"。[③] 他还指出："现在经济体制改革每前进一步，都深深感到政治体制改革的必要性。不改革政治体制，就不能保障经济体制改革的成果，不能使经济体制改革继续前进，就会阻碍生产力的发展，阻碍四个现代化的实现。"[④]

第三，政治体制改革是全面改革能否取得最终成果的一个标志。

邓小平指出："改革，应该包括政治体制的改革，而且应该把它作为改革向前推进的一个标志。"[⑤] "我们所有的改革最终能不能成功，还是决定于

① 《邓小平文选》第 2 卷，人民出版社，1994，第 135～136 页。
② 《邓小平文选》第 2 卷，人民出版社，1994，第 141 页。
③ 《邓小平文选》第 3 卷，人民出版社，1993，第 164 页。
④ 《邓小平文选》第 3 卷，人民出版社，1993，第 176 页。
⑤ 《邓小平文选》第 3 卷，人民出版社，1993，第 160 页。

政治体制的改革。"① 这就是说，没有政治体制改革的成功，其他改革不可能成功，即使取得一定成绩，也不可能得到巩固和发展。

第四，政治体制改革是党和国家不改变颜色的根本保证。

邓小平在总结我国"文化大革命"的教训时，曾经讲过一段极为深刻、发人深省的话，在社会上产生了重大反响。他说："我们过去发生的各种错误，固然与某些领导人的思想、作风有关，但是组织制度、工作制度方面的问题更重要。这些方面的制度好可以使坏人无法任意横行，制度不好可以使好人无法充分做好事，甚至会走向反面。""文化大革命"的教训是极其深刻的。"不是说个人没有责任，而是说领导制度、组织制度问题更带有根本性、全局性、稳定性和长期性。这种制度问题，关系到党和国家是否改变颜色，必须引起全党的高度重视。"② 实践证明，不能把国家的长治久安寄托于人好上，寄托于领导的开明上，而应该着眼于建设一整套能够防止好人、开明领导犯错误的政治体制。我们的党和国家，如果不深入进行政治体制改革，不实现民主政治的制度化、法治化，就会改变颜色，给人民带来巨大不幸。

二 政治体制改革的基本原则和目标要求

根据邓小平的有关论述，我国的政治体制改革，需要坚持以下基本原则和目标要求。

第一，发展社会主义民主。

民主的原意是"人民的政权"，"多数人的统治"。但只有社会主义社会，才真正赋予"民主"以人民当家作主的含义。社会主义民主就是在广大人民范围内，按照少数服从多数的原则和平等的原则，共同管理国家事务和社会事务、管理经济和文化事业。

民主不仅是保证社会主义现代化建设的重要手段，更重要的是建设社会主义的根本目标。社会主义现代化建设，不仅包括建设高度发达的物质文明和精神文明，而且包括建设高度发展的民主政治。邓小平重申了列宁的"没有民主就没有社会主义"的观点，指出："没有民主就没有社会主义，就没有社会主义的现代化。"③ 并提出："继续努力发扬民主，是我们全

---

① 《邓小平文选》第 3 卷，人民出版社，1993，第 164 页。
② 《邓小平文选》第 2 卷，人民出版社，1994，第 333 页。
③ 《邓小平文选》第 2 卷，人民出版社，1994，第 168 页。

党今后一个长时期的坚定不移的目标。"① 因此，他强调，进行政治体制改革，总的方向，"都是为了发扬和保证党内民主，发扬和保证人民民主。"②

第二，大力清除封建专制主义的遗毒。

由于我国有两千多年封建主义的历史，近代又没有经过典型的资本主义发展阶段，因此，在我国的政治体制中，封建专制主义的影响根深蒂固。邓小平在总结我国社会主义建设出现重大失误的教训时，认为封建专制主义的影响是产生失误的重要原因。

邓小平在《党和国家领导制度的改革》一文中，着重论述了清除封建专制主义遗毒的问题。他指出："从党和国家的领导制度、干部制度方面来说，主要的弊端就是官僚主义现象，权力过分集中的现象，家长制现象，干部领导职务终身制现象和形形色色的特权现象。"③ 这些主要弊端，邓小平认为都是封建专制主义残余影响的表现。邓小平进一步指出："我们进行了二十八年的新民主主义革命，推翻封建主义的反动统治和封建土地所有制，是成功的，彻底的。但是，肃清思想政治方面的封建主义残余影响这个任务，因为我们对它的重要性估计不足，以后很快转入社会主义革命，所以没有能够完成。现在应该明确提出继续肃清思想政治方面的封建主义残余影响的任务，并在制度上做一系列切实的改革，否则国家和人民还要遭受损失。"他强调，对待这个任务，要有实事求是的科学态度。要划清社会主义同封建主义的界限，决不允许借反封建主义之名来反社会主义，也要划清文化遗产中民主性精华同封建性糟粕的界限。④ 这些分析，具有很强的现实意义。

第三，抵制和消除资本主义思想影响。

抵制和消除资本主义思想影响，是邓小平一贯的思想。在这方面，他有许多重要论述。他认为，西方的多党制和三权分立不适合中国国情，不能照搬。1986 年 12 月，他在同几位中央负责同志谈话时说："我们讲民主，不能搬用资产阶级的民主，不能搞三权鼎立那一套。我经常批评美国当权者，说他们实际上有三个政府。"⑤ 1987 年，他在接见美国前总统卡特时说："人们往往把民主同美国联系起来，认为美国的制度是最理想的民主制度。

---

① 《邓小平文选》第 2 卷，人民出版社，1994，第 176 页。
② 《邓小平文选》第 2 卷，人民出版社，1994，第 372～373 页。
③ 《邓小平文选》第 2 卷，人民出版社，1994，第 327 页。
④ 《邓小平文选》第 2 卷，人民出版社，1994，第 335 页。
⑤ 《邓小平文选》第 3 卷，人民出版社，1993，第 195 页。

我们不能搬你们的。我相信你会理解这一点。中国如果照搬你们的多党竞选、三权鼎立那一套，肯定是动乱局面。"① 1989 年，他在会见美国前总统尼克松时指出："说我们只搞经济体制改革，不搞政治体制改革，这不对。我们的政治体制改革是有前提的，即必须坚持四项基本原则。发展经济要有一个稳定的局势，中国搞建设不能乱。今天来一个示威，明天来一个大鸣大放大字报，就没有精力搞建设。"②

当然，对资本主义国家的政治体制，我们并不是不加分析地全盘否定，而是肯定和借鉴其某些具体体制方面的合理性因素。邓小平在谈到干部人事制度时说过，要逐步从制度上，习惯上，风气上，做到能上能下。这一点，我们不如资本主义社会。资本主义社会是能上能下的。他说："我们说资本主义社会不好，但它在发现人才、使用人才方面是非常大胆的。它有个特点，不论资排辈，凡是合格的人就使用，并且认为这是理所当然的。从这方面来看，我们选拔干部的制度是落后的。论资排辈是一种习惯势力，是一种落后的习惯势力。"③ 1987 年，邓小平指出："至于经济管理、行政管理的效率，资本主义国家在许多方面比我们好一些。"④ 这些方面，当然是值得我们借鉴的。

第四，下大力与官僚主义现象进行斗争。

邓小平在《党和国家领导制度的改革》一文中，集中篇幅分析了官僚主义的表现和危害。他指出："官僚主义现象是我们党和国家政治生活中广泛存在的一个大问题。它的主要表现和危害是：高高在上，滥用权力，脱离实际，脱离群众，好摆门面，好说空话，思想僵化，墨守陈规，机构臃肿，人浮于事，办事拖拉，不讲效率，不负责任，不守信用，公文旅行，互相推诿，以至官气十足，动辄训人，打击报复，压制民主，欺上瞒下，专横跋扈，徇私行贿，贪赃枉法，等等。"⑤ 邓小平强调指出，我们现在的官僚主义现象，同我们长期实行的中央高度集权的管理体制有密切关系；为了有效地克服官僚主义，必须进行政治体制改革。他说："当然，官僚主义还有思想作风问题的一面，但是制度问题不解决，思想作风问题也解决

---

① 《邓小平文选》第 3 卷，人民出版社，1993，第 244 页。
② 《邓小平文选》第 3 卷，人民出版社，1993，第 332 页。
③ 《邓小平文选》第 2 卷，人民出版社，1994，第 225 页。
④ 《邓小平文选》第 3 卷，人民出版社，1993，第 240 页。
⑤ 《邓小平文选》第 2 卷，人民出版社，1994，第 327 页。

不了。所以，过去我们虽也多次反过官僚主义，但是收效甚微。"① 在这里，邓小平深刻地分析了我们过去多次反对官僚主义但收效甚微的根本原因，科学地揭示了社会主义条件下的官僚主义同社会主义体制的关系，正确地指出了克服官僚主义的有效途径。只有通过不断深化政治体制改革，改变高度集中的管理体制，优化权力结构，明确职能分工，并建立一套完备的干部人事制度，才能有效地克服官僚主义现象。

第五，加强社会主义法制建设，维护社会稳定。

加强社会主义法制建设，实行依法治国，维护社会稳定，确保社会的安定团结，是邓小平的一贯思想。1978 年 12 月 13 日，邓小平在为十一届三中全会作准备而召开的中央工作会议上的讲话指出："为了保障人民民主，必须加强法制。必须使民主制度化、法律化，使这种制度和法律不因领导人的改变而改变，不因领导人的看法和注意力的改变而改变。"他说，现在的问题是法律很不完备，往往把领导人说的话当作"法"，不赞成领导人的讲话就叫作"违法"，领导人的话改变了，"法"也就跟着改变。② 邓小平关于依法治国、反对"人治"的思想，后来又多次讲过，成为政治体制改革的重要指导原则。党的十一届三中全会明确提出，发展社会主义民主、健全社会主义法制是国家的重要目标。1979 年 6 月，邓小平在一次同外宾的谈话中指出："民主和法制，这两个方面都应该加强，过去我们都不足。要加强民主就要加强法制。"民主和法制都要坚持，"这好像两只手，任何一只手削弱都不行"。③ 1987 年，他在接见美国前总统卡特时说："中国的主要目标是发展，是摆脱落后，使国家的力量增强起来，人民的生活逐步得到改善。要做这样的事，必须有安定的政治环境。没有安定的政治环境，什么事情都干不成。"④ 不久，他又指出："政治体制改革很复杂，每一个措施都涉及千千万万人的利益。所以，政治体制改革要分步骤、有领导、有秩序地进行。""共产党的领导，这个丢不得，一丢就是动乱局面，

---

① 《邓小平文选》第 2 卷，人民出版社，1994，第 328 页。
② 《邓小平文选》第 2 卷，人民出版社，1994，第 146 页。
③ 《邓小平文选》第 2 卷，人民出版社，1994，第 189 页。邓小平有关民主和法制的论述还可参见《邓小平文选》第 2 卷，人民出版社，1994，第 256～257 页。《邓小平文选》第 2 卷，人民出版社，1994，第 359 页。《关于建国以来党的若干历史问题的决议》，人民出版社，1981，第 56～57 页。
④ 《邓小平文选》第 3 卷，人民出版社，1993，第 244 页。

或者是不稳定状态。一旦不稳定甚至动乱，什么建设也搞不成。"① 可见，维护社会稳定，既是政治体制改革的必要条件，又是政治体制改革不可忽视的重要目标。

第六，调动人民群众的积极性，提高工作效率，促进生产力的发展。

邓小平把调动人民和基层单位的积极性确定为政治体制改革的重要目标和原则。1978 年，他就明确指出："现在我国的经济管理体制权力过于集中，应该有计划地大胆下放，否则不利于充分发挥国家、地方、企业和劳动者个人四个方面的积极性，也不利于实行现代化的经济管理和提高劳动生产率。"② 1986 年，他又进一步指出："这些年来搞改革的一条经验，就是首先调动农民的积极性，把生产经营的自主权力下放给农民。农村改革是权力下放，城市经济体制改革也要权力下放，下放给企业，下放给基层，同时广泛调动工人和知识分子的积极性，让他们参与管理，实现管理民主化。各方面都要解决这个问题。"③

1987 年，邓小平在谈到整个改革的指导思想时说："我们的改革要达到一个什么目的呢？总的目的是要有利于巩固社会主义制度，有利于巩固党的领导，有利于在党的领导和社会主义制度下发展生产力。""要做到这些，我个人考虑有三条：第一，党和行政机构以及整个国家体制要增强活力，就是说不要僵化，要用新脑筋来对待新事物；第二，要真正提高效率；第三，要充分调动人民和各行各业基层的积极性。"④

三　政治体制改革的主要内容

第一，实行党政科学分工。

邓小平多次指出，在政治体制改革中，要把党政分开放在第一位，"改革的内容，首先是党政要分开，解决党如何善于领导的问题。这是关键，要放在第一位。"⑤ 他深入分析了我国政治体制中存在的主要弊端，指出："加强党的领导，变成了党去包办一切、干预一切；实行一元化领导，变成了党政不分、以党代政"。⑥ "在加强党的一元化领导的口号下，不适当地、

---

① 《邓小平文选》第 3 卷，人民出版社，1993，第 252 页。
② 《邓小平文选》第 2 卷，人民出版社，1994，第 145 页。
③ 《邓小平文选》第 3 卷，人民出版社，1993，第 180 页。
④ 《邓小平文选》第 3 卷，人民出版社，1993，第 241 页。
⑤ 《邓小平文选》第 3 卷，人民出版社，1993，第 177 页。
⑥ 《邓小平文选》第 2 卷，人民出版社，1994，第 142 页。

不加分析地把一切权力集中于党委"。① 他还提出："党干预太多，不利于在全体人民中树立法制观念。这是一个党和政府的关系问题，是一个政治体制的问题。""党要善于领导，不能干预太多，应该从中央开始。"②

如何实行党政分开，邓小平认为，应该划清党和政府的职能范围，实行党政职能分开，应该建立强有力的政府工作系统。他指出："真正建立从国务院到地方各级政府从上到下的强有力的工作系统。今后凡属政府职权范围内的工作，都由国务院和地方各级政府讨论、决定和发布文件，不再由党中央和地方各级党委发指示、作决定。"③ 邓小平反对在党的机关内设立类同行政部门的组织。他说："党委不要设经济管理部门，那些部门的工作应该由政府去管"。④ 邓小平主张，党委的主要职责，应该是加强思想政治工作。他指出："我们说改善党的领导，其中最主要的，就是加强思想政治工作。中央认为，从原则上说，各级党组织应该把大量日常行政工作、业务工作，尽可能交给政府、业务部门承担，党的领导机关除了掌握方针政策和决定重要干部的使用以外，要腾出主要的时间和精力来做思想政治工作，做人的工作，做群众工作。"⑤ 只有这样，才能改善和加强党的领导。

第二，实行权力下放。

权力过分集中表现在纵向权力结构上，就是权力过分集中于中央。邓小平认为，这个问题，"同我们长期认为社会主义制度和计划管理制度必须对经济、政治、文化、社会都实行中央高度集权的管理体制有密切关系。我们的各级领导机关，都管了很多不该管、管不好、管不了的事，这些事只要有一定的规章，放在下面，放在企业、事业、社会单位，让他们真正按民主集中制自行处理，本来可以很好办，但是统统拿到党政领导机关、拿到中央部门来，就很难办。谁也没有这样的神通，能够办这么繁重而生疏的事情"。⑥ 这一精彩论述，是实行权力下放的主要理论依据。

邓小平指出："权力要下放，解决中央和地方的关系，同时地方各级也都有一个权力下放问题。"⑦ 这里所说的地方权力下放，主要是指地方把权

---

① 《邓小平文选》第 2 卷，人民出版社，1994，第 328～329 页。
② 《邓小平文选》第 3 卷，人民出版社，1993，第 163～164 页。
③ 《邓小平文选》第 2 卷，人民出版社，1994，第 339 页。
④ 《邓小平文选》第 3 卷，人民出版社，1993，第 177 页。
⑤ 《邓小平文选》第 2 卷，人民出版社，1994，第 365 页。
⑥ 《邓小平文选》第 2 卷，人民出版社，1994，第 328 页。
⑦ 《邓小平文选》第 3 卷，人民出版社，1993，第 177 页。

力下放于企业、下放到农村的基层。1978 年，党的十一届三中全会前夕，邓小平很关心基层经营权力的下放，指出："当前最迫切的是扩大厂矿企业和生产队的自主权，使每一个工厂和生产队能够千方百计地发挥主动创造精神。一个生产队有了经营自主权，一小块地没有种上东西，一小片水面没有利用起来搞养殖业，社员和干部就要睡不着觉，就要开动脑筋想办法。全国几十万个企业，几百万个生产队都开动脑筋，能够增加多少财富啊！"[1]就是在这种思想的指导下，我国广大农村实行以家庭联产承包为主的生产责任制，我国基层企业扩大了生产经营的自主权，大大促进了社会生产力的解放和发展。

第三，精简机构。

邓小平把精简机构看作我国社会主义现代化建设的"一件大事"和"一场革命"。他指出："精简机构是一场革命。精简这个事情可大啊！如果不搞这场革命，让党和国家的组织继续目前这样机构臃肿重叠、职责不清，许多人员不称职、不负责，工作缺乏精力、知识和效率的状况，这是不可能得到人民赞同的，包括我们自己和我们下面的干部。这确是难以为继的状态，确实到了不能容忍的地步，人民不能容忍，我们党也不能容忍。"[2]在这里还提出了精简几百万人的具体要求。"单单机关就涉及大约四五百万人的问题"，"国务院系统精简百分之三十多一点"，他要求"第一条决心要大，第二条才是工作要细"。[3] 由于中央的决心大，措施得力，这次精简机构的任务得以顺利完成。

第四，改革干部人事制度。

邓小平指出："只搞经济体制改革，不搞政治体制改革，经济体制改革也搞不通，因为首先遇到人的障碍。事情要人来做，你提倡放权，他那里收权，你有什么办法？从这个角度来讲，我们所有的改革最终能不能成功，还是决定于政治体制的改革。"[4]

在干部人事制度改革方面，邓小平认为：现行干部制度，"缺少正常的录用、奖惩、退休、退职、淘汰办法，反正工作好坏都是铁饭碗，能进不能出，能上不能下。这些情况，必然造成机构臃肿，层次多，副职多，闲

---

① 《邓小平文选》第 2 卷，人民出版社，1994，第 146 页。
② 《邓小平文选》第 2 卷，人民出版社，1994，第 396~397 页。
③ 《邓小平文选》第 2 卷，人民出版社，1994，第 397~398 页。
④ 《邓小平文选》第 3 卷，人民出版社，1993，第 164 页。

职多，而机构臃肿又必然促成官僚主义的发展。因此，必须从根本上改变这些制度"。① 他提出，要建立干部的退休制度，废除干部领导职务的终身制，"关键是要健全干部的选举、招考、任免、考核、弹劾、轮换制度，对各级各类领导干部（包括选举产生、委任和聘用的）职务的任期，以及离休、退休，要按照不同情况，作出适当的、明确的规定"。②

邓小平十分重视研究和确定提拔任用干部的标准。他说："要选那些认真学习马列主义、毛泽东思想，在斗争中经得起考验的人；要选那些党性强，能团结人，不信邪的人；要选那些艰苦朴素，实事求是，说老实话，办老实事，做老实人，作风正派的人；要选那些努力工作，联系群众，关心群众疾苦，有魄力，有实际经验，能够办事的人。"③ 这些标准，都坚持和体现了党的德才兼备干部标准的优良传统。根据社会主义现代化事业发展的需要，在此论述的基础上，邓小平又明确地提出了干部的"四化"标准，即革命化、知识化、专业化、年轻化。他指出："干部队伍要年轻化、知识化、专业化，并且要把对于这种干部的提拔使用制度化。"④ 根据我国干部队伍年龄老化的情况，邓小平多次提出，要打破旧框框，大胆提拔年轻的优秀干部。他提出："希望各级党委和组织部门在这个问题上来个大转变，坚决解放思想，克服重重障碍，打破老框框，勇于改革不合时宜的组织制度、人事制度，大力培养、发现和破格使用优秀人才，坚决同一切压制和摧残人才的现象作斗争。"⑤

第五，自觉维护中央权威。

1988 年 9 月，邓小平在讲到深化经济体制改革时指出："我的中心意思是，中央要有权威。改革要成功，就必须有领导有秩序地进行。没有这一条，就是乱哄哄，各行其是，怎么行呢？不能搞'你有政策我有对策'，不能搞违背中央政策的'对策'，这话讲了几年了。党中央、国务院没有权威，局势就控制不住。"⑥ 他还讲到，各地区要顾全大局，沿海地区要加快改革开放，使这个拥有两亿人口的广大地带较快地先发展起来，从而带动内地更好地发展，这是一个事关大局的问题。内地要顾全这个大局。反过来，发

① 《邓小平文选》第 2 卷，人民出版社，1994，第 328 页。
② 《邓小平文选》第 2 卷，人民出版社，1994，第 331 页。
③ 《邓小平文选》第 2 卷，人民出版社，1994，第 75 页。
④ 《邓小平文选》第 2 卷，人民出版社，1994，第 326 页。
⑤ 《邓小平文选》第 2 卷，人民出版社，1994，第 326 页。
⑥ 《邓小平文选》第 3 卷，人民出版社，1993，第 277 页。

展到一定的时候，又要求沿海拿出更多力量来帮助内地发展，这也是个大局。"这一切，如果没有中央的权威，就办不到。各顾各，相互打架，相互拆台，统一不起来。谁能统一？中央！中央就是党中央、国务院。"①

第二节 废除领导职务终身制，实现党和国家 领导人交替的制度化、法制化

党的十八大是中国共产党承前启后、继往开来的一次重要会议，其重要成果之一是实现了党的中央领导集体的顺利交替。这是国家兴旺发达、社会长治久安的重要保证，是党之大幸，民之大幸，在全世界引起广泛关注，并引为美谈。

纵观当代世界各国领导人的交替，大体上有三种类型：第一种类型，是社会主义国家具有浓厚封建色彩的领导职务终身制；第二种类型，是资本主义国家自由竞争、互相争斗的领导人选举制；第三种类型是最佳选择，就是我们党和国家领导人交替的制度化、法制化。

一 社会主义国家具有浓厚封建色彩的领导职务终身制

自从 1917 年十月革命胜利建立起来的社会主义国家，不仅经济发展水平相对落后，而且政治上也具有比较浓厚的封建色彩。其主要表现是终身制、世袭制（或个人指定接班人）。

例如斯大林执政 28 年，勃列日涅夫执政 18 年，毛泽东执政 27 年，铁托执政 41 年，霍查执政 41 年，卡达尔执政 32 年，金日成执政 32 年，金正日执政 18 年。卡斯特罗高龄还担任古巴共产党的主席，直到 2011 年因健康原因卸任党的主席。

个人指定接班人是终身制、个人集权的必然延伸。例如斯大林指定马林科夫为接班人，毛泽东先后指定刘少奇、林彪、王洪文、华国锋为接班人。金日成指定金正日，金正日指定金正恩为接班人，这是明显的世袭制。

这些政治体制的表现，实质上是封建专制主义的制度特征。列宁曾经指出："国家实行君主制时，权力归一人掌握"。② 秦始皇也曾明确表明自己执政的制度设计："朕为'始皇帝'，后世以计数，二世三世至于万世，传

---

① 《邓小平文选》第 3 卷，人民出版社，1993，第 277 ~ 278 页。
② 《列宁选集》第 4 卷，人民出版社，2012，第 34 页。

之无穷。"①

这些带有严重封建影响的制度，造成个人迷信、决策失误等严重后果。1936 年俄共肃反严重扩大化，骇人听闻，震惊世界。据史书记载，当时八大选出 8 位政治局委员和候补委员中有 5 人被枪决。从八大到十七大先后选出的 27 名政治局委员和候补委员中，有 15 人死于政治斗争。十七大选出的 139 名中央委员和候补委员中，有 98 名被逮捕或判决。② "大清洗"枪决了 5 名元帅中的 3 人，4 名一级集团军将领中的 3 人，12 名二级集团军将领的全部，67 名军长中的 60 人，199 名师长中的 136 人，几乎全军覆没。③

毛泽东发动、领导了"文化大革命"，"四人帮"乘机捣乱和破坏，给我们党和全国人民带来了严重灾难。党和国家领导人受诬陷的有 38 人，其他党政军、民主党派、知名人士受诬陷的有 832 人，全国有 6 万多名干部被迫害致死。④ 如果斯大林仅任职十年（1924～1934 年），1936 年的肃反扩大化就可以避免了。如果毛泽东仅任职十年（1949～1959 年），中国的三年困难时期（至少不会那么严重）和"文化大革命"的动乱就可以避免了。可见，废除干部领导职务终身制，关系到党和国家的命运。

邓小平在《党和国家领导制度的改革》一文中，对这种现象作过深刻的反思。他指出："旧中国留给我们的，封建专制传统比较多，民主法制传统很少。"⑤ "制度好可以使坏人无法任意横行，制度不好可以使好人无法充分做好事，甚至会走向反面……领导制度、组织制度问题更带有根本性、全局性、稳定性和长期性。这种制度问题，关系到党和国家是否改变颜色，必须引起全党的高度重视。"⑥

邓小平从制度性质和特点上否定了带有深厚封建色彩的领导制度，为建立新的领导制度奠定了理论基础。

二 资本主义国家自由竞争、互相争斗的领导人选举制

如果以 1640 年英国资产阶级光荣革命为发端，资产阶级民主政治迄今

---

① 《史记·秦始皇本纪》，韩兆琦译注，中华书局，2007，第 35 页。
② 戴隆斌：《斯大林传》，人民日报出版社，2009，第 287 页。
③ 凤凰周刊：《机密档》，中国发展出版社，2011，第 515 页。
④ 《中国共产党历史》第 2 卷，中共党史出版社，2011，第 967 页。
⑤ 《邓小平文选》第 2 卷，人民出版社，1994，第 332 页。
⑥ 《邓小平文选》第 2 卷，人民出版社，1994，第 333 页。

已走过了将近 400 年的历史。资本主义国家的民主制度，不论是实行两党制、多党制，还是一党独大的派别斗争，领导人的交替都是全民直接选举，通过两派势力之间竞选和互相角斗实现的。竞争期间，竞选双方势不两立，互相攻讦，互相指责，甚至互相谩骂，不惜揭露个人隐私。

毋庸讳言，竞选胜利者都是善于演说，善于取悦选民的社会精英，都是本阶级的优秀代表。但是这种类型的弊端也显而易见。

首先，竞选时的言论与竞选胜利的施政纲领并不完全是一回事，甚至迥然不同。例如美国最近几届总统竞选时总把矛头对准中国，拿中国说事，而竞选胜利后的对华政策不得不作出较大调整。

其次，竞选胜利者常常冒很大风险。在美国，表面看来，民选总统掌握至高无上的权力，但是总统的命运却掌握在少数金融资本家的手中。美国货币发行权不在政府手中，而在私人金融企业家联盟的"美联储"手中。每当新上任的总统表示要收回货币发行权时，总统的死期就到了。美国先后有 7 位总统被行刺，多名国会议员丧命。例如 1865 年 4 月 14 日林肯总统在华盛顿福特剧院看表演时，凶手潜入总统包厢，用大口径手枪向总统头部开枪，总统第二天凌晨死亡。再如 1963 年 11 月 22 日肯尼迪总统在得克萨斯州达拉斯市机场与人群热烈握手时，凶手在 5.6 秒中连续三次开枪，击中总统颈部和头部，总统当场死亡。所有这些刺杀事件都未查出任何结果，都不了了之，说明金融寡头势力的深厚和强大。[1]

最后，竞选胜利者常常成为对外发动侵略战争的罪魁祸首。衡量国家领导人更替制度的优劣，归根到底要看这种更替能否给国内人民带来福祉和给世界人民带来和平。在世界近现代史上被称为"日不落帝国"的英国，其竞选胜利者却干着贩卖奴隶和贩卖毒品鸦片的勾当。英国向中国大量输出鸦片，1840 年中英鸦片战争不仅掠夺中国大量战争赔款，而且扼杀中国人的灵魂，折磨中国人的肉体，严重损害中国人的健康。二战后美国与北约不断发动中东战争，打着"人道主义"的幌子，其目的不外乎掠夺中东石油资源，实验新式武器，维护世界霸权。美国小布什政权和英国布莱尔工党政府，以莫须有的罪名发动对伊拉克的侵略战争，谎称伊拉克拥有大规模杀伤性武器、和本·拉登有密切联系，其实完全不存在。在这场战争中，美国以信息战为特征，迅速摧毁伊拉克的军事设施，占领伊拉克领土，

---

① 宋鸿兵：《货币战争》，中信出版社，2011。

把合法总统萨达姆逮捕并送上断头台。美国占领伊拉克以来，社会秩序极度混乱，人体炸弹爆炸事件不断发生，人民处在水深火热之中。

三 我们党和国家领导人交替的制度化、法制化

在邓小平的倡导下，我们党废除干部领导职务终身制，经历了一定的历史过程。1982 年，党的十二大选举产生中央顾问委员会，作为废除干部领导职务终身制的过渡。1982 年《宪法》规定：中华人民共和国主席、副主席、国务院总理、副总理每届任期为五年，连续不超过两届。江泽民同志因半届接班，任职 13 年。胡锦涛同志任职十年。

2012 年，党的十八大顺利完成党的中央领导机构新老交替和平稳过渡。为筹备十八大，2011 年 7 月启动了"两委"人选推荐、民主选举、严格考察的过程。中央先后派出 59 个考察组，分别到各省区和中央国家机关、中央金融机构、在京中央企业进行考察。中央军委派出 9 个考察组，分别到全军和武警部队进行考察。按照一定差额比例，最后确定 727 名"两委"入选考察对象。2012 年 11 月 8 日至 14 日，举世瞩目的中国共产党第十八次全国代表大会在北京召开。大会选举产生了第十八届中央委员会和中央纪律检查委员会。2012 年 11 月 15 日，中国共产党第十八届中央委员会第一次全体会议，选举产生了新一届中央领导机构。选举习近平为中央委员会总书记。选举习近平、李克强、张德江、俞正声、刘云山、王岐山、张高丽为中央政治局常委。新一届党中央领导集体的产生过程，很好地体现了党的民主集中制的优良传统，既有统一领导，又有深入群众调查研究，充分听取基层意见；同时也体现了中华民族和合文化的优良传统，主张充分酝酿，充分协商，互相尊重，互相谦让，实行协商民主与票决民主的有机结合，达到全党团结统一的目的。

2013 年 3 月 14 日，十二届全国人大一次会议在人民大会堂举行第四次全体会议，以无记名投票方式，选举习近平为中华人民共和国主席、中华人民共和国中央军事委员会主席，选举张德江为第十二届全国人民代表大会常务委员会委员长，选举李源潮为中华人民共和国副主席。随后，国务院总理，最高人民法院院长，最高人民检察院检察长，国务院副总理、国务委员和新一届国务院其他组成人员相继产生。2013 年 3 月 11 日，全国政协十二届一次会议在人民大会堂举行第四次全体会议，选举政协第十二届全国委员会主席、副主席、秘书长、常务委员。俞正声当选中国人民政治

协商会议第十二届全国委员会主席。

这一次党和国家领导人的产生和交替，进一步表明我们党和国家领导人交替的制度化、法制化更加完善，更加规范。

以习近平同志为总书记的新一届中央领导集体，以不同寻常的道路自信、理论自信、制度自信，统筹国内国际两个大局，统筹伟大事业伟大工程，用中国梦凝聚中国力量，以作风建设提振全党精气神，以"四个全面"的战略布局，励精图治的改革举措，奋发进取的务实行动，推动着中国现代化巨轮稳中求进、稳中有为，正在开创党和国家事业发展的新局面。打铁还需自身硬。从清退不合格党员到严格管理干部，从践行"八项规定"到清扫"四风"污垢，从"老虎苍蝇一起打"的高压反腐到制定"党内法规制度条例"，从在全党开展群众路线教育实践活动到深入持续开展"三严三实"专题教育活动。这些密集的党建举措，彰显了"党要管党，从严治党"的一贯理念，更彰显了以全面从严治党推动全面深化改革、全面依法治国、全面建成小康社会的坚定决心。

第三节　克服权力过分集中现象，实现国家权力的平衡与协调

一　克服国家权力过分集中的弊端，实行适度分权和适度限权

国家是人类社会政治文明的产物。但它在人类历史发展的进程中，有时对社会发展起着推动作用，有时则起着阻碍作用。社会主义国家政权与剥削阶级的国家政权根本不同，已经在政权性质上发生了根本变化。社会主义国家政权对推动经济发展和社会进步发挥了重大作用。但我们不能不看到，由于我国长期封建专制主义的影响和旧的传统体制的影响，我们在政治体制上还存在一些弊端，这些弊端严重阻碍着社会的进步和发展。有的人说，现在的权力运行是"一把手绝对真理，二把手相对真理，三把手服从真理"。有的说"大会解决小问题，小会解决大问题，不开会解决关键问题"。还有的说"用人一句话，用钱一支笔，决策一言堂"。这些说法，都是对权力过分集中现象的生动写照。我国现实生活中的重大决策失误和重大腐败案件，大都与权力过分集中有着密切关系。

克服这一弊端的途径，一是实行适度分权，二是实行适度限权。党的十六届四中全会通过的《中共中央关于加强党的执政能力建设的决定》，正

是体现了这一重要精神。适度分权，就是把国家权力进行"外移"和"下移"。对国家权力实行"外移"，就是在党的统一领导下，充分发挥人民代表大会、司法机关、政协组织和人民团体独立行使职权的作用。国家权力"下移"，就是在中央统一领导下，实行权力逐级下放，充分发挥各级组织的作用。同时要下大力健全集体决策制度，在人权、财权和重大决策上实行集体领导，防止个人包办。适度限权，就是对国家权力过度扩张的部分进行限制。政府权力的无限扩张和政府部门的利益化倾向是国家权力发展的惯性趋势，因此必须下大力加以遏制。例如，我国颁布的《行政许可法》，就是对政府审批权力在审批项目的范围和审批程序上的限制。现在行使审批的范围大大缩小，行政审批的程序大大简化和便捷。

二 克服权力与权利的失衡，实现国家权力与公民权利的平衡与协调

按照马克思主义的国家理论和启蒙学派的契约理论，国家权力是由公民权利所委托，公民权利是国家权力之源。脱离公民权利，国家权力就成为无源之水，无根之木。但在政治发展进程中常常会出现国家权力与公民权利的失衡现象，即国家权力无限膨胀，公民权利不断弱化。我国改革开放以来，公民权利得到基本保障，公民人权得到国家尊重，公民社会组织不断成长壮大，基本实现了国家权力与公民权利的平衡与协调。但必须看到，由我国国情所决定，公民权利的行使完全达到宪法规定的目标，还有一段很长的路要走。我们一定要注意限制和克服国家权力无限扩展的惯性倾向和权力部门利益化倾向，大力纠正行业不正之风，有力遏制权力部门利益化，对建筑工程承包、干部晋升调动、药品食品质量检查、环保质量检查、司法执法等权力部门的以权谋私现象进行监督和惩治，力争取得重大成效。目前，权力部门利益化倾向仍很严重，需要下大力解决。

公民权利的行使是政治现代化的重要标志。公民权利的行使在很大程度上取决于非政府组织的成长壮大和逐步成熟。随着市场经济的发展和改革开放的进展，社会空间逐步扩大，我国非政府组织迅猛发展。这些组织为公民参与政治生活、社会生活，提供了新的渠道。但是现阶段，非政府组织发展还不够充分，角色扮演还不够清晰，组织行为还不够规范。要按照深化政治体制改革的要求，在"扩大人民民主"上作出重大努力和迈出实质性步伐，真正做到健全民主制度，丰富民主形式，拓宽民主渠道，实现民主选举、民主决策、民主管理、民主监督，在更高的层次上实现国家

权力与公民权利的平衡与协调。

三 正确处理决策权、执行权与监督权的关系，实行三权的互相制约与协调

我国的权力结构不能照搬西方的三权分立制度，必须实行一元化的人民代表大会制度。这有利于全国政权运行的政令统一，有利于全国政治大局的稳定发展。邓小平多次强调，反对照搬西方国家的三权分立制度，认为西方三权分立"实际上有三个政府"。[①] 我们国家搬用这一套，不利于国家统一和政治稳定。但我们必须借鉴西方国家在分权与制衡的理论与实践中的某些合理因素。邓小平指出，我国政治体制的主要弊端之一，是"权力过分集中的现象"。权力过分集中现象表现于两个方面，首先表现在权力过分集中于党的组织，主要表现是"党政不分""以党代政"。其次是表现在权力过分集中于个人，把党的领导"变成了个人领导"。[②] 权力过分集中是产生决策失误和滋生腐败的制度性根源。因此权力必须实行分解，实行科学分工和互相制约。他提出"完善人民代表大会制度"，提出"真正建立从国务院到地方各级政府从上到下的强有力的工作系统"[③] 等重要战略思想。邓小平这些重要思想的实质，是探索在国家权力结构上如何克服权力过分集中，实现国家权力结构的立法、执行、监督相互平衡和协调。

经过多年来的实践，我们政治体制中权力过分集中的现象已经有所改变，我们已经基本形成了在共产党领导下，党委、政府、人大、政协在一定程度上的相互制约与相互协调的机制。今后发展的方向，首先是必须正确处理党和人民代表大会的关系，进一步规范党的领导权力，进一步扩大和加强人民代表大会的立法权力和监督权力。同时要正确处理党和政府的关系，在党的统一领导下，政府充分行使执行权力。在政府行使权力的范围内，在制定执行行政法规过程中，也必须实行决策、执行、监督三权的相互制约与协调，必须纠正本部门自己制定法规、自己执行、自我监督的现象。这种改革被称为"行政三分"，已经在部分地区试行。这是带有方向性的改革试验，这是克服行政决策失误和遏制行政部门利益化的有效途径，因而引起了人们的广泛关注。党的十七大、十八大都提出"建立健全决策

---

① 《邓小平文选》第 3 卷，人民出版社，1993，第 195 页。
② 《邓小平文选》第 2 卷，人民出版社，1994，第 329 页。
③ 《邓小平文选》第 2 卷，人民出版社，1994，第 339 页。

权、执行权、监督权既相互制约又相互协调的权力结构和运行机制"。这就为我们实现决策、执行、监督三权的平衡与协调提出了新要求和新任务，也为我国的政治发展指明了正确的方向。

四 坚持公民权利的均衡性原则，关注弱势群体的公民参与和法律救助

公民权利均衡性原则就是公民权利的平等原则，在法律面前人人一律平等。但在剥削阶级占统治地位的社会里，实现公民权利的均衡性原则是不可能的。由于人们的经济地位存在着巨大的差别，人们的政治地位也必然存在着巨大差别，人们不可能平等地享有政治权利。

社会主义国家已经消灭了剥削制度，广大人民群众已经成为国家和社会的主人。人民群众的主人翁地位是毋庸置疑的。但由于社会的经济政治发展的不平衡性，人们实际的经济地位和政治地位是有很大差别的。所以，要完全实现公民权利的均衡性原则，还有很长的路要走。由于我国现阶段存在着城乡二元制结构，广大农民对国家事务和社会事务参与决策、管理的程度还受到限制。城镇中的下岗职工、待业人员、进城的农民工都属于弱势群体。他们不仅经济地位低下，而且政治地位不高，政治上容易被忽视，甚至被歧视，有的在司法过程中受到不公正待遇。

我国宪法规定，公民"不分民族、种族、性别、职业、家庭出身、宗教信仰、教育程度、财产状况、居住年限"，都平等享有公民权利。但由于各种客观条件的限制，强势群体与弱势群体在享受公民权利上存在着很大的差距。强势群体具有比较多的知情权、表达权、参与权、监督权，弱势群体则相反。弱势群体的利益表达渠道不够畅通，在诉讼案件中，弱势群体往往受到各种客观条件和主观条件的制约。弱势群体的上访，大多数是合理的，大多数是应该解决的，但上访很难达到预期目的。这些问题如果不高度重视，长期积累，就可能造成灾难性后果。

中央高度重视对弱势群体的救助问题，采取多种措施，对困难者在经济上给予多方面关心和照顾，在政治上也给予关怀，尊重他们的意见，通过多种方式倾听他们的意见，并通过法律救助，帮助他们解决实际问题，以减少和缓解强势群体和弱势群体之间的矛盾和冲突。

第四节　深化干部人事制度改革，培养
选拔党和人民需要的好干部

一　习近平关于新时期好干部的重要论述

我们党历来高度重视选贤任能，始终把选人用人作为关系党和人民事业的关键性、根本性问题来抓。治国之要，首在用人。也就是古人说的："为政之要，莫先于用人。"建设中国特色社会主义，关键在于建设一支宏大的高素质干部队伍。2013 年 6 月，习近平同志在全国组织工作会议上提出，要着力培养选拔党和人民需要的好干部。习近平同志鲜明地提出并深刻回答了"怎样是好干部？怎样成长为好干部？怎样把好干部用起来？"[①]这三个干部工作的根本问题，进一步明确了深化干部人事制度改革的方向、原则和要求，为当前和今后党的干部工作指明了方向。

怎样是好干部？习近平同志提出了新时期好干部的五条标准：信念坚定、为民服务、勤政务实、敢于担当、清正廉洁。信念坚定，就是党的干部必须坚定共产主义远大理想，真诚信仰马克思主义，矢志不渝为中国特色社会主义而奋斗，坚持党的基本理论、基本路线、基本纲领、基本经验、基本要求不动摇。为民服务，就是党的干部必须做人民公仆，忠诚于人民，以人民忧乐为忧乐，以人民甘苦为甘苦，全心全意为人民服务。勤政务实，就是党的干部必须勤勉敬业、求真务实、真抓实干、精益求精，创造出经得起实践、人民、历史检验的实绩。敢于担当，就是党的干部必须坚持原则、认真负责，面对大是大非敢于亮剑，面对矛盾敢于迎难而上，面对危机敢于挺身而出，面对失误敢于承担责任，面对歪风邪气敢于坚决斗争。清正廉洁，就是党的干部必须敬畏权力、管好权力、慎用权力，守住自己的政治生命，保持拒腐蚀、永不沾的政治本色。这五条标准，为干部队伍建设指明了方向，为广大干部树立了努力追求的标杆，也为选人用人提供了标尺。

怎样成长为好干部？习近平同志指出，好干部不会自然而然产生。成长为一个好干部，一靠自身努力，二靠组织培养。从干部自身来讲，个人必须努力，这是干部成长的内因，也是决定性因素。成为好干部，就要不

---

① 《习近平谈治国理政》，外文出版社，2014，第 412 页。

断改造主观世界、加强党性修养、加强品格陶冶。要时刻自重自省自警自励，努力做到"心不动于微利之诱，目不眩于五色之惑"，老老实实做人，踏踏实实干事，清清白白为官。要勤于学、敏于思，提高战略思维、创新思维、辩证思维、底线思维能力，正确判断形势，始终保持政治上的清醒和坚定。还要认真学习各方面知识，丰富知识储备，完善知识结构，打牢履职尽责的知识基础。要加强实践，经风雨、见世面，在改革发展的主战场、维护稳定的第一线、服务群众的最前沿砥砺品质、提高本领。从组织培养来讲，就是要抓好党性教育这个核心，抓好道德建设这个基础，加强宗旨意识、公仆意识教育。要强化干部实践锻炼，积极为干部锻炼成长搭建平台。要加强对干部经常性的管理监督，形成对干部的严格约束。

怎样把好干部用起来？习近平同志指出，好干部成长起来了，培养出来了，关键还是要用。用一贤人则群贤毕至，见贤思齐就蔚然成风。选什么人就是风向标，就有什么样的干部作风，就有什么样的党风。用人得当，首先要知人。要近距离接触干部，观察干部对重大问题的思考，看其见识见解；观察干部对群众的感情，看其品质情怀；观察干部对待名利的态度，看其境界格局；观察干部处理复杂问题的过程和结果，看其能力水平。考察识别干部，功夫要下在平时，并注意重大关头、关键时刻。用人得当，就要坚持全面、历史、辩证看干部，注重一贯表现和全部工作。要改进考核方法手段，既看发展又看基础，既看显绩又看潜绩，把民生改善、社会进步、生态效益等指标和实绩作为重要考核内容。用人得当，就要科学合理使用干部，也就是说要用当其时、用其所长。要树立强烈的人才意识，寻觅人才求贤若渴，发现人才如获至宝，举荐人才不拘一格，使用人才各尽其能。要下决心改变任人唯亲、任人唯利的问题，使用人之风真正纯洁起来。①

二　十八届三中全会关于进一步深化干部人事制度改革的新部署

干部人事制度改革是党的建设制度改革和政治体制改革的重要内容，需要把它放到坚持和发展中国特色社会主义制度这个大局下去认识、去审视，放到全面深化改革的整体布局中去谋划、去推进。全面深化改革，需要有力的组织保证和人才支撑。深化干部人事制度改革，是造就高素质执政骨干队伍，形成人才辈出、人尽其才生动局面的制度保证。

---

① 中共中央宣传部：《习近平总书记系列重要讲话读本》，学习出版社、人民出版社，2014，第 162~164 页。

2013 年 11 月，党的十八届三中全会通过的《中共中央关于全面深化改革若干重大问题的决定》（以下简称《决定》）全面贯彻党的十八大精神，适应全面深化改革新要求，对进一步深化干部人事制度改革作出了新部署。

1. 进一步明确深化干部人事制度改革总要求

《决定》提出，坚持党管干部原则，深化干部人事制度改革，构建有效管用、简便易行的选人用人机制，使各方面优秀干部充分涌现。这是在总结实践经验的基础上，对干部人事制度改革总的方向、目标和思路的新概括，是进一步深化干部人事制度改革的总要求。

坚持党管干部原则，牢牢把握深化干部人事制度改革正确方向。党管干部是我国干部人事制度最鲜明的政治特色，是坚持党的领导、巩固党的执政地位的根本保证，任何时候都不能动摇。随着全面深化改革的展开，特别是市场在资源配置中决定性作用的发挥，干部工作需要充分走群众路线，进一步扩大民主，增强透明度。但必须明确，这种改革的目的是提高党管干部水平，更好地为党选拔优秀人才，决不是放弃党管干部原则。在全面深化改革中继续推进干部人事制度改革，必须坚持党管干部原则，牢牢把握正确方向，干部人事制度改革每一项措施，都应有利于加强而不是削弱党的领导，都应有利于巩固而不是动摇党的执政地位。

着眼选拔党和人民需要的好干部，进一步明确深化干部人事制度改革目标。我们党选拔任用干部的标准，从大的方面说就是德才兼备。不同历史时期，对干部德才的具体要求有所不同。习近平同志在 2013 年 6 月召开的全国组织工作会议上，正确回答了怎样是好干部、怎样成长为好干部、怎样把好干部用起来等重大问题，明确提出新时期党和人民需要的好干部的标准，即信念坚定、为民服务、勤政务实、敢于担当、清正廉洁，并对这一标准的内涵作了深刻阐述。习近平同志要求各级党委及组织部门坚持党管干部原则，坚持正确用人导向，坚持德才兼备、以德为先，努力做到选贤任能、用当其时，知人善任、人尽其才，把好干部及时发现出来、合理使用起来。这就指明了深化干部人事制度改革的目标和着力点。在新的历史阶段，面对全面深化改革、全面依法治国、全面建成小康社会的艰巨任务，我们继续推进干部人事制度改革最根本的任务，就是要培养选拔更多党和人民需要的好干部，尤其要使那些理想信念坚定、锐意改革创新、敢于负责担当的优秀干部充分涌现，使各级干部都各尽其能、才尽其用。

干部人事制度改革的政治性、政策性和敏感性都很强，必须科学设计，扎实推进，务求实效。《决定》提出，要构建有效管用、简便易行的选人用人机制，着力提高干部人事制度改革科学化水平。有效管用，就是改革措施的推出要服务于选准用好干部的需要，更加注重实际效果，遵循干部人事工作规律，坚持形式服从内容、过程服从结果。简便易行，就是改革制度的设计要坚持于法周延、于事简便，既坚持标准、严格程序，又提高效率、降低成本。为此，要正确处理继承干部工作优良传统与改革创新的关系，尤其要坚持在实践中培养、发现和使用干部。要把自上而下的改革和自下而上的探索结合起来，改革措施要成熟一个推出一个，重大改革举措坚持试点先行。要加强制度统筹，既着力解决制度缺失问题，又有效防止制度繁密现象。要注意各项改革措施的衔接和配套，重视抓好已有制度的完善和落实。

2. 抓住群众反映强烈的突出问题着力推进改革

深化干部人事制度改革，必须抓住当前干部人事工作中群众反映强烈的突出问题，认真总结，深入研究，不断改进，努力取得突破性进展。要把完善干部选拔任用制度与完善考核评价、管理监督、激励保障制度结合起来，修订好干部任用条例、干部考核评价办法等，努力形成科学完备的制度体系。

完善干部选拔任用相关制度。《决定》提出，发挥党组织领导和把关作用，强化党委（党组）、分管领导和组织部门在干部选拔任用中的权重和干部考察识别的责任。这是正确认识和处理干部人事制度改革中出现的新情况新问题、构建科学的选人用人机制的关键所在。

一是完善民主推荐、民主测评制度。主要是把加强党的领导和充分发扬民主结合起来，提高干部工作民主质量。一方面，要改进民主推荐、测评方式和程序，增强民意表达的真实性。在干部工作中发扬民主，不仅体现在投票推荐上，而且体现在个别谈话、实地调查、广泛听取各方面意见等各个方面，体现在酝酿动议、考察预告、沟通协商、讨论决定、任前公示等各个环节。另一方面，要正确分析和对待票数，把得票作为用人的重要参考。坚持全面、历史、辩证看干部，注重一贯表现和全部工作，把干部推荐得票情况与组织平时掌握的德才和实绩情况对照起来分析，综合考虑确定人选。对那些坚持原则、敢抓敢管而得票相对较少的干部，要具体情况具体分析，该保护的一定要保护，坚决纠正唯票取人现象。

二是改进竞争性选拔干部办法。合理确定公开选拔和竞争上岗的职位、范围、规模，坚持选拔任用条件和资格，改进选拔程序和方法，严格组织考察和把关，加强纪律监督，引导干部在实干、实绩上竞争，防止把严肃的干部工作搞成选秀，坚决纠正唯分取人现象。

三是区分实施选任制和委任制干部选拔方式。根据选任制和委任制的不同特点，探索不同的干部人选产生方式和票数权重，避免一刀切。选任制干部即各级党政领导班子成员，适用选举民主。委任制干部即各级党政机关的部门领导、中层干部和一般干部，适用"实绩晋升"。这一层面干部的选拔，主要是扩大提名、考察环节的民意收集和决定环节党委（党组）内部的民主，不能把竞争性选拔作为主要方式甚至唯一方式。

四是改进优秀年轻干部培养选拔机制。培养造就大批优秀年轻干部，事关党的事业薪火相传，事关国家长治久安。要按照拓宽来源、优化结构、改进方式、提高质量的要求，搞好优秀年轻干部培养选拔的总体规划。下大气力抓好培养工作，对那些看得准、有潜力、有发展前途的年轻干部，要敢于压担子，有计划安排他们去经受锻炼，尤其要放到基层、艰苦岗位去磨炼。注意用好各年龄段干部，既重视选拔优秀年轻干部，又合理使用其他年龄段干部，不能简单地以年龄划线，不搞任职年龄层层递减。

改革和完善干部考核评价制度。《决定》明确提出，完善发展成果考核评价体系，纠正单纯以经济增长速度评定政绩的偏向，加大资源消耗、环境损害、生态效益、产能过剩、科技创新、安全生产、新增债务等指标的权重，更加重视劳动就业、居民收入、社会保障、人民健康状况。要据此改革实绩考核指标体系的设置，完善考核办法，健全奖惩机制，形成促进科学发展导向，促进各级干部树立正确政绩观。要实行对不同区域、不同层次、不同类型领导班子和领导干部分类考核。改进德的考核办法，细化干部德的评价标准，检验干部理想信念坚定不坚定，主要看是否在重大政治考验面前有政治定力，是否能树立牢固的宗旨意识，是否对工作极端负责，是否能做到吃苦在前、享受在后，是否能在急难险重任务面前勇挑重担，是否能经得起权力、金钱、美色的诱惑。要把考察识别干部的功夫下在平时，健全到基层干部群众中、从履职过程中考察干部制度，完善通过谈心谈话、民主生活会了解干部办法，建立领导班子、领导干部综合分析研判制度，增强考核全面性和准确性。

完善干部管理相关制度。一是打破干部部门化，拓宽选人视野和渠道，加强干部跨条块跨领域交流。这对于坚持五湖四海、任人唯贤，统筹干部资源的优化配置，改善领导班子的群体结构，促进党的事业发展具有重要作用。在选人用人上，现在还存在着违背五湖四海原则的现象，有的用干部以部门、地域、单位划线，干部调不进、派不出，有的只注重安排身边的干部。客观上讲，单位、部门之间领导职数资源分配不够均衡，从制度上导致干部发展机会不平衡。因此，必须打破干部部门所有，大力推进干部跨条块跨领域交流，统筹用好各类干部资源，增强干部工作的系统性和协调性。二是破除"官本位"观念，推进干部能上能下、能进能出。创造条件，逐步取消学校、科研院所、医院等单位的行政级别。三是完善从严管理干部队伍制度体系，把从严治党要求落实到对干部严格考核、选拔和监督上，贯穿于干部选拔任用全过程。要完善和落实领导干部问责制，规范被问责党政领导干部重新任职的条件、程序。对于那些拍脑袋决策、拍胸脯蛮干造成恶劣影响的要追究责任，而且要终身追责。四是完善公务员激励保障制度。主要是推行公务员职务与职级并行、职级与待遇挂钩制度，加快建立专业技术类、行政执法类公务员和聘任人员管理制度，完善基层公务员录用制度，在艰苦边远地区适当降低进入门槛。通过这些措施，着力改变公务员队伍千军万马挤领导职务这个独木桥问题，调动广大公务员特别是基层公务员积极性，使他们都能各尽所能、各得其所。

3. 建立集聚人才的体制机制

邓小平同志曾经说过，事情成败的关键就是能不能发现人才，能不能用好人才。当今世界综合国力的竞争归根到底是人才的竞争。《决定》提出，建立集聚人才体制机制，择天下英才而用之。这是加快确立人才优先发展战略布局，推动我国由人才大国迈向人才强国的体制保证，有利于为全面深化改革提供有力的人才支撑。

建立集聚人才的体制机制，首先要深刻分析人才工作面临的新形势新情况。《决定》强调，打破体制壁垒，扫除身份障碍，让人人都有成长成才、脱颖而出的通道，让各类人才都有施展才华的广阔天地。这是人才工作重要理念创新。改革开放以来，经济社会发展为人们提供了广阔发展空间，同时也出现了社会分层"凝固化"和社会流动"缓慢化"趋势。这不仅不利于把大批优秀人才凝聚到党和国家事业中来，而且易激起社会"仇官心理"。一段时间以来，人们对一些年轻干部破格提拔习惯性质疑，从深层次上折射出社会公众对社会流动不畅的焦虑。因此，必须着力打破体制壁垒，扫除身份障碍，大力营造机会公平、规则公平的制度环境，让社会各阶层人员都有通过平等竞争向上发展的机会和通道。

完善党政机关、企事业单位和社会各方面人才顺畅流动的制度体系。现在，党政机关、企事业单位之间干部交流渠道不够通畅，许多社会优秀人才，包括非公有制经济组织、新社会组织、自由职业者中的人才，海外留学人员和普通工人农民，由于受到体制和身份限制，难以进入党政干部队伍。要探索建立由多种干部选拔方法、多条干部选拔渠道构成的干部选拔体系，进一步拓宽选人用人视野。对社会上的优秀人才可推行直接引进、公开选拔、聘任、挂职等办法，畅通进入党政领导岗位和公务员队伍渠道，给他们提供平等的机会。同时，对党政机关干部向企事业单位流动也要进行一些制度性探索，打通干部在不同体制之间的流转通道，优化干部队伍结构，增强干部队伍活力，促进人才资源的开发和利用。当然，这种流动要严格按制度办事，增强透明度，接受社会监督，防止期权交易、权力寻租等问题发生，防止干扰正常经济秩序，防止滋生腐败。

健全人才向基层流动、向艰苦地区和岗位流动、在一线创业的激励机制。当前推动基层各项事业改革发展，面对的迫切问题是人才缺乏，中西部地区和基层学校、医疗卫生、农技推广等机构和艰苦岗位人才匮乏、留不住人、人员素质整体偏低问题比较突出。因此，要创新体制机制，完善激励政策，在待遇、职称、选拔任用等方面真正向基层、向中西部地区和艰苦岗位人才倾斜，切实解决他们在工作、学习、生活等方面的实际困难，促进人才向缺乏人才地区聚集。要树立"不求所有，但求所用"的理念，打破户籍、地域、身份、人事关系等刚性制约，通过智力引进、人才创业、人才派遣等多种形式，实现高层次人才柔性流动。要大力倡导服务基层、奉献社会精神，鼓励年轻人到基层和艰苦地区锻炼成长。

加快形成具有国际竞争力的人才制度优势。李光耀曾说，中国和美国之间的竞争，关键在人才，中国从13亿多人中选人才，而美国是从全球70亿人中选人才。此说虽不完全准确，但也有一定道理。这与我国人才引进方式单一、引才审批手续繁琐等不无关系，特别是对外国人才来华留华工作缺乏有吸引力的制度。因此，必须适应构建开放型经济新体制要求，增强人才政策开放度，敞开大门，招四方之才。要完善人才评价机制，借鉴国际经验，研究建立各类人才能力素质标准体系，通过业绩和贡献评价人才，依靠实践和群众发现人才。要持之以恒抓好"千人计划"等重大人才工程实施，完善人才签证、绿卡等管理办法，研究制定国家技术移民、投资移民等法律，推动人才试验区建设等，大力吸引国（境）外优秀人才回国或来华创业发展。要按照支持留学、鼓励回国、来去自由、发挥作用的方针，千方百计创造条件，使广大留学人员回到祖国有用武之地，留在国外有报国之门，让他们把自己的梦想融入亿万人民实现中华民族伟大复兴中国梦的壮阔奋斗之中。①

三 十八大以来深化干部人事制度改革的新进展

十八大以来，特别是党的十八届三中全会以来，以习近平同志为总书记的党中央对全面从严治党作出重要战略部署。从严治党，关键是从严治吏。党的建设制度改革专项小组和中央组织部坚持一手抓改革举措出台，一手抓出台文件落地实施，一些改革举措已初见成效。中央先后制定和完善了干部选拔任用、干部教育培训、干部个人有关事项报告、干部问责、干部兼职、干部档案管理、"裸官"治理等方面制度，全面加强干部从严管理。比如，以修订和落实《党政领导干部选拔任用工作条例》为抓手，构建科学有效的选人用人机制，大力培养选拔党和人民需要的好干部，有力推动了"唯票、唯分、唯GDP、唯年龄"取人问题的解决；完善从严管理干部队伍制度体系，强化领导干部个人有关事项报告抽查核实、治理"裸官"和领导干部违规兼职等，解决干部管理失之于宽、失之于软的问题；完善选人用人专项检查和责任追究制度，坚决整治跑官要官、说情打招呼、超规格超职数配备干部等问题；改革政绩考核机制，着力解决"形象工程""政绩工程"以及不敢担当、不作为、乱作为等问题。

2014年8月，中共中央政治局召开会议，审议通过了《深化党的建设制度改革实施方案》。会议强调，干部人事制度改革，要在完善科学有效的选人用人机制上下功夫，通过制度改革和严格执行制度，解决长期存在的老大难问题，使各方面优秀干部充分涌现。要完善人才工作领导体制和工作格局，形成具有国际竞争力的人才制度优势，把各方面优秀人才集聚到党和国家事业中来。对深化干部人事制度改革，实施方案提出了13项重点改革举措。比如完善从严管理干部队伍制度体系，加强干部管理监督，开展超职数配备干部、领导干部在企业违规兼职专项治理，强化领导干部个人有关事项报告抽查核实；健全干部激励保障制度，调动广大干部的积极

---

① 陈希：《深化干部人事制度改革》，《〈中共中央关于全面深化改革若干重大问题的决定〉辅导读本》，人民出版社，2013，第337～344页。

性创造性，推行公务员职务与职级并行、职级与待遇挂钩制度等。

2015 年 6 月 26 日，中共中央政治局召开会议，审议通过《关于推进领导干部能上能下的若干规定（试行）》（以下简称《规定》）。随后，中共中央办公厅印发《规定》。《规定》是全面从严治党、从严管理干部的重要举措，对于促使干部自觉践行"三严三实"要求，解决为官不正、为官不为、为官乱为等问题，建设高素质干部队伍，完善从严管理干部制度体系，具有重要意义。

干部能上能下是增强干部队伍生机活力的必然要求。近年来，各地各部门按照中央要求和部署，在推进领导干部能上能下方面积极探索、大胆实践，取得一定成效，但总体上，能上不能下仍是长期制约干部工作的难点问题，相关法规制度还是一块短板。制定出台这个《规定》，明确下的标准，规范下的方式，疏通下的渠道，有利于促进能者上、庸者下、劣者汰，形成完善的工作机制和良好的用人导向。《规定》破解能上不能下的难题，明确了干部下的 6 种渠道，分别是到龄免职（退休）、任期届满离任、问责处理、调整不适宜担任现职干部、健康原因调整和违纪违法免职。认真落实这些举措，就能让干部"下"得合理、"下"得合法、"下"得服气，"下"得真正能够起到对干部队伍的激励作用。《规定》重点解决领导干部"能下"问题，是建立健全领导干部能上能下制度机制的一个突破。

第五章

全面推进依法治国　加快建设法治国家

依法治国是坚持和发展中国特色社会主义的本质要求和重要保障。党的十八大以来，习近平同志围绕全面依法治国发表了一系列重要论述。党的十八届四中全会作出《关于全面推进依法治国若干重大问题的决定》，制定了全面依法治国的总蓝图、路线图、施工图，标志着我国社会主义法治建设进入了一个新的历史时期。

法治是治国理政的基本方式，是国家治理体系和治理能力的重要依托。民主和法治相互依存，不可分割。现代意义上的法治，是与民主政治紧密结合的法治。社会主义民主是社会主义法治的前提和基础，社会主义法治是社会主义民主的体现和保证。

法治在我国现代化建设中具有重要作用。法治保证和促进国家的经济建设、政治建设、文化建设、社会建设和生态文明建设。

全面推进依法治国，建设中国特色社会主义法治体系，建设社会主义法治国家。坚持依法治国、依法执政、依法行政共同推进，坚持法治国家、法治政府、法治社会一体建设。要维护宪法和法律的权威。深入推进依法行政，加快建设法治政府。深化司法体制改革，保证公正司法，提高司法公信息力。弘扬法治精神，建设法治社会。加强法治工作队伍建设。加强和改善党对全面推进依法治国的领导。

第一节　习近平关于全面依法治国的重要论述

全面推进依法治国，是以习近平同志为总书记的党中央从坚持和发展中国特色社会主义出发，为更好治国理政提出的重大战略任务，是事关我们党执政兴国的一个全局性问题。党的十八大以来，习近平同志围绕全面依法治国发表的一系列重要论述，立意高远，内涵丰富，思想深刻，为推进社会主义法治建设提供了基本遵循和行动指南。认真学习这些重要论述，对于深刻理解全面依法治国在"四个全面"战略布局中的重要地位和作用，系统把握全面依法治国的指导思想、总目标、基本原则和总体要求，深入贯彻落实党的十八届四中全会精神，不断开创依法治国新局面，具有十分重要的意义。

2015 年 4 月，由中共中央文献研究室编辑的《习近平关于全面依法治国论述摘编》（以下简称《摘编》）一书，由中央文献出版社出版，在全国发行。《摘编》共分 8 个专题，收入 193 段论述，摘自习近平同志 2012 年12 月 4 日至 2015 年 2 月 2 日期间的讲话、报告、批示、指示等 30 多篇重要文献。其中部分论述是第一次公开发表。这些论述，集中反映了习近平关于全面依法治国的重要思想观点。

一　全面依法治国在"四个全面"战略布局中的重要地位和作用

习近平同志强调：治理一个国家、一个社会，关键是要立规矩、讲规矩、守规矩。法律是治国理政最大最重要的规矩。他说：我国是一个有十三亿多人口的大国，地域辽阔，民族众多，国情复杂。我们党在这样一个大国执政，要保证国家统一、法制统一、政令统一、市场统一，要实现经济发展、政治清明、文化昌盛、社会公正、生态良好，都需要秉持法律这个准绳、用好法治这个方式。这就是党的十八大明确全面建成小康社会奋斗目标、十八届三中全会部署全面深化改革之后，党中央紧接着在四中全会部署全面推进依法治国工作的基本考虑。①

从总结历史经验和教训看，我们党对依法治国问题有成功的经验，也有因忽视法治而带来的教训。这使我们深刻认识到，法治是治国理政不可

---

① 习近平：《在中共十八届四中全会第二次全体会议上的讲话》，《习近平关于全面依法治国论述摘编》，中央文献出版社，2015，第 9 页。

或缺的重要手段。什么时候重视法治、法治昌明，什么时候就国泰民安；什么时候忽视法治、法治松弛，什么时候就国乱民怨。

从解决国家发展中面临的突出矛盾和问题看，现在，全面建成小康社会进入决定性阶段，改革进入攻坚期和深水区，国际形势复杂多变，我们面对的改革发展稳定任务之重前所未有，面对的矛盾风险挑战之多前所未有。这就要求我们必须把依法治国摆在更加突出的位置，把党和国家工作纳入法治化轨道，从法治上为解决面临的突出矛盾和问题提供制度化方案。

从实现中国梦和长远发展看，全面依法治国是全面建成小康社会的重要保障。这一目标实现之后的路该怎么走？如何跳出"历史周期率"、实现长期执政？如何实现党和国家长治久安？这些都是需要我们深入思考的重大问题。提出全面依法治国，一个重要意图就是为子孙万代计、为长远发展谋。

习近平同志深刻指出：法治和人治问题是人类政治文明史上的一个基本问题，也是各国在实现现代化过程中必须面对和解决的一个重大问题。综观世界近现代史，凡是顺利实现现代化的国家，没有一个不是较好解决了法治和人治问题的。相反，一些国家虽然也一度实现快速发展，但并没有顺利迈进现代化的门槛，而是陷入这样或那样的"陷阱"，出现经济社会发展停滞甚至倒退的局面。后一种情况很大程度上与法治不彰有关。[1]

十八届四中全会后不久，习近平同志提出了全面建成小康社会、全面深化改革、全面依法治国、全面从严治党的战略布局，并就全面依法治国在这个战略布局中的地位和作用作了阐述。他指出：全面建成小康社会是我们的战略目标，全面深化改革、全面依法治国、全面从严治党是三大战略举措。从这个战略布局看，做好全面依法治国各项工作意义十分重大。没有全面依法治国，我们就治不好国、理不好政，我们的战略布局就会落空。他特别强调："要把全面依法治国放在'四个全面'的战略布局中来把握，深刻认识全面依法治国同其他三个'全面'的关系，努力做到'四个全面'相辅相成、相互促进、相得益彰。"[2]

---

① 习近平：《在中共十八届四中全会第二次全体会议上的讲话》，《习近平关于全面依法治国论述摘编》，中央文献出版社，2015，第12页。

② 习近平：《在省部级主要领导干部学习贯彻党的十八届四中全会精神全面推进依法治国专题研讨班上的讲话》，《习近平关于全面依法治国论述摘编》，中央文献出版社，2015，第15页。

习近平同志立足于"四个全面"战略布局，思考和阐述了这几个全面之间的关系。他指出，十八届三中、四中全会分别把全面深化改革、全面推进依法治国作为主题并作出决定，有其紧密的内在逻辑，可以说是一个总体战略部署在时间轴上的顺序展开。三中全会决定和四中全会决定是姊妹篇，体现了"破"和"立"的辩证统一。改革和法治如鸟之两翼、车之两轮，有力推动全面建成小康社会事业向前发展。他还指出，社会主义法治必须坚持党的领导，党的领导必须依靠社会主义法治。全面推进依法治国，必须努力形成国家法律法规和党内法规制度相辅相成、相互促进、相互保障的格局。四中全会决定把形成完善的党内法规体系纳入全面推进依法治国中，这是新形势下全面从严治党的一项重大举措。全面建成小康社会、全面深化改革、全面从严治党，都离不开全面依法治国。

习近平同志深刻指出，全面推进依法治国是国家治理领域一场广泛而深刻的革命，是我们党在治国理政上的自我完善、自我提高。从"四个全面"战略布局中，从党如何更好治国理政、实现国家治理体系和治理能力现代化这样的高度，来把握全面依法治国，我们就会对它的重大意义有更深刻的认识。

二　坚持中国特色社会主义法治道路，最根本的是坚持中国共产党的领导

全面推进依法治国，必须走对路，在道路问题上不能含糊。习近平同志指出，四中全会决定有一条贯穿全篇的红线，这就是坚持和发展中国特色社会主义法治道路。这是一个管总的东西。

中国特色社会主义法治道路，是我国社会主义法治建设成就和经验的集中体现。其核心要义有三个方面：坚持党的领导，坚持中国特色社会主义制度，贯彻中国特色社会主义法治理论。这三个方面，规定和确保了中国特色社会主义法治体系的制度属性和前进方向。

习近平同志首先强调的、讲得最多的，是坚持中国共产党的领导。他指出，党和法治的关系是法治建设的核心问题、根本问题，必须讲清楚。《摘编》第二部分集纳了这方面最重要的思想观点。

第一，坚持党的领导是社会主义法治的根本要求。十八届四中全会明确指出："党的领导是中国特色社会主义最本质的特征，是社会主义法治最根本的保证。把党的领导贯彻到依法治国全过程和各方面，是我国社会主

义法治建设的一条基本经验。"① 习近平同志说,这一论断抓住了党和法关系的要害。他强调,坚持中国特色社会主义法治道路,最根本的是坚持中国共产党的领导。依法治国是我们党提出来的,是为了进一步巩固党的执政地位、完成党的执政使命,绝不是要削弱党的领导。中国共产党的领导地位是宪法确定的。我们讲的依宪治国、依宪执政,与西方所谓的"宪政"本质上是不同的。任何人以任何借口否定中国共产党领导,都是错误的、有害的,都是违反宪法的,都是绝对不能接受的。

第二,党的领导和社会主义法治在本质上是一致的。这是正确认识党和法关系的关键。在我国,法是党的主张和人民意愿的统一体现,党的领导、人民当家作主、依法治国三者是有机的统一。所以,坚持党的领导是全面推进依法治国的题中应有之义。只有在党的领导下依法治国、厉行法治,人民当家作主才能充分实现,国家和社会生活法治化才能有序推进。

第三,必须搞清楚"党大还是法大""权大还是法大"的问题。这是党和法关系问题上的一个认识障碍。有些别有用心的人热衷讲"党大还是法大",以为打到了我们的软肋上。其实,既然党和法在本质上是一致的,就不存在谁大谁小的问题。习近平同志一针见血地指出,这是一个伪命题,是一个政治陷阱。现实中存在的,容易与"党大还是法大"搞混的,倒是有一个"权大还是法大"的问题,这是一个真命题,恰恰是我们在全面推进依法治国中要着力解决的问题。习近平同志深刻指出,我们说不存在"党大还是法大"的问题,是把党作为一个执政整体而言的,是就党的执政地位和领导地位而言的,具体到每个党政组织、每个领导干部,就必须服从和遵守宪法法律,就不能以党自居,不能把党的领导作为个人以言代法、以权压法、徇私枉法的挡箭牌。

第四,党和法的关系是政治和法治关系的集中反映。这是从理论的深层次上进一步说明党和法的关系。习近平同志指出,法治当中有政治,因为没有脱离政治的法治。每一种法治形态背后都有一套政治理论,每一种法治模式当中都有一种政治逻辑,每一条法治道路底下都有一种政治立场。这一点,西方法学家也承认。习近平同志把我们的政治和法治的关系概括为"三个本质上",即:"我们要坚持的中国特色社会主义法治道路,本质上是中国特色社会主义道路在法治领域的具体体现;我们要发展的中国特

---

① 《中国共产党第十八届中央委员会第四次全体会议文件汇编》,人民出版社,2014,第21~22页。

色社会主义法治理论，本质上是中国特色社会主义理论体系在法治问题上的理论成果；我们要建设的中国特色社会主义法治体系，本质上是中国特色社会主义制度的法律表现形式。"① 这些精辟的论述告诉我们，在党和法的关系上，一定要看到问题的本质，牢记党的领导是中国特色社会主义法治之魂，是我们的法治同西方资本主义国家的法治最大的区别。在坚持走中国特色社会主义法治道路这个根本问题上，我们要树立自信、保持定力。

第五，既要坚持又要改善党对依法治国的领导。一方面，要坚持党总揽全局、协调各方的领导核心作用，统筹依法治国各领域工作，确保党的主张贯彻到依法治国全过程和各方面。另一方面，要改善党对依法治国的领导，不断提高党领导依法治国的能力和水平。这两个方面就是要求做到四中全会决定所说的"三统一""四善于"，即："把依法治国基本方略同依法执政基本方式统一起来，把党总揽全局、协调各方同人大、政府、政协、审判机关、检察机关依法依章程履行职能、开展工作统一起来，把党领导人民制定和实施宪法法律同党坚持在宪法法律范围内活动统一起来"；"善于使党的主张通过法定程序成为国家意志，善于使党组织推荐的人选通过法定程序成为国家政权机关的领导人员，善于通过国家政权机关实施党对国家和社会的领导，善于运用民主集中制原则维护中央权威、维护全党全国团结统一"。②

第六，坚持党对依法治国的领导，不是一句空的口号，要具体体现在党领导立法、保证执法、支持司法、带头守法上。在法治建设的实际工作中，必须要有抓手。习近平同志指出，四中全会决定提出的全面推进依法治国的总目标就是一个总揽全局、牵引各方的总抓手。这一总目标是：建设中国特色社会主义法治体系，建设社会主义法治国家。依法治国各项工作都要围绕这个总目标来部署、来展开、来谋划、来推进。

三　全面把握法治工作基本格局，着力推进科学立法、严格执法、公正司法、全民守法

全面推进依法治国是一项庞大的系统工程，必须统筹兼顾、把握重点、

---

① 习近平：《在省部级主要领导干部学习贯彻党的十八届四中全会精神全面推进依法治国专题研讨班上的讲话》，《习近平关于全面依法治国论述摘编》，中央文献出版社，2015，第34～35页。

② 《中国共产党第十八届中央委员会第四次全体会议文件汇编》，人民出版社，2014，第22～23页。

整体谋划。习近平同志从目前我国法治工作的基本格局出发，就立法、执法、司法、守法四个方面的工作部署和改革举措作了深刻阐述。这是《摘编》第三、四、五、六部分的内容。

第一，坚持科学立法。全面依法治国，必须坚持立法先行，继续完善以宪法为统帅的中国特色社会主义法律体系。习近平同志明确指出，宪法是治国安邦的总章程，具有最高的法律地位。全面贯彻实施宪法是建设社会主义法治国家的首要任务和基础性工作，必须把宣传和树立宪法权威作为全面推进依法治国的重大事项抓紧抓好。针对立法领域存在的突出问题，他提出关键是要提高立法质量，而推进科学立法、民主立法是提高立法质量的根本途径。要完善立法体制，优化立法职权配置，明确立法权力边界，从体制机制和工作程序上防止部门利益和地方保护主义法律化。他强调，要处理好改革和法治的关系，做到立法决策和改革决策相衔接、相统一。凡属重大改革要于法有据，不允许随意突破法律红线；同时，立法要主动适应改革发展需要，不能成为改革的"绊马索"。

第二，坚持严格执法。法律的生命力在于实施，这是全面推进依法治国的重点。能不能做到依法治国，关键在于党能不能坚持依法执政，各级政府能不能依法行政。习近平同志强调，行政机关是实施法律法规的重要主体，要带头严格执法，依法全面履行职能。推进严格执法，重点是解决执法不规范、不严格、不透明、不文明以及不作为、乱作为等突出问题。对行政机关要强化制约、强化监督、强化公开，防止权力滥用。要以建设法治政府为目标，推进机构、职能、权限、程序、责任法定化，推进各级政府事权规范化、法律化。

第三，坚持公正司法。公正是法治的生命线。司法是维护社会公平正义的最后一道防线。政法机关是老百姓平常打交道比较多的部门，是群众看党风政风的一面镜子。如果不努力让人民群众在每一个司法案件中都感受到公平正义，人民群众就不会相信政法机关，从而也不会相信党和政府。习近平同志强调，必须旗帜鲜明反对司法腐败，构建开放、动态、透明、便民的阳光司法机制。他深刻指出，司法不公的深层次原因在于司法体制不完善、司法职权配置和权力运行机制不科学、人权司法保障制度不健全，要深入推进司法改革。

第四，坚持全民守法。法律要发挥作用，需要全社会信仰法律。对法律有了信仰，群众就会自觉按法律办事。推进全民守法，必须着力增强全民法治观念，坚持法制教育与法治实践相结合，把全民普法和守法作为依法治国的长期基础性工作来抓。一方面，必须弘扬社会主义法治精神，建设社会主义法治文化，传播法律知识，培养法律意识；另一方面，必须以实际行动树立法律权威，让老百姓相信法不容情、法不阿贵，只要是合理合法的诉求，通过法律程序就能得到合理合法的结果。要充分调动人民群众投身依法治国实践的积极性和主动性，使全体人民都成为社会主义法治的忠实崇尚者、自觉遵守者、坚定捍卫者，使尊法、信法、守法、用法、护法成为全体人民的共同追求。

四　建设一支德才兼备的高素质法治队伍

全面推进依法治国，首先要把专门的法治队伍建设好。这主要包括从事立法工作、执法工作、司法工作的人员。对这三支队伍的建设，习近平同志分别提出了明确要求。他还强调要加强律师、公证员、人民调解员等法律服务队伍建设，他们也是依法治国的重要力量。

习近平同志明确指出：要把理想信念教育摆在政法队伍建设第一位，不断打牢高举旗帜、听党指挥、忠诚使命的思想基础；要坚持从严治警，严守党的政治纪律和组织纪律，坚决反对公器私用、司法腐败；要重点解决好损害群众权益的突出问题，进一步提高政法工作亲和力和公信力；要把法治精神当作主心骨，做知法、懂法、守法、护法的执法者；要敢于担当，"养兵千日，用兵千日"，政法干警要敢于在对敌斗争最前沿、维护稳定第一线去迎接挑战；要把政法机关能力建设作为重要任务，提高业务本领，强化职业道德，切实担负起中国特色社会主义事业建设者、捍卫者的职责使命。

五　全面依法治国，必须紧紧抓住领导干部这个"关键少数"

政治路线确定之后，干部就是决定因素。党领导立法、保证执法、支持司法、带头守法，主要是通过各级领导干部的具体行动和工作来体现、来实现的。在 2015 年初省部级主要领导干部全面推进依法治国专题研讨班上的讲话中，习近平同志专门就这个问题作了论述，明确提出领导干部要做尊法学法守法用法的模范。

第一，要做尊法的模范，带头尊崇法治、敬畏法律。习近平同志认为应该把尊法放在第一位，这是领导干部必须具备的基本素质。只有内心尊崇法治，才能行为遵守法律。每个领导干部都要认识到，维护宪法法律权威就是维护党和人民共同意志的权威，捍卫宪法法律尊严就是捍卫党和人民共同意志的尊严，保证宪法法律实施就是保证党和人民共同意志的实现。要牢固树立宪法法律至上、法律面前人人平等、权由法定、权依法使等基本法治观念，彻底摒弃人治思想和长官意识，决不搞以言代法、以权压法。

第二，要做学法的模范，带头了解法律、掌握法律。学法懂法是守法用法的前提。法律是行使权力的依据，只有把这个依据掌握住了，才能正确开展工作。习近平同志强调，领导干部必须加强学习，打牢依法办事的理论基础和知识基础，做到心中高悬法律的明镜，手中紧握法律的戒尺，知晓为官做事的尺度。要系统学习中国特色社会主义法治理论，准确把握我们党处理法治问题的基本立场，在政治上做个"明白人"。首要的是学习宪法，还要学习同自己所担负的领导工作密切相关的法律法规，弄明白法律规定我们怎么用权，什么事能干、什么事不能干，而不能当"法盲"。

第三，要做守法的模范，带头遵纪守法、捍卫法治。纲纪不彰，党将不党，国将不国。国家法律是党领导人民制定的，党员、干部必须遵守，而且要带头模范执行。党章等党规对党员的要求比法律要求更高、更严格。党员不仅要严格遵守法律法规，而且要严格遵守党章等党规，对自己提出更高要求。习近平同志向全党郑重强调：要把厉行法治作为治本之策，把权力运行的规矩立起来、讲起来、守起来，真正做到谁把法律当儿戏，谁就必然要受到法律的惩罚。任何人都不得违背党中央的大政方针、搞"独立王国"、自行其是，任何人都不得把党的政治纪律和政治规矩当儿戏、胡作非为，任何人都不得凌驾于国家法律之上、徇私枉法，任何人都不得把司法权力作为私器牟取私利、满足私欲。

第四，要做用法的模范，带头厉行法治、依法办事。领导干部要提高运用法治思维和法治方式的能力，把对法治的尊崇、对法律的敬畏转化成思维方式和行为方式，做到在法治之下、而不是法治之外、更不是法治之上想问题、作决策、办事情。对此，习近平同志专门提出四点要求。即：要守法律、重程序，这是法治的第一位要求；要牢记职权法定，明白权力来自哪里、界线划在哪里，做到法定职责必须为、法无授权不可为；要保护人民权益，这是法治的根本目的；要受监督，这既是对领导干部行使权力的监督，也是对领导干部正确行使权力的制度保护。

习近平同志突出强调领导干部在全面推进依法治国中的作用，抓住了全面依法治国的关键。他特别对"一把手"提出要求，指出党政主要责任人要切实履行推进法治建设第一责任人职责，这是推进法治建设的重要组织保证。他还要求，必须把法治建设成效作为衡量各级领导班子和领导干部工作实绩重要内容，把能不能遵守法律、依法办事作为考察干部重要依据，教育引导领导干部把法治的第一粒扣子扣好，设置法治素养"门槛"，不合格的就要从领导干部队伍中剔除。

改革开放以来，特别是党的十五大提出依法治国、建设社会主义法治国家以来，我国的法治建设取得重大成就。十八届四中全会总结成功经验，根据新的实践，制定了全面依法治国的总蓝图、路线图、施工图，标志着依法治国按下了"快进键"、进入了"快车道"，对我国社会主义法治建设具有里程碑意义。习近平同志把全面依法治国放在"四个全面"战略布局中进行深刻阐发，提出一系列新思想新观点新论断，使我们的认识达到新的高度。现在，我们对中国特色社会主义法治道路，有自己的一套完整的理论、清晰的逻辑、明确的说法，还有一套具体的、成功有效的做法。我们要通过学习这本《摘编》，深刻理解和掌握习近平同志关于全面依法治国的重要思想观点，以"四个全面"战略布局为理论指导和实践指南，进一步统一思想、加快行动，努力把四中全会提出的各项工作和举措落到实处，坚定不移沿着中国特色社会主义法治道路前进。①

第二节　法治是治国理政的基本方式

一　民主与法治的关系

分析民主与法治的关系，需要先弄清法律、法制、法治的含义。"法律"是国家权力机关制定，由国家强制力保证实施的社会规范。"法制"主要指国家的法律和制度。"法治"既是以"法律至上"为核心内容的治国理念，又是依照宪法和法律治理国家的指导原则和方法。法制和法治，两者紧密联系，互相融合：法制应体现法治精神，法治具体表现为法制。有"法制"可能无"法治"，有"法治"则必然有"法制"，即法治中蕴含着法制。古代的奴隶社会和封建社会，最普遍、最基本的国家形式是君主专

---

① 《全面依法治国，开启中国法治新时代——学习〈习近平关于全面依法治国论述摘编〉》，《人民日报》2015 年 5 月 5 日。

制制，民主制只是个别、是例外；在这两种社会形态下，总体上说是有"法制"而无"法治"。

在现代民主国家里，民主和法治是相互依存、不可分割的。"法治"强调人民主权（民主精神）、法律平等、权力制约和人权保障。"法治"与"人治"的根本区别，就在于国家权力是否得到法律的有效规范和制约，公民权利是否得到法律的有效保障和维护。"法治"的核心和精髓，是制约国家权力的滥用和保证公民的权利和自由。① 对民主与法治关系的最简明的概括，就是两句话：民主是法治的前提和基础；法治是民主的体现和保证。社会主义民主是社会主义法治的前提和基础，这包括：社会主义法治的内容，必须体现社会主义民主的原则；社会主义法制的制定和实施，必须通过民主的途径和程序来实现；社会主义法制完备化的程度，受社会主义民主发展程度的制约。社会主义法治是社会主义民主的体现和保障，这包括：社会主义民主的成果，必须由社会主义法制来确认和巩固；人民的民主权利，必须由社会主义法制来保障；可以利用社会主义法制，制裁破坏人民民主权利的行为，保卫社会主义民主。没有社会主义民主，就没有社会主义法治；没有社会主义法治，也就没有社会主义民主。

早在民主革命时期，我们党就十分重视民主与法制建设。1931 年 11 月，在江西瑞金召开了第一次全国工农兵代表大会，宣告成立中华苏维埃共和国临时中央政府。这次大会通过的《中华苏维埃共和国宪法大纲》，成为中国共产党领导人民民主政权制定的第一部根本大法。这次大会还通过了《中华苏维埃共和国土地法》和《中华苏维埃共和国劳动法》。1933 年 8 月，瑞金中央政权制定了《苏维埃选举法》。抗日战争和解放战争时期，我们党继续加强人民民主政权的法制建设。

新中国成立后的头七年，我们党和国家比较重视民主和法制建设。党领导国家权力机关制定了新中国第一部社会主义大法《中华人民共和国宪法》，制定了与国家根本大法相适应的《中华人民共和国全国人民代表大会组织法》、《中华人民共和国国务院组织法》和《中华人民共和国检察院组织法》等一系列重要法律法规。据统计，从 1949 年到 1957 年，仅中央一级颁布的法律法规就有 900 多部，为国家政治、经济、文化和社会发展奠定了良好法制基础。1956 年党的八大提出：要发展人民民主，加强国家法制

---

① 杨超：《中国民主与法治建设概论》，上海交通大学出版社，2010，第 16 页。

建设。

遗憾的是，1957年后，究竟是搞人治还是搞法治成了问题。党的主要领导人的看法发生了变化，认为"法律这个东西没有也不行，但我们有我们的这一套。我们的每个决议都是法，开会也是法，主要靠决议和开会。一年搞四次。不靠民法、刑法来维持秩序。""人民代表大会、国务院开会有他们那一套，我们还是靠我们那一套。""到底是法治还是人治？看来实际靠人，法律只能作为办事的参考。"有人提出："党的领导人讲话、人民日报社论都是法律，而且是更重要的法律。"① 1958年后，有法不依、以党代法的现象越来越严重。十年"文化大革命"期间，把党的主要领导人的话当作法，"最高指示"成了至高无上的法律，以言代法，以权压法，甚至提出"彻底砸烂公检法"的口号，法律虚无主义泛滥成灾，使我国的民主法制遭到全面破坏。1976年10月，我们党一举粉碎"四人帮"，特别是党的十一届三中全会的胜利召开，使我国真正走上民主政治之路。

党的十一届三中全会前夕，1978年12月13日，邓小平在中共中央工作会议闭幕会上的重要讲话中指出："为了保障人民民主，必须加强法制。必须使民主制度化、法律化，使这种制度和法律不因领导人的改变而改变，不因领导人的看法和注意力的改变而改变。"他说，现在的问题是法律很不完备，往往把领导人说的话当作"法"，不赞成领导人的讲话就叫作"违法"，领导人的话改变了，"法"也就跟着改变。② 党的十一届三中全会明确提出，发展社会主义民主、健全社会主义法制是国家的重要目标之一。1979年6月，邓小平在一次同外宾的谈话中指出："民主和法制，这两个方面都应该加强，过去我们都不足。要加强民主就要加强法制。"民主和法制都要坚持，"这好像两只手，任何一只手削弱都不行"。③ 1980年1月，邓小平在《目前的形势和任务》一文中指出，坚持民主和法制，这是我们党的坚定不移的方针。④ 同年8月，邓小平在《党和国家领导制度的改革》这篇重要讲话中，总结某些社会主义国家领导人严重破坏法制的历史教训，敏锐地提出了从人治到法治转变的问题。1980年12月，邓小平明确指出："社会主义民主和社会主义法制是不可分的。不要社会主义法制的民主，不要

---

① 刘政：《我国人民代表大会制度的特点及其历史发展》，《党政干部宪法教育读本》（修订本），中共中央党校出版社，2004，第184~185页。

② 《邓小平文选》第2卷，人民出版社，1994，第146页。

③ 《邓小平文选》第2卷，人民出版社，1994，第189页。

④ 《邓小平文选》第2卷，人民出版社，1994，第256~257页。

党的领导的民主，不要纪律和秩序的民主，决不是社会主义民主。"① 1981年6月，党的十一届六中全会通过的《关于建国以来党的若干历史问题的决议》明确提出，逐步建设高度民主的社会主义政治制度，是社会主义革命的根本任务之一。必须完善国家的宪法和法律并使之成为任何人都必须严格遵守的不可侵犯的力量。② 1986年9月，邓小平在同外宾的一次谈话中提出，要通过政治体制改革，"处理好法治和人治的关系，处理好党和政府的关系"。③ 党的十五大确立了"依法治国"基本方略。十六大明确提出，发展中国特色社会主义民主政治，必须坚持党的领导、人民当家作主和依法治国的有机统一。十七大明确提出，加快建设社会主义法治国家。十八大要求"全面推进依法治国"。习近平同志在关于全面依法治国的一系列重要讲话中多次强调，要坚持坚持党的领导、人民当家作主和依法治国的有机统一；要坚持人民主体地位；要正确处理党和法的关系、政治和法治的关系。十八届四中全会通过的《中共中央关于全面推进依法治国若干重大问题的决定》明确提出，以保障人民当家作主为核心，推进社会主义民主政治法治化。这表明，十八大以来，我们党对民主与法治关系的认识得到进一步深化和提高。

二　我国治国方略的根本转变

人治与法治的关系问题，是国家治理理念的一个基本问题。对于这个问题，历来存在着争论。我国春秋战国时期，儒法两家论战，这个问题是焦点之一。儒家主张"礼治""德治"，主张"为政在人"，实际上就是主张"人治"。法家主张"以法治国"，反对"人治"，认为治理国家，主要靠法律、靠法治，"君臣上下贵贱皆从法"④。法家代表人物韩非说过："国无常强，无常弱。奉法者强则国强，奉法者弱则国弱。""释法术而心治，尧不能正一国。"⑤ 意思是说，国家的强弱，关键不在于个别人物的存亡，而在于当权者是否实行法治。如果不实行法治，全凭个人主观心意办事，

---

① 《邓小平文选》第2卷，人民出版社，1994，第359页。
② 《关于建国以来党的若干历史问题的决议》，人民出版社，1981，第56~57页。
③ 《邓小平文选》第3卷，人民出版社，1993，第177页。
④ 《管子·任法》，李山译注，中华书局，2009，第241页。
⑤ 《韩非子·用人》。

连尧舜一类的人物也治理不好一个国家。① 在古希腊，大哲学家柏拉图主张"贤（哲）人政治"；他的学生亚里士多德主张"法治"，认为"法治"优于"人治"。需要说明的是，我国古代法家和古希腊亚里士多德的"法治"主张，并不是我们今天所主张的法治。

现代意义上的"法治"，是 17 ~ 18 世纪英国和法国等国家的一些资产阶级启蒙思想家提出来的。这种法治，是与民主政治紧密结合的法治。英国的洛克、法国的孟德斯鸠和卢梭等人，都主张依法治国。他们主张人民主权，反对君主专制。他们认为，哪里没有法律，哪里就没有自由。如果没有法治，国家便会腐化堕落。孟德斯鸠有一句至理名言："自由就是做法律所许可的一切事情的权利；如果一个公民能够做法律所禁止的事情，他就不自由了，因为其他的人同样会有这个权利。"②

一个国家在实现现代化的过程中，需要经历一系列的战略性转型，而政治转型（主要是国家治理方式转型）最重要的是从人治到法治的转型。对于大多数发展中国家来说，从人治到法治的转变，都是一个艰难而漫长的深层次变革过程，要不断地克服各种政治、社会矛盾，冲破各种权力和利益关系的藩篱。旧中国是一个缺少民主传统而封建专制主义根深蒂固的国家，在我们这样的国家实现从人治到法治的根本转变，其过程必然会更加艰难、更加曲折而复杂。③

人治与法治的关系，在中国共产党内表现为党与法的关系，在国家治理体系中主要表现为法律与政权的关系。在实行人治的国家中，法律是为政权服务的，由国家最高政治权威所掌握的国家政权是至高无上、不受法律约束的。而法治国家最突出的特征，是法律的权威至高无上。在法治国家中，法律与政权的关系是：政权建立在法律的基础之上，根据法律来行使政权。要做到这一点，还需要把整个国家的经济生活、政治生活、文化生活和社会生活，都纳入法律轨道。

党的十一届三中全会是我们党和国家发展史上具有伟大意义的历史转折点，也是我国民主政治建设实现历史性、突破性发展的起点。十一届三中全会以来，党中央把发展社会主义民主、健全社会主义法制确定为新时

---

① 刘新：《人治与社会主义法治不能相结合》，《法治与人治问题讨论集》，群众出版社，1980，第 77 页。

② 〔法〕孟德斯鸠：《论法的精神》，商务印书馆，1981，第 154 页。

③ 赵宝煦：《政治转型：从人治到法治》，《民主、政治秩序与社会变革》，中信出版社，2003，第 89 ~ 90 页。

期治国理政的基本方针，作为我国现代化建设的一个重要目标和任务。1982年，党的十二大报告提出，社会主义民主的建设必须同社会主义法制的建设紧密地结合起来，使社会主义民主制度化、法律化。党的十二大修改的党章明确规定："党必须在宪法和法律的范围内活动。"1982年五届全国人大五次会议通过的我国现行宪法明确规定："一切国家机关和武装力量、各政党和各社会团体、各企业事业组织都必须遵守宪法和法律。一切违反宪法和法律的行为，必须予以追究。""任何组织或者个人都不得有超越宪法和法律的特权。"1987年，党的十三大报告提出，政治体制的改革，必须逐步健全社会主义民主，完善社会主义法制，并且把"法制完备"确定为政治体制改革的长远目标之一。1992年，党的十四大报告提出，积极推进政治体制改革，使社会主义民主和法制建设有一个较大的发展。要高度重视法制建设，严格执行宪法和法律，加强执法监督，坚决纠正以言代法、以罚代刑等现象。

1997年，党的十五大报告明确提出，"依法治国，是党领导人民治理国家的基本方略"，并确立了"建设社会主义法治国家"的目标。1999年3月，九届全国人大二次会议通过宪法修正案，将"依法治国，建设社会主义法治国家"载入宪法。这标志着党中央与时俱进，实现了治国理政方式的根本转变，由过去主要依靠政策、依靠行政手段，转向主要依靠法律手段；标志着中国共产党实现了由人治到法治的根本转变；标志着我国正式走上了依法治国的道路，从此走进法治时代。2002年，党的十六大进一步提出，共产党要"依法执政"。随后，党的十六届四中全会提出"科学执政、民主执政、依法执政"，标志着中国共产党对共产党执政规律认识的重大突破，表明党的领导方式和执政方式已经由过去革命党的方式转变为执政党的方式，党的主要领导功能和目标更主要地通过依法执政的方式来予以实现。①

党的十八大以来，随着"四个全面"战略布局的深入推进，全面依法治国，坚持中国特色社会主义法治道路，坚持依法治国、依法执政、依法行政共同推进，坚持法治国家、法治政府、法治社会一体建设，建设中国特色社会主义法治体系，建设社会主义法治国家，中国法治建设开始进入新阶段。中国法治深刻转型，主要体现在如下几个方面。

——从法律体系转向法治体系。中国特色社会主义法治是一个庞大系

---

① 杨绍华：《科学执政民主执政依法执政——中国共产党执政方式问题研究》，人民出版社，2008，第113~115页。

统，主要由三个层面的内容构成：一是法治的理论价值和精神文化，包括法治价值、法治精神、法治理论、法治信仰、法治文化等。二是法治的制度体系和运行体制，就是党的十八届四中全会《决定》明确提出的，要形成完备的法律规范体系、高效的法治实施体系、严密的法治监督体系、有力的法治保障体系、完善的党内法规体系等。三是法治的行为活动和实践运行，包括科学立法、严格执法、公正司法、全民守法，有法必依、违法必究，办事依法、遇事找法、解决问题用法、化解矛盾靠法等。

——**从法律大国转向法治强国**。截至 2014 年 9 月，中国现行有效的法律有 240 多部，行政法规 737 件，地方性法规 8500 多件，自治条例和单行条例 800 多件，从数量上讲，中国堪称一个法律大国。但是，中国还不是一个法治强国，国家法典化水平和法律的质量还不高，宪法法律实施效果还不理想，司法改革尚未到位，国家法治的软实力、硬实力和巧实力都比较欠缺。

——**从以立法为中心转向以宪法法律实施为重点**。改革开放前 30 年，中国法治建设的中心任务是解决无法可依的问题。2010 年中国特色社会主义法律体系如期形成，国家经济建设、政治建设、文化建设、社会建设及生态文明建设的各个方面实现了有法可依，中国法治建设开始从以立法为中心转向以宪法法律实施为重点，依法治国的主要任务是如何加强宪法和法律的实施，如何把纸面和文本上的法律变为生活和行动中的法律，切实保证宪法和法律发挥应有实效。

——**从强调依法治国转向法治与德治相结合**。十八届四中全会《决定》提出，全面推进依法治国，必须坚持依法治国与以德治国相结合的原则。这就要求中国的法治建设，应当从过去片面强调法治而轻视德治，尽快转变到法治与德治紧密结合上来。必须坚持一手抓法治、一手抓德治，既重视发挥法律的规范作用，又重视发挥道德的教化作用，以法治体现道德理念、强化法律对道德建设的促进作用，以道德滋养法治精神、强化道德对法治文化的支撑作用，实现法治和德治相得益彰。

——**从经济 GDP 转向法治 GDP**。在改革开放的前 30 年，经济 GDP 是经济、政治、社会、文化和法治运行的指挥棒，是衡量政府和官员政绩的基本度量衡。全面推进依法治国，建立科学的法治建设指标体系和考核标准被提上议事日程，把对领导干部推进法治建设实绩作为考核的重要标准，把能不能遵守法律、依法办事作为考察干部的重要内容，把法治建设成效作为衡量各级领导班子和领导干部工作实绩的重要内容，全面纳入各级政府和各级公职人员尤其是领导干部的政绩考核指标体系，让法治 GDP 的考核评价成为中国政治生态和法治建设的新常态。[①]

三　依法治国的含义和要求

依法治国，就是广大人民群众在党的领导下，依照宪法和法律规定，通过各种途径和形式管理国家事务，管理经济和文化事业，管理社会事务，保证国家各项工作都依法进行，逐步实现社会主义民主的制度化、法律化，使这种制度和法律不因领导人的改变而改变，不因领导人看法和注意力的改变而改变。

依法治国的基本含义，主要有以下几点。

第一，依法治国的主体，是广大人民群众。我国宪法明确规定，国家的一切权力属于人民。我们所说的法治，不是"治民"，而是"民治"，就是人民当家作主，人民依法治理国家。

第二，依法治国的客体，是国家事务、经济文化事业、社会事务。凡是涉及这些事务、事业的人和组织，从普通公民到国家公职人员，从一般企业事业单位到各级国家机构，都应当受到法律的规范和制约，都属于依法治国的范围和对象。依法治国的重点是依法治权、依法治"官"。

第三，依法治国的准则，是宪法和法律。以国家宪法为核心的社会主义法律，是社会发展需求和人民意志的体现。治理国家，必须严格依照现行宪法和法律来进行。领导人的话绝对不能被当作"法"，任何人的个人意志都绝对不能成为治国的准则。依法治国的核心要求，就是确立和实行以宪法和法律为治国的最具权威的标准，确立和实行法高于人、法大于权的根本原则。

第四，依法治国的基本目标，是保证国家各项工作都要依法进行，实现社会主义民主的制度化、法律化，使这种制度和法律不因领导人的改变而改变，不因领导人看法和注意力的改变而改变。这就彻底实现了国家政治生活、经济生活、文化生活、社会生活的法制化、制度化，使法律制度持续稳定、成熟定型，从而杜绝以言代法、因人改制现象的发生。

第五，依法治国的基本方式，是人民在党的领导下，依法通过各种途

---

① 李林：《中国法治的转型与挑战》，《北京日报》2015 年 3 月 30 日。

径和形式来共同管理国家事务，管理经济和文化事业，管理社会事务。①

党的十八届四中全会《决定》明确提出，全面推进依法治国，必须坚持以下五项原则：

一是坚持中国共产党的领导。坚持党的领导，是社会主义法治的根本要求，是党和国家的根本所在、命脉所在，是全国各族人民的利益所系、幸福所系，是全面推进依法治国的题中应有之义。党的领导和社会主义法治是一致的，社会主义法治必须坚持党的领导，党的领导必须依靠社会主义法治。只有在党的领导下依法治国、厉行法治，人民当家作主才能充分实现，国家和社会生活法治化才能有序推进。

二是坚持人民主体地位。人民是依法治国的主体和力量源泉，必须坚持法治建设为了人民、依靠人民、造福人民、保护人民，以保障人民根本权益为出发点和落脚点，保证人民依法享有广泛的权利和自由、承担应尽的义务，维护社会公平正义，促进共同富裕。必须保证人民在党的领导下，依照法律规定，通过各种途径和形式管理国家事务，管理经济文化事业，管理社会事务。

三是坚持法律面前人人平等。必须维护国家法制统一、尊严、权威，切实保证宪法法律有效实施，绝不允许任何人以任何借口任何形式以言代法、以权压法、徇私枉法。必须以规范和约束公权力为重点，加大监督力度，做到有权必有责、用权受监督、违法必追究，坚决纠正有法不依、执法不严、违法不究行为。

四是坚持依法治国和以德治国相结合。国家和社会治理需要法律和道德共同发挥作用。必须坚持一手抓法治、一手抓德治，大力弘扬社会主义核心价值观，弘扬中华传统美德，培育社会公德、职业道德、家庭美德、个人品德，既重视发挥法律的规范作用，又重视发挥道德的教化作用，以法治体现道德理念、强化法律对道德建设的促进作用，以道德滋养法治精神、强化道德对法治文化的支撑作用，实现法律和道德相辅相成、法治和德治相得益彰。

五是坚持从中国实际出发。中国特色社会主义道路、理论体系、制度是全面推进依法治国的根本遵循。必须从我国基本国情出发，同改革开放不断深化相适应，总结和运用党领导人民实行法治的成功经验，围绕社会

---

① 王家福：《依法治国与民主法制建设》，《政治局委员听的课》，新华出版社，1999，第83～84页。

主义法治建设重大理论和实践问题，推进法治理论创新，发展符合中国实际、具有中国特色、体现社会发展规律的社会主义法治理论，为依法治国提供理论指导和学理支撑。汲取中华法律文化精华，借鉴国外法治有益经验，但决不照搬外国法治理念和模式。

上述五项原则，是全面依法治国的根本要求。此外，全面推进依法治国，还要实现以下几项要求：一是要有严格的立法程序和健全的法律体系。只有坚持科学立法、民主立法，按照严格的立法程序建立完善的法律体系，才能有效地规范社会的经济、政治、文化、社会各项事务，使整个社会在法律轨道上有序地运行。二是要有严格依法行政的政府和公务人员队伍，使政府对国家和社会各项事业的管理严格地依法律办事，把政府和公务人员的行政行为纳入法治化的轨道。三是要有公正无私、执法如山的司法机关和司法队伍，坚决维护宪法法律的严肃性和权威性，确保宪法法律的有效实施，做到有法必依、执法必严、违法必究。四是要有完善的社会监督机制，包括法律监督、行政监督、舆论监督、政党监督等，来有效监督宪法和法律的贯彻执行。五是全体公民要有良好的法治意识和法律素质，使学法、懂法、守法成为整个社会的良好风气，广大公民能够自觉地运用法律的武器来约束自己的行为和捍卫自己的合法权益，调整社会组织、社会成员以及他们之间的关系，并能依法同各种违法犯罪行为作斗争。[①]

四 我国法治建设取得重大成就

（一）实现党的治国理政理念的根本转变

党的十五大确立了"依法治国"基本方略。十六大明确提出发展中国特色社会主义民主政治，必须坚持党的领导、人民当家作主和依法治国的有机统一，为推进依法治国、建设社会主义法治国家进一步指明了正确的发展道路和前进方向。十七大明确提出，加快建设社会主义法治国家。十八大要求"全面推进依法治国"，强调"法治是治国理政的基本方式"，要"提高领导干部运用法治思维和法治方式深化改革、推动发展、化解矛盾、维护稳定能力"。[②]"法治思维"和"法治方式"被写进十八大报告，成为

---

① 肖扬主编《依法治国基本方略辅导读本》，法律出版社，1998，第21～22页。
② 胡锦涛：《坚定不移沿着中国特色社会主义道路前进　为全面建成小康社会而奋斗》，人民出版社，2012，第27～28页。

全党的共识，这是党在不断总结历史经验教训的基础上，对执政规律的深刻把握，对执政使命的勇于担当，对执政能力建设的高度自觉。提高运用法治思维和法治方式能力，将成为领导干部提高领导水平和执政水平的重要内容和要求。十八届四中全会更是就全面推进依法治国作出整体性、全局性、系统性部署。

（二）把依法执政确定为党治国理政的基本方式

习近平同志指出，要更加注重发挥法治在国家治理和社会管理中的重要作用。这是我们党对共产党执政规律、社会主义建设规律、人类社会发展规律的新认识，是我们党形成的推进依法治国和依法执政新理念。把依法执政确定为党治国理政基本方式的主要要求是：第一，发展中国特色社会主义民主政治，建设社会主义法治国家，必须坚持党的领导、人民当家作主和依法治国有机统一。这是全面推进依法治国、建设社会主义法治国家的内在要求和本质特征。第二，党领导人民制定宪法和法律，党领导人民执行宪法和法律，党自身必须在宪法和法律范围内活动，真正做到领导立法、保证执法、支持司法、带头守法。这是党坚持依宪执政、依宪治国的基本内容和主要任务。第三，坚持宪法和法律面前人人平等，任何组织或个人都必须在宪法和法律范围内活动，任何组织和个人都要以宪法和法律为行为准则，依照宪法和法律行使权力或权利，不得有超越宪法和法律的特权，绝不允许以言代法、以权压法、徇私枉法。这是恪守社会主义法治的基本原则和底线边界。第四，党发挥总揽全局、协调各方的领导核心作用，把依法治国基本方略同依法执政基本方式统一起来，善于使党的主张通过法定程序成为国家意志，善于使党组织推荐的人选通过法定程序成为国家政权机关的领导人员，善于通过国家政权机关实施党对国家和社会的领导，善于运用民主集中制原则维护党和国家权威、维护全党全国团结统一，支持国家权力机关、行政机关、审判机关、检察机关依照宪法和法律独立负责、协调一致地开展工作。这是党运用法治方式治国理政的总体要求和基本方法。第五，各级党组织和党员领导干部带头厉行法治，不断提高依法执政能力和水平，不断推进各项治国理政活动的制度化、法律化。各级领导干部提高运用法治思维和法治方式深化改革、推动发展、化解矛盾、维护稳定的能力，努力推动形成办事依法、遇事找法、解决问题用法、化解矛盾靠法的良好法治环境，在法治轨道上推动各项工作，这是全面推进依法治国新形势下各级党组织和领导干部应当具有的基本素质和执政能力。①

（三）坚持科学立法、民主立法，形成了中国特色社会主义法律体系

改革开放以来，我国按照"有法可依、有法必依、执法必严、违法必究"的要求，着力加强立法工作。经过多年不懈的努力，到 2010 年，我国以宪法为核心的中国特色社会主义法律体系已经形成。当代中国的法律体系，部门齐全、层次分明、结构协调、体例科学，主要由七个法律部门和三个不同层级的法律规范构成。七个法律部门是：宪法及宪法相关法，民法商法，行政法，经济法，社会法，刑法，诉讼与非诉讼程序法。三个不同层级的法律规范是：第一个层次是法律，第二个层次是行政法规，第三个层次是地方性法规、自治条例和单行条例。1982 年通过了现行宪法，此后又根据客观形势的发展需要，我国先后通过了 4 个宪法修正案。经过各方面坚持不懈的共同努力，一个立足中国国情和实际、适应改革开放和社会主义现代化建设需要、集中体现党和人民意志的中国特色社会主义法律体系已经形成，国家经济建设、政治建设、文化建设、社会建设以及生态文明建设各方面已经实现有法可依。

中国特色社会主义法律体系的如期形成，为全面推进依法治国、建设社会主义法治国家、实现国家的长治久安提供了有力的法治保障。今后，我国将以提高立法质量为核心，适应经济社会发展需要，继续做好立法工作。

（四）推进依法行政、建设法治政府，总体上已形成了法治政府制度体系

依法行政是依法治国的重要环节，法治政府建设是法治中国建设的重要组成部分。改革开放以来尤其是最近十多年，经过各方面共同努力，我国法治政府建设成绩斐然。

第一，法治政府的制度体系基本形成。中国特色社会主义法律体系中很重要的一个组成部分是行政法，即对行政机关的组织、行为、救济与监督进行规范的法律法规。这些法律法规的制定，总体上保证了行政立法、行政执法、行政救济与对行政行为的监督有法可依。

第二，政府行政职能进一步转变，行政体制改革不断深化。改革开放以来，我国先后开展了七次政府机构改革（1982 年，1988 年，1993 年，1998 年，2003 年，2008 年，2013 年），政府职能不断转变，在坚持抓好宏

---

① 乔晓阳：《社会主义法治建设取得的历史性成就》，《〈中共中央关于全面推进依法治国若干重大问题的决定〉辅导读本》，人民出版社，2014，第 3～4 页。

观调控和市场监管的同时，更加注重公共服务、社会管理和环境保护，推进行政审批制度改革，促进政府职能转变和管理方式创新，推进相对集中行政处罚和强制权以及综合执法工作，实行行政执法责任制。

第三，行政权力的运行得到有效规范，对行政权力的监督和行政问责明显加强，政府工作更加公开透明。严格规范公正文明执法，对行政权监督和行政问责的制度体系总体形成，监督和问责逐步朝着制度化、常态化、规范化方向发展。各级政府自觉接受同级人大及其常委会的监督、政协的民主监督，接受人民法院的监督，加强政府系统内部的层级监督，充分发挥监察、审计等部门专门监督的作用，高度重视新闻舆论和人民群众的监督，监督和问责力度不断加大。同时公开政务信息，重点推进财政预算、公共资源配置、重大建设项目批准和实施、社会公益事业建设等领域的信息公开，深入推进办事公开，拓宽公开办事领域。

第四，行政机关公务员特别是各级领导干部依法行政的意识和能力有了很大增强。通过各种依法行政的培训、考核机制，广大公务员特别是各级领导干部越来越重视运用法治思维和法治方式深化改革、推动发展、化解矛盾、维护稳定，通过开展行政调解，进行行政复议，处理劳动争议，加强信访工作，支持和指导人民调解工作，依法妥善处理和化解了大量民间纠纷和行政纠纷，保障了人民群众的合法权益，维护了社会和谐稳定。注重应急管理体制机制建设，以突发事件应对法等有关应急的法律法规规章和各类应急预案为骨干的应急管理制度体系已经形成，依法应对自然灾害、突发公共卫生事件、群体性事件等各类突发事件的能力明显提高。[①]

（五）司法体制不断完善

我们党高度重视我国司法体制的改革和完善。党的十五大明确提出推进司法改革，要求从制度上保证司法机关依法独立公正地行使审判权和检察权。党的十六大、十七大、十八大都作出了不断完善司法体制的改革部署。通过几轮司法改革，我国司法制度不断完善，赢得了人民群众的认可与支持。

第一，优化司法机关职权配置，促进公正廉洁司法。改革和完善民事行政案件执行体制，建立统一管理、分权制约机制，切实解决执行难问题；探索建立案例指导制度，统一裁判尺度，减少"同案不同判"现象，努力

[①] 乔晓阳：《社会主义法治建设取得的历史性成就》，《〈中共中央关于全面推进依法治国若干重大问题的决定〉辅导读本》，人民出版社，2014，第5~6页。

成为看得见的公正"参照系";强化检察机关对刑事立案、侦查和刑事审判活动、监管场所、刑罚变更执行等环节的法律监督,上级检察院加强对下级检察院审查逮捕工作的监督制约,防止错误逮捕和"以捕代侦";理顺上下级法院关系、改革审判委员会和合议庭制度,依法独立审判、确保司法公正;深化审判公开、检务公开、警务公开、狱务公开,实行办案过程和结果全面公开,让司法权在阳光下运行;人民陪审员制度不断完善,人民监督员制度全面建立,让民众参与司法,使监督者也要受到监督。通过多管齐下的改革,促进了严格公正文明廉洁执法,提升了司法机关公信力。

第二,落实宽严相济刑事政策,促进社会和谐稳定。通过修改和完善刑法、刑事诉讼法等重要法律,完善刑罚结构,提高对严重犯罪的惩治能力,强化人权司法保障;制定非法证据排除规则,建立讯问犯罪嫌疑人全程录音录像制度,落实辩护律师的会见权、阅卷权和调查取证权,保障犯罪嫌疑人、被告人的合法权益;贯彻"少杀慎杀"的死刑政策,减少死刑罪名,严格限制和慎重适用死刑;完善社区矫正制度,帮助曾犯罪人员积极融入社会,降低重新犯罪率;完善未成年人刑事案件从宽处理机制,建立附条件不起诉制度、犯罪记录封存制度,帮助轻微犯罪的未成年人顺利回归社会,增加了社会和谐因素。

第三,完善政法队伍管理体制,提升执法司法水平。实行统一的国家司法考试制度,将初任法官、初任检察官、取得律师资格和担任公证员的考试纳入国家司法考试。从2002年到2011年底,全国共有近50万人通过国家司法考试,取得法律职业资格。与此同时,政法各单位不断完善职业培训制度,积极创新培训理念、方法和手段,使培训更加贴近执法实践、符合执法要求。5年来全国共培训法官150万余人次、检察官75万人次、公安民警600万人次,大大提高了干警执法办案、服务群众的能力水平。

通过完善律师制度,明确了律师作为中国特色社会主义法律工作者的职业定位,切实保障律师的执业权利,促进了律师行业健康发展。截至2011年底,我国有律师事务所1.82万家,律师队伍发展到21.5万人。[①]

(六)全社会法治理念明显增强

在全体公民中普及法律知识,在全社会树立法治理念,形成学法尊法、守法用法的社会氛围,形成不愿违法、不能违法、不敢违法以及办事依法、

---

① 乔晓阳:《社会主义法治建设取得的历史性成就》,《〈中共中央关于全面推进依法治国若干重大问题的决定〉辅导读本》,人民出版社,2014,第6~8页。

遇事找法、解决问题用法、化解矛盾靠法的良好法治环境，是我国法治建设取得成功的基础条件和重要标志。改革开放以来，法治在深刻改变中国社会的同时，也日益改变着中国人的观念，民主、法治、自由、人权、公平、正义等理念潜移默化地影响人们的价值观念，融入人们的生活方式，全社会的法治理念明显增强。

从 1985 年起，全国人大常委会先后通过了六个在全民中普及法律知识的决定，并已连续实施六个五年普法规划。目前，"六五"（2011～2015年）普法全面推进，以宪法为核心的中国特色社会主义法律体系的各项法律法规得到广泛宣传和普及，全社会法治化管理水平进一步提高。广泛深入的法治宣传教育在全面推进依法治国、加快社会主义法治国家建设中发挥了重要作用。

普及法律知识的对象是全体公民，重点是国家公务人员。对普通公民，普及法律知识的目的不仅是要让每个公民知法尊法守法，更重要的是让广大公民学会运用法律武器维护自身合法权益；对国家公务人员，要求他们牢固树立法治观念，更加自觉地依法办事；对于全社会，则要求弘扬法治精神，培育法治文化，形成良好的社会氛围。"五五"普法期间，我国加强了公务员岗位职能法律知识培训和考试考核，全国共培训公务员 4200 多万人次，公务员参加法律知识考试 2700 多万人次；组织企业经营管理人员法律知识培训 3.35 万多期，培训人员 290 多万人次，举办讲座、报告会 5.13 万多场次，参加人员 620 多万人次；培训农村"两委"干部 1200 多万人次，培训农民工 1.56 亿人次，提高了农民的法律意识。

重视普及法律知识与依法治理相结合，广泛开展"依法治省"（市、县、乡、村），开展法治城市和法治县（市、区）创建活动。全国各省（自治区、直辖市）普遍成立了由党委、政府主要领导或分管领导担任组长的普法工作领导小组，建立健全了党委领导、人大监督、政府实施的普法依法治理工作领导体制。各部门、各行业成立了由主要领导或分管领导担任组长的普法工作领导小组，加强对本部门本行业普法工作的领导。

1994 年至今，中共中央政治局先后举行了 100 多次集体学习，其中有近 30 次是关于法治建设或者涉及法治内容的。中央政治局带头进行法治讲座和学习，对推动全社会特别是国家公务人员学习法律知识、树立法治意识、增强法治理念，起到了良好示范作用。全国人大常委会、国务院常务会议、全国政协常务委员会组成人员也举行了一系列法治学习，各级党组织和国家机关集体学习法律知识已形成制度。①

党的十八届三中全会提出，要推进法治中国建设。十八届四中全会通过的《决定》，就全面推进依法治国，加快建设社会主义法治国家作出专门部署。现在，我国社会主义法律体系已经形成，法律实施成为法治中国建设的主要矛盾。全面推进依法治国，加快建设社会主义法治国家，必须保证宪法和法律的全面有效实施。目前我国法治建设中面临的主要问题，大多数存在于法律实施领域，如保证宪法和法律实施的监督机制和具体制度还不健全；关系人民群众切身利益的执法司法问题还比较突出；一些公职人员滥用职权、失职渎职、执法犯法甚至徇私枉法，严重损害国家法制权威；公民包括一些领导干部的宪法和法律意识还有待进一步提高。习近平同志要求："必须加强宪法和法律实施，维护社会主义法制的统一、尊严、权威，形成人们不愿违法、不能违法、不敢违法的法治环境，做到有法必依、执法必严、违法必究。"② 通过宪法和法律的全面实施，实现从"法律体系"向"法治体系"的转变。

第三节　法治在我国现代化建设中的重要作用

社会主义现代化建设，包括经济建设、政治建设、文化建设、社会建设和生态文明建设。法治对现代化建设的保证和促进作用，贯穿于现代化建设的全过程，体现在"五位一体"社会主义现代化建设的各方面。习近平同志指出："我们要实现经济发展、政治清明、文化昌盛、社会公正、生态良好，必须更好发挥法治引领和规范作用。"③ 下面，我们分别说明法治在规范和保证国家经济建设、政治建设、文化建设、社会建设和生态文明建设方面所发挥的重要作用。

一　法治保证和促进国家经济建设

改革开放以来，我国国民经济保持平稳快速发展，综合国力显著增强，

---

① 乔晓阳：《社会主义法治建设取得的历史性成就》，《〈中共中央关于全面推进依法治国若干重大问题的决定〉辅导读本》，人民出版社，2014，第6~8页。

② 习近平：《在十八届中央政治局第四次集体学习时的讲话》，《习近平关于全面依法治国论述摘编》，中央文献出版社，2015，第44~45页。

③ 习近平：《在中共十八届四中全会第一次全体会议上关于中央政治局工作的报告》，《习近平关于全面依法治国论述摘编》，中央文献出版社，2015，第4~5页。

在这个过程中，经济法治建设持续推进，在经济立法、执法和司法方面都取得了一系列重大成就，为巩固我国经济体制改革成果、全面建成小康社会，提供了可靠的法律保证。随着改革开放的不断深化，经济建设任务繁重而艰巨，各种矛盾和问题不断出现，我国颁行和完善了大量的经济法律法规，并不断调整和完善执法、司法机制，及时、妥善、系统地调整了国民经济不同发展阶段中出现的各种利益冲突，使国家成功实现从计划经济到社会主义市场经济的体制转型，并通过经济法律调整机制切实保障了体制转型中国家、集体、企业和个人的合法权益。基于经济法治所形成的经济社会秩序，从根本上和整体上保障了改革开放和经济建设的顺利进行。①

社会主义市场经济是法治经济。以公有制为主体、多种所有制经济共同发展的基本经济制度，以按劳分配为主体、多种分配方式并存的分配制度的有效运作，市场对资源配置决定性作用的充分发挥，国家对经济的宏观调控，对外开放的坚持和完善，市场主体的自主活动，市场秩序的有效维护，都需要法律的规范和保障。多年来，特别是 2001 年加入世界贸易组织（WTO）以来，我国市场经济法治建设取得了重大成果：一是从市场准入到市场退出，从外商投资企业到内资企业，逐步地科学建构了我国企业的法律制度体系。我国入世前就启动了《外商投资企业法》的修改工作。2000 年 10 月，全国人大常委会讨论通过了《中外合资经营企业法》、《中外合作经营企业法》和《外资企业法》这三部《外商投资企业法》修正案。这三部修正案，废除了其中有关限制外商投资者的投资管理措施，标志着我国对外商投资企业的法律规则与国际惯例接轨。随后，我国对《公司法》《合伙企业法》《企业破产法》等也进行了修订。二是统一了税制，公平税负，以结构性减税促进经济社会发展。《企业所得税法》的修改，结束了多年来内资企业与外商投资企业分别使用两套所得税这样一种税负不公平的现象。其他方面的税法也都得到相应的修改和完善。三是进一步完善知识产权的法律体系，激励和保护自主创新。我国对知识产权的各个主要法律，如《专利法》《著作权法》都进行了修改和完善。四是认真履行入世承诺，全面开放金融业，完善金融法律体系，巩固分业监管的金融体制。五是保护自由公平竞争，完善对外贸易法律制度，维护社会主义市场经济秩序。六是充分尊重 WTO 争端解决机制，积极参与贸易争端解决。我国已经成为

①　陈苏、席月民等：《中国经济法治 30 年》，《中国法治 30 年：1978～2008》，社会科学文献出版社，2008，第 345 页。

WTO 争端解决机制中最重要的参与者之一。WTO 贸易争端解决机制，已经成为我国与主要贸易伙伴解决贸易纠纷的重要工具。① 这些重要成果有力地说明，我国成功入世和经济体制的成功转型，国民经济的持续健康、又好又快发展，经济法治发挥了关键性的规范和保证作用。

通过加强行政执法、公正司法，我国依法惩治经济犯罪、贪污贿赂和渎职犯罪，维护了国家经济安全。对此，我国采取了一系列具体措施，包括：发布关于办理组织、领导传销活动刑事案件等指导意见，仅 2013 年，各级法院就审结传销、走私、洗钱、非法集资、金融诈骗、商业贿赂等经济犯罪案件 5 万件，判处罪犯 6.9 万人。充分发挥刑事审判在惩治腐败中的职能作用，加大对贪污贿赂等犯罪的打击力度，仅 2013 年，就审结国家工作人员贪污贿赂、渎职侵权犯罪案件 2.9 万件，判处罪犯 3.1 万人，其中包括薄熙来受贿、贪污、滥用职权案，刘志军受贿、滥用职权案等一批大案要案，促进反腐败斗争深入开展。② 依法惩治危害食品安全和污染环境犯罪，维护食品安全和环境友好；积极回应群众关切，发布关于办理危害食品安全犯罪的司法解释。仅 2013 年，各级法院就审结相关案件 2082 件，判处罪犯 2647 人，发布关于办理污染环境刑事案件的司法解释，加大惩处污染环境犯罪力度，公布生产、销售有毒食品犯罪以及投放危险物质污染环境犯罪等典型案例，有力震慑犯罪分子。加强商事审判工作，依法平等保护各类市场主体的合法权益，为加快转变经济发展方式、实现经济稳中求进提供司法保障。发布企业破产法司法解释，规范破产程序，保障债权人公平受偿；发布保险法司法解释和出口信用保险司法解释，各级法院依法审结保险、证券、票据等金融纠纷案件。加强知识产权审判工作，依法保护专利权、著作权、商标权，加大对网络知识产权司法保护力度，依法制裁不正当竞争和垄断行为，维护公平竞争的市场环境，促进国家创新体系建设。积极参与打击侵犯知识产权和制售假冒伪劣商品专项行动，公布知识产权司法保护状况白皮书和典型案例，树立我国知识产权司法保护良好形象。加强涉外、涉港澳台、海事海商审判工作和司法交流合作，平等保护中外当事人合法权益，促进开放型经济发展，妥善审理海洋污染和资源开发等案件，切实维护国家海洋权益，高度重视涉港澳台、涉侨案件审判工作，维护香

---

① 陈苏：《入世十年中国市场经济法治建设的回顾与展望》，中国法学网，2012 年 2 月 22 日，http://www.iolaw.org.cn/showArticle.asp? id=3212。
② 周强：《最高人民法院工作报告》，《人民日报》2014 年 3 月 18 日。

港、澳门、台湾同胞和归侨侨眷合法权益。①

二　法治保证和促进民主政治建设

按照我国宪法和法律规定，我国人民作为国家和社会的主人，主要通过两种途径和方式，即代表制民主和协商民主，依法管理国家和社会事务，管理经济和文化事业。作为代表制民主的人民代表大会制度，是我国的根本政治制度，人民行使国家权力的机关是全国人民代表大会和地方人民代表大会。人民通过行使选举权产生国家权力机关，制定并实施体现人民意志和利益的宪法和法律，将人民的民主权利和国家在经济、政治、文化、社会等方面的民主制度、民主形式、民主程序，用法律和制度加以确认和保障，使其具有稳定性、连续性和极大的权威性，保障国家政治生活的有序运行，保障人民的民主权利不受侵犯和破坏。协商民主是我国社会主义民主政治的特有形式和独特优势，是党的群众路线在政治领域的重要体现。在新中国的建立和发展过程中，在我国的政治生活和经济、文化、社会生活中，多层次、多方面的协商民主，特别是中国共产党领导的多党合作和政治协商制度，都发挥着重要作用。1993 年 3 月，八届全国人大一次会议通过的宪法修正案明确规定："中国共产党领导的多党合作和政治协商制度将长期存在和发展。"党的十八届三中全会强调，要推进协商民主广泛多层制度化发展。要构建程序合理、环节完善的协商民主体系，拓宽国家政权机关、政协组织、党派团体、基层组织、社会组织的协商渠道。深入开展立法协商、行政协商、民主协商、参政协商、社会协商。长期以来，代表制民主和协商民主这两种民主制度的结合与互动，成为我国政治生活中的突出亮点。一年一度的全国"两会"，体现了全国人大的立法和决策功能与全国政协的政治协商和民主监督功能的深度融合，体现了民主决策机制和民主协商机制的深度融合，凸显了社会主义民主政治的中国特色和独特优势。

建设民主政治，要求推进依法行政，建设法治政府和服务型政府。近年来，我国以落实《全面推进依法行政实施纲要》为主线，依法行政工作取得新的成效。2010 年 8 月，国务院召开全国依法行政工作会议，总结《全面推进依法行政实施纲要》发布以来取得的成绩和经验，分析依法行政工作面临的新情况新问题，对进一步推进依法行政工作作出了全面部署。

---

① 周强：《最高人民法院工作报告》，《人民日报》2014 年 3 月 18 日。

同年 10 月，国务院发布《关于加强法治政府建设的意见》，明确要求提高行政机关工作人员特别是领导干部依法行政的意识和能力，坚持依法科学决策，严格规范公正文明执法，全面推进政务公开，强化行政监督和问责，依法化解社会矛盾纠纷，加强和改进制度建设，加强组织领导和督促检查。这一年，在履行行政复议职责、进一步规范行政执法行为、推进政务公开、健全行政监察和行政监督机制、推动公民参与和行政决策民主化等方面，都取得了明显进展。①

坚决防止和纠正冤假错案。尊重和保障人权，恪守罪刑法定、疑罪从无、证据裁判等原则，严格排除非法证据，2013 年各级法院依法宣告 825 名被告人无罪，确保无罪的人不受刑事追究。加强与律师协会的沟通，高度重视律协、律师反映的问题，尊重和保障律师依法履职。以坚决果断的态度依法纠正了"张氏叔侄强奸杀人案"等一批重大冤假错案，从错案中深刻汲取教训，强化证据审查，发挥庭审功能，与公安、检察机关分工负责、互相配合、互相制约，建立健全防范刑事冤假错案工作机制，坚守防止冤假错案底线。②

三　法治保证和促进文化建设

同经济建设、政治建设、社会建设一样，文化建设要顺利推进，实现大发展大繁荣，必须有完备的法制保障。推动文化繁荣发展的一系列重要问题，包括发展方向、根本原则、制度规范和行为准则等，都需要通过法律法规加以明确并付诸实施。加强文化法制建设，就是要从法律上确立国家文化建设的根本方向、指导思想和核心价值，确定各类文化主体的性质、地位和功能，确定各类文化活动的原则、制度和规则，确定各类文化产品创作、生产、流通、消费和服务的体制机制，确定国家对文化活动的管理、规范和引导，调整文化权利义务关系；就是要在法制轨道上推进文化改革发展，切实做到有法可依、有法必依、执法必严、违法必究。在迈向现代化的进程中，人民群众的文化需求日益增长，人民群众维护自身文化权益的期盼更加紧迫。人民群众所拥有的文化权利，包括享受文化发展成果的权利，参与文化活动的权利，开展文化创造的权利，拥有文化创造成果知识产权的权利，等等。文化建设的过程和成果，只有通过一定的法律制度，

① 中国法学会：《2010 中国法治建设年度报告》，新华出版社，2011，第 18~22 页。
② 周强：《最高人民法院工作报告》，《人民日报》2014 年 3 月 18 日。

才能够转化为社会成员的具体权益；只有在法律的框架内，才能够切实保障社会成员的合法权益。因此，满足人民文化需要，保障人民文化权益，必须大力加强文化法制建设，大力营造良好的法制环境。①

改革开放 30 多年来，我国法制建设在促进社会主义精神文明建设和文化改革发展方面发挥了积极作用。随着新时期文化建设的不断推进和依法治国基本方略的贯彻实施，我国文化法制建设取得了显著进步，以宪法为统领的文化法律制度已经确立，文化领域行政执法、司法、普法等各项工作也已经纳入制度化轨道。

我国宪法对文化建设、文化权利等作出了一系列重要规定。宪法明确规定：国家在发展生产的基础上，逐步改善人民的物质生活和文化生活；国家发展为人民服务、为社会主义服务的文学艺术事业、新闻广播电视事业、出版发行事业、图书馆博物馆文化馆和其他文化事业，开展群众性文化活动；国家保护名胜古迹、珍贵文物和其他重要历史文化遗产；国家通过普及理想教育、道德教育、文化教育、纪律和法制教育，加强社会主义精神文明建设；公民有进行科学研究、文学艺术创作和其他文化活动的自由，国家对于从事教育、科学、技术、文学、艺术和其他文化事业的公民的有益于人民的创造性工作，给以鼓励和帮助；各民族都有使用和发展自己的语言文字的自由，都有保持或者改革自己的风俗习惯的自由等。

在法律层面，我国制定并实施了一系列与文化有关的法律。一是文化类法律，包括文物保护法、非物质文化遗产法、著作权法、国家通用语言文字法、科学技术普及法、体育法、档案法和全国人大常委会关于互联网安全的决定等。二是相关法律中有涉及文化的规定，在刑法、治安管理处罚法、民族区域自治法、民法通则、婚姻法、公务员法、教育法、教师法、城乡规划法、广告法、未成年人保护法、妇女权益保障法、老年人权益保障法、残疾人保障法、公益事业捐赠法、人民调解法等法律中，都程度不同地规定了与文化权益保障、文化遗产保护、精神文明建设、思想道德建设等相关的内容。此外，我国还批准了《经济、社会及文化权利国际公约》《保护世界文化和自然遗产公约》等一批与文化有关的国际条约。

在法规层面，国务院依法制定实施了一系列与文化有关的行政法规。内容涉及出版印刷、广播电视、电影、音像制品、营业性演出等文化表现

---

① 沈春耀：《加强文化法制建设》，《光明日报》2011 年 11 月 10 日。

形式，公共文化体育设施、娱乐场所、互联网上网服务营业场所等文化活动场所，传统工艺美术保护、历史文化名城名镇名村保护、长城保护、风景名胜区等文化遗产保护等。此外，各省、自治区、直辖市和有关地方人大及其常委会还依法制定实施了一批地方性文化及相关法规。

我国文化法制建设取得的成就，有力地推动和保障了精神文明建设、思想道德建设和文化相关领域建设。同时还应当认识到，从推进文化改革发展和完善法律体系的新形势新要求来看，我国文化法制建设面临着许多需要及时回答的新课题，存在着不少需要着力解决的新问题。具体表现为：一是现行文化法制偏重于行政管理，在保障人民基本文化权益、不断满足人民多层次多样化精神文化需求等方面存在不足；二是缺乏对文化事业和文化产业的准确功能定位和相应的权利义务规范，难以体现推动文化事业和文化产业全面协调可持续发展的新要求；三是一些重要制度规范层次不高，如在文化产品服务规范方面，多为法规、规章和规范性文件，权威性、系统性、针对性不够；四是有的重要方面还没有必要的法律法规，主要依靠政策性文件和自律性文件；五是互联网、手机、微博的广泛运用，在表现形式、传播内容和影响力等方面都提出了新课题，现行有关制度规范亟待整合提高。① 这些问题，将在推进法治中国建设和文化强国建设的过程中，通过加强科学立法、民主立法来逐步解决。

四　法治保证和促进社会建设

在我国社会主义现代化建设"五位一体"的总体布局中，社会建设是一个相对滞后却又迫切需要着力加强的领域。

加强社会建设，是社会和谐稳定的重要保证。加强社会建设，一方面要大力发展以保障和改善民生为重点的社会事业，另一方面要着力加强和创新社会管理。加强社会建设的目标，是建设社会主义和谐社会，开创社会和谐人人有责、和谐社会人人共享的生动局面。

社会建设是一个庞大的社会系统工程，既包括动员社会力量、整合社会资源、发展社会事业、完善社会功能，又包括加强社会的源头治理体系建设、动态协调机制建设、应急管理体制建设，还包括加强社区建设与管理、社会组织建设与管理、社会工作人才队伍建设与管理。在这个过程中，

---

① 　沈春耀：《加强文化法制建设》，《光明日报》2011 年 11 月 10 日。

要解决方方面面的社会矛盾，调整方方面面的利益关系，构建方方面面的管理体制机制，要切实解决学有所教、劳有所得、病有所医、老有所养、住有所居等人民最关心最直接最现实的利益问题，要在整个社会实现民主法治、公平正义、诚信友爱、充满活力、安定有序、人与自然和谐相处。所有这些工作任务、工作过程和工作要求，都离不开法治的支撑和保证作用。

改革开放以来，我国在社会法治建设方面取得了重大进展，有关社会事业和社会管理的立法、执法、司法、守法、社会参与和法律监督等不断加强，对加强社会建设、创新社会管理、促进社会和谐、维护社会稳定发挥了重要作用。例如，在劳动者权益的法律保障方面，《劳动法》、《劳动合同法》、《劳动争议调解仲裁法》、《就业促进法》和《职工带薪年休假条例》、《劳动保障监察条例》等法律法规，规范和促进了就业，合理界定了用人单位和劳动者的权利和义务，维护了劳动者的合法权益。《工伤保险条例》、《失业保险条例》、《社会保险费征缴暂行条例》以及《企业职工生育保险试行办法》等法规、规章，保证了劳动者在养老、失业、患病、工伤和生育等情况下能够享有必要的物质帮助。《残疾人就业条例》、《女职工劳动保护规定》和《禁止使用童工规定》等法规和规章，对不同类型弱势群体的身心健康和合法权益给予特别保护。在经济、社会、文化和其他权利的法律保障方面：我国《宪法》规定，公民合法的私有财产不受侵犯。《物权法》规定，国家、集体、私人的物权和其他权利人的物权受法律保护，任何单位和个人不得侵犯。《老年人权益保障法》、《母婴保健法》、《未成年人保护法》和《残疾人保障法》等法律，加强对特殊群体的保护。《城市居民最低生活保障条例》《农村五保供养工作条例》等法规，规定对城市贫困人口和农村无劳动能力、无收入来源又无人赡养、抚养、扶养的农民提供基本生活保障。《军人抚恤优待条例》和《退伍义务兵安置条例》等法规，规定了国家对退役和伤亡军人及家属的抚恤优待制度。公民受教育的权利受宪法和法律保护。《义务教育法》强化了国家保障义务教育实施的责任，将义务教育全面纳入财政保障范围，保障所有适龄儿童、少年平等接受义务教育的权利。在生命权的法律保障方面：我国《宪法》以及《刑法》、《民法通则》等法律对保障公民生命权作了基本规定。《安全生产法》《职业病防治法》等法律法规，对保护劳动者的生命安全和身体健康作出规定。在人身自由、人格尊严的法律保障方面，以及在平等权的法律保障方面，我国《宪法》和其他相关法律法规都作出了具体规定。

我国在严格行政执法、公平公正司法方面，依法惩治危害国家安全和社会稳定的犯罪，妥善化解社会矛盾，开展了大量有成效的工作。特别是积极参与社会治理，健全诉讼与非诉讼相衔接的矛盾纠纷解决机制，加大诉前调解力度，坚持和发展"枫桥经验"，指导、支持人民调解，将大量矛盾纠纷化解在基层和诉前，促进社会和谐。①

五　法治保证和促进生态文明建设

建设生态文明，离不开法治。在我国生态文明建设中，法治发挥着越来越重要的作用，

改革开放以来，我国在环境法治建设方面取得了重大进展，环境立法、环境执法、环境司法、环境守法、环境参与和环境法律监督等不断加强，对保护生态环境、促进经济和社会可持续发展，发挥了重要作用。改革开放初期，我国就制定和实施了一系列旨在保护自然资源与环境的法律和法规。从1979年到1985年，我国相继颁布和实行了《森林法（试行）》、《环境保护法（试行）》、《海洋环境保护法》、《水污染防治法》、《草原法》、《征收排污费暂行办法》和《海洋石油勘探开发环境保护条例》等法律法规。随后，又颁布了《土地管理法》、《渔业法》、《矿产资源法》、《水法》、《野生动物保护法》和《水土保持法》。近十余年来，中国将资源节约和环境保护确立为基本国策，不断加强环境与资源保护法制建设。我国已经建立了环境污染防治法律制度、生态保护法律制度和自然资源保护法律制度。建立健全了环境影响评价、"三同时"②、排污申报登记、排污收费、限期治理、总量控制和排污许可制度，以及自然资源的规划、权属、许可、有偿使用、能源节约评估等方面的法律制度。中国十分重视资源节约和环境保护领域的国际合作，缔结或参加了《联合国气候变化框架条约》、《京都议定书》、《生物多样性公约》和《联合国防治荒漠化公约》等30多项国际环境与资源保护条约，并积极履行所承担的条约义务。

2013年春天，我国中东部地区多次出现大范围雾霾天气。雾霾天气给大气环境、群众健康、交通安全带来了严重影响。治理雾霾，需要法治保障。1948年，美国曾经出现严重雾霾天气，比我国近年来出现的雾霾天气

---

① 周强：《最高人民法院工作报告》，《人民日报》2014年3月18日。
② "三同时"制度是关于建设项目的环境保护措施（包括防治污染和其他公害的设施及防止生态破坏的设施）必须与主体工程同时设计、同时施工、同时投产使用的各项法律规定。

还严重，美国花了四五年时间，加强立法，改善环境。1952 年，英国伦敦出现烟雾事件，也是用四五年时间，通过加强法治建设，改善环境。针对近年来出现的雾霾问题，我国环境保护部门加强了环境保护立法。2013 年，为贯彻落实中央部署和十二届全国人大一次会议批准的《国务院机构改革和职能转变方案》，全国人大常委会审议通过了关于修改《海洋环境保护法》等 7 部法律的决定。同时，全国人大常委会听取审议了关于生态补偿机制建设工作情况的报告，开展了《可再生能源法》《气象法》执法检查。常委会组成人员指出，保护生态环境，建设美丽中国，需要全社会共同参与，要按照谁开发谁保护、谁受益谁补偿的原则，加快生态补偿机制建设，落实生态补偿政策。要依法加强对可再生能源发展规划的修编和管理，继续加大财政补贴和税收优惠力度，大力加强关键技术研发应用，为可再生能源发展提供有力支撑。要加强气象现代化建设，增强气象防灾减灾能力，提高气象预报和灾害性天气预警准确率，强化气候资源的科学利用和有效保护。

党的十八大强调，要大力推进生态文明建设，把它放在突出位置，融入经济建设、政治建设、文化建设、社会建设各方面和全过程，努力建设美丽中国，实现中华民族永续发展。党的十八届三中全会进一步明确要求，要加快生态文明制度建设，按照"源头严防、过程严管、后果严惩"的思路，建立系统完整的生态文明制度体系，实行最严格的源头保护制度、损害赔偿制度、责任追究制度，完善环境治理和生态修复制度，用制度保护生态环境。"源头严防"的制度，包括健全自然资源资产产权制度，健全国家自然资源资产管理体制，完善自然资源监管体制，坚定不移地实施主体功能区制度，建立空间规划体系，落实用途管制，建立国家公园体制。"过程严管"的制度，包括实行资源有偿使用制度，实行生态补偿制度，建立资源环境承载能力监测预警机制，完善污染物排放许可制，实行企事业单位污染物排放总量控制制度。"后果严惩"的制度，包括建立生态环境损害责任终身追究制，实行损害赔偿制度。[①] 为了建设系统完整的生态文明制度体系，真正实现"源头严防、过程严管、后果严惩"，就必须进一步加强生态文明法治建设。

加强生态文明法治建设，一项重要任务和要求，就是以法律保障社会

①　杨伟民：《建立系统完整的生态文明制度体系》，《〈中共中央关于全面深化改革若干重大问题的决定〉辅导读本》，人民出版社，2013，第 321～328 页。

的广泛动员和深度参与。推进生态文明建设，必须发挥人民群众的主体作用。生态环境关系每一个人，保护环境是全民性的事业。不少国家以立法推动环境教育，取得了一些成功经验。就我国来说，应把生态文明教育贯穿于学校教育全过程，并出台相关法规，鼓励和引导人民群众积极参与；保障人民群众在生态文明建设方面的知情权、参与权和监督权，让人民群众从生态文明建设中深切体会和明确认识自己的利益所在，激发其参与生态文明建设的热情。[①]

第四节　全面推进依法治国

一　全面推进依法治国的总目标和总要求

习近平同志指出："全面推进依法治国是关系我们党执政兴国、关系人民幸福安康、关系党和国家长治久安的重大战略问题，是完善和发展中国特色社会主义制度、推进国家治理体系和治理能力现代化的重要方面。我们要实现党的十八大和十八届三中全会作出的一系列战略部署，全面建成小康社会、实现中华民族伟大复兴的中国梦，全面深化改革、完善和发展中国特色社会主义制度，就必须在全面推进依法治国上作出总体部署、采取切实措施、迈出坚实步伐。"[②]

十八届四中全会《决定》直面我国法治建设领域的突出问题，立足我国社会主义法治建设实际，明确提出了全面推进依法治国的指导思想、总目标、基本原则，提出了关于依法治国的一系列新观点、新举措，回答了党的领导和依法治国的关系等一系列重大理论和实践问题，对科学立法、严格执法、公正司法、全民守法、法治队伍建设、加强和改进党对全面推进依法治国的领导作出了全面部署，有针对性地回应了人民群众呼声和社会关切。《决定》鲜明提出坚持走中国特色社会主义法治道路、建设中国特色社会主义法治体系的重大论断，明确建设社会主义法治国家的性质、方向、道路、抓手，这些必将有力推进社会主义法治国家建设。

《决定》提出，全面推进依法治国，总目标是建设中国特色社会主义法治体系，建设社会主义法治国家。这个总目标，既明确了全面推进依法治

---

① 竺效：《用法制保障生态文明建设》，《人民日报》2013 年 7 月 5 日。

② 习近平：《关于〈中共中央关于全面推进依法治国若干重大问题的决定〉的说明》，《习近平关于全面依法治国论述摘编》，中央文献出版社，2015，第 7 页。

国的性质和方向，又突出了全面推进依法治国的工作重点和总抓手。一是向国内外鲜明宣示，我们将坚定不移地走中国特色社会主义法治道路。中国特色社会主义法治道路，其核心要义是，坚持中国共产党的领导，坚持中国特色社会主义制度，贯彻中国特色社会主义法治理论。中国特色社会主义法治道路，是社会主义法治建设成就和经验的集中体现，是建设社会主义法治国家的唯一正确道路。在走什么样的法治道路问题上，必须向全社会释放正确而明确的信号，指明全面推进依法治国的正确方向，统一全党全国各族人民的认识和行动。二是明确全面推进依法治国的总抓手。全面推进依法治国涉及很多方面，在实际工作中必须有一个总揽全局、牵引各方的总抓手，这个总抓手就是建设中国特色社会主义法治体系。这个法治体系，包括完备的法律规范体系、高效的法治实施体系、严密的法治监督体系、有力的法治保障体系，完善的党内法规体系。依法治国各项工作都要围绕这个总抓手来谋划、来推进。三是建设中国特色社会主义法治体系、建设社会主义法治国家是实现国家治理体系和治理能力现代化的必然要求，也是全面深化改革的必然要求。法治体系和法治国家的成功建设，有利于在法治轨道上推进国家治理体系和治理能力现代化，有利于在全面深化改革总体框架内全面推进依法治国各项工作，有利于在法治轨道上不断深化改革。

全面推进依法治国，总要求是：坚持依法治国、依法执政、依法行政共同推进，坚持法治国家、法治政府、法治社会一体建设，实现科学立法、严格执法、公正司法、全民守法，促进国家治理体系和治理能力现代化。

十八届三中全会提出要建设法治中国。"法治中国"是法治国家、法治政府和法治社会的综合体。依法治国是我们党领导人民治理国家的基本方略，依法执政是党在新的时代条件之下治国理政的基本方式。政府依法行政是依法治国的必然要求和重要内容。全面推进依法治国，建设法治中国，执政党依法执政是前提，各级政府部门依法行政是关键。法治国家是依法治国的建设目标，法治政府是依法行政的建设目标，法治社会是我们小康社会的建设目标，小康社会同样也是法治社会。坚持依法治国、依法执政、依法行政共同推进，坚持法治国家、法治政府和法治社会一体建设，体现了治国理念、治国方略、治国道路的有机统一，体现了法治中国建设路径、建设方法、建设目标的有机统一。

坚持依法治国，首先是坚持依宪治国。宪法是国家的根本大法，具有最高法律地位、法律权威和法律效力。我国宪法确立了中国特色社会主义道路、中国特色社会主义理论体系、中国特色社会主义制度的发展成果，反映了全国各族人民的共同意志和根本利益。习近平同志指出，宪法的生命在于实施，宪法的权威也在于实施。维护宪法权威，就是维护党和人民共同意志的权威。捍卫宪法尊严，就是捍卫党和人民共同意志的尊严。保证宪法实施，就是保证人民根本利益的实现。全面落实依法治国基本方略的根本要求，是树立和维护宪法权威，严格遵守和执行宪法，保证宪法的全面贯彻实施。党的十八届三中全会强调，要进一步健全宪法实施监督机制和程序，把全面贯彻实施宪法提高到一个新水平。建立健全全社会忠于、遵守、维护、运用宪法法律的制度。坚持法律面前人人平等，任何组织或者个人都不得有超越宪法和法律的特权，绝不允许以言代法、以权压法、徇私枉法，一切违反宪法法律的行为都必须予以追究。十八届四中全会《决定》进一步强调，要加强宪法实施，健全宪法实施和监督制度。

坚持依法执政，要求党在宪法和法律框架内活动，党依照法律进入国家政权，在其中处于主导地位。党应该把自己的活动重心放在指导立法上，努力使自己的政策主张通过立法程序上升为具有法律效力的国家意志。党保证立法机关依法立法、行政机关依法行政、司法机关依法独立行使审判权、检察权，真正做到党领导立法、保证执法、带头守法。依法执政的关键是依宪执政。全面贯彻实施宪法，必须转变和完善党的领导方式与执政方式。① 习近平同志指出："我们要坚持党总揽全局、协调各方的领导核心作用，坚持依法治国基本方略和依法执政基本方式，善于使党的主张通过法定程序成为国家意志，善于使党组织推荐的人选成为国家政权机关的领导人员，善于通过国家政权机关实施党对国家和社会的领导，支持国家权力机关、行政机关、审判机关、检察机关依照宪法和法律独立负责、协调一致地开展工作。"②

坚持依法行政，要求按照组织法定、职权法定、程序法定、行为法定、责任法定的原则，完善依法行政的各项制度，坚持用制度管权、管事、管人，严格按照法定权限和程序履行职责，确保宪法、法律、行政法规有效执行。具体地说，要紧紧围绕依法决策、认真依法履责、严格行政执法和依法化解社会矛盾四个环节，严格依法行政。

---

① 封丽霞：《全面推进法治中国建设》，《光明日报》2013 年 12 月 6 日。
② 《习近平谈治国理政》，外文出版社，2014，第 142 页。

一是坚持依法决策。要做到：权限合法，凡作出的决策必须符合法律授权，不得越权决策、违法决策；实体合法，凡作出的决策必须符合法律所体现的意志和利益要求，不得作出与法律及其精神相抵触的决策；程序合法，凡作出的决策必须严格遵守法律规定的程序，不得违反程序决策。要确保权限合法、实体合法、程序合法，必须建立和完善有效的科学民主决策机制。要把公众参与、专家咨询、风险评估、合法性审查和集体讨论决定，作为重大行政决策必经的法定程序，并保证其得到严格执行。要加强政府法律顾问制度建设，完善公示制度、听证制度、征求意见制度和专家咨询制度，为公众参与行政决策提供保障。要建立健全行政决策风险评估机制，未经风险评估和合法性审查的，不得作出决策。

二是认真依法履责。各级行政机关要依照法治精神，积极主动作为，全面正确履行政府职能。当前，在加强经济调节和市场监管的同时，要更加重视社会管理和公共服务，着力解决人民群众最关心、最直接、最现实的利益问题，切实保障和改善民生。要积极回应社会关切，千方百计解决群众反映强烈的安全生产、食品安全、环境保护、社会治安等方面的问题，切实维护公共利益和经济社会秩序，决不能无动于衷、无所事事、听之任之。

三是严格行政执法。要按照规范执法、公正执法、文明执法的要求，进一步加强和改进行政执法，真正做到有法必依、执法必严、违法必究。

四是依法化解社会矛盾纠纷。充分发挥行政裁决、行政复议、行政调解的作用，引导人民群众通过法定途径反映诉求、解决纠纷、维护合法权益。对合法合理的诉求，要予以支持；对不合法不合理的诉求，要说明理由、疏导情绪；对生活确有困难的，要予以帮助。要加强行政应诉工作，自觉履行人民法院作出的生效的判决和裁定。①

二　完善中国特色社会主义法律体系

党的十八届四中全会《决定》明确提出，要建设中国特色社会主义法治体系，必须坚持立法先行，完善以宪法为核心的中国特色社会主义法律体系。这就为新形势下国家立法工作确定了方向和目标，提出了任务和要求。

---

① 马凯：《关于建设中国特色社会主义法治政府的几个问题》，《人民论坛》2011年11月9日。

以宪法为核心的中国特色社会主义法律体系的形成，是我国社会主义法治建设取得的重大成就，为新形势下全面推进依法治国奠定了重要基础。同时，要看到我国法律制度还存在诸多不适应经济社会发展和民主法治建设的问题，与党和国家的要求、与人民群众的期待相比还存在不小的差距。还要看到，事业在发展，形势在变化，法律体系不可能一成不变、一劳永逸。在实践基础上不断完善我国法律体系，是时代向我们提出的新课题，是全面推进依法治国的新要求。

立法活动是国家重要政治活动，关系党和国家事业发展全局。在新的形势下，完善中国特色社会主义法律体系，加强和改进立法工作，要贯彻落实党的十八大和十八届三中、四中全会精神，坚持中国特色社会主义法治道路，注重发挥立法的引领、推动和保障作用，加强重点领域立法；深入推进科学立法、民主立法，着力提高立法质量；完善立法体制机制，坚持立改废释并举；增强法律法规的及时性、系统性、针对性、有效性。

党的十八届四中全会《决定》明确指出，要加强重点领域立法，完善立法体制，深入推进科学立法、民主立法。这三个方面，就是新形势下完善我国法律体系、加强和改进立法工作的重点任务。

（一）加强重点领域立法

紧紧围绕中国特色社会主义事业"五位一体"总体布局，加强和改进新形势下立法工作，推动法律体系完善发展。

以保护产权、维护契约、统一市场、平等交换、公平竞争、有效监管为基本导向，完善社会主义市场经济法律制度，使市场在资源配置中起决定性作用和更好发挥政府作用。编纂民法典，制定和完善发展规划、投资管理、土地管理、能源和矿产资源、农业、财政税收、金融等方面法律法规，加强企业社会责任立法，完善激励创新的产权制度、知识产权保护制度和促进科技成果转化的体制机制。

以保障人民当家作主为核心，坚持和完善人民代表大会制度，坚持和完善基本政治制度，推进社会主义民主政治法治化。加强社会主义协商民主制度建设，完善和发展基层民主制度。完善国家机构组织法，完善选举制度和工作机制，加快推进反腐败国家立法，完善惩治贪污贿赂犯罪法律制度。

建立健全坚持社会主义先进文化前进方向、遵循文化发展规律、有利于激发文化创造活力、保障人民基本文化权益的文化法律制度。制定公共文化服务保障法、文化产业促进法，制定国家勋章和国家荣誉称号法。加强互联网领域立法，完善网络信息服务、网络安全保护、网络社会管理等方面的法律法规，依法规范网络行为。

加快保障和改善民生、推进社会治理体制创新法律制度建设。完善教育、就业、收入分配、社会保障、医疗卫生、食品安全、扶贫、慈善、社会救助和妇女儿童、老年人、残疾人合法权益保护等方面的法律法规。加强社会组织立法，制定社区矫正法。加快国家安全法治建设，推进公共安全法治化。

用严格的法律制度保护生态环境，强化生产者环境保护的法律责任。建立健全自然资源产权法律制度，完善国土空间开发保护方面的法律制度，制定完善生态补偿和土壤、水、大气污染防治及海洋生态环境保护等法律法规，促进生态文明建设。①

（二）完善立法体制

加强党对立法工作的领导，完善党对立法工作中重大问题决策的程序。经过 30 多年来的实践，这方面已经形成了行之有效的制度机制，包括制定立法规划、法律草案起草和审议中的重大问题、修改宪法、提请大会审议法律、保证重大举措于法有据等，应当继续坚持和不断完善。

凡立法涉及重大体制和重大政策调整的，必须报党中央讨论决定。党中央向全国人大提出宪法修改建议，依照宪法规定的程序进行宪法修改。法律制定和修改的重大问题由全国人大常委会党组向党中央报告，全国人大常委会依法将有关法律案列入立法程序。

充分发挥国家权力机关在立法工作中的主导作用，是完善法律体系、加强和改进新形势下立法工作的重要举措。全国人大及其常委会和有地方立法权的地方人大及其常委会，都要按照《决定》的精神，健全发挥主导作用的体制机制。起草综合性、全局性、基础性等重要法律草案，由全国人大相关专门委员会、全国人大常委会法制工作委员会组织有关部门参与，并形成常态化制度。增加有法治实践经验的专职常委比例。依法建立健全专门委员会、工作委员会立法专家顾问制度。

把公正、公平、公开原则贯穿立法全过程，明确立法权力边界，从体制机制和工作程序上有效防止部门利益和地方保护主义法律化。对部门间

---

① 张德江：《完善以宪法为核心的中国特色社会主义法律体系》，《人民日报》2014 年 10 月 31 日。

争议较大的重要立法事项，由决策机关引入第三方评估，充分听取各方意见，协调决定，不能久拖不决。加强法律解释工作，及时明确法律规定含义和适用法律依据。明确地方立法权限和范围，依法赋予设区的市地方立法权。①

（三）深入推进科学立法、民主立法

立法质量直接关系到法治的质量。完善法律体系必须抓住提高立法质量这个关键，把深入推进科学立法、民主立法作为提高立法质量的根本途径。科学立法的核心，在于立法要尊重和体现客观规律；民主立法的核心，在于立法要为了人民、依靠人民。科学立法、民主立法，简洁明了地回答了新形势下我们"立什么样的法、怎样立法"这一重大命题。

加强人大对立法工作的组织协调，健全立法机关主导、社会各方有序参与立法的途径和方式。健全立法起草、论证、协调、审议机制，完善立法项目征集和论证制度。推进立法精细化，尽量具体、明确，增强法律法规的及时性、系统性、针对性、有效性。健全法律法规规章起草征求人大代表意见制度，更多发挥人大代表参与起草和修改法律的作用。

健全立法机关和社会公众沟通机制，开展立法协商，充分发挥政协委员、民主党派、工商联、无党派人士、人民团体、社会组织在立法协商中的作用，探索建立有关国家机关、社会团体、专家学者对立法中涉及的重大利益调整论证咨询机制。拓宽公民有序参与立法途径，健全法律法规规章草案公开征求意见和公众意见采纳情况反馈机制，广泛凝聚社会共识。完善法律草案表决程序，对重要条款可以单独表决。

完善以宪法为核心的中国特色社会主义法律体系，事关全面推进依法治国、建设社会主义法治国家的全局，责任重大光荣，任务艰巨繁重。我们要坚决贯彻落实《决定》提出的各项目标、任务和要求，使我国立法工作不断迈出新步伐、迈上新台阶，谱写全面推进依法治国、建设社会主义法治国家历史新篇章。②

三　深入推进依法行政，加快建设法治政府

党的十八大提出，到 2020 年依法治国方略全面落实，法治政府基本建成。当前，全面推进依法治国进入关键时期，加快建设法治政府任务艰巨

---

① 张德江：《完善以宪法为核心的中国特色社会主义法律体系》，《人民日报》2014 年 10 月 31 日。
② 张德江：《完善以宪法为核心的中国特色社会主义法律体系》，《人民日报》2014 年 10 月 31 日。

而紧迫、意义重大而深远。党的十八届四中全会《决定》对"深入推进依法行政、加快建设法治政府"作出了战略部署，提出了明确要求，确定了当前和今后一段时期法治政府建设的方向、目标、任务和措施。

加快建设法治政府，是全面推进依法治国、建设中国特色社会主义法治体系的重要内容，是全面建成小康社会、全面深化改革的迫切需要，是维护人民合法权益、实现社会公平正义的制度保障。加快建设职能科学、权责法定、执法严明、公开公正、廉洁高效、守法诚信的法治政府，必须紧紧围绕全面推进依法治国的要求，在法治轨道上做好以下几项重点工作。

（一）依法全面履行政府职能

依法全面履行政府职能，是建设法治政府的基础和前提。一要完善行政组织和行政程序法律制度，推进机构、职能、权限、程序、责任法定化。行政机关在履职过程中，要坚持法定职责必须为、法无授权不可为。对于职责范围内的行政事务，要勇于负责、敢于担当，坚决纠正不作为、乱作为，坚决克服懒政、怠政，坚决惩处失职、渎职。同时，行政机关不得法外设定权力，没有法律法规依据不得作出减损公民、法人和其他组织合法权益或者增加其义务的决定。二要推行政府权力清单制度，按照职权法定的原则，对行政权力进行全面梳理，明确各级政府及其工作部门依法能够行使的职权范围，坚决消除权力设租寻租空间。三要推进各级政府事权规范化、法律化，完善不同层级政府特别是中央和地方政府事权法律制度，合理、清晰界定政府间事权，强化中央政府宏观管理、制度设定职责和必要的执法权，强化省级政府统筹推进区域内基本公共服务均等化职责，强化市县政府执行职责，促进政府间各司其职、各负其责、各尽其能，充分发挥好中央和地方两个积极性。

（二）健全依法决策机制

决策是行政权力运行的起点。一要把公众参与、专家论证、风险评估、合法性审查、集体讨论决定确定为重大行政决策法定程序，确保决策制度科学、程序正当、过程公开、责任明确。二要积极推行政府法律顾问制度，抓紧建立以政府法制机构人员为主体、吸收专家和律师参加的法律顾问队伍，完善政府法律顾问工作机制，保证法律顾问在制定重大行政决策、推进依法行政中发挥积极作用。三要建立重大决策终身责任追究制度及责任倒查机制，坚持"谁决策、谁负责"的原则，强化各类决策主体的责任，对决策严重失误或者依法应该及时作出决策但久拖不决造成重大损失、恶劣影响的，严格追究行政首长、负有责任的其他领导人员和相关责任人员的法律责任，切实提高行政决策的科学化、民主化、法治化水平。

（三）深化行政执法体制改革

改革行政执法体制是提升行政执法水平的制度动力。一要根据不同层级政府的事权和职能，按照减少层次、整合队伍、提高效率的原则，合理配置执法力量，加快推进执法重心和执法力量向市县下移。二要推进综合执法，大幅减少市县两级政府执法队伍种类，重点在食品药品安全、工商质检、公共卫生、安全生产、文化旅游、资源环境、农林水利、交通运输、城乡建设、海洋渔业等领域内推行综合执法，有条件的领域可以推行跨部门综合执法。理顺城管执法体制，加强城市管理综合执法机构建设，提高执法和服务水平。三要完善市县两级政府行政执法管理，加强统一领导和协调，规范执法行为，提高执法效率。四要严格实行行政执法人员持证上岗和资格管理制度，未经执法资格考试合格，不得授予执法资格，不得从事执法活动，努力提升执法人员素质和能力。五要严格执行罚缴分离和收支两条线管理制度，严禁收费罚没收入同部门利益直接或者变相挂钩。对下达或者变相下达罚没指标，将行政事业性收费、罚没收入与行政执法机关业务经费、工作人员福利挂钩的，依法严格追究责任。六要健全行政执法和刑事司法衔接机制，完善案件移送标准和程序，建立行政执法机关、公安机关、检察机关、审判机关信息共享、案情通报、案件移送制度，建立衔接工作信息共享平台，加强对衔接工作的监督，坚决克服有案不移、有案难移、以罚代刑现象，实现行政处罚和刑事处罚无缝对接。

（四）坚持严格规范公正文明执法

严格规范公正文明执法是加快建设法治政府的重点任务。一要依法惩处各类违法行为，加大食品药品、安全生产、环境保护、社会治安、征地拆迁、劳动保障、医疗卫生等关系群众切身利益的重点领域执法力度，维护群众合法权益，维护法律尊严。二要完善执法程序，通过建立执法全过程记录制度，明确行政许可、行政处罚、行政强制、行政征收、行政收费、行政检查等执法行为的具体操作流程，严格执行重大执法决定法制审核制度，及时发现、解决和有效预防执法中的不严格、不规范、不公正、不文明等问题，有效规范执法活动。三要建立健全行政裁量权基准制度，细化、量化行政裁量标准，规范裁量范围、种类、幅度，为执法活动提供明确依据，从制度上解决执法不公现象。四要加强行政执法信息化建设和信息共享，建立运行执法信息平台，推行执法流程网上管理，提高执法效率和规范化水平。五要全面落实行政执法责任制，严格确定不同部门及机构、岗位执法人员执法责任和责任追究机制，加强执法监督，坚决排除对执法活动的非法干预，防止和克服地方和部门保护主义，惩治执法腐败现象。

（五）强化对行政权力的制约和监督

没有监督的权力必然导致腐败。一要加强党内监督、人大监督、民主监督、行政监督、司法监督、审计监督、社会监督、舆论监督制度建设，充分发挥各监督主体的作用和积极性，完善监督体系，科学设定监督职责，严密监督程序，努力形成科学有效的权力运行制约和监督体系，增强监督合力和实效。二要加强对政府内部权力的制约，对财政资金分配使用、国有资产监管、政府投资、政府采购、公共资源转让、公共工程建设等权力集中的部门和岗位实行分事行权、分岗设权、分级授权，定期轮岗，强化内部流程控制，防止权力滥用。完善政府内部层级监督和专门监督，改进上级机关对下级机关的监督，建立常态化监督制度。三要完善纠错问责机制，健全责令公开道歉、停职检查、引咎辞职、责令辞职、罢免等问责方式和程序。四要完善审计制度，保障依法独立行使审计监督权。对公共资金、国有资产、国有资源和领导干部履行经济责任情况实行审计全覆盖。强化上级审计机关对下级审计机关的领导，探索省以下地方审计机关人财物统一管理，推进审计职业化建设，切实提高审计机关的履职能力和水平。

（六）全面推进政务公开

法治政府必然是阳光政府。一要完善政务公开和各领域办事公开制度，坚持以公开为常态、不公开为例外原则，推进决策公开、执行公开、管理公开、服务公开、结果公开。二要依据权力清单，向社会全面公开政府职能、法律依据、实施主体、职责权限、管理流程、监督方式等事项，推进行政权力的公开化、透明化，加强对行政权力行使的过程监管，防止行政权力肆意膨胀。三要重点推进财政预算、公共资源配置、重大建设项目批准和实施、社会公益事业建设等领域的政府信息公开。四要将涉及公民、法人或其他组织权利和义务的规范性文件，按照政府信息公开要求和程序予以公布，未经公布的不得作为行政管理的依据。五要推行行政执法公示制度，依法公开执法依据、执法程序、执法结果，强化对行政执法活动的监督，规范行政执法行为。六要推进政务公开信息化，加强互联网政务信息数据服务平台和便民服务平台建设，充分运用信息技术手段，丰富公开内容，创新公开方式，提供便捷的行政管理服务。①

四　完善司法管理体制和司法权力运行机制

党的十八届四中全会《决定》从全面推进依法治国的战略高度提出："必须完善司法管理体制和司法权力运行机制，规范司法行为，加强对司法活动的监督，努力让人民群众在每一个司法案件中感受到公平正义。"② 这是党中央在全面深化改革的新形势下，对深化司法体制改革提出的新的重大任务。

司法管理体制是对如何管理司法活动及相关事务的体制设计，司法权力运行机制是对司法权配置、运行及其相互关系的制度性安排。完善司法管理体制和司法权力运行机制，是坚持和完善中国特色社会主义司法制度的必然要求，是推进国家治理体系和治理能力现代化的客观要求，是维护社会公平正义的迫切需要。深化司法体制改革，一个重要目的是提高司法公信力，让司法真正发挥维护社会公平正义最后一道防线的作用。《决定》着眼于保证公正司法、提高司法公信力，从人民群众最期盼的领域改起，从制约司法公正最突出的问题改起，提出了一系列完善司法管理体制和司法权力运行机制的重大措施。

（一）完善确保依法独立公正行使审判权和检察权的制度

人民法院、人民检察院依法独立行使审判权、检察权，是宪法的明确规定，是国家法律统一正确实施的法制保障。《决定》从完善制度入手，提出了具体改革措施。

一是建立各级党政机关和领导干部支持法院、检察院依法独立公正行使职权的制度机制。近年来发生的一些案例表明，一些干部违法干预司法，影响了司法公正，有的甚至酿成冤假错案，教训十分深刻。《决定》提出"建立领导干部干预司法活动、插手具体案件处理的记录、通报和责任追究制度"，强调"任何党政机关和领导干部都不得让司法机关做违反法定职责、有碍司法公正的事情，任何司法机关都不得执行党政机关和领导干部违法干预司法活动的要求。对干预司法机关办案的，给予党纪政纪处分；

---

① 方健：《加快建设法治政府》，《经济日报》2014 年 11 月 25 日。
② 《中国共产党第十八届中央委员会第四次全体会议文件汇编》，人民出版社，2014，第41 页。

造成冤假错案或者其他严重后果的，依法追究刑事责任"。这些硬性规定，为党政机关和领导干部违法干预司法划出了"红线"，为司法机关依法独立公正行使职权提供了有力的制度保障。

二是健全维护司法权威的法律制度。司法权威是司法机关发挥化解纠纷、定分止争功能的重要基础。司法实践中时常发生法院裁判不受尊重、难于执行的问题，严重损害司法权威、影响社会秩序，也不利于从根本上维护群众合法权益。《决定》提出："健全行政机关依法出庭应诉、支持法院受理行政案件、尊重并执行法院生效裁判的制度。完善惩戒妨碍司法机关依法行使职权、拒不执行生效裁判和决定、藐视法庭权威等违法犯罪行为的法律规定。"这有利于在全社会形成维护司法权威的良好氛围。

三是建立健全司法人员履行法定职责保护机制。司法活动事关当事人权利义务分配和利益归属，事关罪与非罪。司法人员处在矛盾和利害的焦点，时时面对各种干扰和压力。要从法律制度上为司法人员秉公司法撑起"保护伞"，防止各方面的不当干扰，解除他们的后顾之忧。《决定》要求："建立健全司法人员履行法定职责保护机制。非因法定事由，非经法定程序，不得将法官、检察官调离、辞退或者作出免职、降级等处分。"这有利于防止利用职权干预司法，保障和支持法官、检察官依法履行职责。①

（二）优化司法职权配置

如何配置司法职权，是司法体制改革的重要内容。

一是健全司法权力分工负责、互相配合、互相制约的体制机制。《决定》提出："健全公安机关、检察机关、审判机关、司法行政机关各司其职，侦查权、检察权、审判权、执行权相互配合、相互制约的体制机制。"在我国，司法权分别由不同机关行使。在刑事诉讼活动中，公安机关行使侦查权，人民检察院行使检察权，人民法院行使审判权，司法行政机关行使刑罚执行权，这四种权力既互相配合又互相制约。但宪法和刑事诉讼法只规定了公、检、法三机关分工负责、互相配合、互相制约的原则。《决定》首次明确提出"四机关"各司其职，互相配合、互相制约，反映了新中国成立以来特别是改革开放 30 多年来司法实践形成的重要制度成果，体现了我国社会主义司法制度的鲜明特色，是对我国司法管理体制的重大发展和完善。

---

① 孟建柱：《完善司法管理体制和司法权力运行机制》，《人民日报》2014 年 11 月 7 日。

二是推动实行审判权和执行权相分离的体制改革试点。一般来说，审判权是司法权力，而裁判执行权是具有行政性质的权力。在我国，生效民事和行政裁判的执行由人民法院负责，同时，法院还依行政机关或者当事人申请，依法对部分非诉讼事项进行强制执行，而"执行难"在一定程度上影响了司法权威。司法实践中，有的案件判决是公正的，但由于被执行人已经丧失实际履行能力而无法执行，申请执行人往往归咎于法院，对司法公正产生怀疑。审判权和执行权分别由不同的机关或部门行使，符合这两种权力的不同属性，有利于维护司法公正，也是世界各国的通行做法。近年来，人民法院在内部实行审执分离改革，取得了一定成效。《决定》提出"推动实行审判权和执行权相分离的体制改革试点"，这是一项涉及司法职权配置的重大改革措施。要积极探索审判权和执行权相分离的模式，取得实践经验，认真研究论证后再逐步推开。

三是完善刑罚执行制度，统一刑罚执行体制。目前，我国刑罚执行权由多个机关分别行使。其中，死刑缓期二年执行、无期徒刑、有期徒刑由司法行政机关管理的监狱执行；被判处管制、宣告缓刑、假释或者被暂予监外执行的，由司法行政机关的社区矫正机构执行；死刑立即执行和罚金、没收财产的判决，由人民法院执行；拘役由公安机关执行。刑罚执行权过于分散，不利于统一刑罚执行标准。《决定》提出"统一刑罚执行体制"，有利于加强刑罚统一执行的管理和监督，更好地发挥刑罚教育人改造人的功能，保障罪犯合法权益，实现刑罚预防犯罪的目的。

四是探索实行法院、检察院司法行政事务管理权和审判权、检察权相分离。法院、检察院的人财物管理属于司法行政事务。党的十八届三中全会提出了推动省以下地方法院、检察院人财物统一管理的改革措施。四中全会《决定》明确指出，"改革司法机关人财物管理体制，探索实行法院、检察院司法行政事务管理权和审判权、检察权相分离"，这是对三中全会改革措施的进一步深化。要认真总结历史经验，借鉴国外合理做法，积极探索符合我国国情特点的司法机关人财物管理体制。①

（三）完善司法管辖体制

党的十八届三中全会提出探索建立与行政区划适当分离的司法管辖制度，四中全会《决定》进一步提出了具体改革举措。

---

① 孟建柱：《完善司法管理体制和司法权力运行机制》，《人民日报》2014年11月7日。

一是最高人民法院设立巡回法庭。《决定》提出："最高人民法院设立巡回法庭，审理跨行政区域重大行政和民商事案件。"这有利于审判机关重心下移、就地解决纠纷、方便当事人诉讼；有利于最高人民法院发挥监督指导全国法院工作职能，集中精力制定司法政策和司法解释、监督指导全国法院审判工作，审理对统一法律适用有重大指导意义的案件，提高审判工作水平。

二是探索设立跨行政区划的人民法院和人民检察院。按照人民法院组织法、人民检察院组织法的规定，我国地方各级法院、检察院均按行政区划设置。随着我国经济社会发展，地方法院受理的民商事案件和行政诉讼案件日益增多，跨行政区划的当事人越来越多，许多案情重大、复杂，有的地方部门或领导利用职权和关系插手案件处理，造成相关诉讼出现"主客场"现象，不利于平等保护外地当事人合法权益、保障法院独立审判、监督政府依法行政、维护法律公正实施。《决定》提出："探索设立跨行政区划的人民法院和人民检察院，办理跨地区案件。"这有利于排除地方保护主义对审判工作和检察工作的干扰、保障法院和检察院依法独立公正行使审判权和检察权，有利于构建普通案件在行政区划法院审理、特殊案件在跨行政区划法院审理的诉讼格局，有利于提高司法公信力。这项改革，考虑对现有铁路运输法院和检察院加以改造，合理调配、充实审判人员和检察人员即可实施。

三是完善行政诉讼体制机制，合理调整行政诉讼案件管辖制度，切实解决行政诉讼立案难、审理难、执行难等突出问题。可以考虑适当提高行政诉讼案件的级别管辖、对行政诉讼案件采取异地集中管辖等方式，以有效排除一些地方政府工作人员对行政诉讼案件审理的不当干预。①

（四）完善司法权力运行机制

规范有序的司法权力运行机制，是司法机关依法独立公正行使职权的重要保障。《决定》在这方面提出了多项重大举措。

一是改革法院案件受理制度。目前，我国法院受理一审民商事和行政诉讼案件，实行立案审查制，经审查符合法定受理条件的才予以立案，为有案不立留下了制度缺陷。《决定》要求"改革法院案件受理制度，变立案审查制为立案登记制"。对人民法院依法应该受理的案件，做到依法有案必

---

① 孟建柱：《完善司法管理体制和司法权力运行机制》，《人民日报》2014年11月7日。

立、有诉必理，有利于有效化解群众诉讼难，充分保障当事人诉权。

二是完善刑事诉讼中认罪认罚从宽制度。当前，我国刑事犯罪高发，司法机关办案压力大增，必须实行刑事案件办理的繁简分流、难易分流。2014年6月，全国人大常委会授权最高人民法院、最高人民检察院在部分地区开展刑事案件速裁程序试点工作。四中全会《决定》提出："完善刑事诉讼中认罪认罚从宽制度。"这是我国刑事诉讼制度改革的重大举措。要加强研究论证，在坚守司法公正的前提下，探索在刑事诉讼中对被告人自愿认罪、自愿接受处罚、积极退赃退赔的，及时简化或终止诉讼的程序制度，落实认罪认罚从宽政策，以节约司法资源，提高司法效率。

三是完善审级制度。根据人民法院组织法规定，人民法院审判案件，实行两审终审制。同时，刑事诉讼法、民事诉讼法、行政诉讼法规定了再审程序。目前，我国法律对一审、二审、再审定位不清、功能交叉，不利于发挥各个审级功能，也影响司法效率。为此，《决定》提出完善审级制度，进一步明晰了各审级功能定位，"一审重在解决事实认定和法律适用，二审重在解决事实法律争议、实现二审终审，再审重在解决依法纠错、维护裁判权威"。

四是推进以审判为中心的诉讼制度改革。审判是人民法院审理案件、作出裁判的司法活动，是诉讼的中心环节。法庭是查明事实、认定证据、形成裁判结果的场所。没有庭审，就没有裁判。充分发挥审判特别是庭审的作用，是确保案件处理质量和司法公正的重要环节。《决定》提出，"推进以审判为中心的诉讼制度改革"，"全面贯彻证据裁判规则，严格依法收集、固定、保存、审查、运用证据，完善证人、鉴定人出庭制度，保证庭审在查明事实、认定证据、保护诉权、公正裁判中发挥决定性作用"。以审判为中心是由司法审判权的判断和裁决性质所决定的，强调司法机关和诉讼参与人的诉讼活动都要围绕庭审进行，确保侦查、审查起诉的案件事实和证据经得起法庭质证的检验，经得起法律的检验，确保诉讼证据出示在法庭、案件事实查明在法庭、诉辩意见发表在法庭、裁判结果形成在法庭。

五是探索建立检察机关提起公益诉讼制度。实践中，一些个人、法人、组织违法或者侵权行为侵害国家和社会公共利益，有的行政机关违法行使职权或者不作为造成对国家和社会公共利益侵害或者有侵害危险，由于没有直接利害关系人或者利害关系人不确定，导致无法提起诉讼。由检察机关提起公益诉讼，有利于督促公民、法人、组织依法规范自身行为、履行法律义务，有利于督促行政机关依法履职，维护国家和社会公共利益。①

（五）加强对司法活动的监督

司法权承担着判断是非曲直、解决矛盾纠纷、制裁违法犯罪、调节利益关系等重要职责，必须健全对司法活动监督制约的制度机制，让司法权在制度的笼子里运行。

一是健全司法机关内部监督制约机制。《决定》要求，"明确司法机关内部各层级权限"；"司法机关内部人员不得违反规定干预其他人员正在办理的案件，建立司法机关内部人员过问案件的记录制度和责任追究制度"；"完善主审法官、合议庭、主任检察官、主办侦查员办案责任制，落实谁办案谁负责"；"明确各类司法人员工作职责、工作流程、工作标准，实行办案质量终身负责制和错案责任倒查问责制，确保案件处理经得起法律和历史检验"。

二是加强检察机关法律监督。《决定》要求："完善检察机关行使监督权的法律制度，加强对刑事诉讼、民事诉讼、行政诉讼的法律监督。"这有利于保障人民检察院依法履行职责，维护和促进司法公正。检察机关要提高监督能力和水平，执法司法机关要自觉接受检察机关的法律监督。

三是加强人民群众监督和社会监督。进一步完善人民陪审员制度，保障人民群众对审判活动的有效参与和监督。完善人民监督员制度，重点监督检察机关查办职务犯罪的立案、羁押、扣押冻结财物、起诉等环节的执法活动。司法机关在办案过程中要依照有关规定主动发布权威信息，及时回应社会关切。规范媒体对案件的报道，防止舆论影响司法公正。

四是依法规范司法人员与当事人、律师、特殊关系人、中介组织的接触、交往行为。《决定》强调，"严禁司法人员私下接触当事人及律师、泄露或者为其打探案情、接受吃请或者收受其财物、为律师介绍代理和辩护业务等违法违纪行为，坚决惩治司法掮客行为，防止利益输送"，为司法人员与当事人、律师交往划定了"禁区"。《决定》还明确要求，"对因违法违纪被开除公职的司法人员、吊销执业证书的律师和公证员，终身禁止从事法律职业，构成犯罪的要依法追究刑事责任"。这一"终身职业禁止"的严厉措施，体现了对司法腐败的零容忍、坚决清除害群之马的坚定决心，有利于促进司法廉洁。②

---

① 孟建柱：《完善司法管理体制和司法权力运行机制》，《人民日报》2014年11月7日。
② 孟建柱：《完善司法管理体制和司法权力运行机制》，《人民日报》2014年11月7日。

五　弘扬法治精神，建设法治社会

党的十八届四中全会《决定》提出，要增强全民法治观念，推进法治社会建设。必须弘扬社会主义法治精神，建设社会主义法治文化，增强全社会厉行法治的积极性和主动性，形成守法光荣、违法可耻的社会氛围，使全体人民都成为社会主义法治的忠实崇尚者、自觉遵守者、坚定捍卫者。

（一）增强全社会厉行法治的积极性和主动性

党的十八届四中全会《决定》突出强调了全社会厉行法治在法治国家、法治政府、法治社会一体建设中的重要地位和作用，对于全面贯彻落实《决定》精神，扎实推进法治社会建设，实现全面推进依法治国的总目标，具有十分重要的意义。

厉行法治，就是治理国家和社会要坚定不移地依靠法律、始终不渝地信仰法律、科学民主地制定法律、严格公正地执行法律、无一例外地遵守法律、齐心协力地实施法律。增强全社会厉行法治的积极性和主动性，就是要增强全体社会成员投身法治的责任意识和行为自觉，动员全社会每一名成员在推进法治国家、法治政府、法治社会一体建设中，严格依法行使权利，切实承担法定义务，积极主动、坚定不移地推进法治社会建设。增强全社会厉行法治的积极性和主动性，是建设法治社会的重要前提和基础，是维护法律权威的基本保证，是依法维护人民权益的迫切需要。

全民守法是全社会厉行法治的基本要求。《决定》强调，全面推进依法治国，必须坚持人民主体地位的原则，人民是依法治国的主体和力量源泉。中国特色社会主义法治建设的伟大实践证明，人民群众是法律实施的重要主体，是建设法治社会的根本力量。增强全社会厉行法治的积极性和主动性，就是要通过培养全体社会成员遵守和执行法律的主体意识和责任意识，使其知法、守法、信法，积极投入社会主义法治建设之中，共同推进法治社会建设实践，在其中发挥主体作用。全民守法，就是全体人民对法律普遍遵守执行。全民守法，要求增强全社会的法治理念和法治精神，使全体社会成员对法治有信心。如果一个社会大多数人对法律不信任，法治社会就无法形成。全民守法，要求法律面前人人平等，任何组织或者个人都必须在宪法和法律范围内活动，任何公民、社会组织和国家机关都要以宪法和法律为行为准则，依照宪法和法律的规定行使权利或者权力、履行义务或者职责。全民守法，要求领导干部带头遵守宪法和法律，切实维护国家法制的统一、尊严和权威，更加注重发挥法治在国家和社会治理中的重要作用，提高运用法治思维和法治方式深化改革、推动发展、化解矛盾、维护稳定的能力。全民守法，要求在全社会营造良好的法治氛围，把守法光荣、违法可耻的观念确立为全社会认同的道德准则和文化意识，使全体社会成员切实增强法治观念，牢固树立法律意识，引导公民依法维护合法权益，自觉履行法定义务，养成自觉守法、遇事找法、解决问题靠法的行为习惯。

社会治理法治化是全社会厉行法治的基本任务。社会治理是国家治理的重要内容。传统社会管理到现代社会治理的转变过程，体现了坚持系统治理、依法治理、综合治理、源头治理的优势和良好效果。社会治理法治化，就是将各项社会事务纳入法律的轨道并规范运行。增强全社会厉行法治的积极性和主动性，就是动员全社会力量推进法治社会建设，形成依法治理社会活动的良好氛围，促使国家治理者更加善于运用法律制度治理社会，提高社会治理能力，激发社会成员活力。这既是社会治理法治化的根本任务，也是国家治理体系和治理能力现代化的重要组成部分。实现社会治理法治化，要求善于用法治精神引领社会治理、用法治思维谋划社会治理、用法治方式破解社会治理难题；要求健全完善依法治理社会事务的制度规范，建立有效解决社会矛盾的工作机制，引导和支持公民严格守法，用法律规范自身行为，依法理性表达合理诉求，运用法律武器维护自己的合法权益，通过法治方式解决人民群众最关心最直接最现实的利益问题；要求发挥社会主体自我约束、自我管理的积极作用，增强公民责任意识；要求建设完备的法律服务体系，保证人民群众在遇到法律问题或者权利受到侵害时，能够及时获得有效法律帮助；要求健全依法维权和化解矛盾纠纷机制，强化法律在维护群众权益、化解社会矛盾中的权威地位。

建设法治社会是全社会厉行法治的基本目标。法治社会建设是全面推进依法治国的重要组成部分，在法治国家、法治政府、法治社会三位一体建设中具有基础性地位和关键性作用。法治社会建设，不仅限于法律制度的建立和法律体系的健全，还在于全社会对法治精神的信仰和对法律权威的认同、支持和捍卫，并将法治精神内化为每个社会成员的自觉观念、外化为自觉行为，形成守法光荣、违法可耻的社会氛围，在党的领导下依法管理国家事务、管理经济文化事业、管理社会事务。建设法治社会，既是增强全社会厉行法治的积极性和主动性的基本目标，也是对全社会每一个成员的要求；既需要各级党委、政府以及立法、执法、司法和法制宣传教育等部门齐抓共管，也需要全体人民积极参与，共同推进法治社会建设，并以此推进法治国家、法治政府建设，实现科学立法、严格执法、公正司法、全民守法，促进国家治理体系和治理能力现代化。

增强全社会厉行法治的积极性和主动性，要求在党的领导下，通过弘扬法治精神和建设法治文化，为法治社会建设奠定牢固的思想政治基础和文化素质基础。弘扬法治精神，在全社会大力开展法治宣传教育。建设法治文化，积极推动全社会参与法治实践。同时，要充分发挥党的基层组织、基层政权组织和各类社会组织的积极作用，共同推进法治社会建设。①

（二）推动全社会树立法治意识

法治意识是人们对法律发自内心的认可、崇尚、遵守和服从。法律要发生作用，首先全社会要信仰法律。法治信仰引领法治中国建设。一旦法治成为一种信仰，人们就会长期持续、自觉自愿地遵守法律，把依法办事当成自己的生活习惯。推动全社会树立法治意识，使人们信仰、崇敬宪法和法律，把法律规定内化为人们的行为准则，积极主动地遵守宪法和法律。只有这样，才能为全面推进依法治国，实现科学立法、严格执法、公正司法、全民守法奠定坚实的思想基础。

1. 深入开展法治宣传教育

《决定》明确提出，要坚持把全民普法和守法作为依法治国的长期基础性工作，深入开展法治宣传教育。通过开展法治宣传教育，广泛传播法律知识，大力弘扬法治精神，在全社会形成宪法至上、守法光荣的良好氛围。

一是把全民普法和守法作为依法治国的长期基础性工作。要深入学习宣传以宪法为核心的各项法律法规，深入学习宣传中国特色社会主义法律体系，使全体公民广泛了解和掌握相关法律知识。注重对法治理念、法治思维和法治信仰的培育，通过多种形式和途径，弘扬法治精神，培育法治文化，使人民群众充分相信法律、自觉运用法律，形成遇事找法、解决问题靠法的行为习惯。

二是把领导干部带头学法、模范守法作为树立法治意识的关键。要完善国家工作人员学法用法制度，努力使各级领导干部掌握相关法律知识，增强依法执政、依法行政意识，带头维护宪法和法律权威，提高运用法治

---

① 耿惠昌：《增强全社会厉行法治的积极性和主动性》，《人民日报》2014 年 12 月 5 日。

思维和法治方式的能力。把宪法和法律作为党委（党组）中心组学习内容，列为党校、行政学院、干部学院、社会主义学院必修课，推广领导干部任前法律知识考试制度和公务员法律知识考试等做法，增强领导干部和国家工作人员的法治观念和法律素质。

三是把法治教育纳入国民教育体系和精神文明创建内容。要坚持法治教育从青少年抓起，把法治教育纳入国民教育序列、列入中小学教学大纲，在中小学设立法治知识课程，保证在校学生都能得到基本法律知识教育。把法治宣传教育纳入精神文明创建活动，把学法尊法守法用法等情况作为精神文明创建的重要指标，纳入精神文明创建考核评价体系，推进法治宣传教育不断深入。

四是创新普法宣传形式。要创新工作理念，创新方式方法，善于抓住重点、分类施教，针对不同对象，采取不同方法，提高法治宣传教育的针对性和实效性。广泛开展群众性法治文化活动，大力推进法治文化阵地建设，积极开展文化产品创造和推广，增强普法宣传教育的渗透力。建立健全媒体公益普法制度，推动普法宣传公益广告在公共场所、公共区域全覆盖。要加强新媒体新技术在普法中的运用，为公众提供更多、更便捷的学法渠道，提高普法实效。

2. 健全普法宣传教育机制

健全普法宣传教育机制是推进普法宣传教育工作取得实效的重要保障。普法宣传教育是一项社会系统工程，涉及社会的方方面面。

一是要通过加强领导、明确责任、健全制度，健全普法宣传教育机制，提高普法工作实效。

二是要健全普法责任制。实行国家机关"谁执法谁普法"的普法责任制，落实各部门、各行业及社会各单位的普法责任。要建立法官、检察官、行政执法人员、律师等以案释法制度，加大执法、司法过程中的普法力度，使办案过程成为向群众宣传法律的过程。

三是要加强普法工作队伍建设。重点抓好司法行政机关普法工作者队伍和各部门、各行业专兼职普法工作者队伍建设，配齐配强工作人员，切实提高能力素质。加强各级普法讲师团建设。加强普法志愿者队伍建设，提高普法志愿者的法律素质和工作水平。

3. 完善守法诚信褒奖机制和违法失信行为惩戒机制

《决定》指出，要牢固树立有权力就有责任、有权利就有义务观念。健全公民和组织守法信用记录，完善守法诚信褒奖机制和违法失信行为惩戒机制。这是培育全社会法治意识的制度动力和有力保障。

一是要树立有权力就有责任、有权利就有义务观念。我国宪法第三十三条规定："任何公民享有宪法和法律规定的权利，同时必须履行宪法和法律规定的义务。"树立法律意识和法治观念，首要的就是坚持权责统一、权利义务统一原则，不能只讲权利、不讲义务，也不能只讲义务、不讲权利。国家机关及其工作人员应当树立有权必有责、用权受监督、违法受追究的意识，严格按照法定职责和权限行使权力、承担法律责任，自觉接受各方面监督，成为尊崇法律、运用法律、遵守法律、维护法律的表率。

二是要完善守法诚信褒奖机制。守法诚信建设是一个系统工程，既要加强守法诚信教育，又要强化制度约束，形成守法诚信长效机制。要健全公民和组织守法信用信息记录，使每一个公民和组织的信用状况公开透明、可查可核。完善守法诚信褒奖机制，在确定经济社会发展目标和发展规划、出台经济社会重大政策和重大改革措施时，把守法经营、诚实信用作为重要内容，形成有利于弘扬诚信的良好政策导向和利益机制；在市场监管和公共服务过程中，充分应用信用信息和信用产品，对诚实守信者实行优先办理、简化程序等"绿色通道"支持激励政策，在全社会形成遵纪守法、诚实守信的良好氛围。

三是要完善违法失信行为惩戒机制。要完善失信行为约束和惩戒机制，实行失信发布制度，建立严重失信黑名单制度和市场退出机制，建立多部门、跨地区失信联合惩戒机制，加强对涉及食品药品安全、环境保护、安全生产、税收征缴等重点领域违法犯罪行为的专项整治，形成扬善抑恶的制度机制和社会环境。完善违法行为惩戒机制，坚持严格执法、公正司法，让受到侵害的权利都能得到有效保护和救济，使违法犯罪活动都受到应有制裁和惩罚，努力让人民群众从每一次执法活动中、在每一个司法案件中都感受到公平正义，从而发自内心地敬畏法律、信任法律和遵从法律。

4. 加强公民道德建设

《决定》指出，要加强公民道德建设。法律是成文的道德，道德是内心的法律，二者相互依存、相互促进。推动全社会树立法治意识，必须加强公民道德建设，全面提高公民道德素质，使法治成为人们的道德追求。

一是要坚持法治建设与道德建设相结合。要弘扬中华优秀传统文化，深入挖掘和阐发中华优秀传统文化讲仁爱、重民本、守诚信、崇正义、尚和合、求大同的时代价值，增强法治的道德底蕴。通过教育引导、舆论宣传、文化熏陶、实践养成、制度保障等，把道德建设融入法治建设各环节，强化规则意识，倡导契约精神，弘扬公序良俗，用良好道德风尚引领全体公民自觉守法、维护法律权威。

二是要全面提高公民道德素质。要加强社会公德、职业道德、家庭美德、个人品德教育，深入实施公民道德建设工程，加强和改进思想政治工作，深化群众性精神文明创建活动，广泛开展志愿服务，推动学雷锋活动、学习宣传道德模范活动常态化，引导人们自觉履行法定义务、社会责任、家庭责任。广大党员干部要争做社会主义道德的示范者、诚信风尚的引领者、公平正义的维护者。

三是要发挥法治在解决道德领域突出问题中的作用。要根据经济社会发展需要和人民群众的愿望要求，把道德领域的一些突出问题纳入法律调整范围，加大执法、司法工作力度，弘扬真善美，制裁假恶丑。深入开展道德领域突出问题专项教育和治理，把加强道德教育和依法解决问题、健全制度保障结合起来，让违法行为不仅受到法律制裁，而且受到道德谴责，引导人们强化道德观念和法治意识，推动形成崇法守信的社会风尚。①

（三）推进多层次多领域依法治理

党的十八届四中全会《决定》提出，推进法治社会建设，要推进多层次多领域依法治理，提高社会治理法治化水平。推进多层次多领域依法治理，是创新社会治理、推进国家治理体系和治理能力现代化的必然要求，是全面推进依法治国、加快法治社会建设的必然要求，是维护社会和谐稳定、实现国家长治久安的必然要求。《决定》在全面总结地方、部门和行业依法治理实践的基础上，对推进多层次多领域依法治理作出全面部署。

1. 深化基层组织和部门、行业依法治理

基层组织和部门、行业是社会的重要组成单元，在社会治理中具有重要地位。要按照《决定》要求，深入推进基层组织和部门、行业等多领域依法治理，支持各类社会主体自我约束、自我管理。要深化基层组织依法治理。要深入贯彻村民委员会组织法、城市居民委员会组织法等基层群众自治法律法规，健全完善村（居）群众组织，推进村民委员会、居民委员会依照法律和章程自主管理村（居）事务，使广大基层群众在自我管理、

---

① 吴爱英：《推动全社会树立法治意识》，《人民日报》2014 年 12 月 8 日。

自我服务中增强法治意识和权利义务观念，提高依法管理社会事务的意识和能力。要深入推进部门行业依法治理。各级政府部门担负着社会管理职能，许多部门还具有行政执法权；各行业同经济社会发展和人民生产生活密切相关。要大力推动各级政府部门和各行业普遍开展依法治理，实现依法治理对部门行业的全面覆盖，促进各级政府部门依法行政、严格执法，社会各行业依法办事、诚信尽责。要积极推动多层次的地方和区域依法治理，在省、市、县、乡各个层面上推进社会治理法治化，不断提高国家和社会治理法治化水平。

2. 发挥社会规范在社会治理中的积极作用

法治是法律之治、规则之治。依法治理是依据完备的法律法规和制度规范体系所进行的社会治理。在社会治理规则体系中，法律法规居于基础性地位，我们日常所说的依法治理，主要就是依据法律法规进行社会治理。同时，现代社会纷繁复杂，社会治理规则体系是由不同类别、不同层级、不同效力的社会规范构成的集合体，除国家法律法规外，市民公约、乡规民约、行业规章、团体章程等多种形式的社会规范，也是治理社会公共事务的重要依据和遵循。要制定完善市民公约、乡规民约、行业规章、团体章程，推动形成多层次、多样化的社会治理规则体系，把那些可以通过社会成员契约合意自我规范或解决的问题交由社会规范或契约解决。要引导和支持城乡社区基层组织、行业和社会团体通过规约章程自我约束、自我管理，规范成员行为，依法维护成员合法权益。同时，要加强对市民公约、乡规民约、行业规章、团体章程等社会规范制订和实施情况的审查监督，确保这些社会规范不违反法律规定，符合社会主义法治原则和精神。

3. 深入开展多层次多形式法治创建活动

我国社会主体数量众多，乡镇 4 万多个，建制村（居）80 多万个，登记企事业法人 1000 余万家。这些基本社会单元的法治化程度，直接决定整个社会的法治化水平。要把法律规定和法治原则、法治精神体现在、落实到各类社会主体的活动之中，最大限度地实现依法治理的社会参与。要立足实际、突出特色开展法治创建。根据不同类型社会主体的性质、功能和特点，制定符合实际、特色鲜明的法治创建目标和实施方案，分类指导、务求实效。通过开展法治创建活动，使参与社会治理的所有主体都能明白自身的法定权力和责任、权利和义务，成为自觉遵守法律、善于运用法律的有作为的治理力量。要探索建立科学完备的法治创建指标体系。根据社会主体的类型和特点，科学确定衡量社会主体法治创建效果的代表性要素，分类研究制定法治创建指标体系和法治创建效果评估体系，对社会主体法治化程度进行量化评估，指导和推动法治创建活动深入发展。

4. 发挥人民团体和社会组织在法治社会建设中的积极作用

人民团体在法治社会建设中肩负重要责任。要在党的领导下，教育和组织团体成员和所联系群众依照宪法和法律的规定，通过各种途径和形式参与管理国家事务，管理经济文化事业，管理社会事务。要发挥各自组织特点和优势，建立制度化管道、完善工作机制，积极开展法治宣传教育，依法维护团体成员和人民群众合法权益。要按照《决定》要求，建立健全社会组织发挥作用的机制和制度化渠道。创新社会组织培养扶持机制，建立健全政府购买服务机制，把适合由社会组织提供的公共服务和解决的事项交由社会组织承担。引导社会组织发挥专业优势、开展志愿服务，构建制度化服务平台。鼓励支持社会组织参与社会事务、维护公共利益、救助困难群众、帮教特殊人群、预防违法犯罪。要大力培育发展行业协会商会类社会组织。进一步推进政社分开，加快行业协会商会与行政机关脱钩步伐。要切实加强对社会组织的监督管理。完善社会组织管理相关法律法规，构建法律规制、政府监管、社会监督有机结合的监管体系，完善社会组织内部治理结构，提高自我管理、自我约束能力，确保社会组织有序发展、规范运行。加强在华境外非政府组织管理，引导和监督其依法开展活动。

5. 深入推进社会治安综合治理

加强社会治安综合治理，是解决我国社会治安问题的根本途径。要始终坚持打防结合、预防为主、专群结合、依靠群众的工作方针，深入推进社会治安综合治理，努力建设平安中国，确保人民安居乐业、社会安定有序、国家长治久安。要依法严厉打击严重刑事犯罪，保障人民生命财产安全。要依法严厉打击暴力恐怖、涉黑犯罪、邪教和黄赌毒等违法犯罪活动，绝不允许其形成气候。要完善立体化社会治安防控体系。着力构建党政主导、综治协调、部门负责、社会协同、全民参与的立体化社会治安防控体系建设格局，健全以源头防控、动态防控、重点防控、科技防控、网格防控、区域防控和网络防控为主要内容的立体化社会治安防控网，有效防范化解管控影响社会安定的问题。深入开展基层平安创建活动，深化社会治安重点地区排查整治。坚持最严格的安全生产制度，依法强化危害食品药品安全、影响安全生产、损害生态环境、破坏网络安全等重点问题治理。

完善对严重精神障碍患者等特殊人群的救治管理机制，切实解决影响平安的突出问题，增强人民群众安全感。要加强互联网管理。依法治理网络空间，健全信息网络管理体系，全面推行网络实名登记制度，推动落实网络运营、服务主体法定义务，推进网络空间诚信体系建设，营造健康向上的网络环境。加强信息网络安全管理基础性制度建设，依法打击整治网络违法犯罪，全力维护网络社会安全。

推进多层次多领域依法治理是法治社会建设的重要内容，是创新社会治理、实现社会善治的必由之路。在推进过程中，要坚持系统治理、依法治理、综合治理、源头治理。要坚持人民主体地位，紧紧依靠人民推进社会治理。要善于运用法治思维和法治方式开展工作、解决问题，有效实施社会治理。要坚持党委领导、政府主导与调动社会积极性相结合，构建党委领导、政府主导、社会各方面有效参与的共治格局，确保社会既充满活力又和谐有序。①

（四）建设完备的法律服务体系

党的十八大以来，习近平总书记在系列重要讲话和对司法行政工作重要指示中，对加大对困难群众维护合法权益的法律援助、加快解决有些地方没有律师和欠发达地区律师资源不足问题、努力做好公共法律服务体系建设、加强律师队伍建设等提出明确要求。党的十八届四中全会《决定》明确提出建设完备的法律服务体系，阐明了法律服务在全面推进依法治国中的地位和作用，为新时期法律服务工作改革发展建设指明了方向。

1. 建设完备的法律服务体系，是全面推进依法治国的重要内容

完备的法律服务体系，是全面推进依法治国的必备要素。我国的法律服务，主要包括律师、公证、基层法律服务、法律援助等。全面推进依法治国，法律服务在立法、执法、司法、守法各环节具有重要地位和作用。

建设完备的法律服务体系，主要目标和任务包括：一是制度完备化。法律法规不断完善，开展法律服务具有充分的法律依据。二是资源均等化。法律服务门类齐全，服务网络实现东中西部、城市与农村广覆盖，工作布局、力量分布科学合理，资源得到有效配置，功能得到充分发挥。三是队伍专业化。法律服务人员思想政治素质、业务素质和职业道德素质不断增强，有效满足经济社会发展对法律服务层次和质量的要求。四是运行机制

---

① 汪永清：《推进多层次多领域依法治理》，《人民日报》2014年12月11日。

化。法律服务体系自身具备科学、高效的增长机制、管理机制和保障机制，规模适度、结构合理、服务优良、运行有序，实现可持续发展。

2. 深度融入"五位一体"建设

建设完备的法律服务体系，是推进我国经济社会发展的必然要求。必须紧紧围绕经济社会发展实际需要，把法律服务融入"五位一体"建设各方面和全过程，实现法律服务全覆盖。

一是健全法律服务网络。健全法律服务网络是深度融合的组织基础。要有效推动法律服务向基层延伸，大力发展县域律师事务所和公证处，规范发展基层法律服务所，建立健全县乡村一级法律援助服务点，努力实现基层村居法律服务的全覆盖，着力打造一小时（半小时）法律服务圈。持续加大对中西部特别是国家特困连片地区法律服务的扶持力度，鼓励、支持和引导法律服务机构和优秀法律人才到中西部开展法律服务，加快解决欠发达地区法律服务资源不足问题。服务中国企业走出去，鼓励有实力的律师事务所走出国门，搭建海外法律服务网络，维护国家经济安全和政治安全。

二是拓展法律服务领域。拓展法律服务领域是深度融合的有效途径。要切实做好与全面深化改革密切相关的法律服务工作，为促进完善我国基本经济制度、健全城乡发展一体化体制机制、建设社会主义民主政治制度、推进文化体制机制创新、推进社会事业改革创新、建立系统完整的生态文明制度体系等提供法律服务。着力服务经济持续健康发展，扩大公司律师试点，拓展知识产权、金融等新兴民商事业务领域，为市场在资源配置中起决定性作用提供法治保障。着力服务保障和改善民生，立足国家公共服务体系的重点领域，拓展教育、就业、社会保障、医疗卫生、住房保障、文化体育等领域的法律服务。着力服务社会和谐稳定，健全完善法律服务人员参与信访、调解、群体性案（事）件处置工作机制。

三是创新法律服务方式。创新法律服务方式是深度融合的迫切要求。要创新传统型服务方式，严格按照法律规定规范代理诉讼和仲裁的执业流程、执业标准和执业行为，积极创新法律顾问和非诉讼的服务方式、服务内容和服务标准。创新综合性服务方式，有效整合法律服务资源，优化衔接法律服务流程，构建综合性一站式法律服务平台。创新信息化服务方式，搭建法律服务信息化平台，畅通连接省、市、县、乡四级的法律服务信息化网络，研发适于互联网推广的标准化法律服务和法律援助项目。

3. 着力服务国家治理体系和治理能力现代化

一是普遍建立公职律师制度。在各级党、政机关和人民团体普遍设立公职律师制度，是建设完备的法律服务体系的重要部署，是提高依法执政、依法行政水平，推进依法治理的有效抓手。要分步骤、分层级实现公职律师制度全覆盖。优先实现省、市、县、乡四级党委、政府的覆盖。逐步健全党委、政府所属单位和其他社会组织等的公职律师制度。

二是提高法律服务质量。要树立质量至上的理念，加大法律服务的规范化、标准化和便利化建设，提供讲诚信、讲品质、有标准、有质量的法律服务。建立健全法律服务标准体系、强化服务全程化监管、建立健全服务质量评价机制等制度，确保服务质量。

三是完善法律服务体制机制。抓紧完善律师执业制度以及权利保障机制、律师违法违规执业惩戒制度，加快推进律师行业扶持政策。逐步健全公证工作与司法审判、公共服务、社会管理等相衔接的立法设计和制度安排，大力推进公证执业监督管理体制和工作机制。健全完善基层法律服务制度规范。完善法律援助方式，探索新的受援制度。

4. 切实维护司法公正

让人民群众在每一个司法案件中都感受到公平正义是建设完备的法律服务体系的工作目标。要明确肩负责任，努力促进司法公正。

一是坚持依法诚信执业。法律服务人员既是公平正义的守护者，也是司法公正的促进者。在刑事诉讼活动中，律师要坚持正确的法治立场，依法公正从事辩护工作。在民商事和行政诉讼活动中，律师、基层法律服务工作者要依法诚信代理，运用法定手段和方式代理业务，有效行使法律赋予的执业权利，促进司法公正。

二是筑牢公证公信基石。要严格依照法律法规办理公证，确保公证证明实体合法、程序合法。坚持客观办证，尊重事实和证据。坚持公正办证，公平维护各方当事人的合法权益。推进公证执业规范化、标准化、信息化建设，全面提升公证公信品质。

三是维护困难群众合法权益。坚持司法为民、维护困难群众合法权益是法律援助工作的基本职责。要认真履行法定职责，及时为符合条件的困难群众提供诉讼和非诉讼代理服务。加强侦查、审查起诉和审判阶段法律援助工作，完善与公检法机关的协作配合，建立与司法救助的衔接机制，维护困难群众的合法权益。

5. 大力加强队伍建设

建设一支有中国特色、有相当数量、有较高素质的法律服务队伍，是党和国家对法律服务工作的期望和要求，是建设完备的法律服务体系的基础工程。要按照政治过硬、业务过硬、责任过硬、纪律过硬、作风过硬的要求，努力建设一支信念坚定、执业为民、敢于担当、清正廉洁的法律服务队伍。

第一，把坚持正确方向作为队伍建设的首要任务。第二，把培养高素质人才作为队伍建设的基本目标。第三，把贯彻宪法法律作为衡量队伍建设成效的基本标准。第四，把发挥党组织政治核心作用作为加强队伍建设的坚强保证。第五，把强化组织领导作为加强队伍建设的重要责任。[①]

（五）健全依法维权和化解纠纷机制

党的十八届四中全会《决定》指出，要健全依法维权和化解纠纷机制。这是从发展和维护人民权益、推进法治社会建设的战略高度提出的一项重大任务。我们要按照四中全会的决策部署，积极推动依法维权和化解纠纷机制建设，切实把维护群众权益和化解社会矛盾纠纷工作纳入法治化轨道。

1. 构建对维护群众利益具有重大作用的制度体系

社会依法规范运行是法治社会的基本特征，也是法治社会的重要保障。在法治社会中，所有权力的运行都纳入法治轨道，公民依法理性表达利益诉求，社会矛盾纠纷依法有序得到解决，人民群众权利受到侵害时依法受到有效保护和救济。这就要求必须强化法律在维护群众权益、化解社会矛盾中的权威地位，按照《决定》要求加强制度机制建设，构建对维护群众利益具有重大作用的制度体系，为有效维护群众利益提供健全完善的制度保障。

一是建立健全社会公平保障体系。要大力推进以权利公平、机会公平、规则公平为主要内容的社会公平保障体系建设，推动解决保障和改善民生的突出问题，让人民群众共享改革发展成果。大力促进教育公平，统筹城乡义务教育资源均衡配置，推进考试招生制度改革，健全家庭经济困难学生资助体系，确保幼有所学。健全促进就业创业体制机制，大力促进机会均等与就业公平，完善扶持创业的优惠政策，健全完善失业保险制度。健全网络化城乡基层医疗卫生服务运行机制，健全全民医保体系，加快健

---

① 赵大程：《建设完备的法律服务体系》，《光明日报》2014 年 11 月 24 日。

重特大疾病医疗保障和救助制度，确保病有所医。建立更加公平可持续的社会保障制度，坚持社会统筹和个人账户相结合的基本养老保险制度，整合城乡居民基本养老保险制度、基本医疗保险制度，推进城乡最低生活保障制度统筹发展，确保老有所养。健全符合国情的住房保障和供应体系，加大保障房建设供应力度，确保住有所居。

二是建立健全群众利益表达维护机制。首先，要建立健全社会矛盾预警机制。坚持源头治理，标本兼治、重在治本，以网格化管理、社会化服务为方向，大力加强基层建设，健全完善基层党组织、政法综治机构、人民调解组织，发挥其扎根基层、联系群众的优势，第一时间了解群众疾苦，倾听群众呼声，反映群众利益诉求，及时发现和掌握社会矛盾线索，为党委、政府和有关部门决策、管理提供依据。其次，要建立健全群众利益表达机制和协商沟通机制。建立政府决策听证制度。完善人大代表联系群众机制。构建程序合理、环节完整的协商民主体系，推进基层协商制度化。健全企事业单位民主管理制度。改革完善信访工作制度。最后，要建立完善社会救济救助机制。完善最低工资、最低生活保障制度，建立正常增长机制，努力防止和消除绝对贫困。健全农村留守儿童、妇女、老年人关爱服务体系，健全残疾人权益保障等制度。大力发展慈善事业，完善慈善捐减免税制度。

三是完善立体化社会治安防控体系。平安是人民幸福安康的基本要求，是改革发展的基本前提。安居乐业是人民群众根本利益和切身利益所在。要着力构建党政主导、综治协调、部门负责、社会协同、全民参与的立体化社会治安防控体系建设格局，健全以源头防控、动态防控、重点防控、科技防控、网格防控、区域防控和网络防控为主要内容的立体化社会治安防控网，有效防范化解管控影响社会安定的问题，维护社会治安秩序。

2. 健全社会矛盾纠纷预防化解机制

法治社会不是没有矛盾纠纷的社会，而是矛盾纠纷出现后能够得到及时有效解决的社会。在长期实践中，我国已经建立了调解、仲裁、行政裁决、行政复议、诉讼等纠纷解决制度。要按照四中全会《决定》要求，适应新形势下化解矛盾纠纷的实际需要，进一步完善各项纠纷解决制度，建立健全不同纠纷解决制度运行顺畅、有机衔接、相互协调的多元化纠纷解决机制。

一是建立健全社会矛盾纠纷预防机制。开展重大决策社会稳定风险评估,是有效降低执政风险的"防火墙",是促进科学、民主、依法决策的"推进器"。凡是出台涉及人民群众切身利益的重大决策,都要把社会稳定风险评估作为前置程序、刚性门槛,努力使重大决策的过程成为党委政府倾听民意、改善民生、化解民忧的过程,最大限度地预防和减少社会矛盾的发生。要坚持和发展"枫桥经验",深入开展大下访、大排查、大调处活动,坚持抓早抓小抓苗头、及时就地化解,最大限度地把矛盾解决在基层、解决在萌芽状态,防止矛盾激化升级。

二是充分发挥不同纠纷解决制度的优势。因自身属性和制度设计不同,每一种纠纷解决制度各有其特点和优势。要引导当事人根据矛盾纠纷的性质和类型选择最适当的纠纷解决途径,充分发挥不同纠纷解决制度在化解特定类型矛盾纠纷中的作用。要大力加强行业性、专业性人民调解组织建设,在平等自愿的基础上,努力化解更多的民间基层矛盾纠纷。要完善仲裁制度,着力化解市场经济和涉外经贸领域的民商事纠纷。要完善行政复议制度,健全行政复议案件审理机制。要健全行政裁决制度,强化行政机关解决同行政管理活动密切相关的民事纠纷功能。要健全完善刑事诉讼、民事诉讼和行政诉讼制度,促进司法公正,提高司法效率,树立司法权威,确保实现定分止争、案结事了。

三是建立完善各种纠纷解决制度有机衔接、相互协调机制。调解、仲裁、行政裁决、行政复议、诉讼等纠纷解决制度,各具特色、各有优势,在化解矛盾纠纷中各自发挥独特作用。要建立完善多元化纠纷解决机制,实现各种纠纷解决制度有机衔接、相互协调,形成社会矛盾纠纷化解网络和工作合力。要切实贯彻执行有关法律规定,进一步完善调诉对接、裁审协调、复议诉讼衔接的机制,确保不同纠纷解决制度既能在各自领域和环节中有效发挥作用,又能够顺畅衔接、相互配合、相互支撑,强化纠纷解决效果。要健全完善人民调解、行政调解、司法调解联动工作体系,建立矛盾纠纷调解衔接配合机制。同时,要坚持调处结合、调判结合,能调则调,当处则处,该判则判,依法妥善化解矛盾纠纷,促进社会和谐稳定。①

六　加强法治工作队伍建设

党的十八届四中全会《决定》提出:"全面推进依法治国,必须大力提

---

① 管砚:《健全依法维权和化解纠纷机制》,《经济日报》2014 年 11 月 20 日。

高法治工作队伍思想政治素质、业务工作能力、职业道德水准，着力建设一支忠于党、忠于国家、忠于人民、忠于法律的社会主义法治工作队伍，为加快建设社会主义法治国家提供强有力的组织和人才保障。"

加强法治工作队伍建设，是推进国家治理体系和国家治理能力现代化的需要，是更好地贯彻落实依法治国战略部署和各项任务的需要，是解决这支队伍自身素质不适应不符合问题的需要。建设高素质法治工作队伍，要坚持党管干部、党管人才原则，深入研究法治工作队伍建设的特点和规律，探索一套有别于党政领导人才、科技人才、经营管理人才的法治人才选拔、任用、管理办法，创新法治人才培养机制，努力提高法治工作队伍建设科学化水平。

（一）大力加强法治专门队伍建设

法治专门队伍主要包括在人大和政府从事立法工作的人员，在行政机关从事执法工作的人员，在司法机关从事司法工作的人员。这支队伍承担着立法、执法、司法重任，建设好这支队伍，特别是建设好立法、执法、司法机关各级领导班子，对全面推进依法治国至关重要。

1. 把思想政治建设摆在首位。立法、执法、司法工作政治性、政策性很强，对立法、执法、司法工作者的政治立场、政治追求、政治品格、政治要求很高。政治上合格，是成为法治专门工作者第一位的条件。要加强理想信念教育，教育引导法治专门工作者常补精神之"钙"，练就金刚不坏之身，增强政治定力，自觉抵制各种错误思想影响；带头用"忠诚、为民、公正、廉洁"法治价值观涵养自己，内化于心、外化于行；牢固树立社会主义法治理念，始终坚持党的事业、人民利益、宪法法律至上，始终做到党在心中、人民在心中、法在心中、正义在心中。

2. 推进立法、执法、司法干部和人才跨部门交流。《决定》提出："畅通立法、执法、司法部门干部和人才相互之间以及与其他部门具备条件的干部和人才交流渠道。"要推进立法、执法、司法干部和人才相互之间交流。建立健全人大与"一府两院"干部和人才交流机制，打通立法、执法、司法三支队伍之间的干部交流通道，积极推动立法、执法、司法系统干部上下交流，注重从基层立法、执法、司法机关和岗位选拔干部。要注重从其他党政部门选拔符合条件的干部和人才到法治部门工作。重点抓好立法、执法、司法机关各级领导干部的交流，在更大范围、更宽领域选贤任能，积极推动干部跨部门跨条块交流。进一步健全领导干部交流制度，认真执行新提拔担任法院、检察院、公安机关主要领导的必须异地交流任职的规定。

3. 积极推进法治专门队伍正规化、专业化、职业化。《决定》强调："推进法治专门队伍正规化、专业化、职业化，提高职业素养和专业水平"，并部署了一系列重大改革任务。一是完善法律职业准入制度，从源头上把好法治专门队伍的素质关。健全国家统一法律职业资格考试制度，将司法考试制度改为国家统一法律职业资格考试制度，改革考试内容，将法律职业立场、伦理、技能纳入考试范围。建立法律职业人员统一职前培训制度，对职前培训实行统一管理，着力提高法律职业人员法律信仰、职业操守和职业技能。健全从政法专业毕业生中招录人才的规范便捷机制，重点解决专业人才引进难、公安院校毕业生入警难、边远艰苦地区招录门槛高等问题。二是探索建立法律职业从业者之间良性流动和开放的人才吸纳机制。建立从符合条件的律师、法学专家中招录立法工作者、法官、检察官制度。三是加快建立符合职业特点的法治工作人员管理制度，探索实行差别化管理模式。完善法治人员职业保障体系，建立法官、检察官、人民警察专业职务序列及工资制度，特别是要重视解决基层法治人员流失的问题，切实增强他们的职业荣誉感和使命感。

4. 建立法官、检察官逐级遴选制度。根据《决定》精神，初任法官、检察官由高级人民法院、省级人民检察院统一招录，一律在基层法院、检察院任职。在充分消化现有在编人员基础上，中级以上人民法院、检察院不再任命助理审判员，今后各级人民法院、检察院招录的法官助理符合转任法官、检察官条件的，应当经过法定选任程序，一律到基层人民法院、检察院任职。上级人民法院、人民检察院的法官、检察官，除可面向社会公开招录符合条件的律师、法学学者和其他法律工作者外，一般从下一级人民法院、人民检察院中经过一定年限职业训练的优秀法官、检察官中遴选。

（二）发展壮大社会法律服务队伍

加强法治工作队伍建设，必须大力发展以律师为主体的社会法律服务队伍，壮大力量、提高素质、扩大工作覆盖面，为党政机关、企事业单位和公民个人提供高质量法律服务。

要加强律师队伍思想政治建设，采取切实有效措施，教育引导广大律师把拥护中国共产党的领导、拥护社会主义法治、拥护中国特色社会主义法学理论和法治体系作为律师从业的基本要求，坚决抵制违反我国宪法原则、不符合我国国情的西方政治制度、法律制度、法治理念，坚决抵制、拒绝参与由境内外敌对势力插手挑起的所谓"维权"活动，不断增强走中国特色社会主义法治道路的自觉性和坚定性。

要以提高律师服务能力为重点，加大培训力度，加强诉讼、仲裁、调解、普法等专项法律服务业务技能培训，使广大律师不仅精通法律，而且熟悉国情、了解社会，不仅精通国内法律，而且了解国际法律，不断提高业务素质。要进一步完善律师执业保障机制，落实法律赋予律师执业的权利，积极拓展律师业务领域，为律师服务经济社会发展搭建平台。采用政府购买和财政补贴相结合的方式，完善律师承担公益性法律服务的经费保障机制。大力加强律师职业道德建设，建立健全律师诚信执业制度，完善律师诚信执业的评价、监督机制和失信惩戒机制，强化准入、退出管理，实行律师从业向宪法和法律宣誓制度，严格执行违法违规执业惩戒制度，严重者要终身退出律师行业。

要加强律师事务所管理，发挥律师协会自律作用，规范律师执业行为，监督律师严格遵守职业道德和职业操守。

各级党政机关和人民团体普遍设立公职律师，企业可设立公司律师。这是《决定》着眼于构建优势互补、结构合理的律师队伍提出的重大改革举措。党依法执政、政府依法行政、企业依法经营，会遇到大量、经常性的法律事务，需要有专门的律师队伍提供法律咨询，承担法律服务，提高决策质量，维护合法权益，防范法律风险。

发展公证员、基层法律工作者、人民调解员、法律服务志愿者等基层法律服务队伍，是加强社会法律服务队伍建设的重要内容。各级党委政府特别是法治工作部门，要真正重视、真情关怀、真心帮助基层法律服务工作者，帮助他们解决实际困难，充分发挥其反映群众法治诉求、化解社会矛盾和纠纷、有效提供优质法治服务方面的作用。要进一步完善激励保障机制，实行政策倾斜，建立法律服务人才跨区域流动机制，优化法律服务人才资源配置，逐步解决边疆地区、民族地区和基层法律服务资源不足和高端人才匮乏问题。一些地方在乡镇建立律师顾问团，为农民群众提供法律咨询、法律服务，效果很好，值得推广。①

---

① 江金权：《大力建设高素质法治工作队伍》，《光明日报》2014 年 12 月 4 日。

第六章
社会主义民主与人类政治文明成果

社会主义并不脱离人类文明发展大道，而是在承接和借鉴人类创造的一切文明成果的基础上的历史性创造。中国特色社会主义也一样。我们说的人类创造的一切文明成果，当然包括民主法治方面的政治文明，包括不同发展时期和历史阶段，不同社会制度和不同地域、国家、民族的文明，包括资本主义社会的政治文明。我们说的借鉴和吸收人类一切文明成果，当然包括借鉴和吸收资本主义社会的政治文明，包括资本主义社会的民主政治。

第一节　习近平的新马克思主义文明观

十八大以来，习近平总书记从坚持和发展中国特色社会主义全局出发，推进中国特色社会主义伟大事业和党的建设新的伟大工程，系统地提出和形成了全面建成小康社会、全面深化改革、全面依法治国、全面从严治党的战略布局。这"四个全面"战略布局是中国特色社会主义理论的新发展，是马克思主义在当今中国的新创造。在国际上，自冷战结束以来，"历史终结论"和"文明冲突论"成为西方思想主流，前者认为西方资本主义的政治、经济体系是人类社会的最终形态，后者认为国际秩序中的主要矛盾已变为不同文明间的冲突。而国际金融危机爆发后，西方这"二论"都陷入了困境。在新形势下，西方又出现了一些新说新论。一曰"霸权稳定论"，主张打造一个无所不能的超级大国来统领国际事务；二曰"全球治理论"，主张各国弱化主权，制定共同规则来管理世界；三曰"普世价值论"，主张推广某一种自认为"先进"的价值观和社会制度来一统天下。这些理论带来的则是政治动荡、经济低迷、社会失序，造成国际经济政治秩序的不公正、不平等、不合理。习近平的新马克思主义文明观，创造性地运用辩证唯物主义和历史唯物主义的基本原理及其世界观方法论，从人类社会发展规律的高度，阐述了学习借鉴人类创造的一切文明成果的一系列新思想新观点，从文明的多样性、平等性、包容性到各种文明的独特价值和文明的交流互鉴，从人类命运共同体到各国发展模式多样性，从新型国际关系到新型大国关系，从主导"一带一路"建设到创建亚洲基础设施投资银行，从实现中华民族伟大复兴的中国梦到实现世界各国人民的梦，都有详尽论述，不仅丰富了中国特色社会主义理论，而且由此发展了我国的外交战略、外交思想和当代国际关系理论，具有重大理论意义、深远历史意义和重要现实意义。

一 文明的多样性特征，决定了各种文明都有独特价值

习近平反复指出，文明是多样的、多彩的，"文明多样性是人类社会的基本特征"[①]，世界上存在的各种文明，"都是人类文明创造的成果"[②]。阳光有七种颜色，世界也是多彩的。一个国家和民族的文明是一个国家和民族的集体记忆。人类在漫长的历史长河中，创造和发展了多姿多彩的文明。从茹毛饮血到田园农耕，从工业革命到信息社会，构成了波澜壮阔的文明图谱，书写了激荡人心的文明华章。"一花独放不是春，百花齐放春满园。"如果世界上只有一种花，就算这种花朵再美，那也是单调的。不论是中华文明，还是世界上存在的其他文明，都是人类文明创造的成果，都有其独特的价值。当今世界有70亿人口，200多个国家和地区，2500多个民族，5000多种语言。不同民族、不同文明多姿多彩、各有千秋，没有优劣之分，只有特色之别。如果只有一种生活方式，只有一种语言，只有一种音乐，只有一种服饰，那是不可想象的。对待不同文明，我们需要比天空更宽阔的胸怀。

习近平指出："正确对待不同国家和民族的文明，正确对待传统文化和

---

① 习近平：《在和平共处五项原则发表60周年纪念大会上的讲话》，《人民日报》2014年6月29日。

② 习近平：《在联合国教科文组织总部的演讲》，《人民日报》2014年3月28日。

现实文化，是我们必须把握好的一个重大课题"。① 他强调要注重坚持维护世界文明多样性的原则。他认为：和而不同是一切事物发生发展的规律。世界万物万事总是千差万别、异彩纷呈的，如果万物万事都清一色了，事物的发展、世界的进步也就停止了。每一个国家和民族的文明都扎根于本国本民族的土壤之中，都有自己的本色、长处、优点。我们应该维护各国各民族文明多样性，加强相互交流、相互学习、相互借鉴，而不应该相互隔膜、相互排斥、相互取代，这样世界文明之园才能万紫千红、生机盎然。他说："丰富多彩的人类文明都有自己存在的价值。要理性处理本国文明与其他文明的差异，认识到每一个国家和民族的文明都是独特的，坚持求同存异、取长补短，不攻击、不贬损其他文明。不要看到别人的文明与自己的文明有不同，就感到不顺眼，就要千方百计去改造、去同化，甚至企图以自己的文明取而代之。历史反复证明，任何想用强制手段来解决文明差异的做法都不会成功，反而会给世界文明带来灾难。"②

二　文明的平等性特征，决定了各种文明都值得尊重

习近平指出："文明是平等的，人类文明因平等才有交流互鉴的前提。各种人类文明在价值上是平等的，都各有千秋，也各有不足。世界上不存在十全十美的文明，也不存在一无是处的文明，文明没有高低、优劣之分。"③ 习近平强调要注重坚持尊重各民族文明的原则。文明特别是思想文化是一个国家、一个民族的灵魂。无论哪一个国家、哪一个民族，如果不珍惜自己的思想文化，丢掉了思想文化这个灵魂，这个国家、这个民族是立不起来的。本国本民族要珍惜和维护自己的思想文化，也要承认和尊重别国别民族的思想文化。不同国家、民族的思想文化各有千秋，只有姹紫嫣红之别，而无高低优劣之分。每个国家、每个民族不分强弱、不分大小，其思想文化都应该得到承认和尊重。

强调承认和尊重本国本民族的文明成果，不是要搞自我封闭，更不是

---

① 习近平：《在纪念孔子诞辰 2565 周年国际学术研讨会暨国际儒学联合会第五届会员大会开幕会上的讲话》，新华网，2014 年 9 月 24 日，http://news. xinhuanet. com/politics/2014 - 09/24/c_1112612018. htm。

② 习近平：《在纪念孔子诞辰 2565 周年国际学术研讨会暨国际儒学联合会第五届会员大会开幕会上的讲话》，新华网，2014 年 9 月 24 日，http://news. xinhuanet. com/politics/2014 - 09/24/c_1112612018. htm。

③ 习近平：《在联合国教科文组织总部的演讲》，《人民日报》2014 年 3 月 28 日。

要搞唯我独尊、"只此一家，别无分店"。各国各民族都应该虚心学习、积极借鉴别国别民族思想文化的长处和精华，这是增强本国本民族思想文化自尊、自信、自立的重要条件。要了解各种文明的真谛，必须秉持平等、谦虚的态度。如果居高临下对待一种文明，不仅不能参透这种文明的奥妙，而且会与之格格不入。历史和现实都表明，傲慢和偏见是文明交流互鉴的最大障碍。只有放弃傲慢和偏见，以平等谦逊、虚怀若谷的心态对待各种文明，在相互尊重的基础上借鉴其他文明的优秀成果，自身文明的发展才有可靠的保障。中国坚持和而不同的思想，尊重和保护文明多样性，积极推动不同文明相互尊重、和谐共处。

三 文明的包容性特征，决定了不同文明可以兼收并蓄、交流互鉴

习近平指出："文明是包容的，人类文明因包容才有交流互鉴的动力。"[①] 人类创造的各种文明都是劳动和智慧的结晶，具有互通性。每一种文明都因各国国情不同和发展阶段不同因而都是独特的，具有多元性。这种互通性与多元性的统一，决定了文明的包容性，也决定了不同文明可以兼收并蓄、交流互鉴。文明因交流而多彩，文明因互鉴而丰富。任何一种文明，不管它产生于哪个国家、哪个民族的社会土壤之中，都是流动的、开放的。这是文明传播和发展的一条重要规律。在长期演化过程中，中华文明从与其他文明的交流中获得了丰富营养，也为人类文明进步作出了重要贡献。丝绸之路的开辟，遣隋遣唐使大批来华，法显、玄奘西行取经，郑和七下远洋，等等，都是中外文明交流互鉴的生动事例。儒学本是中国的学问，但也早已走向世界，成为人类文明的一部分。

历史告诉我们，只有交流互鉴，一种文明才能充满生命力。只要秉持包容精神，就不存在什么"文明冲突"，就可以实现文明和谐。我们要倡导交流互鉴，注重汲取不同国家、不同民族创造的优秀文明成果，取长补短、兼收并蓄，共同绘就人类文明美好画卷。中华文明是在中国大地上产生的文明，也是同其他文明不断交流互鉴而形成的文明。我们应该推动不同文明相互尊重、和谐共处，让文明交流互鉴成为增进各国人民友谊的桥梁、推动人类社会进步的动力、维护世界和平的纽带。我们应该从不同文明中寻求智慧、汲取营养，为人们提供精神支撑和心灵慰藉，携手解决人类共

---

① 习近平：《在联合国教科文组织总部的演讲》，《人民日报》2014 年 3 月 28 日。

同面临的各种挑战。我们应该坚持包容精神，推动不同社会制度互容、不同文化文明互鉴、不同发展模式互惠，做国际关系民主化的实践者，推动国际关系民主化发展，促进人类文明和谐进步。中国将以更加开放的胸襟、更加包容的心态、更加宽广的视角，大力开展中外文化交流，在学习互鉴中，为推动人类文明进步作出应有贡献。

四　文明的多样性、平等性、包容性和互鉴性，决定了中国梦与世界各国人民的梦息息相通

习近平在反复强调世界文明的多样性、平等性、包容性和互鉴性的同时，又反复强调中国梦与世界各国人民的梦息息相通。中国人民和世界各国人民都有追求安居乐业、幸福美好生活的梦想。中国梦与世界各国人民的梦息息相通，决定于世界文明的多样性、平等性、包容性和互鉴性。

秉持文明的多样性、平等性、包容性和互鉴性，就必然承认各种文明存在的价值，就必然尊重各种文明的地位，就必然倡导不同文明和谐共处、交流互鉴，也就必然决定了必须构建和平、发展、合作、共赢的新型国际关系和新型大国关系。而这种新型国际关系和新型大国关系必然要求正视各个国家社会制度、发展道路的多样性，必然要求尊重各个国家自主选择社会制度、发展道路的权利，必然要求恪守国家不分大小、强弱、贫富一律平等，尊重主权、独立和领土完整，互不干涉内政，共享安全，维护和平等国际关系准则，为共同发展、合作共赢、共同繁荣，为实现各国人民的美好梦想创造前提、奠定基础。

当今世界，和平、发展、合作、共赢成为不可阻挡的时代潮流，旧的殖民体系土崩瓦解，冷战时期的集团对抗不复存在，任何国家或国家集团都再也无法单独主宰世界事务。世界潮流，浩浩荡荡，顺之者昌，逆之者亡。要跟上时代前进步伐，就不能身体已经进入 21 世纪，而脑袋还停留在过去，停留在殖民扩张的旧时代里，停留在冷战思维、零和博弈老框框内。面对国际形势的深刻变化，世界各国只有同舟共济、相互合作，才能共谋发展、实现共赢。

人类只有一个地球，各国共处一个世界。随着世界多极化、经济全球化、社会信息化不断发展，各国相互联系、相互依存的程度空前加深，人类生活在同一个地球村里，生活在历史和现实交汇的同一个时空里，各种利益交融、兴衰相伴、安危与共，越来越成为你中有我、我中有你的命运共同体。要倡导人类命运共同体意识，在追求本国利益时兼顾他国合理关

切，在谋求本国发展中促进各国共同发展，建立更加平等均衡的新型全球发展伙伴关系，权责共担，合作共赢，增进共同利益，促进共同发展。习近平指出："天空足够大，地球足够大，世界也足够大，容得下各国共同发展繁荣"，"各国在谋求自身发展时，应该积极促进其他国家共同发展，让发展成果更多更好惠及各国人民"，"应该把本国利益同各国共同利益结合起来，努力扩大各方共同利益的汇合点，不能这边搭台、那边拆台，要相互补台、好戏连台。要积极树立双赢、多赢、共赢的新理念，摒弃你输我赢、赢者通吃的旧思维，'各美其美，美人之美，美美与共，天下大同'"。①习近平强调指出："中国人民不接受'国强必霸'的逻辑，愿意同世界各国人民和睦相处、和谐发展"，"中国将坚持走和平发展道路，同时也将推动各国共同坚持和平发展"，中国"既通过维护世界和平来发展自己，又以自身发展促进世界和平"。②

习近平在刚当选总书记时，便率领新一届中共最高领导层即中央政治局常委们，亲切会见在人民大会堂报道十八大的中外记者们，首次向世人展现了他作为最高领导人的风采。他在讲话中讲到我国人民热爱和期盼美好生活的情景时说了这么一句在平易中透着温馨、承载担当的话语："人民对美好生活的向往，就是我们的奋斗目标。"③这一讲话成为《习近平谈治国理政》一书的头一篇文章，这句话语成为这篇文章的醒目标题。两个星期后，习近平在参观《复兴之路》展览时，第一次阐述了实现中华民族伟大复兴的中国梦。他说："每个人都有理想和追求，都有自己的梦想。现在，大家都在讨论中国梦，我以为，实现中华民族伟大复兴，就是中华民族近代以来最伟大的梦想。这个梦想，凝聚了几代中国人的夙愿，体现了中华民族和中国人民的整体利益，是每一个中华儿女的共同期盼。"并要求我们这一代共产党人，"把我们的党建设好，团结全体中华儿女把我们国家建设好，把我们民族发展好，继续朝着中华民族伟大复兴的目标奋勇前进"。④这一讲话成为《习近平谈治国理政》一书第二个专题的头一篇文章。这两篇文章中所讲人民的向往和期盼与我们党的奋斗目标高度统一，统一于实现中华民族伟大复兴的中国梦。自这以后，习近平在中国，在世界各

---

① 习近平：《在和平共处五项原则发表 60 周年纪念大会上的讲话》，《人民日报》2014 年 6 月 29 日。
② 习近平：《在中国国际友好大会暨中国人民对外友好协会成立 60 周年纪念活动上的讲话》，《人民日报》2014 年 5 月 16 日。
③ 《习近平谈治国理政》，外文出版社，2014，第 4 页。
④ 《习近平谈治国理政》，外文出版社，2014，第 36 页。

地，在多种场合，在许多会议，阐述了中国梦和世界各国人民的梦想息息相通。

在中国首都，在中国国际友好大会上，习近平指出：中国梦既是中国人民追求幸福的梦，也同世界人民的梦想息息相通。中国将在实现中国梦的过程中，同世界各国一道，推动各国人民更好实现自己的梦想。"中国人民有梦想，世界各国人民有梦想，这将给世界带来无限生机和美好前景。"在人民大会堂，在和平共处五项原则发表60周年纪念大会上，习近平指出：中国梦同世界各国人民的美好梦想息息相通，中国人民愿意同各国人民在实现各自梦想的过程中相互支持、相互帮助，中国愿意同各国尤其是周边邻国共同发展、共同繁荣。

在欧洲，习近平指出：我们希望同欧洲朋友一道，在亚欧大陆架起一座友谊和合作之桥。我们要共同努力建设和平、增长、改革、文明四座桥梁，建设更具全球影响力的中欧全面战略伙伴关系。我们要建设和平稳定之桥，把中欧两大力量连接起来，为维护世界和平稳定发挥关键性作用。我们要建设增长繁荣之桥，把中欧两大市场连接起来，积极探讨把中欧合作和丝绸之路经济带建设结合起来，以构建亚欧大市场为目标，让亚欧两大洲人员、企业、资金、技术活起来、火起来，使中国和欧盟成为世界经济增长的双引擎。我们要建设改革进步之桥，把中欧两大改革进程连接起来，尊重双方的改革道路，借鉴双方的改革经验，以自身改革带动世界发展进步。我们要建设文明共荣之桥，把中欧两大文明连接起来。中国是东方文明的重要代表，欧洲则是西方文明的发祥地。中国主张"和而不同"，而欧盟强调"多元一体"。中欧要共同努力，促进东西方两大文明互通互鉴，促进人类各种文明之花竞相绽放，推动人类文明进步和繁荣。中欧作为东西方两大文明的代表，为人类进步作出了不可磨灭的贡献。当前，中国正在朝着"两个一百年"奋斗目标前进，欧盟也在加紧推进"欧洲2020"战略。让国家变得更加富强，让社会变得更加公平正义，让人民生活得更加美好，这是中国人民孜孜不倦追求的理想，也是欧洲人民共同愿望。我们愿意同欧洲各国一道，深化互利共赢合作，共享机遇，共创繁荣。无论国际风云如何变幻，中国始终支持欧洲一体化进程，始终支持一个团结、稳定、繁荣的欧盟在国际事务中发挥更大作用。中欧双方应该一道努力，让未来的中欧关系更加美好。

在非洲，习近平指出：中非关系不是一天就发展起来的，而是我们双方风雨同舟、患难与共，一步一个脚印走出来的。中非友好交往源远流长，中非人民在反殖反帝、争取民族独立和解放的斗争中，在发展振兴的道路上，相互支持、真诚合作，结下了同呼吸、共命运、心连心的兄弟情谊。中非从来都是命运共同体，共同的历史遭遇、共同的发展任务、共同的战略利益把我们紧紧联系在一起。我们都把对方的发展视为自己的机遇，都在积极通过加强合作促进共同发展繁荣。中非关系的本质特征是真诚友好、相互尊重、平等互利、共同发展。中国为非洲发展提供了力所能及的帮助，中国更感谢非洲国家和非洲人民长期以来给予中国的大力支持和无私帮助，我们在事关对方核心利益的问题上，从来都是立场鲜明、毫不含糊地支持对方。中非关系要保持旺盛生命力，必须与时俱进、开拓创新，不断提高中非合作水平，推动中非关系实现新的跨越。中国的发展离不开世界、离不开非洲，世界和非洲的繁荣稳定也需要中国。中非虽然远隔重洋，但我们的心是相通的。联结我们的不仅是深厚的传统友谊、密切的利益纽带，还有我们各自的梦想。中国人民正致力于实现中华民族伟大复兴的中国梦，非洲人民正致力于实现联合自强、发展振兴的非洲梦。中非人民要加强团结合作、加强相互支持和帮助，努力实现我们各自的梦想。我们还要同国际社会一道，推动实现持久和平、共同繁荣的世界梦，为人类和平与发展的崇高事业作出新的更大的贡献！

在拉美，习近平指出：中拉相距遥远，但双方人民有着天然的亲近感。中华人民共和国成立至今，在几代人共同努力下，中拉关系走过了60多年的光辉历程。新世纪以来，中拉关系呈现全面快速发展的良好态势。特别是2008年国际金融危机爆发后，中拉发挥各自优势，同舟共济，共克时艰，双方关系实现跨越式发展。当前，中拉关系正处于历史最好时期，站在了新的历史起点上。中拉深化全面互利合作面临更好机遇、具备更好基础、拥有更好条件，完全有理由实现更大发展。我们共同宣布建立平等互利、共同发展的中拉全面合作伙伴关系，努力构建政治上真诚互信、经贸上合作共赢、人文上互学互鉴、国际事务中密切协作、整体合作和双边关系相互促进的中拉关系五位一体新格局。为此，我们要坚持平等相待，始终真诚相助；坚持互利合作，促进共同发展；坚持交流互鉴，巩固世代友好；坚持国际协作，维护共同权益；坚持整体合作，促进双边关系。当前，中国人民正在为实现中国梦而奋斗，拉美和加勒比各国人民也在为实现团结协作、发展振兴的拉美梦而努力，中国梦和拉美梦息息相通。共同的梦想和共同的追求，将中拉双方紧密联系在一起，中拉双方要勇于追梦、共同圆梦。

在亚洲，包括在中国，习近平指出：亚洲拥有全世界 67% 的人口和三分之一的经济总量，是众多文明、民族的汇聚交融之地。亚洲和平发展同人类前途命运息息相关，亚洲稳定是世界和平之幸，亚洲振兴是世界发展之福。亚洲面临的风险和挑战增多，但依然是世界上最具发展活力和潜力的地区，和平、发展、合作、共赢始终是地区形势主流，通过协商谈判处理分歧争端也是地区国家主要政策取向。亚洲在世界战略全局中的地位不断上升，在世界多极化、国际关系民主化进程中发挥着越来越重要的作用。我们应该积极倡导共同、综合、合作、可持续的亚洲安全观，创新安全理念，搭建地区安全和合作新架构，努力走出一条共建、共享、共赢的亚洲安全之路。共同，就是要尊重和保障每一个国家安全；综合，就是要统筹维护传统领域和非传统领域安全；合作，就是要通过对话合作促进各国和本地区安全；可持续，就是要发展和安全并重以实现持久安全。我们要探索本地区安全之路，促进亚洲地区不同文明、地域、种族、宗教互尊互信、和谐共生。我们在加强自身合作的同时，要坚定致力于同其他地区国家、其他地区和国际组织的合作，努力实现双赢、多赢、共赢。中国人民正在努力实现中国梦，同时愿意支持和帮助亚洲各国人民实现各自的美好梦想，同各方一道努力实现持久和平、共同发展的亚洲梦。我们有责任为本地区人民创造和实现亚太梦想。这个梦想，就是坚持亚太大家庭精神和命运共同体意识，顺应和平、发展、合作、共赢的时代潮流，共同致力于亚太繁荣进步；就是继续引领世界发展大势，为人类福祉作出更大贡献；就是让经济更有活力，贸易更加自由，投资更加便利，道路更加通畅，人与人交往更加密切；就是让人民过上更加安宁富足的生活，让孩子们成长得更好、工作得更好、生活得更好。2100 多年前，中国汉代的张骞肩负和平友好使命，两次出使中亚，开启了中国同中亚各国友好交往的大门，开辟出一条横贯东西、连接欧亚的丝绸之路。千百年来，在这条古老的丝绸之路上，各国人民共同谱写出千古传诵的友好篇章。为了使我们欧亚各国经济联系更加紧密、相互合作更加深入、发展空间更加广阔，我们可以用创新的合作模式，共同建设"丝绸之路经济带"。这是一项造福沿途各国人民的大事业。东南亚地区自古以来就是"海上丝绸之路"重要枢纽，中国愿同东盟国家加强海上合作，使用好中国政府设立的中国－东盟海上合作基金，发展好海洋合作伙伴关系，共同建设 21 世纪"海上丝绸之路"。中国提出"一带一路"倡议，就是要以加强传统陆海丝绸之路沿线国家互联互通，实现经济共荣、贸易互补、民心相通。要以创新思维办好亚洲基础设施投资银行和丝路基金。发起并同一些国家合作建立亚洲基础设施投资银行是要为"一带一路"有关沿线国家的基础设施提供资金支持，促进经济合作。设立丝路基金是要利用我国资金实力直接支持"一带一路"建设。要积极推动构建地区金融合作体系，探讨搭建亚洲金融机构交流合作平台，推动亚洲基础设施投资银行同亚洲开发银行、世界银行等多边金融机构互补共进、协调发展。

在美国，也在中国，习近平指出：中国梦要实现国家富强、民族复兴、人民幸福，是和平、发展、合作、共赢的梦，与包括美国梦在内的世界各国人民的美好梦想相通。中华民族和美利坚民族都是伟大的民族，两国人民都是伟大的人民。中美应该也可以走出一条不同于历史上大国冲突对抗的新路，共同努力构建新型大国关系，相互尊重，合作共赢，造福两国人民和世界人民。当前，中美关系又站在一个新的历史起点上，从各自国家经济发展到促进全球经济稳定复苏，从处理国际和地区热点问题到应对各种全球性挑战，两国都拥有重要的利益汇合点，都需要加强交流合作。新形势下，我们应该深入审视两国关系，我们双方应该从两国人民根本利益出发，从人类发展进步着眼，创新思维，积极行动，共同推动构建新型大国关系。中美建设新型大国关系前无古人、后启来者，这是双方在总结历史经验基础上，从两国国情和世界形势出发，共同作出的重大战略抉择，符合两国人民和各国人民根本利益，也体现了双方决心打破大国冲突对抗的传统规律、开创大国关系发展新模式的政治担当。历史和现实都表明，中美两国合则两利，斗则俱伤，中美合作可以办成有利于两国和世界的大事，中美对抗对两国和世界肯定是灾难，我们双方要登高望远，加强合作，坚持合作，避免对抗，既造福两国，又兼济天下。中美两国历史文化传统、社会制度、意识形态不同，经济发展水平各异，双方存在不同看法、在一些问题上存在分歧和摩擦在所难免。我们双方应该坚持从大处着眼，把握构建新型大国关系总目标，认清两国共同利益远远大于分歧；应该相互尊重、平等相待，尊重彼此主权和领土完整，尊重各自选择的政治制度和发展道路，尊重彼此核心利益和重大关切，不把自己的意志和模式强加于对方；应该善于管控矛盾和摩擦，坚持通过对话协商、以建设性方式管控分歧和敏感问题，全力维护两国关系稳定发展大局。总之，我们要把不冲突不对抗、相互尊重、合作共赢的原则落到实处，使中美新型大国关系建设更多更好惠及和造福两国人民和世界各国人民。

在横跨欧亚两大洲的俄罗斯，习近平指出：俄罗斯是中国的友好邻邦，中俄两国互为最大邻国，中俄两国都具有悠久的历史、灿烂的文化，中俄关系是世界上最重要的一组双边关系，更是最好的一组大国关系。面对国际形势的深刻变化和世界各国同舟共济的客观要求，各国应该共同推动建立以合作共赢为核心的新型国际关系，各国人民应该一起来维护世界和平、促进共同发展。当今这个世界，人类依然面临诸多难题和挑战，国际金融危机深层次影响继续显现，形形色色的保护主义明显升温，地区热点此起彼伏，霸权主义、强权政治和新干涉主义有所上升，军备竞争、恐怖主义、网络安全等传统安全威胁和非传统安全威胁相互交织，维护世界和平、促进共同发展依然任重道远。我们希望世界变得更加美好，我们也有理由相信，世界会变得更加美好。同时，我们也清楚地知道，前途是光明的，道路是曲折的。人类社会发展的历史证明，无论会遇到什么样的曲折，历史总是按照自己的规律向前发展，没有任何力量能够阻挡历史前进的车轮。我们主张各国和各国人民应该共同享受尊严，反对干涉别国内政，维护国际公平正义；我们主张各国和各国人民应该共同享受发展成果，世界长期发展不可能建立在一批国家越来越富裕而另一批国家却长期贫穷落后的基础之上；我们主张各国和各国人民应该共同享受安全保障，各国要同心协力，妥善应对各种问题和挑战，合作安全、集体安全、共同安全是解决问题的正确选择。今天的人类比以往任何时候都更有条件朝和平与发展的目标迈进，而合作共赢就是实现这一目标的现实途径。国际社会要共同遵守处理国际事务的民主原则，世界的命运必须由各国人民共同掌握，各国主权范围内的事情只能由本国政府和人民去管，世界上的事情只能由各国政府和人民共同商量来办。中俄两国在国家发展蓝图上有很多契合之处。实现中华民族伟大复兴，是近代以来中国人民最伟大的梦想，我们称之为"中国梦"，基本内涵是实现国家富强、民族振兴、人民幸福。俄罗斯提出到 2020 年人均国内生产总值将达到或接近发达国家水平的目标，现在正在强国富民的道路上加快前进。我们衷心祝愿俄罗斯早日实现自己的奋斗目标。一个繁荣强大的俄罗斯，符合中国利益，也有利于亚太与世界和平稳定。一个高水平、强有力的中俄关系，不仅符合中俄双方利益，也是维护国际战略平衡和世界和平稳定的重要保障。当前，中俄都处在民族复兴的重要时期，两国关系已进入互相提供重要发展机遇、互为主要优先合作伙伴的新阶段。我们坚定不移发展面向未来的关系，中俄世代友好、永不为敌，是两国人民共同心愿。我们两国共同发展，将给中俄全面战略协作伙伴关系提供更广阔发展空间，将为国际秩序和国际体系朝着公正合理的方向发展提供正能量。我们两国要永做好邻居、好朋友、好伙伴，以实际行动坚定支持对方维护本国核心利益，坚定支持对方发展复兴，坚定支持对方走符合本国国情的发展道路，坚定支持对方办好自己的事情。我们坚定不移发展合作共赢的关系，中俄国情不同、条件各异，彼此密切合作、取长补短可以起到一加一大于二的效果。我们坚定不移发展两国人民友好关系，国之交在于民相亲，人民的深厚友谊是国家关系发展的力量源泉。相信在两国政府和人民共同努力下，中俄关系一定能够继续乘风破浪、扬帆远航，更好造福两国人民，更好促进世界和平与发展！

五 中国是学习大国，要认真学习和借鉴各国人民创造的一切文明成果

习近平指出："任何一个民族、任何一个国家都需要学习别的民族、别的国家的优秀文明成果。中国要永远做一个学习大国，不论发展到什么水平都虚心向世界各国人民学习，以更加开放包容的姿态，加强同世界各国的互容、互鉴、互通，不断把对外开放提高到新的水平。"① 他多次强调，中国要做学习大国，要虚心学习各国人民创造的一切文明成果。

中华民族历来注重学习，强调"博观而约取，厚积而薄发"，强调"三人行，必有我师焉。择其善者而从之，其不善者而改之"，提倡"博学之，审问之，慎思之，明辨之，笃行之"。中华民族之所以历经数千年而生生不息，正是得益于这种见贤思齐、海纳百川的学习精神。当今中国虽然取得了巨大发展成就，但同世界先进水平相比，我们还有很大差距。中国人民为自己取得的成绩感到自豪，但不会骄傲自满、止步不前，而是要有海纳百川的胸怀，以开放包容心态虚心倾听世界的声音。中国坚持和而不同的思想，尊重和保护文明多样性，积极推动不同文明相互尊重、和谐共处。中国将继续向世界学习、向各国人民学习，学习人类创造的一切文明成果，

---

① 习近平在出席亚洲相互协作与信任措施会议上海峰会后召开的外国专家座谈会上的讲话，《人民日报》2014 年 5 月 24 日。

推动中国和世界发展得更好。

列宁精辟指出："马克思主义同'宗派主义'毫无相似之处，它绝不是离开世界文明发展大道而产生的一种故步自封、僵化不变的学说。恰恰相反，马克思的全部天才正是在于他回答了人类先进思想已经提出的种种问题。""马克思学说是人类在 19 世纪所创造的优秀成果——德国的哲学、英国的政治经济学和法国的社会主义的当然继承者。"① 社会主义社会不是在资本主义社会和一切社会形态的废墟上建立起来的，而是在既否定资产阶级剥削制度又集成资本主义社会和人类创造的文明基础上建立起来的。建设中国特色社会主义，要坚持从我国国情出发，总结自身的实践经验，同时继承和发扬我国的优秀文化传统，借鉴和吸收世界各国的有益文明成果。

无论是古代的中华文明、希腊文明、罗马文明、埃及文明、两河文明、印度文明等，还是现在的亚洲文明、非洲文明、欧洲文明、美洲文明、太平洋文明等，我们都应该采取学习借鉴的态度，都应该积极吸纳其中的有益成分，与人类创造的一切文明中的优秀文化基因相适应、与现代社会相协调，把跨越时空、超越国度、富有永恒魅力、具有当代价值的优秀文化精神弘扬起来。习近平指出："中国共产党人是马克思主义者，坚持马克思主义的科学学说，坚持和发展中国特色社会主义，但中国共产党人不是历史虚无主义者，也不是文化虚无主义者。我们从来认为，马克思主义基本原理必须同中国具体实际紧密结合起来，应该科学对待民族传统文化，科学对待世界各国文化，用人类创造的一切优秀思想文化成果武装自己。""在 21 世纪的今天，几千年来人类积累的一切理性知识和实践知识依然是人类创造性前进的重要基础。只有不断发掘和利用人类创造的一切优秀思想文化和丰富知识，我们才能更好认识世界、认识社会、认识自己，才能更好开创人类社会的未来。"② 习近平在强调学习人类一切文明成果的必要性和重要性，在阐述这种学习的丰富内涵和根本目标的同时，还阐述了这种学习的基本要求和基本原则。他强调："进行文明相互学习借鉴，要坚持从本国本民族实际出发，坚持取长补短、择善而从，讲求兼收并蓄，但兼

---

① 《列宁选集》第 2 卷，人民出版社，2012，第 309～310 页。

② 习近平：《在纪念孔子诞辰 2565 周年国际学术研讨会暨国际儒学联合会第五届会员大会开幕会上的讲话》，新华网，2014 年 9 月 24 日，http://news.xinhuanet.com/politics/2014 - 09/24/c_1112612018.htm。

收并蓄不是囫囵吞枣、莫衷一是，而是要去粗取精、去伪存真。"① 习近平的新马克思主义文明观表明，作为中国特色社会主义坚强领导核心的中国共产党，既具有博大胸怀和宽阔视野，又具有战略定力和强大自信，既旗帜鲜明地倡导世界文明的多样性、平等性、包容性，倡导不同文明兼收并蓄、交流互鉴，倡导借鉴和吸收各国人民创造的人类一切文明成果，又坚定不移地拒绝西方宣扬的"普世价值"，拒绝照抄照搬西方的制度模式，坚持独立自主走符合中国国情的社会主义道路。这是一条为人类文明进步和世界和平发展开辟的新道路，它为人类指明了以文明平等和谐、文明互鉴互学取代"文明冲突""文明对抗"的新航向。

我们中国是学习大国，我们中国共产党是学习大党。我们党是善于创新的党，我们党又是善于学习的党。学习是为了创新，学习才会更好地创新。习近平在中央党校建校 80 周年庆祝大会暨 2013 年春季学期开学典礼上的讲话，是一篇专谈学习的讲话。他指出：我们党善于和重视学习，是推动党和人民事业发展的一条成功经验；我们党的十八大提出建设学习型、服务型、创新型马克思主义执政党的重大任务，第一位的是学习型，是因为学习是前提，学习好才能服务好，学习好才有可能进行创新；好学才能上进，中国共产党人依靠学习走到今天，也必然要依靠学习走向未来，我们的干部要上进，我们的党要上进，我们的国家要上进，我们的民族要上进，就必须大兴学习之风，坚持学习、学习、再学习，坚持实践、实践、再实践。② 习近平指出："我们要借鉴人类政治文明的有益成果，但绝不照搬西方政治制度模式，绝不会接受任何外国颐指气使的说教"③，"我们需要借鉴国外政治文明有益成果，但绝不能放弃中国政治制度的根本"，"不能想象突然就搬来一座政治制度上的'飞来峰'"。④ 这就要求我们，必须坚持我国的社会主义根本政治制度和基本政治制度，区别资本主义政治制度与资本主义民主政治中体现的有益人类政治文明成果的界限，借鉴和吸取其

① 习近平：《在纪念孔子诞辰 2565 周年国际学术研讨会暨国际儒学联合会第五届会员大会开幕会上的讲话》，新华网，2014 年 9 月 24 日，http://news. xinhuanet. com/politics/2014 – 09/24/c_1112612018. htm。

② 习近平：《在中央党校建校 80 周年庆祝大会暨 2013 年春季学期开学典礼上的讲话》，人民网，2013 年 3 月 4 日，http://politics. people. com. cn/n/2013/0303/c1024 – 20655810. html。

③ 转引自《习近平总书记系列重要讲话读本》，学习出版社、人民出版社，2014，第 49 页。

④ 习近平：《在庆祝全国人民代表大会成立六十周年大会上的讲话》，《人民代表大会制度重要文献选编》（四），中国民主法制出版社、中央文献出版社，2015，第 1770～1771 页。

中合理、有益的因素，以推进政治体制改革，加强政治文明建设，提高我们民族和国家的文明水平，发展更加充分、更加健全的社会主义民主。

第二节　借鉴人类政治文明成果的历史必然性

我们在建设社会主义政治文明和民主政治的过程中，对于人类政治文明的有益成果，对于资本主义民主政治制度中的某些具体原则、具体制度、具体做法，是可以批判继承、借鉴吸取的。这种批判继承、借鉴吸取决不是主观的臆想，而是客观的历史必然性。

一　依据马克思主义发展观和马克思主义国家学说

首先，社会主义民主政治是以无产阶级民主观念为其理论先导的，而无产阶级民主观念的产生、发展有它的历史继承性，它与资产阶级民主观念有着必然的历史联系。

马克思主义发展观认为，每一时代的社会意识，不仅由这一时代社会的经济、政治所决定，而且它的发展往往同以往的社会意识有一定的历史联系性和继承性。每一时代的思想家在认识和解决当前社会问题时，都要利用前人遗留下来的思想材料和所创造的成果。正如恩格斯指出，历史思想家，包括政治的、法律的、哲学的等等，"在每一科学领域中都有一定的材料，这些材料是从以前的各代人的思维中独立形成的，并且在这些世代相继的人们的头脑中经过了自己的独立的发展道路"。[①] 同样，社会主义学说，也"同任何新的学说一样，它必须首先从已有的思想材料出发"[②]，必然继承前人的思想成果。恩格斯在分析现代社会主义理论来源时说："它起初表现为 18 世纪法国伟大的启蒙学者们所提出的各种原则的进一步的、据称是更彻底的发展。"[③] 这就是说，社会主义学说是对 18 世纪法国资产阶级启蒙学者所提出的理论原则的进一步发展。这就指明了社会主义学说与资产阶级启蒙学者思想之间的继承关系。恩格斯在阐明无产阶级平等观与资产阶级平等观之间存在着的历史联系的原因时指出：平等作为一种观念，它"本身都是一种历史的产物，这一观念的形成，需要一定的历史条件，

---

① 《马克思恩格斯选集》第 4 卷，人民出版社，2012，第 643 页。
② 《马克思恩格斯选集》第 3 卷，人民出版社，2012，第 391 页。
③ 《马克思恩格斯选集》第 3 卷，人民出版社，2012，第 391 页。

而这种历史条件本身又以长期的以往的历史为前提"。① 不仅无产阶级民主思想的产生,是以资产阶级民主思想为某种依据的,而且无产阶级在不断完善自己的民主思想体系时,也是不断对资产阶级民主思想作批判继承,吸取其中某些进步的东西,加以改造,使其成为无产阶级民主思想体系的一部分。

其次,社会主义民主政治作为一种民主的社会政治制度,既是对资本主义民主政治的否定,又与它有着历史的继承关系。

马克思主义的发展观认为,"人们自己创造自己的历史,但是他们并不是随心所欲地创造,并不是在他们自己选定的条件下创造,而是在直接碰到的、既定的、从过去承继下来的条件下创造"②。整个历史的发展是这样,社会制度的更替也是这样。列宁曾经指出,马克思和恩格斯研究社会形态发展的规律,研究一种社会制度过渡到另一种社会制度的规律,确认前一社会制度与后一社会制度之间,"在相互关系上表现为不同的发展阶段",各个发展阶段之间有着一定的"联系"和某种"连贯性"。这就是马克思、恩格斯研究社会发展的辩证法思想③。这就告诉我们,社会制度的相互更替,也是在从过去继承下来的条件下进行的。因此,作为政治制度,无产阶级民主制与资产阶级民主制之间有着某种"连贯性",它们只是历史发展中的不同阶段。马克思主义的辩证否定观认为,新事物是对于旧事物的否定,因而新旧事物之间有着本质的区别,但是一切新事物又都是从旧事物的内部产生出来的,因而它同旧事物之间又存在着联系。新事物对旧事物的否定,是指对旧事物的质的根本否定,但并不是把旧的事物内部的一切因素全盘抛弃。辩证的否定观不是简单的抛弃,而是扬弃,既克服旧事物,又保留旧事物中对新事物有积极意义的东西,并把它发展到新的阶段。社会主义社会否定资本主义社会,无论在政治上、经济上、意识形态上,都实行彻底的决裂,但在社会主义社会中,仍保留并改造了包括资本主义社会在内的以往社会在物质、精神、文化方面的一切积极成果。在形而上学的否定观看来,否定就是简单的抛弃,不允许有任何保留和继承,正如倒洗澡水时,连婴儿也一起倒掉一样,将旧事物中的一切因素全部废除。这是违反事物发展规律的。因此,对旧事物全盘继承,否认批判,抹杀新、

① 《马克思恩格斯选集》第3卷,人民出版社,2012,第484~485页。
② 《马克思恩格斯选集》第1卷,人民出版社,2012,第669页。
③ 《列宁选集》第1卷,人民出版社,1995,第33~34页。

旧事物之间的界限，是错误的；反之，全盘否定，否认新、旧事物之间的历史联系，不要继承，也是错误的。唯物辩证法认为，内容决定形式，形式又具有相对独立性。新内容的发展，需要新的形式为自己服务，也可以利用旧形式中的某些成分。对于旧形式中只能为旧内容服务的东西，必须从根本上加以根除，但其中某些可以为新内容服务的成分，应在改造的基础上加以继承和利用。旧的资产阶级国家制度的某些形式经过改造，可以利用和借鉴。列宁在《共产主义运动中的"左派"幼稚病》中，批评"左"倾学理主义不懂得"旧形式中"可以装满"新内容"，指出新内容可以通过各种各样的形式，其中包括旧形式为自己开辟道路，苏维埃政权和无产阶级专政，能够而且应该改造、战胜和驾驭一切形式。①

最后，马克思主义国家学说认为，国家政权的内部职能具有两重性，统治阶级运用国家政权压迫被统治阶级，镇压其反抗，以维持它的统治，保护它的政治、经济利益；同时，国家又要行使社会的管理职能，发展经济，发展交通和社会公益事业，维护社会秩序，发展科学、文化、教育事业等，以维持社会的生存和发展。

如果承认无产阶级与资产阶级的国家制度方面有批判继承关系，是否与马克思关于打碎旧国家机器的原理相抵触？我们认为，这里的关键是如何正确理解"打碎"这一理论。所谓"打碎"，不是打碎一切机构。马克思认为打碎的是"官僚军事机器"，就是铲除"旧政权的纯属压迫性质的机关"，即军队、警察、法庭、官僚机构等物质力量，而"旧政权的合理职能"，"则不会像有人故意胡说的那样加以废除"，而只是把它"夺取过来"，交给巴黎公社的官吏。② 后来，恩格斯为了回答别人的询问，对此专门作了解释，他说："这仅仅是为了指明下列事实：胜利了的无产阶级在能够利用旧的官僚的、行政集中的国家机构来达到自己的目的之前，必须把它加以改造"③。很明显，打碎并不排斥改造和利用。列宁也指出，无产阶级要打碎的是："常备军、警察、官吏这种主要是'压迫性的'机构"，除此之外，还有同银行、辛迪加有联系的一些国家机构，"不能打碎，也用不着打碎"，而"可以把它当做现成的机构从资本主义那里拿过来"，这时"量就会转化

---

①　《列宁选集》第4卷，人民出版社，2012，第210页。
②　《马克思恩格斯选集》第3卷，人民出版社，2012，第99~100页。
③　《马克思恩格斯全集》第36卷，人民出版社，1975，第81页。

为质"，变成"社会主义社会的骨骼"①。所谓"打碎"，也不是铲除国家的一切合理职能。列宁指出："国家正是这种从人类社会中分化出来的管理机构。"② 任何国家都有这两方面的职能，而且这双重职能是密切不可分的。恩格斯指出："政治统治到处都是以执行某种社会职能为基础，而且政治统治只有在它执行了它的这种社会职能时才能持续下去。"③ 资本主义国家的内部职能基本的也是这两条。马克思指出：资本主义国家的职能，"既包括由一切社会的性质产生的各种公共事务的执行，又包括由政府同人民大众相对立而产生的各种特有的职能"。④ 无产阶级国家，一方面也要执行各种公共事务，另一方面又有同反抗社会主义的阶级或分子相对立产生的各种特殊职能。后一职能只在方法上相同（专政），在性质上相反，因此，就谈不上什么继承，只能反其道而行之；但前一职能与旧国家制度有相同、相似之处，可以继承、借鉴。所谓打碎，也不是针对某些统治经验和管理形式。列宁总结革命的经验教训说："以前的历次革命所以失败，就是因为工人靠强硬的专政不能坚持下去，工人不懂得单靠专政、暴力、强制是坚持不住的"；而资产阶级"善于保持自己的阶级统治，他们有我们不可缺少的经验"，所以，"要向资产阶级学习"⑤。资产阶级民主制，可算是它的精巧统治。一些发达的资本主义国家，尽管政府不断更迭，领导人穿梭般地替换，但由于资产阶级民主制能够调节本阶级内部的矛盾，因而并未改变资产阶级统治。他们维持统治的某些经验，无产阶级可以借鉴。

二 社会主义民主与资本主义民主都是封建专制主义的对立物，因而具有某种共同性

社会主义民主与资本主义民主是根本对立的，但它们之间也有某种共同性，因为它们都是封建主义的对立物。我们这里分析一下无产阶级的平等要求与资产阶级的平等要求，是如何在共同的反对封建特权的斗争中同时产生的。恩格斯曾经指出："资产阶级的平等要求也由无产阶级的平等要求伴随着。从消灭阶级特权的资产阶级要求提出的时候起，同时就出现了消灭阶级本身的无产阶级要求"。并且指出：无产阶级的平等要求是

---

① 《列宁选集》第 3 卷，人民出版社，2012，第 298 页。
② 《列宁选集》第 4 卷，人民出版社，2012，第 28 页。
③ 《马克思恩格斯选集》第 3 卷，人民出版社，2012，第 559~560 页。
④ 《马克思恩格斯选集》第 2 卷，人民出版社，2012，第 560 页。
⑤ 《列宁选集》第 4 卷，人民出版社，2012，第 106 页。

"以资产阶级的平等理论本身为依据"的①。平等的要求是资产阶级首先提出的，它的目的是反对封建专制制度和等级制度，扫除资本主义经济发展的障碍。但平等的要求和口号，顺乎历史潮流，也符合工人阶级和广大农民的利益，因此在社会上得到广泛传播，深深扎根于广大群众的思想之中，"成为国民的牢固成见"。但是无产阶级的平等观念和资产阶级的平等观念是根本不同的。资产阶级的平等观念，是为了反对封建特权，推翻地主阶级的封建统治；而无产阶级的平等观念，则不仅是为了反对封建特权，更重要的是为了反对资产阶级，消灭私有制和剥削，消灭阶级。在法国资产阶级革命中，资产阶级为了反对封建专制统治，为了动员广大群众参加反封建的斗争，明确地提出了平等的口号，这一口号同时也"成了法国无产阶级所特有的战斗口号"②。革命前的法国社会分为三个等级。第一、二等级是封建贵族统治阶级，享有政治的和经济的各种特权。无产阶级、农民阶级和资产阶级同属第三等级，都受着封建专制主义的压迫，因而他们有反对封建专制主义的共同要求。为了给资产阶级革命作思想上和舆论上的准备，资产阶级的启蒙思想家们提出自由平等，反对等级特权；提出人民主权，反对君主专制的思想和口号。如卢梭、狄德罗、伏尔泰等人提出：人生来是平等的，自由、平等是天赋的不可剥夺的权利。其中卢梭对于封建专制主义的批判尤为全面、深刻。他在《论人类不平等的起源和基础》一书中，不仅批判了封建专制主义的罪恶，而且力图揭示其根源，他认为，财产私有制的产生以及财富不平等的占有是社会一切不平等的根源。他从小资产阶级、资产阶级的利益出发，提出人人生而平等，不仅提出在财产方面的平等，而且提出在法律面前人人平等，政治权利平等。卢梭的这种平等思想，是从小资产阶级、资产阶级方面提出来的，但它还是作为人类文明成果来阐述的，这对于无产阶级是有启发的，在社会主义运动中起了鼓动作用。与此同时，反映劳苦大众利益的思想家，如摩莱里和马布里等也提出：人生来是平等的，生来就酷爱自由和平等，认为私有制是社会最大的祸害，不平等是社会一切罪恶的根源，不仅要求消灭阶级特权，而且要求消灭阶级差别，实现人人平等和人人自由的理想共和国。这些平均共产主义思想，反映了不成熟的无产阶级要求摆脱剥削和奴役的愿望。这些思想与资产阶级启蒙思想一起，起了动员人民与资产阶级一起反对封建专

---

① 《马克思恩格斯选集》第 3 卷，人民出版社，2012，第 484 页。
② 《马克思恩格斯选集》第 3 卷，人民出版社，2012，第 484 页。

制主义的作用。此外，资本主义民主政治确认"法律面前人人平等""主权在民"原则，通行"选举制""代议制"等，其矛头无不都是针对封建专制主义的。社会主义民主政治也确认"法律面前人人平等""一切权力属于人民"，也通行"选举制""代议制"，虽然在性质上与资本主义民主政治是根本不同的，但在反对封建专制主义这一点上是有共同性的，都属于人类政治文明成果。

三　正确认识资本主义民主政治两面性和人类政治文明成果

我们坚持历史唯物主义的观点，全面地历史地看待资本主义民主政治。资本主义民主政治既维护资本主义所有制和少数剥削者的民主权利，又在人类社会发展中具有重要的历史地位和进步作用；既有维护资产阶级利益的阶级性，又有反封建、反压迫的人民性；既有历史的、时代的和阶级的局限性，又有反神权、反封建、反压迫的进步性。

资本主义民主政治作为封建专制主义的对立物，这在历史上是一个巨大进步。在资产阶级革命过程中，资产阶级的思想家提出过人人生而平等、"主权在民"以及"在法律面前人人平等"等，为反对封建特权和专制制度、进行资产阶级革命制造舆论，对动员和教育人民进行革命起了重要的作用。在革命中建立起来的资本主义民主政治，是资产阶级最好的统治形式，维护的是资产阶级的利益，对广大劳动人民来说，无疑是陷阱和骗局，但是，它与封建专制制度相比毕竟是一种进步。资本主义民主政治确认自由、平等和主权在民的原则，尽管是虚伪的，但毕竟优越于封建特权和专制主义；资本主义民主政治确立的议会，虽然只是民主的装饰品，但它名义上是选举产生的，而且是最高的立法机关，毕竟优越于封建专制王权；资本主义民主政治普遍采用的普选制，虽然有极大的局限性和虚伪性，但它在形式上承认广大公民有选举权和被选举权，并且承认普遍平等、直接和秘密的选举原则，毕竟优越于封建主义的世袭特权制；资本主义民主政治确认分权制衡原则，用以调节资产阶级的内部矛盾，虽然它是为维护、巩固资产阶级统治服务的，但它毕竟优越于封建君主个人独裁和法西斯主义。资本主义民主政治所确认的一些民主原则、民主制度和民主权利，也是无产阶级和其他劳动人民长期斗争的结果。同时，无产阶级和其他劳动人民亦可以此为理由，抓住资本主义民主政治的这些把柄，在一定程度上和一定范围内可以进行各种合法斗争，以维护和争取自己的某些民主权益。

资本主义民主政治在人类社会政治文明的发展历史上，占有重要的地位。由原始民主到国家民主，由国家民主到国家专制，再由国家专制到国家民主，这是历史发展的客观规律。资本主义民主是人类政治文明发展的历史成果，是人类社会文明的一个重要组成部分和历史阶段，它包含了人民群众反对封建专制主义斗争的成果。列宁指出："资产阶级的共和制、议会和普选制，所有这一切，从全世界社会发展来看，是一大进步。"① 资本主义民主政治，它的服务对象，无疑只能是资产阶级，但它的具体制度和形式有些并不具有明显的阶级性，而是一种具有中性的东西，既可以为资产阶级服务，也可以为无产阶级服务。社会主义民主政治对它不是简单否定，而是赋予它以新的阶级内容，并在广度和深度上加以发展。

四　不发达国家建设社会主义民主政治的客观要求

我国社会主义民主政治从它建立之日起，就其本质来讲是优越的，它标志着社会民主政治进入了一个新阶段，但其具体制度弊端甚多，实现程度和实现形式是不充分不完备的，成熟程度是不够高的。这从根本上来说，是由于我国越过了资本主义社会而从半殖民地半封建社会直接进入社会主义社会，因而正如十三大报告指出，"建设高度社会主义民主政治所必需的一系列经济文化条件很不充分，封建主义、资本主义腐朽思想和小生产习惯势力在社会上还有广泛影响，并且经常侵袭党的干部和国家公务员队伍"②。我国经历了几千年的封建社会，封建专制主义的影响根深蒂固，民主习惯差，民主素质低，民主意识弱，民主传统少，轰轰烈烈的民主革命和社会主义革命都未能在肃清思想政治上的封建主义残余影响方面取得显著成效，政治领域中的封建宗法观念、等级观念、人身依附关系、特权思想等依然存在，而且在接连不断地反对资产阶级的政治运动中，使家长制、一言堂、个人崇拜、个人专断等不民主现象日益滋长、日趋严重。这一切，客观上要求我们，建设社会主义民主政治，必须借鉴人类政治文明成果，包括西方发达国家资本主义民主政治中一切合理的和对我们有用的东西。

长期以来，我们只能讲社会主义民主比资本主义民主优越千百倍，而不能讲资本主义民主中有哪些可供我们借鉴的合理的进步因素；只承认我

---

① 《列宁选集》第4卷，人民出版社，2012，第38页。
② 《十三大以来重要文献选编》（上），人民出版社，1991，第11页。

们的经济、科学、文化方面的落后性，而讳言我们在政治体制方面还有哪些严重缺陷和弊端。邓小平指出："斯大林严重破坏社会主义法制，毛泽东同志就说过，这样的事件在英、法、美这样的西方国家不可能发生。他虽然认识到这一点，但是由于没有在实际上解决领导制度问题以及其他一些原因，仍然导致了'文化大革命'的十年浩劫。"① 在民主的法制化方面，不发达国家明显不足。借鉴西方发达资本主义国家民主政治中的进步因素，是发展中的社会主义国家建设民主政治的重要条件。

第三节　借鉴人类政治文明成果，需要批判继承资本主义民主政治中的进步思想原则

在资本主义民主政治中，作为意识形态的进步思想原则，作为政治制度的合理政治体制，值得我们在认真分析研究的基础上，既大胆又谨慎地批判继承、借鉴吸取。在进步思想原则方面，可供我们借鉴的，择其要者试作如下分析。

一　自由权利原则

自由权利原则，是资产阶级启蒙思想家竭力宣扬的重要思想观点，是资产阶级反对封建专制主义的强大思想武器，是资本主义民主制国家在宪法中确认的普遍原则。英国资产阶级思想家约翰·弥尔顿提出了财产自由、信仰自由、言论出版自由、婚姻家庭生活的自由等。他认为，出版自由是一切自由中最重要的自由。他指出：自由权利是神圣不可侵犯的，它与封建专制主义是根本不相容的，在一个放纵无度、深怀仇恨、图谋报复的君主面前，人民的自由、生命、财产不可能得到保障；君主的权力本来是属于人民的，因而君主应该是国民的"公仆"；如果君主侵害了人民的利益，人民有权运用法律惩治他；如果君主奴役和杀戮人民，便成为人民的仇敌，人民有"合理合法"的权力来废黜他。弥尔顿阐述的这些自由权利原则，构成他的政治思想的重要内容。当然，弥尔顿的这些思想是为建立资产阶级共和制服务的，是代表资产阶级利益的，但不可否认，在一定程度上也反映了当时广大劳动人民反对封建专制主义的共同要求。各资本主义民主

---

① 《邓小平文选》第2卷，人民出版社，1994，第333页。

制国家的宪法都确认公民的自由权利原则。1787 年美国宪法开宗明义就阐述了美国制定宪法的宗旨是，为谋求公民世世代代"永享自由的幸福"。1789 年法国《人权宣言》第 1 条宣布："在权利方面，人们生来是而且始终是自由平等的"，紧接第 2 条又宣布：自由、财产、安全和反抗压迫是"不可动摇的权利"。1946 年法国宪法将"自由、平等、博爱"规定为共和国的口号。现在，资本主义民主国家形式上规定的具体的自由权利，大大超出了弥尔顿提出的自由权利范围，涉及政治、经济和社会生活各个方面，包括选举自由、竞争自由、言论出版自由、集会自由、结社自由、人身自由、居住自由、迁徙自由等。这些自由权利是反对专制主义的产物，也是人民群众斗争的结果，因而具有进步性。1776 年在美国资产阶级革命过程中颁布的《独立宣言》，规定了公民有生命、自由、追求幸福的权利，并且宣布："人民为了保障这些权利，所以成立政府。政府正当的权利来自被统治者的同意。任何政府如要破坏这些目的，人民有权利改变或废除它，另建新政府。"但美国资产阶级革命胜利后，于 1787 年颁布的宪法中，却不提《独立宣言》中规定的公民的自由权利。后来由于美国人民的斗争，才在 1791 年宪法的修正案中，进一步确认公民有信仰自由、言论出版自由、集会请愿自由等权利。

马克思主义主张批判继承资本主义民主政治的自由权利原则。中共中央《关于社会主义精神文明建设指导方针的决议》指出："在人类历史上，在新兴资产阶级和劳动人民反对封建专制制度的斗争中，形成民主和自由、平等、博爱的观念，是人类精神的一次大解放。马克思主义批判地继承资产阶级的这些观念，又同它们有原则的区别。"[①] 自由，毕竟是美好崇高的字眼，是进步人类的理想追求。马克思、恩格斯把公民的自由程度看作文明社会发展的重要标志。他们在论述共产主义社会的本质时认为，未来社会是自由人的"联合体"，在那里，"每个人的自由发展是一切人的自由发展的条件"。[②] 巴黎公社时期，在公社发布的公告上，每期都鲜明地刊印着"自由、平等、博爱"几个大字。列宁在阐述沙皇时代彼得堡工人罢工的情况时指出："在一些几千人的盛大的工人集会上，开始讨论政治要求并通过了有利于政治自由的决议……"工人们还提出了民权的要求，包括人身不

① 《十二大以来重要文献选编》（下），人民出版社，1988，第 1183 页。
② 《马克思恩格斯选集》第 1 卷，人民出版社，2012，第 422 页。

可侵犯、言论出版自由、集会和结社自由、信仰自由等。① 所有社会主义国家，在自己的宪法中都规定了公民的各种自由权利。如，1936 年苏联宪法把信仰自由、言论自由、出版自由、集会自由、游行及示威自由等作为公民的基本权利。1960 年捷克斯洛伐克宪法在"公民的权利和义务"章的头条规定："公民的权利、自由和义务既服务于公民的自由、全面发展和个性的发挥，也服务于社会主义社会的巩固和发展；公民的权利、自由和义务随着社会的发展而继续扩大与加深。"该宪法还具体规定了公民在社会生活各方面的言论、出版、集会、游行、示威、信仰、居住等自由权利。我国宪法规定：公民有言论、出版、集会、结社、游行、示威的自由，有宗教信仰自由、人身自由、通信自由，有进行科学研究和文学艺术创作及其他文化活动的自由等。我们党在《关于社会主义精神文明建设指导方针的决议》中，还明确规定了学术、艺术领域实行"学术自由，创作自由，讨论自由，批评和反批评自由"的原则。这是对宪法规定的自由权利原则的进一步发展。显然，社会主义社会，人们决不会消灭自由，决不会抛弃资产阶级提出的自由原则，而是要更高地举起自由的旗帜，使自由权利更加广泛、更加充实。

在一些人的心目中，总认为资产阶级提倡的自由权利原则是一种不要纪律、不要法制、不尽义务的自由主义。其实这是一种误解。资本主义民主政治中的自由权利原则虽然在自由与纪律、自由与法制、权利与义务的相互关系上，存在着内容与形式、原则与实践相背离的情况，但在理论上和制度上都承认自由与法制和纪律、权利与义务不可分的原则。这种原则，在阶级实质上，和社会主义民主相反，但在形式上确有类似之处。因为任何一个社会要维护本身的存在和发展，都需要有一定的法律和纪律；个人应享有一定的权利，同时个人对社会和他人应负有某种责任；人与人之间也必须遵循一定的道德规范。否则整个社会就难以存在。

资产阶级的思想家、政治家和资本主义国家的宪法都确认，民主是有限制的，是国家法制范围内的民主，公民应享有民主自由权利，但不能滥用这种权利。法国资产阶级启蒙思想家卢梭在《社会契约论》中说："任何人拒不服从公意的，全体就要强迫他服从公意。这恰恰就是说，人们要迫使他自由。"自然，这里所说的公意，就是资产阶级的意志。英国资产阶级

---

① 《列宁全集》第 8 卷，人民出版社，1959，第 71～72 页。

思想家洛克在《政府论》中说："哪里没有法律，那里就没有自由。这是因为自由意味着不受他人的束缚和强迫，而哪里没有法律，那里就不能有这种自由。但是自由，正如人们告诉我们的，并非人人爱怎样就可怎样的那种自由。"法国资产阶级思想家孟德斯鸠在《论法的精神》中说："在一个有法律的社会里，自由仅仅是：一个人能够做他应该做的事情，而不被强迫去做他不应该做的事情。""自由是做法律所许可的一切事情的权利；如果一个公民能够做法律所禁止的事情，他就不再有自由了，因为其他的人也同样会有这个权利。"英国法学家詹宁斯在《法与宪法》中说："在不违反有关叛国、煽乱、诽谤、淫猥、亵渎、伪证、泄露机密等等的法律的条件下，可以随意讲话。"在启蒙学者的眼里，纪律、法律不仅不是自由的对立物，而且是自由之中的应有之义。法国《人权宣言》第11条规定："自由传达思想和意见是人类最宝贵的权利之一；因此，各个公民都有言论、著述和出版自由，但在法律所规定的情况下，应对滥用此项自由负担责任。"意大利宪法第21条规定："每人均有以口头、书面及他种传布思想之方法自由表达其思想之权利"，但"违反善良风俗之出版物、曲艺演出和各种游行活动，均予禁止。法律在防止和消除破坏行为方面，可规定适当的预防措施"。德国魏玛宪法第118条规定了"德国人民，在法律限制内，有用言语、文字、印刷、图书或其他方法，自由发表其意见之权"。德意志联邦共和国基本法第5条规定："人人有用口头、书面和绘画自由地表达和传播自己意见的权利"，但在第18条又规定：如果"滥用法定权利，与自由、民主的基本法令相抵触，即丧失上述各种基本权利"。第19条还规定："在现行基本法范围内，基本权利可由法律或依法予以限制。"以上这些都是宪法规定的限制，此外，名目繁多的法律的限制就更多了。

其实，资产阶级的思想家、宪法和法律所阐明的自由与纪律、法制相一致的原则，已为社会主义民主政治所批判继承、借鉴吸取，并且成为社会主义民主政治的一条重要原则。前罗马尼亚宪法第28条规定了公民的言论、出版、结社、集会和游行示威自由的权利，紧接着在第29条规定"言论、出版、结社、集会以及游行示威等自由不能用于敌视社会主义制度和劳动人民的利益"。还在第39条规定："每个公民必须尊重宪法和法律，保护社会主义财产，致力于社会主义制度的巩固和发展。"前南斯拉夫宪法第167条规定了集会自由和结社自由的权利，又在第203条规定："任何人不得利用本宪法确定的社会主义自治民主制度的基础，威胁国家的独立，侵犯本宪法保障的人和公民的自由和权利,威胁和平等的国际合作,煽动民族、种族和宗教的仇恨或不和,或者教唆犯罪,也不得以违反公共道德的方式利用这些自由。"有些社会主义国家的宪法还明确规定了权利与义务不可分的原则。我国宪法在"序言"里确认了四项基本原则,这就要求我们每一个人都要坚持和维护它。"总纲"第 1 条确认"社会主义制度是中华人民共和国的根本制度",并规定"禁止任何组织或者个人破坏社会主义制度"。"总纲"还规定:"一切国家机关和武装力量、各政党和各社会团体、各企业事业组织都必须遵守宪法和法律。一切违反宪法和法律的行为,必须予以追究。""任何组织或者个人都不得有超越宪法和法律的特权。"在"公民的基本权利和义务"章里规定:"任何公民享有宪法和法律规定的权利,同时必须履行宪法和法律规定的义务。""公民在行使自由和权利的时候,不得损害国家的、社会的、集体的利益和其他公民的合法的自由和权利。""公民必须遵守宪法和法律,保守国家秘密,爱护公共财产,遵守劳动纪律,遵守公共秩序,尊重社会公德。"① 等等。

二 主权在民原则

"主权在民"是许多资产阶级思想家提出的一个重要思想,也是资本主义国家宪法的一条重要原则。在法国启蒙思想家中,狄德罗和霍尔巴赫都提出过主权在民的思想。狄德罗认为,只有人民才能成为真正的立法者,而国家应以人民的意志为基础。霍尔巴赫认为,主权永远属于人民,人民反抗暴君是不可转让的、合法的权利。卢梭则完整地提出了人民主权的思想。他认为,主权在民是神圣不可侵犯的,法律和政府必须保证主权在民;政府的权力来自人民,政府受人民委托,受人民监督,政府工作人员是人民的公仆等。卢梭主权在民的思想对西方资本主义民主政治的建立,起了重要的作用,并且大多在资本主义国家的宪法中得到确认。1789 年法国《人权宣言》确认,主权的本原寄托于国民。1946 年和 1958 年法国宪法规定:"共和国之原则为:民有、民享、民治之政府","国家主权属于法国国民全体","国家主权属于人民"。1947 年意大利宪法规定,"主权属于人民"。1919 年德国魏玛宪法规定:"国权出自人民"。1949 年德意志联邦共和国基本法规定:"主权属于人民"。甚至一些现代君主立宪制国家,也已

---

① 《中华人民共和国宪法》,人民出版社,2004,第 8 ~ 18 页。

否认"主权在君"，而标榜"主权在民"。如 1946 年日本宪法规定："主权属于全国国民"；1975 年瑞典宪法规定："一切公共权力属于人民"。总之，"主权在民"原则是民主政治的核心。政治学最高层次的问题是国家权力属于谁。专制政治确认国家权力属于君主，"朕即国家"，君主拥有至高无上的权力，臣民必须绝对服从，臣民如若反抗，君主有权镇压。民主政治确认国家权力属于人民，君主应当对人民负责，否则人民有权废黜他。这是对专制政治的批判和否定，是国家学说史上的重大发展，也是人类历史上的伟大进步。

马克思主义对于资产阶级的主权在民思想不是一概否定，而是批判继承。资产阶级的主权在民，名义上说的是主权在人民手里，但实际上这个"民"是指资产阶级，主权实际上在资产阶级手里；人民主权论是建立在社会契约论的历史唯心主义基础上的。但是，人民主权思想具有反对封建专制主义的伟大进步意义。马克思主义经典作家曾运用人民主权思想作为反对封建专制主义和反对资产阶级的思想武器。马克思说："国民议会本身没有任何权利——人民委托给它的只是维护人民自己的权利。如果它不根据交给它的委托来行动——这一委托就失去效力。到那时，人民就亲自出台，并且根据自己的自主的权力来行动……当国王实行反革命的时候，人民完全有权利用革命来回答它。"① 列宁也指出，"无论是资本家或地主都不享有任何特权"，"无论是警察或官吏都没有任何独立的权力；他们完全服从于人民"，"全体人民享有全部权力，即统一的、完全的和不可分割的权力"。② 马克思还在总结巴黎公社经验时指出：工人自己"当家作主"，国家权力的合理职能，将驾于社会之上的权力，转交给"社会的负责的公仆"，为"人民服务"③。这实际上是利用资产阶级关于主权在民的形式，改变其阶级的内容，指明了社会主义民主政治的核心问题是权力属于人民。几乎所有社会主义国家的宪法都确认主权属于人民的原则。1936 年苏联宪法规定："苏联全部权力属于城乡劳动者"；1977 年苏联宪法规定："苏联的一切权力属于人民"。1971 年保加利亚宪法规定："一切权力来自人民并属于人民"。1968 年捷克斯洛伐克宪法规定："一切权力属于劳动人民"。1968 年德意志民主共和国宪法规定："一切政治权力由城乡劳动人民行使"。1972 年匈牙

---

① 《马克思恩格斯全集》第 6 卷，人民出版社，1961，第 305 页。
② 《列宁全集》第 8 卷，人民出版社，1959，第 523～525 页。
③ 《马克思恩格斯选集》第 2 卷，人民出版社，1972，第 376～378 页。

利宪法规定："全部政权属于劳动人民"，劳动人民"共同行使权力"。1952年波兰宪法规定："政权属于城乡劳动人民"。1976年阿尔巴尼亚宪法规定："一切国家权力来自劳动人民并属于劳动人民"。我国宪法规定："一切权力属于人民"。这实际上都是借鉴了资本主义民主政治关于"主权在民"的原则。当然这只是形式上的相似，在内容和实质上是根本不同的。资本主义民主政治标榜主权在民，实际上主权只在少数资产阶级及其他剥削者手里；而社会主义民主政治确认一切权力属于人民，是指权力属于占人口绝大多数的无产阶级和广大劳动人民，是人民真正当家作主，真正享有各项民主权利，享有管理国家和企事业的权力。这是从本质上说的，不等于在所有环节上都能做到。在现实生活中，违背主权在民原则的人和事还屡见不鲜。家长制、一言堂、霸道行为屡有发生。干部中滥用权力，以权谋私，从社会公仆变为社会主人，或者主人对公仆提意见，遭到公仆打击报复的现象，也不是个别。对那些学识肤浅、能力薄弱、政绩平平，或思想不纯、行为不端的干部，对于种种不正之风和腐败现象，群众或敢怒不敢言，或不敢怒不敢言，或敢怒敢言不仅无济于事，而且反被穿上"玻璃小鞋"、被"合理处理"，甚至深受迫害之苦的现象还未绝迹。在有些地方，在有些问题上，主人实际没有多少发言权、建议权，对仆人实际没有多少监督权和罢免权。对于诸如此类的问题，正需要变资本主义主权在民的虚伪性为社会主义人民当家作主的真实性，切实加以解决，以充分显示社会主义民主政治的优越性。现在，以习近平为总书记的党中央，正在努力做好这件事，并已有了良好开端。

三 人性、人道、人权原则

人性、人道、人权原则也是新兴资产阶级和劳动人民在反对封建专制制度的斗争中提出和形成的。一些资产阶级思想家用人性、人道和人权来反对封建王权和特权，反对神道和神权，反对封建禁欲主义，抨击轻视人、蔑视人、践踏人，使人不成其为人的封建专制和宗教神学，提出了以人为中心的原则和思想，提倡人性和人身自由，肯定人的价值，尊重人格和人的尊严等。这是人类精神的大解放，在历史上具有不可磨灭的伟大意义和重要作用，是人类文明史上的宝贵财富。即使在现代资本主义社会中，仍有一些真诚的人道主义者，积极从事反对帝国主义的侵略战争，反对霸权主义的战争危险，反对法西斯主义和其他恐怖主义，反对种族歧视，保护人类生活权利的斗争，曾经和继续起着一定的进步作用。

我们过去开展过多次对于人道主义的批判，把批判人道主义的历史唯心主义变成了反对任何意义上的人道主义，以至革命的人道主义、社会主义的人道主义也不要了。"文化大革命"中制造了不少反人性、反人道、反人权的野蛮事件。由于"左"的思想的束缚，总把人道、人性、人权看作资本主义的专利品，看作社会主义的禁忌品，好像在社会主义社会里，不能讲人性、人道和人权，好像与无产阶级的阶级性和革命性是完全对立的。在今天的现实生活中，违反人性、人道、人权原则的各种犯罪活动，对人缺乏应有的关心、尊重、同情、谅解、爱护、帮助的冷漠现象，漠视群众基本权利和切身利益的官僚主义恶习，都还不同程度地存在着。由于这一切，我们更应该理直气壮地高举人性、人道、人权的大旗，要通过各方面的努力，包括宣传和实行社会主义人道主义，同上述各种违背人性、人道、人权原则的现象作斗争，使在资本主义社会无法从根本上真正实现的人性、人道和人权原则得以实现。马克思曾经指出：专制制度、君主政体的原则就是"轻视人、蔑视人，使人不成其为人"[①]。民主政治的原则之一，就是要求尊重人，把人当作人。马克思在总结巴黎公社经验时指出：巴黎公社将提供合理的环境，"使阶级斗争能够以最合理、最人道的方式"进行[②]。我们建设社会主义民主政治，应该批判继承资本主义民主政治中人性、人道、人权原则中一切有益的因素，提倡和实行社会主义人道主义，尊重人，关心人，真正实现人的价值。

这里侧重谈谈人权问题。早在 1628 年，英国议会向国王提出《权利请愿书》，要求非根据国家法律或法庭判决，不得随意捕人和没收其财产等。1679 年和 1689 年英国议会又分别通过《人身保护法》和《权利法案》。1776 年美国的《独立宣言》把人权作为资产阶级革命的政治纲领，它宣布："一切人生而平等，上帝赋予他们某些不可割让的权利，其中包括生存、自由和追求幸福的权利。"宣言还指出，为了保障这些权利，人们才建立了政府；任何政府一旦损害这些权利，人们就有权改换它或废除它，成立新政府。这个宣言被马克思称为"第一个人权宣言"。1789 年，法国资产阶级革命的纲领《人权与公民权宣言》（亦即《人权宣言》）发表，宣布"人人生而自由，权力平等"，"自由、财产、安全和对压迫的抵抗"，是不可剥夺的

---

① 《马克思恩格斯全集》第 1 卷，人民出版社，1956，第 410～411 页。
② 《马克思恩格斯选集》第 3 卷，人民出版社，2012，第 143 页。

权利。到了现代，人权问题已经超出一个国家国内问题的范围，成为现代国际法的重要问题。在第二次世界大战期间，由于德、意、日法西斯践踏人权，迫害和屠杀人民，激起了世界各国人民的义愤，引起了对人权问题的普遍关注，因此在战时和战后的许多国际条约和国际文件中，都有人权问题的规定。1942 年的《联合国宣言》把人权保护作为战胜法西斯的共同纲领之一。1945 年的《联合国宪章》，把"增进并激励对于全体人类之人权及基本自由之尊重"作为联合国的宗旨之一，并且宣布："决心要保全后世以免再遭我们这一代人类两度身历的惨不堪言的战祸，重申对于基本人权、人格尊严和价值以及男女平等权利和大小各国平等权利的信念。"1948 年《世界人权宣言》，对人权保护的内容和范围作了详细、明确的规定。1966 年的《经济、社会、文化权利国际公约》和《公民权利和政治权利国际公约》，涉及人权保护的各个方面。1977 年联合国大会通过了第三世界国家提出的关于人权新概念的决议案，1979 年联合国人权委员会又通过了有关人权的决议，强调国家主权、民族自决权和发展权以及基本人权，反映了第三世界各国的正当要求。从上述现代国际法的规定中可以看出，人权不仅涉及个人的权利，而且涉及民族的权利；不仅指政治权利，而且指经济、社会和文化各种权利。现代国际法所反映的不是哪一个国家统治阶级的意志，它是各国统治阶级的协议，从某种意义上讲，它的某些条文和原则可以是各国人民根本利益和愿望的求同存异的表现。

当然，资产阶级思想家提出的人性、人道、人权原则，有其历史的局限性和虚伪性。他们离开人的社会性和阶级性，从抽象的"人"出发，因而它是建立在唯心史观的基础之上的；同时它具有明显的资产阶级的阶级性，是为维护资产阶级的利益服务的。在资产阶级眼里，资产阶级的财产权，是最主要的人权。马克思指出："平等地剥削劳动力，是资本的首要的人权"①。人权是有阶级性的。马克思主义从来不抽象地讲人权，离开了消灭生产资料私有制、消灭剥削制度，就谈不上真正实现人民的权利。面对资产阶级人权口号的欺骗，马克思、恩格斯原则上不使用人权口号，但并不等于他们反对在任何意义上使用人权的概念。马克思主义要求我们，对人权问题采取科学的态度。邓小平指出："什么是人权？首先一条，是多少人的人权？是少数人的人权，还是多数人的人权，全国人民的人权？西方

---

① 《马克思恩格斯文集》第 5 卷，人民出版社，2009，第 338 页。

世界的所谓'人权'和我们讲的人权，本质上是两回事，观点不同。"① 有马克思主义的人权观，也有资产阶级的人权观。在民主革命时期，针对帝国主义对中国的野蛮侵略和对中国人民的残酷屠杀，针对国民党反动派践踏和侵犯人权的种种罪行，毛泽东多次强调要保障人权，例如，他把人权作为人民权利的重要内容，指出必须加以保护②。在抗日根据地的许多条例中都规定了保障人权的条文。建设社会主义民主政治，要求我们批判继承资产阶级的人权原则，摒弃它的局限性和虚伪性，吸取它的合理性和进步性，彻底铲除轻视人权、蔑视人权、侵犯人权的现象，成为世界人民保障人权的典范和旗帜。

1997 年 9 月，党的十五大报告规定："共产党执政就是领导和支持人民掌握管理国家的权力，实行民主选举、民主决策、民主管理和民主监督，保证人民依法享有广泛的权利和自由，尊重和保障人权。"③ 这是"人权"概念第一次写入党的代表大会报告，使人权成为中国共产党民主政治建设的重要命题。2004 年 3 月十届全国人大二次会议通过宪法修改案，在"公民的基本权利和义务"章中规定："国家尊重和保障人权"④，第一次将"人权"概念写入宪法。2007 年 10 月，在党的十七大上，又将"尊重和保障人权"第一次写入党章。2015 年 9 月 16 日，"2015·北京人权论坛"在北京开幕时，习近平总书记以我国国家主席的名义，专门发出贺信，强调"实现人民充分享有人权是人类社会的共同奋斗目标"，肯定"人权的普遍性原则"，他指出："近代以后，中国人民历经苦难，深知人的价值、基本人权、人格尊严对社会发展进步的重大意义，倍加珍惜来之不易的和平发展环境，将坚定不移走和平发展道路、坚定不移推进中国人权事业和世界人权事业。""中国共产党和中国政府始终尊重和保障人权。长期以来，中国坚持把人权的普遍性原则同中国实际相结合，不断推动经济社会发展，增进人民福祉，促进社会公平正义，加强人权法治保障，努力促进经济、社会、文化权利和公民、政治权利全面协调发展，显著提高了人民生存权、发展权的保障水平，走出了一条适合中国国情的人权发展道路。""中国人民正在为实现中华民族伟大复兴的中国梦而奋斗，这将在更高水平上保障

---

① 《邓小平文选》第 3 卷，人民出版社，1993，第 125 页。
② 《毛泽东选集》第 2 卷，人民出版社，1991，第 768 页。
③ 《十五大以来重要文献选编》（上），人民出版社，2000，第 31 页。
④ 《中华人民共和国宪法》，人民出版社，2004，第 68 页。

中国人民的人权，促进人的全面发展。"① 这说明，改革开放以来，我们党积极借鉴吸收人类政治文明成果，把人权的普遍性原则与中国的国情相结合，努力走出一条中国特色的社会主义人权发展道路。

四　法律面前人人平等原则

在资产阶级反封建的斗争中，孟德斯鸠、卢梭等资产阶级启蒙思想家竭力宣传"在法律面前人人平等"，这对摧毁封建专制主义起过革命的作用。在封建社会，等级森严，在法律上无平等可言，封建统治者不受法律的约束。这一原则后来被写进法国《人权宣言》和其他许多资本主义国家的宪法。法国《人权宣言》规定："全国公民都有权亲身或经由其代表去参与法律的制定。法律对于所有的人，无论是施行保护或处罚都是一样的。在法律面前，所有的公民都是平等的，故他们都能平等地按其能力担任一切官职、公共职位和职务，除德行和才能上的差别外不得有其他差别。"这里包括了三个方面的内容：一是公民有权平等地参与立法；二是在法律的适用上公民一律平等；三是公民都能平等地担任公职。这些内容的规定，显然是一个极大的进步，但同时又有很大的局限性和虚伪性，因为资本主义国家的宪法的一个重要原则是，私有财产神圣不可侵犯。在私有财产上不平等的资产阶级富翁与广大劳动人民怎么能平等呢？资本主义国家的法律，是资产阶级制定的，是维护资产阶级利益的，因此在立法上是不可能平等的。在实施法律上虽然要求是平等的，但在实际中很难真正和完全做到。

然而，这都不影响无产阶级对这一口号的批判继承、借鉴吸取。其实，这一原则作为一个口号，也不是资产阶级最先提出的，在古希腊时期早就有人提出来了，它是世界政治文明成果，而不是资产阶级的专利，资产阶级只是继承了以往的思想成果而已。无产阶级为什么不继承这一思想成果呢？正因为这样，所有社会主义国家的宪法都毫无例外地规定："公民在法律面前人人平等"或"权利一律平等"。我国 1954 年第一部宪法也规定："公民在法律上一律平等"。只是在十年内乱中，在林彪、"四人帮"横行，民主和法制遭到践踏和破坏的情况下，这个原则被批评为资产阶级的东西，因而在 1975 年宪法中被取消。1978 年的宪法是在粉碎江青反革命集团后不

---

① 习近平致"2015·北京人权论坛"的贺信，《人民日报》2015 年 9 月 17 日。

久制定的，许多地方还不完备和没有能完全拨乱反正，"公民在法律上一律平等"的原则没有得到恢复。但后来，在十一届三中全会公报、中共中央发布的国庆 30 周年口号以及叶剑英在国庆 30 周年大会上的讲话中，这一原则就得到了重新确认。1979 年五届人大二次会议通过的《中华人民共和国人民法院组织法》、《中华人民共和国人民检察院组织法》和《中华人民共和国刑事诉讼法》也都规定：对于一切公民"在适用法律上一律平等"。1982年制定的新宪法，把"公民在法律面前一律平等"作为公民基本权利和义务的头一条加以确认。这一确认，延续到现行宪法，紧接"法律面前人人平等"的是"国家尊重和保障人权"。只有确认"法律面前人人平等"的原则，公民的合法权益才能得到保护和保障，才能维护法律的权威。它要求，无论党内党外，军内军外，干部群众，无论何种民族，什么性别，从事何种职业，人人都受法律的保护；而违了法，人人都受法律的制裁，别无例外，不允许任何人有凌驾于法律之上或不受法律约束的任何特权。习近平强调："平等是社会主义法律的基本属性，是社会主义法治的基本要求。坚持法律面前人人平等，必须体现在立法、执法、司法、守法各个方面。任何组织和个人都必须尊重宪法法律权威，都必须在宪法法律范围内活动，都必须依照宪法法律行使权力或权利、履行职责或义务，都不得有超越宪法法律的特权。任何人违反宪法法律都要受到追究，绝不允许任何人以任何借口任何形式以言代法、以权压法、徇私枉法。"① 因此，法律面前人人平等这一原则是我国社会主义政治生活和社会生活中不可动摇的文明准则，是我国社会主义法治的基本要求，也是反对任何人搞特权的锐利武器。

五　分权制约原则

"分权制约"作为学说，并非资产阶级所首创。早在古希腊、古罗马的政治思想家的著作中，已有某些分权思想。亚里士多德在他的《政治学》中曾把国家权力分为议事、行政、审判三要素，但他只讲到权力划分，没有涉及相互制约的关系。波里比阿在《通史》中论述了罗马政体中元老院、执政官、护民官这三者之间的均衡关系。

到了近代，分权思想得到了进一步明确和发展，成为一种系统的资产阶级政治思想理论，先由 17 世纪英国资产阶级政治思想家洛克创立，后由

---

① 习近平：《加快建设社会主义法治国家》，《习近平关于全面依法治国论述摘编》，中央文献出版社，2015，第 29 页。

18 世纪法国资产阶级政治思想家孟德斯鸠完成。随着英国资本主义经济的发展，新兴的资产阶级要求在政治上也取得统治权。1688 年的"光荣革命"，建立了资产阶级和封建贵族相妥协的君主立宪制。这是资产阶级和地主阶级分掌政权的政治制度。资产阶级的代表在议会中掌握立法权，国王掌握行政权。洛克为了维护这种政治制度，提出了"三权分立"的思想。他把国家权力分为三种，即立法权、行政权（包含司法权）和外交权，分别由选举产生的、实际上为资产阶级掌握的议会、国王和由国王掌握的专门机构来行使，而立法权又是最高国家权力，行政权与外交权则从属于立法权。洛克的"三权分立"只是近代意义"三权分立"的雏形，还存在明显的不足，一是他没有把司法权单独作为一权，而是把它放在行政权之内，二是没有涉及三者的相互制约关系。孟德斯鸠主张建立英国式的君主立宪制度，他既从洛克的三权分立思想出发，又进一步加以发展和完善。他反对封建君主专制，而主张君主立宪，并不废除国王，只是限制国王的权力；他主张把国家权力分为立法权、行政权和司法权，分别由议会、国王和法院行使，三种权力之间，既互相分立，又互相制约。他认为，三权只能分立，不能由同一个人或同一个机关行使两权，更不能行使三权，如果立法权和行政权合一，人们就会害怕这个国王或议会制定暴虐的法律，暴虐地执行法律；如果司法权同立法权合一，则将对公民的生命和自由施行专断的权力，因为法官就是立法者；如果司法权同行政权合一，法官将握有压迫者的力量。如果由同一个人或同一个机关行使这三种权力，则一切都完了。所以三权必须分立，但又不是彼此毫不相干，而是相互制约。如行政权要根据法律进行活动，但掌握行政权的君主对立法有否决权；立法权不能干涉行政，但可以审查、监督行政对法律的执行。这样就把分权与制约结合起来了。

在资产阶级建立自己的统治之后，资产阶级国家一般都把"三权分立"作为自己政权组织形式的重要原则，使之成为资本主义国家一般的政治制度。不论是君主立宪制，还是民主共和制，不论是内阁制，还是总统制，都普遍采用"三权分立"制，即立法、行政、司法三项权力，分别由三个不同的机关独立行使。议会行使立法权，内阁或总统行使行政权，法院行使司法权，三项权力之间既分立又制约。美国被称为实行"三权分立"的典型，它的宪法规定：立法权属于国会，但总统对国会的立法有批准和搁置否决权，国会也可以三分之二多数推翻总统的否决；行政权属于总统，但总统任命部长和缔结条约时，须经国会同意，国会有权对总统和部长的违法失职行为进行弹劾；司法权属于法院，法院独立行使审判权，法官可以终身任职，但法官须经总统任命和国会批准；最高法院有权审判经国会弹劾的总统和其他官吏，审查国会立法是否"违宪"。

资产阶级"三权分立"学说，在资产阶级革命时期，是资产阶级反封建的思想武器，在反对封建专制主义的斗争中起过历史的、进步的作用。在资产阶级夺取政权以后的时期内，对于巩固资产阶级的统治，防止封建专制主义复辟，也起了某些积极的作用，在某种程度上也能起到限制权力过分集中、防止滥用权力的作用。但是，资产阶级"三权分立"有它明显的局限性、虚伪性和欺骗性。"三权分立"作为资本主义民主政治的一种形式，始终是资产阶级利益的反映。从表面上看来，立法、行政、司法"三权分立"，并以全民的形式出现，似乎很平等，这既可以欺骗广大劳动群众，掩盖资本主义国家阶级统治的本质，又能使资产阶级内部有一定的制约和平衡，以维护整个资产阶级的统治。

资本主义民主政治的"三权分立"，社会主义国家不能模仿，不能照搬。社会主义国家的权力必须分工，也应该相互制约。但这种权力分工和相互制约，在本质上和形式上都与资本主义的"三权分立"不同。社会主义国家必须有一个不可分割的最高权力机关，而行政机关、审判机关和检察机关分别行使行政权、审判权和监督权，但其权力都由国家权力机关赋予，其工作都在国家权力机关统一领导和监督下进行，这与资产阶级的三权分立、三权平行显然是不同的。但是，资本主义的"三权分立"所体现的权力制约原则是有其合理因素的。第一，国家权力不能过于集中于一个人或一个机构，要适当分权又相互制约，这样可以防止国家权力的个人垄断，可以缓和和协调资产阶级内部各个集团之间的利益和矛盾。第二，个人、个别集团如果滥用所掌握的部分权力，通过相互制约，不致损害整个资产阶级的统治和利益。这些显然反映了国家权力运行方面的某些规律。对于这一点，社会主义民主政治是可以批判继承和借鉴的。第一，社会主义需要权力集中，但又不能过分集中，要有必要的分权，各种权力之间又必须明确分工，既相互制约，又相互配合，这既可以防止权力的个人专断，又能保证协调运转，提高效率。第二，一旦出现个别国家工作人员或个别机构滥用权力的现象，可以通过有效的权力制约加以防止，减少损失，以保证整个社会主义民主政治的继续正常运行。

社会主义国家的权力制约，必然大大超出资本主义"三权分立"仅仅作为国家各机构之间的相互关系问题，因为涉及人民、执政党、国家机关、其他政治组织和非政治组织以及社会基层组织各自内部及相互之间的一系列关系问题，这将有待于进一步探索和完善，从而充分显示社会主义制度的优越性。这里首先有一个转变观念的问题。在有的领导者的心目中，总以为自己的权力受到制约会带来麻烦，自己的意见不易得到通过，也失去自己的权威。有的领导者不愿提拔富有独立见解、工作能力强的能人，宁愿提拔只会随声附和而没有主见的庸人。殊不知，权力失去了监督和制约，势必产生专制，工作中也难免产生失误。正如邓小平批评过的不少地方和单位仍然存在着的那种家长式人物，"他们的权力不受限制，别人都要唯命是从，甚至形成对他们的人身依附关系"，下级对上级只能阿谀奉承，无原则地服从，"尽忠"，把上下级关系搞成猫鼠关系，旧社会的君臣父子关系或帮派关系①。习近平强调："要健全权力运行制约和监督体系，让人民监督权力，让权力在阳光下运行，确保国家机关按照法定权限和程序行使权力。……要加强对权力运行的制约和监督，把权力关进制度的笼子里，形成不敢腐的惩戒机制、不能腐的防范机制、不易腐的保障机制。"② 在这里，习近平一是强调了制约和监督要形成体系，以确保国家机关按照法定权限和程序行使权力，二是强调了制约和监督在预防腐败和惩治腐败中的决定性作用和意义。

六　公平公正原则

公平、公正和正义，是一个国家和社会维系秩序和稳定的基础，是一个国家和社会民主、和谐、文明的标志，也是一个国家和社会共同追求和维护的价值目标。在古希腊，柏拉图和亚里士多德等人就提出和探讨了公平、公正和正义的问题；在古罗马，伊壁鸠鲁把公平正义看作人们共同约定的产物。到近代，伏尔泰、孟德斯鸠、卢梭等资产阶级启蒙思想家更对公平、公正、正义进行了多方面的研究和探讨。他们主张公平公正是天赋人权，批判封建专制、等级特权。到资本主义社会，公平、公正和正义等在一些国家的宪法和其他法律制度中，规定还是"明确"的，有的甚至是"精致"的。一方面，西方资本主义文明继承了古希腊、古罗马的文明成

---

① 《邓小平文选》第2卷，人民出版社，1994，第331页。
② 《习近平关于全面深化改革论述摘编》，人民出版社，2014，第71页。

果，正如恩格斯指出："没有希腊文化和罗马帝国所奠定的基础，也就没有现代的欧洲。"① 另一方面，西方资本主义文明又有完善和发展，正如列宁指出："资本主义和封建主义相比，是在'自由'、'平等'、'民主'、'文明'的道路上向前迈进了具有世界历史意义的一步。"② 但必须指出，在资本主义私有制条件下的公平、公正必然带有表面性、抽象性和欺骗性。以圣西门、傅立叶和欧文为代表的空想社会主义者批判了资本主义社会的不公平、不公正现象，呼吁建立一个公平、公正、正义的"乌托邦"的社会。

马克思主义并不一般地否定公平、公正、正义，而是吸取了一切人类社会关于公平、公正、正义的有益成果，阐明公平、公正、正义等都是一定时代社会经济关系的反映，为经济关系所决定，否定了抽象、绝对、永恒不变的公平公正正义观，确立了具体、相对、历史的公平公正正义观。正如列宁指出："马克思主义这一革命无产阶级的意识形态赢得了世界历史性的意义，是因为它并没有抛弃资产阶级时代最宝贵的成就，相反却吸收和改造了两千多年来人类思想和文化发展中一切有价值的东西。"③

实现社会公平、公正、正义是中国共产党的一贯主张，特别是改革开放以来，对公平、公正、正义的认识也在不断深化。在党的十六届四中全会上，时任中共中央总书记胡锦涛指出："维护和实现社会公平，涉及最广大人民的根本利益，是我们党坚持立党为公、执政为民的必然要求，也是我国社会主义制度的本质要求。"④ 后来，胡锦涛又将"维护和实现社会公平和正义"，作为"我们党坚持立党为公、执政为民的必然要求，也是我国社会主义制度的本质要求"。⑤ 在党的十七大报告中，胡锦涛进一步指出："实现社会公平正义是中国共产党人的一贯主张，是发展中国特色社会主义的重大任务。"⑥ 并且把"公平正义"作为建设社会主义和谐社会的一项总要求。可见，这是对公平正义价值认识的深化。在党的十八大报告中，胡锦涛在阐述在新的历史条件下夺取中国特色社会主义新胜利的八项基本要求时强调："必须坚持维护社会公平正义。公平正义是中国特色社会主义的内在要求。要在全体人民共同奋斗、经济社会发展的基础上，加紧建设对

---

① 《马克思恩格斯选集》第 3 卷，人民出版社，2012，第 561 页。
② 《列宁专题文集·论资本主义》，人民出版社，2009，第 248 页。
③ 《列宁选集》第 4 卷，人民出版社，2012，第 299 页。
④ 《十六大以来重要文献选编》（中），中央文献出版社，2006，第 314 页。
⑤ 《十六大以来重要文献选编》（中），中央文献出版社，2006，第 711～712 页。
⑥ 《十七大以来重要文献选编》（上），中央文献出版社，2009，第 13～14 页。

保障社会公平正义具有重大作用的制度，逐步建立以权利公平、机会公平、规则公平为主要内容的社会公平保障体系，努力营造公平的社会环境，保证人民平等参与、平等发展权利。"① 十八大报告在阐述推进社会主义文化强国建设时，又把"平等、公正"纳入社会主义核心价值观的内容。把公平正义提到"中国特色社会主义内在要求"和社会主义核心价值观的高度，显然是我们党对公平正义价值认识的进一步深化。

十八大以来，以习近平为总书记的党中央，在理论和实践的结合上，进一步深化对公平、公正、正义价值的认识。改革开放以来，我国经济社会发展取得巨大成就，为促进社会公平、公正、正义提供了坚实物质基础和有利条件。同时，在我国现有发展水平上，社会上还存在大量有违公平、公正、正义的现象。特别是随着我国经济社会发展水平和人民生活水平不断提高，人民群众的公平意识、民主意识、权利意识不断增强，对社会不公问题反映越来越强烈。以习近平为总书记的党中央全面审视和科学分析我国经济社会发展现状和态势，认为这个问题不抓紧解决，不仅会影响人民群众对改革开放的信心，而且会影响社会和谐稳定。习近平总书记在主持十八届中共中央政治局第一次集体学习时的讲话，在阐述夺取中国特色社会主义新胜利的八项基本要求时指出："这些基本要求是根据党的基本理论、基本路线、基本纲领、基本经验，深刻总结 60 多年来我国社会主义建设特别是中国特色社会主义建设实践提出的，是最本质的东西，是体现共产党执政规律、社会主义建设规律、人类社会发展规律的东西，表明我们党对中国特色社会主义规律的认识达到了新水平。"把八项基本要求上升到"四个基本"的高度，成为"五个基本"。接着又阐述了八项基本要求之一的"公平正义"，指出："公平正义是中国特色社会主义的内在要求，所以必须在全体人民共同奋斗、经济社会发展的基础上，加紧建设对保障社会公平正义具有重大作用的制度，逐步建立社会公平保障体系。"② 为贯彻落实十八大关于全面深化改革和全面推进依法治国的战略部署，为解决发展面临的一系列突出矛盾，为解决人民群众反映强烈的问题，为回应人民群众的呼声和期待，十八届三中全会和四中全会分别研究了全面深化改革和全面推进依法治国若干重大问题，并相应先后作出了重要决定，在公平、公正、正义等问题上又有突破和创新。

---

① 《十八大以来重要文献选编》（上），中央文献出版社，2014，第 11～12 页。
② 《习近平谈治国理政》，外文出版社，2014，第 12～13 页。

习近平总书记在十八届三中全会第二次全体会议上的讲话，在讲到这次全会决定中关于公平正义的内容时着重讲了如下三点：第一，引述和阐发了三中全会关于公平正义重要论断及其意义。他说："这次全会决定强调，全面深化改革必须以促进社会公平正义、增进人民福祉为出发点和落脚点。这是坚持我们党全心全意为人民服务根本宗旨的必然要求。全面深化改革必须着眼创造更加公平正义的社会环境，不断克服各种有违公平正义的现象，使改革发展成果更多更公平惠及全体人民。如果不能给老百姓带来实实在在的利益，如果不能创造更加公平的社会环境，甚至导致更多不公平，改革就失去意义，也不可能持续。"第二，阐述了公平正义这个问题是怎么提出来的，即针对"社会上还存在大量有违公平正义的现象"，人民群众"对社会不公问题反映越来越强烈"，因此"中央全面审视和科学分析我国经济社会发展现状和态势，认为这个问题不抓紧解决，不仅会影响人民群众对改革开放的信心，而且会影响社会和谐稳定"。第三，分析了怎样实现社会公平正义，一是做大"蛋糕"，紧紧抓住经济建设这个中心，推动经济持续健康发展，为保障社会公平正义奠定更加坚实的物质基础；二是分好"蛋糕"，在不断发展的基础上尽量把促进社会公平正义的事情做好，既尽力而为，又量力而行，努力使全体人民在学有所教、劳有所得、病有所医、老有所养、住有所居上持续取得进展；三是做好制度安排，制度是社会公平正义的重要保证，通过创新制度安排，努力克服人为因素造成的有违公平正义的现象，保证人民平等参与、平等发展权利，"对由于制度安排不健全造成的有违公平正义的问题要抓紧解决，使我们的制度安排更好体现社会主义公平正义原则，更加有利于实现好、维护好、发展好最广大人民根本利益。"① 以上是习近平总书记对十八届三中全会决定的引述、阐述和贯彻落实的要求。三中全会决定本身，除了把"以促进社会公平正义、增进人民福祉为出发点和落脚点"纳入全面深化改革的指导思想外，还把公平正义原则贯穿在全面深化改革的各方面：把"让发展成果更多更公平惠及全体人民"纳入全面深化改革的总目标；把"公平竞争""平等交换""提高资源配置效率和公平性""建立公平开放透明的市场规则"纳入"加快完善现代市场体系"；把"加快建设公正高效权威的社会主义司法制度，维护人民权益，让人民群众在每一个司法案件中都感受到公平正义"，

① 《十八大以来重要文献选编》（上），中央文献出版社，2014，第552~554页。

坚持法律面前人人平等，反对任何特权，追究一切违反宪法法律的行为，确保依法独立公正行使审判权检察权，完善人权司法保障制度等内容纳入"推进法治中国建设"；把"让人民监督权力，让权力在阳光下运行，是把权力关进制度笼子的根本之策"，"推行地方各级政府及其工作部门权力清单制度，依法公开权力运行流程。完善党务、政务和各领域办事公开制度，推进决策公开、管理公开、服务公开、结果公开"，防止利益冲突、领导干部报告个人有关事项、推行新提任领导干部有关事项公开制度试点等纳入"强化权力运行制约和监督体系"；把"大力推进教育公平"、促进"平等就业"、缩小收入分配差距、"建立更加公平可持续的社会保障制度"等纳入"推进社会事业改革创新"；把"规范社会行为，调节利益关系，协调社会关系，解决社会问题"，"建立畅通有序的诉求表达、心理干预、矛盾调处、权益保障机制，使群众问题能反映、矛盾能化解、权益有保障"等纳入"创新社会治理体制"；等等。

十八届四中全会通过的全面推进依法治国若干重大问题的决定，有一个重要特点就是把公平公正正义原则贯穿其中。一是决定在阐述全面推进依法治国重要意义时，强调了其对"平衡社会利益、调节社会关系"、对实现社会公正等的意义和作用。二是决定在阐述当前法治建设存在的不足时，指出有的法律法规未能反映人民意愿，立法工作中部门化倾向较为突出，执法司法不文明现象较为突出，群众对执法司法不公反映强烈。三是决定把"依法维护人民权益、维护社会公平正义"等纳入全面推进依法治国的指导思想。四是决定在阐述全面推进依法治国的总目标时，把实现公正司法纳入其中。五是决定把保证人民依法享有广泛的权利和自由、承担应尽的义务，维护社会公平正义，促进共同富裕，把"平等是社会主义法律的基本属性"，要"坚持法律面前人人平等"，作为实现依法治国总目标必须坚持的重要原则。六是决定在阐述完善中国特色社会主义法律体系时，强调"要把公正、公平、公开原则贯穿立法全过程"；强调加强重点领域立法，"依法保障公民权利，加快完善体现权利公平、机会公平、规则公平的法律制度，保障公民人身权、财产权、基本政治权利等各项权利不受侵犯，保障公民经济、文化、社会等各方面权利得到落实，实现公民权利保障法治化"；强调"必须以保护产权、维护契约、统一市场、平等交换、公平竞争、有效监管为基本导向，完善社会主义市场经济法律制度"；强调"健全以公平为核心原则的产权保护制度，加强对各种所有制经济组织和自然人财产权的保护，清理有违公平的法律法规条款"；强调要加强市场法律制度建设，"促进商品和要素自由流动、公平交易、平等使用"。七是决定在阐述深入推进依法行政时，强调必须"坚持严格规范公正文明执法"。八是决定在阐述保证公正司法时，强调"公正是法治的生命线""司法公正对社会公正具有重要引领作用"，司法不公对社会公正具有致命破坏作用，要求"努力让人民群众在每一个司法案件中感受到公平正义"。九是决定在阐述加强和改进党对全面推进依法治国的领导时，强调各级党委政法委员会要把"创造公正司法环境"作为一项工作着力点等。

第四节　借鉴人类政治文明成果，需要批判继承资本主义民主政治中的合理政治体制

如同对作为意识形态的资本主义民主政治中的进步思想原则一样，对作为政治上层建筑的资本主义民主政治中的合理政治体制，我们亦必须在认真分析研究的基础上，既大胆又谨慎地去批判继承、借鉴吸取。

一　民主共和制度

共和制是国家政体中的一种形式。美国资产阶级革命的政治思想家和理论家杰弗逊指出民主共和制的三原则：政权归人民共有，政府体现人民意志，政府保障人民的自由权利。民主共和政体与君主专制政体区别的主要标志是，国家的最高权力机关和国家元首是否由选举产生并实行任期制。君主专制政体，国家权力集中于君主，并任职终身，世代相袭。民主共和政体，国家权力机关和国家元首由选举产生，并实行任期制。民主共和政体在奴隶社会已经产生，到了资本主义社会，才成为最主要的普遍的形式。恩格斯说："资产阶级统治的正常形式是共和国。"[1] 美国是世界上第一个实行民主共和制的资产阶级国家。1776年的《独立宣言》，正式宣告美国脱离英国而独立，建立共和国。这个宣言宣布了包括民主共和国原则在内的激进资产阶级的政治原则："所有人都生而平等"，都有"生命、自由和追求幸福的权利"；为了保障这些权利，人民建立政府；政府的权力"由被统治者同意"，如本政府损害了以上这些权利，"人民就有权加以变更或废除而

---

① 《马克思恩格斯文集》第2卷，人民出版社，2009，第237页。

另设新政府"。1787 年颁布的《美利坚合众国宪法》也确立了共和政体的原则，并规定"合众国应保证全国各州实行共和政体"。至今，美国和多数资本主义国家都采用共和制。民主共和制，对于封建专制来说，是一个巨大进步，它适应了资本主义商品经济的发展，有利于资本主义政治经济的发展。正如列宁指出："民主共和制是资本主义所能采用的最好的政治外壳"。① 但是，它只是资产阶级的民主共和制，其阶级实质是资产阶级对无产阶级和劳动人民实行专政。1848 年欧洲革命时，在法国二月革命中，巴黎无产阶级是这次革命的主力军，他们举行武装起义，推翻了资产阶级君主制的七月王朝。但共和派资产阶级篡夺了革命果实而成立的法兰西第二共和国，仍是资产阶级专政。它刚成立两个多月，就残酷地镇压和屠杀巴黎无产阶级，揭去了资产阶级所标榜的"自由、平等、博爱"的虚伪面纱，赤裸裸地暴露了资产阶级共和国是资产阶级专政的本质。马克思指出：当资产阶级感到危及自己的统治时，资产阶级的共和国就要"显出自己的真面目来"，"把共和国的'自由，平等，博爱'这句格言代以毫不含糊的'步兵，骑兵，炮兵！'"② 资产阶级往往给劳动人民以某些有限的"合法权利"，但一旦阶级斗争趋于尖锐化的时候，资产阶级就宣布劳动人民的活动为非法，进行残酷镇压，把革命人民淹没在血泊中。列宁在驳斥资产阶级和考茨基之流把资产阶级民主共和制说成是"民主政权"和"纯粹民主"的谎言时指出，这种民主共和制"是资产阶级专政，是剥削者对劳动群众的专政"，并告诫人们，"一分钟也不要忘记这种'民主'的资产阶级性质"，不要忘记"不仅在君主制度下，就是在最民主的共和制度下，国家也无非是一个阶级镇压另一个阶级的机器"。③

既然共和制是资本主义国家实行的主要的普遍的政治制度，其实质是资产阶级专政，那么，无产阶级国家是否采用共和制呢？社会主义的实践已经作了肯定的回答。共和国，顾名思义，是共同管理国家的意思。无产阶级只是否定资产阶级共和国的阶级内容，而赋予崭新的阶级内容，而不是否认共和国的形式。在社会主义国家，一切权力属于人民，人民群众有权共同管理国家，也就是必须采用共和国的政治制度。在 1848 年欧洲革命过程中，无产阶级提出了建立一个不同于资产阶级共和国，更不同于君主

① 《列宁选集》第 3 卷，人民出版社，2012，第 120 页。
② 《马克思恩格斯选集》第 1 卷，人民出版社，2012，第 706 页。
③ 《列宁选集》第 3 卷，人民出版社，2012，第 684～685 页。

国，而谋求自身解放的"社会共和国"的要求。马克思在总结这次革命时指出，无产阶级和劳动群众，必须"把民主共和机构保存起来"作为实现社会改革的工具；建立"红色共和国""社会共和国"①。在巴黎公社革命前夕和期间，无产阶级又提出了"社会共和国"的口号，马克思指出：巴黎公社是"帝国制度"即"君主制形式"的"直接对立物"，是对"君主制度的否定"，巴黎公社正是"社会共和国"的"毫不含糊的形式"。② 恩格斯坚持并发展了马克思关于无产阶级专政形式应采取共和制的思想。恩格斯指出："如果说有什么是毋庸置疑的，那就是，我们的党和工人阶级只有在民主共和国这种形式下，才能取得统治。民主共和国甚至是无产阶级专政的特殊形式"。③ 列宁也指出："我们主张建立共和国"。④ 他还反复阐述人民共和国、苏维埃共和国、社会主义共和国的特点和实质。我国也是实行共和国的制度，我国称作"中华人民共和国"。

按照人民共和制的要求，人民共同管理国家。但是，由于民主受经济、政治、文化、思想等因素的制约，我国社会主义初级阶段各个方面的不发达、不充分、不完善，制约着人民群众参加管理国家的范围和程度，人人直接参加国家管理目前更做不到。当前，我国社会主义民主政治的具体民主制度、政治体制、民主形式等方面都仍未完善，社会主义民主政治、人民共和制的优越性远未得到充分发挥。我国的根本民主制度与具体民主制度、政治体制之间，民主的原则与民主的实践之间，还有某些不尽一致的地方，还存在着一定的差距。例如：具体的领导制度、组织形式和工作方式，还存在着一些重大缺陷，主要表现为权力过分集中，官僚主义严重，封建主义影响仍未肃清。干部人事制度不健全、不科学。人民群众对国家机关和国家工作人员的监督制度还不够完善。民主的渠道还不畅通，群众的要求和呼声得不到及时反映，有的建议没有地方提，有的委屈没有地方说。人民代表大会制度、选举制度、基层民主生活的具体制度，都有待进一步完善。法制还不健全。离民主政治的制度化、法律化还有不小差距。这些问题的存在正说明，我们长期以来满足于对国体即国家政权的阶级性质的研究，而忽视对政体，主要是国家政权形式的研究，造成了

---

① 《马克思恩格斯选集》第 1 卷，人民出版社，2012，第 513、530、675、756 页。
② 《马克思恩格斯选集》第 3 卷，人民出版社，2012，第 98 页。
③ 《马克思恩格斯选集》第 4 卷，人民出版社，2012，第 294 页。
④ 《列宁全集》第 24 卷，人民出版社，1957，第 146 页。

政体与国体的某些不相适应。这些也正说明我们长期对资产阶级民主共和国的国体的批判、否定比较多，而对其政体的合理性和进步性的研究、吸取不够。我们民主政治建设的任务就是要按照建设和发展中国特色社会主义事业五位一体的总体布局，建设社会主义市场经济、社会主义民主政治、社会主义先进文化、社会主义和谐社会、社会主义生态文明，使社会主义的经济建设、思想文化建设、社会建设、生态文明建设和民主政治建设，互相配合，互相促进，并且批判继承、借鉴吸取资本主义民主政治、资产阶级共和制中一切有用的东西，使社会主义民主政治日趋完善，使之真正成为名副其实的人民共和制度，使中国特色社会主义全面发展、全面进步。

二　代议制度

代议制是资本主义民主政治的基本制度。资本主义民主政治亦称为代议制政治。代议制是指通过选举代表组成代表机关，行使立法权和监督权。资本主义代议制形式即资产阶级议会，一般都拥有立法权、高级行政官员的任命权、财政决定权以及通过质询、调查、弹劾（或倒阁）实施对政府的监督权。代议制的确立，是对封建专制制度的否定。资本主义代议制的进步性就在于，通过议会内外的斗争，能够协调资产阶级内部各阶层的矛盾，以利于资产阶级的统治；通过议会工作机构的工作和开会期间的辩论，有利于保证国家决策的科学性，避免重大政策的失误；通过议会的工作及其公开的报道，有利于对政府及其成员进行监督，防止政府机构及其成员的蜕化和腐败；劳动人民也可以通过议会斗争，争得某些权益，在一定程度上改善劳动人民的地位。所有这些，在封建专制统治下是不可想象的。当然，资本主义的议会并不是"全民代议机关"，实际上是资产阶级统治的工具。从议会的组成来看，议员基本上都是资产阶级及其代表人物。从议会的作用看，议会的活动，主要是开会讨论并通过各种决议和法案，以行使其立法权。但议会的召集权，掌握在资产阶级代理人手里。议会的议长或主席按照资产阶级的意志行使各种权力，并设法使有利于劳动人民的法案很难通过。按规定，国会有监督政府的权力，但现在政府的权力越来越大，已经不是议会监督政府，而是政府操纵议会。而政府又被资产阶级垄断财团所控制。由于资产阶级内部存在着不同的利益和矛盾，议会可以起到调节这种矛盾的作用，从而维护了整个资产阶级利益，巩固了对无产阶级和劳动人民的阶级统治。从议会的阶级实质看，议会制作为资产阶级国家政权的组织形式，是资产阶级国家阶级本质的反映，不仅体现资产阶级专政的阶级实质，而且为资产阶级专政服务，是维护资产阶级专政的工具。列宁指出："请看一看任何一个议会制的国家，从美国到瑞士，从法国到英国和挪威等等，那里真正的'国家'工作是在幕后做的，是由各部、官厅和司令部进行的。议会专门为了愚弄'老百姓'而从事空谈。"①

无产阶级专政国家不能采用资产阶级的议会制，但决不废除代议制的形式，而是要充分利用这一形式。巴黎公社的公社委员会制、苏维埃制和我国的人民代表大会制，都是代议制的不同形式。正如列宁指出："摆脱议会制的出路，当然不在于取消代表机构和选举制"，在无产阶级夺取政权的条件下，作为资产阶级享有特权，作为资本主义特殊制度的议会制是不存在的，但"代表机构仍然存在"，"没有代表机构，我们不可能想象什么民主，即使是无产阶级民主"②。俄国苏维埃政权建立以后，全俄中央委员会作出决定，解散作为资产阶级议会制共和国花冠的立宪会议。资产阶级和右派社会革命党提出"全部政权归立宪会议"，攻击苏维埃制度。甚至在出席 1948 年召开的全俄铁路员工非常代表大会的人员中，也有人提出"解散立宪会议是否公平"和召集新的立宪会议的问题。列宁在这次代表大会上回答了这个问题。他指出：我们不要资产阶级的议会，但需要"劳动群众的代议制"，需要"能同剥削者进行无情斗争的被剥削者和被压迫者的代议制"③。周恩来 1956 年在《专政要继续，民主要扩大》一文中指出："资本主义国家的制度我们不能学，那是剥削阶级专政的制度，但是，西方议会的某些形式和方法还是可以学的"④。诸如我国人民代表大会代表的素质和选举制度，代表与选民的联系制度，人代会工作机构的设置和人代会的工作制度，人代会活动的公开报道制度，都应当吸取资本主义议会中的合理的因素和成功的经验，以利于进一步完善我国的人民代表大会制度。习近平在英国议会发表讲话指出："英国是最先开始探索代议制的国家。在中国，民本和法制思想自古有之，几千年前就有'民惟邦本，本固邦宁'的说法。现在，中国人民正在全面推进依法治国，既吸收中华法制的优良传统，也借鉴世界各国法治的有益做法，目标就是坚持法律面前人人平等，

---

① 《列宁选集》第 3 卷，人民出版社，2012，第 151 页。
② 《列宁选集》第 3 卷，人民出版社，2012，第 151～152 页。
③ 《列宁全集》第 26 卷，人民出版社，1959，第 468 页。
④ 《周恩来选集》（下），人民出版社，1984，第 208 页。

加快建设中国特色社会主义法治体系，不断推进科学立法、严格执法、公正司法、全民守法进程。在这方面，中英两国立法机关可以加强交流互鉴。"①

三　选举制度

选举制是民主制的一项重要制度。资本主义民主制国家的选举制，是资产阶级首创的。它的基本原则是：普遍原则，即一切公民依法享有选举权和被选举权，不受任何条件的限制；平等原则，即一切公民都平等地享有选举权和被选举权，不允许任何人有任何特权；竞争原则，被选举者有权参与竞选活动；直接原则，一般情况下，选举权与被选举权的行使都是公民直接行使，不由他人代替；秘密原则，选举实行无记名投票，以保证选举人自由行使选举权利，不受打击迫害。这些原则与封建专制制度相比无疑是个巨大进步。在封建社会里，人们不知选举为何物，国家公职人员实行单一式由上而下的册封制，造成官吏只对上效忠，不对下负责；造成政府中腐败之风的泛滥，自身无力克服，只能靠农民起义的斗争进行冲击。资本主义选举制度的建立和发展，可以在一定程度上使国家公职人员面向社会，对社会负责，接受社会的监督，并使国家公职人员得到自然淘汰，减少腐败现象的发生。

当然，资本主义的选举制，体现资产阶级的意志和利益，是为巩固资产阶级的统治服务的，带有虚伪性和欺骗性。资产阶级宪法规定一切公民都有普遍平等的选举权，但长期以来同时又规定一定的居住年限、教育程度、财产资格、社会地位，以剥夺普通劳动者的选举权。这些年来，由于人民群众的斗争，虽在这方面的限制有所放宽，但仍利用其他手段剥夺劳动人民的选举权，如控制候选人，划分选区，在选票统计方法上打主意，甚至花钱买选票进行"贿选"。由于人们对政治斗争的冷漠和缺乏热情，资产阶级由限制选举权转向限制被选举权。现在许多资本主义国家实行候选人保证金制度，它要求候选人交纳一定数额保证金才能参加竞选，如得票不足一定比例，保证金就被没收。英国规定议员候选人的保证金是 150 英镑，如在选举中所得票数不足选区的 1/8，保证金就被没收。法国规定，一个议员候选人要交 1000 法郎，总统候选人为 1 万法郎，如在第一轮选举中

---

① 习近平在英国议会的讲话，《人民日报》2015 年 10 月 21 日。

得不到选票的 5%，就被没收保证金。保证金的设置，在一定程度上限制了劳动人民的被选举权。日本选举法规定，不许候选人登门访问选民。表面看来，在这项规定面前人人一律平等，但限制的只是劳动人民，因为他们没有那么多钱租用广播台、讲演堂、宣传车，而资产阶级却垄断着各种宣传工具，无需采用登门拜访的办法。参加竞选活动，需要巨额经济开支，才能组织竞选班子，印刷和散发大量宣传品，刊登竞选广告，在电视台、电台租用专门节目时间，在旅馆、饭店等场所举行各种形式的招待会、讲演会，请客送礼，笼络人心，拉取选票。日本当选国会议员的费用最低为5000 万日元，全国选举的参议员当选费用是 10 亿日元。在美国，一个中等工资的人年收入约 2 万美元，而美国竞选一个州议员，竞选费用高达 20 万美元。竞选国会议员更高。1978 年国会中期选举，竞选费用达 2.5 亿美元。1986 年国会中期选举，34 名当选的参议员共花 1 亿多美元，平均每人 302万美元。1996 年，一个参议员当选花费 350 万美元。2012 年中期选举，一个参议员当选花费 978 万美元，竞选失败者的平均费用每人也达 652 万美元。美国历届总统选举，耗费更为惊人，而且越来越大，1956 年是 2 亿美元，1968 年是 3 亿美元，1972 年是 4 亿美元，1980 年是 8 亿美元，2008 年高达 20 亿美元，2012 年超过 50 亿美元。美国学者格林在《重建美国人的梦想》中指出："假如没有雄厚的经济后盾，以及可以加以利用的重要社会关系，任何人都休想成为需要认真对待的公职候选人。"美国人民说，总统选举是有钱人的游戏，是美元的民主，而与普通劳动者无缘。人们普遍认为，美国的民主政治，已经被"钱主政治"所替代。美国总统竞选经费届届高升，而参加投票的选民人数却越来越低。美国宪法规定，凡年满 35 岁，在美国出生并居住 14 年以上的公民，就可被选为总统，似乎对谁都是一视同仁。但美国的总统选举历来主要由资产阶级两大政党提名，选举只是选民在两党提出的候选人中选定一个，选举被两大党操纵，而两党又由美国垄断资产阶级操纵。如此选出的总统，只能是美国整个资产阶级或垄断资产阶级的最高政治代表。所以，每次热热闹闹的美国总统选举，正如马克思、列宁多次揭露过的那样，资本主义议会和选举的实质，仅仅在于，被压迫人民每隔几年决定一次究竟由压迫阶级中的什么人在议会里代表并镇压人民[①]。

---

① 《马克思恩格斯选集》第 3 卷，人民出版社，2012，第 100 页。《列宁选集》第 3 卷，人民出版社，2012，第 150、190、602、694 页。

资产阶级选举制的上述阶级性、欺骗性和虚伪性，并不妨碍无产阶级对这种选举制的普遍、平等、竞争、直接、秘密的选举原则和形式的批判继承，因时因地借鉴吸取，变虚伪性为真实性，并在实践中加以完善和发展。比如，我国已经普遍实行无记名投票方式；直接选举已扩大到县一级；普遍由等额选举改为差额选举，以表达选举人的意志；改进候选人的提名制度、提名程序、介绍方式，使选民了解候选人的情况，候选人同选民见面，由候选人回答选民提出的问题和自己的工作打算，等等。但我们的选举制度还有许多弊端，如：候选人的产生体现民意不够；候选人缺乏必要的竞争；被选出的代表和政府的领导人，缺乏与选民经常联系的制度，选民对他们难以进行监督；甚至发生违法的贿选；等等。列宁曾经指出："居民参加对公职人员的选举"，"标志着资产阶级民主制比中世纪有伟大历史进步性"，而苏维埃制度下的民主选举，是对这一点的深入和广泛的发展①。随着我国政治体制改革的深入，我们将逐步吸取资本主义选举制度中的种种合理的原则和做法，克服资本主义选举制度中虚假和消极的成分，使社会主义选举制度得以进一步完善和发展。

四 公务员制度

公务员制度，即资本主义社会普遍实行的"文官制度"，是资本主义政治体制的重要组成部分。它是指资本主义国家行政机构中担任文职的工作人员的录用、考核、考试、奖惩、待遇、培训、晋升、退休以及分类管理等一套比较完善的规章制度和管理体制。它是在反对腐败的封建官吏制度和早期西方"恩赐官职制""政党分肥制"的官员制度中逐渐建立和发展起来的。由于各国的历史传统和具体国情不同，公务员的适用范围和具体特点各不一样，但有一些带有普遍性的共同的原则，大致有：

一是公开考试，择优录用。即通过公开的考试，向所有符合年龄、学历和国籍条件的人敞开公职大门，实行机会均等，按知识、能力择优录用，以广泛地吸收人才到政府部门工作。美国国会 1978 年通过的《文官制度改革法》规定："保证人人机会均等，经过公开考试，根据能力、知识、技能来决定录用和晋升。"

---

① 《列宁选集》第 3 卷，人民出版社，2012，第 723 页。

二是以工作实绩为主进行考核、决定晋升。公务员经考试被任用后，还要接受经常性的定期考核，以检查其实际工作成绩。考核结果作为职务升降和工资增减的依据。美国的考试分工作数量、工作质量和工作适应能力等。英国的考核包括工作知识、判断能力、责任性、主动性、可靠性、机敏性、监管能力、工作热情、个性品行、行为道德等内容。

三是建立培训制度，提高文官素质。把培训通过政策、制度、法律固定下来，保证实施；培训按不同内容、不同方式进行，一般有专业、管理、智能、组织以及职业道德等方面的训练，分职前培训、在职培训、高级文官培训；设立专门的培训机构，不但政府办，社会也办。

四是管理制度化、法律化。资本主义国家运用法律建立和保障公务员制度，如美国的《文官制度改革法》和《国家公务员法》、日本的《国家公务员法》和《地方公务员法》、联邦德国的《联邦官员法》、法国的《公务员总章程》等总的法规以及其他各种单行法规，包括对公务员的适用范围、法律地位、权力、职位、责任、权利、义务、执行公务的规则以及工资和福利待遇、退休等的规定。

资本主义国家的公务员制度是为巩固资产阶级的统治服务的，是维护资产阶级利益的。这一制度的进步性与合理性在于资产阶级通过这一制度，能够保证选拔符合本阶级要求的优秀人才担任国家公职，并能够抵制和克服国家公职人员的腐败之风。上述这些原则和制度属于现代国家管理事务的科学的和民主的管理方法，社会主义国家可以借鉴。我们过去的干部制度，基本上沿袭了单一的由上而下委任的制度，因此干部制度只对上负责，而不对下负责；不利于选拔优秀人才担任国家公职，不利于有效地抵制干部中的不正之风，如不少优秀人才难以脱颖而出，而那些阿谀奉承、平庸无能之辈和"圈子中人"却能步步高升。我们党的十三大，提出了建立国家公务员制度，这是政治体制改革的一项重要内容，是人事制度的一项重大改革。我们将从我国的实际出发，同时借鉴资本主义国家公务员制度的某些科学和民主的管理方法，以建立中国特色社会主义公务员制度。

五　舆论监督制度

舆论监督制度是运用报纸广播等舆论工具，对国家政权机关和工作人员进行监督的一种制度。

舆论监督的前提条件是言论自由与出版自由。在资产阶级反封建的斗争中，言论、出版自由的口号应运而生。1644 年，英国资产阶级思想家约翰·弥尔顿，在英国国会所作的演说，题目就是《论出版自由》，抨击当时的书报检查制度，提出出版自由和言论自由"都是神圣的"，"出版自由是鞭挞专制主义的最可怕的鞭子"，认为"言论自由"是"一切自由中最重要的自由"。欧美各国在资产阶级革命过程中几乎都提出过出版自由的口号。资产阶级国家的宪法，都普遍承认言论出版自由权利。法国《人权宣言》规定："自由传达思想和意见是人类最宝贵的权利之一，因此，各个公民都有言论、著述和出版的自由。"美国宪法修正案第 1 条规定，国会不得制定剥夺人民言论或出版自由之法律。1831 年的比利时宪法、1848 年的意大利宪法、1847 年的瑞典联邦宪法、1919 年的芬兰宪法、1949 年的联邦德国基本法都规定了人民在法律范围内的言论、出版自由。美国第三任总统杰弗逊还把代表言论自由的报刊舆论，称为是对行政、立法、司法三权起到制约和监督作用的第四种权力。现在不少国家已把舆论机构作为立法、行政、司法以外的第四权力机构。1980 年，埃及全国公民投票通过了一次宪法修改条款，规定新闻机构为"第四权力机构"，这样就以国家根本大法的形式把舆论监督作用固定了下来。随着报纸、广播、电视、杂志等新闻媒介的增多，资本主义各国舆论监督作用愈益加强。资本主义国家的法律规定，政府官员不得经商，不能利用职权营私，政府官员的婚姻家庭、经济收入、财产状态都要向全社会公开并接受舆论的监督。用一位英国政府官员的话讲：政府官员在记者镜头面前一个不成功的表演对自己造成的损失要比一般工作失误对自己造成的损失要大得多。可见舆论监督作用的强大。政府所有官员都毫无例外置于舆论监督之下。尼克松总统和田中首相的辞职，报刊揭发出"水门事件"和"财源秘密"是直接原因。1972 年 6 月 17 日，美国共和党总统竞选委员会派五人潜入华盛顿的水门公寓民主党总部办公楼，企图安装窃听器，侦察政敌的竞选准备活动情况，事属非法，被警察当场拘捕。第二天，即 6 月 18 日，《华盛顿邮报》在头版头条刊登这一事件，并派记者深挖事件的幕后策划者，逐步揭开事件内幕，矛头指向白宫和尼克松总统。其余各报也相继连续报道。尼克松总统竭力掩盖事实真相，但报纸的揭露已势不可挡。1973 年 4 月底，白宫办公厅主任霍尔德曼被报纸揭露是"水门事件"的指使者而被迫辞职。当年 7 月，报纸又透露白宫装有录音系统，尼克松的谈话录音涉及水门事件。尼克松在司法部门、参议院和舆论部门的强大压力下，不得不陆续交出录音带记录，8 月 5 日又交出 1972 年 6 月 23 日他与霍尔德曼谈话的录音带记录，承认他当时制止联邦调查局对水门事件进行调查，并不得不于三天后（8 月 8 日）辞职。尼克松的倒台，虽然反映了美国垄断财团之间以及各种政治力量之间的深刻矛盾，但也必须看到，报纸的揭露起了重要的作用，它不仅把这一事件迅速揭诸报端，而且顺藤摸瓜，逐步揭开内幕，有助于国会的调查和法院的审理，使得违法的政府官员以至总统都受到法律的制裁。同样，1974 年底，日刊《文艺春秋》首先揭发田中首相的"财源秘密"，使田中被迫辞职。日本报刊又继续刊登田中接受美国洛克希德公司贿赂的内情，致使田中被捕。虽然这是日本自由民主党内部各派系争权夺利斗争的反映，但也体现了舆论的力量。显然，这种舆论监督作用，在封建社会是不可想象的。

但是，资产阶级的"言论、出版自由"和舆论监督，归根结底是为资产阶级的统治服务的。首先，"言论、出版自由"的工具为资产阶级掌握，只能为维护资产阶级的统治服务。在资本主义国家，资产阶级掌握着几乎所有的报纸、电台、电视、纸张、印刷所。《卡特总统与美国政坛内幕》一书的作者劳伦斯·肖普说："美国最有影响的舆论宣传工具公司都受东部权势集团——美国统治阶级中占支配地位的那部分人——的控制，它们代表这个权势集团对美国社会推行思想上的霸权统治。"《谁掌管美国》一书的作者托马斯·戴伊说："对绝大多数美国人来说，电视是消息的主要来源，而那些控制发播消息的人，则是这个国家最有权势者中间的一部分。"其次，资本主义国家的"言论、出版自由"受到政府的一定控制以及宪法和法律的限制。《美国的政治传播与舆论》的作者唐·米莫在该书中指出："总统的助手为总统准备好对可能提问的答复以及在遇到棘手的问题时的对策。总统的助理人员为了有效地控制记者招待会，往往授意白宫记者来提总统准备好的问题。……总统的记者招待会与其说是一个自由集会，不如说是一场排练好的、制造新闻的演出。"再次，资本主义国家的"言论、出版自由"以不危及资产阶级的统治为限。《白宫的柏拉图》一书的作者马尔库，是个资产阶级学者，他在书中直言不讳地承认："我们的制度在什么限度内允许群众表达自己的意志？很简单：限于他们对现存的社会经济、政治和文化制度不造成实际威胁的范围内。"报纸可以揭露尼克松直至迫使他辞职，但在他倒台后，无论是攻击还是袒护尼克松的报纸都一致呼吁团结，支持福特继任总统，以维护整个资产阶级的统治。《时代》周刊在《致读者的信》中说："美国新闻界的任务是在水门事件以后帮助重建全国思想上的一致。"

　　无产阶级批判和继承资本主义国家的言论自由、出版自由和舆论监督制度，并赋予新的阶级内容。马克思指出："没有新闻出版自由，其他一切自由都会成为泡影。"① 1894 年，恩格斯在给意大利社会党领袖指示革命策略时指出：普选权和出版自由等，可以使我们得到显著扩大的活动自由，"这是不应该忽视的新的武器"②。列宁在驳斥资产阶级一方面垄断了出版事业，另一方面又鼓吹"出版自由"时，阐述了布尔什维克对于出版自由的纲领性要求，指出"出版自由就是全体公民可以自由发表一切意见"③。毛泽东在揭露国民党政府剥夺人民的各项自由权利时指出："人民的言论、出版、集会、结社、思想、信仰和身体这几项自由，是最重要的自由"④。这就告诉我们，我们不仅可以利用出版自由，作为向敌人进行斗争的思想武器，也是我们夺取政权后必须给予人民享受的重要权利。十月革命刚刚胜利，列宁签署的出版法令宣布："一旦新制度确立起来，对报刊的各种行政干预就必须停止。而将依照最开明与最进步的法律，并在对法庭负责的范围内对出版实行充分的自由。"1918 年第一部苏维埃宪法和 1936 年的斯大林宪法都规定，劳动者、苏联公民享有信仰、言论、出版、结社、集会自由等权利。无产阶级掌握政权的其他国家，在建国初期的宪法中，毫无例地都规定了公民享有言论、出版自由的权利。1974 年的南斯拉夫宪法对此项权利规定尤为具体，诸如"保障出版自由以及其他形式的宣传和公开表达意见的自由、结社自由、言论和公开讲演的自由、集会和其他公众集会的自由"，"公民有权通过宣传手段表达和发表自己的意见"，"公民、公民的组织和联合组织，在法律规定的条件下，可以出版报刊和通过其他宣传手段传播消息"，等等。新中国成立后的历次宪法，几经修改，但都载有人民有言论、出版自由的权利。关于舆论监督，马克思早在他担任《新莱茵报》主编时，就认为报纸是"唯一有效的监督"。列宁在十月革命胜利后的第二天，在全俄工兵代表苏维埃第二次代表大会上宣布："我们希望政府时刻受到本国舆论的监督。"⑤ 我们在实践中，对于舆论监督的作用发挥得不够，舆论监督制度没有真正建立起来。当前，在报纸、广播、电视上进行

---

　　① 《马克思恩格斯全集》第 1 卷，人民出版社，1995，第 201 页。
　　② 《马克思恩格斯选集》第 4 卷，人民出版社，2012，第 324 页。
　　③ 《列宁全集》第 25 卷，人民出版社，1958，第 369 页。
　　④ 《毛泽东选集》第 3 卷，人民出版社，1991，第 1070 页。
　　⑤ 《列宁选集》第 3 卷，人民出版社，2012，第 345 页。

公开批评，遇到阻力，甚至遭到刁难的事，还时有发生。党的十八大报告在阐述"健全权力运行制约和监督体系"时强调，"加强党内监督、民主监督、法律监督、舆论监督，让人民监督权力，让权力在阳光下运行"。① 我们要根据党的十八大报告精神，批判继承资本主义国家的舆论监督制度，建立健全的权力运行制约和监督体系，建立中国特色的社会主义舆论监督制度，以保障公民充分行使对国家机关和工作人员的监督权，充分发挥舆论监督的重要作用。

六 财产申报公示制度

官员财产申报公示制度是国际上通行并行之有效的防止利益冲突、公众监督官员、预防腐败的制度，被世界上绝大多数国家普遍采用。早在1766 年，瑞士就规定，首相等大臣必须向民众公开自家的财产纳税清单，成为世界上最早实行官员财产公示制度的国家。1883 年，英国议会通过《净化选举、防止腐败法》，规定议员候选人必须公示个人财产，开了官员财产公示进行国家立法的先河。从 20 世纪 70 年代起，一大批发达国家和发展中国家先后规定了官员财产申报公示制度。1978 年，美国国会通过《政府道德法》，规定立法、司法、行政官员都要公开申报财产。1988 年，法国公布《政治生活资金透明法》，1994 年，加拿大实行《公职人员利益冲突与离职后行为法》，都对财产公示作出规定。墨西哥、俄罗斯、新西兰、韩国、坦桑尼亚、尼日利亚、印度、巴基斯坦、斯里兰卡、越南等国家也都公布了公务员财产公示的法规。到 2010 年底，被列入世界银行数据库的176 个国家，其中 146 个国家规定了官员财产公示，占 83%；经济合作与发展组织的 34 个成员国全都实行了官员财产公示。

人们注意到，上述所列国家，没有新加坡，因为新加坡有非常严格的官员财产申报制度，但没有公示制度，申报而不向公众公示公开。这可算作特例，这是由新加坡的特殊国情决定的：新加坡有严格的专项财产申报法，而且还有配套的法律法规；它有一个权威的反贪污调查局负责审核；官员的财产清单须接受法院公证处审查，并有指定的宣誓官签名公证；新加坡国小官少，申报核查工作很快就能做到全覆盖。鉴于此，新加坡没有必要进行官员财产公示。这些年来，新加坡是出名的廉洁国家，其清廉指

① 《十八大以来重要文献选编》（上），中央文献出版社，2014，第 22 ~ 23 页。

数稳居世界前十、亚洲第一。一般情况下，公示是必经程序。本来，公开性是民主制度的一个重要原则。本来，一切权力属于公民，属于人民，是人民把权力委托给了官员，官员让渡一部分私权利即个人财产隐私，接受公众的审视，这是天经地义的事。制约原则和监督制度也是民主制度的重要内容。没有公开，就很难让民众监督。因此，财产公示是财产申报真实性的重要保证。

中国在20世纪80年代提出了建立官员财产申报制度的设想。1987年，时任全国人大常委会秘书长、人大法制工作委员会主任王汉斌，在第6届全国人大常委会第23次会议上，对提交审议的《关于惩治贪污罪贿赂罪的补充规定》作出说明，他提出："一些国家规定公务员应当申报财产收入，我国对国家工作人员是否建立申报财产制度问题，需在其他有关法律中研究解决。"1988年，有关部门起草了《国家行政工作人员报告财产和收入的规定（草案）》，对官员财产申报作出规定。1989年全国人大会议上，有代表提出了尽快制定财产申报法立法建议。1994年，全国人大将官员财产申报法正式列入"八五"立法规划项目。1995年，中共中央办公厅、国务院办公厅联合发布《关于党政机关县（处）级以上领导干部收入申报的规定》。1996年，中央纪律检查委员会发布《中纪委关于对〈党政机关县（处）级以上领导干部收入申报的规定〉若干问题的答复》，作了进一步的具体规定。以后又在不同层面上，在不同文件中，对不同级别官员的财产申报及相关事项陆续作出各种规定。但长久以来对官员财产申报立法未能进入实质性阶段。根本原因是存在着不少的障碍和阻力，而障碍和阻力又主要来自既得利益的官员，他们最反对的是财产公示。一位全国人大代表作过一个调查，有97%的领导干部对财产申报公示制度持反对态度。与此形成鲜明对照的是，广大人民群众对官员实行财产申报公示制度呼声很高。2008年"两会"期间，人民网有一个调查，90.1%的人认为有必要实行官员财产申报公示制度。2008年实施《政府信息公开条例》后，《中国青年报》有一个"公众最希望政府公开的信息是什么"的调查，结果显示有77.5%的人选择"官员财产情况"。应当指出，阻力如此之大是不正常的。邓小平在他作为我国政治体制改革的纲领性文献《党和国家领导制度的改革》中指出："我们今天再不健全社会主义制度，人们就会说，为什么资本主义制度所能解决的一些问题，社会主义制度反而不能解决呢？这种比较方法虽然不全面，但是我们不能因此而不加以重视。斯大林严重破坏社会主义法制，毛泽东同志就说过，这样的事件在英、法、美这样的西方国家不可能发生。"①。同样，许多西方国家普遍实行的官员财产申报公示制度却在中国迟迟未能实行，有损中国的形象，有损中国特色社会主义的形象，有损我们党的形象。

十八大以来，以习近平为总书记的党中央，以前所未有的魄力和决心，从严治党、从严治吏，惩治腐败、预防腐败，群众拍手称快。十八届三中全会《关于全面深化改革若干重大问题的决定》在强调加强反腐败体制机制创新和制度保障时指出："健全反腐倡廉法规制度体系，完善惩治和预防腐败、防控廉政风险、防止利益冲突、领导干部报告个人有关事项、任职回避等方面法律法规，推行新提任领导干部有关事项公开制度试点。"② 我们相信，经过一定时间的实践和试点，坚持从我国的具体实际出发，借鉴吸收世界各国关于官员申报公示制度的经验和进步因素，中国特色领导干部个人有关事项报告制度和中国特色干部财产申报公示制度一定能够建立起来，或单独立法，或纳入《反腐败法》，并得到不断完善和发展。

第五节　借鉴人类政治文明成果，必须反对"左"右两种错误倾向

改革政治体制，建设社会主义民主政治，借鉴人类政治文明成果，批判继承资本主义民主政治，必须反对"左"右两种错误倾向。

一　反对盲目崇拜资本主义民主政治的右的倾向

在国际共产主义运动史上，在社会主义民主政治与资本主义民主政治的关系问题上，抹杀两者之间的根本区别，盲目崇拜资本主义民主政治的代表人物是伯恩施坦和考茨基。

伯恩施坦美化资产阶级民主，胡说什么无论在英国和瑞士，还是在法国和美国等，民主已经是"社会进步的强有力的杠杆"；侈谈在阶级社会里民主就是"社会的一切成员权利平等"，就是"阶级统治的消灭"；鼓吹"从下而上的民主组织"是"实现社会主义的道路"。在十月革命胜利后，他攻击无产阶级专政和苏维埃制度是什么"军国主义"，是"东方暴君专制"等。在这个问题上，考茨基走得更远。第一，考茨基抹杀民主的阶级

---

① 《邓小平文选》第 2 卷，人民出版社，1994，第 333 页。
② 《中共中央关于全面深化改革若干重大问题的决定》，人民出版社，2013，第 37 页。

实质，不谈阶级的民主，而空谈什么"纯粹民主"。第二，美化资产阶级民主，胡说什么资本主义的民主制"已包含着社会主义的因素"，资本主义民主制度"有助于无产阶级发展其管理国家和制定法律的能力"，无产阶级革命的任务，不是推翻旧政权，而是把资本主义国家的宪法"所给与的民主权利加以最充分的利用"。在考茨基眼里，资本主义的剥削制度无须推翻，因为它已经包含着社会主义因素；在资产阶级民主制度下，似乎无产阶级能够管理国家和制定法律；资产阶级法律，无产阶级不该破除，而只能"加以最充分的利用"。第三，考茨基诬蔑和攻击无产阶级专政和苏维埃民主制。他胡说"专政就是取消民主"，诬蔑布尔什维克"用专政来代替民主"，布尔什维克的专政是"资产阶级专政的序幕"，是"专横"，胡说"如果能够及时地用民主来代替专政，那么革命的主要成就还能得到挽救"。

伯恩施坦、考茨基是在什么样的历史条件下美化资产阶级民主的呢？当时帝国主义大战迫在眉睫或已经爆发，资产阶级议会通过战争预算，完全支持瓜分殖民地的侵略战争，资产阶级民主的虚伪性、反动性暴露无遗。在这种情况下，伯恩施坦、考茨基竭力美化资产阶级民主，攻击第一个社会主义国家，这就完全站到了反动立场上。他们的言行是第二国际右倾机会主义的重要表现。总之，无论是伯恩施坦，还是考茨基，在推翻资产阶级民主制度，建立无产阶级民主制度的革命时代，却津津乐道资产阶级民主，描绘资产阶级民主的妙处，抹杀资产阶级民主与无产阶级民主的本质区别，这是"把脸朝着陈旧的过去"，是把历史拉向后退，是对无产阶级革命事业的背叛。

今天，西方有一股重新复活伯恩施坦、考茨基主义的思潮，有些人崇拜资产阶级民主，认为在资本主义政治中已经生长着社会主义民主的因素和成分，提倡什么"民主"的社会主义，反对"专政"的社会主义。在我国，随着改革开放，西方各种社会思潮也涌入进来，什么新自由主义、西方普世价值观，还有历史虚无主义，所谓"宪政民主"等，有的丑化社会主义制度，美化资本主义民主制，有的借口社会主义民主与资产阶级民主的历史和形式的联系，否定两者的本质区别。不反对这种右的倾向，人们的思想将被搞乱，社会主义民主政治建设将会走偏方向。

二 反对拒绝吸取资本主义民主政治中某些合理因素的"左"的倾向

我国从 1954 年制定第一部宪法到毛泽东作《关于正确处理人民内部矛

盾的问题》的报告止的这段时间里，能够做到在划清资本主义民主政治与社会主义民主政治的本质区别的前提下，注意吸取资产阶级民主制中合理的可供借鉴的东西。在以后很长一段时间里，特别是"文化大革命"期间，搞"左"倾教条主义和历史虚无主义，一提到资产阶级的东西，都视为洪水猛兽，真所谓"谈资色变"，一概作为反动的东西加以批判，只讲资本主义民主政治与社会主义民主政治的本质区别，不承认两者之间有历史和形式的联系，似乎马列主义只能讲区别，不能讲联系。林彪、江青反革命集团阉割、歪曲马列主义，用他们的专制主义批判资本主义民主，理论是非搞乱了，社会主义民主被破坏了；他们借口我国政治法制制度中在形式上与资本主义国家有相同或类似之处，就诬蔑这是"资产阶级的条条框框"，要"彻底砸烂"。他们把 1954 年宪法中规定的"公民在法律上一律平等"的原则批判为"资产阶级的东西"，因而在 1976 年制定的宪法中将其横刀砍掉，结果法制被破坏，人民的权利被剥夺。这是一个沉痛的教训。"公民在法律上一律平等"的原则后来在十一届三中全会以后才得到一再确认。但是，这一原则要在实际生活中确实得以贯彻落实，还需作出极大的努力，特别是要继续肃清"左"的影响。今天，还有一概排斥资本主义民主的情况，甚至把人们对民主的正当要求和对人类政治文明的借鉴也当作追求和崇拜资本主义民主而加以批判。如果对于这种"左"的倾向的流毒不加肃清，我们也会故步自封，作茧自缚，无利于社会主义民主政治建设。

三　吸取既反"左"又反右的历史经验，着重克服"左"的、僵化的思想

马克思主义的发展史表明，在民主问题上和对待人类政治文明成果问题上一直存在着马克思主义与"左"右两种错误倾向的斗争，坚持既反"左"又反右的两条战线上斗争的历史经验，对于我们改革政治体制，建设社会主义民主政治，具有重要的指导意义。

马克思、恩格斯、列宁所处的时代，主要的任务是夺取政权，而当时却到处遇到资产阶级的民主欺骗以及机会主义对资产阶级民主制度的崇拜。尤其是第二国际时期，资产阶级利用国家机器，发动侵略战争，残酷镇压人民革命斗争，第二国际在议会中投票赞成帝国主义战争的军事预算，提出支持"保卫祖国"的叛卖性口号。这标志着第二国际右倾机会主义的大暴露。在这种情况下，列宁不得不花很大的力量去揭露资产阶级民主制的虚伪性、狭隘性和反动性。在十月革命胜利后，苏维埃政权处在国内外反

动势力的包围中，需要强调无产阶级专政的威力。尽管如此，马克思、恩格斯、列宁并没有陷入片面性，他们在批判资产阶级民主反动实质的同时，又肯定它反封建的进步意义；在揭露资产阶级民主虚伪性的同时，又肯定它的某些形式可以借鉴和利用，即阐明在夺取政权的过程中，无产阶级必须利用资产阶级民主，以团结群众推翻资本主义，又强调在夺取政权以后，在社会主义条件下，不是抛弃民主，而是要"彻底发展民主制"，"继续执行民主化的路线"等①。当皮达可夫鼓吹在最低纲领中提出民主口号是欺骗和幻想，胡说民主"在社会主义制度下是多余的"这一谬论时，列宁批判他"忘记了马克思主义关于民主的学说"，"根本歪曲了""马克思主义对一般民主的态度"，并且明确指出："不实现民主，社会主义就不能实现"，"胜利了的社会主义如果不实行充分的民主，它就不能保持它所取得的胜利，引导人类走向国家的消亡。"② 当资产阶级及第二国际考茨基、谢德曼之流把"形式上的平等叫作民主"，鼓吹"纯粹民主""一般民主"时，列宁无情揭露了资产阶级民主的骗局、虚假和伪善，强调无产阶级民主比任何资产阶级民主要民主百万倍，苏维埃政权比最民主的资产阶级共和国要民主百万倍。列宁在总结苏维埃的产生和发展的历史时指出："苏维埃的历史使命是充当资产阶级议会制以及整个资产阶级民主制的掘墓人、后继人和接替人。"③ 列宁在这里形象地全面地阐明了社会主义民主与资本主义民主的根本区别和历史联系，这里的"掘墓人"是强调两种民主制的根本区别，"后继人"和"接替人"是强调两种民主制之间的历史联系和继承关系。列宁在 1922 年苏维埃政权制定民法典时作了重要指示，一方面指出，"不要迎合'欧洲'"，"不要因袭（……）陈旧的、资产阶级的民法概念，而要创造新的"，另一方面又指出，"凡是西欧各国文献和经验中所有保护劳动人民利益的东西，都一定要吸收"。④ 为了克服官僚主义，改革苏维埃国家机关，列宁提出了"第一是学习，第二是学习，第三还是学习"的任务，并且建议"派几个有学问的切实可靠的人到德国或英国去搜集图书和研究这个问题"⑤。

① 《列宁全集》第 26 卷，人民出版社，1959，第 318 页。
② 《列宁全集》第 23 卷，人民出版社，1958，第 13～15、70 页。
③ 《列宁选集》第 4 卷，人民出版社，2012，第 198 页。
④ 《列宁全集》第 33 卷，人民出版社，1957，第 173 页。《列宁选集》第 4 卷，人民出版社，2012，第 633 页。
⑤ 《列宁选集》第 4 卷，人民出版社，2012，第 786、789 页。

　　毛泽东在《新民主主义论》中，曾经分析过来源于欧美资产阶级民主思想的孙中山先生的三民主义与马克思主义的共产主义之间的相同点和不同点，明确指出：忽视它们之间的共同点是错误的，而忽视两者之间的差别也是错误的。1954 年，我国制定第一部宪法时，翻译了许多资本主义国家的宪法，并进行反复比较，吸取了其中合理的、可供借鉴的东西。毛泽东在谈到这一点时说，英国、法国、美国资产阶级是宪法的先行者，"我们对资产阶级民主不能一笔抹杀，说他们的宪法在历史上没有地位"；旧中国中华民国的几个宪法，除个别的以外，"整个说来都是反动的"，但也有比较好的和积极的，"带有革命性、民主性"①。毛泽东还批评有些国家的领导人不愿意，也不敢提"向外国学习"的口号，他指出："我们的方针是，一切民族、一切国家的长处都要学"，包括政治、经济、科学、文艺，"但是，必须有分析有批判地学，不能盲目地学，不能一切照抄，机械搬用"②。他还指出："对外国的东西一概排斥，或者全盘吸收，都是错误的。"要学习外国的长处，吸收对我们有益的东西，"中国的面貌，无论是政治、经济、文化，都不应该是旧的，都应该改变，但中国的特点要保存。应该是在中国的基础上面，吸取外国的东西。应该交配起来，有机地结合"③。周恩来在谈到我国人民代表大会制度时说："人民代表提出的意见，政府要出来回答。回答对了，人民满意；不对，就可以起来争论。资本主义国家的制度我们不能学，那是剥削阶级专政的制度，但是，西方议会的某些形式和方法还是可以学的，这能够使我们从不同方面来发现问题。"④

　　在建设社会主义民主政治的过程中，在如何看待资本主义民主政治的问题上，我们只有认真地学习马克思主义发展史上既反右又反"左"的历史经验，才能始终保持清醒的头脑，既注意继续清除"左"的错误影响，又注意警惕和纠正右的错误倾向。应该看到，事物的发展总是纷繁复杂的，它的发展不是径情直遂的，尤其在我们这样一个大国里，各种错误思潮都有它一定的社会基础和历史根源，不同错误倾向可能同时出现或者交替出现。特别是在开放条件下，西方错误思潮也会涌进国内。因此，我们的头脑也要复杂一点，当我们克服或纠正一种错误倾向的时候，切莫忘了另一

---

① 《毛泽东文集》第 6 卷，人民出版社，1999，第 325～326 页。
② 《毛泽东文集》第 7 卷，人民出版社，1999，第 41 页。
③ 《毛泽东文集》第 7 卷，人民出版社，1999，第 82～83 页。
④ 《周恩来选集》（下），人民出版社，1984，第 208 页。

种倾向可能隐藏着甚至已经滋长起来。十一届三中全会以来，我们党在总结我国社会主义发展中"没有切实建设民主政治"的历史教训时指出："在人类历史上，在新兴资产阶级和劳动人民反对封建专制制度的斗争中，形成民主和自由、平等、博爱的观念，是人类精神的一次大解放。马克思主义批判地继承资产阶级的这些观念，又同它们有原则的区别。"① 上述十二届六中全会的决议精神，体现了既反"左"又反右的原则立场。我们在反倾向的斗争中，必须坚持全面的、辩证的观点，反对形而上学和片面性，必须坚持既反"左"又反右两条战线的斗争，反对只反一面而放过另一面。但是，我们还必须清醒地看到，从我国社会主义建设的经验教训来看，在总体上反对"左"的倾向应是我们的主要任务。正如十三大报告指出："排除僵化和自由化这两种错误思想的干扰和影响，将贯串社会主义初级阶段的全过程。由于'左'的积习很深，由于改革开放的阻力主要来自这种积习，所以从总体上说，克服僵化思想是相当长时期的主要任务。"② 特别是从政治体制改革的任务看，主要触及的是"左"的东西。邓小平在《党和国家领导制度的改革》这一指导性文件中深刻地分析了党和国家现行的具体制度中存在的许多弊端，主要是官僚主义，权力过分集中、家长制、干部领导职务终身制、形形色色的特权等，而这些种种弊端，"多少都带有封建主义色彩"。邓小平还分析了封建主义残余影响在其他方面的一些表现，诸如宗法观念、等级观念、不平等现象、人身依附关系、公民权利义务观念薄弱、文化领域中的专制主义、轻视科学和教育、闭关锁国、夜郎自大等。这些封建主义余毒同"左"的影响往往结合在一起，阻碍着我们解放思想，阻碍改革的深化。他在着重分析肃清封建主义残余影响的同时，也强调了要批判资本主义、资产阶级腐朽思想。但他又提醒我们，对于资本主义、资产阶级思想，要采取科学的态度，"有些同志因为没有充分地调查和分析，把我们现行的一些有利于发展生产、发展社会主义事业的改革，也当作资本主义去批判，这就不对了"。他深刻指出："肃清封建主义残余影响，重点是切实改革并完善党和国家的制度，从制度上保证党和国家政治生活的民主化、经济管理的民主化、整个社会生活的民主化，促进现代化建设事业的顺利发展。这需要认真调查研究，比较各国的经验，集思广益，提出切实可行的方案和措施。""我们的制度将一天天完善起来，它将

---

① 《十二大以来重要文献选编》（下），人民出版社，1988，第 1183 页。
② 《十三大以来重要文献选编》（上），人民出版社，1991，第 15 页。

吸收我们可以从世界各国吸收的进步因素，成为世界上最好的制度。"① 邓小平这里讲的在我国社会主义民主建设中必须认真比较各国的经验，吸收世界各国的进步因素，自然包括比较和吸收世界各资本主义国家的民主政治中的进步因素。为纪念中国共产党成立 90 周年，为总结、研究中国共产党 90 年历史中反对"左"、右错误倾向的经验教训及其规律，部队两位作者撰写了《论反"左"反右——中国共产党反对错误倾向的理论与实践》一书，时任中共中央政治局常委、国家副主席、中央军委副主席的习近平在 2011 年 6 月专门为此书题词："总结经验，开拓进取，解放思想，实事求是，防止错误倾向。"② 可见，坚持反对"左"右两种错误倾向的斗争，是马克思主义政党的重要经验。

现行党章在总纲中规定："必须把改革开放同四项基本原则统一起来，全面落实党的基本路线，全面执行党在社会主义初级阶段的基本纲领，反对一切'左'和右的错误倾向，要警惕右，但主要防止'左'。"③ 只要我们认真贯彻党章要求，认真吸取既反"左"又反右的历史经验，既要反对僵化的观点，又要反对自由化的观点，而又着重克服"左"的、僵化的思想，既积极借鉴人类政治文明成果，又反对照抄照搬西方资产阶级民主政治制度，才能使政治体制改革顺利进行，才能促进社会主义民主政治的建设。

四 以习近平总书记系列重要讲话精神特别是"人权的普遍性原则""民主自由的全人类共同价值"论述为思想武器，反对"左"右错误倾向

十八大报告提出："倡导富强、民主、文明、和谐，倡导自由、平等、公正、法治，倡导爱国、敬业、诚信、友善，积极培育和践行社会主义核心价值观。"④ 经过反复征求意见，综合各方面的认识，由十八大报告概括出的社会主义核心价值观是由三个层次 24 个字组成：富强、民主、文明、和谐，自由、平等、公正、法治，爱国、敬业、诚信、友善。第一层次是国家层面的价值要求，体现价值目标；第二层次是社会层面的价值要求，

---

① 《邓小平文选》第 2 卷，人民出版社，1994，第 336~338 页。
② 转引自杨春长、王聚英：《论反"左"反右——中国共产党反对错误倾向的理论与实践》，人民武警出版社、中央文献出版社，2012，扉页、第 328 页。
③ 《中国共产党章程》，人民出版社，2012，第 18 页。
④ 《十八大以来重要文献选编》（上），中央文献出版社，2014，第 25 页。

体现价值导向；第三层次是公民层面的价值要求，体现道德准则。习近平总书记指出："人类社会发展的历史表明，对一个民族、一个国家来说，最持久、最深层的力量是全社会共同认可的核心价值观。核心价值观，承载着一个民族、一个国家的精神追求，体现着一个社会评判是非曲直的价值标准。""我国是一个有着 13 亿多人口、56 个民族的大国，确立反映全国各族人民共同认同的价值观'最大公约数'，使全体人民同心同德、团结奋进，关乎国家前途命运，关乎人民幸福安康。""我们提出的社会主义核心价值观，把涉及国家、社会、公民的价值要求融为一体，既体现了社会主义本质要求，继承了中华优秀传统文化，也吸收了世界文明有益成果，体现了时代精神。"① 十八大报告和习近平总书记的讲话，阐明了核心价值观和社会主义核心价值观的科学内涵、精神实质和重要意义，我们要深刻领会和认真贯彻。

近年来，关于"普世价值"的争论十分热闹，社会主义核心价值观与"普世价值"的关系也成为热点。有人认为，十八大报告将民主、自由、平等、公正等概念列入社会主义核心价值观，说明民主、自由、平等、公正等确实是普世价值，认为十八大报告肯定了西方的普世价值，也说明社会主义核心价值观与西方资本主义的普世价值观没有多少差别。也有人不赞成将民主、自由、平等、公平等概念列入社会主义核心价值观，认为列入就混淆了社会主义核心价值观与西方资本主义核心价值观的界限。这实际上反映了在这个问题上"左"、右两种错误倾向。"左"的观点否认民主、自由、平等、公正是人类文明成果，否认人类文明成果的存在，一概排斥外来文明。右的观点抹煞社会主义核心价值观与资本主义核心价值观的根本区别，主张全盘吸收和照抄照搬西方文明。我们之所以采用了"民主、自由、平等、公平"的概念，说明我们肯定了这些概念体现的人类文明成果，这些概念不是资本主义专利；我们在采用这些概念的同时，又冠之以社会主义这个名称，说明它们是社会主义性质的，是体现社会主义本质要求的。我们批判西方散布的普世价值观，并不是否定"民主、自由、平等、公正"这些概念本身，决不能像给孩子洗完澡要倒掉脏水连同孩子都一块儿倒掉，而是要揭穿西方散布普世价值观的真正目的——西方资产阶级将其私利冒充为人类普遍利益并在世界推销这种普世价值观和西方资本主义

---

① 《习近平谈治国理政》，外文出版社，2014，第 168~169 页。

政治制度。

为了划清马克思主义与"左"右错误倾向的界限，根本的是要学习马列主义、毛泽东思想、中国特色社会主义理论体系，尤其是学习习近平总书记系列重要讲话，确立马克思主义的立场、观点、态度和方法。下面我们专门介绍习近平总书记直接关于积极借鉴人类文明成果而又反对照抄照搬外国模式的重要论述，以便我们更好地掌握思想武器，更好地端正我们观察和分析问题的立场、观点、态度和方法，更好地划清在这个问题上马克思主义与"左"右倾错误倾向的界限。

习近平总书记在中共中央政治局第五次集体学习时指出："深入推进党风廉政建设和反腐败斗争，需要坚持发扬我们党在反腐倡廉建设长期实践中积累的成功经验，需要积极借鉴世界各国反腐倡廉的有益做法，也需要积极借鉴我国历史上反腐倡廉的宝贵遗产。""我们党把党风廉政建设和反腐败斗争提到关系党和国家生死存亡的高度来认识，是深刻总结了古今中外的历史教训的。"①

习近平总书记在北京大学师生座谈会上讲话指出："我们要虚心学习借鉴人类社会创造的一切文明成果，但我们不能数典忘祖，不能照抄照搬别国的发展模式，也绝不会接受任何外国颐指气使的说教。"②

习近平总书记在庆祝全国人民代表大会成立 60 周年大会上讲话指出："设计和发展国家政治制度，必须注重历史和现实、理论和实践、形式和内容有机统一。要坚持从国情出发、从实际出发，既要把握长期形成的历史传承，又要把握走过的发展道路、积累的政治经验、形成的政治原则，还要把握现实要求、着眼解决现实问题，不能割断历史，不能想象实然就搬来一座政治制度上的'飞来峰'。""在政治制度上，看到别的国家有而我们没有就简单认为有欠缺，要搬过来；或者，看到我们有而别的国家没有就简单认为是多余的，要去除掉。这两种观点都是简单化的、片面的，因而都是不正确的。""我们需要借鉴国外政治文明有益成果，但绝不能放弃中国政治制度的根本。中国有 960 多万平方公里土地、56 个民族，我们能照谁的模式办？谁又能指手画脚告诉我们该怎么办？对丰富多彩的世界，我们应该秉持兼容并蓄的态度，虚心学习他人的好东西，在独立自主的立场上把他人的好东西加以消化吸收，化成我们自己的好东西，但决不能囫囵

---

① 《习近平谈治国理政》，外文出版社，2014，第 390 页。

② 《习近平谈治国理政》，外文出版社，2014，第 171 页。

吞枣、决不能邯郸学步。照抄照搬他国的政治制度行不通，会水土不服，会画虎不成反类犬，甚至会把国家前途命运葬送掉。只有扎根本国土壤、汲取充沛养分的制度，才最可靠、也最管用。"①

习近平总书记在中共中央政治局第十八次集体学习时强调："历史是人民创造的，文明也是人民创造的。""一个国家的治理体系和治理能力是与这个国家的历史传承和文化传统密切相关的。解决中国的问题只能在中国大地上探寻适合自己的道路和办法。数千年来，中华民族走着一条不同于其他国家和民族的文明发展道路。我们开辟了中国特色社会主义道路不是偶然的，是我国历史传承和文化传统决定的。我们推进国家治理体系和治理能力现代化，当然要学习和借鉴人类文明的一切优秀成果，但不是照搬其他国家的政治理念和制度模式，而是要从我国的现实条件出发来创造性前进。"②

习近平总书记在中共中央政治局第二十一次集体学习时指出："公正司法事关人民切身利益，事关社会公平正义，事关全面推进依法治国。""司法体制改革必须同我国根本政治制度、基本政治制度和经济社会发展水平相适应，保持我们自己的特色和优势。我们要借鉴国外法治有益成果，但不能照搬照抄国外司法制度。"③

以上只是笔者头脑记忆中的习近平总书记有关这个问题的部分论述。仅从这些论述，我们可以清晰地看到，习近平总书记旗帜鲜明、一以贯之地强调，要积极借鉴人类一切文明成果，但不能照抄照搬外国的政治理念和制度模式，应立足于我国的基本国情，坚持和创新我国自己的制度特色和优势。

习近平总书记在纪念中国人民抗日战争和世界反法西斯战争胜利 70 周年时，进一步深入地考察了人的价值、人权、公平、正义、民主自由等问题，提出了许多新思想、新观点，特别是提出了"人权的普遍性原则"和"民主自由的全人类共同价值"的重要论断。

关于人权。习近平指出："近代以后，中国人民历经苦难，深知人的价值、基本人权、人格尊严对社会发展进步的重大意义，倍加珍惜来之不易

---

① 习近平：《在庆祝全国人民代表大会成立六十周年大会上的讲话》，《人民代表大会制度重要文献选编》（四），中国民主法制出版社、中央文献出版社，2015，第 1770～1771 页。
② 习近平在中共中央政治局第十八次集体学习时的讲话，《人民日报》2014 年 10 月 14 日。
③ 习近平在中共中央政治局第二十一次集体学习时的讲话，《人民日报》2015 年 3 月 26 日。

的和平发展环境，将坚定不移走和平发展道路、坚定不移推进中国人权事业和世界人权事业。"他强调"中国共产党和中国政府始终尊重和保障人权"，强调"长期以来，中国坚持把人权的普遍性原则同中国实际相结合"，走出了一条适合中国国情的人权发展道路。他在提出"人权的普遍性原则"的同时，还提出了"实现人民充分享有人权是人类社会的共同奋斗目标"的论断。他还要求"加强不同文明交流互鉴、促进各国人权交流合作，推动各国人权事业更好发展"。①

关于"自由民主的全人类共同价值"。习近平指出："和平、发展、公平、正义、民主、自由，是全人类的共同价值，也是联合国的崇高目标。"他提出"要继承和弘扬联合国宪章的宗旨和原则，构建以合作共赢为核心的新型国际关系，打造人类命运共同体"。他还提出了这样一个重要论断："人类历史就是一幅不同文明相互交流、互鉴、融合的宏伟画卷。我们要尊重各种文明，平等相待，互学互鉴，兼收并蓄，推动人类文明实现创造性发展。"②

总之，我们相信，只要我们按照习近平总书记的一系列重要讲话要求去做，特别是坚持以习近平总书记提出的"人权的普遍性原则""民主自由的全人类共同价值"的重要论断为思想武器，就能排除一切"左"右错误倾向的干扰，破除一切权力寻租和固化利益藩篱，我们的中国特色社会主义制度"将一天天完善起来，它将吸收我们可以从世界各国吸收的进步因素，成为世界上最好的制度"。③ 我们就是有这样的制度自信。

---

① 习近平致"2015·北京人权论坛"的贺信，《人民日报》2015年9月17日。
② 习近平在第70届联合国大会一般性辩论时的讲话，《人民日报》2015年9月29日。
③ 《邓小平文选》第2卷，人民出版社，1994，第337页。

第七章
全面从严治党　整治顽疾"四风"

形式主义、官僚主义、享乐主义和奢靡之风这"四风"，是我们党自十八大以来对目前国内特别是党内存在的"官场病"作出的新概括。反对"四风"问题，直接说是全面从严治党、加强党风政风建设问题，是解决党群政群关系问题；从根本上说，是加强民主政治建设、发展党内民主和人民民主问题。

"官场病"是古今中外官场通病，是与国家体制密切相连的官僚政治病，是官僚政治的必然产物和集中体现。社会主义国家的官场病，主要是体制病。对于这种"官场病"，必须坚持标本兼治，着力通过深化政治体制改革，来进行"综合治疗"。

"四风"是我国民主政治建设的"拦路虎"。实现中国梦，走好民主路，就必须以全面从严治党战略思想为指导，以研究"官场病"为主题，以研究官僚政治和官僚主义为重点内容，着力对目前中国"四风"官场病的体制之积弊、作风之病害、行为之污垢进行系统分析，对如何扎实打好整治"四风"的攻坚战和持久战进行深入思考。

第一节　古今中外　"官场病"

一　"四风"是对"官场病"的新概括

形式主义、官僚主义、享乐主义和奢靡之风这"四风"，是我们党对目前国内特别是党内存在的"官场病"的新概括。

2013 年 6 月 18 日，在党的群众路线教育实践活动工作会议上，习近平总书记明确指出：必须集中解决形式主义、官僚主义、享乐主义和奢靡之风这"四风"问题，并强调要对作风之弊、行为之垢来一次大排查、大检修、大扫除。①

我们现在所说的这"四风"，其实是贯通古今、遍及中外的官场通病。研究"四风"与"官场病"的关系，需要首先搞清楚"官场病""官僚政治""官僚主义"这几个基本概念。

我们所说的"官场病"，是一个历史性概念。"官场"，通常指旧社会的官员或官吏阶层及其活动范围、活动场所；所谓"官场病"，指的是旧官场中存在的种种政治积弊。一言以蔽之，"官场病"就是官僚政治病，是官僚政治的必然产物和集中体现。官僚主义是官僚政治的主要表现和基本特征。官僚政治和官僚主义，都是民主政治的对立物。纵观古今中外，官僚政治和官僚主义的主要表现，如高高在上，滥用权力，繁文缛节，例行公事，好摆门面，好说空话，机构臃肿，人浮于事，追逐特权，图谋私利，对内神秘，对外封闭，压制民主，打击报复，徇私舞弊，贪赃枉法等，都是官场通病，都凸显出对公权力的滥用，都少不了个人专权、以权谋私，都少不了华而不实、弄虚作假、官腔官气，都少不了养尊处优、贪图享乐、生活奢靡；而形式主义、官僚主义、享乐主义和奢靡之风，正是我国当前民主政治建设，特别是在党风政风建设方面存在的突出问题，是我们党在改革开放条件下对我国现实存在的"官场病"所作的新概括。

形式主义、官僚主义、享乐主义和奢靡之风，这"四风"有着紧密的联系。形式主义本身就是官僚主义的典型表现之一，形式主义就是官僚主义。搞形式主义、官僚主义的人，必然会在生活上存在享乐主义和奢靡之风。所以，研究建设民主政治、整治"四风"问题，就要以全面从严治党战略思想为指导，以研究"官场病"为主题，着力研究官僚政治和官僚主义问题。

形式主义是典型的官场通病之一。我们现实生活中存在的形式主义，是一种严重违背党的性质和宗旨的思想方法和工作作风。形式主义就是凡事只看现象、不看本质，只讲究外在形式、不注重实质内容，归结起来就

---

① 《习近平在党的群众路线教育实践活动工作会议上的讲话》，《人民日报》2013 年 6 月 19 日。

是"虚"字当头、"形"字挂帅、"假""大""空"横行。在当前,形式主义主要表现在三个方面:一是学习上"虚",不求实效。重视学习、善于学习,是我们党的优良传统和政治优势,也是党员领导干部健康成长、提高素质、增强本领、不断进步的重要途径。一些党员领导干部对马克思主义理论的学习只停留在会议上、停留在口头上、停留在本本上、停留在宣传报道上,不能做到真学、真懂、真信;表面上热衷学习,实际上却只是摆个架子、做个样子、举个幌子,不能真正做到提升自身素质和能力;好像在学习、在读书,却不能理论联系实际、学以致用,解决不了工作中的实际问题。二是调查时"浅",不察实情。开展深入细致的调查研究是制定和实施正确路线方针政策的重要前提,也是我们党一贯坚持的工作方法。一些领导干部开展调查研究,并不是要了解真实情况,研究实际问题,解决实际困难,而是"坐着车子转、隔着玻璃看",走马观花、浅尝即止、走过场;并不是到困难和矛盾集中、群众意见多的地方去体察民情、了解民生,而是"走一圈""看一下""听一遍""讲一通",图完成任务;并不是轻车简从,深入群众,深入基层,而是兴师动众,搞层层陪同,图场面热闹。三是工作中"假",不干实事。空谈误国、实干兴邦,只有坚持求真务实的工作态度和作风,党的路线、方针和政策才能得到贯彻落实。一些领导干部在工作中,弄虚作假,敷衍塞责,不干实事:贯彻落实中央和上级精神时文山会海,雷声阵阵,却不付诸实际行动;谋发展、抓工作时沽名钓誉,哗众取宠,搞"形象工程""面子工程",不屑于解决与老百姓切身利益相关的民生问题;汇报工作时头头是道,夸夸其谈,工作中落不到实处,干不出实绩;制度建设喊得凶,但挂在墙上、印在纸上,却不督促检查和落实。[①] 形式主义的实质是主观主义、功利主义,根源是政绩观错位、责任心缺失,用轰轰烈烈的形式代替了扎扎实实的落实,用光鲜亮丽的外表掩盖了矛盾和问题。[②]

官僚主义是官场病的集中表现。官僚主义作为官僚政治的典型表现,始终与权力紧密相连。从这个角度看,当前官僚主义主要有三种表现形式:一是权力崇拜型。一些领导干部一心追逐个人权力,一味经营个人政治前途,不顾群众意愿,不讲科学发展,唯 GDP 论政绩;好大喜功、虚报浮夸,大搞所谓的"面子工程"和"形象工程",凡此种种,都是权力崇拜的表

---

① 徐晨光:《旗帜鲜明地反对形式主义》,《光明日报》2013 年 7 月 2 日。
② 中共中央宣传部:《中国特色社会主义学习读本》,学习出版社,2013,第 156 页。

现。二是权力滥用型。一些领导干部在行使权力时，不讲边界，不讲规则，不讲程序，不负责任，高高在上，独断专行，不作为、乱作为，拍脑袋决策，瞎指挥，凡此种种，都是权力滥用的表现。三是权力寻租型。一些领导干部把权力作为追求和实现个人利益的资本和筹码，大搞权物交易、权钱交易、权权交易、权色交易，凡此种种，都是权力寻租的表现。由于社会关系的复杂性，现实中官僚主义的三种表现并非截然分开，它们在很多情况下相互交叉、集于一体。① 官僚主义的实质是封建残余思想作祟，根源是官本位思想严重、权力观扭曲，做官当老爷，高高在上，脱离实际。②

享乐主义和奢靡之风也是官场通病。享乐主义的实质是革命意志衰退、奋斗精神消减，根源是世界观、人生观、价值观不正确，拈轻怕重，贪图安逸，追求感官享受。奢靡之风的实质是剥削阶级思想和腐朽生活方式的反映，根源是思想堕落、物欲膨胀，灯红酒绿，纸醉金迷。③

二　"官场病"是古今中外官场通病

（一）官场病是国家的伴生物

从人类社会的历史发展看，官场病并不是从来就有的，也不会万世永存。官场病是私有制、阶级和国家的伴生物。原始社会，没有阶级，没有国家，也就没有那些与国家体制密切相连的官场病。随着社会生产力的一定程度的发展，随着私有制和阶级的出现，国家产生了，"官僚制"产生了，官僚、官僚主义和官僚政治出现了。历史上存在过的一切剥削阶级国家，从奴隶制国家到封建制国家，再到近现代资本主义国家，一般都有比较完整的官僚制度、官僚机构，形成了一定形式的官僚主义体制。

英国社会学家马丁·阿尔布罗在《官僚制》一书中说，"官僚制"指的是一种权力掌握在官员手里的政府形式，是一种机关不因需要而膨胀的统治形态。④ 据阿尔布罗介绍，18 世纪中叶，一些法国学者开始使用"官僚制"一词，并且说："法国有一种后患无穷的病症，这种病就是官僚病。"英国著名学者帕金森通过长期调查研究，写出《官场病》一书，深刻地揭示了行政权力扩张引发人浮于事、效率低下的"官场传染病"。1821 年，有

---

① 吴康明：《清除官僚主义之弊》，《光明日报》2013 年 7 月 2 日。
② 中共中央宣传部：《中国特色社会主义学习读本》，学习出版社，2013，第 155~156 页。
③ 中共中央宣传部：《中国特色社会主义学习读本》，学习出版社，2013，第 155~156 页。
④ 〔英〕马丁·阿尔布罗：《官僚制》，阎步克译，知识出版社，1990，第 3 页。

一位叫斯坦因的德国人，在一封信中，对当时普鲁士国家的官僚主义进行了尖锐的批评。他说："我们被官僚主义者所统治。他们领取薪金，拥有书本知识，没有特别的社会活动在支持他们，没有产业……这四点概括了一切毫无生气的政府机构的特点：由于官吏有薪金保证，所以领薪者有增无减；由于具有书本知识，所以他们脱离现实，生活在文字的世界中；由于不参与特别的社会活动，所以他们对构成国家的任何公民阶级都毫无依赖，他们自身就是一个等级集团，即官吏等级集团；由于没有产业，所以不管风雨变幻，税额增减，他们都稳坐钓鱼台。他们从国库领取薪金，在房门紧闭的办公室里默默地写、写、写，无人知晓，无人问津，无人赞许，并把自己的孩子也培养成同样用途的写作机器。"①

马克思主义认为，官僚政治是民主政治的对立物，官僚主义是一种反民主的制度、机构和作风。马克思在《黑格尔法哲学批判》和《法兰西内战》、恩格斯在《家庭、私有制和国家的起源》等著作中，都曾深刻揭示和分析了剥削制度下官僚政治的本质，即脱离人民，压迫人民。恩格斯指出，所谓旧社会的官僚，就是那种"同社会相异化的力量的代表"，亦即国家的代表。这些官僚，依靠"特别的法律"来保证他们享有"特殊神圣和不可侵犯的地位"。②列宁更明确地指出，在剥削制度下，官僚是"专干行政事务并在人民面前处于特权地位的特殊阶层"。③列宁还说："官僚主义就是使事业的利益服从于向上爬的需要，就是一味追求地位而忽视工作，为增补进行争吵而不进行思想斗争。"④

旧中国实行了几千年的封建专制统治和几十年的官僚资本统治，官场积弊之深重，官僚政治之腐败，世所罕见。中国封建专制制度有六个基本特征：一是君主个人专权，即君权的不可分割性；二是君主世袭制，即君权的不可中断性；三是君主终身制，即君权的不可转让性；四是等级册封制，或称等级授职制；五是宗法家长制；六是君权与皇权相结合。与这种封建专制制度相适应，建立了层层叠叠的封建官僚机构和官僚制度。有人说，中国一部二十四史，就是一部官吏贪污史。在笔者所主编的《官僚主义——历史综合症》一书中，比较详细地介绍了旧中国官场病的诸多病症，

---

① 〔英〕马丁·阿尔布罗：《官僚制》，同步克译，知识出版社，1990，第5~6页。
② 《马克思恩格斯选集》第4卷，人民出版社，2012，第188页。
③ 《列宁选集》第1卷，人民出版社，2012，第147页。
④ 《列宁全集》第8卷，人民出版社，1986，第363页。

包括：体制僵化、机构庞杂，繁文缛节、缺乏效率，官气熏天、享有特权，滥竽充数、老于世故，贪赃枉法、营私舞弊，结党营私、争名夺利，等等。① 一位研究过清朝"官场病"的作家说，"官场病"有三个特点。一是妄自尊大。有些官员把"做官"这种"光荣和自豪感"轻则蜕变成一种优越感，重则沦落成一种高高在上的官僚习气。二是麻木不仁。有的官员，没有责任意识，没有服务意识。老百姓的事，哪怕是天大的事，都惊不动他。完全忘记自己曾经也是老百姓，自己的父母兄弟也是老百姓。三是利字当头。有的部门、个别官员，不给好处不办事已成习惯，很多摆在桌面上讲都属腐败行为的事，在有些人眼里习以为常。②

马克思和列宁都指出过，正是欧洲资产阶级，把从封建专制制度手中接过来的以官僚和军事机构为主要特征的国家机器，空前地发展、完备和巩固起来。

西方国家的官场病，既有从奴隶制国家和封建制国家延续下来的诸多表现形式和特点，又有许多新的表现形式和特点。在笔者所主编的《官僚主义——历史综合症》一书中，比较详细地介绍了西方国家官场病的种种表现，包括：金钱铺就的竞选路，不择手段的互相攻讦，法国大选内幕，桃色绯闻困扰英国政界，洛克希德案和里库路特案对日本政坛的冲击，贪污受贿之风在西方国家盛行，意大利政坛经济丑闻大曝光，从"水门""伊朗门"事件看美国政治，"法兰西病""美利坚病"，等等。其中，我们重点介绍了法国著名学者阿兰·佩雷菲特写的《官僚主义的弊害》一书。佩雷菲特认为，正是法国教条式的中央集权制使法国患上了"法兰西病"。他剖析了法国官僚主义的种种表现，包括不负责任、权力泛滥、画地为牢、偷梁换柱、平衡失调等。③

（二）两种形态的官僚政治和官僚主义

我国著名学者王亚南先生在《中国官僚政治研究》一书中，把官僚政治分为两方面，即技术性的官僚政治和体制性的官僚政治。所谓技术性的官僚政治，主要是就政治作风、工作方法而言的；所谓体制性的官僚政治，主要是就政治机构、政治制度而言的。王亚南认为，这两种官僚政治，人

---

① 李敬德主编《官僚主义——历史综合症》，文津出版社，1995，第38~73页。
② 吕林荫：《做官最终是做人——专访著名作家、〈大清相国〉作者王跃文》，《解放周末》2014年1月12日。
③ 李敬德主编《官僚主义——历史综合症》，文津出版社，1995，第80~105页。

们都应当进行研究，但首先和着重研究的，应当是作为一种社会体制的官僚政治。据此，我们认为，官僚政治是官僚主义发展最成熟的形态。官僚政治具有两种形态，一种是体制性的官僚政治，另一种是技术性、作风性的官僚政治；官僚主义同样具有两种形态，即体制性的官僚主义和作风性的官僚主义。进一步说，民主政治具有两种形态，即国家形态的民主政治和非国家形态的民主政治；作为一种体制性的官僚政治和官僚主义，也是一种国家制度，一种国家形态。这种体制性的官僚政治和官僚主义，产生于国家体制，体现于国家体制。列宁曾经说过："不论在君主国或在最民主的资产阶级共和国，官僚主义是随时随地把国家权力同地主和资本家的利益连在一起的。"①

三 官僚政治的主要特征

人类历史上最典型的官僚政治，是封建社会的官僚政治。研究官僚政治的特征，要重点研究封建官僚政治的特征。下面，我们以封建官僚政治为重点，说明官僚政治的主要特征。

一是颠倒主仆，脱离群众。这是官僚政治最本质的特征。马克思在《黑格尔法哲学批判》和《法兰西内战》、恩格斯在《家庭、私有制和国家的起源》等著作中，都曾经揭示和分析了剥削制度下官僚政治的本质特征。他们认为，剥削阶级国家的本质特征，也就是旧的官僚制和官僚主义的本质特征，是脱离人民，压迫人民。1891 年，恩格斯在为马克思的《法兰西内战》所写的序言中指出，以往国家的特征是，社会起初为保护自己的共同利益而建立起来的特殊机关（即后来的国家政权机关），"为了追求自己的特殊利益，从社会的公仆变成了社会的主人"。② 恩格斯还说过，这种国家机关由社会公仆变为社会主人的现象，在一切剥削阶级国家中都是不可避免的。列宁在《国家与革命》一书中指出，官僚主义的实质，就是脱离群众，站在群众之上，享有特权。③ 社会主义国家，本质上是人民当家作主的国家，国家机关和国家机关的工作人员，都应当忠实于人民，服务于人民，成为人民的公仆。但是，由于种种原因，特别是由于过去长期实行权力过分集中的管理体制，往往导致党政机关和党政干部脱离群众，脱离实

---

① 《列宁全集》第 36 卷，人民出版社，1985，第 85 页。
② 《马克思恩格斯选集》第 3 卷，人民出版社，2012，第 12 页。
③ 《列宁选集》第 3 卷，人民出版社，2012，第 216 页。

际，产生形式主义、官僚主义。毛泽东曾经说过，官僚主义的主要特点，是脱离群众。1944 年，毛泽东在延安的一次干部会上，讲到官僚主义的问题，特意念了一首咏泥神的旧诗，用泥塑木雕的神像来比喻脱离实际、脱离群众的官僚主义者。他说，除了三餐不食这一点不像外，官僚主义者的其他方面都很像一个神像：一声不响，二目无光，三餐不食，四肢无力，五官不正，六亲无靠，七窍不通，八面威风，九坐不动，十分无用！意思是说，官僚主义者高高在上，养尊处优，闭目塞听，脱离实际，脱离群众。

二是滥用权力，图谋私利。在封建官僚制度下，处于不同等级的大小官僚，凭借国家法律和自己的所谓高贵地位、显赫历史，坐享高官厚禄，养尊处优。他们所关心的是怎样保住自己的显赫地位，因而到处追逐特权，以权谋私。封建等级制度是官吏们滥用职权的祸根。马克思说："官吏只有犯下违背等级制或等级制所不需要的罪过时，才会受到等级制的惩罚，但是，如果是等级制本身通过某个官吏犯了罪过，那么它总是对这个官吏百般庇护。"① 按照封建等级制，封建官僚们追逐特权、鱼肉人民的行为，根本不是犯罪。在这种封建官僚制度下，大小官吏们谋取私利的行径就成为名正言顺的事了。正如马克思所说：在封建制度下，"就单个的官僚来说，国家的目的变成了他的私人目的，变成了追逐高位、谋求发迹"。② 在社会主义国家里，一些党政干部官本位思想严重，权力观扭曲，"一朝权在手，便把令来行"，做官当老爷；更有甚者，把人民赋予的权力看作自己谋取私利的"特权"，假公济私，结党营私，违法乱纪。

三是脱离实际，搞形式主义。马克思说过，官僚政治就其本质而言，是"作为形式主义的国家"。"官僚政治认为它自己是国家的最终目的。既然官僚政治把自己的'形式的'目的变成了自己的内容，它就处处同'实在的'目的相冲突。因此，它不得不把形式的东西充作内容，而把内容充作形式的东西。国家的目的变成行政办事机构的目的，或者行政办事机构的目的变成国家的目的。"③ 原捷克斯洛伐克著名经济学家和政治活动家奥塔·希克认为，在社会主义国家中，中央集权型的计划经济管理，是一种形式主义的管理。他指出："管理活动的目的不是理性地研究如何尽可能地节约生产资源、发展技术和增加资财，而是大量地制造公文往来、计划和

---

① 《马克思恩格斯全集》第 1 卷，人民出版社，1956，第 309 页。
② 《马克思恩格斯全集》第 3 卷，人民出版社，2002，第 60～61 页。
③ 《马克思恩格斯全集》第 3 卷，人民出版社，2002，第 60 页。

请示报告，即忙于向有关的上级部门汇报，填写计划和执行报表、统计表……给党的机关写总结报告等，这一切都是公文往来和文件制造，也是虚假的积极性和无效劳动。这些形式主义的活动却变成了官僚活动的实际内容，而提高生产效果的内容却成为次要的了。"① 前苏联哲学博士鲁金斯基说："官僚主义者注意的不是实际解决问题，不是国家工作的结果，而是注意其表面现象。"②

四是崇拜权威，盲目服从。在官僚界内部，上层官僚高高在上，脱离实际，因而造成极度的无知。然而，由于他们处于权力的上层，因而处处以高明自居。下级官僚则盲目地迷信和服从上级，他们只是被动地执行上级的指令，并且坚信上层所制造的种种神话。马克思说，在官僚界内部，下层官僚存在着"认为官方的认识更加高明的观点"。③ 这样，大小官僚之间就形成一种所谓"知识的等级制"，"上层指望下层了解详情细节，下层则指望上层了解普遍的东西。结果彼此都失算。"④ 对于封建官僚政治来说，"权威是它的知识原则，而神化权威则是它的信念"。在封建官僚政治中，各级官僚首先要做到的，是相信上层统治"权威"的绝对正确性；下级官员的天职，就是崇拜权威和服从命令，他们不可能有，也不允许有别的"思想方式"。这样，就使得"国家已经只是作为由从属关系和消极服从联系起来的各种固定的官僚势力而存在"。⑤

五是对内神秘，对外封闭。封建官僚统治维护的是少数人的利益，却要伪装成一种超乎于各种利益之上的、正确无误的活动。所以，官僚阶层处处使其统治带有一种神秘的色彩。正是由于其统治的狭隘目的，加之其反科学的性质，"因此官僚政治要维护特殊利益的虚构的特殊性，即它自己的精神，就必须维护特殊利益的虚构的普遍性，即同业公会精神"。⑥ 马克思指出："官僚政治的普遍精神是秘密，是奥秘；保守这种秘密在官僚政治内部靠等级制，对于外界则靠它那种封闭的同业公会性质。因此，公开的国家精神及国家信念，对官僚政治来说就等于泄露它的奥秘。"⑦ 奥塔·希

① 〔捷〕奥塔·希克：《共产主义政权体系》，江苏人民出版社，1982。
② 〔苏〕鲁金斯基：《官僚主义及其根除的问题》，《苏联东欧研究资料》1986 年第 6 期。
③ 《马克思恩格斯全集》第 1 卷，人民出版社，1995，第 373 页。
④ 《马克思恩格斯全集》第 3 卷，人民出版社，2002，第 60 页。
⑤ 《马克思恩格斯全集》第 3 卷，人民出版社，2002，第 61 页。
⑥ 《马克思恩格斯全集》第 3 卷，人民出版社，2002，第 59 页。
⑦ 《马克思恩格斯全集》第 3 卷，人民出版社，2002，第 60 页。

克在谈到"官僚体制的一般特征"时说："为了使官僚机关避免遭受各种批评，为了把领导和管理活动伪装成一种超然于各种利益之上的、正确无误的'为人民服务'的活动，这就不得不给这种管理活动蒙上一层看不透的、公务秘密的面纱。"①

据有的同志分析，我国目前存在的官僚主义具有五个方面的突出特征：一是存在领域的广泛性。官僚主义存在于政治、经济、文化、社会等诸多领域和不同层级的权力拥有者身上，是一种"常见病""易发病""多发病"。二是表现形式的多样性。官僚主义在不同时间、不同地区、不同部门，甚至不同的个体身上都会有不同的表现形式。三是形成原因的复杂性。其形成既有历史的原因，也有现实的原因，既有个人的原因，也有体制的原因。四是危害后果的致命性。官僚主义从根本上损害党的执政基础，削弱党的执政能力，最终导致党的执政地位的彻底丧失。五是治理过程的长期性。官僚主义源自"官本位"的基础和意识，在权力体系和权力运行中根深蒂固，是一种"顽疾"，因此，对它的预防和治理是一个长期的过程，需要我们坚持不懈，持之以恒。②

第二节　社会主义国家的 "官场病"

一　对社会主义国家整治"官场病"的历史回顾

从 1516 年莫尔的《乌托邦》问世到今天，社会主义已经走过了 500 个年头。从 1917 年十月革命胜利，在苏联建立起世界上第一个社会主义国家算起，社会主义也有近百年的历史了。回顾社会主义的历史发展进程，重新认识社会主义条件下的"官场病"，会有利于我们更有力地整治"四风"。

应当说，在世界上的第一个社会主义国家，列宁和俄国布尔什维克党较早地认识到，在党和苏维埃政权机关中存在着种种官僚主义现象。1919年 3 月，俄共（布）第八次代表大会通过的新党纲承认，"官僚主义就在苏维埃制度内部部分地复活起来"，并指出，承认官僚主义存在的目的，是要"使人人唾弃它，唤起同祸害作斗争的想法、意志、毅力和行动"。③ 同一年，布哈林和普列奥布拉任斯基合写了《共产主义 ABC》这本通俗理论读

---

① 〔捷〕奥塔·希克：《共产主义政权体系》，江苏人民出版社，1982。
② 吴康明：《清除官僚主义之弊》，《光明日报》2013 年 7 月 2 日。
③ 《列宁选集》第 4 卷，人民出版社，2012，第 510 页。

物。其中第六章，有一节专门论述苏维埃政权中的官僚主义。1921 年春天，全俄苏维埃第八次代表大会专门讨论了如何改善苏维埃机关工作和同官僚主义作斗争的问题。随后，俄共（布）第十次代表大会又一次讨论官僚主义问题。这时，人们对官僚主义"这个祸害看得更清楚，更明确，更严重了"。[①] 列宁尖锐地指出："我们所有经济机关的一切工作中最大的毛病就是官僚主义。共产党员成了官僚主义者。如果说有什么东西会把我们毁掉的话，那就是这个。"[②] 列宁还说："如果不进行有步骤的和顽强的斗争来改善机构，那我们一定会在社会主义的基础还没有建成以前灭亡。"[③] 在改善国家机关、克服官僚主义方面，列宁晚年提出了不少有重要价值的思想和主张，但他没有来得及实践就过早地去世了。当时，列宁已经接近于从体制上来认识官僚主义，但限于当时的社会历史条件，他还不可能得出体制性官僚主义的结论。到了斯大林时期，苏联逐步建立起中央高度集权的经济体制和政治体制，实际上是大大强化了体制性的官僚主义。在这样的历史条件下，斯大林不可能正确认识官僚主义的本质和危害，就更不可能同官僚主义进行有效的斗争了。

在苏联和东欧社会主义国家中，是南斯拉夫党和国家领导人及理论家较早地认识到，在社会主义条件下，存在着体制性的官僚主义。1950 年 6 月，南斯拉夫总统铁托在南斯拉夫人民议会发表《论经济企业的工人管理》的著名讲话，宣布实行工人自治，并明确地提出，"官僚主义是社会主义最大的敌人之一"，要反对国家经济政治体制中的官僚主义，实现国家机关、经济企业和社会生活的民主管理，以防止出现"管理工作官僚化的危险"。[④] 南斯拉夫当时的另一位领导人爱德华·卡德尔在一次讲话中，具体分析了高度集权的经济政治体制同官僚主义的关系。他明确指出，在这种高度集权的管理体制下，劳动者仅仅是这个国家垄断的毫无希望的和无能为力的工具；官僚化的行政机器和劳动者之间的矛盾是不可避免的。[⑤] 1956 年 7 月，波兰的波兹南事件发生后，波兰统一工人党举行中央全会，分析这一事件发生的原因，认为其根源在于党和政府在过去时期内所犯的导致党同

① 《列宁选集》第 4 卷，人民出版社，2012，第 511 页。
② 《列宁全集》第 35 卷，人民出版社，1959，第 552 页。
③ 《列宁全集》第 41 卷，人民出版社，1986，第 376 页。
④ 《铁托选集（1926～1951）》，人民出版社，1984，第 500～501 页。
⑤ 〔南〕爱德华·卡德尔：《社会主义民主在南斯拉夫的实践》，《卡德尔论文选》，外语教学与研究出版社，1986，第 86～87 页。

工人阶级中断了联系的错误，在于党的机构和领导的官僚主义。南斯拉夫的一位新闻工作者，通过对当时波兰事件进行实地观察和深入分析，认为1956 年的波兰"陷入了这样一种境地：它的整个社会特有的本质、它的全部特征、它的社会生活和文化生活的多样化，都要安放在这种制度的普罗克鲁斯特之床上。这既不适合波兰的躯体，也不适合它的气质"。① 这里所说的"普罗克鲁斯特之床"②，我们可以把它理解为权力过分集中的官僚主义体制，这种体制普遍存在于当时的社会主义国家之中。如果不通过经济政治体制改革搬掉这张"普罗克鲁斯特之床"，社会主义国家就不可能继续前进，社会主义事业就不可能健康发展，社会主义现代化就不可能实现。

我们党和国家对官僚主义的认识，同样经历了一个逐步深化的过程。新中国成立初期，从 1951 年末到 1952 年上半年，党中央在全国范围内开展了一场"三反""五反"运动。"三反"是指反对贪污、反对浪费和反对官僚主义；"五反"是指反对行贿、反对偷税漏税、反对偷工减料、反对盗骗国家财产、反对盗窃国家经济情报。1953 年，党中央又开展了一次新"三反"斗争。新"三反"是指反对官僚主义、反对命令主义、反对违法乱纪。1956 年 7 月，周恩来在上海的一次讲话中强调，要经常注意扩大民主，要经常反对官僚主义。他指出，掌握政权，总有这个问题，权力过分集中时就会有偏向，就会很容易忽视发扬民主而犯官僚主义和主观主义的错误。③1956 年 9 月，毛泽东、刘少奇、邓小平分别在党的八大开幕词、政治报告和修改党章的报告中，强调全党要同官僚主义进行有效的斗争。同年 10 月，毛泽东在党的八届二中全会上的讲话中，把反对官僚主义提到关系国家命运的高度，强调指出："我们一定要警惕，不要滋长官僚主义作风，不要形成一个脱离人民的贵族阶层。"④ 1957 年 5 月，党中央发出关于开展整风运

---

① 〔南〕德·米利伏耶奇：《波兰在十字路口》，世界知识出版社，1981，第 39 页。
② "普罗克鲁斯特之床"是一个希腊神话典故。普罗克鲁斯特是希腊神话中的一个拦路大盗，绰号"铁床匪"。传说他是海神波塞东的儿子，身材高大，为人凶狠。他在一条大路上安放了两张铁床，一张长床，一张短床，强迫过路行人躺在他的铁床上。身子矮小的人躺在长床上，他用力把这人的身子拉得和床一样长，直到这人气绝身死；身子高大的人躺在短床上，他就锯掉这人伸出床外的腿和脚，这样把人折磨死。后来，提修斯前往雅典路过这个地方，惩罚了这个恶匪。参见戈宝权编写《〈马克思恩格斯选集〉中的希腊罗马神话典故》，生活·读书·新知三联书店，1978。该书借用"普罗克鲁斯特之床"这个成语典故，说明传统的官僚主义的集权体制及人们对它的态度。
③ 《周恩来选集》（下），人民出版社，1984，第 209～210 页。
④ 《毛泽东选集》第 5 卷，人民出版社，1977，第 326 页。

动的指示，提出要在全党重新进行一次普遍的、深入的整风运动，集中力量反对官僚主义、宗派主义和主观主义。但由于种种原因，这次整风运动半途中缀了。就在这一年，毛泽东在《关于正确处理人民内部矛盾的问题》一文中指出，我国的社会主义制度才刚刚建立，还很不完善，在生产关系和生产力之间、上层建筑和经济基础之间，都存在着既相适应又相矛盾的情况，而"资产阶级意识形态的存在，国家机构中某些官僚主义作风的存在，国家制度中某些环节上缺陷的存在"，就是上层建筑和经济基础之间互相矛盾的具体表现之一。① 这说明，到这个时候，我们党及其领导人毛泽东已经注意到官僚主义同国家的具体制度（政治体制）的关系。遗憾的是，在后来的实践中，这种科学认识并没有得到贯彻。直到党的十一届三中全会后，我们党在民主政治建设的实践中进一步认识到，官僚主义主要是一种体制病。

1979 年 11 月 13 日，中共中央、国务院印发《关于高级干部生活待遇的若干规定》和邓小平在中央党政军机关副部长以上干部会上的报告。邓小平在报告中指出："现在到处都可以看到，我们的官僚主义、官僚机构、官僚制度的害处极大。"② 1980 年 8 月，邓小平在党中央政治局扩大会议上发表重要讲话，系统地论述了我国政治体制改革和反对官僚主义问题。他强调指出，我们现在的官僚主义现象，同我们长期实行的中央高度集权的管理体制有密切关系；为了有效地克服官僚主义，必须进行政治体制改革。他说："当然，官僚主义还有思想作风问题的一面，但是制度问题不解决，思想作风问题也解决不了。所以，过去我们虽也多次反过官僚主义，但是收效甚微。"③ 在这里，邓小平深刻地分析了我们过去多次反对官僚主义收效甚微的根本原因，科学地揭示了社会主义条件下的官僚主义同社会主义体制的关系，正确地指出了克服官僚主义的有效途径。1987 年 10 月，党的十三大明确提出，我国的政治体制改革，必须逐步健全社会主义民主，完善社会主义法制，努力克服官僚主义现象和封建主义影响。1992 年，邓小平在南方重要谈话中指出，现在有一个问题，就是形式主义多。形式主义也是官僚主义。④ 近年来，特别是党的十八大以来，随着我国民主法治建设的

① 《毛泽东文集》第 7 卷，人民出版社，1999，第 215 页。
② 《邓小平文选》第 2 卷，人民出版社，1994，第 226 页。
③ 《邓小平文选》第 2 卷，人民出版社，1994，第 328 页。
④ 《邓小平文选》第 3 卷，人民出版社，1993，第 381 页。

深入推进，我们党更明确地认识到，官僚主义是一种复杂的社会现象，它同形式主义、享乐主义和奢靡之风紧密相连，共同构成了新时期党和国家政治生活中的"官场病"。对于"四风"这种"官场病"，必须通过全面深化改革、全面依法治国、全面从严治党，来深入持续地进行"综合治疗"。

二　社会主义国家"官场病"病因探源

社会主义国家的"官场病"，是一种复杂的社会历史现象，它产生和存在的原因必然是多方面的，包括历史的和现实的诸多原因。

从历史原因说，有政治的、经济的、思想文化方面的原因。

首先，从政治上看，剥削阶级上层建筑（包括旧的国家政权、旧的意识形态）的影响，是社会主义条件下"官场病"产生的政治思想根源。列宁曾经尖锐地指出："沙皇时代的官僚渐渐转入苏维埃机关，实行官僚主义，装成共产主义者，并且为了更便于往上爬而设法取得俄国共产党的党证。"[①] 在我国和前苏联、东欧社会主义国家中，剥削阶级意识形态的影响，特别是封建专制主义的思想影响，更是源远流长、根深蒂固。新中国成立初期，毛泽东曾经说过，官僚主义、命令主义和违法乱纪等问题，"就其社会根源来说，这是反动统治阶级对待人民的反动作风（反人民的作风，国民党的作风）的残余在我们党和政府内的反映的问题"。[②]

1980年，邓小平在《党和国家领导制度的改革》一文中指出，我们党和国家领导制度、干部制度方面的主要弊端就是存在官僚主义现象，权力过分集中的现象，家长制现象，干部领导职务终身制现象和形形色色的特权现象。这些主要弊端，都是封建专制主义残余影响的表现。邓小平进一步指出：新中国成立后，"肃清思想政治方面的封建主义残余影响这个任务，因为我们对它的重要性估计不足，以后很快转入社会主义革命，所以没有能够完成。现在应该明确提出继续肃清思想政治方面的封建主义残余影响的任务，并在制度上做一系列切实的改革，否则国家和人民还要遭受损失"。[③]

其次，社会主义条件下"官场病"产生的经济社会根源，是受到小生产习惯势力的影响。俄国十月革命胜利后，列宁曾经对俄共（布）和苏维

---

① 《列宁全集》第36卷，人民出版社，1985，第154页。
② 《毛泽东文集》第6卷，人民出版社，1999，第254页。
③ 《邓小平文选》第2卷，人民出版社，1994，第335页。

埃政权内存在官僚主义现象的原因进行了透彻的分析，认为官僚主义是
"小生产者涣散性和受压制状态的上层建筑"。他说，我们这里官僚主义的
经济根源，是"小生产者的分散性和涣散性，他们的贫困、不开化，交通
的闭塞，文盲现象的存在，缺乏农工业之间的流转，缺乏两者之间的联系
和协作"。①同俄国相比较，我们国家小农经济的基础更深厚，封建社会的
历史更漫长，社会生产力的水平更低下，因此，官僚主义就更容易滋生、
蔓延。我们建立新中国已经60多年，工业化、信息化、城镇化和农业现代
化取得了巨大成就，但是，如今在我们广大的农村，那种自给自足的小农
经济在政治、思想、人们心理上的影响，仍然不同程度却是相当普遍地存
在着。目前，在我们党和国家机关中存在的形式主义、官僚主义、享乐主
义和奢靡之风，都同分散落后的小农经济及其经营方式、管理方式，同小
生产者的思想作风和生活习惯有着密切的联系。

最后，社会主义条件下的官场病的产生和存在，还有一个重要原因，
就是群众文化的落后性。这种文化的落后性，同落后的小农经济有着十分
紧密的联系。俄国十月革命胜利不久，列宁曾经说过："我们深深知道，俄
国文化不发达是什么意思，它对苏维埃政权有什么影响；苏维埃政权在原
则上实行了高得无比的无产阶级民主，对全世界做出了实行这种民主的榜
样，可是这种文化落后性却贬低了苏维埃政权并使官僚制度复活。"②在我
国民主革命时期，刘少奇也说过："在中国这个落后的农业国家，一个村
长，一个县委书记，可以称王称霸。"③

从现实原因说，社会主义国家的官场病，与国家体制密切相连，就其
根本性质来说，它是一种体制病。社会主义国家长期实行的集权型体制，
是社会主义条件下官场病产生和存在的直接根源或者说根本原因。1958年
12月，南斯拉夫总统铁托在一次讲话中说："我们根据自己的经验确信，中
央集权的，即国家主义的管理，是助长官僚主义的最肥沃土壤。"④1977年，
德国鲁道夫·巴罗教授在《抉择——对现实存在的社会主义的批判》一书
中指出，对生产机构的垄断、对绝大部分剩余产品的垄断、对再生产过程
比例的垄断以及对消费和分配的垄断，形成了一种官僚主义的机制。他说，

① 《列宁选集》第4卷，人民出版社，2012，第511页。
② 《列宁全集》第29卷，人民出版社，1956，第152页。
③ 《刘少奇选集》（上），人民出版社，1981，第413页。
④ 《铁托选集（1952~1960）》，人民出版社，1984，第217页。

在官僚集权的计划体制下，人们原则上无需自己去找任务，去认识和解决问题，这一切都会指派下来。资金也是根据决算分配的。在现实存在的社会主义国家中，显然没有公务人员因毫无进取精神而被解除职务的惯例。官僚主义作为管理机构和劳动组织的主导形式，正在造就一批特殊的保守型庸人，他们可以通过"创造性"的上下一致性（最佳状况），通过准确完成任何一项任务（成绩平平），通过劳而无功（成绩为负）而出人头地。官僚主义从根本上束缚着生产力，官僚性的经济组织是普遍官僚化的根源。① 1986 年，苏联科学院哲学家阿·帕·布坚科博士在接受记者采访时说，在过去的发展中，苏联形成了障碍机制。"官僚主义是障碍机制的主要社会力量"。②

邓小平在《党和国家领导制度的改革》这篇重要讲话中，着重从政治体制方面对社会主义条件下官僚主义产生和存在的根源进行了深刻的分析：第一，权力过分集中，必然产生官僚主义。邓小平指出，我们现在的官僚主义现象，同我们长期实行的中央高度集权的管理体制有密切关系。我们的各级领导机关，都管了很多不该管、管不好、管不了的事。谁也没有这样的神通，能够办这么繁重而生疏的事情。这可以说是我们所特有的官僚主义现象的一个总病根。③ 第二，无章可循，职责不明，是官僚主义的另一个病根。邓小平指出："我们的党政机构以及各种企业、事业领导机构中，长期缺少严格的从上而下的行政法规和个人负责制，缺少对于每个机关乃至每个人的职责权限的严格明确的规定，以至事无大小，往往无章可循，绝大多数人往往不能独立负责地处理他所应当处理的问题，只好成天忙于请示报告，批转文件。有些本位主义严重的人，甚至遇到责任互相推诿，遇到权利互相争夺，扯不完的皮。"④ 第三，机构臃肿，副职过多，层次过多，闲职过多，人浮于事，必然产生官僚主义。第四，干部领导职务终身制现象的存在，对干部缺少正常的录用、奖惩、退休、淘汰办法，能进不能出，能上不能下，也会助长官僚主义。

① 〔德〕鲁道夫·巴罗：《抉择——对现实存在的社会主义的批判》，人民出版社，1983，第 4、131、177～186 页。

② 〔苏〕阿·帕·布坚科：《谈苏联社会中的障碍机制》，山东大学《当代世界社会主义问题》1987 年第 3 期。

③ 《邓小平文选》第 2 卷，人民出版社，1994，第 328 页。

④ 《邓小平文选》第 2 卷，人民出版社，1994，第 328 页。

三 整治"官场病"是社会主义国家的历史性课题

社会主义国家的官场病，是一种历史综合症。这种贯通古今、遍及中外的官场通病，本是国家的伴生物，要与国家同消长、共始终。只要社会上还存在着阶级、政党和国家政权，只要社会上还存在着工业和农业、城市和乡村、体力劳动和脑力劳动的差别，只要社会上还存在着种种不平等现象，形式主义、官僚主义、享乐主义和奢靡之风这类官场弊害，就有长期存在的社会基础和客观条件。而阶级的完全消灭，国家的最后消亡，"三大差别"的彻底消灭，社会不平等现象的彻底消除，都是以社会生产力的极高度发展和社会每一个成员的全面而自由的发展为前提的。这是一个漫长曲折的历史过程。在这个过程中，需要共产党人和人民群众持续地进行矢志不渝的奋斗，需要克服现存社会关系中的种种缺陷，需要对人类自身和环境进行一系列的改造。马克思和恩格斯说过："存在于现存社会关系中的一切缺陷是历史地产生的，同样也要通过历史的发展才能消除。"① 可以说，官场病是社会主义国家现存社会关系中的最大缺陷，是一种社会历史顽症。

我国现在还处在社会主义初级阶段，巩固和发展社会主义制度，是一个很长的历史过程，需要几代人、十几代人，甚至几十代人坚持不懈地努力奋斗。在这整个历史过程中，"四风"这类官场病都会始终存在，都要求我们持之以恒地同这类官场病进行斗争。我们国家原来经济文化比较落后，搞社会主义只有几十年的时间。我们要持续推进新型工业化、信息化、城镇化和农业现代化，把我们国家建设成为富强、民主、文明、和谐的社会主义现代化国家。但也面临着很多新情况和新问题，还要用理性和智慧来积极应对越来越多的风险和挑战。我国社会主义现代化建设的持续推进，要求深化政治体制改革，发展社会主义民主政治，靠民主法治从根本上调动人民群众的积极性和创造性，为现代化建设提供强大的动力和保证。而在我们党和国家的政治生活领域，还存在着权力过分集中，形式主义、官僚主义严重，封建专制主义影响远未肃清等突出问题；民主法治建设任重道远。列宁曾深刻地指出，国家完全消亡的经济基础就是共产主义的高度发展，那时脑力劳动和体力劳动的对立已经消失，因而现代社会不平等的

---

① 《马克思恩格斯全集》第3卷，人民出版社，1960，第498页。

最重要的根源之一也就消失，而这个根源是决不能立刻消除的；我们只能谈国家消亡的必然性，同时着重指出这个过程是长期的，指出它的长短将取决于共产主义高级阶段的发展速度。[①]列宁强调指出，国家消亡的经济基础，也是官僚主义的消亡以及上层和下层的消亡、不平等的消亡的"经济基础"。[②]这就是说，我们反对官场病，清除形式主义、官僚主义、享乐主义和奢靡之风等政治弊害，是一项长期的、艰巨复杂的历史任务。这个历史任务，将贯穿于建设、巩固和发展社会主义的整个历史进程；这个历史任务，是同我们实现社会主义现代化、实现中华民族伟大复兴的中国梦紧密地联系在一起的，是同我们共产党人实现共产主义的远大目标紧密地联系在一起的；这个历史任务，既是攻坚战，又是持久战，需要共产党人和广大人民群众，经过几代人、十几代人，甚至几十代人坚持不懈地努力奋斗。

整治社会主义国家的"官场病"，要注意防止和克服两种倾向。一种倾向是，认为官场病既然是同国家的消亡联系在一起的，形式主义、官僚主义等弊病不可能在短期内彻底根除，那么同"四风"这类官场病作斗争，就可以慢慢来，不必兴师动众了。有这种认识的同志，对同"四风"这类官场病作斗争，表现出漠不关心和无所作为的态度。这种倾向之所以错误，就在于它没有看到"四风"对民主政治建设和整个社会主义事业的严重危害性，没有充分认识我们同"四风"这类官场病进行斗争的必要性、长期性和艰巨性。另一种倾向是，只看到官场病对民主政治建设和整个社会主义事业的严重危害性，和同"四风"这类官场病进行斗争的必要性，却看不到同"四风"进行斗争的长期性和艰巨性，因而往往采取急躁的态度和简单的方法来对待"四风"这类官场病。他们或者是一谈到同"四风"进行斗争，就企图在短时间内把"四风"这类官场病"彻底消灭"；或者认为"四风"是"不治之症"，对同"四风"这类官场病进行持久性斗争失去耐力和信心。俄国十月革命胜利不久，1921年5月，针对俄共（布）党内存在的同官僚主义斗争的幼稚和绝望情绪，列宁曾经进行过有说服力的分析和批评。列宁认为，对于苏维埃政权机关中的官僚主义现象，是不能像对待"肿瘤"一样立刻割除、彻底消灭的。列宁说，"抛弃""官僚主义的肿瘤"的提法本身就不正确，因为同官僚主义现象作斗争，"用外科手术是荒

---

① 《列宁全集》第31卷，人民出版社，1985，第92页。
② 《列宁全集》第32卷，人民出版社，1985，第315页。

谬的，不可能的；只能慢慢地治疗"。列宁强调指出："在一个农民的和极端贫困的国家中同官僚主义作斗争，需要很长的时间，要坚持不懈地进行这种斗争，不要一遭到失败就垂头丧气。"① 同当时俄国的情况相比较，我们的国家，小农经济的基础更加广泛，封建社会的历史更加漫长，因此，我们对同"四风"这类官场病作斗争的长期性、艰巨性和复杂性，应当有更为充分的认识和准备。

整治社会主义国家中的官场顽症，不能指望速战速决，毕其功于一役，而必须立足于斗争的长期性、战略性，打一场有谋划、有准备、有成效的攻坚战和持久战。打好这场攻坚战和持久战的总体战略方针，是标本兼治，综合治疗。所谓治标，就是要着力对目前存在的"四风"问题的各种表现，采取有针对性的措施，该纠正的纠正，该禁止的禁止。所谓治本，就是要查找产生问题的深层次原因，从理想信念、工作程序、体制机制等方面，下功夫抑制和整治形式主义、官僚主义等官场病。所谓综合治疗，就是要通过多种途径，采用多种方法，综合施治，"对症下药"，反复不断地清除官场积弊，征服"四风"顽症。

治标不可少，治本更重要。社会主义国家的官场病，主要是体制病，解决官场病问题，应把着力点放在深化政治体制改革上。历史和现实都一再说明，对于清除官僚政治和官僚主义积弊，制度问题更具有根本性、全局性、稳定性和长期性，不通过体制改革有效地解决体制性官场病，作风性官场病很难解决。就解决体制性官场病和作风性官场病这两方面来说，解决作风性官场病属于治标，解决体制性官场病属于治本。这里所说的"治标"与"治本"，只是相对而言的。如果从社会主义的长期历史发展看，我们可以把整治"四风"官场病纳入社会主义最终取代资本主义的历史总进程，那么目前我们强调要通过体制改革来解决"四风"问题，仅仅属于治标性举措，最根本、最长远的治本之策，是要通过全面深化改革、全面依法治国、全面从严治党，进一步解放思想、解放和发展社会生产力、解放和增强社会活力，坚决破除各方面体制机制弊端，加强社会主义"五位一体"的建设，加快发展社会主义市场经济、民主政治、先进文化、和谐社会、生态文明，为最终彻底消除官场病创造更充分的政治经济社会条件和思想文化条件。

---

① 《列宁全集》第35卷，人民出版社，1959，第490～491页。

纵观古今中外官场通病会发现，它们都突显出对公权力的滥用，都少不了个人专权、以权谋私，都少不了华而不实、弄虚作假、官腔官气，都少不了养尊处优、贪图享乐、生活奢靡；而形式主义、官僚主义、享乐主义和奢靡之风，正是我国当前民主政治建设，特别是在党风政风建设方面存在的突出问题。党的十八届三中全会通过的《中共中央关于全面深化改革若干重大问题的决定》，党的十八届四中全会通过的《中共中央关于全面推进依法治国若干重大问题的决定》，就加快转变政府职能、加强社会主义民主政治制度建设、全面推进依法治国、强化权力运行制约和监督体系等问题，作出了全局性、战略性部署，提出了重要举措和明确要求。认真落实这些改革举措和要求，对于有效地消除现存的种种体制弊端，从根本上抑制和克服"四风"，具有重要意义和长远指导作用。

第三节　在全面从严治党中整治"四风"

一　把反"四风"改作风作为全面从严治党的着力点

党的十八大以来，党中央坚持思想建党和制度治党紧密结合，从整治"四风"入手，以踏石留印、抓铁有痕的劲头，加强党的作风建设，全面从严管党治党。2012 年 12 月 4 日，中共中央政治局通过《关于改进工作作风、密切联系群众的八项规定》。习近平同志指出："改进工作作风的任务非常繁重，中央八项规定是一个切入口和动员令。中央八项规定既不是最高标准，更不是最终目的，只是我们改进作风的第一步，是我们作为共产党人应该做到的基本要求。'善禁者，先禁其身而后人。'各级领导干部要以身作则、率先垂范，说到的就要做到，承诺的就要兑现，中央政治局同志从我本人做起。领导干部的一言一行、一举一动，群众都看在眼里、记在心上。干部心系群众、埋头苦干，群众就会赞许你、拥护你、追随你；干部不务实事、骄奢淫逸，群众就会痛恨你、反对你、疏远你。我们的财力是不断增加了，但决不能大手大脚糟蹋浪费！要坚持勤俭办一切事业，坚决反对讲排场比阔气，坚决抵制享乐主义和奢靡之风。"①

从 2013 年 6 月到 2014 年 10 月，作为中央抓作风建设的战略性举措，

---

① 习近平：《在第十八届中央纪律检查委员会第二次全体会议上的讲话》，《习近平关于党风廉政建设和反腐败斗争论述摘编》，中央文献出版社、中国方正出版社，2015，第 71 页。

全党自上而下分两批深入开展党的群众路线教育实践活动。这次教育活动，以为民务实清廉为主要内容，着力解决形式主义、官僚主义、享乐主义和奢靡之风这"四风"问题。这是一次依靠群众开门整风的活动。在活动中，按照"照镜子，正衣冠，洗洗澡，治治病"的总要求，聚焦"四风"，通过深入学习、查找问题，开门听取意见，认真撰写对照检查材料并报上级审核把关，深入谈心交心，严肃开展批评与自我批评，上级党组织点评并严格督导，落实整改，建章立制，增强党自我净化、自我完善、自我革新、自我提高能力。

在教育实践活动的部署会议上和总结会议上，在对联系点的调研指导中，在其他多个场合，习近平同志对反对"四风"、加强作风建设作过很多重要论述。他指出，我们抓中央"八项规定"贯彻落实，看起来是小事，但体现的是一种精神。抓"四风"要首先把中央"八项规定"抓好，抓党的建设要从"四风"抓起，办好一件事后再办第二件事。他强调，教育实践活动收尾决不是作风建设收场，必须以锲而不舍、驰而不息的决心和毅力，把作风建设不断引向深入。要从解决"四风"问题延伸开去，努力改进思想作风、工作作风、领导作风、干部生活作风，努力改进学风、文风、会风，加强治本工作，使党员、干部不仅不敢沾染歪风邪气，而且不能、不想沾染歪风邪气，使党的作风全面纯洁起来。

这次党的群众路线教育实践活动，让8600多万党员受到精神和思想的洗礼，净化了从政环境和政治生态，制定和完善了近20项治根本管长远的具体制度。这些制度，成为扫除"四风"的关键、作风建设的动力。各地承接中央出台的制度，结合本地具体实际，创造了民意代言制、问题台账制、挂牌销号制等行之有效的制度。群众点赞，机关大厅变成群众客厅、百姓民事变成干部家事。在制度刚性约束下，教育活动取得了显而易见的成效。

2014年11月，中共中央办公厅印发了《关于深化"四风"整治、巩固和拓展党的群众路线教育实践活动成果的指导意见》，强调要充分认识作风建设的长期性、复杂性、艰巨性，牢固树立持续整改、长期整改的思想，切实把作风建设紧紧抓在手上，坚持抓常、抓细、抓长，以锲而不舍、驰而不息的决心和毅力，持续努力、久久为功，推进集中反"四风"改作风转为经常性的作风建设，形成作风建设新常态。该指导意见要求，要始终保持反"四风"高压态势。要采取有力措施抓好整改落实，防止曲终人散，使活动期间形成的反"四风"改作风良好势头戛然而止，让改作风成为一阵风；防止反弹反复，活动一过一切照旧，"四风"卷土重来。要总结运用好教育实践活动宝贵经验。要切实兑现承诺，持续深入抓好整改落实。定期公开后续整改进展情况，群众认可一件、销号一件，绝不允许出现"烂尾工程"或"形象工程"。要深入推进专项整治。要强化源头治理，健全和落实改进作风常态化制度。

"三严三实"专题教育是党的群众路线教育实践活动的延展深化，是加强党的思想政治建设和作风建设的重要举措。2014年3月9日，习近平同志在参加十二届全国人大二次会议安徽代表团审议时，明确提出领导干部要做到"三严三实"：各级领导干部都要树立和发扬好的作风，既严以修身、严以用权、严以律己，又谋事要实、创业要实、做人要实。他所提出的"三严三实"要求，正是领导干部必须躬身践行的作风新要求和勤廉新标准。同年3月31日，中央党的群众路线教育实践活动领导小组印发《关于在教育实践活动中学习弘扬焦裕禄精神、践行"三严三实"要求的通知》，就开展"三严三实"教育提出了具体要求。2015年4月，中共中央办公厅印发《关于在县处级以上领导干部中开展"三严三实"专题教育方案》，对在县处级以上领导干部中开展"三严三实"专题教育作出安排。"三严三实"体现着共产党人的价值追求和政治品格，明确了领导干部的修身之本、为政之道、成事之要。开展专题教育，目的是推动领导干部自觉践行"三严三实"，在深化"四风"整治、巩固和拓展党的群众路线教育实践活动成果上见实效，在守纪律讲规矩、营造良好政治生态上见实效，在真抓实干、推动改革发展稳定上见实效。

二　抓作风建设要抓常、抓细、抓长

习近平强调，抓作风建设，要坚持标本兼治，在抓常、抓细、抓长上下功夫，使作风建设常态化、长效化。强调抓常，就是要"经常抓、见常态"。风气养成重在日常教化，要时刻摆上位置、有机融入日常工作，做到管事就管人，管人就管思想、管作风。要坚持纠"四风"和树立新风并举，以优良的党风带动民风社风，倡导时代新风。作风建设贵在常抓不懈，要使之形成一种习惯、一种风气。强调抓细，就是要"深入抓、见实招"。作风建设，重在抓细节，必须环环抓。最重要的是要抓好落实，言必行、行必果。对老百姓关心的突出问题，要采取针对性、操作性、指导性强的举措，一件件解决好，让大家感到党和政府是能办成事的，而且是认真办事的。这样才能取信于民、取信于全党。强调抓长，就是要"持久抓、见长效"。作风建设，重在持久，必须反复抓。纠风之难，难在防止反弹。要以踏石留印、抓铁有痕的劲头抓下去，扭住不放，持之以恒，久久为功。强调坚持标本兼治，要努力形成系统完备的制度体系，以刚性的制度规定和严格的制度执行，确保改进作风规范化、常态化、长效化，切实防止"四风"问题反弹。习近平同志强调，党风廉政建设和反腐败斗争永远在路上，解决"四风"问题没有休止符，一直是进行时，没有完成时。全党必须保持常抓的韧劲、长抓的耐心，把作风建设不断引向深入，努力营造风清气正的良好政治生态，为推动改革发展提供强大正能量。

2013 年 1 月 22 日，习近平在十八届中央纪委二次全会指出，作风问题具有顽固性和反复性，抓一抓有好转，松一松就反弹。有人担心，八项规定执行起来会不会是一阵风，或者是流于形式，这种担心不是没有道理的。能不能打消干部群众的这个疑问，关键看我们怎么做。发布八项规定只是开端、只是破题。还需要下很大功夫。我们也要以踏石留印、抓铁有痕的劲头抓下去，善始善终、善作善成，防止虎头蛇尾。让全党全体人民来监督，让人民群众不断看到实实在在的成效和变化。

2013 年 9 月 23 日至 25 日，习近平在参加河北省委常委班子专题民主生活会时指出："我们抓中央八项规定贯彻落实，看起来是小事，但体现的是一种精神。中央八项规定都抓不好、坚持不下去，还搞什么十八项规定、二十八项规定？抓'四风'要首先把中央八项规定抓好，抓党的建设要从'四风'抓起。办好一件事后再办第二件事，让大家感到我们是能办成事的，而且是认真办事的。这样才能取信于民、取信于全党。大家担心防范'四风'的制度能不能建立起来，是不是有用，是不是'稻草人'？行胜于言。比如，今年中秋节中央纪委抓月饼，看起来是小事，其实是抓这后面隐藏的腐败。抓了中秋节抓国庆节，抓了国庆节抓新年，抓了新年抓春节，抓了春节抓清明节、抓端午节，就这么抓下去，总会见效的，使之形成一种习惯、一种风气。"① 习近平强调，我们一定要认清"四风"的严重性、危害性和顽固性、反复性，锲而不舍、驰而不息抓下去，以上率下，以党风带社风带民风。对此，中央是下了决心的，希望大家也下定决心、毫不

---

① 习近平：《在参加河北省委常委班子专题民主生活会时的讲话》，《习近平关于党风廉政建设和反腐败斗争论述摘编》，中央文献出版社、中国方正出版社，2015，第 77～78 页。

动摇。

三 围绕权力运行扎紧织密制度笼子

十八大以来，习近平在一系列重要讲话中多次强调，要健全权力运行制约和监督体系，让人民监督权力，让权力在阳光下运行，确保国家机关按照法定权限和程序行使权力。要构建决策科学、执行坚决、监督有力的权力运行体系，健全惩治和预防腐败体系，建设廉洁政治。要形成科学有效的权力制约和协调机制，严格规范各级党政主要领导干部的职责权限，科学配置党政部门及内设机构权力和职能，明确职责定位和工作任务。也就是说，要使各级党政领导干部、党政部门及内设机构明确自己的权力边界，明确自己该做什么、不该做什么，能做什么、不能做什么。要加强和改进对主要领导干部行使权力的制约和监督，加强行政监察和审计监督。要完善党务、政务和各领域办事公开制度，推进决策公开、管理公开、服务公开、结果公开。

要围绕权力运行扎紧织密制度笼子。中央和国家机关要围绕规范权力运行，带头建立权力清单制度，梳理职权目录，厘清权力边界，依法公开权力运行流程。地方各级党政机关及其工作部门，要加快建立并公布本级权力清单，完善重大事项、重大决策民主协商和咨询制度，健全党务公开、政务公开和各领域办事公开制度。执法监管部门要针对权责交叉、多头执法、自由裁量权过大等问题，着力理顺执法体制、完善执法程序。窗口单位和服务行业要围绕改进服务态度、简化办事流程、提高服务效能，着力完善便民服务、高效服务、优质服务制度规定。国有企业要建立健全经营投资责任追究机制，完善企业管理人员薪酬制度，规范履职待遇和业务支出。高等学校要完善内部治理结构，健全考试招生制度，规范科研经费和设备管理办法。

2013年5月27日，《中国共产党党内法规制定条例》及《中国共产党党内法规和规范性文件备案规定》对外公布，迈出了用制度从严管党、治党的重要一步。这两部重要党内法规的制定和公布，是推进党内法规制度建设的重大举措，传递出"依法治党"的新信息、新思维。2013年8月，中央政治局会议审议通过了《建立健全惩治和预防腐败体系2013～2017年工作规划》，将建立健全惩治和预防腐败体系作为反腐败的国家战略和顶层设计。除了制定落实各项反腐倡廉规章制度和条例外，十八大后确立了党委负主体责任、纪委负监督责任的党风廉政建设责任制；强化了上级纪委对下级纪委领导的反腐败领导体制和工作机制；确立了新的巡视组制度和新提任领导干部有关事项公开制度等举措，这些都是反腐败工作在制度上的创新。针对容易引发腐败的具体问题，党中央制定了一系列相关制度，如《党政机关国内公务接待管理规定》《党政机关厉行节约反对浪费条例》《党政领导干部选拔任用工作条例》《中央和国家机关公务用车制度改革方案》等。

党的十八届三中全会通过的《中共中央关于全面深化改革若干重大问题的决定》明确提出，要健全改进作风常态化制度。要重点围绕解决形式主义、官僚主义、享乐主义和奢靡之风这"四风"问题，加快体制机制改革和建设。按照该决定的要求，健全改进作风常态化制度，主要包括以下几项具体制度：一是完善领导干部直接联系和服务群众制度；二是健全改进文风会风制度；三是完善艰苦奋斗、勤俭节约制度；四是完善选人用人制度；五是改革政绩考核机制；六是规范并严格执行领导干部工作生活保障制度；七是健全反对特权相关制度。

习近平同志多次指出，制定制度很重要，但更重要的是抓落实。中央到地方对很多作风问题都有一些制度性规范，但有些形同虚设、形同摆设，牛栏关猫，很多作风问题不仅没有被遏制住，反而愈演愈烈。这些问题，都要以钉钉子精神抓下去，一抓到底，绝不能半途而废。他强调："制度不在多，而在于精，在于务实管用，突出针对性和指导性。如果空洞乏力，起不到应有的作用，再多的制度也会流于形式。牛栏关猫是不行的！"①

强化正风肃纪，维护制度严肃性。要加大制度执行监督检查力度，明确违规处理的具体办法，始终坚持对踩"红线"、闯"雷区"的零容忍，触犯法律的及时移交司法机关处理。坚持"一案双查"，既要追究当事人责任，也要追究监管领导责任，防止以集体责任代替个人责任。对顶风违纪、影响恶劣的典型案例，要指名道姓予以通报曝光。

四 完善和落实党风廉政建设责任制

完善和落实党风廉政建设责任制，是强化反腐败体制机制创新和制度保障的重要举措。党风廉政建设责任制是党风廉政建设的一项重要基础性

---

① 习近平：《在党的群众路线教育实践活动总结大会上的讲话》，《习近平关于党风廉政建设和反腐败斗争论述摘编》，中央文献出版社、中国方正出版社，2015，第130页。

制度，抓好了党风廉政建设责任制，就是抓住了党风廉政建设的牛鼻子，就能形成全党动手、全社会参与反腐败的强大合力。

1998年11月，中共中央、国务院发布了《关于实行党风廉政建设责任制的规定》，在促进各级党委和政府抓好党风廉政建设和反腐败斗争、不断增强拒腐防变和抵御风险能力、切实提高党的领导水平和执政水平方面发挥了重要作用。为了适应新时期党的建设特别是反腐倡廉建设的新要求，2010年12月，中共中央、国务院对该规定作了修订。修订后的《关于实行党风廉政建设责任制的规定》明确要求各级领导干部，把落实党风廉政建设责任制作为一项重要任务，进一步增强责任意识，切实采取有效措施，全面履行自身职责，推动形成反腐倡廉的强大合力，不断开创党风廉政建设和反腐败斗争的新局面。

2013年1月，习近平总书记在第十八届中纪委第二次全会上的讲话中强调，各级党委对职责范围内的党风廉政建设负有全面领导责任，党委主要负责人是第一责任人。指出要严格执行责任制，做到分解责任要明确，检查考核要严格，责任追究要到位，让责任制落到实处。2013年11月，党的十八届三中全会通过的《中共中央关于全面深化改革若干重大问题的决定》提出，要落实党风廉政建设责任制，党委负主体责任，纪委负监督责任，制定实施切实可行的责任追究制度。2014年1月，习近平总书记在十八届中纪委第三次全会上的重要讲话，再次强调了落实党委（党组）主体责任和纪委的监督责任对党风廉政建设成效的重要性。他指出："为什么要强调党委负主体责任？是因为党委能否落实好主体责任直接关系党风廉政建设成效。现在，有的党委对主体责任认识不清、落实不力，有的没有把党风廉政建设当作分内之事，每年开个会、讲个话，或签个责任书就万事大吉；有的对错误思想和作风放弃了批评和斗争，搞无原则的一团和气，疏于教育，疏于管理和监督，放任一些党员、干部滑向腐败深渊；还有的领导干部只表态、不行动，说一套、做一套，甚至带头搞腐败，带坏了队伍，带坏了风气。"他强调指出："有权就有责，权责要对等。无论是党委还是纪委或其他相关职能部门，都要对承担的党风廉政建设责任进行签字背书，做到守土有责。出了问题，就要追究责任。决不允许出现底下问题成串、为官麻木不仁的现象！不能事不关己、高高挂起，更不能明哲保身。自己做了好人，但把党和人民事业放到什么位置上了？如果一个地方腐败问题严重，有关责任人装糊涂、当好人，那就不是党和人民需要的好人！

你在消极腐败现象面前当好人，在党和人民面前就当不成好人，二者不可兼得。"①

完善和落实党风廉政建设责任制，首先是各级党组织要切实担负起党风廉政建设的主体责任。党委的主体责任，主要体现在选好用好干部、纠正损害群众利益行为、从源头上防治腐败、支持执纪执法机关工作、党委主要负责同志当好廉洁从政表率等方面。中央在贯彻落实十八届三中全会精神，加强反腐败体制机制改革创新的部署中，针对不少党组织特别是主要负责人对党委主体责任认识不清、落实不力等问题，强化了各级党委在党风廉政建设方面的主体责任。要求各级党委要牢固树立不抓党风廉政建设就是失职的意识，坚持党要管党、从严治党，在惩治和预防腐败方面更多地承担领导责任，把预防腐败的要求体现和落实到本地区本部门本单位各项改革和制度建设中去，领导和支持执纪执法机关查处违纪违法问题，并加强领导班子自身建设，当好廉洁从政的表率。

完善和落实党风廉政建设责任制，要求各级纪委切实担负起监督责任。纪委是党内监督专门机关，纪委履行监督责任，绝不是"隔岸观火光吃喝、卷起袖子不干活"。各级纪委既要协助党委加强党风建设和组织协调反腐败工作，又要督促检查相关部门落实惩治和预防腐败工作任务，更多地担负起惩治腐败方面的责任，组织协调有关力量，加大办案工作力度，坚决遏制腐败蔓延势头。

完善和落实党风廉政建设责任制，关键在于制定实施切实可行的责任追究制度。无论是党委、纪委或者其他相关职能部门，都要对自身承担的党风廉政建设责任进行签字背书，做到守土有责、守土尽责。出了问题，就要严格追究责任。现在，一些被揭露查处的大案要案，实际上已经存在好多年了，却迟迟未能发现，结果愈演愈烈、触目惊心；有的地方长期存在团伙性的腐败活动，涉案人数很多，活动范围很大，也迟迟未能查处；有的干部刚刚提拔上来，或者刚刚经过考核考察，就发现有重大问题，给我们党的公信力造成了极大伤害。责任追究既是压力，更是动力。要制定切实可行的责任追究办法，对发生重大腐败案件和严重违纪行为的地方、部门和单位，实行"一案双查"，既要追究当事人责任，又要倒查追究相关领导责任，包括党委和纪委的责任。当然，要实事求是，区别对待，分清

① 习近平：《在第十八届中央纪律检查委员会第三次全体会议上的讲话》，《习近平关于党风廉政建设和反腐败斗争论述摘编》，中央文献出版社、中国方正出版社，2015，第60~62页。

责任，对于出现的违纪问题，要弄清楚是领导干部主动发现并坚决查处的或积极支持配合有关部门查处的，还是有失职渎职情节甚至故意掩盖、袒护违纪问题的，前者不承担领导责任，后者必须承担领导责任。要进一步健全责任分解、检查监督、倒查追究的完整链条，有错必究，有责必问，真正维护和发挥责任制的权威性、实效性。①

五　织密人民监督之网

2014 年 9 月，习近平在庆祝全国人民代表大会成立六十周年大会上的讲话中指出："要加强党纪监督、行政监察、审计监督、司法监督和国家机关内部各种形式的纪律监督。要拓宽人民监督权力的渠道，公民对于任何国家机关和国家工作人员有提出批评和建议的权利，对于任何国家机关和国家工作人员的违法失职行为有向有关国家机关提出申诉、控告或者检举的权利。要健全申诉控告检举机制，加强检察监督，切实做到有权必有责、用权受监督、侵权要赔偿、违法必追究。"②

2014 年 10 月，习近平同志在党的群众路线教育实践活动总结大会上的讲话中强调指出，从严治党必须发挥人民监督作用，要织密群众监督之网，开启全天候探照灯。他说："得民心者得天下，失民心者失天下，人民拥护和支持是党执政最牢固的根基。人民群众中蕴藏着治国理政、管党治党的智慧和力量，从严治党必须依靠人民。"他指出，让人民支持和帮助我们从严治党，要注意畅通两个渠道，一个是建言献策渠道，一个是批评监督渠道。他强调指出："群众的眼睛是雪亮的，群众的意见是我们最好的镜子。只有织密群众监督之网，开启全天候探照灯，才能让'隐身人'无处藏身。各级党组织和党员、干部的表现都要交给群众评判。群众对党组织和党员、干部有意见，应该欢迎他们批评指出。群众发现党员、干部有违纪违法问题，要让他们有安全畅通的举报渠道。群众提出的意见只要对从严治党有好处，我们就要认真听取、积极采纳。"③

改革开放以来，特别是进入 21 世纪以来，我国在推进民主政治建设和党风廉政建设方面，十分重视发挥人民监督的作用。2004 年，主管全国干

---

① 中央纪委研究室：《采取措施完善和落实党风廉政建设责任制》，新华网，2014 年 2 月 4 日，http://news.xinhuanet.com/politics/2014 - 02/04/c_119210860.htm。

② 习近平：《在庆祝全国人民代表大会成立六十周年大会上的讲话》，《习近平关于党风廉政建设和反腐败斗争论述摘编》，中央文献出版社、中国方正出版社，2015，第 129 ~ 130 页。

③ 习近平：《在党的群众路线教育实践活动总结大会上的讲话》，《人民日报》2014 年 10 月 9 日。

部、组织工作的中央组织部开风气之先，开通"12380"举报电话，意在开辟发现选人用人不正之风的"民间"渠道，迄今已达10年。10年里，"12380"从单一举报电话拓展开来，发展成为集信件、电话、网络、短信"四位一体"的综合举报平台，打开了依靠人民严管干部的"四扇窗"，10年受理群众举报70余万件，全国31个省、自治区、直辖市（港澳台地区除外）都成立了举报中心。由"12380"可以窥斑见豹，梳理出人民监督的发展脉络：人民监督呈现出由就单项工作在特定时间专门听取群众意见，到长期地、持续不间断地听取意见的新特点，人民监督渠道越来越广，人民监督作用越来越大。这10年，从"书记热线"风生水起，到"市长接访"蔚然成风，再到近些年的"电视直播领导干部接受群众提问"收视火爆等，无不印证了这一新特点。当然，在总体向好的同时，发挥人民监督作用还有明显不足，主要表现在"围绕经济社会发展听意见多、围绕从严治党听意见少"，"请上来听意见多、走下去听意见少"，等等。实践表明，从严治党必须有效发挥人民监督的作用。群众路线教育实践活动之所以会从"为民务实清廉"主题聚焦到"作风"，再从"作风"聚焦到反对形式主义、官僚主义、享乐主义和奢靡之风，就是因为"四风"问题是中央前期开展的11万人大调研中群众反映最强烈的四个方面。最终，教育实践活动把主要任务锁定为反对"四风"，也是由于中央从纷繁复杂的群众意见中发现了"四风"共性问题。

现在，很多人每天都会习惯性地点开中央纪委监察部网站，看看又有什么"猛料"。值得关注的是，网站开设的廉政留言板，已有网友留言4万多条，"晒晒'四风'隐身衣""克服纪律松弛现象"等10余个"每月E题"吸引了1万多名网友开展讨论、参与监督。在网站首页显著位置设置的"12388"举报专区，实现了"鼠标直通中央纪委"，极大方便了群众的监督举报，一度日均收到举报800余件。统计显示，截至2014年9月30日，全国共查处违反中央八项规定精神的案件62404起，计82533人。这其中，人民群众的举报监督功不可没。与此同时，2014年前三个季度，全国检察机关共查处贪污贿赂犯罪案件27235件，计35633人。据统计，这些案件中来自群众举报的占近四成。党的十八大以来，中央贯彻落实八项规定精神、转变作风、反腐肃贪的力度不可谓不大，但仍有个别地方部门、党员领导干部，挖空心思搞"下有对策"、我行我素。歪风的顽固性、贪腐的隐蔽化表明，改进作风、反腐肃贪、从严治党，既需要有关部门力度不减、常抓不懈，更需要发挥好人民的监督作用。"把茅台酒灌进矿泉水瓶""把大吃大喝挪到内部食堂""把鲍鱼海参埋到稀饭里"……这些手段翻新、费尽心机的行为之所以被曝光，正是得益于无处不在的人民监督。人民是最强大的监督力量，依靠这种力量，不良风气"潜伏"再深也无所遁形。

实践一再证明，转作风要转出实效、成为常态，从严治党要扎实推进，离不开强有力的监督。发挥人民监督作用，既是近年来改进作风、反腐肃贪成效显著的重要经验，也是进一步全面推进从严治党的关键所在。从严治党要务实高效，必须高度重视听取群众意见，努力拓宽建言献策、批评监督渠道，坚持敞开大门让群众监督，俯下身子请群众监督，把各级党组织和党员的表现交给群众来评判，不断听取真意见、收集真想法、发现真问题，从而做到"为之于未有，治之于未乱"，使我们党永远立于不败之地。①

---

① 李章军：《让人民监督更活跃更广泛》，《人民日报》2014年12月2日。

第八章

民主政治的新形式——网络民主

网络民主是信息时代民主政治的新形式，是世界政治文明发展的最新成果。

网络民主是网络技术与民主政治相结合的产物和表现。互联网组织结构的开放性和共享性等技术特征，有助于民主进程的推进和民主功能的发挥。

网络技术对民主政治建设具有重要的促进作用。网络民主促进公民有序政治参与，网络民主促进权力在阳光下运行，网络民主促进协商民主发展，网络民主促进基层民主发展。

要积极创造条件，促进网络民主健康有序发展。坚持网络自由与网络纪律的辩证统一，坚持党的领导、人民当家作主和依法治国的有机统一，坚持网络民主和网络法治的辩证统一。加快完善互联网管理领导体制。加强网络民主法治建设，实现网络民主法治化。建好用好网络平台，有效发挥网络民主功能。大力提升信息化水平，加快实现网络公平。

第一节　信息时代与网络民主

一　网络①与民主的关系

网络，或者说国际互联网，是信息时代的标志性技术。研究网络与民

---

① 我们这里所说的"网络"，主要指国际互联网，也叫因特网，英文为 Internet。

主的关系，主要研究网络技术与民主政治的深度融合和相互作用。

从人类社会的历史发展看，科学技术和民主是推动社会进步的两大车轮；科学技术和民主，二者互为条件，相互作用，相互影响。近代以来的世界历史发展说明，人类从农业社会进入工业社会，一直发展到当今的信息社会，社会的每一次进步，总是首先发生科学革命，进而由科学革命引发技术革命，又由科学技术革命引起全社会整个物质资料生产体系的变革，即产业革命；而科技革命、产业革命的发展，必然引发社会政治的革命或革命性变革，并从根本上改变人们的价值观念、行为方式和生活方式。我们这里主要分析现代信息技术对经济社会发展的重要作用，其中，着重分析说明网络技术对民主政治建设的促进作用。为了科学分析网络民主产生的历史必然性，更好地说明网络技术和民主结合的客观条件，有必要了解互联网的技术特征，认识互联网对民主政治的促进作用。

据国内外学者研究分析，互联网具有以下几个重要的技术特征：一是网络体系的全球性。互联网是通过全球性的唯一的地址逻辑地链接在一起的信息系统，是一个全球性的信息交流技术平台。也就是说，互联网具有超国界、超地域性。[1] 二是网络组织结构的开放性和分散化。互联网的开放性体现在对用户开放、对提供服务者开放、对提供网络者开放等。"在这张分散性的传播巨网里，任何一个网络都能够生产和发布信息，所有网络生产发布的信息都能够以断续相同的非线性方式流入网络的经纬之中"。[2] 网络组织结构的开放性和分散化还体现在互联网管理的分散化。互联网的管理组织机构，本身就是以平等、互利合作为原则建立的开放性民主团体。三是互联网信息的海量性和共享性。互联网是个庞大的信息资源库。在互联网上，电脑之间可以互联互通，实现资源共享。[3] 四是互联网运作方式的虚拟性与交互性。在网络中可以形成一对一、一对多、多对多的互动关系。某一事件一经发起，往往能够起到"一石激起千层浪"的效果，并可在短时间内激发网民的参与热情。[4] "与中南海最接近的是网络"，"与全国两会最接近的也是网络"。这些网络流行语形象地表明，网络已成为政府与公民互动

① 赵春丽：《网络民主发展研究》，经济科学出版社，2011，第38页。
② 〔美〕马克·利维：《新闻与传播：走向网络空间的时代》，《新闻与传播研究》1998年第1期。
③ 赵春丽：《网络民主发展研究》，经济科学出版社，2011，第39~40页。
④ 郭小安：《网络民主的可能及限度》，中国社会科学出版社，2011，第117页。

的新平台。五是网络的普及化、大众化和个性化。六是网络的无序性。①

有学者分析，互联网的这些技术特征，有助于民主进程的推进、民主品质的提升和民主功能的发挥。其一，将网络运用于政治过程，可以大大改进民主所需要的技术条件，提高效率，减少成本。如将网络运用于投票、计票、选举、信息沟通技术，进行民意测验、信息公开、民众参与所需要的各种技术支持等。②其二，网络信息的海量性和共享性，有利于提高公民的知识和政治素养，扩大公民有序的政治参与。其三，网络组织结构的开放性和分散化，有助于张扬平等、自由、开放的民主精神。正如约翰·奈斯比特在《大趋势》一书中所说的，网络组织可以提供一种官僚制度永远无法提供的东西——横向联系。③网络的分布式结构，使得每个节点、电脑、每个子网在网络中的地位都是平等的，不会因为某些节点的失灵而导致整个网络的瘫痪。其四，网络技术的大众化和平民化，有助于普通大众掌握网络时代政治参与的技术手段，提升政治参与技能。其五，网络的虚拟性，有助于改善公民政治参与的外部环境和机制，并从整体上提升公众的政治素质。其六，网络的交互性，有助于政治信息的沟通与交流。④

二 互联网和网络民主的蓬勃发展

20世纪90年代以来，互联网在全球范围内得到迅猛发展，以互联网为重要标志，人类进入信息社会或者说网络社会。

1993年9月，美国政府宣布实施"信息高速公路"计划，目的是要让所有美国人都能方便地共享海量的信息资源。网络用户可以在任何时间、任何地点，以声音、数据、图像或影像等多媒体方式相互传递信息。1996年，美国政府提出"新一代互联网计划"，积极扶持新一代互联网及应用技术的研发。1999年，美国政府提出"21世纪的信息技术：对美国未来的一项大胆投资"计划，重点推进下一代互联网等领域的研究与开发。同年，德国政府制定了"21世纪信息社会的创新与工作机遇"纲要。2006年，德国政府又制定了德国走向信息社会的新的社会行动纲领。2004年，日本政府制定了新的国家信息化战略，提出要发展"无所不在"的技术，催生新

---

① 赵春丽：《网络民主发展研究》，经济科学出版社，2011，第41页。
② 赵春丽：《网络民主发展研究》，经济科学出版社，2011，第42~43页。
③ 〔美〕约翰·奈斯比特：《大趋势》，中国社会科学出版社，1984，第201页。
④ 赵春丽：《网络民主发展研究》，经济科学出版社，2011，第44~47页。

一代信息技术革命，建设"无所不在的日本"。

美国、德国、英国、加拿大、澳大利亚、日本、新加坡等国，都把发展电子政府作为发展网络民主的重要途径和形式。这些国家的政府都建立了自己的政府网站体系，设立了政府网站。美国政府发展"以公众需求为导向"的电子政务，建立"一站到底"的政府网站服务体系，积极推进电子政务法治建设。美国的国会议员、领导人和办公机构，一般都设有网站。德国联邦政府制定了"联邦政府在线计划"，大力推进电子政务，促进政府服务现代化。英国政府颁布实施政府现代化白皮书，着力建设电子政府。英国设立了首相网站。英国议会的公共行政特别委员会利用网络，进行"公民参与政府创新"在线咨询。美国、德国、英国等国实施公民联网计划，建立以政府为主导的公民参与机制，为公民的政治参与提供了新的渠道。①

在国际互联网和网络民主蓬勃发展的大潮中，我国政府全方位地加紧部署，不断采取措施，积极推进互联网建设和网络民主发展。

1993 年，我国国务院提出实施"三金（金桥、金关、金税）工程"。②1994 年 4 月，建立在北京大学、清华大学和中科院之间的中国第一个互联网网络与国际互联网连接成功。以此为标志，中国成为有互联网的国家。互联网开始进入中国公众的生活。

自 1998 年以来，中国互联网络信息中心（CNNIC）每半年发布一次《中国互联网发展状况统计报告》。20 世纪 90 年代末期，我国政府提出加强"数字中国"建设。1999 年，我国开始实施"政府上网工程"，各级政府部门在网上建立正式站点，实现政府办公自动化和网上便民服务，利用政府网站扩大公民的有序政治参与。网络征集各种草案议案、公众意见等新型的网络"参政会""听证会"，有效集中民识民智，使人大和政府决策更为民主和科学。2000 年底，人民网、新华网、中国网、央视国际网、国际在线网、中国日报网、中青网等网站，成为我国重点新闻网站。2001 年 7 月 11 日，中共中央举办法制讲座，内容是运用法律手段保障和促进信息网络健康发展。

据统计，2005 年，中国网民总数突破 1 亿人；2008 年 2 月，中国网民

① 赵春丽：《网络民主发展研究》，经济科学出版社，2011，第 93～101 页。
② 金桥工程是以建设信息化基础设施为目的的跨世纪重大工程，金关工程是以推动海关报关业务电子化为宗旨的国家信息化重点工程，金税工程是运用信息技术加强国家税收监控管理的系统工程。

总数达到 2.21 亿人，超过美国，成为全球第一；到 2010 年 6 月，网民总数突破 4 亿；到 2013 年底，我国网民规模达到 6.18 亿，互联网普及率为 45.8%，手机网民规模达 5 亿，网民中使用手机上网的人群占比提升至 81.0%，我国网民中农村人口占比 28.6%，规模达 1.77 亿。据中国互联网络信息中心发布的第 36 次《中国互联网络发展状况统计报告》，截至 2015 年 6 月底，中国网民数达 6.68 亿，互联网普及率达 48.8%；手机网民 5.94 亿。在中国网民中，55.1% 为男性，44.9% 为女性；网民中 10~39 岁年龄段占比为 78.4%，其中 20~29 岁年龄段网民占比为 31.4%，在整体网民中占比最大。网民中初中学历的人占比 36.5%，高中/中专/技校学历的人占比 30.5%，大学本科学历的人占比 11.8%，网民继续向低学历人群扩散。中国互联网普及率稳步提升，说明中国政府在信息化推进领域的一系列政策方针和基础网络设施建设成效逐步显现，宽带普及和移动网络建设等行动直接带动人们对互联网的使用；同时说明，3G、移动设备的快速普及和无线应用的多样化极大地推动了手机网民的增加，促进了中国互联网的快速发展。

2013 年 4 月，工信部等八个部门联合发布了《关于实施宽带中国 2013 专项行动的意见》。2013 年，通过组织实施城市宽带提速、农村宽带普及、宽带体验提升等行动，我国全面实现了主要发展目标。一是网络覆盖能力持续增强，"光纤到户"（FTTH）覆盖家庭一年新增 7200 万户，总量达到 1.67 亿户；二是惠民普及规模不断扩大，新增固定宽带接入互联网用户 1900 万户，总量达到 1.89 亿户，新增 3G 用户 1.69 亿户，总量达到 4 亿户；三是农村宽带基础设施条件进一步改善，新增 1.9 万个行政村通宽带，通宽带比例从 2012 年年初的 88% 提高到 91%，实现 5200 余所贫困农村地区中小学宽带接入或改造提速；四是宽带接入速率普遍提升，用户上网体验进一步改善，4M 及以上宽带接入用户占比达到 79%，实现两年翻倍，全国平均下载速率半年内从 2.9 兆比特每秒提升到 3.5 兆比特每秒。2013 年，在国家发展改革委、工业和信息化部及相关部委的共同努力下，国务院正式出台了《"宽带中国"战略及实施方案》这一纲领性文件，为我国宽带发展打开了新局面。目前，全国已有 14 个省份 4M 及以上宽带用户占比超过 80%。东部地区宽带家庭普及率已经超过 45%，3G 普及率达到 37%，在全国处于领先地位。中部和西部地区也奋起直追，例如湖北、贵州在光纤覆盖家庭、宽带用户增长率等方面都取得了显著成绩，这与地方政府高度重视宽带发展是分不开的。

三　网络民主的基本内涵

自 20 世纪 90 年代中期以来，随着互联网的广泛应用，对网络民主的研究，成为许多国内外学者关注的一个新课题。在这些学者的研究中，有的使用"网络民主（cyber democracy）"概念，有的使用"数字民主（digital democracy）"概念，有的使用"电子民主（electronic democracy）"概念。尽管学者们使用的具体概念不同，但其基本含义是相同的或者近似的。例如，美国学者马克·斯劳卡认为，"网络民主"是以网络为媒介的民主，或者是在网络中渗入民主的成分。马克·波斯特在《网络民主——因特网和公共领域》一文中，把网络民主界定为："公民借助网络技术，通过网络公共领域加强和巩固民主的过程。"克里夫认为，网络民主是利用因特网加强民主过程，为个人或社群提供与政府互动的机会，并为政府提供从社群中寻找输入的机会。莫里斯认为，网络民主是直接通过计算机及网络实现公众与政府的沟通，创造新的互动空间，以实施民主的理念。[①]

我国青年学者郭小安在《网络民主的可能及限度》一书中提出，所谓网络民主，是政治主体借助网络技术，以政治互动为主要形式，以网络空间为载体，培育、强化和完善民主的过程。这种网络民主涵盖了三个层面：一是现有民主的信息化，即利用网络信息技术巩固和加强民主，如使用电子选举、电子投票等；二是对现有民主的重塑和拓展，如加强了直接民主，重塑传统的代议民主形式；三是引发了新的民主形式，如网络公共空间的协商对话、电子议政厅、在线民主等。他认为，网络民主不是独立的民主形态，而是媒介与民主结合的新形式；网络民主是一个加强、巩固和完善民主的动态过程，而不是一个静止的状态；网络民主强调更多的参与和更直接的参与，但不等于直接民主；网络民主在不同政治生态下表现形式和作用机制不同。[②] 我国青年学者赵春丽在《网络民主发展研究》一书中提出，网络民主是一种新型的参与式的民主形式，它是各种民主主体以发达的信息与通信技术尤其是以互联网为运作和参与平台，利用互联网来影响民主进程，参与政府决策，改进民主运作，完善民主治理的民主形式。网络民主包括两个维度：一是组织对个体的维度，是政府或政党等组织利用

---

① 郭小安：《网络民主的可能及限度》，中国社会科学出版社，2011，第 128 页。
② 郭小安：《网络民主的可能及限度》，中国社会科学出版社，2011，第 130～138 页。

信息技术提供服务，加强与公民的交流与合作，不断改进民主治理；二是公民对组织的维度，是公民利用新技术向政府、政党或社会组织反馈信息、表达意见，并积极地参与政府政策制定过程或政党、公民社会活动。①

以上两位青年学者发表的这些见解，吸收了国内外一些学者的研究成果，对网络民主进行了多层面的分析，对人们正确地理解网络民主的含义、特点和功能，提供了有价值的思路和方法。

我们认为，科学地理解网络民主的内涵，需要认识和把握几个基本观点：第一，网络民主是网络技术与民主政治相结合的产物和表现，是当代信息社会民主政治的新形式，是民主的信息化或信息化的民主。第二，网络民主不是独立的民主形态，而是内在地融入当代现实民主政治之中，是当代民主政治的新理念、新机制、新模式。第三，网络民主作为当代民主政治的一种新形式，其作用范围是覆盖全社会的。也就是说，在党和国家的政治生活中，在整个社会的经济、政治、文化和生态文明各领域中，网络民主都能够依托一定的载体、平台，通过一定的途径和形式发挥作用。第四，网络民主作为当代民主政治的一种新形式，其形态结构也是全方位、多层面的。就是说，同当代现实民主政治一样，网络民主既具有国家形态民主的内涵，又具有非国家形态民主的内涵；既具有直接民主的内涵，又具有间接民主或代表制民主的内涵；既具有选举民主的内涵，又具有协商民主的内涵；既具有党内民主的内涵，又具有人民民主的内涵。在社会主义条件下，随着民主政治建设的逐步深入推进，网络民主能够全方位、多层面、多领域地发挥重要作用。

四　网络民主的主要特征

通过考察国内外网络民主的发展轨迹、科学内涵、功能特点和发展趋势，学习和借鉴国内外学者的研究成果，我们可以看到，网络民主具有以下几个主要特征：

第一，网络民主主体具有普遍性和平等性。民主主体的普遍性和平等性是民主政治的本质特征。政治是一种公共权力。民主政治是以人民为权力主体的政治，它的对立物是君主政治、官僚政治。民主政治是民主制度、民主组织和民主活动的总称。美国政治学者霍华德·威亚尔达在《民主与民主化

---

① 赵春丽：《网络民主发展研究》，经济科学出版社，2011，第49页。

比较研究》一书前言中说："民主既是普遍的——所有人（准确地说是几乎所有人）都希望得到它，而且它还具有某些特定的核心要求，使其可以适用于全球；民主又是特殊的——所有国家和文化地区都以各自的方式实践民主。"① 民主主体不仅具有普遍性，而且具有平等性。不过，在现实政治生活中，不同社会制度、不同发展程度的国家，民主主体的这种普遍性和平等性特征，表现是不同的。与传统民主形式相比，网络民主主体的普遍性和平等性特征表现更加突出。网络是进入门槛最低的一种社会性媒体。只要拥有相关设备的使用权，任何人都可以在网络上有关的站点或论坛发表自己的评论。可以说，网络是天生的平等派。"网络最重要的特点，就是人人可以处在网络的中心位置，彼此能完全平等地对话。"② 互联网的推广应用，消除了身份歧视，使社会成员得以在平等基础上更趋广泛地参与政治活动。另一位学者阿尔温·托夫勒说，网络将会增加而不是减少参加社会、经济、政治方面的决策人数。而电子计算机可能是自有投票箱以来实行民主的最可依赖的工具。每位"网民"在网络上都是权利平等的公民。例如，中国国家主席胡锦涛与网民在线交流，网民们把胡锦涛称为"中国第一网民"。

第二，网络民主权利具有广泛性和全面性。民主权利的广泛性和全面性，首先体现在民主权利的行使扩展到社会生活的各个领域，包括国家的政治生活、经济生活、文化生活、社会生活；同时，还体现在民主权利的具体内容方面，包括选举权与被选举权、言论、出版、集会、结社、游行、示威，以及对国家机关和国家工作人员的监督、批评、建议、控告、检举等政治权利，也包括人身自由、人格尊严、公民住宅和通行自由不受侵犯，包括公民有劳动权、受教育权、医疗权、退休权、休息权，有从事科学研究、文艺创作和其他文化活动的自由，老、病、残和军烈属享有社会资助的权利等。

第三，网络民主活动具有公开性和开放性。民主活动的公开性和开放性是民主政治的重要特征。与此相反，民主政治的对立物——君主政治、官僚政治，其重要特征是政治活动具有神秘性和封闭性。没有公开性和开放性，就没有民主政治。当然，不同社会制度、不同发展程度的国家，民主的主体不同，民主政治的公开范围和开放程度也会有所不同。一般地说，议会开会，允许公开采访、公开报道；重大国务活动，允许公开采访、公

---

① 〔美〕霍华德·威亚尔达：《民主与民主化比较研究》，北京大学出版社，2004，前言。
② 钱俊生主编《科技新概念》，中共中央党校出版社，2006，第157页。

开报道；国家机关和国家工作人员的工作状况，允许公开采访、公开报道。列宁在论述苏维埃政权与旧政权的区别时说："这个政权对大家都是公开的，它当着群众的面办理一切事情，群众很容易接近它"。① 近年来，我国"两会"成为国内外网民普遍关注和积极参与的重大活动。每年"两会"期间，我国政府通过人民网等多家门户网站开展"两会热点问题调查"，数以万计的网民参与其中。以网络民意调查为例，网民在参与过程中，只要点击"查看"，就可以看到阶段性的调查结果。

第四，网络民主参与具有直接性和便捷性。美国一家当代文化研究杂志在其2008年秋季号的《作为公民意味着什么》专题中，将互联网民主简单定义为：人们一阅读、二反应、三选择、四参与，则事成。网络给普通民众提供了一系列有效的政治参与平台，网民可以借助网络论坛等网络平台，自由地表达观点，广泛地进行交流。当人们对于某一政治事件或政治活动产生共鸣时，就能很方便地借助网络参与其中。随着中国新一代移动通信网、下一代互联网的发展，家用电脑会进一步得到普及，网民对国家政治生活和社会管理事务的参与将会更加直接、更加便利。

第五，网络民主过程具有互动性和程序性。互联网具有交互性的技术特征，决定了网络民主的互动性。在网络世界中，每个有能力上网的人，都可以通过互联网获取信息、发表言论，并与他人直接互动。与传统民主形式相比，网络民主具有更强的互动性，形成新的双向互动模式。② 网络互动是网络民主的主要作用形式。网络互动包括个人对个人的互动、个人对多人的互动、多人对多人的互动、传统媒介与网络媒介之间的互动。正因为如此，网络民主的主体非常广泛，网络民主的作用形式也非常多样，包括网络政治参与、网络政治交流、电子政务、在线政治、网络选举、网络监督等。③ 网络民主过程的程序性，主要指网络民主运行过程中的相关制度、规则、运行机制等。民主政治是一种依法有序运行的程序性政治，是国家和社会治理制度化、法治化的政治。君主政治、官僚政治，都是非程序性政治，是拍脑袋决策的政治，是一个人说了算的"无法无天"的政治。保障网络民主的程序性，要求有更加完善的运行机制，更加完善的管理制度，更加完善的网络法治。

第六，网络民主功能具有双重性。网络民主是一把"双刃剑"，它既能

---

① 《列宁全集》第10卷，人民出版社，1958，第215页。

② 赵春丽：《网络民主发展研究》，经济科学出版社，2011，第57~58页。

③ 郭小安：《网络民主的可能及限度》，中国社会科学出版社，2011，第140~141页。

够在民主政治建设乃至社会全面建设中释放巨大的正能量，又可能给社会秩序和社会稳定带来极大的干扰和破坏。由于科学技术本身所具有的"双刃剑"矛盾性质，在所有让人乐观的地方同时也可能让人悲观。网络民主的无序发展可能损害民主政治赖以生存的基础。互联网可能会向无序化发展，最典型的表现形式就是"信息轰炸"和"信息欺骗"。①

2012 年 2 月，在俄罗斯总统大选期间，普京在他自己亲手撰写的竞选纲领中说，在新的"信息时代"，人们将通过互联网得到更多参政议政的机会。同时，针对俄罗斯总统大选期间出现的问题，普京指出，真正的民主应该考虑到社会上所有团体的利益，而不应该变成一场信口开河的娱乐秀。在这次大选期间，俄罗斯不少政治力量为了拉拢选民，不负责任地攻击政府，随意给予公众承诺，从没考虑过自己是否能够实现这些承诺。这种做法不仅不会改善俄罗斯国内的民主状况，还会给人民带来情感上的伤害。

网络民主的负面作用，一个突出表现是"网络多数人暴政"。"多数人暴政"是约翰·密尔在《论自由》一书中提出的概念。托克维尔在《美国的民主》、麦迪逊在《联邦党人文集》中多次提出，要警惕美国的民主社会存在多数人暴政的可能性。所谓"多数人暴政"，是指多数人在民主的程序下，以民主的名义侵害少数人的正当权利。所谓"网络多数人暴政"，是指多数网民在网络民主的旗帜下，就涉及少数网民利益的议题结成虚拟意见团体，以民主的名义形成网络舆论压力，进而侵害少数网民正当权益的行为。"网络多数人暴政"，打着民主的旗号，公布他人隐私，践踏他人尊严，侮辱他人人格，严重侵害少数网民的基本权利。其中，最典型的表现是"人肉搜索"。所谓"人肉搜索"，也叫"网上通缉"，是指在互联网上集合众多网民的力量，针对某个个人信息的搜索。近年来，我国互联网上不断出现"人肉搜索"事件，造成很大的不良政治和社会影响。②

第二节　网络民主对民主政治建设的促进作用

一　网络民主促进公民有序政治参与

看一个国家的民主政治发展程度，很重要的一点，是看公民有序政治

---

① 胡伟：《网络民主：机遇与挑战》，《文汇报》2009 年 8 月 22 日。
② 张雷、刘力锐：《网民的力量：网络社会政治动员论析》，东北大学出版社，2012，第 149～152 页。

参与的程度和水平。而网络民主的一项重要功能，就是它能够有效地促进网民的有序政治参与。互联网的诞生，根本性地改变了公民政治参与的方式、结果和目的，打破了信息传递的壁垒。与工业文明时代国家集权形成鲜明对比的是，网络民主能够克服传统民主政治中单向式、集中化的政治传播模式，从而突破传统民主模式的某些局限。网络民主从广度和深度上为强化公民政治参与创造了条件。政治参与的质量取决于两方面因素：主观方面是公民的参政能力和素养，客观方面则是政治参与的途径和渠道。就我国来说，这两方面都不同程度地存在着问题，而后者的问题更为突出。互联网的应用，在上述两个方面都可能起到积极作用，特别是为我国公民的有序政治参与提供了一个全新的、便利的、有效的途径，从而大大扩张了公民政治参与的规模和数量。[1]

2008 年的美国总统大选，凸显了网络民主在西方国家政治生活中的重要作用。奥巴马是美国历史上首位黑人总统，他在竞选期间，利用互联网写博客、拍视频、投放巨额互联网广告、建立个人网站，有效地运用了网络的各种方式，成功地与网民互动，宣传自己的政治理念，展示自己的亲民形象，最终成功当选，被称为美国"第一个互联网总统"。[2] 在总统大选中，美国选民们对互联网的利用也达到了前所未有的水平。奥巴马胜选后，其竞选办公室通过电子邮件向数百万支持者发出了一份 4 页的网络调查表，征求美国公民对奥巴马政府未来施政方针的意见和建议。结果，有 55 万人参与了调查。

2012 年 2 月，在俄罗斯总统大选期间，普京建议，如果有超过 10 万份网络签名支持某一个提议，国家杜马就应该把这一提议加入自己的议事日程当中。他还表示，俄罗斯议会和政府已经在酝酿制定相关法规，让更多的公民通过网络来积极参政议政。

近年来，互联网已经成为我国公民参政议政、表达诉求的重要平台，成为"两会"代表、委员以及各级党政领导了解社情民意的崭新窗口。每年全国"两会"前夕，新华网以及搜狐网、腾讯网等各大网站相继推出"总理请听我说""我有问题问总理""为省部委建言""人大代表、政协委员意见征集"等互动平台，吸引了数以亿计的网民积极参与。一位新华网

---

① 胡伟：《网络民主：机遇与挑战》，《文汇报》2009 年 8 月 22 日。
② 张毓强：《网络传播与现代民主政治——以奥巴马竞选团队对网络传播的应用为例》，《中华新闻报》2008 年 11 月 19 日。

友认为,只要符合法律,每个普通网民都可以通过发帖子、写博客等形式自由表达意愿,并对党和政府的政策提出意见和建议。一位搜狐网友说:"互联网既提供了公民参政议政的新途径,也刺激了公民参政议政的积极性。"这位网友认为,网络的直接性、互动性以及即时性,使得民意的表达更方便。新浪网的一位网友感言:"网络对于疏通民意,表达民情,有着不可替代的作用。互联网的蓬勃发展和网民参政议政的热情,已经极大地改变了我国的民主政治生态。"也有网民在浏览了新华网"两会"互动平台的帖文后,感慨地说,这些帖文字里行间洋溢着网民对国家大事的关注之声,对改革开放的支持之音,对党中央国务院的信赖之言,他表示深深地感觉到民众参政议政意识增强了,网上参政议政的渠道更加通畅无阻。一位网友发博文表示,政府总理在"两会"前夕走进新华网直接问政于民,政府领导已经用实际行动表明,互联网已经成为民意与中南海互动的直通车,也体现了我们的政府是实实在在倾听人民呼声,时时刻刻留心民心民意,时刻把老百姓利益放在第一位的政府。网络交流体现了执政者真正把民心民意作为制定科学合理政策的重要参考。"离中南海最接近的是网络","与全国两会最接近的也是网络",这些网络流行语形象地表明,网络已成为政府与公民互动的新平台。①

近年来,不少人大代表和政协委员非常青睐通过网络论坛、博客等网络互动平台征求建议、意见。每年"两会"前夕,都有人大代表或政协委员通过新华网等主流网站的博客频道、社区论坛,征求网民的建议和意见。

另外,"微博问政议政"也渐成"两会"新风尚。近年来,一些人大代表、政协委员也利用会议间隙,开展微博议政,成为全国"两会"上一道独特的风景线。2013年"两会"期间,来自全国各地的不少代表委员通过微博,或发表听政心声,或征集公众建议,或撰写两会见闻,积极与网民互动、参政议政。这些通过微博听政、问政、议政的代表委员中,有企业老板、专家学者、高校校长、一线民警、文化演员,当然还有政府官员。一位来自江西省某地方公安局派出所的民警代表,开通了实名认证微博。他在微博上写道:"审议讨论会上,发言都很实在,没有官话套话,大家抢着发言,有时要抢话筒才有机会。""两会"期间,像这样的微博,他最多的一天发了11条。代表委员们还纷纷通过微博"广接地气",采网民意见,

---

① 《网络问政渐入佳境 代表委员开博蔚然成风》,腾讯网,2009年3月4日,http://news.qq.com/a/20090304/002405.htm。

集网民智慧，提出众多内容丰富、视角多元、表达民声的优秀提案与议案。"微博议政"成为不少代表、委员收集建议和提案的最好"资料库"。有的网友说，这种微博议政、问政的新形式，拉近了全国"两会"与网民之间的距离。微博零距离沟通，让全国"两会"更贴近民生，更人性化。利用网络加强政府和民众的沟通，将有效推动问题的解决，进一步拉近官民距离。①

总之，网络民主消除了某些现实中存在的政治参与障碍，激活了民主的潜藏因子，突现了民主活力。由于网络具有自由、隐蔽、离散性等特点，网络民主迅速成为公众参与政治的有效途径，自由开放的网络公共空间很快成了"意见的集散地"，在那里流淌着随处可见的汹涌民意；而网络的离散性、隐蔽性特征也扫除了公众政治参与的障碍，它激活了公众的参与热情，也将激活政治制度的活力。②

二 网络民主促进权力在阳光下运行

公开性和开放性是民主政治的重要特征。网络的开放、互动、即时、高速等特点，为政府的信息公开提供了新的手段，从而极大地改变了长期存在的信息不对称的状况。同时，网络技术增强了公众参与的机会。公共选择理论认为，参与成本过高是公民消极参与的重要原因。网络技术极大地降低了公民参与成本，并极大地提高了参与的便捷性，这显然有助于普通民众参与公共事务。③

网络监督是指政府或网民通过互联网对某一事件进行了解、关注、研究，并提供信息或介入支持，在公开、公正、公平的条件下使事情得到圆满解决。网络问政、网络围观等，都属于网络监督。网民通过互联网了解国家事务，发表意见建议，提供信息线索，行使民主监督权利，推动网络舆论的形成，使虚拟的网络变成现实监督的平台。和传统媒体监督相比，在成本低廉、过程公开和处置高效等方面，网络民主具有独特优势和强烈的时代特征。从 BBS、博客，到各新闻网站和门户网站的相关频道，再到个人维权网站甚至是专门进行舆论监督的网站的出现，各种网络形态的并存

---

① 刘占昆：《两会观察："微博议政"成两会独特风景线》，中国新闻网，2013 年 3 月 16 日，http://www.chinanews.com/gn/2013/03 – 16/4649737. shtml。
② 郭小安：《网络民主的可能及限度》，中国社会科学出版社，2011，第 206 页。
③ 王彬彬：《网络时代的政府革新》，国家行政学院出版社，2013，第 114 页。

与互动，使得网络监督不仅快速、便捷，而且廉价、有效；网络蕴藏的海量信息，能够为纪检监察以及司法部门提供丰富、直接且不易灭失的反腐败线索，网络监督成为群众监督和舆论监督的重要构成和最佳结合；中国有超过近6亿的网民，网民参与的普遍性和不受控制性，使得网络监督无时不在，无处不在，俨然一张群众监督的"天网"。在网络监督过程中，群众的知情权、参与权、表达权和监督权得到很大程度的实现。群众的主体意识日益加强，主体地位日渐形成，为网络监督奠定了坚实的群众基础。①2008年，被称为中国的"网络监督年"，中国网民见证了网络监督的强大威力。从该年年初3月一名网友发帖《公务员的工资条：月收入5900，一分钱税都不交》披露公务员税收黑洞，到年末12月南京市江宁区房产局局长周久耕因不当言论被网友"人肉搜索"，"搜"出其手边的烟是"天价烟"，戴的表是外国名表，如此等等。一起起网络监督事件在网络、官场引起一次次强烈震动，一个个"问题官员"经不起网络监督，或被问罪，或被去职。网络监督越来越受到各界关注和重视，有关部门应对的速度越来越快，力度也越来越大。一些有识之士由此认识到：网络监督虽然不是万能的，但没有网络监督则是万万不能的。

网络监督是一种更直接的监督，是更无障碍的监督，是更多样化、更便捷的监督。在网上，我们的视野可以延伸到政府网络的每一个角落，社会监督的触角也将触及政府行为的每一个细节，可以对一切政府行为进行全程和远程监督，这是以往任何时代、任何监督形式都无法比拟的。网络监督的发展，创造了全新的网络监督模式，进一步拓展了社会监督的对象和范围，加大了社会监督的广度和深度，充分体现出社会监督的大众化、经常化和多元化特征。②

党政官员走向网络前台，倾听网络民意，实现科学决策、民主决策，已成为各地政府的共同行动。据某网站发起的一次"网络问政"大型调查显示，近七成网友认可网络对政府机关和党政领导的监督作用，对"网络问政"推动中国民主政治建设充满期待。这次调查共有48591人参与，网友对"网络问政"给予了积极评价。有69%的参与者认为，"网络问政"是党政官员了解民意的有效方式，官员回复和处理网友留言、帖文则成为最受网友欢迎的"网络问政"形式。针对有人认为地方领导干部，除了读书、

---

① 《网络监督为反腐败、构建和谐提供新的动力机制》，《人民日报》2009年2月3日。
② 郭小安：《网络民主的可能及限度》，中国社会科学出版社，2011，第183页。

看报、听广播、看电视外，还要养成上网这"第五习惯"，56%的受访者认为非常必要。根据网络的传播优势，74%的网友认为"网络能成为防腐的新阵地"。2008年初，时任广东省委书记汪洋和省长黄华华给网友的一封拜年信，点燃"网民问政"之火，之后，各地执政者纷纷向网民"求计问策"，邀请网民"灌水""拍砖"，接受网民监督……再到该年6月20日，时任国家主席胡锦涛在人民网与网友交流，网民的热情开始喷发。2008年下半年，网民的热情从"网民问政"发展到"网络监督"。网民的眼睛盯向"问题官员"，一些平常不被人注意的蛛丝马迹，一旦被推到网上，都成了当事者难以掩盖的罪证。

党的十八届三中全会通过的《中共中央关于全面深化改革若干重大问题的决定》强调指出："坚持用制度管权管事管人，让人民监督权力，让权力在阳光下运行，是把权力关进制度笼子的根本之策。"① 我国近年来的实践表明，网络民主，由于其具有更加鲜明的公开性、开放性和互动性等特征，它在加强民主制约和民主监督，防止权力滥用和官场腐败方面，突出地显示出它独特的功能。但舆论监督特别是网络监督，由于自身的特点也会给一些不负责任的行为留下可乘之机，形成一些不负责任的网络流言，造成很不好的社会影响。因此，该决定不但明确要求发挥舆论监督、网络监督的作用，而且明确提出要健全舆论监督机制，运用和规范互联网监督。② 这同样是权力在阳光下运行的重要条件。实践证明，如果监督体制机制不健全，监督途径、方式不规范，也会对权力在阳光下正常运行构成负面影响。

三　网络民主促进协商民主发展

协商民主是我国社会主义民主政治的特有形式和独特优势，也是中国共产党执政和决策的重要方式。我国的协商民主孕育于民主革命时期。为筹建新中国，1949年6月15日，我国召开了新政治协商会议筹备会第一次全体会议。同年9月21日，中国人民政治协商会议第一届全体会议在北平隆重开幕。这次政协会议，通过了新中国的建国纲领——《共同纲领》，选举产生了中央人民政府。从一定意义上说，中华人民共和国就是我国协商民主的产物。新中国成立以来，中国共产党领导的多党合作和政治协商制

---

① 《中共中央关于全面深化改革若干重大问题的决定》，人民出版社，2013，第35页。
② 《中共中央关于全面深化改革若干重大问题的决定》，人民出版社，2013，第37页。

度得到逐步完善和发展，成为我国的一项基本政治制度。1993 年 3 月，八届全国人大一次会议通过《宪法修正案》，明确规定：“中国共产党领导的多党合作和政治协商制度将长期存在和发展。”这标志着我国的协商民主制度，已经有了国家根本大法的保障。

网络民主与协商民主具有许多共同的特点，网络民主在发展协商民主方面更能发挥作用。2013 年 3 月，十一届全国政协常委李君如，在人民网与网友进行在线交流时指出，协商民主有三个重要特点和优点：第一，民主参与的广泛性。这包括对象的广泛性和议题的广泛性。相对于协商民主，选举民主有缺憾，如果选出领导人之后，所有的决策就没法参与了。如果采用协商民主，即使领导人选举出来后，领导要做什么决定，百姓还是可以参与的，因此参与范围也具有广泛性。第二，民主参与形式的平和性，协商民主不至于造成社会的断裂和分裂。第三，它可以使参与的成果得到监督，实现结果的有效性。发展协商民主，既能够实现民主的本质，即人民当家作主，又能够促进社会和谐，而中国人是主张以和为贵的，希望和谐地面对各种现实。李君如认为，网络可以在协商民主中发挥重要作用。在网络平台上，不同网民都可以发表不同意见。协商民主，本来体现的就是求同存异，有不同才需要存异，如果大家都意见一致，就不需要协商民主了。协商民主，优势在于各种人都参与，最后形成求同存异，这也是理性的。如果没有这种理性的话，始终要坚持那种我就是我，跟你永远水火不相容的状态，这个社会是不能进步的。[①]

将网络民主应用于协商民主，是协商民主的创新。1987 年，党的十三大报告提出要建立社会协商对话制度，并具体要求提高领导机关活动的开放程度，重大情况让人民知道，重大问题经人民讨论；制定关于社会协商对话制度的若干规定，针对全国性的、地方性的、基层单位内部的重大问题开展的协商对话，应分别在国家、地方和基层三个不同的层次上展开；要发挥舆论监督的作用，支持群众批评工作中的缺点错误。[②] 互联网的信息传递是扁平式的，与传统的社会治理模式的纵向垂直传递不同。纵向垂直传递往往是“先党内后党外、先上级后下级”，一级一级向下传达政治信息。而互联网这种扁平式信息传递方式，则使公民同时在同一个平台上获

[①] 李君如：《协商民主“和为贵”　网络发挥重要作用》，人民网，http://theory. people. com. cn/n/2013/0313/c148980 - 20776370. html。

[②] 《中国共产党第十三次全国代表大会文件汇编》，人民出版社，1987，第 44 ~ 45 页。

取信息，参与讨论，表达政治诉求，乃至参政议政。① 全国政协委员、电视节目主持人崔永元通过网络征集提案，他在接受采访时说，"两会"前夕，他就收到900多封邮件，而他提案中的270条建议很多来自网友的反馈。2008年12月30日，河南省洛阳市成立了全国第一个地方性网络发展促进会。经过网络发展促进会的推荐，一些网友成为洛阳市的政协委员。网络发展促进会在洛阳信息港发帖，主要是为人大代表和政协委员出席洛阳市"两会"，向广大网友征询建议或提案议案。

2013年春天，十二届全国政协一次会议前夕，拥有7万多粉丝的全国政协委员、江西师范大学文化研究所所长王东林，通过微博征集了大量网民的意见和建议。他对网友向他提出的3个提案表示感谢，"可以直接采用，都是好提案，有理有据"。"两会"期间，他还不断借助微博平台发表"两会感闻"，以加强与网民的互动。全国政协委员、河北省农林科学院副院长王海波，被网友誉为"微博达人"。因为互动良好，他的新浪微博有超过4万的"粉丝"，腾讯微博听众超过7万，人民网的微博"粉丝"也很多。他说："网友给我太多的启发。其实这次带来的很多建议，都是与网友互动过程中获得的灵感。我觉得这种交流很贴老百姓的心窝子。我和一些网友已经成为很好的朋友。作为政协委员，利用微博传播正能量、解读国家的相关政策、表达自己的观点，并且能交上很多志同道合的朋友，是一件非常好的事情。"②

四 网络民主促进基层民主发展

发展基层民主，是我国社会主义民主政治建设的基础性工作。党的十八大和十八届三中全会都强调，要畅通民主渠道，健全基层选举、议事、公开、述职、问责、居（村）民监督等机制。十八届四中全会《关于全面推进依法治国若干重大问题的决定》指出："完善和发展基层民主制度，依法推进基层民主和行业自律，实行自我管理、自我服务、自我教育、自我监督。"③目前，基层民主建设存在着一些问题，如民众民主意识淡薄、基层党政干部民主素质不高、民主参与途径不畅通等。为了解决这些问题，加强基层民主政治建设，保障人民民主权利，最有效的途径之一，就是发展网络民

---

① 叶小文：《"协商民主"正开出一条新路》，《北京日报》2011年2月28日。

② 袁伟华：《微博会成为越来越重要的参政议政平台》，《燕赵都市报》2013年3月3日。

③ 《中共中央关于全面推进依法治国若干重大问题的决定》，人民出版社，2014，第13页。

主。互联网和网络民主所具有的公开性、开放性、平等性、互动性等特征，能够显著提高基层干部和群众的民主意识、民主能力，促进公众的有序政治参与，能够有力促进群众在城乡社区治理、基层公共服务和公益事业中依法自我管理、自我服务、自我教育、自我监督。

用信息技术搭建基层民主新平台。2009 年，山西省运城市首先建立"阳光农廉网"。"阳光农廉网"，就是将农村的事、农民的事、农业的事放到互联网上，让农民知情、让农民参与、让农民监督、让农民管理。2011 年 7 月，山西"阳光农廉网"在全省开通运行，总网还与省级 26 个农村党风廉政建设联席会议成员单位和 11 个市的阳光农廉网站链接，实现了省、市、县（区）、乡镇（街道）、行政村五级联网。实践证明，"阳光农廉网"这一基层民主新平台，具有很强的民主功能：一是有效保障了农民的知情权。"阳光农廉网"最基本的功能，就是创建一种民情公开机制，将群众最关注、最现实、最急需了解的事项全部公布于网上，让农民足不出户就能知道想知道的事。"阳光农廉网"突破了一些公务网站仅限于公开法规政策、职责权限等表层信息的惯例，统一确定了惠农资金、涉农项目、三资管理、重大村务、基层党务、村干履职等 6 方面 137 项敏感性、多层次内容，上至涉农政策的出台、下至每村每户的落实，多如数千万元惠农资金的拨付、少如几元钱的农民出工补贴，都可以点点鼠标就明白。"阳光农廉网"这个涉农信息的"集散地"和"大超市"，给了农民一个明白，还了干部一个清白。二是维护了农民的参与权。"阳光农廉网"为千千万万最基层、最普通农民群众提供了有序政治参与，解决了农民群众"想参与""能参与""会参与"的问题。三是确立了农民的管理权。"阳光农廉网"有效解决了农村管理中点多面广、事杂人散的难题，突出了农民群众的管理主体地位，做到农民有权决策、有权表达、有权评判。四是实现了农民的监督权。"阳光农廉网"的一个重要功能就是监督。它分级建立了 3628 个投诉窗口，集中受理群众对公开内容和基层干部的举报投诉，坚持所有网上投诉必须有结果、有回应、有答复，并将结果依类别进行网上反馈、会议反馈或单独反馈。同时，积极整合基层党组织、人大代表和政协委员活动小组等五个渠道的监督资源，形成了"1 + 5"式的综合监督体系，从各个层次、各个领域引导和扩大公民有序参与民主监督和管理。实践表明，一个互联互通、资源共享、实时监控的立体监督网络，是信息时代实现权力和执政行为"流程科学化、运行阳光化、监督常态化、制衡刚性化"的有效途径。①

搭建农村基层民主监督的"信息桥"。2012 年 8 月，南京"阳光村居"网开通运行，建立了市、区县、镇街、村居党务、事务和财务等各类信息公开、集体"三资"（资产、资源、资金）动态监管、民生服务为一体的四级综合性管理服务平台。这一年年初，高淳县纪委已开始在辖区内搭建县级"阳光村居"网络平台，公开基层党务、事务、村务，农村资产、资源、资金实现信息化监管，畅通民意诉求渠道，加强村级民监会建设等，使之成为基层干部勤政廉政的"晴雨表"，农村基层民主监督的"信息桥"。高淳县辖 8 个镇共 134 个行政村。"阳光村居"信息平台覆盖全县所有镇、村，每个村都使用"阳光财务核算软件"，镇、村指定专人负责数据采集和更新。目前，全县 134 个村"三资"信息已全部导入"阳光村居"信息系统，农村集体资产、资源、资金的使用等情况全部上网，村级财务实现了网络全公开，推进了全县农村"三资"管理规范化建设。"三资"信息公开以后，村干部在财务收支方面规范意识明显增强，乱开支现象基本被杜绝。以前各村在进行公务招待时，村干部常常在菜单上签个字就拿去报销了，而现在全部使用正规发票报销，菜单只能作为附件。②

聚光灯下的反腐新挑战。2012 年，"表哥""房叔"等网络反腐事件，向人们展示了网络在反腐领域不可忽视的力量。在一项"你最愿意用什么渠道参与反腐"的网络调查中，74.6% 的参与者选择了"网络曝光"，而选择"信访"方式的只占 1.27%。福建省一位纪委干部认为，人们之所以青睐网络举报，主要是因为网络能够吸引眼球，形成舆论压力，"迫使"有关部门快速作出回应，"一些长期得不到处理的问题一经网络曝光，可能很快就有了'动静'"。相比传统的信访举报，网络举报的效果无疑迅速了许多。无论是重庆市北碚区原区委书记雷政富在其不雅视频曝光后 63 小时被免职并立案调查，还是山东省农业厅原副厅长单增德因"离婚承诺书"，在 12 小时后被立案调查，引来喝彩的"秒杀贪官"背后，是相关部门对网络举报线索的高度重视和快速反应。在福建连江，一套网络涉腐涉纪舆情收集处置机制已经形成，纪检、宣传、公安等部门联合应对，凡是涉腐涉纪的

---

① 袁纯清：《用信息技术搭建基层民主新平台——关于山西省运城市"阳光农廉网"建设的调查》，《人民日报》2012 年 9 月 25 日。

② 马金、王翼等：《高淳县搭建农村基层民主监督"信息桥"》，《南京日报》2012 年 11 月 1 日。

舆情信息统一报送纪委处置。这套机制建立以来，连江全县共收集涉腐涉纪和群众关注的问题等舆情信息近 6 万条，其中有 45 条与连江县有关的涉腐涉纪舆情进行了有效处置。2011 年 8 月以来，江苏淮安市纪委在当地最有人气的民间网站"淮水安澜"论坛开设了"阳光纪检"专栏，在接收网络举报的同时，要求各部门对网民反映的咨询投诉在第一时间进行回应。17个月过去了，这个旨在让百姓参与零距离、投诉零门槛的网络平台发布主题帖 3.78 万个、跟帖近 55 万个、点击量达 6700 余万人次，网民通过"阳光纪检"平台举报并经查证属实的违法违纪案件达 52 起。①

第三节　促进网络民主健康有序发展

一　坚持正确发展方向，切实坚守三条底线

促进网络民主健康有序发展，必须坚持正确发展方向。为此，需要正确认识和处理三个关系：一是自由和纪律的关系；二是东方网络民主和西方网络民主的关系；三是网络民主和网络法治的关系。

自由和纪律是辩证的统一。唯物辩证法告诉我们，民主与集中，自由与纪律，从来都是互为条件、相互制约的。没有民主，就没有集中；没有集中，也就没有民主。没有自由，就没有纪律；没有纪律，也就没有自由。马克思主义告诉我们：未来的共产主义社会，是在保证社会生产极高度发展的同时又保证每个人全面自由发展的社会，是一个自由人的联合体；在这个联合体中，"每个人的自由发展是一切人的自由发展的条件"。② 所谓"一切人的自由发展的条件"，最主要的，就是个人自由不得损害国家利益、社会利益、集体利益，不得损害其他人的合法的自由和权利。对此，《中华人民共和国宪法》第五十一条明确规定："中华人民共和国公民在行使自由和权利的时候，不得损害国家的、社会的、集体的利益和其他公民的合法的自由和权利。"

网络民主也有东西方之分。东方网络民主和西方网络民主，都属于民主政治的范畴，都具有权力主体的广泛性、政治权利的平等性、政治生活的全面性、政治活动的公开性和开放性；某些民主思想、民主原则、民主

---

① 《聚光灯下的反腐新挑战——基层纪检监察人员对网络反腐的回应与思考》，新华网，http://news.xinhuanet.com/politics/2013-01/16/c_114385228.htm。

② 《马克思恩格斯选集》第 1 卷，人民出版社，2012，第 422 页。

形式，具有共同性。但是，必须清楚地看到，社会主义条件下的网络民主和西方网络民主，二者所依存的社会性质和社会制度根本不同。社会主义条件下的网络民主，必须坚持党的领导、人民当家作主和依法治国的有机统一。有人说，民主无东西方之分，网络民主也无东西方之分。这是十分错误的。

网络民主和网络法治相互依存，不可分割。对网络民主与网络法治关系的最简明的概括，就是两句话：网络民主是网络法治的前提和基础，网络法治是网络民主的体现和保证。网络民主是网络法治的前提和基础，这包括：网络法治的内容，必须体现网络民主的原则和内容；网络法律法规的制定和实施，必须通过网络民主的途径和程序来实现；社会主义网络法治化的程度，受网络民主发展程度的制约。网络法治是网络民主的体现和保障，这包括：网络民主的成果，必须由网络法律来确认和巩固；网民的民主权利，必须由网络法律来确认和保障；网民行使民主权利的程序，由网络法律来规范；利用网络法律法规，制裁破坏网民民主权利和滥用自由权利的行为，保卫网络民主。网络民主的制度化、程序化、法律化，就是网络民主的法治化。可以说，没有健全的网络民主，就没有完备的网络法治；没有完备的网络法治，也就没有健全的网络民主。

正确认识和处理以上这三种关系，坚持网络自由与网络纪律的辩证统一，坚持党的领导、人民当家作主和依法治国的有机统一，坚持网络民主和网络法治的辩证统一，是保证和促进网络民主健康发展的三个基本问题、三个基本观点，也可以说是促进网络民主健康有序发展的三条基本底线。坚持网络民主的正确发展方向，就要坚守好这三条底线。

二 加快完善互联网管理领导体制

习近平同志在对党的十八届三中全会《决定》所作的说明中强调，要加快完善互联网管理领导体制。他指出："网络和信息安全牵涉到国家安全和社会稳定，是我们面临的新的综合性挑战。""从实践看，面对互联网技术和应用飞速发展，现行管理体制存在明显弊端，主要是多头管理、职能交叉、权责不一、效率不高。同时，随着互联网媒体属性越来越强，网上媒体管理和产业管理远远跟不上形势发展变化。特别是面对传播快、影响大、覆盖广、社会动员能力强的微客、微信等社交网络和即时通信工具用户的快速增长，如何加强网络法制建设和舆论引导，确保网络信息传播秩序和国家安全、社会稳定，已经成为摆在我们面前的现实突出问题。"①

党的十八届三中全会《决定》提出："坚持积极利用、科学发展、依法管理、确保安全的方针，加大依法管理网络力度，加快完善互联网管理领导体制，确保国家网络和信息安全。"② 通过完善互联网管理领导体制，整合相关机构职能，形成从技术到内容、从日常安全到打击犯罪的互联网管理合力，确保网络正确运用和安全。

据不完全统计，目前我国政府参与互联网管理的部门已达 16 个之多，这不仅造成行政资源的极大浪费，也容易造成管理空白，影响管理效率，危及网络信息安全和社会稳定。必须结合国情、网情，借鉴国外有益经验，加快探索具有中国特色的互联网管理领导体制和运行机制。

要加快构建符合中国国情的集中统一的互联网管理体系。首先，要加快构建集中统一的国家互联网管理体系。要整合相关机构职能，明确权责分工和监管边界，落实好分级管理、属地管理责任，形成从技术到内容、从日常安全到打击犯罪的互联网管理合力和党委统一领导、政府加强管理、企业依法运营、全社会共同参与的互联网管理工作格局。其次，要不断提高各级党委政府的互联网管理能力。各级党委政府要把加强互联网管理作为信息化条件下治国理政的重要方面，从战略全局高度重视网络、发展网络、管理网络，坚持守土有责、守土负责、守土尽责，切实把网络运用和管理纳入党委政府重要议事日程。要加强对各级领导干部的互联网知识和技能培训，不断提高各级领导干部的媒介素养和对网络新媒体的驾驭能力。③

三　加强网络民主法治建设，实现网络民主法治化

加强网络民主法治建设，是网络民主健康发展的重要条件和保证。网络民主法治建设，要贯穿于网络民主发展的全过程。在网络民主发展的过程中，要把那些适宜用法律形式加以明确规定的制度、措施、办法，及时地制定成相应的网络法律、法规，使它们具有普遍遵行的法律效力。网络民主发展的目标要求，是实现网络民主法治化。

依法管理互联网是世界各国的通行做法。如德国是全球第一个发布网

---

① 《习近平谈治国理政》，外文出版社，2014，第 84 页。

② 《中共中央关于全面深化改革若干重大问题的决定》，人民出版社，2013，第 51~52 页。

③ 彭祝斌：《加快完善互联网管理领导体制》，《湖南日报》2013 年 12 月 12 日。

络成文法的国家。在互联网管理法规的数量上，美国居世界之首。自 1978 年以来，美国先后出台了《电信法》《政府信息公开法》《个人隐私权保护法》《美国联邦信息资源管理法》等 130 多项涉及互联网管理的法律法规，保护个人和国家的信息安全，制止和惩罚网络谣言的传播行为。2005 年 10 月，韩国政府发布和修改了《促进信息化基本法》《信息通信基本保护法》等法规。2006 年底，韩国国会通过了《促进使用信息通信网络及信息保护关联法》。

近年来，我国出台了一系列网络信息传播法规，对网络信息传播进行规范。如我国《计算机信息网络国际互联网安全保护管理办法》第七条规定："用户的通信自由和通信秘密受法律保护。任何单位和个人不得违反法律规定，利用国际互联网侵犯用户的通信自由和通信秘密。"我国《计算机信息网络国际互联网暂行规定实施办法》第十八条规定："不得擅自进入未经许可的计算机系统，篡改他人信息，冒用他人名义发出信息，侵犯他人隐私。"2012 年 12 月 28 日，十一届全国人大常委会第三十次会议通过了《关于加强网络信息保护的决定》，就保护网络信息安全，保障公民、法人和其他组织的合法权益，维护国家安全和社会公共利益，作出了 11 条明确规定。

从总体上看，我国有关互联网管理和信息安全的立法工作相对滞后，主要表现在四个方面：一是现行法规的调整范围狭小，导致大量网络侵权、犯罪行为无法处理；二是现有的规范体系主要由行政法规、部门规章和行政规范性文件组成，法律位阶低，导致司法实践中各地、各部门的认定标准、处罚程序不一，司法效果差；三是立法分散，系统性差，相关法规之间的衔接、配合不够；四是法规内容缺乏前瞻性，不能适应当前和未来网络社会发展的趋势，执法难度大、成本高。针对这种情况，我国应在坚持维护国家安全和社会秩序、保障公民合法权益、促进网络发展、净化网络环境的前提下，在前期各项立法的基础上，加快信息网络传播法和网络安全法的立法研究和已有法律规范的整理工作，提高网络管理和信息安全法规的法律位阶，强化各项法律规范之间的衔接和配合，推动建立一个层次合理、内容严密，权威性高、执行力强的信息网络法律体系，提高网络管理的法治化水平。①

---

① 彭祝斌：《加快完善互联网管理领导体制》，《湖南日报》2013 年 12 月 12 日。

2014年10月，党的十八届四中全会《关于全面推进依法治国若干重大问题的决定》指出："加强互联网领域立法，完善网络信息服务、网络安全保护、网络社会管理等方面的法律法规，依法规范网络行为。"① 这为我国互联网领域立法指明了方向，提出了新的要求。目前，我国互联网法律体系基本成形，但整个体系还有待进一步优化。贯彻落实十八届四中全会《决定》精神，积极推进互联网领域立法，要求在网络信息服务、网络安全保护、网络社会管理三个重点领域加快立法工作步伐。

加强网络民主法治建设，要着力强化合法的网络监管，加大执法力度。近年来，在我们的社会生活中，网络谣言不断出现，不良影响日增，成为困扰社会和谐发展的一大难题。2013年，全国公安机关集中开展打击网络有组织制造传播谣言等违法犯罪行动，最高人民法院、最高人民检察院出台了《关于办理利用信息网络实施诽谤等刑事案件适用法律若干问题的解释》，先后有"秦火火""立二拆四""环保董良杰"等多名涉嫌在网上制造、传播谣言的"大V"落网，互联网环境获得明显改善。2014年4月11日，北京朝阳区法院对秦志晖（网名秦火火）涉嫌诽谤罪、寻衅滋事罪案进行审理，公诉机关指控他使用"淮上秦火火"等微博账户，以张冠李戴、造谣生事、道听途说、夸大其词、捕风捉影、耸人听闻等手段和方式，制造、散布虚假信息，损害杨澜、张海迪、罗援等人的名誉。网络谣言的出现，不仅玷污了网络文化环境，降低了互联网的公信力，更危及网络事业的健康发展。一些网民跟风起哄，推波助澜，传播不实谣言；不少网民为满足猎奇欲望，不辨真假、盲信盲从，相信网上谣言。

对网络谣言，要做到标本兼治。首先，要靠广大网民守法自律，文明上网，不信谣，不传谣。对受到网络谣言蒙蔽者来说，应善于在第一时间积极回应，披露真相，曝晒"造谣者"的不实之词。其次，对网站而言，应加强自律、严把关口，加强信息发布管理，不给网络谣言提供传播渠道。当然，"网上治谣"想真正取得长效，还有赖于相关法律法规的完善，尽快制定严管网络谣言的法律法规，对网络谣言的行为性质、责任认定、危害赔偿以及管理的主体、程序、监督等从法律上给予明确的界定。同时，更要靠依法管理，依法追究造谣者责任，鼓励帮助受害者拿起法律武器维护权益。一言以蔽之，要彻底铲除网络谣言滋生的土壤，不仅有赖于法律的

---

① 《中共中央关于全面推进依法治国若干重大问题的决定》，人民出版社，2014，第14页。

约束力和震慑力，更有赖于社会透明度的增强和广大网民素养的提升。[①]

四　建好用好网络平台，有效发挥网络民主功能

促进网络民主健康有序发展，有效发挥网络民主在国家治理和社会管理中的作用，都离不开网络平台的支撑。随着互联网的发展，我国发展网络民主的途径和形式日趋多样化，形成了一系列全覆盖、多层次、交互式的网络载体和平台。目前，活跃在中国网络政治舞台上的网络载体和平台，主要有以下几种：

网络论坛（BBS）。网络论坛具有三个功能：一是信息集散地，国内外的一些重要新闻和突发事件在这里都能看得到；二是观点集散地，各种各样的观点都有，既有政治观点的系统阐述，又有颇为大胆的设想；三是民声集散地，网民的地域分布、行业分布、阶层分布都很广，论坛里能够听到各种声音。例如，人民网的"强国论坛"、新华网的"发展论坛"和"统一论坛"、外交部网站的"外交论坛"、天涯网的"天涯杂谈"等，为网民自由表达意见提供了很好的平台。中央传统媒体和门户网站的这些网络论坛，已经成为我国中文网络论坛中的中坚力量。与此同时，民间网络论坛发展势头也很强劲。[②]

新闻跟帖。这是一些门户网站和新闻网站开设的一种言论形式，其功能是让网友即时发表自己阅读新闻之后的感受、观点和意见。如新浪网和腾讯网的"我要评论"、网易的"发帖区"、搜狐网的"我来说两句"、人民网的"我要留言"等。近年来，每当一条热点新闻发出后，跟帖评论可以很快达到数百页、上千页，即跟帖总数可以达到成千上万条。[③] 网络新闻跟帖的大众化、简洁性、互动性、趣味性、批判性和启发性，使其具有看清新闻事实、宣泄公众情绪、形成舆论焦点的重要功能。[④]

博客和微博。博客或者说政治博客，是网民参与国家政治生活的一种个性化网络表达方式。这种网络表达方式，能够使公民个体的政治个性得

---

① 吴学安：《铲除"网络谣言"离不开标本兼治》，《工人日报》2014 年 4 月 12 日。

② 张雷、刘力锐：《网民的力量：网络社会政治动员论析》，东北大学出版社，2012，第59 页。

③ 张雷、刘力锐：《网民的力量：网络社会政治动员论析》，东北大学出版社，2012，第60 页。

④ 唐红、王怀春：《网络新闻跟帖评论的特点及功能》，《新闻爱好者》2011 年第 23 期，72～73 页。

到自由张扬，从而满足人们日益增长的政治表达意愿和自由需求。公民通过博客发表政治言论，被称为"互联网上的草根革命"。微博即微型博客，是一种即时而灵活的开放性、互动性、大众性社交网络平台。据国外媒体对我国著名博客和微博活动的调查分析，微博的"力量"是博客的200倍。"微力量，势不薄"，小巧而灵活的"微政治"，可以在网络政治舞台上发挥大作用。①

"微博议政"。互联网的普及性、开放性、互动性、便捷性，为人民政协参政议政开辟了新的广阔平台。"微博议政"以更低的门槛和更广阔的影响面，让网络上的民主政治变为现实，也让"网络政协"与民众无缝链接，充分发挥人民政协作为扩大公民有序政治参与的重要渠道和平台的作用。广州市政协与人民网合作，专门开辟了一个广州市政协委员"微博议政"平台。2011年，在时任广州市十一届政协主席林元和的推动下，广州市政协先后召开两次微博培训班，将近200名委员接受了"微博扫盲"，首批80名委员开通了微博。今后政协委员参政议政将向信息化方向发展，委员可以通过博客、微博、微信等履职新平台，随时建言献策。作为一个新的网络互动工具，微博正在迅速走进参政议政的舞台。

促进网络民主健康有序发展，要求进一步强化网络民主互动平台建设。一是要深入推进电子政务建设，加快电子政务的网络信息平台建设，以促进信息公开，形成政府与网民无障碍的制度化互动信息交流机制。二是要强化政府门户网站建设。强化政府网站的服务功能，着力建设政府网站的数据管理平台、共享查询平台、事务处理平台、统一服务门户等，特别要加强互动栏目建设，不断丰富互动交流方式，实现政务信息和公共服务之间的供需动态平衡。与各级政府和企事业部门网站之间要做好链接，逐步实现资源共享、协同共建和整体联动。三是大力培育主流网络媒体，建设一批开拓进取、坚守社会公正的群众信赖的网络媒体。四是扶持各类民间网站。五是作为网络民主互动平台，无论是政府网站、主流网络媒体，还是民间网站，都需要提高网络信息技术保障及服务水平，加强网络安全监管，依法维护网络信息安全，避免信息泄露、网页遭受攻击，严控网络犯罪，提升网络安全保障能力。②

---

① 张雷、刘力锐：《网民的力量：网络社会政治动员论析》，东北大学出版社，2012，第72～78页。

② 严炜、毛莉莉：《网络民主发展探析》，《社会主义研究》2013年第2期。

五 大幅提升信息化水平，加快实现网络公平

网络民主作为网络技术与民主政治相结合的产物和表现，是当代信息社会民主政治的新形式，是民主的信息化或信息化的民主。网络民主的发展，需要经济的、政治的、文化的、社会的诸多条件，其中最重要的条件，是信息技术、信息经济的发展和全社会信息化水平的提高。

党的十八大报告提出了全面建成小康社会新的目标要求，其中明确地把"信息化水平大幅提升"作为2020年全面建成小康社会的目标之一。2014年2月，习近平同志在中央网络安全和信息化领导小组第一次会议上强调："当今世界，信息技术革命日新月异，对国际政治、经济、文化、社会、军事等领域发展产生了深刻影响。信息化和经济全球化相互促进，互联网已经融入社会生活方方面面，深刻改变了人们的生产和生活方式。我国正处在这个大潮之中，受到的影响越来越深。"他强调，中国要抓住机遇，立足世界，推动网络技术突飞猛进地发展，使中国真正由一个网络大国变为网络强国。他明确指出："建设网络强国，要有自己的技术，有过硬的技术；要有丰富全面的信息服务，繁荣发展的网络文化；要有良好的信息基础设施，形成实力雄厚的信息经济；要有高素质的网络安全和信息化人才队伍；要积极开展双边、多边的互联网国际交流合作。"①

2015年3月，李克强总理在十二届全国人大三次会议上所作的政府工作报告中首次提出，要制定"互联网＋"行动计划，推动移动互联网、云计算、大数据、物联网等与现代制造业结合，促进电子商务、工业互联网和互联网金融健康发展，引导互联网企业拓展国际市场。2015年7月，国务院发布《关于积极推进"互联网＋"行动的指导意见》（以下简称《指导意见》），明确未来三年以及十年的发展目标，提出了"互联网＋"创业创新、"互联网＋"协同制造、"互联网＋"现代农业、"互联网＋"智慧能源、"互联网＋"普惠金融、"互联网＋"益民服务、"互联网＋"高效物流、"互联网＋"电子商务、"互联网＋"便捷交通、"互联网＋"绿色生态、"互联网＋"人工智能共11项重点行动。这些行动计划，既涵盖了制造业、农业、金融、能源等具体产业，也涉及环境、养老、医疗等与百姓生活息息相关的方面，事关经济发展全局，或贴近人民群众关切，或创

---

① 《习近平谈治国理政》，外文出版社，2014，第197~198页。

新变革潜力巨大；同时也是互联网能够发挥关键作用、融合方向清晰、指导性非常明确的领域。《指导意见》提出，到 2018 年，互联网与经济社会各领域的融合发展进一步深化，基于互联网的新业态成为新的经济增长动力，互联网支撑大众创业、万众创新的作用进一步增强，互联网成为提供公共服务的重要手段，网络经济与实体经济协同互动的发展格局基本形成；到 2025 年，网络化、智能化、服务化、协同化的"互联网＋"产业生态体系基本完善，"互联网＋"新经济形态初步形成，"互联网＋"成为经济社会创新发展的重要驱动力量。"互联网＋"行动，将以夯实新信息基础设施、提升原有工农业基础设施、创新互联网经济、渗透传统产业为指向，为中国经济实现转型与增长开辟新路。

"互联网＋"是支撑和引领互联网与经济社会各领域融合发展的新理念，是我国在信息时代经济社会创新发展的重要驱动力量。一些专家学者认为，"互联网＋"是以互联网为主的一整套信息技术（包括移动互联网、云计算、大数据技术等）在经济、社会生活各领域的扩散、聚合、融合、应用过程；"互联网＋"是新一代互联网技术革命的产物，是互联网思维的新的实践成果；"互联网＋"的基础是数据和连接，"互联网＋"的驱动因素来自更多数据；"互联网＋"的表现形式是传统产业的在线化、数据化、智能化，其本质是现代信息技术与传统产业的跨界融合与应用创新，是信息经济的新业态、新服务、新模式。应当说，目前人们对"互联网＋"的科学内涵、构成要素、基本功能和经济社会价值的认识还是初步的，还有待在现实和未来的实践探索中进一步深化和提升。现在可以确定无疑的是，"互联网＋"及"互联网＋"行动计划的提出，是我国在建设网络强国进程中的重大创新。创新是原有要素的新组合。组合、结合、融合、聚合是创新之源，是创新的重要机制和根本途径。我们相信，"互联网＋"及其支撑和引领新一代互联网技术与经济社会各领域融合发展的新理念、新形态、新服务、新模式，必将极大地提升我国的信息化水平，更加有力地促进我国信息经济、信息政治、信息文化、信息社会的快速发展。

积极推进"互联网＋"行动计划，对我国实现新型工业化、信息化、城镇化和农业现代化同步发展，逐步消除我国工农、城乡之间的数字鸿沟，在全社会加快实现网络公平，更加有序健康地发展网络民主，具有不可估量的促进作用。

巨大的数字鸿沟是网络民主发展的基础性条件制约。所谓数字鸿沟，是指处于社会经济上层的信息技术拥有者与处于社会经济底层的信息技术贫乏者之间的差异。更简明地说，数字鸿沟就是信息富有者和信息贫困者之间的鸿沟。数字鸿沟的实质，是关系到社会公平的问题。① 数字鸿沟是当前世界各国普遍存在的问题，数字鸿沟在我国也同样存在。在我国，数字鸿沟主要表现为中西部地区、城乡、不同社会群体、不同受教育水平甚至性别之间，因对互联网技术的使用和掌握水平的差异所造成的信息不对称，进而影响政治参与的平等性。数字鸿沟的存在，拉大了地区间、阶层间以及性别之间政治参与的不平等，违背了民主的基本原则与精神，是网络民主发展中的一大障碍。平等的参与权利和参与机会本来是民主的最起码要求，对于许多公民来说，信息鸿沟的存在，使虚拟空间的民主参与成为不可能，这对于网络民主的发展普及无疑是一个挑战，直接影响网络民主的合法性。②

我国社会数字鸿沟的存在，根本原因在于经济文化落后，国家现代化水平不高；中西部地区之间，工业与农业之间、城市与乡村之间在信息利用方面的差距，根本问题在于经济社会发展不平衡，城乡一体化发展滞后，科学技术普及跟不上社会发展要求。消除数字鸿沟，实现网络公平，根本途径在于加快推进新型工业化、信息化、城镇化和农业现代化同步发展。2004 年以来，原信息产业部、现工业和信息化部认真贯彻落实党中央、国务院的决策部署，组织通信行业实施农村通信"村村通工程"，取得了历史性的成就。十年来，"村村通工程"的实施，实现了我国农村信息通信基础设施的跨越式发展，推动农村信息化跨入新时代，城乡"数字鸿沟"明显缩小。实现了全国"村村通电话"，"乡乡通宽带"，信息下乡活动也深入开展。从 2009 年到 2014 年，全国已有 3 万个乡镇开展了信息下乡活动，占到全国乡镇总数的 85% 以上，初步建成了县、乡、村三级信息网，建成乡村信息服务站点 33 万多个、乡镇级网站 3 万个、村级信息栏目 27.8 万个。同时，中国电信、中国移动、中国联通三家运营商建设了各自的综合性农村信息服务平台——"信息田园""农信通""金农通"，不仅提供各种涉农网上信息内容和在线业务，还结合农民实际开发了专门的短信、彩信、彩铃、呼叫中心、视频、电子商务等。农村信息通信的快速发展，推动农村经济社会发展发生了显著变化。第一，彻底结束了偏僻乡村世代与外界信

---

① 王彬彬：《网络时代的政府革新》，国家行政学院出版社，2013，第 131 页。
② 胡伟：《网络民主：机遇与挑战》，《文汇报》2009 年 8 月 22 日。

息隔绝的历史，使得农民能够利用网络销售农副产品、购买生产生活用品、从网上了解外界市场信息、寻找致富门路、获得外出打工信息等，促进了农民持续增收。第二，推动各类经济适用信息技术渗透到农业生产各个环节，提高了农业生产效率，促进了农业生产的现代化改造。第三，远程教育、远程医疗、电子商务、电子政务的普及推广，促进了农村社会事业的发展。乡村管理的网络化，增强了农村基层管理的透明化、规范化、高效化。在偏远农村尤其是民族和边境地区，通信网络使得党的声音和政策能够及时传达，社会治安情况能够及时上报，促进了民族地区、边境地区的安定团结。①

推进"互联网＋"行动是提升工业化、信息化、城镇化和农业现代化水平的有效途径，是加快城乡发展一体化的有效途径，也是消除城乡数字鸿沟、实现网络公平、发展网络民主的重要途径。作为"互联网＋"11项重点行动之一，"互联网＋"现代农业是由农业部、国家发展改革委、科技部、商务部、质检总局、食品药品监管总局、林业局共同负责实施的重点项目。其重点任务包括：一是构建新型农业生产经营体系；二是发展精准化生产方式，推广成熟可复制的农业物联网应用模式；三是提升网络化服务水平；四是完善农副产品质量安全追溯体系。通过实施"互联网＋"现代农业行动，能够利用互联网提升农业生产、经营、管理和服务水平，培育一批网络化、智能化、精细化的现代"种养加"生态农业新模式，形成示范带动效应，加快完善新型农业生产经营体系，培育多样化农业互联网管理服务模式，逐步建立农副产品、农资质量安全追溯体系，促进农业现代化水平明显提升。中国农业科学院研究员王文生认为，"互联网＋"现代农业就是充分利用移动互联网、大数据、云计算、物联网等一系列的新的信息技术与农业的跨界融合，创新基于互联网平台的现代农业的新产品，新模式与新业态，以互联网＋驱动，打造信息支撑、管理协同、产出高效、产品安全、资源节约、环境有效的现代农业。"互联网＋农业"是改变我国千百年来小农经济格局的利器。目前，虽然我国经济发展非常迅速，农业现代化的步伐也非常快，但是总的来看，小农经济这个格局没有改变，如何在现有的情况下，实现结构转型，发展方式转变，是一个巨大的挑战。"互联网＋"给中国农业创新发展，实现农村结构转型、发展方式转变，提

---

① 苗圩：《缩小城乡"数字鸿沟"服务农村经济社会发展》，《人民论坛》2014年第33期。

供了一个前所未有的历史机遇。[①]

　　世界上任何事物的发展都是一个过程。中国现代化的实现是一个长期的艰苦奋斗的过程；中国民主政治依托现代化、伴随现代化发展，是一个长期的逐步积累的渐进过程；中国网络民主的发展，也是一个长期的逐步积累的渐进过程。随着"互联网＋"行动计划的深入实施，随着新型工业化、新型城镇化、农业现代化的持续推进，随着城乡发展一体化步伐的日益加快，随着城乡信息化水平的不断提升，全社会数字鸿沟必然逐步缩小，城乡基层网络民主必将呈现出蓬勃发展的崭新局面。

---

① 何难、文芳：《互联网＋助力现代农业发展》，《河南日报》（农村版）2015 年 8 月 10 日。

第九章

全面从严治党，确保党始终成为中国特色社会主义事业的坚强领导核心

十八大报告明确指出："我们党担负着团结带领人民全面建成小康社会、推进社会主义现代化、实现中华民族伟大复兴的重任。党坚强有力，党同人民保持血肉联系，国家就繁荣稳定，人民就幸福安康。"① 为完成这样的历史重任，为使党坚强有力，为保持党同人民的血肉联系，就必须坚持从严治党，解决党自身存在的问题，全面加强党的自身建设。因此，十八大报告明确把"纯洁性建设"纳入党的建设的主线，强调"坚持党要管党、从严治党，全面加强党的思想建设、组织建设、作风建设、反腐倡廉建设、制度建设，增强自我净化、自我完善、自我革新、自我提高能力，建设学习型、服务型、创新型的马克思主义执政党，确保党始终成为中国特色社会主义事业的坚强领导核心"。② 明确了党的建设坚持从严治党的战略方针、通过"四个自我"的战略途径、达到"坚强领导核心"的战略目标。

---

① 《十八大以来重要文献选编》（上），中央文献出版社，2014，第38页。
② 《十八大以来重要文献选编》（上），中央文献出版社，2014，第39页。

第一节　实现中华民族伟大复兴，关键是
坚持党的领导和从严治党 *

中国共产党在 20 世纪和 21 世纪之交的全国代表大会上，庄严宣告："中国共产党是全国各族人民的领导核心。党的领导地位是由党的工人阶级先锋队性质决定的，是经过长期斗争考验形成的。在中国，从来没有任何一个政治组织像我们党这样集中了那么多先进分子，组织得那么严密和广泛，为中华民族作出了那么多牺牲，同人民保持着密切的联系，在前进中善于总结经验、郑重对待自己的失误，以形成并坚持正确的理论和路线。历史把重大责任赋予我们党，人民对我们党寄予厚望。党领导人民在二十世纪写下了光辉篇章，也一定能在二十一世纪写下新的光辉篇章。"① 这次代表大会第一次提出了"邓小平理论"的概念，并把它确立为党的指导思想，因而突出地对邓小平理论的科学内涵、历史地位和指导意义作出深刻阐述，而把中国特色社会主义发展道路作为这个理论的首要内容加以阐述。代表大会的这一庄严宣告，揭示了中国共产党的领导地位在长期斗争考验中形成和确立的历史必然性，揭示了科学的理论、正确的道路和路线对确保党的领导地位的极端重要性，也揭示了党的领导地位与党同人民密切联系之间的不可分割性，还揭示了善于总结经验、郑重对待自己失误在党的发展进程中的客观必要性。本节就按上述"四个揭示"从四个方面来阐述中国共产党在领导人民进行革命、建设、改革的伟大历史进程中的关键作用。正是共产党的关键作用和领导地位，才造就了勇于担当人民赋予重大历史责任的中国共产党在 20 世纪的不朽业绩，也昭示了不负人民寄予厚望的中国共产党在 21 世纪的光辉前景。

---

*　此节内容，原是中共中央宣传部马克思主义理论研究和建设工程项目"实现中国梦的关键：党的坚强领导与自我净化"的核心成果，由两篇文章组成，一篇以《实现中华民族的伟大复兴：关键在党》为题，发表在 2014 年 4 月 1 日出版的中共中央党校学报第 18 卷第 2 期上，另一篇以《反腐：郑重马克思主义政党的标志》为题，发表在 2015 年 4 月 7 日《解放日报》"新论"版上。此工程项目由北京市中国特色社会主义理论体系研究中心组织申报，朱峻峰撰写。本书本节是在这一工程项目核心成果的基础上，恢复了初稿中的一些内容，并根据习近平最新讲话精神和中央最新部署修改补充而成。
① 《十五大以来重要文献选编》（上），人民出版社，2000，第 45 页。

一　坚持党的领导，这是历史的选择、人民的选择

习近平同志指出：中国共产党从成立起"就肩负着实现中华民族伟大复兴的历史使命"，"实现中华民族伟大复兴，就是中华民族近代以来最伟大的梦想。这个梦想，凝聚了几代中国人的夙愿，体现了中华民族和中国人民的整体利益，是每一个中华儿女的共同期盼"。[①] 何以提出要实现中华民族伟大复兴，而且这是中华民族近代以来最伟大的梦想？这是因为伟大的中华民族在历史上有过辉煌，有过民族尊严，而到近代就开始衰落，失去民族尊严，这就要重振雄风，重新崛起，再造辉煌。

中国是具有悠久历史的文明古国，创造了上下五千年的灿烂文明，在古代文明史上长期处于世界前列。中国的造纸术、印刷术、指南针和火药这四大发明，传播世界各地，对世界文明作出了不可磨灭的贡献。15 世纪前，中国的科学技术在世界上保持了千年的领先地位。到了近代，由于封建专制政权的腐败无能和帝国主义列强穷凶极恶的野蛮侵略而落伍了。1840年，英帝国主义用坚舰利炮发动了第一次鸦片战争，从此中国陷入了半殖民地半封建的苦难深渊。习近平同志首次关于实现中华民族伟大复兴中国梦的重要论述，就是在参观《复兴之路》展览时提出的，这个展览就是一部从 1840 年鸦片战争开始以来 170 多年的中华民族奋斗史。从鸦片战争到中法战争，从甲午中日战争到八国联军攻入北京，几乎所有资本主义帝国主义列强都侵略中国，逼迫腐败无能的"大清"封建王朝，先后签订了多达一千多个丧权辱国的不平等条约。列强割占我大片领土，吞食巨额赔款，强夺种种特权，烧杀淫掠，无恶不作。祖国山河破碎，经受刻骨铭心的磨难，人民饥寒交迫，备受奴役和煎熬，救亡图存的民族使命迫在眉睫。争取民族独立、人民解放，实现国家富强、人民富裕，成为中国人民神圣而庄严的使命。

面对亡国灭种的民族灾难，苦难深重的中国人民忍辱负重，奋起抗争，为救亡图存，振兴中华，前赴后继，百折不挠。中国的农民深受帝国主义和封建主义的压迫，不断掀起农民起义和农民战争，最有代表的是太平天国农民革命运动和义和团反帝爱国运动。但农民缺乏先进阶级的领导，缺乏明确的斗争纲领的指引，面对强大中外反动力量的镇压最终只能失败。

[①] 《习近平谈治国理政》，外文出版社，2014，第 11、36 页。

作为新生力量的资产阶级，其改良派曾发动声势颇为浩大的变法维新运动，但他们向西方资本主义国家寻找真理，企图通过改良主义在中国实行君主立宪制，发展资本主义，结果被封建主义顽固派斩杀。这说明，在近代，资产阶级的改良主义道路在中国行不通。以孙中山为代表的资产阶级革命派，先是创立了兴中会，顾名思义，兴中会以振兴中华为宗旨，首次喊出了"振兴中华"的响亮口号，接着成立了资产阶级革命政党中国同盟会，制定了"驱除鞑虏，恢复中华，创立民国，平均地权"和民族、民权、民生"三民主义"的政治纲领，提出了推翻封建王朝建立资产阶级民主共和国的革命目标，终于在 1911 年 10 月 10 日发动辛亥革命，推翻了清王朝，建立了中华民国，从而结束了几千年的封建专制帝制，开创了完全意义上的近代民族民主革命，树立了民主共和国的光辉旗帜。从这个意义上说，辛亥革命取得了伟大胜利。但是，由于领导这场革命的民族资产阶级的软弱性和革命的不彻底性，以孙中山为首的革命政权仅存在 3 个月，就被代表大地主、大资产阶级利益并与帝国主义相勾结的军事政治集团的反动统治所篡夺。竭力宣传民主共和的政治活动家宋教仁被暗杀，孙中山等革命人士流亡国外。辛亥革命没有铲除封建势力和帝国主义在中国的统治根基，没有改变中国半殖民地半封建的社会性质，没有改变人民的悲惨境遇，没有完成民族独立和人民解放的历史任务。从这个意义上说，辛亥革命又是失败的。由此可见，在半殖民地半封建的中国依靠民族资产阶级，建立资产阶级民主共和国的道路也是走不通的。

同新兴的民族资产阶级同时兴起的中国无产阶级开始成长，日益成为近代中国一支重要的社会力量，并开始独立走上中国的政治舞台。但是工人运动本身不可能自发地产生社会主义和共产主义思想。列宁领导的俄国十月革命一声炮响，给中国送来了马克思列宁主义，被中国的革命先进知识分子所接受，并与中国的工人运动相结合，1921 年诞生了中国共产党。这是中国历史上划时代的大事件、巍然屹立的里程碑。从此，中国社会的黑暗长夜升起了一颗明亮的星星，灾难深重的中国人民有了自己的英明领导，漫漫征途的中国革命有了坚强的领导核心。中国共产党从成立的那一天起，就是中国工人阶级的先锋队，同时是中国人民和中华民族的先锋队，就以"全心全意为人民服务"为宗旨，就深深扎根于中国人民和中华民族之中，就忠心耿耿为中华民族和中国人民谋利益，就肩负起实现中华民族伟大复兴的庄严使命，承担起争取民族独立和人民解放、实现国家富强和人民富裕的双重历史任务。中国共产党指明，只有首先争取民族独立和人民解放，才能为实现国家富强和人民富裕扫清障碍、创造前提，只有首先进行无产阶级领导的，人民大众的，反对帝国主义、封建主义和官僚资本主义的新民主主义革命，才能夺取政权，进行社会主义革命，建立社会主义制度，进行社会主义建设，实现社会主义现代化，实现国家富强和人民富裕。实现中华民族伟大复兴的庄严使命和前后衔接的双重历史任务，除了中国共产党之外，是没有任何一个别的政党能够担负的。正如习近平总书记在纪念毛泽东诞辰120周年座谈会上的讲话指出："实现中华民族伟大复兴，关键在党。"[①]

　　毫无疑问，中国共产党的领导，是中国近代社会发展必然的客观的选择，是历史的选择，是人民的选择。作为我国伟大的民族英雄和民主革命的伟大先驱，在辛亥革命后屡遭挫折、几经磨难的孙中山，没有止步，没有退缩，而是站在时代前列，"适乎世界之潮流，合乎人群之需要"，继续探索革命的路，不懈追求真理，不断争取进步。他不仅致力国民革命，而且设计现代化的蓝图，不仅为民族独立和人民解放不懈奋斗，而且为国家富强和人民幸福鞠躬尽瘁。他受俄国十月革命胜利的鼓舞和启发，在五四运动和中国共产党成立之后，开始认识到中国共产党及其领导的工农运动是革命的坚定力量。他接受共产党的帮助，毅然实行联俄、联共、扶助农工的三大政策，把他创立的旧三民主义发展为新三民主义，他吸收共产党人加入并改组国民党，制定了统一战线政策，实现了国共合作，把反帝反封建的民主革命推向前进。孙中山与中国共产党人之间亲密接触，相互信任。董必武、林伯渠、吴玉章、朱德等共产党人，早年都参加过辛亥革命，并且加入了孙中山领导的同盟会，陈独秀虽未参加同盟会，但也积极参加辛亥革命。1922年8月下旬，李大钊在林伯渠陪同下会见孙中山，双方对国共合作和建立革命统一战线的主张十分一致，孙中山邀请李大钊参与改组国民党和起草《中国国民党改组宣言》的工作。孙中山的忠诚战友和革命伴侣宋庆龄会见时在座。宋庆龄回忆说：孙中山认为李大钊这些共产党人"是他的真正的革命同志。他知道，在斗争中他能依靠他们的明确的思想和无畏的勇气"。总之，孙中山的新三民主义是革命的三民主义，这与中国共产党在民主革命阶段即新民主主义革命的纲领是一致的、相通的。在

[①]　《十八大以来重要文献选编》（上），中央文献出版社，2014，第701页。

半殖民地半封建的基本国情环境下，在中国革命作为社会主义世界革命一部分的国际背景下，走列宁领导的俄国十月革命的道路，走人民大众的反对帝国主义、封建主义和官僚资本主义的道路，即选择实行新民主主义进而实行社会主义的道路，同时选择共产党的领导，都是人民的选择，历史的选择，是唯一正确的选择。

宋庆龄早年追随孙中山参加革命，孙中山逝世后忠实继承孙中山的遗志，坚持新三民主义，拥护和追随中国共产党，参加反蒋斗争、抗日战争、解放战争，参与缔造中华人民共和国。宋庆龄一生中经历了中国旧民主主义革命、新民主主义革命、社会主义革命和社会主义建设。宋庆龄从伟大的革命民主主义者成为伟大的共产主义战士，从中国共产党的亲密朋友成为中国共产党的优秀党员。1949年5月27日上海解放，第二天宋庆龄对来访的客人史良说："国民党的失败，是我意料之中的，因为它敌视人民、反对人民、压迫人民；共产党取得胜利是必然的，因为它代表人民、爱护人民、为人民谋福利。"她还兴奋地对英文翻译秘书说："现在全国人民在共产党的领导下翻身了，整个民族有了光明的前途。"1949年7月1日，宋庆龄应邀抱病出席上海党政军民庆祝中国共产党成立28周年大会，发表《向中国共产党致敬》的祝词，这样表达对共产党的敬意："欢迎我们的领导者——这诞生在上海、生长在江西的丛山里、在二万五千里长征的艰难困苦中百炼成钢、在农村的泥土里成熟的领导者。向中国共产党致敬！"①1949年9月21日，宋庆龄应邀出席中国人民政治协商会议第一届全体会议，她发表了热情洋溢的讲话，她说："今天，中国是一个巨大的动力，中国的人民在前进，在革命的动力中前进。这是一个历史的跃进，一个建设的巨力，一个新中国的诞生！我们达到今天的历史地位，是由于中国共产党的领导。这是唯一拥有人民大众力量的政党。孙中山先生的民族、民权、民生三大主义的胜利实现，因此得到了最可靠的保证。""今天参加这个人民政治协商会议的，就包括各民主党派、人民团体、少数民族、国外华侨以及民主进步人士的代表。在中国历史上，这是第一次有这样一个广大代表性的人民的集会，形成一个真正的统一战线，以执行共同纲领和组织一个真正的人民民主政府。"她最后说："同志们，让我们现在就着手工作，建立一个独立、民主、和平与富强的新中国，和全世界的人民联合起来，

---

① 《宋庆龄选集》上卷，人民出版社，1992，第461页。

实现世界的持久和平。"① 孙中山和宋庆龄的一生经历和深切感悟，代表了中国人民和中华民族一切爱国力量已经深刻认识到的真理：中国要从最悲惨的境遇向着光明的前途实现伟大的历史转变，要急起直追跟上世界潮流和时代步伐，要实现民族振兴和人民当家作主，没有中国共产党人艰苦卓绝的奋斗精神和奋不顾身的牺牲精神，没有中国共产党人作中国人民的中流砥柱，没有中国共产党坚强而卓有成效的领导，那是根本不可能的。这个早被历史证实了的真理，也已被今天的现实所证实，也必将被更加灿烂的前景所证实。

二　坚持党的科学理论和正确道路，这是党的正确领导的显著标志，也是实现中华民族伟大复兴的根本保证

以 1949 年新中国的诞生为标志，中国共产党领导人民完成了实现中华民族伟大复兴的第一个任务，即国家的独立和人民的解放。此后就进入实现中华民族伟大复兴的第二个任务，即国家的富强和人民的富裕。新中国的诞生，社会主义制度的建立，为当代中国的一切发展进步奠定了根本政治前提和制度基础。共产党领导人民进行的改革开放新的伟大革命已经取得了奇迹般的辉煌成就，解决了占世界人口 1/5 的 13 亿多人的温饱问题，人民生活从贫困到温饱又到总体小康水平的历史性跨越，经济保持了年均 10% 的快速增长，是同期世界经济增速的 3 倍多，经济总量已经居世界第二，改变了中国一穷二白的面貌，中国人民已经扬眉吐气。于是，中国和世界都在热议这中国奇迹、中国梦想、中国复兴，都在探索这背后的根源是什么？奥秘究竟在哪里？我们可以肯定地说，中国奇迹、中国梦想、中国复兴背后的根源和奥秘就在于：中国共产党领导人民，将马克思主义的科学社会主义理论同当代中国实践和时代特征相结合，在总结我国和借鉴其他国家建设社会主义经验教训的基础上，创立了中国特色社会主义理论体系，开创了中国特色社会主义崭新道路。中国理论和中国道路是引领中国实现现代化和中华民族伟大复兴的光辉旗帜，是实现现代化和中华民族伟大复兴的根本保证。

中国理论和中国道路阐明和坚持党对现代化建设的领导，同时又加强党的自身建设，为实现现代化和中华民族伟大复兴提供根本的政治保证。党对我们国家和现代化建设的领导，不仅取决于人民和历史的必然选择，

---

① 《宋庆龄选集》上卷，人民出版社，1992，第 468～471 页。

还决定于当代中国发展进步和我国现代化建设的社会主义方向。在当代中国如何发展进步，有一个社会主义方向和前途的问题。我国的现代化，有一个名称，叫社会主义现代化，也就是说，我国的现代化建设有一个社会主义的方向问题。而这个社会主义方向，只能在共产党的领导下才能得到保证，这是由我们党的性质、宗旨、纲领和奋斗目标决定的。当代中国的根本任务是解放和发展生产力，实现社会主义现代化。我国的社会主义现代化建设，是一项前无古人的伟大事业，没有现成的方案和答案可提供，也没有固定的模式供搬用。我国的社会主义现代化建设是一项极其复杂的系统工程，需要克服这样那样的困难，需要协调各个方面的利益，需要化解各种各样的矛盾，需要应对错综复杂的形势，需要规避可以预料和难以预料的风险。这一切，都说明需要共产党的坚强领导，这是中国的现代化建设、中国特色社会主义事业和中华民族复兴大业成败得失的关键。

中国理论和中国道路阐明和坚持马克思主义基本原理同中国实际相结合，从我国的国情出发，走自己的发展道路，为实现现代化和中华民族伟大复兴提供必须遵循的重要指导思想和道路保证。马克思主义是我们立党立国的根本指导思想，也是我们的事业始终沿着正确方向前进的根本思想保证。同时，马克思主义又必须同本国国情和时代特征相结合，才能得到丰富和发展。每个国家的现代化建设，都是在本国国情的基础上进行的。各个国家的社会历史、政治结构、经济发展、文化水准、民族素质各不相同，各国的现代化建设必然呈现丰富性和多样性，现代化建设的具体道路也必然出现国别化。中国搞的是社会主义现代化建设，而中国的社会主义现代化建设不是在资本主义得到充分发展、商品经济相当发达的基础上进行的，而是在非常落后的"一穷二白"的基础上起步的。在这样一个具有特殊国情的国家里搞社会主义现代化建设，不坚持马克思主义不行，照抄照搬马克思主义也不行；不学习别国经验不行，照抄照搬别国经验也不行。只有将马克思主义的基本原理同中国的现代化实际相结合，只有立足于中国国情，同时学习借鉴别国经验，坚持走中国自己的路，才能顺利实现现代化和中华民族的伟大复兴。

中国理论和中国道路阐明和坚持以经济建设为中心、以四项基本原则和改革开放为两个基本点的基本路线，为实现现代化和中华民族伟大复兴提供路线保证。路线问题至关重要。党的基本路线是立国、兴国、强国的重大法宝，是实现现代化和中华民族伟大复兴的政治思想保证，是党和国家的生命线。以经济建设为中心是兴国之要，是我们党、我们国家兴旺发达和长治久安的根本要求；四项基本原则是立国之本，是我们党、我们国家生存发展的政治基石；改革开放是强国之路，是我们党、我们国家发展进步的活力源泉。我们党毫不动摇地坚持党的基本路线，既以四项基本原则保证改革开放的正确方向，又通过改革开放赋予四项基本原则新的时代内涵，坚持把以经济建设为中心同四项基本原则、改革开放这两个基本点统一于发展中国特色社会主义的伟大实践，使中国特色社会主义在当今世界的深刻变化和当代中国的深刻变革中坚如磐石而又充满生机活力。

中国理论和中国道路阐明和坚持以人为本和人民主体地位，调动和发挥亿万群众投身现代化建设的积极性、主动性和创造性，为实现现代化和中华民族伟大复兴指明依靠力量和提供力量源泉。人民群众是历史的真正创造者，是社会主义现代化建设的主体和依靠力量，也是党的力量源泉。社会主义现代化建设事业，是空前伟大的事业，是亿万人民群众自己的事业，生机勃勃的有创造性的社会主义是蕴藏着无限聪慧才智和创造力的人民群众自己创立的。而中国共产党作为中国工人阶级的先锋队，同时是中国人民和中华民族的先锋队，作为中国特色社会主义事业的领导核心，作为中国先进生产力、先进文化和中国最广大人民根本利益的忠实代表，又以全心全意为人民服务作为自己的宗旨和天职，就必然把群众路线作为党的生命线和根本工作路线，就能够同人民群众保持血肉联系，能够紧紧依靠人民，既发挥我国工人阶级、农民阶级和其他劳动群众作为推动生产力发展基本力量的作用，又支持新的社会阶层发挥中国特色社会主义事业建设者的作用，最广泛地调动人民群众投身改革开放和现代化建设的积极性、主动性、创造性，从人民中汲取无穷无尽的智慧，为改革开放和社会主义现代化建设凝聚起不可战胜的磅礴力量。

中国理论和中国道路阐明和坚持营造安定团结稳定和谐的社会环境，为实现现代化和中华民族的伟大复兴指明必要前提。社会的安定团结稳定和谐是广大人民群众的共同心愿，也是实行改革开放、进行现代化建设和实现中华民族伟大复兴的重要前提。现代化建设需要一个稳定的社会环境。社会动荡不安，无法集中精力和安下心来进行建设，只能造成四分五裂、一事无成。这是被国际和国内的大量事实证明了的。社会和谐是中国特色社会主义的本质属性，要努力创造安定团结稳定和谐的政治局面和社会环境。在改革开放和现代化建设的新时期，我国社会总体上是安定团结稳定和谐的，但也存在不少影响社会安定团结稳定和谐的种种矛盾和问题。这些矛盾和问题的解决，都有赖于在党的领导下，主要靠发展来解决，靠改革来解决，在推进发展和深化改革中解决。强调以改革促进和谐，以发展巩固和谐，以稳定保障和谐，确保人民安居乐业、社会安定有序、国家长治久安。

中国理论和中国道路阐明和坚持走和平发展道路，推动建设持久和平、共同繁荣的和谐世界，为实现现代化和中华民族伟大复兴指明必须争取的良好国际环境。我们坚持独立自主的和平外交政策，坚持和平发展道路，坚持互利共赢的开放战略，推动建设持久和平、共同繁荣的和谐世界，为我国发展争取良好国际环境，也为世界和平与发展作出重要贡献。我们将始终高举和平、发展、合作、共赢的旗帜，既利用和平的国际环境发展自己，又通过自己的发展维护世界和平和促进共同发展。由此也决定了我们反对一切形式的恐怖主义，反对各种形式的霸权主义和强权政治；维护中国的国家主权、安全和发展利益；坚持用和平方式而不是战争手段解决国际争端，共同维护世界和平稳定，与各国人民携手努力，推动建设持久和平、共同繁荣的和谐世界。我们高度警惕国际上某些敌对势力阻挠、干扰甚至破坏中国和平崛起；中国人民珍惜同其他国家和人民的友谊和合作，更加珍惜自己经过长期奋斗而得来的民族独立和国家统一；任何外国别指望中国成为他们的附庸，别指望中国会吞下损害中国利益的苦果，别指望中国在国家领土和主权问题上以原则做交易；中国人民有自己的民族自尊心和自豪感，以热爱祖国、贡献全部力量建设社会主义祖国为最大光荣，以损害社会主义祖国利益、尊严和荣誉为最大耻辱；中国人民坚定地走自己的路，把自己的事情做好，始终朝着实现中国梦的既定方向和目标奋勇前进。

习近平同志一再指出：实践充分证明，中国特色社会主义，承载着几代中国共产党人的理想和探索，寄托着无数仁人志士的夙愿和期盼，凝聚着亿万人民的奋斗和牺牲，是近代以来中国社会发展的必然选择，是发展中国、稳定中国的必由之路；中国特色社会主义是实现社会主义现代化的必由之路，是创造人民美好生活的必由之路，是实现中华民族伟大复兴的必由之路；中国特色社会主义是中国共产党和中国人民团结的旗帜、奋进的旗帜、胜利的旗帜；要推进社会主义现代化，实现中华民族伟大复兴，必须高举中国特色社会主义旗帜，坚定不移地坚持和发展中国特色社会主义；只有高举中国特色社会主义伟大旗帜，才能团结带领全党全国各族人民，在中国共产党领导下实现中华民族的伟大复兴。中共中央总书记的这些论断，代表了中国共产党对自己团结和带领人民为实现社会主义现代化和中华民族伟大复兴不懈奋斗积累的"中国经验""中国创造"的深刻总结，代表了中国共产党对自己团结和带领人民为实现社会主义现代化和中华民族伟大复兴不倦探索开创的"中国道路""中国理论""中国制度"的高度自信。

三　坚持从严治党，保持党同人民血肉联系，这是实现党的正确领导和中华民族伟大复兴的关键

围绕党领导的革命、建设、改革的伟大事业，加强党的自身建设，这是我们党成立90多年来的一条基本经验。党的十八大把党面临的"四大考验"和党自身存在的"四大危险"非常严肃地摆在全党面前。习近平同志在十八届中共中央政治局常委同中外记者见面时讲了"三个重大责任"，在讲完一是团结带领全国人民继续为实现中华民族伟大复兴的"对民族的责任"，二是把人民对美好生活的向往作为我们的奋斗目标，团结带领全党全国人民坚持走共同富裕道路的"对人民的责任"后，讲了第三个"对党的责任"，即党的自身建设。他指出："新形势下，我们党面临着许多严峻挑战，党内存在着许多亟待解决的问题。尤其是一些党员干部中发生的贪污腐败、脱离群众、形式主义、官僚主义等问题，必须下大气力解决。全党必须警醒起来。打铁还需自身硬。我们的责任，就是同全党同志一道，坚持党要管党、从严治党，切实解决自身存在的突出问题，切实改进工作作风，密切联系群众，使我们党始终成为中国特色社会主义事业的坚强领导核心。"这是刚当选的中共中央总书记，代表着一个郑重、敢于担当的党对民族、对人民的庄严承诺，也代表着一个郑重、敢于担当的党中央核心领导对民族、对人民、对全党负责作出的解决党自身存在问题的庄严承诺。

是的，"四大考验"和"四大危险"是客观存在。说到底，任何一个人民的政权，任何一个执了政的共产党，都会面临一个红色政权会不会变色、作为先锋队的共产党会不会变质的问题。这是由不以人的意志为转移的客观规律所决定的。因为权力本身具有两重性，一方面可以用它为人民造福，另一方面也可以用它谋取私利。

我们不会忘记，作为我们党的第一代中央领导集体核心的毛泽东在延安的窑洞里，同早年加入同盟会和参加辛亥革命的著名民主人士黄炎培深

谈如何跳出"历史周期率"。延安，中国革命圣地，抗日战争时期陕甘宁边区革命根据地的首府、中共中央所在地。1945年7月，黄炎培一行六人，从国统区来到延安考察，由于时间紧促，来回只有五天，考察相当有限。然而，他们通过随意和自由的走访，看到了艰苦朴素然而安居乐业的人民生活；看到了外表简朴然而欣欣向荣、物品丰富的市场和农场；看到了人民群众活跃愉快的民主自由生活；看到了许多革命知识分子和进步青年云集在宝塔山下和延河两岸；看到了诸多共产党领袖和高级将领的公仆风范，特别是看到毛泽东等领袖"思想丰富而精锐又勇于担当"，看到朱德等高级将领"朴实稳重、厚重温文、沉静笃实中带着文雅"，"一点没有原先认为的飞扬跋扈、粗犷傲慢的样子"。这些都令黄炎培十分感动，但他有一个疑问，共产党掌握了大权后，怎样才能跳出历朝历代由兴盛到衰败的周期率。于是他直率尖锐而又委婉地向毛泽东提出："中共诸君从过去到现在，我略略了解的了，就是希望找出一条新路，来跳出这周期率的支配。"毛泽东回答说："我们已经找到新路，我们能跳出这周期率。这条新路，就是民主。只有让人民来监督政府，政府才不敢松懈。只有人人起来负责，才不会人亡政息。"黄炎培觉得，毛泽东的话是对的，用民主来打破这个周期率，怕是有效的。

我们不会忘记，在解放战争时期，毛泽东在西柏坡召开的党的七届二中全会上提出著名的"两个务必"，动身前往北京时又提出著名的"进京赶考"。西柏坡，一个在中国革命史上留下壮丽篇章的又一圣地，一个哺育中国共产党执政后永葆政治本色的摇篮。毛泽东和党中央在这里领导了解放区土改运动，指挥了震惊中外的辽沈、平津、淮海三大战役，召开了具有伟大历史意义的七届二中全会，规划了新中国的宏伟蓝图。在天津解放后，孤守北平的国民党傅作义部已陷入绝境，解放军兵临城下，傅作义被迫接受解放军和平解放北京，解放军接管北平时，傅作义向共产党提出：国民党取得政权后20年就腐化了，结果被人民打倒，共产党执政后，30年、40年以后是不是也会腐化？北平解放后，我们党在西柏坡召开七届二中全会。毛泽东在全会上提出："务必使同志们继续地保持谦虚、谨慎、不骄、不躁的作风，务必使同志们继续地保持艰苦奋斗的作风"。这是中国共产党执政后永不变质的政治本色。这次全会还根据毛泽东的提议，作出了六条规定：一不做寿；二不送礼；三不敬酒；四不拍掌；五不以人名作地名；六不要把中国同志同马恩列斯平列。这是中国共产党人进京前在全会上为自己定下的规矩，是中国共产党执政后永葆政治本色的重要保证。全会闭幕后不久，从西柏坡动身前往北京的时候，毛泽东跟周恩来等同志意味深长地说：今天是进京赶考的日子，我们要考出好成绩，不要退回来，退回来就失败了，我们不做李自成，李自成他们进京就腐化了。

我们不会忘记，全国解放后不久，不料党内便滋生起腐败，毛泽东决心通过反贪污、反浪费、反官僚主义斗争，惩治腐败分子。刘青山、张子善贪污事件是在这场运动中暴露出的第一大案，毛泽东直接督促案件的处理，决定对刘青山、张子善判处死刑。而在公审大会召开前，有人鉴于他们是老党员，在敌人监狱中面对严刑逼供，坚贞不屈，表现出共产党人的英雄气概，长期以来对革命有功，便提出向毛主席说说，不要枪毙他们，给他们一个改过的机会。毛泽东听到这种反映后说："正因为他们两人的地位高，功劳大，影响大，所以才要下决心处决他们。只有处决他们，才可能挽救二十个，二百个，二千个，二万个犯有各种不同程度错误的干部。"刘、张二人被执行死刑后，人心大快，人民称颂共产党法纪严明、惩腐坚决、公正无私。

我们不会忘记，第一个社会主义国家苏联亡党亡国的惨痛教训。20世纪的发展进程表明，在这个世纪的最后20年，历史将永远记载着，作为一个与美国平起平坐的超级大国，作为第一个社会主义国家，占地球土地六分之一的大国苏联轰然解体，由列宁创建、具有93年党龄、执政74年的苏联共产党顷刻垮台，飘扬在克里姆林宫上空的鲜艳红旗悄然落下，一系列东欧社会主义国家发生巨变。世界社会主义运动遭到严重挫折，迅即跌入低潮。苏共垮台、苏联解体的原因是多方面的，但无疑，内因是根据，外因是条件，关键是苏联共产党变质，苏联共产党没有形成能够代表工人阶级和劳动人民利益的理论、道路、路线和纲领，没有坚持共产党的领导，没有搞好党的自身建设，党内滋长了一批由特权形成的利益集团和腐败分子。归根到底，苏共是被人民抛弃的。这样的党，走向失败是必然的。苏联解体前和苏共亡党前，曾有一个"苏共代表谁"的民众问卷调查，结果显示，认为苏共代表工人的只占4%，代表全体党员的只有11%，而代表党的官僚的高达85%。各国共产党必须从苏联亡党亡国中吸取教训，促进共产党和社会主义向着健康的方向发展。中国共产党必将继续总结我国社会主义建设和党的建设成功和失误的历史经验，借鉴世界社会主义运动成败得失的经验教训，特别是苏联亡党亡国的深刻教训，把党的建设新的伟大工程和中国特色社会主义伟大事业继续推向前进。

我们已经看到，习近平总书记重提跳出"历史周期率"和牢记"两个务必"，提出把人民对党的"考试"和经受各种考验的"考试"考好。2012年12月下旬，延安"窑洞对"已经过去67个年头，履新一个多月的中共中央总书记习近平，冒着严寒走访了8个民主党派和全国工商联，与各领导机构成员进行座谈，共商巩固和发展爱国统一战线、巩固和完善中国共产党领导的多党合作和政治协商制度的大政方针。总书记对民主建国会的历史非常了解，特意谈到毛主席和黄炎培在延安窑洞关于历史周期率的一段对话，并说至今对中国共产党都是很好的鞭策和警示。这个情节，引起中外人士和媒体的广泛关注。从西柏坡出发进京赶考和全国解放，到2013年7月已经64个年头了，习近平同志来到河北省调研指导党的群众路线教育实践活动。在西柏坡，习近平指出，毛泽东同志当年在西柏坡提出"两个务必"，包含着对我国几千年历史治乱规律的深刻借鉴，包含着对我们党艰苦卓绝奋斗历程的深刻总结，包含着对胜利了的政党永葆先进性和纯洁性、对即将诞生的人民政权实现长治久安的深刻忧思，包含着我们党坚持全心全意为人民服务根本宗旨的深刻认识，思想意义和历史意义十分深远。全党同志要不断学习领会"两个务必"的深邃思想，始终做到谦虚谨慎、艰苦奋斗、实事求是、一心为民，继续把人民对我们党的"考试"、把我们党正在经受和将要经受各种考验的"考试"考好，使我们的党永远不变质、我们的红色江山永远不变色。习近平在西柏坡纪念馆那块写有"六条规矩"的展板前伫立，一一对照着说："不做寿，这条做到了；不送礼，这个还有问题，所以反'四风'要解决这个问题；少敬酒，现在公款吃喝得到遏制，关键是要坚持下去；少拍掌，我们也提倡，不以人名命名地名，这一条坚持下来了；第六条，我们党对此有清醒的认识……"在纪念毛泽东同志诞辰120周年座谈会上，习近平总书记在阐述"实现中华民族伟大复兴，关键在党"时，紧接着又一次要求全党牢记毛泽东的"两个务必"和"进京赶考"，着力解决好"历史周期率"这一历史性课题，紧接着又一次强调党要管党、从严治党，增强党自我净化、自我完善、自我革新、自我提高能力。可见，他把坚持党的领导与实现自我净化紧紧连在一起。

我们已经看到，习近平总书记强调，实现中华民族伟大复兴的中国梦，必须把我们党建设好，确保党始终成为中国特色社会主义事业的坚强领导核心。他指出，坚持和发展中国特色社会主义，要求中国共产党加强自身建设。实现党的十八大确定的各项目标任务，实现"两个一百年"目标，实现中华民族伟大复兴的"中国梦"，必须把我们党建设好。他又指出，要进一步加强党的建设，突出党要管党、从严治党，增强自我净化、自我完善、自我革新、自我提高能力，全面加强党的思想建设、组织建设、作风建设、反腐倡廉建设、制度建设。对党内存在的突出矛盾和问题，不能视而不见，不能回避，不能文过饰非，必须下大气力加以解决。他还指出，实现党的十八大确定的各项目标任务，进行具有许多新的历史特点的伟大斗争，关键在党，关键在人。关键在党，就要确定党在发展中国特色社会主义历史进程中始终成为坚强领导核心。关键在人，就要建设一支宏大的高素质干部队伍。

我们已经看到，习近平总书记强调，党风廉政建设和反腐败斗争是党的建设的重大任务，关系党和国家的生死存亡，必须深入推进，以实际成效取信于民。他指出，把党风廉政建设和反腐败斗争提到关系党和国家生死存亡的高度来认识，是深刻总结了古今中外的历史教训的。中国历史上因为统治集团严重腐败导致人亡政息的例子比比皆是，当今世界上由于执政党腐化堕落、严重脱离群众导致失去政权的例子也不胜枚举啊！腐败是社会毒瘤，如果任凭腐败问题愈演愈烈，最终必然亡党亡国。他又指出，坚定不移惩治腐败，是我们党有力量的表现，也是全党同志和广大群众的共同愿望。从严治党，惩治这一手决不能放松，要坚持"老虎""苍蝇"一起打，既坚决查处大案要案，严肃查办发生在领导机关和领导干部中的滥用职权、贪污贿赂、腐化堕落、失职渎职案件，又要着力解决发生在群众身边的腐败问题，严肃查处损害群众利益的各类案件，切实维护人民合法权益。要坚持党纪国法面前没有例外，不管牵涉到谁，都要一查到底，决不姑息，党内决不允许腐败分子有藏身之地。他又指出，要善于用法治思维和法治方式反对腐败，加强反腐败国家立法，加强反腐倡廉党内法规制度建设，让法律制度刚性运行。要加强对权力运行的制约和监督，把权力关进制度的笼子里，形成不敢腐的惩戒机制、不能腐的防范机制、不易腐的保障机制。要以深化改革推进党风廉政建设和反腐败斗争，改革党的纪律检查体制，完善反腐败体制机制，增强权力制约和监督效果，保证各级纪委监督权的相对独立性和权威性。领导干部手中的权力都是党和人民赋予的，领导干部使用权力，使用得对不对，使用得好不好，当然要接受党和人民监督。不想接受监督的人，不能自觉接受监督的人，觉得接受党和人民监督很不舒服的人，不具备当领导干部的起码素质。要加强对一把手的监督，认真执行民主集中制，健全施政行为公开制度，保证领导干部做到位高不擅权、权重不谋私。党内决不允许有不受党纪国法约束甚至凌驾于党章和党组织之上的特殊党员。反腐倡廉建设，必须反对特权思想、特权现象，突出提出这个问题，是因为群众对我们一些干部搞特殊、耍特权意见很大，是因为这个问题不仅是党风廉政建设的重要内容，而且是涉及党和国家能不能永葆生机活力的大问题。他还指出，各级党委要旗帜鲜明地反对腐败，更加科学有效地防止腐败，做到干部清正、政府清廉、政治清明，永葆共产党人清正廉洁的政治本色。他还指出，要认识党风廉政建设和反腐败斗争的长期性、复杂性、艰巨性，以猛药去疴、重典治乱的决心，以刮骨疗毒、壮士断腕的勇气，坚决把党风廉政建设和反腐败斗争进行到底。他还指出，坚决反对腐败，防止党在长期执政条件下腐化变质，是我们必须抓好的重大政治任务。反腐败高压态势必须继续保持，坚持以零容忍态度惩治腐败。反腐倡廉必须常抓不懈，拒腐防变必须警钟长鸣，关键就在"常""长"二字，一个是要经常抓，一个是要长期抓。我们要坚定决心，有腐必反、有贪必肃，不断铲除腐败现象滋生蔓延的土壤，以实际成效取信于民。

我们已经看到，习近平总书记强调，作风问题是关系党和人民事业兴衰成败的大事，关系我们党执政基础的巩固。他指出，我们党作为马克思主义执政党，不但要有强大的真理力量，而且要有强大的人格力量。真理力量集中体现为我们党的正确理论，人格力量集中体现为我们党的优良作风。他又指出，党的作风就是党的形象，关系人心向背，关系党的生死存亡。我们党作为一个在中国长期执政的马克思主义政党，对作风问题任何时候都不能掉以轻心，只有动真格打硬仗，才能扫除顽瘴痼疾。作风问题核心是同人民群众的关系问题。工作作风上的问题绝对不是小事，如果不坚决纠正不良风气，任其发展下去，就会像一座无形的墙把我们党和人民群众隔开，我们党就会失去根基、失去血脉、失去力量。改进工作作风，就是要净化政治生态，营造廉洁从政的良好环境。领导干部要坚守正道、弘扬正气，坚持以信念、人格、实干立身；要襟怀坦白、光明磊落，对上对下讲真话、实话；要坚持原则、恪守规矩，严格按党纪国法办事；要严肃纲纪、嫉恶如仇，对一切不正之风敢于亮剑；要艰苦奋斗、清正廉洁，正确行使权力，在各种诱惑面前经得起考验。他又指出，改进工作作风的任务非常繁重，八项规定是一个切入口和动员令。八项规定既不是最高标准，更不是最终目的，只是我们改进作风的第一步，是我们作为共产党人应该做到的基本要求。各级领导干部要以身作则、率先垂范，说到的就要做到，承诺的就要兑现，中央政治局同志从我本人做起。领导干部的一言一行、一举一动，群众都看在眼里、记在心上。干部心系群众、埋头苦干，群众就会赞许你、拥护你、追随你；干部不务实事、骄奢淫逸，群众就会痛恨你、反对你、疏远你。他还指出，有些不正之风也属于腐败范畴，已经成为诱发腐败的直接原因，其危害不可小视。解决不正之风，既能净化社会风气，又能促进反腐倡廉。他还指出，作风是否确实好转，要以人民满意为标准。作风问题具有顽固性和反复性，抓一抓有好转，松一松就反弹。发布八项规定只是开端、只是破题，还需要下很大功夫。我们要以踏石留印、抓铁有痕的劲头抓下去，善始善终、善作善成，防止虎头蛇尾，让全党全体人民来监督，让人民群众不断看到实实在在的成效和变化。他还指出，抓作风建设，首先要坚定理想信念，牢记党的性质和宗旨，牢记党对干部的要求。作为党的干部，就是要讲大公无私、公私分明、先公后私、公而忘私，只有一心为公、事事出于公心，才能坦荡做人、谨慎用权，才能光明正大、堂堂正正。作风问题都与公私问题有联系，都与公款、公权有关系。公款姓公，一分一厘都不能乱花；公权为民，一丝一毫都不能私用。

我们已经看到，十八大以来，在习近平总书记坚强领导下，我们的党风廉政建设和反腐败斗争已经取得了巨大成效。我们党坚持党要管党、从严治党，对党风廉政建设和反腐败工作整体设计、系统规划、跟进监督；坚持从中央政治局做起，中央政治局从总书记做起，总书记以身作则，率先垂范，以上带下，发挥了表率作用；坚持以解决突出问题为切入口，扶正祛邪，取得明显进展；坚决查处腐败案件，坚持"老虎""苍蝇"一起打，形成了对腐败分子的高压态势；坚持促进权力规范运行，强化监督，加强和改进巡视工作，畅通人民群众举报和监督渠道，得到了广大干部群众崇高评价。人民是最讲实际的，人民群众看到一只只"苍蝇"被拍，一只只"老虎"倒地，一道道禁令频发，种种规定条例出台，种种歪风邪气被查，这使大家看到了变化和希望，从而赢得人民群众的衷心拥护和拍手称赞。十八大以来的实践表明，以习近平为总书记的党中央书写了中国特色社会主义伟大事业同党的建设新的伟大工程相辅相成、相得益彰的厚重而灿烂的篇章，彰显了执政的中国共产党坚持"党要管党、从严治党""打铁还需自身硬"的勇气和智慧、决心和能力。实践还证明，我们党是一个坚持科学理论武装、先进性特征鲜明的党，是一个一切为了人民、全心全意为人民服务的党，是一个经受得住各种风险考验、不断成熟自信的党，始终是领导全国各族人民坚持和发展中国特色社会主义的核心力量。我们深信，中国共产党继续在中华民族的复兴路上历练历险，必将使自己始终成为中国特色社会主义事业的坚强领导核心，带领全国各族人民实现国家富强、民族振兴、人民幸福。我们深信，我们中华民族必将永远强盛、不霸而又可亲，我们中国人民必将永远勤劳、不奢而又可爱，我们中国共产党必将永远伟大、不腐而又可敬。

四 我们党作为郑重马克思主义政党的标志——敢于纠正错误，勇于从严治党，善于自我净化

习近平总书记在十八届中央纪委五次全会上的重要讲话——正如王岐山同志在主持会议时指出的——这一讲话旗帜鲜明、立场坚定，激浊扬清、振聋发聩，展示出全面从严治党的坚强意志，体现了崇高的党性品格和担当精神。笔者以为，讲话最振聋发聩的金句，赢得全党和全国人民最多点赞的亮点是："我们坚决查处了周永康、徐才厚、令计划、苏荣等严重违纪违法案件，向世人证明中国共产党敢于直面问题、纠正错误，勇于从严治党、捍卫党纪，善于自我净化、自我革新。"① 这个"向世人证明"了的、我们党的"一敢、一勇、一善"特质，展示出全面从严治党的坚强意志，体现了崇高的党性品格和担当精神，也彰显了郑重马克思主义政党的本质。这就是说，一个郑重马克思主义政党的显著标志和本质特征是：敢于直面问题、纠正错误，勇于从严治党、捍卫党纪，善于自我净化、自我革新。

上述郑重马克思主义政党的显著标志和本质特征，取决于客观事物的发展规律，也取决于马克思主义政党的发展规律。人无完人，金无足赤。政党也一样。任何人，任何政党，没有问题和缺点是不可能的，犯错误也总是难免的。关键是党能否直面问题，承认和纠正自己的缺点和错误，并从错误中吸取教训，能否勇于严格要求自己，严肃和捍卫党纪，能否善于进行自我净化，达到自我完善、自我革新、自我提高。

在国际上，一部马克思主义政党的发展史，就是不断坚持真理、修正

---

① 《习近平在十八届中央纪委五次全会上的讲话》，《人民日报》2015年1月14日。

错误的历史，从而不断实现自我净化、自我上进的历史。特别是一个执了政的共产党，都会面临一个红色政权会不会变色、执掌权力的共产党会不会变质的问题，肯定会遇到执政的各种风险，难免会出现这样那样的错误。马克思、恩格斯一贯认为：在革命斗争中改造社会、改造世界，同时也改造自己，在斗争实践中"抛掉自己身上的一切陈旧的肮脏东西"①；一个无产阶级政党不是生活在真空里，社会上的矛盾和问题必然反映到党内，资产阶级思想、小资产阶级思想也会侵蚀到党内，政党内部也有各种矛盾和问题，政党自己也会犯这样那样的错误，其中的有些人会蜕化变质，必须严肃和捍卫党的纪律，彻底揭露和批判，把他们开除出党，有些人犯了错误，要批评帮助，纠正其错误，而这一切都是"无产阶级运动的规律"②的反映，是"符合一般辩证发展规律的"③；无产阶级政党不但过去和现在会犯错误，将来还会犯错误，在错误中吸取教训，"无论从哪方面学习都不如从自己所犯错误的后果中学习来得快"④。列宁不但有领导工人阶级政党夺取政权的经验，而且有巩固政权的经验，有执政党直面问题、纠正错误，从严治党、捍卫党纪，自我净化、自我革新的经验。以列宁为领袖的俄共（布）领导俄国人民搞建设，主要由于战争的需要和历史环境的局限，也有认识上的失误，曾经实行战时共产主义政策，急于直接过渡到社会主义，后来进行纠正，实行新经济政策，包括实行粮食税代替余粮收集制，利用商品、货币、市场经济，实行自由贸易，利用国家资本主义，利用外国资金和技术，通过合作社逐步实现农业的社会化，等等，迂回过渡到社会主义。对此，党内很多人不理解，后来经列宁反复做工作和在实践中取得了成效才统一了全党的思想。列宁反复说明，一开始实行战时共产主义政策是有必要的，但后来行不通，出现农民暴动等事件，说明我们犯了错误，就是在干蠢事，就是自杀，"说它在干蠢事，是因为这种政策在经济上行不通；说它在自杀，是因为试行这类政策的政党，必然会遭到失败"⑤。"失败并不危险，危险的是不敢承认失败，不敢从失败中得出应有的结论"⑥，我们"敢于承认自己的失败"，"敢于从失败中吸取教训"，"从失败的经历中

---

① 《马克思恩格斯选集》第 1 卷，人民出版社，2012，第 171 页。
② 《马克思恩格斯全集》第 32 卷，人民出版社，1974，第 334 页。
③ 《马克思恩格斯选集》第 4 卷，人民出版社，2012，第 551 页。
④ 《马克思恩格斯选集》第 1 卷，人民出版社，2012，第 79 页。
⑤ 《列宁选集》第 4 卷，人民出版社，2012，第 504 页。
⑥ 《列宁选集》第 4 卷，人民出版社，2012，第 602 页。

学习",从而把工作做得更好。^① 列宁强调:一个政党对待自己所犯错误的态度是衡量这个政党是否郑重、是否对无产阶级和劳动群众负责任的一个最重要最可靠的尺度;公开承认错误,揭露犯错误的原因,分析产生错误的环境,仔细讨论改正错误的方法,这是一个郑重马克思主义政党的标志。^② 作为无产阶级革命家和人民领袖的列宁,敏锐地发现,由于党处于执政地位,一些投机分子等混进党内,新经济政策实行后,又滋生了许多不坚定分子和蜕化变质分子。列宁不但看到执政、掌权的引诱力很大,使一些不合格的人、坏人混入党内,而且看到原先我们的人在执政后,当了官,脱离群众,滥用权力,蜕化变质。列宁要求:必须把欺骗分子、官僚化分子、不忠诚分子和不坚定的共产党员"从党内清除出去"^③。俄共(布)从1921年8月中旬到1922年3月,用半年多的时间,在全党进行清理和纯洁党的队伍,共约16万党员被除名,占党员总数的24.1%。列宁就这样在全党进行了理论净化、思想净化、作风净化、组织净化,密切了党与人民群众的关系,在人民群众中重新树立了执政党的良好形象。

同样,一部中国共产党的发展史,也是不断坚持真理,不断开展批评和自我批评以修正错误,从严治党,捍卫党纪,实现自我净化和自我革新的历史。我们党具有坚持真理、修正错误的政治品格,我们为人民利益坚持真理,也为人民利益修正错误。延安整风运动闻名中外,自1942年起历时三年,影响深远。这是我党第一次全党普遍的马克思主义思想教育运动,也是一次普遍的自我净化。整风的主要内容是反对主观主义以整顿学风,这是指导思想和思想路线的净化;反对宗派主义以整顿党风,这是组织路线的净化;反对党八股以整顿文风,这是文风和宣传工作的净化。在整风运动期间,我们党坚持马克思主义与中国实际相结合,批判了种种错误倾向,形成了作为指导思想和马克思主义中国化第一个成果的毛泽东思想,形成了第一代党中央领导集体,形成了理论联系实际、密切联系群众和自我批评的三大作风,确立了惩前毖后、治病救人的方针,锤炼了坚持真理、修正错误的品格,实现了党的一次自我净化,从而为抗日战争的胜利和新民主主义革命的胜利奠定了重要思想政治基础。在全国解放前夕,毛泽东在党的七届二中全会上提出了著名的"两个务必",提醒全党不要因为胜利

---

① 《列宁选集》第4卷,人民出版社,2012,第602页。
② 《列宁选集》第4卷,人民出版社,2012,第167页。
③ 《列宁选集》第4卷,人民出版社,2012,第562页。

而犯居功自傲和贪图享受的错误，要求全党拿起批评和自我批评的武器，去掉不良作风，保持优良作风。全会还根据毛泽东的提议，作出不做寿、不送礼、少敬酒、少拍掌、不以人名作地名等"六条规矩"。尽管有"两个务必"和"六条规矩"的高压线，在全国解放不久仍出现刘青山、张子善的贪污事件，刘、张二人被执行死刑，并在全国开展反贪污、反浪费、反官僚主义斗争。新中国成立前后我们党这一可歌可泣的斗争经历，包含着夺取政权胜利的政党"敢于直面问题、纠正错误，勇于从严治党、捍卫党纪，善于自我净化、自我革新"的深刻总结，具有重要的现实意义和长远的历史意义。

在十八大报告中，在习近平总书记关于党风廉政建设和反腐败斗争一系列论述中，我们党一直是明确把"增强自我净化、自我完善、自我革新、自我提高能力"作为党的建设、群众路线教育实践活动、党风廉政建设和反腐败斗争的指导性方针原则提出来的。这"四个自我"，既着眼于继承和弘扬我们党90多年来特别是全国执政60多年和改革开放30多年来保持和发展党的先进性和纯洁性的根本点提出来的，又着眼于顺应和应对新形势下世情、国情、党情的新变化提出来的，同时也是借鉴国际上一些国家主要因贪污腐败导致民怨载道、政权垮台的教训提出来的。在新形势下，我们党面临着执政、改革开放、市场经济和外部环境长期、复杂、严峻的考验，党自身出现了精神懈怠、能力不足、脱离群众、消极腐败的危险，而"最大的风险和挑战是来自党内的腐败和不正之风"。我们从典型的腐败案例中找出规律性的东西是：权力导致腐败，绝对权力导致绝对腐败，权力不受约束和监督必然导致腐败。因此，一个长期执政的党，必然面临一个权力腐蚀的问题，必然提出保持先进性和纯洁性问题，必然提出全面从严治党和增强党的自我净化、自我完善、自我革新、自我提高能力的问题。而在这"四个自我"中，第一位的是"自我净化"，它是其他"自我"的前提和保证。"净化"是与"纯洁"直接相关的，只有进行净化，清除杂质，才能达到纯洁。冰冻三尺，非一日之寒。这些年的腐败程度是空前的，而十八大以来反腐败斗争的力度也是空前的。当前反腐败斗争的形势依然严峻复杂：区域性腐败、系统性腐败、家族式腐败、塌方式腐败等不断发生；区域性腐败和领域性腐败交织，用人腐败和用权腐败共存，体制外和体制内挂钩，权钱交易、权色交易、权权交易同在，利益关系错综复杂、盘根错节，形成了"共腐关系圈"；官商勾结、上下勾连，腐败问题和政治问题相互渗透。这些都严重危害和伤害了党，反腐败斗争确实关系党和国家的生死存亡。正如习近平总书记指出：由于党内外、国内外种种复杂因素的影响，党的健康肌体上感染了病菌，滋生了毒瘤，腐败对我们党的伤害最大。在这样的情况下，我们党不是文过饰非、闻过则怒，不是隐瞒掩盖、置若罔闻，不是自欺欺人、讳疾忌医，而是敢于正视现实，坦诚直面问题，依靠自身的力量，开展整风式的批评和自我批评，开展以严守"八项规定"和纠正"四风"为切入口的党风廉政建设，开展"老虎""苍蝇"一起打、不定指标、上不封顶的反腐败斗争，从而解决党自身存在的突出问题，即洗掉自己身上的灰尘，清除侵入肌体的病毒，切除侵蚀肌体的毒瘤，达到自我净化和自我完善，即达到更加强身健体、更有旺盛的生机和活力。这是我们党有力量和有能力的表现，是有决心、有勇气和有智慧的表现，是政治上成熟、诚实和自信的表现，是光明磊落、襟怀坦白崇高精神的表现，是随时准备坚持真理、修正错误优秀品格的表现，是对党和人民高度负责、敢于担当的表现，一句话，是彰显郑重马克思主义政党本质的表现。

我们党之所以成为郑重马克思主义政党，归根到底是因为我们党代表了人民的利益。我们党敢于直面问题、坚持真理和修正错误，勇于从严治党，善于自我净化，原因也就在这里。人民，只有人民，才是历史的真正创造者，才是历史发展和社会进步的决定力量；人民，只有人民，才是执政党的力量源泉和胜利之本，才是执政党永远立于不败之地的牢固根基。中国历史上因为统治集团严重腐败导致人亡政息的例子比比皆是，当今世界上由于执政党腐败堕落、民怨载道、严重脱离群众导致失去政权的例子也不胜枚举。我们党把腐败提到损害党的执政基础和执政地位、导致亡党亡国的高度来认识，把党风廉政建设和反腐败斗争提到关系党和国家生死存亡的高度来认识，是深刻总结了古今中外的历史教训和国际上社会主义兴衰成败的历史经验的。当下一切腐败分子及其腐败行为，剥夺了人民的权益，侵吞了国家的财富，抹黑了党和社会主义的形象，败坏了党风和社会风气，人民深恶痛绝、恨之入骨。腐败分子最终只能被党清除，被人民抛弃，被扫进历史的垃圾桶。人民，只有人民，才是我们党开展党风廉政建设和反腐败斗争成效的公正评判者。十八大以来，以习近平为总书记的党中央领导集体，以巨大的政治勇气、超强的责任担当、高超的政治智慧，严肃查处和精准打击了一批腐败分子，赢得广大干部群众拍手叫绝和坚决拥护。这足见"反腐过头""反腐自黑""反腐无用"论的荒诞无稽，也足见这些谬论既是一种顽抗，又是一种哀嚎。我们学习习近平总书记在十八届中央纪委五次全会上的讲话，学习《习近平关于党风廉政建设和反腐败斗争论述摘编》，一个强烈的印象是，习近平总书记之所以能对我们党存在的种种作风问题和腐败问题，不避讳，不遮掩，态度鲜明，嫉恶如仇，整治有方，惩腐果敢，根本原因是，他真诚倾听人民群众呼声，深切了解人民群众情绪，真实反映人民群众愿望，忠实代表人民群众利益。他特别强调："核心的问题是党要始终紧紧依靠人民，始终保持同人民群众的血肉联系，一刻也不脱离群众。要做到这一点，就必须坚定不移把党风廉政建设和反腐败斗争深入进行下去。人民群众最痛恨各种消极腐败现象，最痛恨各种特权现象，这些现象对党同人民群众的血肉联系最具杀伤力。一个政党，一个政权，其前途和命运最终取决于人心向背。我们必须下最大气力解决好消极腐败问题，确保党始终同人民心连心、同呼吸、共命运。"① 在这里，习近平总书记深刻地阐述了人民群众与反腐败斗争和我们党前途命运的关系，也科学地揭示了人民群众是我们党在反腐败斗争中彰显郑重马克思主义政党本质的真正源泉和牢固根基。

胜利永远属于人民！胜利永远属于郑重马克思主义政党！

第二节　实现中华民族伟大复兴，根本的是执政党坚持人民主体地位

我们这里所说的"人民主体地位"，与"人民民主""人民当家作主"，基本上都是同一个含义的概念，其实质是相同的，都是讲的人民在历史发展、社会进步中的重要地位和作用。

一　马克思主义历史唯物论的基本观点——人民是创造历史的动力

围绕谁是创造历史的动力这个问题，存在着两种根本对立的观点，一种是英雄史观，一种是群众史观。前一种观点认为，历史是由少数英雄人物创造的，历史的发展取决于他们的意志、品格和才能，广大人民群众则是一批"无知的群氓"，他们只是英雄人物的工具。后一种观点认为，人民

---

① 习近平：《在十八届中央政治局第五次集体学习时的讲话》，《习近平关于党风廉政建设和反腐败斗争论述摘编》，中央文献出版社、中国方正出版社，2015，第6~7页。

群众是历史的创造者，他们是社会生产力中最活跃和最革命的因素，他们不仅是社会物质财富的创造者，而且是精神财富的创造者，是历史发展的动力和社会变革的决定力量。

作为马克思、恩格斯第一次理论合作成果的《神圣家族》，批判了当时盛行的、贬低和诬蔑工人运动的青年黑格尔派的唯心主义历史观，深刻地指出："历史活动是群众的活动，随着历史活动的深入，必将是群众队伍的扩大。"① 这标志着马克思、恩格斯把自己理论探索和理论构建的重点首先放在了唯物史观上，也标志着马克思主义唯物史观开始形成。列宁在为纪念马克思逝世30周年而写的《马克思学说的历史命运》一文中，开宗明义第一句话就说："马克思学说中的主要的一点，就是阐明了无产阶级作为社会主义社会创造者的世界历史作用。"② 列宁以此说明马克思主义唯物史观的正确性，并以此来教育俄国的无产阶级及其政党。毛泽东用马克思主义中国化的语言在党的七大报告中强调指出："人民，只有人民，才是创造世界历史的动力。"③ 因此，是否承认人民是历史的创造者，是否承认人民的主体地位，这是区分唯物史观和唯心史观的分水岭，也是判断真假马克思主义政党的试金石。

二　社会主义制度的本质是人民当家作主

社会主义制度的本质决定了人民是国家的主人，是人民当家作主。社会主义制度作为一种新型性质的国家形态，它建立在占主体地位的生产资料公有制的基础上，消灭了剥削阶级和剥削制度，工人阶级和广大劳动人民成为国家和社会的主人，享有管理国家事务等广泛而真实的民主权利。

列宁有一句名言，他说："没有民主，就不可能有社会主义"。他还专门解释这句名言包括的两个意思，这就是："（1）无产阶级如果不通过争取民主的斗争为社会主义革命作好准备，它就不能实现这个革命；（2）胜利了的社会主义如果不实行充分的民主，就不能保持它所取得的胜利，并且引导人类走向国家的消亡。"④ 列宁在这里指明，一是无产阶级必须通过民主革命，才能实现社会主义革命，二是社会主义必须实行充分的民主，才

---

① 《马克思恩格斯文集》第1卷，人民出版社，2009，第287页。
② 《列宁选集》第2卷，人民出版社，2012，第305页。
③ 《毛泽东选集》第3卷，人民出版社，1991，第1031页。
④ 《列宁选集》第2卷，人民出版社，2012，第782页。

能保持社会主义的胜利并继续前进。列宁在这里已经从社会主义的本质和社会主义根本特征的高度上，阐明了社会主义与民主的内在联系、社会主义制度与人民当家作主的紧密关系。

列宁还有一句名言，他说："生气勃勃的创造性的社会主义是由人民群众自己创立的。"① 这里揭示的是当家作主的人民群众与社会主义事业的关系，享有民主权利的人民群众，具有生气勃勃的创造力，只有充分发挥蕴藏在人民群众中的积极性和创造性，才能推动社会主义事业蓬蓬勃勃地发展。

中国是社会主义制度的国家，中国是人民共和国，中国的政府叫人民政府，中国的宪法规定，国家的一切权力属于人民，这就确立了人民当家作主的权力和地位。人民当家作主是社会主义制度的本质，自然，人民当家作主也是社会主义民主政治的本质。邓小平有这样一句名言，他说："没有民主就没有社会主义，就没有社会主义的现代化。"② 这是在我国新的历史条件下，对前述列宁两句名言的直接继承和发展，既阐述了民主与社会主义的内在联系，又阐述了民主与社会主义现代化的内在联系。这说明，民主，即人民当家作主，不仅是社会主义的本质要求，也是社会主义现代化的必然要求。一方面，社会主义现代化不是少数人的事业，而是亿万人民群众共同的事业，只有人民群众当家作主，只有调动和发挥亿万人民群众建设社会主义现代化的积极性和创造性，社会主义现代化事业才能蓬勃发展，才能取得胜利。另一方面，社会主义现代化是全面的现代化，既要发展物质文明，以提高人民的物质生活水平，又要发展精神文明，以提高人民的思想道德素质和文化生活水平，而且要发展社会主义民主政治，以保证人民享有各项民主权利，真正实现人民当家作主。

党的十七大第一次鲜明和响亮地提出："人民民主是社会主义的生命"。③ 这是一个极其重要的论断。这一重要论断是对我们党高举社会主义民主旗帜的又一次郑重宣示，它第一次把人民民主提升到社会主义生命的高度，前所未有地从生命的高度深刻地揭示了人民民主与社会主义的内在联系，深刻地阐明了人民民主对社会主义的重大意义，标志着我们党对民主的认识达到了一个新的高度，进一步丰富和发展了社会主义民主理论，也必将进一步推进社会主义民主政治建设。十八大报告突出地强调了人民

① 《列宁专题文集·论社会主义》，人民出版社，2009，第399页。
② 《邓小平文选》第2卷，人民出版社，1994，第168页。
③ 《十七大以来重要文献选编》（上），中央文献出版社，2009，第22页。

主体地位。报告不仅把坚持人民主体地位作为夺取中国特色社会主义新胜利的八项基本要求的第一项，而且在阐述"坚持走中国特色社会主义政治发展道路和推进政治体制改革"这部分内容时，开宗明义，第一句就是"人民民主是我们党始终高扬的光辉旗帜"，紧接着又重申了十七大报告提出的"人民民主是社会主义的生命"并作进一步强调，提出"坚持国家一切权力属于人民"。报告在阐述"全面提高党的建设科学化水平"这部分内容时，不仅强调"坚持以人为本、执政为民，始终保持党同人民群众的血肉联系"，而且强调"以党内民主带动人民民主"；不仅强调反对腐败、建设廉洁政治"是人民关注的重大政治问题"，而且强调"着力解决发生在群众身边的腐败问题"。此外，据统计，十八大报告有145处使用"人民"这个概念，十八届一中全会后习近平总书记在会见中外记者时的简短讲话中，"人民"这个概念，竟出现了17次，充分体现了我们党对"人民主体"地位认识的高度升华，也充分彰显了我们党对"人民民主是社会主义的生命"认识的高度自觉。

三 人民群众是共产党的力量源泉和胜利之本

人民群众是历史的创造者，是历史发展的动力和社会进步的决定力量，这就决定了人民群众是共产党的根基和血脉，是共产党的力量源泉和胜利之本。紧紧依靠人民，密切联系群众，是共产党从胜利走向胜利的最大政治优势。这已被我们党的历史和现实所证实。我们党从成立之初起就为人民的解放和人民当家作主而奋斗，也历来以发动群众、组织群众、依靠群众、尊重人民主体地位、发挥人民首创精神而赢得革命、建设和改革开放现代化建设的伟大胜利。这是我们党发展壮大的根本原因，也是我们党不断取得胜利的重要法宝。同时，这也被我们党的科学理论——毛泽东思想和中国特色社会主义理论体系所确认，并相继得到继承、丰富和发展。

在新民主主义革命时期，毛泽东强调，群众是真正的英雄，群众有伟大的创造力。他指出："有无群众观点是我们同国民党的根本区别，群众观点是共产党员革命的出发点与归宿。从群众中来，到群众中去，想问题从群众出发就好办。"① 毛泽东又指出："真正的铜墙铁壁是什么？是群众，是千百万真心实意地拥护革命的群众。这是真正的铜墙铁壁，什么力量也打

---

① 《毛泽东文集》第3卷，人民出版社，1996，第71页。

不破的，完全打不破的。"① 革命战争是群众的战争，只有动员群众才能进行战争，只有依靠群众才能进行战争;② 战争的伟力之最深厚的根源，存在于民众之中。③ 在社会主义革命和建设时期，毛泽东强调：我们力量的来源是人民群众；人民群众有无限的创造力；群众中蕴藏了一种极大的社会主义的积极性。他指出："党群关系好比鱼水关系。如果党群关系搞不好，社会主义制度就不可能建成；社会主义制度建成了，也不可能巩固。"④

邓小平在党的八大关于修改党章的报告中指出："马克思主义向来认为，归根结底地说来，历史是人民群众创造的。工人阶级必须依靠本阶级的群众力量和全体劳动人民的群众力量，才能实现自己的历史使命——解放自己，同时解放全体劳动人民。人民群众的觉悟性、积极性、创造性愈是发展，工人阶级的事业就愈是发展。""一个党和它的党员，只有认真地总结群众的经验，集中群众的智慧，才能指出正确的方向，领导群众前进。"⑤ 在改革开放的新时期，邓小平指出："群众是我们力量的源泉，群众路线和群众观点是我们的传家宝。党的组织、党员和党的干部，必须同群众打成一片，绝对不能同群众相对立。如果哪个党组织严重脱离群众而不能坚决改正，那就丧失了力量的源泉，就一定要失败，就会被人民抛弃。全党同志，各级干部，特别是领导干部，必须经常记住这一点，经常用这个标准检查自己的一切言行。"⑥ 在作为政治体制改革纲领性文件的《党和国家领导制度的改革》中，邓小平指出："社会主义现代化建设的极其艰巨复杂的任务摆在我们的面前。很多旧问题需要继续解决，新问题更是层出不穷。党只有紧紧地依靠群众，密切地联系群众，随时听取群众的呼声，了解群众的情绪，代表群众的利益，才能形成强大的力量，顺利地完成自己的各项任务。"⑦

江泽民在中央几个部门和单位举办的党建理论研究班上指出："全心全意为人民服务，密切联系群众，是我们党区别于其他任何政党的一个显著标志。我们党是在同人民群众密切联系、共同战斗中诞生、发展、壮大、

---

① 《毛泽东选集》第 1 卷，人民出版社，1991，第 139 页。
② 《毛泽东选集》第 1 卷，人民出版社，1991，第 136 页。
③ 《毛泽东选集》第 2 卷，人民出版社，1991，第 511 页。
④ 《建国以来毛泽东文稿》第 6 册，中央文献出版社，1992，第 547 页。
⑤ 《邓小平文选》第 1 卷，人民出版社，1994，第 217～219 页。
⑥ 《邓小平文选》第 2 卷，人民出版社，1994，第 368 页。
⑦ 《邓小平文选》第 2 卷，人民出版社，1994，第 342 页。

成熟起来的。党离不开人民，人民离不开党。我们党执政以后，一方面取得了更好地服务人民的条件，另一方面也增加了脱离群众的危险。""要在全党范围内进行马克思主义唯物史观的教育，批判各种否定、贬低人民群众在社会发展中的地位和作用的历史唯心主义观点，牢固树立推动历史前进的决定性力量是人民群众的科学观点。"① 1994 年元旦，江泽民在全国政协新年茶话会上发表题为《以人民群众为本》的讲话，指出："各级干部一定要牢记，联系群众，宣传群众，组织群众，团结群众为实现自己的利益而奋斗，这是我们党的根本力量和优势所在，也是我们各项工作的取胜之道。"② 江泽民还在不同场合讲：党的领导、党的一切工作，都要依靠人民，相信人民，汲取人民的智慧，尊重人民的创造，接受人民的监督；推进改革和建设需要解决问题，好办法归根到底来自人民群众创造历史的丰富多彩的实践；谁深深扎根于人民之中，同广大群众结合在一起，谁就有力量、有智慧、有办法，就能够经受考验，战胜困难，作出突出的成绩；人民，只有人民，才是我们工作价值的最高裁决者；我们党所以有力量，就是因为我们始终紧紧依靠人民群众，始终诚心诚意为人民谋利益，这个根本问题任何时候都不能忘记；越是改革攻坚，越是面临困难，越要更加自觉地坚持党的群众路线。③ 江泽民在纪念十一届三中全会召开 20 周年大会上的讲话指出："建设有中国特色社会主义事业，是亿万人民群众广泛参与的创造性事业。必须始终坚持党的群众路线，一切为了群众，一切依靠群众，从群众中来，到群众中去，尊重人民群众的创造，倾听人民群众的呼声，反映人民群众的意愿，集中人民群众的智慧和力量去发展我们的各项事业。……只有这样，我们的改革和建设才能始终获得最广泛、最可靠的群众基础和力量源泉。"④ 江泽民还在十六大报告中说："我们党的最大政治优势是密切联系群众，党执政后的最大危险是脱离群众。"⑤

胡锦涛在"三个代表"重要思想理论研讨会上提出："相信谁、依靠谁、为了谁，是否始终站在最广大人民的立场上，是区分唯物史观和唯心史观的分水岭，也是判断马克思主义政党的试金石。"⑥ 胡锦涛在庆祝中国

① 《江泽民文选》第 1 卷，人民出版社，2006，第 98～99 页。
② 《江泽民文选》第 1 卷，人民出版社，2006，第 364 页。
③ 江泽民：《论党的建设》，中央文献出版社，2001，第 181、281、305～306 页。
④ 《江泽民文选》第 2 卷，人民出版社，2006，第 262 页。
⑤ 《江泽民文选》第 3 卷，人民出版社，2006，第 572 页。
⑥ 《十六大以来重要文献选编》（上），中央文献出版社，2005，第 369 页。

共产党成立 85 周年暨总结保持共产党员先进性教育活动大会上的讲话中指出："一个政党，如果不能保持同人民群众的血肉联系，如果得不到人民群众的支持和拥护，就会失去生命力，更谈不上先进性。我们党的根基在人民、血脉在人民、力量在人民。保持党同人民群众的血肉联系，是我们党无往而不胜的法宝，也是我们党始终保持先进性的法宝。""历史表明，只有深刻认识人民创造历史的伟力，真诚代表中国最广大人民的根本利益，一切为了人民，一切依靠人民，我们党才能得到人民的充分信赖和拥护，才能无往而不胜。"[①] 胡锦涛在十七大报告中指出：必须坚持以人为本，尊重人民主体地位，发挥人民首创精神，保障人民各项权益，做到发展为了人民、发展依靠人民、发展成果由人民共享。[②] 胡锦涛在十七届五中全会第二次全体会议上指出："群众是真正的英雄，是我们党的力量源泉和胜利之本。党和人民事业能不能顺利发展，关键在我们党能不能始终保持同人民群众的血肉联系，能不能充分调动人民群众的积极性、主动性、创造性。回顾过去，我们党在革命、建设、改革各个历史时期的成就，都是通过团结带领人民共同奋斗取得的。面向未来，我们党要实现全面建设小康社会和社会主义现代化的宏伟目标，同样必须紧紧依靠人民，以党同人民更加坚强的团结战胜前进道路上的一切艰难险阻，不断开创中国特色社会主义事业新局面。"[③] 胡锦涛还在十八大报告中指出："全党必须牢记，只有植根人民、造福人民，党才能始终立于不败之地；只有居安思危、勇于进取，党才能始终走在时代前列。"[④]

习近平在十八届一中全会上，当选为中共中央总书记。在这之前，习近平在全国创先争优表彰大会上的讲话，在回顾建党 91 年来的历程指出："历史已经反复证明，无论遇到什么样的风险、危机和艰难险阻，我们党都能领导人民战胜它们，不断从胜利走向胜利。这是因为我们党是坚持为真理而斗争、坚持全心全意为人民服务的马克思主义政党，始终同人民群众保持最密切的联系，形成了自己的独特优势。这种优势具有决定性的意义和力量，是我们党始终保持先进性和纯洁性的根本法宝。"他还说："没有人民的支持，党就不可能生存和发展，就一事无成。因此，密切联系群众

① 《十六大以来重要文献选编》（下），中央文献出版社，2008，第 535、522 页。
② 《十七大以来重要文献选编》（上），中央文献出版社，2009，第 12 页。
③ 《十七大以来重要文献选编》（中），中央文献出版社，2011，第 1010～1011 页。
④ 胡锦涛：《坚定不移沿着中国特色社会主义道路前进　为全面建成小康社会而奋斗》，人民出版社，2012，第 49 页。

是我们党的最大优势。我们任何时候都不能削弱和丢掉这个优势，否则党的一切工作就会成为无源之水、无本之木，就会招致挫折和失败。"① 他在当选总书记的十八届一中全会上的讲话指出："今天，历史的接力棒传到了我们手里。历史和人民既赋予我们重任，也检验我们的行动。崇高信仰始终是我们党的强大精神支柱，人民群众始终是我们党的坚实执政基础。只要我们永不动摇信仰、永不脱离群众，我们就能无往而不胜。"② 习近平在十八届中纪委第二次全体会议上的讲话指出：工作作风上的问题绝对不是小事，如果不坚决纠正不良风气，任其发展下去，就会像一座无形的墙把我们党和人民群众隔开，我们党就会失去根基、失去血脉、失去力量。③ 习近平在接受金砖国家媒体联合采访时的讲话指出："人民是我们力量的源泉。只要与人民同甘共苦，与人民团结奋斗，就没有克服不了的困难，就没有完成不了的任务。"④ 习近平在十八届中央政治局第一次集体学习时讲话指出："密切党群、干群关系，保持同人民群众的血肉联系，始终是我们党立于不败之地的根基。一个政党，一个政权，其前途和命运最终取决于人心向背。如果我们脱离群众、失去人民拥护和支持，最终也会走向失败。我们要适应新形势下群众工作新特点新要求，深入做好组织群众、宣传群众、教育群众、服务群众工作，虚心向群众学习，诚心接受群众监督，始终植根人民、造福人民，始终保持党同人民群众的血肉联系，始终与人民心连心、同呼吸、共命运。要从人民伟大实践中汲取智慧和力量，办好顺民意、解民忧、惠民生的实事，纠正损害群众利益的行为。"⑤

第三节　坚持一条根本原理：党的领导地位和人民主体地位的统一

一　坚持党的领导地位和人民主体地位的统一，是我们党领导人民进行革命、建设、改革的根本原理

我们党是善于进行理论创新的党，是善于总结历史经验的党，实际上，

---

① 习近平：《始终坚持和充分发挥党的独特优势》，《求是》杂志 2012 年第 15 期。
② 习近平：《全面贯彻落实党的十八大精神要突出抓好六个方面的工作》，《求是》杂志 2013 年第 1 期。
③ 《论群众路线——重要论述摘编》，中央文献出版社、党建读物出版社，2013，第 131～132 页。
④ 《习近平接受金砖国家媒体联合采访》，《人民日报》2013 年 3 月 20 日。
⑤ 《习近平谈治国理政》，外文出版社，2014，第 15～16 页。

我们党在理论上的不断创新，就是不断总结历史经验的结果。

在新民主主义革命时期，毛泽东在党的七大所作的政治报告中强调，我们党总结了在北伐战争、土地革命战争和抗日战争三个时期的经验，形成了党的三大作风，这就是理论和实践相结合的作风，和人民群众紧密地联系在一起的作风以及自我批评的作风。毛泽东在阐述第二大作风时说："应该使每一个同志懂得，只要我们依靠人民，坚决地相信人民群众的创造力是无穷无尽的，因而信任人民，和人民打成一片，那就任何困难也能克服，任何敌人也不能压倒我们，而只会被我们所压倒。"这里讲的是党和人民的关系，着重讲党离不开人民，人民是主体。在阐述了这三大作风后，毛泽东接着得出一个结论说："三次革命的经验，尤其是抗日战争的经验，给了我们和中国人民这样一种信心：没有中国共产党的努力，没有中国共产党人做中国人民的中流砥柱，中国的独立和解放是不可能的，中国的工业化和农业近代化也是不可能的。"① 这里讲的也是党和人民的关系，而着重讲的人民离不开党，党是领导。这就是人民的主体地位和党的领导地位的统一。在社会主义革命和建设时期，毛泽东非常简洁又非常深刻地指出："我们应当相信群众，我们应当相信党，这是两条根本的原理。如果怀疑这两条原理，那就什么事情也做不成了。"② 这从根本原理的高度阐述了党和群众这两个方面，不言而喻的是，相信群众，即相信群众的主体力量，相信党，即相信党的领导作用。正是根据毛泽东的这一思想，笔者将坚持党的领导地位和人民主体地位的统一，称为我们党领导人民进行革命、建设和改革的根本原理。

十一届三中全会以来，邓小平带领全党确立了一条基本路线，这条基本路线有一个规范的表述："中国共产党在社会主义初级阶段的基本路线是：领导和团结全国各族人民，以经济建设为中心，坚持四项基本原则，坚持改革开放，自力更生，艰苦创业，为把我国建设成为富强民主文明和谐的社会主义现代化国家而奋斗。"头两句话表明，用党的基本路线的规范表述确立党的领导作用和人民的主体地位。

十一届三中全会以来，从总结基本经验的角度，把党的领导和人民主体地位联系起来，比较明显也比较早的一次，是在建党80周年的时候，江泽民代表党中央作的一个重要讲话。这个讲话指出，总结80年的奋斗历程，

① 《毛泽东选集》第3卷，人民出版社，1991，第1096～1098页。
② 《毛泽东文集》第6卷，人民出版社，1999，第423页。

得出三条基本经验，即三个"必须始终"，这就是：必须始终坚持马克思主义基本原理同中国具体实际相结合，坚持科学理论的指导，坚定不移地走自己的路；必须始终紧紧依靠人民群众，诚心诚意为人民谋利益，从人民群众中汲取前进的不竭力量；必须始终自觉地加强和改进党的建设，不断增强党的创造力、凝聚力和战斗力，永葆党的生机和活力。讲话指明第一条是"最基本的经验"。① 这一"最基本的经验"的定位，与邓小平在十二大开幕词所说的下述观点相吻合："把马克思主义的普遍真理同我国的具体实际结合起来，走自己的道路，建设有中国特色的社会主义，这就是我们总结长期历史经验得出的基本结论。"②

在党的十六大报告中，江泽民又总结了改革开放特别是1989年十三届四中全会13年来的十条基本经验，即"十个坚持"。其中的第八条是"坚持团结一切可以团结的力量，不断增强中华民族的凝聚力"，第十条是"坚持加强和改善党的领导，全面推进党的建设新的伟大工程"。③

在党的十七大报告中，胡锦涛总结了我国改革开放"十个结合"的宝贵经验。这十个结合是："把坚持马克思主义基本原理同推进马克思主义中国化结合起来，把坚持四项基本原则同坚持改革开放结合起来，把尊重人民首创精神同加强和改善党的领导结合起来，把坚持社会主义基本制度同发展市场经济结合起来，把推动经济基础变革同推动上层建筑改革结合起来，把发展社会生产力同提高全民族文明素质结合起来，把提高效率同促进社会公平结合起来，把坚持独立自主同参与经济全球化结合起来，把促进改革发展同保持社会稳定结合起来，把推进中国特色社会主义伟大事业同推进党的建设新的伟大工程结合起来"。④ 十七大报告把这"十个结合"定性为我们这样一个十几亿人口的发展中大国摆脱贫困、加快实现现代化、巩固和发展社会主义的宝贵经验。第三个结合表明，我们党第一次在党的代表大会上明确地把尊重人民首创精神同加强和改善党的领导结合起来作为一条重要经验。

在十八大报告中，胡锦涛阐述了夺取中国特色社会主义新胜利必须牢牢把握的八项基本要求。这八项基本要求是：必须坚持人民主体地位；必

---

① 《江泽民文选》第3卷，人民出版社，2006，第270~272页。
② 《邓小平文选》第3卷，人民出版社，1993，第3页。
③ 《江泽民文选》第3卷，人民出版社，2006，第533~536页。
④ 《十七大以来重要文献选编》（上），中央文献出版社，2009，第8页。

须坚持解放和发展社会生产力；必须坚持推进改革开放；必须坚持维护社会公平正义；必须坚持走共同富裕道路；必须坚持促进社会和谐；必须坚持和平发展；必须坚持党的领导。这八个坚持是管总的、管方向、管长远的，正如我们党的基本理论、基本路线、基本纲领、基本经验一样，是属于指导方针、重要法宝层次上的，具有深远指导意义。在八项基本要求中，坚持人民主体地位是第一条，是首要的，而坚持党的领导，是压轴的，是起关键作用的。这是我们党从夺取中国特色社会主义新胜利的八项基本要求的政治高度和理论高度来阐述人民主体地位和党的领导的重要性的。

习近平在十八届中央政治局第二次集体学习时的讲话中，总结了改革开放的五条成功经验，实际上是讲"五对关系"的统一：一是市场经济与社会主义基本制度的统一，二是摸着石头过河与加强上层设计的统一，三是各项改革之间的协同配合，四是改革发展稳定的统一，五是坚持人民主体地位与坚持党的领导的统一。这第五条具体是这么讲的："改革开放是亿万人民自己的事业，必须坚持尊重人民首创精神，坚持在党的领导下推进。改革开放是人民的要求和党的主张的统一，人民群众是历史的创造者和改革开放事业的实践主体。所以，必须坚持人民主体地位和党的领导的统一，紧紧依靠人民推进改革开放。改革开放在认识和实践上的每一次突破和发展，改革开放中每一个新生事物的产生和发展，改革开放每一个方面经验的创造和积累，无不来自亿万人民的实践和智慧。"接着还讲："改革发展稳定任务越繁重，我们越要加强和改善党的领导，越要保持党同人民群众的血肉联系，善于通过提出和贯彻正确的路线方针政策带领人民前进，善于从人民的实践创造和发展要求中完善政策主张，使改革发展成果更多更公平惠及全体人民，不断为深化改革开放夯实群众基础。"① 这是我们党第一次从改革开放成功经验的角度和改革开放规律性的高度明确确立人民主体地位和党的领导的统一。

十一届三中全会以来，特别是在十五大、十六大和十七大报告中，我们党在阐述发展社会主义民主政治，在阐述坚持中国特色社会主义政治发展道路时，一直在强调，关键是，或者最根本的是坚持三者统一：坚持党的领导、人民当家作主、依法治国有机统一。三者的关系是：党的领导是人民当家作主和依法治国的根本保证，人民当家作主是社会主义民主政治

---

① 《习近平关于实现中华民族伟大复兴的中国梦论述摘编》，中央文献出版社，2013，第46页。

的本质和核心，依法治国是党领导人民治理国家的基本方略。我们理解，从"人"的因素角度或者从"力量"的角度来看，就是要认识和掌握党的领导与人民当家作主的相互关系和辩证统一。实际上，邓小平在他著名的《坚持四项基本原则》的讲话中，早就提出一定要把民主和党的领导结合起来的重要思想，也就是要把人民当家作主与党的领导统一起来和结合起来。党的领导的本质就是领导和支持人民当家作主，人民当家作主是党不懈追求的奋斗目标，也是党领导正确与否的重要标准；党的领导是实现人民当家作主的政治前提和根本保证。

我们党在长期的革命、建设和改革的伟大实践中，总是正确地认识和把握了人民当家作主与党的领导的统一，从而保证了我们党从一个胜利走向新的胜利。在新民主主义革命时期，党团结带领人民为实现人民解放和人民当家作主进行了长期浴血奋斗，赢得了人民群众的拥护和支持，赢得了推翻三座大山的人民战争的伟大胜利，赢得了人民当家作主的新中国的诞生。新中国成立后，我们党领导人民进行社会主义革命，建立了社会主义制度，在全力推进经济建设的同时，大力发展人民民主，使我国人民的民主权利得到了有力保障，社会主义建设取得了重大成就。改革开放以来，我们党认真总结发展人民民主的正反两个方面的经验，排除"左"右两种错误倾向的干扰，依靠团结和依靠人民，在推进经济体制改革、推动经济发展的同时，稳步推进政治体制改革，更加自觉、更加主动地发展社会主义民主，人民民主不断扩大，人民权益得到保障，人民的积极性、主动性、创造性得到极大发挥，强有力地推动了中国特色社会主义伟大事业的蓬勃发展。当然我们还有许多不如意的地方，包括民主政治的某些不完善，在保障人民民主权利、人民当家作主、发挥人民群众的创造性方面，也包括在反腐倡廉方面，都存在一些不足。这些不足，也只有在继续坚持党的领导和人民当家作主相统一的原则下，不断得以克服，使各方面的工作不断得以改进，不断得以发展。

综上所述，我们完全可以得出结论，坚持党的领导地位和人民主体地位的统一，是我们党领导人民进行革命、建设、改革的根本原理。只要坚持这条原理，我们的事业就无往不胜，如果怀疑这条原理，那就什么事业都做不成、什么事情都做不好了。坚持党的领导地位和人民主体地位的统一，统一在中国特色社会主义伟大事业的伟大实践中，统一在党的建设新的伟大工程的伟大实践中，即使我们的党始终成为中国特色社会主义事业的坚强领导核心，又使我们的人民生活在富强民主文明和谐美丽的社会主义现代化国家中，享受着幸福，享受着当家作主的权利。

二 我们党关于党的领导和人民主体地位相统一的几个经典论断

（一）共产党的路线是人民的路线

"共产党的路线，就是人民的路线。"[①] 这是毛泽东在 1942 年 3 月 31 日在延安《解放日报》改版座谈会上讲话的经典语句。

共产党的路线是指共产党在一定时期思想上、政治上或工作上所遵循的指导方针、主要任务、基本途径和奋斗目标。党的路线是党代表人民，为实现人民在某一时期的利益而制定的。而共产党除了人民的利益没有自己特殊的利益，因此共产党的路线是人民的路线。政治上的路线，通常叫基本路线或总路线。基本路线正确与否，决定着党所从事和领导的事业的兴衰成败。《毛泽东选集》的第一篇文章《中国社会各阶级的分析》指出："革命党是群众的向导，在革命中未有革命党领错了路而革命不失败的。"[②] 这里所说的路就是指道路、路线，是说党制定的路线、确立的道路如果错了，党领导人民走上了一条错误的路，必然导致党的失败、人民的失败、革命的失败。

在半殖民地半封建的旧中国，人民深受帝国主义、官僚资本主义和封建主义"三座大山"的压迫和剥削，过着暗无天日的日子。代表中国广大人民根本利益的中国共产党，自成立起就担负着民族独立和人民解放、国家富强和人民富裕的两大历史任务。为了实现民族独立和人民解放，我们党制定了一条中国共产党领导的人民大众的反对帝国主义、官僚资本主义和封建主义的新民主主义革命的总路线，并确定了从农村包围城市最后夺取政权的道路，指引中国革命取得了胜利，人民获得了翻身解放。新中国成立后，我们党又制定了一条对农业、手工业、资本主义工商业的社会主义改造的路线，消灭了剥削制度，建立了社会主义制度。新中国的成立，社会主义制度的确立，为实现国家富强和人民富裕打下了基础、创造了前提。十一届三中全会以来，我们党制定了"一个中心、两个基本点"的基本路线，带领全国人民为实现富强民主文明和谐的社会主义现代化国家而奋斗，为实现中华民族伟大复兴的中国梦而奋斗。习近平指出：中国梦的

---

① 《在延安〈解放日报〉改版座谈会上的讲话》，1942 年，转引自《解放军报》1968 年 7 月 17 日。
② 《毛泽东选集》第 1 卷，人民出版社，1991，第 3 页。

本质是国家富强、民族振兴、人民幸福，中国梦体现了中华民族和中国人民的整体利益，是每一个中华儿女的共同期盼，因而得到中国人民发自内心的拥护。习近平还指出：人民对美好生活的向往，就是我们的奋斗目标；老百姓对美好生活的追求，就是我们的努力方向。这都说明，共产党的路线，就是人民的路线，就是为人民谋利益的路线，就是实现国家富强、民族振兴、人民幸福的路线。

（二）共产党的根本工作路线是群众路线

现行党章对党的群众路线有一个完整的表述："党在自己的工作中实行群众路线，一切为了群众，一切依靠群众，从群众中来，到群众中去，把党的正确主张变为群众的自觉行动。"① 这里的第一句话讲，这条群众路线是指党的工作路线，不是别的什么人、什么组织、什么群体，而是讲共产党自己，讲的也不是别的内容，就是自己工作中实行群众路线，这是对群众路线的定位和定性。我们党及其领导人，在长期的革命、建设、改革的过程中，创立、丰富和践行党的群众路线，一直把它称为根本的工作路线。习近平在党的群众路线教育实践活动工作会议上强调指出："群众路线是我们党的生命线和根本工作路线。"② 这样就把群众路线这一条党的根本工作路线定性定位为"生命线"，上升到"生命"的高度，这也许是第一次。接着，在纪念毛泽东诞辰120周年座谈会上的讲话，习近平又一次指出："群众路线是我们党的生命线和根本工作路线，是我们党永葆青春活力和战斗力的重要传家宝。"并要求把它"贯彻到治国理政全部活动之中"，还强调"群众路线本质上体现的是马克思主义关于人民群众是历史的创造者这一基本原理。只有坚持这一基本原理，我们才能把握历史前进的基本规律。只有按历史规律办事，我们才能无往而不胜"。③ 这从本质上和基本原理上阐述了群众路线是我们党的生命线的重要论断。

党的群众路线的规范表述，除了上述第一句话，还包括了以下四个方面的内容：

"一切为了群众"，这体现群众观点，是全心全意为人民服务这一党的宗旨所要求的，是共产党一切工作的出发点和落脚点，是共产党的根本价

① 《中国共产党章程》，人民出版社，2012，第19页。
② 习近平：《深入扎实开展党的群众路线教育实践活动　为实现党的十八大目标任务提供坚强保证》，《人民日报》2013年6月19日。
③ 习近平：《在纪念毛泽东同志诞辰120周年座谈会上的讲话》，人民出版社，2013，第17~18页。

值取向。

"一切依靠群众"，这也体现群众观点，是党的根本工作方针，要求共产党的一切工作都要遵循这一方针，指明党生存、发展、工作的依靠力量。

"从群众中来，到群众中去"，这是讲的认识路线和工作路线，也是讲的工作途径和领导方法，只有践行"从群众中来，到群众中去"，才能动员群众和组织群众，才能发挥群众的主动性、积极性和创造性。

"把党的正确主张变为群众的自觉行动"，如果前三条是认识、方法、途径，这第四条就转化为实践，见之于行动，从党这一层面转到群众这一层面。

以上这四个方面，层层递进，组成一个完整的周期，继而周而复始，循环往复，以至无穷，这样实践、认识、再实践、再认识，从群众到领导，又从领导到群众，一次接一次，一次比一次更正确、更生动、更丰富、更有成效。这既是马克思主义的认识论，又是马克思主义的实践论；既是马克思主义政党的群众观点，又是马克思主义政党的工作路线。

（三）共产党除了人民群众的利益没有自己特殊的利益

现行党章在"总纲"中规定了党的建设的四项基本要求，在阐述第三项基本要求时指出："坚持全心全意为人民服务。党除了工人阶级和最广大人民群众的利益，没有自己特殊的利益。"[①] 这既是对党的宗旨的定性、定位，又是对党的性质的定性、定位，因为党的性质，实质上是指党所代表的阶级利益，它代表哪个阶级的利益就标志着它是哪个阶级的政党。中国共产党代表了中国工人阶级和最广大人民群众的利益，因而它是中国工人阶级的先锋队，同时是中国人民和中华民族的先锋队。

从历史唯物主义基本观点出发，马克思主义一贯把为人民谋利益作为工人阶级政党的价值追求和奋斗目标。马克思、恩格斯在作为第一个国际性工人阶级政党政治纲领的《共产党宣言》中指出："过去的一切运动都是少数人的，或者为少数人谋利益的运动。无产阶级的运动是绝大多数人的，为绝大多数人谋利益的独立的运动。"共产党"没有任何同整个无产阶级的利益不同的利益"，"共产党人同其他无产阶级政党不同的地方只是：一方面，在无产者不同的民族的斗争中，共产党人强调和坚持整个无产阶级共同的不分民族的利益；另一方面，在无产阶级和资产阶级的斗争所经历的

---

① 《中国共产党章程》，人民出版社，2012，第19页。

各个发展阶段上，共产党人始终代表整个运动的利益"。① 这就指明了共产党领导的革命运动的目的和工人阶级政党的宗旨。列宁也指出：无产阶级政党"是工人运动和社会主义的结合，它的任务不是消极地为每一阶段的工人运动服务，而是要代表整个运动的利益，给这个运动指出最终目的，指出政治任务，维护它在政治上思想上的独立性"。② 他还指出："党的任务就是维护工人的利益，代表整个工人运动的利益。"③ 同马克思、恩格斯一样，列宁结合俄国的实际，在这里指明了俄国工人阶级政党代表和维护的是整个工人阶级的利益和整个工人运动的利益。毛泽东在党的七大阐述党的三大作风中关于党密切联系广大人民群众的作风时，提出了著名的"全心全意为人民服务"的思想。他指出："全心全意地为人民服务，一刻也不脱离群众；一切从人民的利益出发，而不是从个人或小集团的利益出发；向人民负责和向党的领导机关负责的一致性；这些就是我们的出发点。共产党人必须随时准备坚持真理，因为任何真理都是符合于人民利益的；共产党人必须随时准备修正错误，因为任何错误都是不符合于人民利益的。""共产党人的一切言论行动，必须以合乎最广大人民群众的最大利益，为最广大人民群众所拥护为最高标准。"④ 随后，我们党对党章作了修改，并通过了新的党章。新的党章与过去的党章不同，增写了总纲，即党的基本纲领。在总纲中，我们党对全心全意为人民服务作出规定，指出："中国共产党人必须具有全心全意为中国人民服务的精神，必须与工人群众、农民群众及其他革命人民建立广泛的联系。"⑤ 不仅如此，党章还把为人民服务第一次作为党员义务写入"党员"章，规定党员必须"为人民服务，巩固党与人民群众的联系，了解并及时反映人民群众的需要，向人民群众解释党的政策"。⑥ 就这样，全心全意为人民服务的党的根本宗旨规定在作为党的根本大法的党章中。以后，我们党一直坚持党的全心全意为人民服务的根本宗旨，而且随着历史的发展，对为人民服务的具体内容和具体要求也在丰富和发展。

---

① 《马克思恩格斯选集》第 1 卷，人民出版社，2012，第 411、413 页。
② 《列宁选集》第 1 卷，人民出版社，2012，第 284 页。
③ 《列宁专题文集·论无产阶级政党》，人民出版社，2009，第 17 页。
④ 《毛泽东选集》第 3 卷，人民出版社，1991，第 1094～1096 页。
⑤ 《中国共产党党章汇编》，人民出版社，1979，第 48 页。
⑥ 《中国共产党党章汇编》，人民出版社，1979，第 49 页。

第四节　坚持党的干部是人民的公仆，是实现党的领导和人民主体地位统一的根本保证

一　党的干部的地位和作用决定了党的干部必须当好人民公仆

现行党章规定："党的干部是党的事业的骨干，是人民的公仆。"这一论断，明确了党的干部在党的事业中的地位和作用，规定了党的干部的本质和特征，也揭示了党的干部与人民群众的关系，从而深刻地阐明了这样一个真理：只有做到党的干部是人民的公仆，才能做到党的领导和人民当家作主的统一；坚持党的干部是人民的公仆，是实现党的领导和人民主体地位统一的根本保证。

我们党是领导力量，人民群众是主体地位和依靠力量，干部是这两种力量之间的"通道"和"中介"，靠干部这一"通道"和"中介"，实现这两种力量的紧密联系和密切配合，实现领导与被领导的共同奋斗和协调一致。

我们党要领导人民进行革命、建设、改革，关键是制定一条正确的政治路线，党的干部是制定和执行党的政治路线和一系列与此配套的方针政策的决定性因素。党的干部，特别是领导干部，是党的路线和一系列方针政策的制定者，这条路线和一系列方针政策又必须依靠干部去组织、动员、领导广大人民群众去贯彻执行、实施落实，否则，党的领导是会落空的，党的奋斗目标是无法实现的。因此，毛泽东有一句名言，叫作："政治路线确定之后，干部就是决定的因素。"①

党的干部是党联系群众的"桥梁"和"纽带"。党的力量源泉在群众，党要领导人民实现自己的奋斗目标，都要通过党的干部这一"桥梁"和"纽带"才能起作用，才能得以实现，否则，党将一事无成。

党的干部是群众的领导者、组织者和带头人，所以党对干部的要求是做党的事业的骨干，党要号召、组织、动员、依靠群众参加党的革命、建设和改革事业，必须依靠广大干部，特别是领导干部的模范带头作用、骨干先锋作用。因此，党章规定，党的干部是党的事业的骨干，同时又是人民的公仆。党的干部当好人民公仆本身就为实现党的领导和人民当家作主的统一提供了根本保证，因为党的干部成不了人民公仆，也就成不了党的

---

① 《毛泽东选集》第2卷，人民出版社，1991，第526页。

事业的骨干，也实现不了党的领导，也体现不了人民的当家作主。鉴于此，党的干部要成为人民的公仆，不仅为我们党的党章所明确规定，而且也是马克思主义的一贯主张。

二 马克思主义"公仆"思想从近一个半世纪前一路走来，直至习近平的公仆论

纵观马克思主义公仆思想从近一个半世纪前一路走来的历程，我们可以看到，马克思主义的公仆思想包括互相联结的四个方面，一是何谓公仆，即党员、干部与人民群众的关系怎样定位，二是怎样当好公仆，三是怎样防止公仆变主人，四是怎样惩治颠倒主、仆关系即变质的"公仆"。

（一）马克思、恩格斯对巴黎公社"公仆原则"的阐述

1871 年 3 月 18 日，法国巴黎工人阶级发动了惊心动魄的起义，英勇地从资产阶级反动政府手中夺取了政权，奇迹般地创建了世界上第一个工人阶级自己的政权。3 月 26 日，经过选举产生了巴黎公社。3 月 28 日，巴黎公社正式宣告成立。由于敌我力量悬殊等原因，世界上第一个工人阶级的政权，历经 72 天，于 5 月 28 日失败。但就在短短 72 天的时间里，巴黎公社通过并实行了许多规定和措施，创造了无产阶级专政、人民民主制度的伟大业绩。巴黎公社失败了，但它的原则是永存的。

巴黎公社的原则，包括用革命的暴力推翻资产阶级的反动统治，建立无产阶级专政，实行人民民主制度。今天对我们仍具重要现实意义的，就是巴黎公社实行的人民民主制度和"公仆原则"。巴黎公社的实践是伟大的，对巴黎公社经验总结的理论是辉煌的。这一辉煌的理论成果集中地体现在马克思在巴黎公社期间就写成的《法兰西内战》一书，同时也体现在恩格斯在 20 年后为出版《法兰西内战》一书所写的导言中。

马克思、恩格斯详尽地论证了巴黎公社人民民主政权的实质及其特征：（1）巴黎公社是"帝国的直接对立物"，是"新的真正民主的国家政权"，"公社给共和国奠定了真正民主制度的基础"，是"通过人民自己实现的人民管理制"。（2）公社不是压迫性的机关，而是工人阶级自己的政府。（3）公社的领导成员不是骑在人民头上作威作福的老爷，而是由人民选出、受人民监督、废除了一切特权的人民的"勤务员""公务员""公仆"。（4）公社不是官僚、腐败机构，不是吸血鬼，它取消庞大的军费开支和官吏高薪，是"廉价政府"。（5）公社对农民决不去"敲骨吸髓地压榨"，"决不靠农民劳动以自肥"，而要免除他们的一切血税，要给农民直接带来重大益处。（6）马克

思、恩格斯高度评价巴黎公社的如下三项措施：一是普选产生公职人员；二是一切公职人员的工资相当于熟练工人的工资；三是人民群众监督并可随时罢免公职人员。恩格斯认为，正是这些措施，就可以可靠地防止国家和国家机关"由社会的公仆变成了社会的主人"，"也能可靠地防止人们去追求升官发财"。① 这两个"防止"是何等精辟深刻！

（二）列宁对"公仆原则"的探索和实践

十月社会主义革命前，俄国发生了两次反对沙皇统治的资产阶级民主革命。一次是 1905 年的革命，在这次革命中，布尔什维克领导人民成立了工人代表苏维埃。苏维埃，即会议或代表会议或委员会。工人代表苏维埃是一个广大工人阶级的群众政治组织。列宁为首的布尔什维克党认为它是工人阶级革命政权的萌芽，相当于当年的巴黎公社。这次革命终因力量对比悬殊，遭到失败。1917 年 2 月，爆发了俄国第二次资产阶级革命，起义的工人和士兵推翻了沙皇专制统治，建立了工兵苏维埃，二月革命取得了胜利。但二月革命后，俄国出现了一个非常特殊的情况，即两个政权并存的局面，一个是工兵代表苏维埃，一个是资产阶级临时政府，而工兵代表苏维埃的领导权又主要由孟什维克和社会革命人占据。但两个政权并存的局面是不能长期维持下去的。一方面，列宁领导的布尔什维克党，决心要将革命进行到底，要把民主革命转向社会主义革命，建立无产阶级的政权。另一方面，资产阶级临时政府的反动本性也是不可改变的，它血腥镇压人民的游行示威，解除首都的工人武装，捣毁布尔什维克中央委员会的办公处，封闭了布尔什维克的报纸，砸烂了《真理报》编辑部，并大肆逮捕布尔什维克党人，监禁布尔什维克的许多重要活动家，并下令通缉列宁，用反革命暴力镇压革命运动。

正是在这样的情势下，无产阶级夺取政权的问题提到日程上来，用革命暴力推翻资产阶级统治，武装夺取政权，成为布尔什维克党当时最迫切的任务。正如列宁在《国家与革命》一书第一版序言中第一句话所说："国家问题，现在无论在理论方面或在政治实践方面，都具有特别重大的意义。"也正如列宁在这篇序言的最后一段所说："无产阶级社会主义革命对国家的态度问题不仅具有政治实践的意义，而且具有最迫切的意义"。②

但是，恰恰在国家和革命这样一个根本问题上，第二国际伯恩施坦、

---

① 《马克思恩格斯选集》第 3 卷，人民出版社，2012，第 54～168 页。
② 《列宁选集》第 3 卷，人民出版社，2012，第 109～110 页。

考茨基机会主义者肆意歪曲马克思主义国家学说，反对暴力革命和无产阶级专政，美化资产阶级议会制。在俄国，普列汉诺夫等机会主义也散布种种谬论，反对暴力革命，反对党关于武装起义的路线。而俄国的资产阶级和小资产阶级政党非常害怕布尔什维克掌握国家政权，极力维护其反动统治，他们在报刊上攻击和恐吓布尔什维克，说"布尔什维克永远不敢单独夺取全部国家政权"，"即使夺到了政权，连一个短暂的时期也保持不住"，等等。在无产阶级即将夺取政权的紧急关头，布尔什维克究竟要不要夺取政权，要不要通过暴力革命夺取政权，能不能夺取和保持政权，无产阶级革命所要建立的政权到底是什么样的政权？对于这些问题，必须从理论上作出明确回答。

于是，列宁在十月革命前写了一系列重要文章，特别是在十月革命前夕相继写的《国家与革命》、《布尔什维克能保持国家政权吗?》（后者简称《保持国家政权》）等著作，回答了上述问题，并阐述了新型国家政权及其公务人员实行"公仆原则"的重要问题。

列宁在《国家与革命》中详尽地阐明了马克思、恩格斯的国家学说，特别是无产阶级专政学说，深刻地论述了无产阶级必须通过暴力革命打碎资产阶级国家机器，建立无产阶级专政和关于国家消亡条件等重要问题，还阐述了巴黎公社实行"社会公仆"的经验和原则，主要是：

1. 一切旧国家，不仅在君主国，而且在资本主义民主共和国，其国家机构都是压迫机构，都是社会寄生物，都把公职人员、"社会公仆"、社会机关，变成社会的主人

列宁根据马克思、恩格斯的国家学说指出，"国家是阶级矛盾不可调和的产物"，"国家是阶级统治的机关，是一个阶级压迫另一个阶级的机关，是建立一种'秩序'来抑制阶级冲突，使这种压迫合法化、固定化"。[①] 国家是从社会中产生但又"凌驾于社会之上并且'日益同社会相异化'的力量"。[②] 这种力量主要是常备军、警察、监狱和官吏。列宁还指出，国家不仅是压迫人民，而且也是剥削人民的工具，"即使在最民主的资产阶级共和国里，人民仍然摆脱不了当雇佣奴隶的命运"。[③] 即人民只能是奴隶，是奴仆，是资产阶级的仆人。因此，反复地讲，旧国家是"寄生物"，是"寄生

---

① 《列宁选集》第3卷，人民出版社，2012，第114~115页。
② 《列宁选集》第3卷，人民出版社，2012，第115页。
③ 《列宁选集》第3卷，人民出版社，2012，第126页。

赘瘤"，是"祸害"，它使少数剥削者、压迫者"享有特权"，议会也是"贪污腐败"的机构，议员享有"特权地位"，资产阶级议会制的真正本质就是"每隔几年决定一次由统治阶级中什么人在议会里镇压人民、压迫人民"。① 列宁还根据恩格斯为马克思的《法兰西内战》一书所写的导言的思想指出："不仅在君主国，而且在民主共和国，国家依然是国家，也就是说仍然保留着它的基本特征：把公职人员，'社会公仆'，社会机关，变为社会的主人。"②

为了进一步证明，政府官吏的贪污腐败是资产阶级国家的根本剥削制度造成的，列宁指出，在资本主义制度下，"由于雇佣奴隶制和群众贫困的整个环境，民主制度受到束缚、限制、阉割和弄得残缺不全。因为这个缘故，而且仅仅因为这个缘故，我们（引者注：指无产阶级）政治组织和工会组织内的公职人员是受到了资本主义环境的腐蚀（确切些说，有被腐蚀的趋势），是有变为官僚的趋势，也就是说，是有变为脱离群众、凌驾于群众之上、享有特权的人物的趋势"。列宁接着还强调说："这就是官僚制的实质，在资本家被剥夺以前，在资产阶级被推翻以前，甚至无产阶级的公职人员也免不了在一定程度上'官僚化'。"③ 这就指明，产生贪污腐败，使社会公仆变成社会主人，这是资本主义的剥削制度和资本主义民主制度的残缺不全造成的。因此，列宁认为，要消除贪污腐败，防止社会公仆变成社会主人，就要摧毁资产阶级国家机器，代之以人民当家作主、公职人员没有特权、民主制度健全的巴黎公社那样的新型国家机器。

2. 唯有巴黎公社式的民主制度才能把颠倒了的主仆关系重新颠倒过来，防止社会公仆变为社会主人

列宁在《国家与革命》中引用和肯定了马克思和恩格斯关于巴黎公社所采取的防止社会公仆变为社会主人的措施。

如何防止社会公仆变为社会主人，列宁非常强调以下几条原则：

（1）铲除特权原则

列宁说，巴黎公社取消支付给官吏的一切办公费，把国家所有公职人员的薪金减到"工人工资"的水平，这是取消"一切金钱上的特权"，是要

---

① 《列宁选集》第 3 卷，人民出版社，2012，第 150 页。
② 《列宁选集》第 3 卷，人民出版社，2012，第 180 页。
③ 《列宁选集》第 3 卷，人民出版社，2012，第 216 页。

把国家职能中的"任何特权制、'长官制'的痕迹铲除干净"。①

列宁在阐述巴黎公社的代表机构时指出：代表机构仍然存在，然而议会制这种特殊的制度，这种立法和行政的分工，这种议员们享有的特权地位，在这里是不存在的。②

（2）人民管理原则

人民不仅有对国家工作人员的选举权、监督权和罢免权，而且有管理国家的权力。马克思在总结巴黎公社曾采取的一些民主措施时说：这"表明通过人民自己实现的人民管理制的发展方向"。"人民管理"是马克思提出来的，列宁在《国家与革命》中突出地强调了这个思想。他说：在社会主义下，"人民群众在文明社会史上破天荒第一次站起来了，不仅独立地参加投票和选举，而且独立地参加日常管理。在社会主义下，所有的人将轮流来管理"。③ 列宁还从民主是国家形式，是一种国家形态的高度指出："民主意味着在形式上承认公民一律平等，承认大家都有决定国家制度和管理国家的平等权利。"④ 因为确认大家都有管理国家事务的权力，那些国家工作人员就不能自视特殊并追求特权，因而对防止公仆变主人具有重要意义。列宁还进一步指出了人民管理国家的深远意义，他说："当所有的人都学会了管理，都来实际地独立地管理社会生产，对寄生虫、老爷、骗子等等'资本主义传统的保持者'独立地进行计算和监督的时候，逃避这种全民的计算和监督就必然会成为极难得逞的、极罕见的例外，可能还会受到极迅速极严厉的惩罚……以致人们对于人类一切公共生活的简单的基本规则就会很快从必须遵守变成习惯于遵守了。"⑤ 这就是从共产主义社会的第一阶段过渡到高级阶段的大门已经打开，国家也会随之消亡。

（3）人民民主原则

"民主"，顾名思义就是人民当家作主，因此，巴黎公社实质上是工人阶级的政府，也就是人民的政府，因此对人民来说首先是民主的政府。列宁在《国家与革命》第三章中阐述了这个思想：

这一章的第一节，列宁讲的是巴黎公社战士的英雄主义精神，第二节就讲"用什么东西来代替被打碎的国家机器呢？"，这也是第二节的标题。

---

① 《列宁选集》第 3 卷，人民出版社，2012，第 148～149 页。
② 《列宁选集》第 3 卷，人民出版社，2012，第 152 页。
③ 《列宁选集》第 3 卷，人民出版社，2012，第 217 页。
④ 《列宁选集》第 3 卷，人民出版社，2012，第 201 页。
⑤ 《列宁选集》第 3 卷，人民出版社，2012，第 203 页。

列宁一开始就从马克思、恩格斯《共产党宣言》中关于民主的那句话来回答："以'无产阶级组织成为统治阶级'来代替，以'争得民主'来代替，这就是《共产党宣言》的回答。"① 列宁说，这个回答还十分抽象，只是指出了任务，而没有指出解决任务的方法。为什么？因为历史条件还不成熟，还没有巴黎公社这样的经验。接着列宁说："无产阶级组织成为统治阶级会采取什么样的具体形式，究竟怎样才能组织得同最完全最彻底地'争得民主'这点相适应，对于这个问题，马克思并没有陷于空想，而是期待群众运动的经验来解答。"② 列宁就根据马克思对巴黎公社的经验作出分析，巴黎公社是帝国的直接对立物，是指法国第二帝国的对立物，帝国纯粹是压迫性的统治机器，公社是消灭阶级统治本身的共和国的一定形式，列宁说，这是无产阶级社会主义共和国，这种国家形式到底怎么样呢？列宁引马克思的话，公社的第一个法令是废除常备军而用武装的人民来代替它，接着又引马克思讲的巴黎公社是普选产生的代表组成的，对选民负责，随时可撤换，代表又是工人，或公认的工人阶级代表，又引用马克思说的公社的一切公职人员，都领取相当于工人的薪金，法官也是选举产生，对选民负责，并且可以撤换。列宁引用马克思的这些话后，总结说："由此可见，公社用来代替被打碎的国家机器的，似乎'仅仅'是更完全的民主：废除常备军，一切公职人员完全由选举产生并完全可以罢免。但是这个'仅仅'，事实上意味着两类根本不同的机构的大更替。在这里恰巧看到了一个'量转化为质'的例子：民主实行到一般所能想象的最完全最彻底的程度，就由资产阶级民主转化成无产阶级民主"。③ 这就指明，巴黎公社是无产阶级民主，这与资产阶级民主不仅有量上的区别，又有质的区别，性质完全不同了，它是最彻底最完全的民主。这是列宁根据马克思对巴黎公社经验的分析得出的结论。这个结论，就是民主，民主制度。

列宁在引用恩格斯关于巴黎公社采取了"防止国家和国家机关由社会公仆变为社会主人"的两个正确的办法后说："恩格斯在这里接触到了一个有趣的界限，在这个界限上，彻底的民主变成了社会主义，同时也要求实行社会主义。"④ "彻底发展民主，找出彻底发展的种种形式，用实践来检验

---

① 《列宁选集》第3卷，人民出版社，2012，第145页。
② 《列宁选集》第3卷，人民出版社，2012，第145～146页。
③ 《列宁选集》第3卷，人民出版社，2012，第147页。
④ 《列宁选集》第3卷，人民出版社，2012，第180页。

这些形式等等，这一切都是为社会革命进行斗争的基本任务之一。任何单独存在的民主制度都不会产生社会主义，但在实际生活中民主制度永远不会是'单独存在'，而总是'共同存在'的，它也会影响经济，推动经济的改造，受经济发展的影响等等。这就是活生生的历史辩证法。"① 这一长串话说明，发展社会主义民主是社会主义革命的一个重要任务，这个任务也不是单独的，而是与经济的发展相互依存的，民主既会影响经济，推动经济的发展，同时也受经济发展的制约。这些都是重要的民主思想、民主理论。

关于民主的论述，列宁在《国家与革命》中并没有到此为止，在后面的章节中，在讲到从资本主义到共产主义的过渡时，列宁进一步指出："极少数人享受民主，富人享受民主，——这就是资本主义社会的民主制度。""而无产阶级专政，即被压迫者先锋队组织成为统治阶级来镇压压迫者，不能仅仅只是扩大民主。除了把民主制度大规模地扩大，使它第一次成为穷人的、人民的而不是富人的民主制度之外，无产阶级专政还要对压迫者、剥削者、资本家采取一系列剥夺自由的措施。"② 这里列宁使用了"穷人的、人民的民主制度"这个概念，同时又与专政结合在一起。我们中国的国体不叫"无产阶级专政"，而叫"人民民主专政"，这完全是从我国的国情出发的，原来这与列宁在这里的思想完全一致、完全吻合。

在《保持国家政权》这篇文章正文前，附有列宁在十月革命后写的"再版序言"，指明这本著作要说明的中心是工农政府的生命力问题，也就是布尔什维克能否保持国家政权问题，列宁说，十月革命已经把书中提出的理论变成了实践，现在，无产阶级的任务是在实践中用行动来证明工农政府的生命力。③ 列宁在《保持国家政权》一文中一再指出，根据马克思总结的巴黎公社的经验，无产阶级不能简单地掌握并运用资产阶级国家机器，而是要打碎这个国家机器，用新的国家机器来代替它，列宁说，这一点他在《国家与革命》中已经作了阐述，接着列宁说："巴黎公社创造了这种新型的国家机器，俄国工兵农代表苏维埃也是这一类型的'国家机构'"。④

往下列宁分析了为什么苏维埃是新型的国家机构，他说："苏维埃是新

---

① 《列宁选集》第 3 卷，人民出版社，2012，第 181 页。
② 《列宁选集》第 3 卷，人民出版社，2012，第 189~190 页。
③ 《列宁选集》第 3 卷，人民出版社，2012，第 281 页。
④ 《列宁选集》第 3 卷，人民出版社，2012，第 294 页。

型的国家机构，第一，它有工农武装力量，并且这个武装力量不是像过去的常备军那样脱离人民，而是同人民有极密切的联系……第二，这个机构同群众，同大多数人民有极其密切的、不可分离的、容易检查和更新的联系，这样的联系从前的国家机构是根本没有的。第三，这个机构的成员不是经过官僚主义的手续而是按照人民的意志选举产生的，并且可以撤换，所以它比从前的机构民主得多。第四，它同各种各样的行业有牢固的联系，所以它能够不要官僚而使各种各样的极深刻的改革容易实行。第五，它为先锋队即被压迫工农阶级中最有觉悟、最有毅力、最先进的部分提供了组织形式，所以它是被压迫阶级的先锋队能够用来发动、教育、训练和领导这些阶级全体广大群众的机构，而这些群众向来都是完全处在政治生活之外，处在历史之外的。第六，它能够把议会制的长处和直接民主制的长处结合起来，就是说，把立法的职能和执法的职能在选出的人民代表身上结合起来。同资产阶级议会制比较起来，这是在民主发展过程中具有全世界历史意义的一大进步。"① 列宁分析的这六条，是回答无产阶级为什么能够保持苏维埃政权的原因和理由，这六条讲的是苏维埃是新型的国家机器新型在哪。这六条也是防止公仆变主人的重要原则，从而也是列宁对巴黎公社原则的继承和发展。这六条，第一条讲工农武装力量，第二条讲苏维埃机构，第三条讲这个苏维埃机构的人员，第四条讲各行各业，第五条讲党，第六条讲职能机构。每一条都是讲公仆与主人的关系，每一条都讲到人民群众，包括联系人民，同群众极密切的联系，国家机构的工作人员即公仆，又是按照人民的意志由人民的代表选出来的，而且可由人民的代表将其撤换，立法和执法人员也是由人民代表选出的，这样就把党、苏维埃和人民群众之间的关系讲得简略而又透彻。

十月革命胜利了，列宁领导的俄共（布）党成了执政党。列宁有执政6年2个月的经历，最后近2年在病中度过，由于时间短，在防止公仆变主人的实践中，总的来说，还是一个探索的过程，但列宁在这方面思想还是很丰富和深刻的，可以说弥足珍贵。

1. 警惕"执政党的引诱力"，防止脱离群众的危险

党执政地位的变化和工作任务的转移，"执政""掌权"的引诱力是客观存在的，这会使这样那样的人员混进党内"捞好处"，也使党员队伍和干

---

① 《列宁选集》第3卷，人民出版社，2012，第295~296页。

部队伍发生蜕变。列宁一再揭示并要求警惕这一现象。他指出："必须注意到，参加执政党的引诱力在目前是很大的……小资产阶级分子和十分敌视整个无产阶级的分子涌进党里来的势头就会更猛烈。"① 列宁还说："我们的党是执政党，因而自然也就是公开的党，是加入之后就有可能掌权的党，我们在这个时期不得不进行斗争，防止坏分子，防止那些旧资本主义的渣滓钻进和混入执政党里来。"② 这是属于混进来的。还有是我们自己的人执了政，当了官，高高在上，脱离群众，滋长了官僚主义，严重的，在剥削阶级腐朽思想侵蚀下，逐渐蜕化变质。执了政，容易脱离群众，产生官僚主义，似乎是一条规律，谁也逃脱不了，列宁一开始就高度警惕脱离群众的危险，对官僚主义现象深恶痛绝。对于脱离群众，他说：对于一个执政党来说，对一个作为工人阶级先锋队来领导一个大国向社会主义过渡的共产党来说，"最严重最可怕的危险之一，就是脱离群众"，就是先锋队没有同人民群众保持牢固的联系。③ 对于官僚主义，列宁有一系列的论述，分析了它产生的根源，它带来的危害以及反对官僚主义应采取的一些措施。他把官僚主义称作"祸害""毒疮"，是"我们内部最可恶的敌人"。他尖锐地指出："共产党员成了官僚主义者。如果说有什么东西会把我们毁掉的话，那就是这个。"④ 对于犯了官僚主义过错的人，列宁采取的措施还是相当严厉的，轻者教育、警告、党内和行政的处分，情节严重的撤职、开除党籍，甚至交法庭审判。⑤ 当然，列宁也意识到根本的措施是进行机构改革，并实行了一些改革措施。他说："如果不进行有步骤的和顽强的斗争来改善机构，那我们一定会在社会主义的基础还没有建成以前灭亡。"⑥

2. 反对特权，对党员的惩处严于非党员

为了防止某些党员利用党的执政地位和自己掌握的权力谋私利，搞特权，列宁提出要反对特殊，反对特权，他指出：我们不给执政党的党员任何特殊，我们也不向他们许愿，说入党有什么好处，我们只号召他们承担更多困难的任务。他还说："让党员享有优先权是一种弊端，因为这样做，骗子就

① 《列宁专题文集·论无产阶级政党》，人民出版社，2009，第 329～330 页。
② 《列宁专题文集·论无产阶级政党》，人民出版社，2009，第 238 页。
③ 《列宁选集》第 4 卷，人民出版社，2012，第 626 页。
④ 《列宁全集》第 52 卷，人民出版社，1988，第 300 页。
⑤ 《列宁全集》第 43 卷，人民出版社，1987，第 153 页。
⑥ 《列宁全集》第 41 卷，人民出版社，1986，第 376 页。

会混进党内来。同志们，我们无论现在和将来都要同这种现象作斗争"。①

由列宁主持，人民委员会于 1917 年 11 月 18 日通过了由列宁起草的《人民委员会关于高级职员和官员的薪金额的决定草案》强调："必须采取最坚决的措施，毫无例外地降低一切国家机关、社会团体、私人机构和企业中的高级职员和官员的薪金"，并具体规定："人民委员每月最高薪金无未成年子女者为 500 卢布，有未成年子女者每个子女另增 100 卢布；家庭成员的住房每人不得超过一间"。工资相当于中等工人工资水平。② 列宁带头执行这一规定。人民委员会办公厅主任弗·德·邦契 - 布鲁耶维奇觉得列宁的工资太低，有点过意不去，就擅自把列宁每月工资从 500 卢布提高到 800 卢布，列宁以人民委员会主席的名义向他宣布，"鉴于您不执行我的坚决要求……擅自提高我的薪金这一公然违法行为，我宣布给您以严重警告处分"。③ 但后来允许资产阶级专家提高了工资，给了较高报酬，其他科技人员也跟着上去了。但党内、国家公职人员也控制不住，列宁看到在实际上行不通了。1922 年 8 月，俄共十二次全国代表会议作出两个决定——《改善俄共党员物质状况》和《关于党的领导干部的物质状况》，从物质、工资上改善了几万领导干部和部分党员的物质、医疗、子女教育的现状，这已是高薪制和特权制的萌芽，客观上刺激了投机钻营分子追逐官位，但对高薪部分采取抑制政策，扣除 25% ~ 50% 作为互助金。尽管这样，列宁针对资产阶级专家的高薪制时就指出，这是对巴黎公社和任何无产阶级政权原则的背离。④ 还说："高额薪金的腐化作用既影响到苏维埃政权……也影响到工人群众，这是无可争辩的。"⑤

为了制止干部利用特权搞任人唯亲、裙带关系等，人民委员会于 1918 年 7 月 27 日专门颁布了由列宁亲自修订的《不容许亲属在苏维埃机关共同供职的法令》规定："［三亲等以内的］血亲和姻亲不能在同一中央机关或地方苏维埃机关中任职"，并要求苏维埃机关的所有领导人都应从他们负责的部门中解除那些违反这一法令的职员的职务。⑥ 1920 年 9 月，俄共（布）第九次全国代表会议重申党员不能有特权，规定："党员负责工作人员没有权

---

① 《列宁全集》第 36 卷，人民出版社，1985，第 15 页。
② 《列宁全集》第 33 卷，人民出版社，1985，第 101 页。
③ 《列宁全集》第 48 卷，人民出版社，1987，第 155 ~ 156 页。
④ 《列宁选集》第 3 卷，人民出版社，2012，第 483 页。
⑤ 《列宁选集》第 3 卷，人民出版社，2012，第 484 页。
⑥ 《列宁全集》第 60 卷，人民出版社，1990，第 238 页。

利领取个人特殊薪金、奖金以及额外的报酬"，并且要求军事机关也不能搞特权，批评了某些军事机关不顾工人极困难的居住条件和其他生活条件而过分扩大自己需求的倾向。① 不久后召开的俄共（布）第十次代表大会的决议强调："代表大会认为1920年全俄党代表会议的决定是正确的，并责成中央委员会和监察委员会对党员滥用自己的地位和物质特权的现象进行坚决的斗争。代表大会认为使党员在物质待遇方面趋于平等的方针是完全正确的。"②

列宁明确要求对共产党员的腐败行为，应加重处罚，严厉惩办。1922年3月，根据人民群众对莫斯科市苏维埃中央房产局滥用职权和徇私舞弊行径的大量申诉，列宁亲自派在人民委员会办公厅工作的同志对该处进行调查，调查结果证实，该处一些负责人伙同莫斯科公用事业局党员局长索韦特尼柯夫滥用职权，但在3月14日俄共莫斯科市委常委会召开的莫斯科市苏维埃主席团参加的会议，竟否决了上级的调查结论，并决定将此案转交新的常委会复查，想就此了结此案。列宁得知此事后，立即写信给俄共中央政治局，建议取消莫斯科市委宽纵罪犯的错误决定，认为这个错误决定"危险性极大"，要求将罪犯交法庭审判，并建议对包庇党员罪犯的莫斯科市委员会以"严重警告处分"，要求"法庭对共产党员的惩处严于非党员"，并向所有省委重申"凡试图对法庭'施加影响'以'减轻'共产党员罪责的人，中央都将把他们开除出党"。还提出"凡不执行此项规定的人民审判员和司法人民委员部部务委员应予撤销职务。"列宁在信的最后还非常气愤地指出："执政党竟庇护'自己的'坏蛋!! 真是可耻和荒唐到了极点。"③

3. 坚持体制改革，健全权力制约和权力监督机制

权力得不到制约和监督，势必产生腐败，这是一条规律。列宁在这方面保持十分清醒的政治头脑，不仅有理论自觉，而且有实践自觉。列宁确立的党中央的体制是：党代表大会是党的最高权力机关，中央委员会是党代会的执行机构，政治局、组织局和书记处是党中央的常设机构，总书记是书记处的头，党代会每年开一次；党的中央监察委员会与中央委员会平行，监督中央委员会及其常设机构的工作。在人事安排和担任职务上，列宁也反对权力过分集中，以便于互相制约并发挥集体领导的作用，列宁是政治局委员，主持中央委员会和政治局的工作，并担任苏俄的人民委员会

---

① 《苏联共产党决议汇编》第2分册，人民出版社，1964，第43～44页。
② 《苏联共产党决议汇编》第2分册，人民出版社，1964，第55页。
③ 《列宁专题文集·论无产阶级政党》，人民出版社，2009，第333页。

主席，而苏维埃中央执行委员会主席、军事委员会主席和 1922 年后设置的总书记等重要领导职务均由其他领导人担任。① 列宁主张，要健全权力制约和监督机制，就首先必须有党内监督、国家监督，这是党和国家专门机构的监督，此外还有社会监督体系，包括工会的监督、群众性的监督、舆论的监督。还有一个是法律监督，还实行一条原则，即必须坚持公开性。

（1）党内监督，建立各级监察委员会

根据列宁的意见，1920～1921 年俄共（布）建立了中央和地方监察委员会。党的第十和十一次全国代表大会作出《关于监察委员会》《关于监察委员会的任务与目的》《监察委员会条例》等决议（以下简称《决议》），对监察委员会的任务、组织原则、职权及其与中央委员会的关系，作出了如下明确规定：

关于任务，《决议》规定："同侵入党内的官僚主义和升官发财思想，同党员滥用自己在党内和苏维埃中的职权的行为，同破坏党内的同志关系、散布毫无根据的侮辱党或个别党员的谣言以及其他诸如此类的破坏党的统一和威信的流言蜚语的现象作斗争。"②

关于组织原则，《决议》规定：监察委员会由各级党的代表大会选举产生，向本级党的代表大会负责并报告工作。

关于职权，《决议》规定：监察委员会同党的委员会是平等的，监委的决议党委必须执行；监委委员享有同级党委委员的同等权利，有权出席本级党委和苏维埃的一切会议。

关于中央监委与中央委员会的关系，《决议》规定：为确保中央监委的独立性，没有全国党的代表大会的批准，中央委员不得参加中央监委；参加中央监委的中央委员，在监委会专门讨论他主管的部门或工作范围相关的问题时，不能参加表决。

（2）国家监督，建立国家监察部（后改为工农检查院）

1918 年苏维埃建立了国家监察部，第二年 5 月决定在国家监察部下设立中央控告检查局，接受审理群众对国家机关工作在滥用职权、渎职和违法行为的控告和检举。1920 年 2 月，在原国家监察部的基础上成立了工农检查院。列宁晚年又提出改组工农检查院，要求扩大工农检查院中工农群

---

① 引者注：对此要坚持具体情况具体分析的原则，在特殊情况下经合法程序可集权，在通常情况下需分权。

② 《苏联共产党决议汇编》第 2 分册，人民出版社，1964，第 70 页。

众的人数。最后又建议党的中央监察委员会与工农检查院合并（因为当时工农检查院机构臃肿、人浮于事、效率不高、缺乏权威性等）。

（3）工会监督

工会是工人阶级的群众性组织，便于组织并代表工人群众参与国家社会事务的管理。列宁十分重视工会组织在国家政治生活中的作用。他指出："我们现在的国家是这样的：组织起来的全体无产阶级应当保护自己，而我们则应当利用这些工人组织来保护工人免受自己国家的侵犯，同时也利用这些工人组织来组织工人保护我们的国家。"①

在十月革命胜利不久，列宁就起草了《工人监督条例》，把工会作为工人阶级监督厂主的主要组织者和主要执行者。还成立全俄工人监督委员会，作为最高工人监督机关，与其他国家机关是平行的，独立行使罢免权和监督权。列宁认为"罢免权，即真正的监督权"。②

（4）群众性监督

列宁重视群众监督，建立和健全以下制度：非党工农代表会议制度，广泛吸收非党工农群众参与国家管理和监督；信访制度，列宁在 1918 年 12 月起草的《关于苏维埃机关管理工作的规定草案》中规定，实行定时公开接待，实行来访登记制度，设立星期日也能保证接待的问事处，对于人民群众来信来访揭发、控告的案件必须认真调查研究并迅速加以处理；公职人员报告制度，即党和国家机关的所有负责的公职人员都要定期向工农群众作切实的工作报告。列宁自己的国务活动极其繁忙，还抽出时间亲自接待群众来访，批示处理来信，要求人民委员会办公厅主任必须在 24 小时内向他报告一切书面控告，在 48 小时内向他报告口头控告。据列宁的秘书统计，仅在 1922 年 10 月到 12 月 16 日这两个半月中，列宁亲自接待 125 次共171 人。美国进步记者艾伯特·里斯·威廉斯说：列宁在斯莫尔尼宫以及后来在克里姆林宫的接待室，"是世界上最大的接待室"。在 1921 年 2 月初，俄共（布）中央政治局决定，由列宁负责起草关于用农业税代替余粮收集制的文件，准备从战时共产主义转到实行新经济政策。这一年 2 月至 3 月间，列宁先后接见了大批来访的工人、农民和士兵。农民一致要求取消余粮收集制。在农民代表中，伊·阿·切库诺夫向列宁提出了实行粮食税的办法，进一步启发了列宁考虑农村经济政策的新思路。列宁对他评价很高，

---

① 《列宁选集》第 4 卷，人民出版社，2012，第 373 页。
② 《列宁全集》第 33 卷，人民出版社，1985，第 106 页。

当即写信推荐他到农业人民委员部工作，并建议吸收几个经验丰富并有威信的农民到农业部工作。

（5）舆论监督

列宁主张利用报刊来宣传法律法令，报道党和国家的有关活动，揭露党和国家机关工作中的官僚主义、违法犯罪等行为，也主张对某些公开审判的违法犯罪案件，作公开报道。经列宁审定的俄共（布）八大"关于党和苏维埃的报刊"的决议指出："党的和苏维埃的报刊的最重要任务之一，是揭发各种负责人员和机关的犯法行为，指出苏维埃组织和党组织的错误和缺点。"[①] 1921 年 3 月，俄共（布）十大的决议指出：为了活跃党的生活，必须"使党的舆论对领导机关的工作进行经常的监督"。[②] 1923 年 4 月，俄共（布）十二大召开，列宁因病未出席，但大会贯彻了列宁的上述思想，决议指出："工农检查院和中央监察委员会应当有系统有计划地利用苏维埃的和党的报刊来揭发各种犯罪行为（懈怠、受贿等等）"。[③]

（6）法律监督

上边所说的各项监督，都必须依照法律规定，并按照一定的法定程序来实施，这就是法律监督。为健全法律监督，在列宁领导下，新生的人民政权做了以下工作。第一，设立国家专门法律监督机关。检察机关不仅是公诉机关而且是法律监督机关。在苏维埃政权建立之初，就组建了司法人民委员部，负责法律的编纂、宣传和监督法律的实施。第二，监督的程序合法化，以维持司法程序的正当性，防止监督权力自身的滥用。列宁认为，各种调查委员会的活动，应当在司法人民委员会的直接参加下进行，它有权检查各种调查委员会的工作是否符合法定程序。十月革命后不久，反革命活动猖獗，为了打击反革命势力的各种破坏活动，苏维埃政权成立了全俄肃反委员会这一新型的国家安全机关。肃反委员会的工作很重要，很必要，它直接行使人民政权对敌实行专政的职能。正因为这样，就得十分谨慎，不能滥用这种权力。为了防止这个特殊机构滥用权力，列宁亲自修改定稿的有关决议中规定：肃反委员会的工作，应在司法人民委员部、内务人民委员部和彼得格勒苏维埃主席团的监督下进行。同时又规定，革命法庭的调查委员会受司法人民委员部和彼得格勒苏维埃主席团的监督。第三，

---

① 《苏联共产党决议汇编》第 1 分册，人民出版社，1964，第 580 页。
② 《苏联共产党决议汇编》第 2 分册，人民出版社，1964，第 56～57 页。
③ 《苏联共产党决议汇编》第 2 分册，人民出版社，1964，第 296 页。

法律监督机关与法院、检查院既分工合作，又相互制约。列宁的这一思想首先得到全俄中央执行委员会的确认，而后体现在 1922 年制定并通过的《检察条例》中，从而使监督活动纳入法制化轨道，确保了监督活动的合法有效性。这个《检察条例》是由司法人民委员部提交第九届全俄中央执行委员会第三次常委会审议并通过的，并经颁布法令后施行的。

（7）公开性原则

列宁强调，作为人民自己的国家政权，国家事务管理必须实行公开性原则，这是为了保障人民参与管理国家事务的权力。列宁在十月革命前早就说过："没有公开性而谈民主制是很可笑的"。① 还说，新政权，作为人民的政权，"它完全是靠广大群众的信任，完全是靠不加任何限制、最广泛、最有力地吸引全体群众参加政权来维持的。丝毫没有什么隐私和秘密"。② 十月革命胜利后，列宁坚持了国家公务公开的原则，因为他坚信，只有让人民群众知道国家的重大事情，才能发挥人民群众建设新国家的积极性和主动性，用他的原话来说就是："一个国家的力量在于群众的觉悟。只有当群众知道一切，能判断一切，并自觉地从事一切的时候，国家才有力量。"③ 为此，列宁提出了一系列主张：实行公职人员工作报告制；公开举行党和苏维埃机关的会议，吸引并吸收群众参加或旁听；将国家重大问题交人民公开讨论。他还主张，要公开揭露和处理官僚主义和各种腐败现象，甚至可以公开审判腐败分子，只有这样才能"使每次审判都成为有政治影响的事件"，④ 才能对广大干部群众产生巨大的教育作用。他还认为，这样公开审判腐败分子"具有特殊意义"，与不公之于众而由党中央少数人私下了结可恶案件的愚蠢做法相比，这种公开审判的"社会影响"，"要大一千倍"。⑤

4. 加强法制，从严执法

依靠法制防止和惩治腐败是反腐理论的核心思想，也是列宁防止和惩治腐败、防止社会公仆变社会主人、惩治公仆变成主人的人这一思想的核心内容。

（1）首先要制订反腐法律，做到有法可依

在苏维埃政权建立不久，针对俄共（布）党内和苏维埃政府内出现的

---

① 《列宁选集》第 1 卷，人民出版社，2012，第 417 页。
② 《列宁全集》第 12 卷，人民出版社，1987，第 287 页。
③ 《列宁选集》第 3 卷，人民出版社，2012，第 347 页。
④ 《列宁全集》第 52 卷，人民出版社，1988，第 1 页。
⑤ 《列宁全集》第 52 卷，人民出版社，1988，第 149 页。

腐败现象，列宁就明确要求："必须雷厉风行地立即提出一项法令草案，规定对行贿受贿者（受贿、行贿、为行贿受贿拉线搭桥或有诸如此类行为者）应判处不少于 10 年的徒刑，外加强迫劳动 10 年。"① 列宁还明确要求：要把各种防止和治理腐败的措施，"详细地记载下来，加以研究，使之系统化，用更广泛的经验来检验它，并且定为法规"。② 根据列宁的提议，人民委员会通过了《关于惩办受贿的法令》，规定："在俄罗斯社会主义联邦苏维埃共和国担任国家职务或社会职务的人员……利用进行其职权范围内的活动或协助进行其他部门公职人员职权内的活动而犯有受贿罪者，应判处不少于 5 年的徒刑，服刑期间强迫劳动［并没收其全部财产］。"③ 在列宁领导下，人民委员会相继制订并通过了《关于惩办受贿》《关于贿赂行为》《关于肃清贿赂行为》等一系列反腐治腐的法律和法令，仅在《俄罗斯联邦法令汇编》中，就收入了相关法令 16 个。1922 年通过的《苏俄刑法典》，其中专门有一章是"职务上的犯罪"，规定：凡公职人员滥用职权，逾越职权，玩忽职守，贻误工作，损害政权机关威信，侵犯公民权益，贪污受贿，伪造文件，泄露机密等，视其情节轻重给予免职处分或判处一定徒刑。

（2）从严执法，无情惩治腐败

列宁要求对腐败分子从严惩处，执法要从严，坚决禁止对罪犯特别是对党员、干部重罪轻罚、袒护包庇的行为。

1918 年 5 月，莫斯科革命法庭审理关于莫斯科侦查委员会 4 名干部贪污受贿案件，最后仅判 6 个月徒刑，列宁得知后非常气愤，他立即致函俄共（布）中央说："不枪毙这样的受贿者，而判以轻得令人发笑的刑罚，这对共产党员和革命者来说是可耻的行为。"④ 在列宁的坚持和催促下，全俄中央执行委员会重新审理了这个案子，结果加重了处罚，其中 3 名被告各判处 10 年徒刑。

（3）司法机关独立行使司法权，党组织不得干预

列宁提出并非常强调司法独立的思想，他主张法院应依法独立地对腐败分子进行审判，党组织不应干涉。1921 年 6 月 16 日，俄共（布）中央未经列宁同意公布了一个《关于党的机关与司法机关相互关系的通告》，其中

---

① 《列宁全集》第 48 卷，人民出版社，1987，第 138 页。
② 《列宁选集》第 3 卷，人民出版社，2012，第 505 页。
③ 《列宁全集》第 60 卷，人民出版社，1990，第 227 页。
④ 《列宁全集》第 34 卷，人民出版社，1985，第 263 页。

规定，不经地方党委的同意不能对共产党员进行审判。这实际上否定了司法机关的独立审判权，使共产党员有了一种超越法律之上的特权。列宁看到了这个通告后明确指出，共产党员没有超越国家法律的任何特权，要清除任何利用执政党地位从轻判罪的可能性。于是，1922年1月，俄共（布）中央废除了上述《关于党的机关与司法机关相互关系的通告》，重申了在工作上和制度上保证司法机关对犯罪党员有独立审判权。

（4）加强法制教育

列宁发现，防范和打击各种腐败分子的法律和法令，已公布不少，但执行和遵守很糟糕，许多人不会用法律武器同腐败现象作斗争，"不仅农民不会利用，就连相当多的共产党员也不会利用"，其中一个重要原因，就是广大工农群众的法制观念十分薄弱，一些党员、干部的特权思想十分严重。[1] 因此，列宁认为，必须加强法制教育，把防范和打击腐败分子的法律武器交给广大干部群众，使他们勇于和善于利用法律武器同腐败现象作斗争。

5. 加强思想政治教育，构建防腐拒变的思想防线

加强法制教育是加强法制建设的重要内容，但要防腐拒变，不能只讲法制教育，而是要加强整个思想教育工作。思想教育不是万能的，但也是不可缺少的。列宁对此非常重视。十月革命后，党的队伍迅速扩大，党员数量大量增加，列宁指出："我们党员现在达到的巨大数字（同前几次代表大会相比），使人有些担心，而且这里存在着很现实的危险：我们党在迅速发展，而我们教育这些党员去完成党的当前任务这项工作却不能随时跟上。"[2] 在列宁领导下，1920年底成立了政治教育总委员会，领导党的教育，指导全国的政治教育和宣传鼓动工作，以及群众性的教育工作。

（1）在认识上，着眼于提高党员质量和觉悟

列宁有一句名言："徒有其名的党员，就是白给，我们也不要。世界上只有我们这样的执政党，即革命工人阶级的党，才不追求党员数量的增加，而注意党员质量的提高"。[3] 而要提高党员的质量，很重要的是要进行思想政治教育。党的八大通过了《关于党的建设问题的决议》，规定：党内总的任务不是在数量上扩充党的队伍，而是改善它的质量，提高全体党员的觉

---

① 《列宁选集》第4卷，人民出版社，2012，第587页。
② 《列宁专题文集·论无产阶级政党》，人民出版社，2009，第239页。
③ 《列宁选集》第4卷，人民出版社，2012，第51页。

悟，对他们加强思想政治教育。列宁还认为："政治上有教养的人是不会贪污受贿的"。[①]一些党员、干部的腐败行为，跟他们的政治素质有关。为了提高其政治素质，就要对其进行思想政治教育。

（2）在组织保障上，办好党校等培训机构

列宁和俄共（布）中央十分重视办好党的各级党校、苏维埃和党务干部学校，进行思想政治教育。俄共（布）八大列出了党校和干部学校对党员干部进行思想政治教育的课题，例如："我们的党"、"什么是共产主义"、"走向共产主义的道路"以及"为什么我们生活困难"等这样一些既有宏观理论层次的题，又有微观实际层面的题。十大和十一大都把对党员进行思想政治教育作为主要课程，并制定了相关决议。

对于党校，列宁不仅具体规定各级党校的规格和数量，而且注意总结和交流党校进行思想政治教育的经验。列宁还亲自为党校推荐思想政治教育的教员，充实这方面的师资队伍。

（3）在手段上，充分利用报刊进行广泛教育

列宁在十月革命前早就强调，党的报刊是政治组织的中心和基础，是党的事业的一个重要组成部分，是为党做思想上的领导工作。在十月革命后列宁非常重视党的报刊思想政治教育的作用。

在十月革命胜利后的头几年里，一方面要清除一些旧的反动的报刊，同时在恢复《真理报》的基础上，出版了许多新的报刊。据统计，1919年全国出版了100种报纸，1925年全国出版了1749种刊物。

（4）在原则和方法上，力求做到理论与实际相结合

在思想政治教育中，列宁非常注重理论与实际的结合，要求少唱些空洞的政治高调，而要多注意实际生活中出现的生动的事例，特别是闪耀着共产主义思想光辉的新生事物。最典型的例子就是"共产主义星期六义务劳动"。当时苏维埃政权处在国外敌人武装干涉，国内反革命武装叛乱，政治上非常严峻，经济上十分困难的情势下，1919年4月俄共（布）中央发布了列宁起草的《俄共（布）中央关于东线局势的提纲》，号召人民"用革命精神从事工作"的号召，用一切措施和行动支持国家克服一切困难，支援红军消灭敌人。这一号召得到广大党员和工人群众热烈响应。许多党员、团员奔赴战场，许多工人积极从事生产和工作，全力支援前线。1919年5

[①]　《列宁选集》第4卷，人民出版社，2012，第588页。

月 7 日，莫斯科－喀山铁路分局的共产党员和工人通过一项决议：在全铁路分局实行共产主义星期六义务劳动，就是从自己休息时间里每天抽出一个小时，集中起来在星期六进行一次不要报酬的劳动。他们主动发起和组织第一次义务劳动，得到全国工人阶级的积极响应。它对克服经济困难，战胜国内外敌人的侵略和反抗，作出了重要的贡献。列宁及时发现和高度评价了这一行动，为此撰写了《伟大的创举》这一光辉著作。此文一开始详细摘录了《真理报》上关于这一行动的开始与发展的连续报道，正是列宁看到了这些生动的报道，看到了工人阶级的伟大举动，才写了这篇《伟大的创举》。这篇著作在 6 月底写成，在 7 月就出版了单行本。工人的自觉行动，报上的生动报道，列宁给予高度评价的著作，都是对党员和广大工农群众进行思想教育的极好教材。就在这篇著作中，列宁要求我们的报刊应支持普通的、质朴的、平凡的但是生气勃勃的真正共产主义幼芽。[①] 列宁还要求，不仅要宣传"星期六义务劳动"，还要去宣传办得好的公共食堂、托儿所和幼儿园等这些实际事例，这些幼芽的标本，能使共产主义的思想更好地教育党员和工人阶级，并且把它推广到全社会，推广到全体劳动群众中。

（三）中国共产党对"公仆原则"的运用和发展

以毛泽东为代表的中国共产党人，继承了马克思、恩格斯和列宁的公仆思想，不仅有公仆的论述，而且身体力行，履行公仆职责，丰富和发展了马克思主义公仆思想。一是从历史唯物主义根本观点出发，确认"人民，只有人民，才是创造世界历史的动力"。在这个基础上，毛泽东确立了党与群众的关系是鱼水关系、种子与土地的关系，称人民是上帝，而党是人民的儿子，并进一步确认党是领导，但又是人民的工具，提出要自觉地当好领导工具。他说："群众是从实践中来选择他们的领导工具、他们的领导者。""我们党要使人民胜利，就要当工具，自觉地当工具。各个中央委员，各个领导机关都要有这样的认识。"[②] 二是确认我们的干部是人民的勤务员，把全心全意为人民服务确立为我们党的根本宗旨。他指出："我们一切工作干部，不论职位高低，都是人民的勤务员，我们所做的一切，都是为人民服务"[③]。他又指出：我们的共产党和共产党领导的军队是全心全意为中国

---

① 《列宁选集》第 4 卷，人民出版社，2012，第 18 页。
② 《毛泽东文集》第 3 卷，人民出版社，1996，第 373～374 页。
③ 《毛泽东文集》第 3 卷，人民出版社，1996，第 243 页。

人民服务的，完全是解放人民的，是彻底地为人民的利益工作的。从此，全心全意为人民服务成为共产党和共产党领导的人民军队的唯一宗旨，也是我们一切工作的出发点。三是阐述群众观点，创立从群众中来，到群众中去的根本工作路线。他指出，有无群众观点是我们同国民党的根本区别，群众观点是共产党员革命的出发点与归宿，所有的共产党员都要替人民着想，从群众中来，到群众中去，想问题从群众出发就好办。他又指出：在我党的一切实际工作中，凡属正确的领导，必须是从群众中来，到群众中去，从群众中集中起来，到群众中坚持下去，如此无限循环，一次比一次更正确、更生动、更丰富。四是把党和人民群众的紧密联系同理论与实践相结合以及自我批评一起，作为党的三大作风，作为中国共产党区别于其他任何政党的三个显著标志。五是确立了共产党及其干部必须接受人民监督的原则，并指明民主、监督是跳出历史兴亡周期率的新路。他指出："共产党是为民族、为人民谋利益的政党，它本身决无私利可图。它应该受人民的监督，而决不应该违背人民的意旨。它的党员应该站在民众之中，而决不应该站在民众之上。"[1] 在抗日战争胜利前夕，即 1945 年 7 月，民主人士黄炎培在延安问毛泽东：中国共产党能不能跳出历史上"其兴也淳焉，其亡也忽焉"的历史周期率？毛泽东回答："我们已经找到新路，我们能跳出这周期率。这条新路，就是民主。只有让人民来监督政府，政府才不敢松懈。只有人人起来负责，才不会人亡政息。"黄炎培认为：这话是对的，把民主来打破这个周期率，怕是有效的。[2] 六是提醒全党在执政条件下警惕糖衣炮弹的攻击，防止蜕化变质。新中国成立前夕，毛泽东在党的七届二中全会上向全党发出警告，要警惕资产阶级糖衣炮弹的攻击，还多次告诫全党，不要学李自成进京后失败的教训。全国解放不久，党内便滋生起腐败，毛泽东决心通过反贪污、反浪费、反官僚主义斗争，惩治腐败分子。刘青山、张子善贪污事件是在这场运动中暴露出的第一大案，毛泽东直接督促案件的处理，决定对刘青山、张子善判处死刑。而在公审大会召开前，有人鉴于他们是老党员，在敌人监狱中面对严刑逼供，坚贞不屈，表现出共产党人的英雄气概，长期以来对革命有功，便提出向毛主席说说，不要枪毙他们，给他们一个改过的机会。毛泽东听到这种反映后说："正因为他们两人的地位高，功劳大，影响大，所以才要下决心处决他们。只有处决

① 《毛泽东选集》第 3 卷，人民出版社，1991，第 809 页。

② 《八十年来——黄炎培自述》（附"延安归来"），文汇出版社，2000，第 204～205 页。

他们，才可能挽救二十个，二百个，二千个，二万个犯有各种不同程度错误的干部。"刘、张二人被执行死刑后，人心大快，人民称颂共产党法纪严明、惩腐坚决、公正无私。此后，毛泽东一再提出，要克服官僚主义，打掉官气，反对争名夺利、享乐主义、铺张浪费，提倡艰苦奋斗、勤俭建国，要求干部与群众同甘共苦，巩固党同人民群众的紧密联系，巩固社会主义制度。

以邓小平为核心的党中央第二代领导集体，尊重群众，热爱人民，总是时刻关注最广大人民的利益和愿望，把人民拥护不拥护、人民赞成不赞成、人民高兴不高兴、人民答应不答应作为制定党的路线方针政策的出发点和归宿。邓小平早在党的八大上强调指出：中国共产党已经是执政的党，已经在全部国家工作中居于领导地位。执政党的地位，使我们党面临着新的考验。执政党的地位，很容易使我们的同志沾染上官僚主义的习气，脱离群众的危险比以前大大地增加了，而脱离群众对于人民可能产生的危害也比以前大大地增加了。因此全党认真地宣传和贯彻执行群众路线也就有特别重大的意义。他指出："同资产阶级的政党相反，工人阶级的政党不是把人民群众当作自己的工具，而是自觉地认定自己是人民群众在特定的历史时期为完成特定的历史任务的一种工具。""确认这个关于党的观念，就是确认党没有超乎人民群众之上的权力，就是确认党没有向人民群众实行恩赐、包办、强迫命令的权力，就是确认党没有在人民群众头上称王称霸的权力。"邓小平还批评党内的官僚主义者，"只能听人奉承赞扬，不能受人批评监督，甚至有些品质恶劣的人，还对批评者实行压制和报复"。他还批评党内有种人，"他们把党和人民的关系颠倒过来，完全不是为人民服务，而是在人民中间滥用权力，做种种违法乱纪的坏事。这是一种很恶劣的反人民的作风，这是旧时代统治阶级作风在我们队伍中的反映"。因此，邓小平非常强调，要健全党和国家的民主生活，加强党和国家的监察工作，提高党和国家的民主生活水平，发展党内民主，扩大党员民主权利，加强党内监督和党外监督。他还强调：要反对特权，反对特殊化，反对以老爷自居，反对个人崇拜，反对个人专断，反对隐瞒和歪曲事实真相的行为。①在改革开放和社会主义现代化建设的新时期，邓小平在作为政治体制改革的纲领性文件《党和国家领导制度的改革》中，指出党和国家领导制度、

---

① 《邓小平文选》第 1 卷，人民出版社，1994，第 214~244 页。

干部制度主要的弊端就是官僚主义现象，权力过分集中的现象，家长制现象，干部领导职务终身制现象和形形色色的特权现象。邓小平列出官僚主义的主要表现是：高高在上，滥用权力，脱离实际，脱离群众，好摆门面，好说空话，官气十足，动辄训人，打击报复，压制民主，欺上瞒下，专横跋扈，徇私行贿，贪赃枉法等。他批判了家长制作风和家长式人物：不少地方和单位，都有家长式的人物，他们的权力不受限制，别人都要唯命是从，甚至形成对他们的人身依附关系，他们把上下级的关系搞成猫鼠关系，搞成旧社会那种君臣父子关系或帮派关系。邓小平还批判了各种特权现象，他指出：当前一些干部，"不把自己看作是人民的公仆，而把自己看作是人民的主人，搞特权，特殊化，引起群众的强烈不满，损害党的威信，如不坚决改正，势必使我们的干部队伍发生腐化。我们今天所反对的特权，就是政治上经济上在法律和制度之外的权利。搞特权，这是封建主义残余影响尚未肃清的表现"。邓小平还阐述了如何解决特权问题，他说："克服特权现象，要解决思想问题，也要解决制度问题……要有群众监督制度，让群众和党员监督干部，特别是领导干部。凡是搞特权、特殊化，经过批评教育而又不改的，人民就有权依法进行检举、控告、弹劾、撤换、罢免，要求他们在经济上退赔，并使他们受到法律、纪律处分。"① 在改革开放新形势下，邓小平一再强调群众路线和群众观点是我们的传家宝，要恢复和发扬党的群众路线的优良传统，指出：密切联系群众，这是最根本的一条。不要"做官当老爷"，要反对"衙门作风"，干部搞特殊化必然脱离群众。邓小平强调指出：实行改革开放必然会带来一些坏的东西，要说风险，这是最大的风险。对贪污、行贿、盗窃以及其他乌七八糟的东西，人民是非常反感的，我们依靠人民的力量，一定能够逐步加以克服。邓小平还一再强调要一手抓改革开放，一手抓惩治腐败，这两件事结合起来，对照起来，就可以使我们的政策更加明朗，更能获得人心。否则，我们就会丧失人心，确实有失败的危险。

以江泽民为核心的党中央第三代领导集体，把代表中国最广大人民的根本利益，与代表中国先进生产力发展要求，和代表中国先进文化前进方向联系在一起，创立了"三个代表"重要思想，强调"三个代表"是我们党的立党之本、执政之基、力量之源，强调尊重人民历史地位，提出"以

① 《邓小平文选》第2卷，人民出版社，1994，第327～332页。

人民群众为本",坚持人民利益高于一切,强调党的一切工作,都以最广大人民的根本利益为最高标准,强调所有党员干部必须真正代表人民掌好权、用好权,而绝不允许以权谋私,绝不允许形成既得利益集团。江泽民突出地强调反对"官本位"。他在十五届五中全会上的讲话指出:"所谓'官本位',就是以官为本,一切为了做官,有了官位就什么东西都有了,'一人得道,鸡犬升天'。这种'官本位'意识,流传了几千年,至今在我国社会生活中仍然有着很深的影响。一些共产党员和党的领导干部,也自觉不自觉地做了这种'官本位'意识的俘虏,于是跑官要官、买官卖官的现象出来了,弄虚作假、虚报浮夸、骗取荣誉和职位的现象出来了,明哲保身、但求无过、不思进取、一切为了保官的现象出来了,以权谋私的现象出来了。当前,'官本位'意识的要害,就是对党和国家的事业不负责,对民族和人民的利益不负责,只对自己或亲属或小团体负责,其危害极大。因此,对于历史上遗留下来的'官本位'意识,必须狠狠批判和坚决破除。"① 他在中纪委第七次全体会议上的讲话指出:"一些同志没有树立正确的权力观,一个重要原因是'官本位'的封建残余思想在作怪。有的党员干部慢慢忘记了自己入党、当干部时的初衷,脑子里个人升官发财的思想滋长起来,把党和人民的利益抛到了脑后。在这种念头的驱使下,有的到处拉关系、找靠山,跑官要官,买官卖官,造假骗官,甚至杀人谋官;有的形式主义、官僚主义、家长制习气严重;有的贪图享乐,花天酒地,贪赃枉法;有的拉帮结派,任人唯亲,搞裙带关系,等等。各级领导干部必须明白,我们是共产党人,要立志做大事,不要立志当大官,千万要防止把升官发财作为自己的人生目的。如果你的'官'不是为国家和人民的利益服务干出来的,而是靠'跑'、'要'、'买'得来的,那不仅不光彩,最后还要栽跟头。"② 总之,官本位的实质和要害,就是颠倒了主仆关系,颠覆了公仆原则。江泽民还突出地强调要树立正确的权力观。他指出:必须正确认识手中权力的性质,正确地看待和运用手中的权力。人民是我们国家的主人,中国共产党的执政地位、社会主义国家的一切权力都来自人民,领导干部手中的权力都是人民赋予的。领导干部必须运用人民赋予的权力为国家和人民服务,为国家和人民谋利益,而绝不能把它变成谋取个人或少数人私利的工具。领导干部都必须始终信守为人民掌握和行使权力的正确原则,

---

① 《江泽民文选》第3卷,人民出版社,2006,第133页。
② 《江泽民文选》第3卷,人民出版社,2006,第423页。

同时要始终自觉接受党和人民对自己行使权力的监督。总之，从一定意义上讲，正确的权力观也是正确的公仆观。江泽民在一些重要场合、重要会议，直至全国党代表大会上，多次直接使用"公仆"概念，并提出相应要求。如在阐述各级干部必须受到人民和法律的监督时，强调手中的权力都是人民赋予的，一切干部都是人民的公仆；阐述树立正确的权力观时，要求各级领导干部增强公仆意识，摆正同人民群众的关系；在阐述培养青年领导干部时，要求密切联系群众，做党的好干部、人民的好公仆。

以胡锦涛为总书记的党中央领导集体，强调科学发展观的核心是以人为本，就是坚持最广大的人民群众是中国特色社会主义事业的主体，人民是来源、是根本、是落脚点和出发点；坚持党来自人民，植根于人民，服务于人民；强调党的根基在人民、血脉在人民、力量在人民；强调保持党同人民群众的血肉联系，是我们党无往而不胜的法宝，也是我们党始终保持先进性的法宝；坚持与人民群众同呼吸共命运的立场不能变，全心全意为人民服务的宗旨不能忘，人民群众是真正英雄的历史唯物主义观点不能丢；坚持做到权为民所用、情为民所系、利为民所谋；坚持做到一切为了群众，一切依靠群众，立党为公、执政为民；坚持发展为了人民、发展依靠人民、发展成果由人民共享；强调相信谁、依靠谁、为了谁，是否始终站在最广大人民的立场上，是区分唯物史观和唯心史观的分水岭，也是判断马克思主义政党的试金石；提出全国各族人民是建设中国特色社会主义事业的主体，人民群众积极性创造性的充分发挥是我们事业成功的保证，不断实现最广大人民的根本利益是我们党全部奋斗的最高目的；强调以人为本、执政为民是马克思主义政党的生命根基和本质要求，是我们党的性质和全心全意为人民服务根本宗旨的集中体现，是指引、评价、检验我们党一切执政活动的最高标准；强调高度重视群众工作，坚持人民主体地位，发挥人民首创精神，是由我们党的性质决定的，也是由我们党的根本宗旨决定的。特别是在十八大报告中，胡锦涛在讲党的建设内容时，从党的建设总要求到党的建设八项任务，都贯穿了一个核心思想，即党领导的坚强有力，党同人民保持血肉联系，国家就繁荣稳定，人民就幸福安康，党的自身建设水平和执政能力就高；在讲党的建设总要求时，从"只有植根人民、造福人民，党才能始终立于不败之地"开始，到"确保党始终成为中国特色社会主义事业的坚强领导核心"结束；在讲八项任务时，特别强调始终保持党同人民群众血肉联系，强调只有植根人民、造福人民，党才能始终立于不败之地，强调任何时候都要把人民利益放在第一位，始终与人民心连心、同呼吸、共命运，始终依靠人民推动历史前进，强调在全党深入开展以为民务实清廉为主要内容的党的群众路线教育活动，着力解决人民群众反映强烈的突出问题，强调坚持问政于民、问需于民、问计于民，从人民伟大实践中汲取智慧和力量，强调反对腐败、建设廉洁政治，是党一贯坚持的鲜明政治立场，是人民关注的重大政治问题，强调始终保持惩治腐败高压态势，坚决查处大案要案，着力解决发生在群众身边的腐败问题；等等。还须指出的是，胡锦涛除了上述关于公仆思想的论述外，还在一些重要会议上多次直接使用"公仆"概念，并提出相应要求。在党的十六届三中全会第二次全体会议上，他指出："为民，就是要坚持立党为公、执政为民，把实现好、维护好、发展好人民群众的根本利益作为自己思考问题和开展工作的根本出发点和落脚点，忠实地贯彻执行党的群众路线，当好人民公仆，做到权为民所用、情为民所系、利为民所谋。"在党的十七届一中全会上，他指出："我们要始终不渝地保持同人民群众的血肉联系，牢固树立群众观点和公仆意识，不断增强同人民群众的感情，始终把群众呼声作为第一信号，把群众需要作为第一选择，把群众利益放在第一位置，把群众满意作为第一标准，切实转变工作作风，兢兢业业做好工作。"在中央纪委十七届六次全会上，他指出："要加强责任意识、公仆意识、服务意识教育，引导党员干部理解权力就是责任、干部就是公仆、领导就是服务，凡是对人民群众有利的事情都要全力做好，凡是对人民群众不利的事情都坚决不做。"在建党90周年大会上，胡锦涛在阐述深入开展党风廉政建设和反腐败斗争、始终保持马克思主义政党的先进性和纯洁性时，要求各级干部，特别是领导干部做到"立身不忘做人之本、为政不移公仆之心、用权不谋一己之私，永葆共产党人政治本色"。

十八届一中全会产生了以习近平为总书记的新一届党中央领导集体，实现了中央领导班子的又一次新老交替，显示了中国特色社会主义事业蓬勃兴旺、薪火相传、后继有人。十八大以来，习近平总书记在治国理政、管党治党方面开创了新局面，开辟了新境界，取得了新成就。由习近平同志负责修改的十八大党章，在"党的干部"章仍沿用十二大以来党章的一贯做法，开宗明义规定："党的干部是党的事业的骨干，是人民的公仆。"习近平总书记在阐述和实践马克思主义公仆思想、公仆原则方面，包括什么是公仆，即党员、干部，特别是领导干部与人民群众的关系的定位，怎样当好公仆，怎样防止公仆变主人，怎样惩治腐败，即惩治颠倒主仆关系即变了质的"公仆"等方面，都是围绕加强党的执政能力建设、先进性和纯洁性这条主线，涉及党的建设新的伟大工程的思想建设、组织建设、作风建设、反腐倡廉建设、制度建设各方面，形成了一系列新思想、新观点、新论断和新举措，而且在实践中取得了显著成效，获得了人民群众的衷心拥护和高度赞扬。

综观习近平一系列公仆思想，主要有五个鲜明的特点。

一是为从根本上摆正公仆与主人的关系，深入阐述马克思主义群众观点、群众路线和人民主体地位思想，并在实践中领导全党开展党的群众路线教育实践活动。

关于什么是群众路线，习近平总书记指出：群众路线是我们党的生命线和根本工作路线，是我们党永葆青春活力和战斗力的重要传家宝。不论过去、现在和将来，我们都要坚持一切为了群众，一切依靠群众，从群众中来，到群众中去，把党的正确主张变为群众的自觉行动，把群众路线贯彻到治国理政全部活动之中。他又指出：群众路线本质上体现的是马克思主义关于人民群众是历史的创造者这一基本原理，群众是真正的英雄，人民群众是我们力量的源泉，是历史发展和社会进步的主体力量。关于坚持群众路线的重要性，他指出：坚持群众路线，就要坚持人民是决定我们前途命运的根本力量。坚持人民主体地位，充分调动人民积极性，始终是我们党立于不败之地的强大根基。我们要珍惜人民给予的权力，用好人民给予的权力，自觉让人民监督权力，紧紧依靠人民创造历史伟业，使我们党的根基永远坚如磐石。如果我们自诩高明，脱离了人民，或者凌驾于人民之上，就必将被人民所抛弃。任何政党的前途和命运最终都取决于人心向背，人心就是力量。任何政党都是如此，这是历史发展的铁律，古今中外概莫能外。关于怎样坚持群众路线，他指出：坚持群众路线，就要保持党同人民群众的血肉联系。要把群众观点、群众路线深深植根于全党同志思想中，真正落实到每个党员行动上，下最大气力解决党内存在的问题特别是人民群众不满意的问题，使我们党永远赢得人民群众信任和拥护。他又指出：坚持群众路线，就要真正让人民来评判我们的工作。我们党的执政水平和执政成效都不是由自己说了算，必须而且只能由人民来评判。人民是我们党的工作的最高裁决者和最终评判者。他还指出，党的一切工作，必须以最广大人民根本利益为最高标准。检验我们一切工作的成效，最终都要看人民是否真正得到了实惠，人民生活是否真正得到了改善，人民权益是否真正得到了保障，这是坚持立党为公、执政为民的本质要求，是党和人民事业不断发展的重要保证。习近平总书记领导全党开展党的群众路线教育实践活动，充分体现他对坚持群众路线不仅有高度的理论自觉，而且有高度的实践自觉。这次活动以"群众路线"命名，规定"教育"与"实践"两者的结合，强调力戒新的形式主义，突出解决实际问题，在收到实效上下功夫。

二是为解决群众痛恨的颠倒了主仆关系而变了质的"公仆"的腐败问题，深入阐述反腐败斗争关系党和国家的生死存亡，并在实践中坚持"老虎""苍蝇"一起打，带领全党建立制度铁笼。

关于反腐败斗争的必要性和重要性，习近平总书记指出：把反腐败斗争提到关系党和国家生死存亡的高度来认识，是深刻总结了古今中外的历史教训的。中国历史上因为统治集团严重腐败导致人亡政息的例子比比皆是，当今世界上由于执政党腐化堕落、严重脱离群众导致失去政权的例子也不胜枚举啊！腐败是社会毒瘤，如果任凭腐败问题愈演愈烈，最终必然亡党亡国。关于如何进行反腐败斗争，他指出：从严治党，惩治这一手决不能放松，要坚持"老虎""苍蝇"一起打，既坚决查处大案要案，严肃查办发生在领导机关和领导干部中的滥用职权、贪污贿赂、腐化堕落、失职渎职案件，又要着力解决发生在群众身边的腐败问题，严肃查处损害群众利益的各类案件。关于用制度建设推进反腐斗争，他指出：要善于用法治思维和法治方式反对腐败，加强反腐败国家立法，加强反腐倡廉党内法规制度建设，让法律制度刚性运行。他又指出：要改革党的纪律检查体制，完善反腐败体制机制，保证各级纪委监督权的相对独立性和权威性。关于加强权力制约和监督，他指出：要健全权力运行制约和监督体系，让人民监督权力，让权力在阳光下运行，确保国家机关按照法定权限和程序行使权力。他又指出：要加强对权力运行的制约和监督，把权力关进制度的笼子里，形成不敢腐的惩戒机制、不能腐的防范机制、不易腐的保障机制。在实际工作中，党的十八届三中全会的《决定》，提出要"加强反腐败体制机制创新和制度保障"，对健全惩治和预防腐败体系作出重要部署，并逐步得到落实。第一，要求加强党对廉政建设和反腐败工作统一领导，明确了党风廉政建设责任制，党委负主体责任，纪委负监督责任，并制定实施责任追究制度，纪委履行协助党委加强党风建设和组织协调反腐败工作的职责，加强对同级党委特别是常委会成员的监督，更好发挥党内监督专门机关作用。第二，明确党的纪律检查工作双重领导体制具体化、程序化、制度化，强化上级纪委对下级纪委的领导，提出"两个为主"，即查办腐败案件以上级纪委领导为主，线索处置和案件查办在向同级党委报告的同时必须向上级纪委报告，同时各级纪委书记、副书记的提名和考察以上级纪委同组织部门为主，这就既坚持了党对反腐败工作的领导又保证了纪委监督权的行使，进一步理顺了反腐败体制机制，使反腐败工作更有效。第三，提出"两个全覆盖"，即派驻监督全覆盖和巡视监督全覆盖，完善了监督机制。第一个全覆盖是派驻机构延伸到政府各部门直至中央一级党和国家机关，第二个全覆盖是改进中央和省区市巡视制度，做到对地方、部门、企事业单位全覆盖。

三是为解决群众反映强烈的有损公仆形象和党群干群关系的作风问题，深入阐述党的作风问题是关系党和人民事业兴衰成败的大事，并在实践中制定和带头遵守作为党风切入口的"八项规定"，带领全党重在建章立制。

关于党的作风和领导干部作风的重要性，习近平总书记指出：党的作风关系党的形象，关系人心向背，关系党的生死存亡。领导干部特别是高级领导干部作风如何，对党风政风乃至整个社会风气的走向具有重要影响。他又指出：工作作风上的问题绝对不是小事，如果不坚决纠正不良风气，任其发展下去，我们党就会失去根基、失去血脉、失去力量。关于实行八项规定，他指出：改进工作作风的任务非常繁重，八项规定是一个切入口和动员令。八项规定既不是最高标准，更不是最终目的，只是我们改进作风的第一步，是我们作为共产党人应该做到的基本要求。关于领导干部作风建设的新要求，他指出：各级领导干部都要树立和发扬好的作风，既严以修身、严以用权、严以律己，又谋事要实、创业要实、做人要实。关于领导干部在作风建设上的带头作用，他指出：各级领导干部要以身作则、率先垂范，说到的就要做到，承诺的就要兑现，中央政治局同志从我本人做起。领导干部的一言一行、一举一动，群众都看在眼里、记在心上。关于作风问题的顽固性和反复性，以及建章立制问题，他指出：要充分估计到作风问题的顽固性和反复性，持之以恒抓好改进工作作风各项工作，把要求落实到每一项工作、每一个环节之中，建立健全管用的制度和体制机制。他又指出：解决作风问题必须在抓常、抓细、抓长上下功夫，要体现改革精神和法治思维，把中央要求、群众期盼、实际需要、新鲜经验结合起来，努力形成系统完备的制度体系，以刚性的制度规定和严格的制度执行，确保改进作风规范化、常态化、长效化，切实防止"四风"问题反弹。在实际工作中，从治理"舌尖上的浪费""车轮上的铺张"到治理节庆活动中的请客送礼；从治理"会所中的歪风"到治理"培训中心里的腐败"；从自查自纠到对顶风违规单位和个人点名道姓通报批评，力度之大、声势之猛是空前的。习近平本人以身作则，率先垂范，严格要求自己，以实际行动兑现自己的承诺。他到各地视察工作，一路轻车简从，不搞列队欢迎，吃住都按规定执行。如在 2012 年元旦前夕，习近平提出要去太行山深处的全国重点贫困县河北阜平考察扶贫工作，看望慰问困难群众。他走进困难户，盘腿坐到土炕上，同乡亲手拉手，问寒暖，询问他们一年下来有多少收入，粮食够不够吃，过冬棉被有没有，取暖的煤炭够不够，小孩上学远不远，看病方便不方便。他住宿的房间只有 16 平方米，吃的都是工作餐，配的都是家常菜。

四是为重塑公仆形象，鲜明地强调"自我净化、自我完善、自我革新、自我提高"的新要求，以确保党的先进性和纯洁性，确保党始终成为中国特色社会主义事业的坚强领导核心。

在十八大报告中，我们党明确把"增强自我净化、自我完善、自我革新、自我提高能力"纳入全面提高党的建设科学化水平的总要求。在党的群众路线教育实践活动工作会议上，习近平把这"四个自我"纳入这次活动的总要求。在这次活动结束时，习近平在总结讲话中，从"从严治党规律"的高度，强调要把"从严治党的一切努力都集中到增强党自我净化、自我完善、自我革新、自我提高能力上来，集中到提高党的领导能力和执政能力、保持和发展党的先进性和纯洁性上来"。由此可见，无论对这次活动来说，还是对总的党的建设来说，"四个自我"是作为指导性的方针原则提出来的。我们下更大的决心，以更大的勇气，有更多的智慧和更强的能力，主要通过批评和自我批评，解决党自身存在的突出问题，即洗掉自己身上的灰尘，清除侵入肌体的病毒，切除侵蚀肌体的毒瘤，达到自我净化和自我完善，即达到更加强身健体、更有旺盛的生机和活力。习近平总书记在庆祝新中国成立 65 周年招待会上的讲话指出："我们要坚持党要管党、从严治党，增强党自我净化、自我完善、自我革新、自我提高能力，永不动摇信仰，永不脱离群众。凡是影响党的创造力、凝聚力、战斗力的问题都要全力克服，凡是损害党的先进性和纯洁性的病症都要彻底医治，凡是滋生在党的健康肌体上的毒瘤都要坚决祛除，使中国共产党始终同人民心连心、同呼吸、共命运。"① 这是共产党人随时准备坚持真理、修正错误的优秀品格，襟怀坦白、光明磊落的崇高精神，也是对党和人民高度负责的责任担当。

五是为伸张和弘扬正气，一以贯之、频繁直接使用"公仆"概念，并在实践中树立公仆标杆，重申党员、干部是人民公仆的角色定位。

习近平从当地方领导到中央任职，直至任总书记，多年来一贯倡导公仆精神，彰显公仆本色。2007 年 2 月，时任浙江省委书记的习近平，发表一篇题为《主仆关系不容颠倒》的文章，强调："党员领导干部是人民的公仆，人民是领导干部的主人。这个关系任何时候都不容颠倒。如果不把人民群众当主人，不愿躬身做'仆人'，那就不配当一名领导干部。是否牢记主仆关系、践行执政宗旨，是否做到心系群众、服务人民，是否恪守为民之责、履行为民之职，始终是我们党加强作风建设的重要内容，是衡量一个领导干部作风是否端正的试金石。"② 2007 年 3 月，中央决定习近平任上海市委书记，他在履新感言中表示，不负重托，不懈努力，忠实履行自身职责，兢兢业业做好工作，一要当好学生，二要当好公仆，三要带好队伍。关于当好公仆，他说：按照胡锦涛总书记提出的"为民、务实、清廉"和树立"八个方面良好风气"的要求，始终坚持以人为本的理念，既保持开拓进取、克难攻坚的勇气锐气，又坚持一心为民、艰苦奋斗的良好作风，体察民情，倾听民意，注重民生，尽力为上海人民多办实事、多办好事。要坚持廉洁自律、从严要求，自觉接受监督并欢迎大家监督，努力做践行社会主义荣辱观和良好风气的带头人，以实际行动当好人民公仆。在上海市委书记任上，他发表《领导干部要带头树立八个方面的良好风气》的文章指出：我们党是为人民谋利益的党，党员领导干部是人民的公仆，人民是社会的主人。这种理念必须坚持，这种关系不能颠倒。不久，习近平从上海走进中央。在就任总书记前两个多月，习近平作为中央政治局常委、中央书记处书记、中央党校校长，在中央党校秋季学期开学典礼上的讲话提出，领导干部要永做人民公仆。他指出：领导干部进党校，最重要的是学习党的基本理论，掌握马克思主义立场、观点、方法，同时要学习党的

① 习近平：《在庆祝中华人民共和国成立 65 周年招待会上的讲话》，《人民日报》2014 年 10 月 1 日。

② 习近平：《之江新语》，浙江出版联合集团、浙江人民出版社，2007，第 257 页。

优良传统和优良作风，牢固树立正确的世界观、权力观、事业观，养成宽阔的胸襟和眼界、高尚的思想情趣、艰苦朴素的生活作风，永做人民的忠实公仆。由习近平负责修改的十八大党章，在"党的干部"章仍沿用十二大以来党章的一贯做法，开宗明义规定："党的干部是党的事业的骨干，是人民的公仆。"这是以党章的权威形式对党的干部是人民公仆的角色定位。

习近平担任总书记后，多次直接使用"公仆"概念，并相应作了重要论述。履新 23 天的习近平总书记首次离京赴外地考察，来到中国改革开放的前沿广东，在讲话中强调："领导干部是人民的公仆，必须始终牢记宗旨、牢记责任，自觉把权力行使的过程作为为人民服务的过程，自觉接受人民监督，做到为民用权、公正用权、依法用权、廉洁用权。"① 2013 年 6月，习近平总书记在全国组织工作会议上的讲话，在讲到好干部的重要标准时说：为民服务，党的干部必须做人民公仆，忠诚于人民，以人民忧乐为忧乐，以人民甘苦为甘苦，全心全意为人民服务。② 2013 年 7 月，习近平总书记到河北省调研，在西柏坡考察时深情地讲到他来西柏坡深刻感悟到的"公仆意识"，他说：西柏坡我来过多次，每次都怀着崇敬之心来，带着许多思考走。对我们来讲，每到井冈山、延安、西柏坡等革命圣地，都是一种精神上、思想上的洗礼。每来一次，都能受到一次党的性质和宗旨的生动教育，就更加坚定了我们的公仆意识和为民情怀。③ 2013 年 9 月，习近平总书记关于向践行党的群众路线的好干部兰辉同志学习的批示，号召广大党员干部学习兰辉同志的"心系群众、为民尽责的公仆情怀"，他指出：兰辉同志始终把党和人民的事业放在心中最高位置，是用生命践行党的群众路线的好干部，是新时期共产党人的楷模。广大党员干部要学习他信念坚定、对党忠诚的政治品质，心系群众、为民尽责的公仆情怀，忘我工作、务实进取的敬业精神，克己奉公、敢于担当的崇高品格，牢固树立宗旨意识，自觉做到为民务实清廉，更好发挥表率作用，不断做出经得起实践、人民、历史检验的实绩。④ 2014 年 3 月，习近平总书记在河南兰考调研指导党的群众路线教育实践活动时高度概括了以"公仆情怀"为核心内容的焦裕禄精神，指出焦裕禄公仆情怀的要旨是"心中装着全体人民、唯独没有

---

① 《论群众路线——重要论述摘编》，中央文献出版社，2013，第 127 页。
② 习近平在全国组织工作会议上的讲话，《人民日报》2013 年 6 月 30 日。
③ 《党面临的"赶考"远未结束——习近平总书记再访西柏坡侧记》，《人民日报》2013 年 7 月 14 日。
④ 《向践行党的群众路线的好干部兰辉同志学习》，《人民日报》2013 年 9 月 24 日。

他自己"。① 2014 年 8 月，习近平在中南海听取兰考县委和河南省委党的群众路线教育实践活动情况汇报时指出："要坚持不懈强化宗旨意识，解决好党员、干部是人民公仆的角色定位问题，党员、干部只有为人民服务的责任和义务"，并强调党员、干部自己必须以此严格要求自己，各级党组织必须按此加强教育引导、加强监督检查、加强纪律约束。② 2014 年 10 月，习近平在党的群众路线教育实践活动总结大会上强调从严治党，批评"为官不易""为官不为"言行时指出："党的干部都是人民公仆，自当在其位谋其政，既廉又勤，既干净又干事。"他要求各级干部特别是领导干部努力做焦裕禄式的好干部。③ ……

在这里，我们看到，习近平总书记不仅敏锐地洞察到焦裕禄的公仆精神与群众路线教育实践活动主题的高度契合，而且敏锐地洞察到弘扬焦裕禄的公仆精神是实现党的领导与人民主体地位统一的重要保证，因此他发人深省地指出：革命战争年代我们党同敌人作斗争，一刻也离不开老百姓的保护和支持，党执政了是不是能做到一刻也离不开老百姓？我们必须改进作风，只有这样才能牢牢秉持为人民服务的宗旨，获得人民真心支持；开展教育实践活动，目的就是密切党群关系干群关系，使我们党能够带领人民群众把社会主义现代化事业推向前进；共产党领导 13 亿人民，实施正确的领导，我们就一定会实现中国梦，人民的生活一定会越来越幸福。这是习近平总书记从实现党的领导与人民主体地位相统一的高度，从弘扬公仆精神是实现这种统一重要保证的深度，向全党提出的时代要求和历史使命，也是他代表世界上最大的执政党向世界上人口最多国家的全体人民作出的郑重宣示和庄严承诺。

三 坚持党的干部是人民公仆必须解决好几个问题

（一）树立正确权力观

正确的权力观，应该包括三个方面，一是权由民所授，二是权为民所用，三是权由民监督。

一是权由民所授。这是讲权力来源。干部手中的权力，不是他固有的，

---

① 习近平在调研指导兰考县党的群众路线教育实践活动时的讲话，《人民日报》2014 年 3 月 19 日。

② 习近平在听取兰考县委和河南省委党的群众路线教育实践活动情况汇报时的讲话，《人民日报》2014 年 8 月 28 日。

③ 习近平在党的群众路线教育实践活动总结大会上的讲话，《人民日报》2014 年 10 月 9 日。

而是由人民所授予的，权力属于人民。我国宪法庄严规定，一切权力属于人民。是人民把权力委托给国家，委托给政府，委托给干部。权力来源也就是权力性质。权力姓公，是公权力，因为权力属于人民。为什么把干部叫公仆，就是因为干部手中本无权，权是人民委托的，是人民授予的，人民是主体，人民是主人，干部只是人民公用的仆人。连资产阶级的启蒙思想家都懂得的道理，我们有些干部却不懂得。有的理直气壮地认为，权力是自己的父辈、先烈抛头颅洒热血，用鲜血和生命换来的。有的理直气壮地认为，权力是自己奋斗得来的。有的理直气壮地认为，权力是上级组织和领导给我的。在他们目中，在他们心上，根本没有人民。毛泽东说："我们的权力是谁给的？是工人阶级给的，是贫下中农给的，是占人口百分之九十以上的广大劳动群众给的。我们代表了无产阶级，代表了人民群众，打倒了人民的敌人，人民就拥护我们。共产党基本的一条，就是直接依靠广大革命人民群众。"[1] 干部手中的权力是人民给的，只有代表人民，才能得到人民拥护，这是共产党基本的一条。在长期执政的条件下，又在实行社会主义市场经济的条件下，对于"共产党基本的一条"，有的人可能忘得差不多了。

二是权为民所用。这是讲用权目的。既然权力来源于人民，干部手中的权是人民授予的，干部用权就必然也应该回到人民中间去，权力要为人民服务，即权力为民所用。这就是为什么我们党的宗旨是为人民服务，为什么共产党的路线是人民的路线，为什么密切联系群众是我们党的根本工作路线，也是区别共产党与其他任何一切政党的显著标志，为什么实现好、维护好、发展好人民的利益是我们党一切工作的最高标准。一切将公权力视为私权力，一切将公权力当作私权力行使，一切以权谋私，一切运用公权力为个人、小集团、小团体、小圈子、少数人谋利益都是错误的和有害的。一切损人利己、损公肥私，都应被否定，被反对，受惩处，一切贪污受贿，所有苍蝇老虎，都应受打击，被肃清。

三是权受民监督。这是讲权力行使和运行规律。权力具有两重性，一方面可以谋公利，即为民谋利益，另一方面可以谋私利，即以权谋私。以权谋私，权力就变质。要防止权力变质，防止公权力变为私权力，就必须在权力的行使和运行过程中受到人民的监督和制约。权力不受监督和制约，

---

[1] 《建国以来毛泽东文稿》第 12 册，中央文献出版社，1998，第 581 页。

必然产生腐败，这是规律，因为权力本身具有腐蚀性。

正确权力观的三条，归根到底是第一条，决定性的东西是第一条。因为权力本来是属于人民的，所以必须坚持"来之于民，用之于民"，权力必须为民谋利，权力也必须受人民监督。

（二）探索民主治腐路

十八大以来，中央以铁拳反腐，取得了前所未有的成绩，一批批苍蝇、老虎被打，赢得人民群众的衷心拥护。但是，反腐没有句号。原有的苍蝇、老虎还未打尽，还不能收兵，何况新的苍蝇、老虎还会出来。而且从反腐倡廉来说，反腐的任务还很重，倡廉更是任重道远；惩治腐败是一方面，预防腐败是更重要的一方面。腐败说到底是权力的腐败。苍蝇、老虎那么多，而且有的还是特大老虎。有的说，这是改革开放带来的，没有改革开放，哪有那么多苍蝇、老虎，由此甚至认为改革开放错了。这种看法是错误的，问题的实质不在于改革开放，改革开放只提供了一个客观的环境，只是一个外因，只是一种条件，实质在于权力被滥用，权力得不到有效的制约和监督。这才是腐败"前腐后继"的根本原因。

这些年，由于权力得不到应有的制约和监督，权力膨胀，权力滥用，造成权钱交易、权色交易，造成腐败不断。以工程建设为例，为什么上一个工程，倒一批干部？就是因为权力垄断和权力滥用。十八大以来落马的几十个高官中，大多与滥用权力、插手工程建设、搞权力寻租有关。特别是那些"豆腐渣"工程，层层盘剥，偷工减料，建筑垮塌。贪官们索取了巨额的不义之财，糟蹋了无数的国家资源和财物，还吞噬了多少条农民工的生命。真是触目惊心，心痛不已。习近平一再指出，官商两道，当官的不要想发财，想发财的不要去当官。但市场经济的社会，诱惑太多，少不了钱、色诱惑，官场的诱惑太大，少不了权的诱惑，于是权力商品化，商品权力化，官商勾结，勾肩搭背，没有界限，不分彼此；于是，钱色交易、权钱交易、权色交易；于是道德底线没有了，法治底线没有了，做人的底线没有了，只落得一派腐败象。这些年，由于权力得不到应有的制约和监督，权力膨胀，权力滥用，造成选拔任用干部制度被破坏，出现用人上的双重标准，滋生拉帮结派、跑官要官。官场上的"小圈子"导致腐败的"集团化"和"群体化"。广受诟病的"一把手"现象，就是因为缺乏制约和监督，特别是那些"特大老虎"，掌握着"特大权力"，独霸一方，干尽坏事，敛财巧立名目，害人不择手段。

看来，权力被滥用，权力得不到监督，势必产生腐败，这是一条规律。因此，毛泽东在延安时期与黄炎培对话中，就已确认防止历史周期率的办法，就是民主新路，而民主新路的要义就是人民监督。正如十八大报告在阐述健全权力运行制约和监督体系时所提出的："让人民监督权力"。只要人民的监督权得到了保障，就可有效地防止周期率，有效地防止腐败。

如何保障人民的民主监督，"让人民监督权力"？这是一个重大课题，是一项系统工程，需要进行长期探索，不断实践。这里对权力的监督制约，应该包括：拓宽和健全监督渠道，加强党内监督，建立健全领导干部个人重大事项报告制度、述职述廉制度、民主评议制度、谈话诫勉制度和经济责任审计制度以及双重民主生活会制度，依法实行质询制、问责制、罢免制，改革和完善党的纪律检查制度、建立和完善巡视制度、加强派驻机构和内设机构的职能和管理，发挥人大、政府专门机构、司法机构的监督职能以及政协的民主监督，加强社会监督，保障公民的检举权、控告权和申述权，加强舆论监督，特别是发挥新媒体的监督作用。以上这些监督制约，有的是党内的，有的与人民的民主监督的关系是间接的，有的是直接的人民民主监督即人民群众的监督，而人民群众的监督是基础的又是最广泛的监督。

如何保障人民群众对权力的监督，必须把握以下各点。

第一，让人民监督权力，就要坚持人民主体地位。人民是国家的主人，是社会发展的主体力量，是反腐败的重要力量，也是监督制约权力的主体。党领导人民当家作主，党也创造条件支持人民在参与反腐败、参与权力监督中发挥重要作用。

第二，让人民监督权力，就要从源头开始，人民有权监督干部选拔。党管干部必须坚持，许多干部将由党和国家的权力部门任命，但要防止干部选拔过程中个别领导说了算，特别是要防止任人唯亲的宗派主义、小圈子、跑官要官等歪风邪气和腐败现象。将党管干部与群众路线结合起来，尊重民意、顺应民心，倾听群众的评价、呼声，真正把社会公认、群众满意、能为民众谋利益的正派人和能人发现出来，选择上来。

第三，让人民监督权力，就要让人民监督干部行使权力的全过程。监督干部行使权力的全过程，就必须做到公开透明、让权力在阳光下运行。权力缺乏监督制约，势必产生腐败。之所以缺乏监督制约，关键是权力行使缺乏公开性和透明度，致使掌权者行使权力搞暗箱操作，搞私下权钱交易。必须建立和完善党务公开、政务公开和各领域办事公开制度，为人民群众行使知情权、参与权、表达权、监督权创造条件，从公开内容到公开形式，从公开决策到公开管理，从公开程序到公开结果，都要充分考虑群众意见，充分体现群众要求，充分反映群众愿望，充分保护群众利益，确保权力行使依规依法。这里要明确"以公开为原则、不公开为例外"的规定，最大限度实行公开，除国家秘密、商业秘密和个人隐私不能公开，其他都应公开。

第四，让人民监督权力，就要把党内监督与人民监督结合起来，由党内监督带动人民监督。搞好这个"结合"，实现这个"带动"，大有文章可做。比如，纪检监察部门要依靠广大人民群众的支持和参与，疏通和拓宽群众信访、电话、网络等举报渠道，打造立体、便捷、高效的举报受理平台。同时，要特别注意保护举报人权利，不但要严防举报人信息被泄露给被举报人，而且要严打被举报人对举报人的打击报复行为，建立和完善保护举报人权益的法规制度。又如，巡视制度是一种党内监督制度，各级党委通过建立专门巡视机构，对下级党组织领导班子及其成员，特别是"一把手"进行巡视监督，因而在一定程度上弥补了过去长期以来同级纪委难以监督同级党委的体制缺陷。由于它实行的上位监督形式是自上而下的，既充分体现了上位监督的权威性、有效性，又通过直接深入群众发现问题，表现为上位监督与下位监督的相互结合，体现了上位监督建立于下位监督的基础支撑，从而体现了党内监督与人民监督的结合，体现了党内监督带动人民监督。2014年8月，在成都街头出现一个特别显眼的邮箱，上边写着几个特别显眼的大字："四川省委第三巡视组意见箱"，百姓随时都可直接投递意见信、举报信，生动体现了党内监督与人民监督的结合，生动体现了让人民监督权力的实际行动。再如，2013年9月初，中央纪委监察部网站正式开通，架起了纪检监察部门与人民群众沟通的桥梁。网站开辟廉政留言板等专栏，主动接受网民对党风廉政建设和反腐败工作的意见、建议、咨询等，搭建纪检监察机关与网民沟通交流的新平台，开通网上民意直通车。网站接受网络信访举报，首页显著位置设置12388网络举报专区，方便群众顺畅、安全地举报监督。中央政治局常委、中央纪委书记王岐山调研中央纪委监察部网站建设，当了解到网站开设与网民互动交流栏目时，强调说：没有群众支持，网站就没有生命力，要强化服务意识，及时发布权威信息，让群众了解党风廉政建设和反腐败工作新思路、新进展、新成效。要加强与群众交流互动，了解、收集社情民意，畅通监督渠道，发挥好社会监督作用。① 中央纪委监察部网站一开通，立即引发社会、网络普遍关注。网民认为，中央纪委监察部网站的开通，走上了一条与民亲近、为民服务的道路；网站开通是"人心所向"，体现出"与时俱进"，彰显了反腐倡廉的"新气象"，提供了反腐倡廉的"新阵地"，是中央反腐的"新举措"，振奋人心。上述领导和群众的看法以及中央纪委监察部网站的开通，都体现了党内监督和人民监督结合的生命力和正能量。这个网站开通的一年中，第一时间发布重要案件信息 600 余条，其中，中管干部接受组织调查的信息 49 条。首页 12388 举报专区，一度日均收到群众举报量达 800 余件。"每周通报"栏目，点名道姓通报曝光了 1500 余起违反中央八项规定精神的案件。在廉政留言板上，实名注册的人数已超过 1.5 万人，留言 4 万多条。网站开通的成功事实，也体现了党内监督和人民监督、纪检监察机关专门监督和群众监督结合的生命力和正能量。

（三）切实破除"官本位"

1．"官本位"的词典解释

笔者查了最具权威的辞源、辞海，以及同样最具权威的《现代汉语词典》，都没有查到"官本位"，但在一本很不起眼的、从一家不大的图书馆找到的《当代汉语词典》中，却有对官本位的解释："把官职制度的等级作为根本的和基本的标准，其他如职称、职级等序列，分别相应挂靠定位。"看来，虽然官本位意识是在封建社会形成的，但这一名词在封建社会里未被广泛应用，倒是在当代生活中，被不少人以较高的频率使用着、流传着。封建社会不常用，可能因为君主、皇帝不属官，宰相是最大的官，而君主、皇帝的权力至高无上。

2．领导人的有关讲话

关于"官本位"的含义、表现及其危害，江泽民在党的两次重要会议上已作了深刻的、淋漓尽致的剖析和揭示，一次是在中共十五届五中全会上，一次是在中央纪委第七次全体会议上，前一次是在讲官僚主义时讲的，后一次是在讲树立正确权力观时讲的，现分别摘录如下：

> 官僚主义，在很大程度上源于我国封建社会形成的"官本位"意识。所谓"官本位"，就是以官为本，一切为了做官，有了官位就什么

---

① 《主动运用新媒体　强化服务和监督　全国纪检监察机关网站群形成》，中央纪委监察部网站，http://www.ccdi.gov.cn/xwtt/201310/t20131009_31211.html。

东西都有了，"一人得道，鸡犬升天"。这种"官本位"意识，流传了几千年，至今在我国社会生活中仍然有着很深的影响。一些共产党员和党的领导干部，也自觉不自觉地做了这种"官本位"意识的俘虏，于是跑官要官、买官卖官的现象出来了，弄虚作假、虚报浮夸、骗取荣誉和职位的现象出来了，明哲保身、但求无过、不思进取、一切为了保官的现象出来了，以权谋私的现象出来了。当前，"官本位"意识的要害，就是对党和国家的事业不负责，对民族和人民的利益不负责，只对自己或亲属或小团体负责，其危害极大。因此，对于历史上遗留下来的"官本位"意识，必须狠狠批判和坚决破除。①

要树立正确的权力观，必须破除"官本位"意识，肃清封建主义残余思想。一些同志没有树立正确的权力观，一个重要原因是"官本位"的封建残余思想在作怪。有的党员干部慢慢忘记了自己入党、当干部时的初衷，脑子里个人升官发财的思想滋长起来，把党和人民的利益抛到了脑后。在这种念头的驱使下，有的到处拉关系、找靠山，跑官要官，买官卖官，造假骗官，甚至杀人谋官；有的形式主义、官僚主义、家长制习气严重；有的贪图享乐，花天酒地，贪赃枉法；有的拉帮结派，任人唯亲，搞裙带关系，等等。各级领导干部必须明白，我们是共产党人，要立志做大事，不要立志当大官，千万要防止把升官发财作为自己的人生目的。如果你的"官"不是为国家和人民的利益服务干出来的，而是靠"跑"、"要"、"买"得来的，那不仅不光彩，最后还要栽跟头。②

官本位危害之严重，江泽民讲话语气之严厉，已经达到顶点，笔者无须解释和阐发。连贪赃枉法、拉帮结派、买官卖官、杀人谋官都干得出来，还有什么干不出来的呢？

邓小平似乎没有正式使用过"官本位"概念，但对"官本位"的某些现象作过精辟的分析，集中地体现在他作为政治体制改革的纲领性文献——《党和国家领导制度的改革》讲话中。他在分析党和国家现行具体制度中不少弊端时，指出了官僚主义现象、权力过分集中的现象、家长制现象、干部领导职务终身制现象和形形色色的特权现象的种种表现，这些

---

① 《江泽民文选》第3卷，人民出版社，2006，第133页。
② 《江泽民文选》第3卷，人民出版社，2006，第423页。

表现实际上或多或少是"官本位"的表现。

3. "官本位"导致腐败的官场现形

（1）国有资产养肥了一批老虎和苍蝇，第一汽车集团公司腐败窝案与周永康家族。

第一汽车集团公司腐败窝案涉及多名高层领导和几十名高管。众所周知，一汽集团系国有特大型企业，号称共和国嫡系长子，国有资产却养肥了一批老虎、老鼠和苍蝇，其中就有特大老虎周永康。周永康亲属拿到一汽奥迪在江苏某地的独家经销权，仅此一项，周永康家族就能赚取年利润2000万元。一汽腐败窝案不是特例，恐怕在相同体制和相同政治生态下，其他类似企业也难免招致同样命运。

（2）广东茂名市腐败窝案159人涉买官卖官，一把手前腐后继，一个副区长为当区长行贿30万美金。

广东茂名市腐败窝案涉嫌买官卖官159人，其中降职8人，免职63人，调整岗位71人，提前退休1人，诫勉谈话16人。案发前的几年里，该市一把手前腐后继率先垂范带头贪腐，跑官买官、行贿买官风气畅行，"不跑不送，原地不动，又跑又送，提拔调动"成为官场潜规则，民间流传从科长数十万元至副市长数百万元的"价目表"——将市场经济"等价交换"原则引入官场，成为当官不明码标价的标价规则。该市原市委书记周镇宏和其继任者罗荫国、原常务副市长杨光亮、原副市长陈亚春、原人大常委会副主任朱育英、原市委政法委书记倪俊雄等重要人物都带头和参与其中，涉案人员包括省管干部24人，县处级干部218人，市辖6个县（区）的主要负责人无一遗漏，波及105个党政部门，159人涉嫌行贿买官。周镇宏先后多次收受33人的贿赂人民币2464万余元，还有折合人民币3700万余元的财产不能说明来源。罗荫国单独或伙同其妻子邹继芳收受64名党政领导干部、企业商人贿送财物，犯罪金额合计过亿元，该市茂港区常务副区长谭某，为能提拔为区长，送给罗荫国贿金30万美元。涉案者中有一个镇长，工作卓有成效，屡受表扬却多年未得提拔，为升任镇党委书记，他抵押贷款5万元，凑了20万元行贿，便很快被提拔。官场腐败造成经济凋敝、市容凌乱、诈骗成风、治安严峻、纠纷不断。

（3）河南三门峡市原领导相互较劲，比赛卖官，一把手买官卖官一身二任，一人得道鸡犬升天。

河南三门峡市市委书记连子恒卖官无数，受贿无数，究竟别人向他行贿了多少，也心中无数。该市卖官窝案案发之初，纪检部门刚启动查办，连子恒虽已离开该市，在省人大当秘书长，他闻风赶回三门峡市给过去的行贿者退钱。其中一名行贿者给连子恒送过10万元，可连子恒忘了他受贿多少，退给对方20万元，在原数上翻了一番。连子恒自己既卖官，又买官，可谓"一身二任"。不论是他当上市委书记，还是后来想当省人大、政协的"省部级"，忙于"跑关系""忙宴请"，都没有少"出血"。在一次饭局上，有人告诉连子恒，他没有能当上"副省级"，他惊闻跑官未成竟慌了手脚，手一哆嗦，筷子就掉到桌子上了，真是万般失落。这种既买官又卖官"一身二任"的现象，其实带有普遍性。买官者当初花多少钱买官，一得逞就不会仅仅满足于把"本钱"捞回来，而是变本加厉、更加疯狂地捞取更多钱财。连子恒身为一把手，大权独揽，力排众议，可让鸡犬升天。该市下面有一个义马市，义马市副市长聂卫东，他读书不多，最高学历只是高中夜校，"从小就喜欢捣蛋，经常打架惹事"，后来当了司机，又收旧啤酒瓶做买卖。他想在家乡陕县官场做事，结果被该县四套班子集体否定，其担任义马市副市长的任命讨论在三门峡市四套班子中引发巨大争议。最终已接受聂卫东贿赂的连子恒力排众议，一人拍板，聂卫东上任义马市副市长。聂卫东在饭局上得意宣称，"没想到一个副市长还是挺便宜的。我准备了200多万，结果只花了100万就把事情办成了。"该市官场怪事多多，领导人之间还相互较劲，比赛卖官。市委常委、组织部长李卫民，很强势，他与连子恒不睦，就在卖官上较劲，连子恒卖一个，李卫民也要卖一个，李卫民表现"不示弱""不甘心"，他们甚至还互相压价"抢生意"。一位市委书记，一位市委常委、组织部长，竞相卖官，可见政治生态之恶化，难怪有文章称，该市诸多买官卖官咄咄怪事，看似官场滑稽戏，实更是一部新的《官场现形记》。

（4）山西贪官落马，"盛况"空前，多与煤炭利益相关，近七年间全国腐败高官落马，多因官商勾结而受贿。

2014年2月到8月，短短半年间，山西省已有8名高官出事落马，13名常委的省委班子则有4名常委在任时先后落马。可谓"盛况"空前。腐败官员大都与山西这煤炭大省的煤炭资源有关，即权钱交易、官商勾结。煤炭属特殊性，但官商勾结导致腐败就体现了普遍性。

据某报记者的不完全统计，2008年以来7年间，全国已有75名省部级以上高官落马，其中26人已被判刑，22人被移送司法机关，另有19人尚未进入司法程序。在这 26 人已判刑的省部级以上官员中，除判有期徒刑 5 年的湖南省政协原副主席童名谦因在湖南衡阳破坏选举案中犯玩忽职守罪外，其余 25 人全部涉及受贿罪。在这 25 名因受贿被判刑的省部级以上官员中，利用职务之便，为商人谋取利益而受贿的，比例为 100%。在这 22 名已经移送司法机关但尚未判决的省部级以上官员中，因涉嫌受贿被立案侦查的比例为 100%。工程业务承揽、项目审批、银行贷款、用地规划等为案件高发领域。

4. "官本位"渗透到广泛的社会领域

有一家杂志在 2012 年做过问卷调查，65.8% 的受调查者认为当前官本位现象十分严重；68.5% 的受调查者择业时优先选择"党政机关公务员"。官位为何这样吸引人？有受调查者回答：因为当了"官"，就能"仙及鸡犬"，就能衣锦还乡，就能光宗耀祖，就能受人尊敬。这家杂志的调查结果显示：前三位的是"灰色收入多""权力效用大""社会地位高"，而"为人民服务"选项却落在后面。

官本位的思想，现在已经渗透到圣洁的校园中，蓬勃向上的青少年中甚至一些中小学生中也有一定影响，而这种影响又主要是其家长和社会环境潜移默化传染给孩子们的。

据报载，某县初一学生统考，作文题目是《二十年后的我》。近两千人中，除了少数学生选择教师等职业外，绝大多数学生选择当县长、市长，还有经理。为什么呢？作文写道："自己拥有高档小轿车，住高级别墅，把父母接到城里好好享受，把兄弟姐妹的工作安排好……"

又据报载，在一些中小学里，时行学生名片，除了学生个人的头衔（学生干部），还印有父母的职务。据老师反映，家长当处长的孩子往往趾高气扬，很傲，家长是科长的孩子觉得差一些，而家长是普通工人，甚至是下岗工人，这种学生就觉得抬不起头来。有些高官子弟跟低官子弟吵架时破口大骂，我老子是管你老子的，你老子算什么?!

新华社前几年发过一则电讯，登在报上，有的报纸的醒目标题是："'官本位'意识渗透校园，学生皆'官'到底为哪般？"电文说：某学校一个班级 56 名学生竟人人都有"官衔"。而这种现象在不少学校都不同程度地存在着。一位小学班主任在接受记者采访时认为，这样做一方面可以保证每个孩子都能得到锻炼，另一方面，也是因为现在的孩子当"官"的意识太强了。

据这位老师介绍，她所在的班级的班干部是这样设置的：班长一正一副2名、卫生委员2名、文娱委员2名、体育委员2名、宣传委员2名，全班56名学生分成8组，设组长2名，剩下的学生全部都是项目小组长。在这支庞大的"从政"队伍中，文娱委员和宣传委员的职能是重叠的，项目组长的工作也完全可以由各组组长来担任。这项重复设置的主要目的就是为了增加"官员"的指数，保证每个孩子都能有个"官"当当。

某地曾经发生过小学生"五道杠"少先队干部事件。少先队干部，历来是一道杠为小队长、二道杠为中队长、三道杠为大队长。该地为满足某种"官瘾"，异想天开、巧立名目，设置了"少先队总队"，总队长的袖标为五道杠。

为了安排好这些"官衔"，老师们可是费了不少心思。一位已担任了近10年班主任的小学老师无奈地说：这样做很大程度上也是为了平衡来自方方面面的关系。现在一些家长也不知为什么对孩子当官格外感兴趣。每到班级选举时，家长们都会积极活动，打电话、递条子、拉关系，弄得老师们左右为难。一个班里的班干部也就那么几个职位，一旦某个"呼声"很高的学生落选，家长往往会找到学校，指责老师选举不公，有个别家长甚至告到学校领导那里去。所以，一些老师便想出这种"全班皆官"的主意。

家长对"官位"的重视自然也影响了孩子。一些学生已经自觉不自觉中将"官职"的大小作为衡量自身价值的尺码。一个二年级的学生被评上了优秀学生干部，按惯例他就不能再参评三好学生。可这位学生竟然站起来问老师："优秀学生干部和三好学生哪个'官'大？"弄得老师哭笑不得。在"官本位"思想影响下，有的学生竟然在选举时通过给老师和同学请客送礼的方式来拉选票。

尽管孩子们当"官"心切，但对为什么要当"官"却大多认识不清。有记者采访了几名小学生，虽然有的学生回答当"官"可以锻炼自己，更好地为同学服务，但也有不少学生认为当班干部可以管人，挺神气。一个刚当上小组长的女孩子在记者追问下竟然说，以前她当不上班干部，爸爸妈妈总说她没出息，现在当上了，爸爸妈妈也有好脸色看了。

对于学生中存在的这种为"官"意识和为官现象，许多人表示深深的忧虑，希望学校和家长对学生进行正确引导，为孩子成长创造一个良好的环境。

5. 如何破除"官本位"？

一是既要解决思想作风问题，更要解决制度体制问题。

　　狠狠批判和坚决破除官本位，要靠批判和教育，也要靠健全制度、体制和机制，而且更要靠健全制度、体制和机制。理由很清楚，领导人的讲话中讲到的"有了官位，就什么东西都有了，'一人得道，鸡犬升天'"。从造成问题的原因和解决问题的出路两方面去分析，无论是"有了官位，就什么东西都有了"的问题，还是"一人得道，鸡犬升天"的问题，不光是思想教育的问题，更主要是制度、体制的问题，要不怎么会出现"什么东西都有了"呢？怎么会出现"鸡犬升天"呢？你不卖官，怎么会有跑官、买官呢？你不从制度、体制、机制上去解决卖官的问题，就不可能彻底解决跑官、买官的问题。

　　邓小平在《党和国家领导制度的改革》这篇讲话中指出，在我们的领导制度中存在的权力过分集中的问题，容易造成个人专断，破坏集体领导，也是在新的历史条件下产生官僚主义的一个重要原因。这里指出了新条件下官僚主义的制度、体制原因。他还指出："从党和国家的领导制度、干部制度方面来说，主要的弊端就是官僚主义现象，权力过分集中的现象，家长制现象，干部领导职务终身制现象和形形色色的特权现象。"对于这种种现象，邓小平还一一作了剖析，很深刻，可以说淋漓尽致。如他说，不少地方和单位，都有家长式的人物，他们的权力不受限制，别人都要唯命是从，甚至形成对他们的人身依附关系，把上下级之间的关系搞成猫鼠关系，搞成旧社会那种君臣父子关系或帮派关系。他还说，不彻底消灭这种家长制作风，就根本谈不上什么党内民主，什么社会主义民主。邓小平认为，官僚主义产生的原因，主要是制度、体制的原因，解决官僚主义的问题，根本的也是解决制度、体制问题。他明确指出：官僚主义问题，有思想作风问题，但主要是制度、体制问题，"制度问题不解决，思想作风问题也解决不了"，过去虽然多次反对官僚主义，但收效甚微，原因也是没有从制度上解决问题，因为"领导制度、组织制度问题更带有根本性、全局性、稳定性和长期性"。

　　二是只有确立民本位，才能有效破除官本位。

　　什么叫本位？本位就是作为一种标准，一切以此衡量，如货币价值的计算标准，有金本位、银本位、本位货币。本位货币，就是一国货币制度中的基本货币，如我国票面为"圆"的人民币。那么共产党员应以什么为本位？不能以官为本位，而应以民为本位。这个问题也是完全可以理解的。首先，因为按照马克思主义的基本原理，我们的权力来源于人民，我们当官者的权是人民给的，人民仅仅是把这个权委托给当官的；当官的有了这个权，就要运用和行使这个权，在权力运行和行使过程中，还要受民监督；当官的行使这个权力的目的，决不能以权为己谋私，而应当以权为民谋利。其次，按照党的性质和宗旨，我们党的性质是工人阶级先锋队，它除了工人阶级和人民群众的利益之外，没有自己的特殊利益，我们党的宗旨是全心全意为人民服务，我们一切工作的出发点和立足点都是为人民谋利益。

（四）坚决破除小圈子

"不搞小圈子"，是邓小平的重要思想，但在许多人的心目中并不著名，因为过去宣传得很少，不少人，包括不少领导，听了、看了不舒服，因为他做不到，甚至有抵触。先看邓小平关于"不搞小圈子"的两段原话。

> 党内无论如何不能形成小派、小圈子。我们这个党，严格地说来没有形成过这一派或那一派。三十年代在江西的时候，人家说我是毛派，本来没有那回事，没有什么毛派。能容忍各方面、团结各方面是一个关键性的问题。自我评论，我不是完人，也犯过很多错误，不是不犯错误的人，但是我问心无愧，其中一点就是从来不搞小圈子。过去我调任这样那样的工作，就是一个人，连勤务员都不带。小圈子那个东西害死人呐！很多失误就从这里出来，错误就从这里犯起。①

> 我们的传统是军队听党的话，不能搞小集团，不能搞小圈子，不能把权力集中在几个人身上。军队任何时候都要听中央的话，听党的话，选人也要选听党的话的人。军队不能打自己的旗帜。②

邓小平在这里揭示了搞"小圈子"的性质和危害，也披露了他"不搞小圈子"的党性人格。这是他在退出领导岗位、向新一代领导集体的嘱托和劝告，他说这是他的"政治交代"，可见分量之重。在上述第二段引文的讲话中，还谈到了山头主义的问题，实际上也是讲小圈子的问题。他说："对于不听中央、国务院的话的，处理要坚决，可以先打招呼，不行就调人换头头。'文化大革命'后期，毛主席把八大军区司令对调，这是因为懂得领导军队的艺术，就是不允许任何军队领导干部有个团团，有个势力范围。

---

① 《邓小平文选》第3卷，人民出版社，1993，第300~301页。
② 《邓小平文选》第3卷，人民出版社，1993，第317页。

军队就有这个传统，经常调过来调过去。战争年代形成过山头，当时我们靠马克思主义觉悟，靠共产党员的组织纪律性，没有形成什么派。就是那样，山头主义也有影响，所以专门反了一次山头主义。地方也有这个问题，搞久了也可以调动一下。"① 这里讲了怎么破除小圈子的问题，这也是领导决心、领导方法和领导艺术问题。在专门讲小圈子问题的上述两次讲话之前，邓小平在《党和国家领导制度的改革》这篇作为政治体制改革的纲领性文献中，从体制上揭示了官本位和帮派关系等问题，他指出："不少地方和单位，都有家长式的人物，他们的权力不受限制，别人都要唯命是从，甚至形成对他们的人身依附关系。"他说，我们的组织原则要求我们，"上级对下级不能颐指气使，尤其不能让下级办违反党章国法的事情；下级也不应当对上级阿谀奉承，无原则地服从，'尽忠'。不应当把上下级之间的关系搞成毛泽东同志多次批评过的猫鼠关系，搞成旧社会那种君臣父子关系或帮派关系。"他指出，一些同志犯严重错误，同这种家长制作风有关，就是林彪、江青这两个反革命集团所以能够形成，也同残存在党内的这种家长制作风分不开。邓小平在这里所引毛泽东所说的猫鼠关系以及他自己所说的"帮派关系"，都是说的那种"小圈子"，他所说的"家长式人物"，就是指"小圈子"的头。这个"头"，颐指气使，他的权力不受限制，因而滥用权力，下级对他只能无原则服从，只能阿谀奉承，只能"尽忠"。因此邓小平接着又说："不彻底消灭这种家长制作风，就根本谈不上什么党内民主，什么社会主义民主。"② 这就揭示了特权、官本位、家长制与小圈子的关系，揭示了这种特权、官本位、家长制、小圈子违背党内民主和社会主义民主的实质。可见，官本位和小圈子不仅与公仆原则对立，而且与党内民主和社会主义民主相悖。

十八大以来，由于以习近平为总书记的党中央加大了反腐败的力度，在老虎、苍蝇不断被打、被捉的形势下，特别是一个个腐败窝案被破的情况下，官场的官本位和小圈子的情景也被揭出来，相关小圈子的文章也便多起来。不少文章分析了"小圈子"的表现和特点、根源和本质、危害以及如何破除的问题。

关于"小圈子"的表现和特点。中纪委官网晒出六类机关病，第一类机关病便是"拉帮结派'抱大腿'，称兄道弟搞'圈子'"，文章指出：现

---

① 《邓小平文选》第3卷，人民出版社，1993，第319页。
② 《邓小平文选》第2卷，人民出版社，1994，第331页。

在有些党员把党内关系庸俗化，信奉拉帮结派的"圈子文化"，整天琢磨拉关系、找门路，看看能抱上谁的大腿，遇到事情就通过熟人来解决，办事不是靠组织程序而是靠熟人、靠关系。① 有文章专门揭示了"老板"称呼背后的"小圈子"，揭示了圈内与圈外干部任用上的"两重天""双标准"：老板是"小圈子"的核心，他不但调整"圈内"关系，摆平"下面人"的纷争，更以封官许愿的方式，把一顶顶"乌纱"戴在"子弟兵"的头上，那些无德无能之辈也能加官晋爵，圈内提携者与被提拔者之间，就形成了"知恩图报"的人身依附甚至"效忠献身"的黑道规则；而不跟老板的人，纵有德才勤绩，也轮不到他，连提拔的视野也进不了。② 也有文章指出：当下社会和官场上流行的圈子完全脱离了志趣的主题和情感的联合。不少人削尖脑袋钻进圈子，想方设法经营圈子，千方百计扩大圈子，形成了一种畸形繁荣的"圈子文化"。它的表现和特点有三个方面：一是"圈子文化"最注重界限。圈子看似松散，但却"画圈为牢"，水泼不进，针插不入。不管人与人关系多么错综复杂，一个人进没进圈子，是谁的圈子却分得一清二楚。在圈子内，可以呼朋引伴，称兄道弟，觥筹交错，互相照应，彼此绝对心照不宣；但对圈子外，或冷若冰霜，形同陌路，或表面和气，暗中使绊，乃至排斥打击，落井下石，斗争起来毫不手软。让人感叹圈内圈外是"两重天"。二是"圈子文化"很讲究中心。圈子实行的是家长制。"家长"掌控着圈子内外部资源的获取分配和圈子的运作，圈子其他成员只能唯"家长"马首是瞻，老老实实服从指示。圈子还实行等级制。圈子之内谁是老大，谁是心腹，谁是马仔，谁也不会搞混。"上下有等、尊卑有序、贵贱有别"之类的在圈子中最适用。三是"圈子文化"最关键的是规矩。这种规矩是潜规则，摆不到台面上，也落不到纸面上，但是谁要敢坏了规矩，那今后肯定是在圈子里"混"不下去了。圈内圈外，第一位的规矩是"一荣俱荣，一损俱损"。圈内人要是混出了名堂，必定要彼此拉一把，一人得道，鸡犬升天；要是出了问题，则必定要统一口径，百般包庇。因此社会上常常听见某个地方"拔出萝卜带出泥"，被"一锅端"。圈子上下，第一位的规矩是"江湖义气"。下属对待老大要"忠心耿耿"，老大对待下属则要"义薄云天"，你为我效犬马之劳，我为你两肋插刀。至于这种规矩

---

① 《中纪委官网：网友再揭六类机关病》，《人民日报》2014 年 6 月 6 日。
② 凌河：《"老板"与"圈子"》，《解放日报》2014 年 5 月 23 日。

是否符合党纪国法，是否遵从组织原则，都在所不问。① 也有学者将小圈子的特点归纳为两点：第一，以权力为纽带，以追求私利为目的。在干部队伍小圈子中，都是一些手握权柄的党政领导干部。以权力为纽带，抱成一团，盘根错节，形成一张巨大的无形的关系网、小圈子。"小圈子"的本质就是利益联盟，利益是"小圈子"的润滑剂。结"圈"之人心态各异，但目的无非是从"圈里"获得好处，达到权力的"利益共享"。在干部队伍"小圈子"中，圈中人都是以谋私为目的凑到一块来的，或谋求官场升迁，或觊觎钱财，或图办事方便，各有各的利益驱动。第二，圈外作秀清廉，圈内大搞腐败。爱搞"小圈子"的领导干部最善于在公众视野内作秀，在大庭广众之下，他们总是千方百计把自己装扮成清正廉洁的典型，开口"当公仆"，闭口"为人民服务"，俨然是个大清官。而在精心组织的自家"小圈子"内，坏事干尽。② 《人民论坛》杂志曾刊文对有些地方当下官场逆淘汰怪象进行了梳理，其中一个怪象就是小圈子，"不站队的不如站对队的"，每当干部变动时，总会出现"谁是谁的人，哪个是哪个圈子的"传闻，只要是"圈中人"，没有成绩可以帮你造出成绩，小成绩可以帮你吹成大成绩，由此"圈中人"一荣俱荣、共同升迁，如此必然挤占了"不站队"干部的发展空间。其他几个怪象是：清廉的不如腐败的、亲民的不如霸道的、干事的不如会说的、眼睛向下的不如眼睛向上的、实干的不如作秀的。③

关于"小圈子"的根源和本质。有文章指出："小圈子"从源头上看是专制主义糟粕的残留。专制主义延续几千年的陈腐观念、人身依附、等级制度、门客政治等在党内仍未得到完全肃清，并且在思想日益多元、利益日益分化的今天还有所发酵。一些人错误地把组织当成了朝廷，仍然在搞任人唯亲、任人唯派，进行人身控制，围绕自己打造盘根错节的现代"宗族"，将组织内纯洁的同志关系江湖化、庸俗化。"圈子文化"从形式上看是党内宗派主义的变种。每个小圈子就是一个小团体、小山头，它们时常闹独立性，只强调局部利益，无视整体利益，往往通过内部被异化的伪团结，相互间无原则的争斗，于无声无息中解构了组织意志，绑架了组织意图，裹挟着组织的运行。"圈子文化"从本质上看是利己主义的恶性发展。组织的运行围绕一个"公"字，圈子的运行围绕一个"私"字。混迹圈子

---

① 周鹏：《破除"圈子文化"》，《学习时报》2014 年 8 月 4 日。

② 刘子平：《领导干部"小圈子"问题的成因及对策分析》，《党政干部论坛》2010 年第 12 期。

③ 刘建、刘瑞一：《圈子文化导致逆淘汰》，《人民论坛》杂志 2014 年 9 月（下）。

的人形形色色，但无非是为了获利。归根到底这类圈子都是个人利益关系的同盟。① 也有文章指出：近年来查处的贪腐窝案触目惊心，拔起萝卜带出泥，贪官被查处后，往往带出其权力"圈子"里的一批腐败分子，他们结成利益共同体，形成弄权、搞钱、玩乐的"圈子"，演变为严重危害政治生态的腐败雾霾。"圈子"的实质，是"弄权联盟"，毫无党性与组织纪律，互相利用，互相拉拢，一荣俱荣，一损俱损；"圈子"的实质，是从政把政治生活私人化，培植家奴、形成默契，给形形色色的腐败创造条件。凡领导干部大搞"小圈子"的地方和单位，从政环境必然恶劣。② 新华社曾发了该社记者李建平、吕梦琦关于"家臣"歪风的稿子，揭示了官场"小圈子"现象的根源是权力扭曲。当领导干部个人主义膨胀，把自己分管的领域当成"私人领地"，就会在自己的势力范围里产生"老子天下第一"的优越感，就会专横跋扈，颐指气使，把下属视为自己的"臣子"。一旦上下级关系扭曲，下级成为上级的"家臣"，必然会唯"主子"马首是瞻，唯"主子"的利益而置党纪国法于不顾，甚至损害党和国家的利益。干部沦为"家臣"，失去做人的准则，后果非常可怕。人们看到，在尼尔·伍德案件中，有相关工作人员沦为"家丁"后为虎作伥的身影；在一些高官倒台之前受到质疑或举报，本应是传达党和政府部门声音的新闻发言人竟会未做调查就急于为其喊冤叫屈，甚至污称举报为诽谤，最终沦为笑柄。大量的事实表明，干部沦为"家臣"，就会在歧途上越走越远。对于屈服于自己成为"家臣"的，就优先提拔，即便其有了问题也睁只眼闭只眼极力袒护；对于那些刚正不阿、不受拉拢的下级，则打击报复、排除异己。这种歪风，会破坏党员干部之间的团结和谐，削弱党组织的凝聚力，恶化当地的"政治生态"。文章还指出：刹住"家臣"歪风，关键是要严明党的组织纪律，管住领导干部手中的权力。要完善干部选拔任用制度，以实绩论英雄，堵住"家臣"靠溜须拍马上位的捷径。还应完善纪检监察工作，规范官员手中权力，使其始终在正确的轨道上运行，防止拉帮结派和搞小团体，始终保持风清气正的"政治生态"。③

关于小圈子的危害。有文章指出：畸形的"圈子文化"让一些领导干

---

① 周鹏：《破除"圈子文化"》，《学习时报》2014 年 8 月 4 日。

② 慎海雄：《必须营造一个良好的从政环境》，《瞭望》新闻周刊 2014 年第 27 期。

③ 李建平、吕梦琦：《遏制"家臣"歪风　应防止权力扭曲》，《新华每日电讯》2014 年 7 月 19 日。

部成为利益团体的附庸，丧失了独立的政治人格、清醒的政治判断。任其发展，将是对组织纪律的严重挑战，将对党的事业和党的组织造成极大的伤害。① 也有文章指出：某地一项社会调查显示，85%的受访者认为本单位领导层存在"小圈子"。身负社会重托、百姓厚望，领导主要心思却盘桓在自己脚下一丁点地儿围出的圈圈内，拉上几个"同乡""同窗""同好"，热衷勾肩搭背、推杯换盏、私相授受，摆脱不了旧社会的封建官场情结，岂不令人揪心！② 这种揪心是可以理解的，"圈子"虽小，危害极大，虽称"小圈子"，却在很大的层面上发威，对事业的伤害之大可想而知。有学者认为，领导干部"小圈子"的危害表现为以下几点：其一，涣散人心，具有破坏性。他们的所作所为，使组织涣散，人心浮动，造成人际关系复杂化，毒化了政治空气，使得好干部不香，坏人不臭，黑白颠倒，严重地削弱了党组织和行政机关的战斗力，使广大群众对党组织失去信任。其二，动摇信念，具有顽固性。小圈子是自由主义泛滥的温床，圈中人纠集到一起时他们信口开河，指天骂地，政治上严重偏离党性立场。而经常厮混在一起吃喝玩乐，又消磨了革命意志和人生信仰，把理想宗旨抛诸脑后。长此以往，势必对共产主义信念产生动摇。其三，滋生腐败，具有致命性。搞"小圈子"必然会拿原则作交易，这也就决定了他们成为滋生腐败的罪恶渊源。干部队伍"小圈子"，说穿了，其实就是权钱交易的"贸易货栈"。在这里，人与人之间是赤裸裸的金钱和权力关系，只要舍得花钱，只要用足自己手中的权力，官帽、地位、荣誉信手拈来。③ 不少文章还指出搞小圈子影响用人公信度，用人失去公平公正。2010 年，人民日报《党建周刊》联合《人民论坛》杂志针对领导干部中的"小圈子""小兄弟"等现象进行了专题调查，结果显示，71.58%的受访者赞同领导干部搞"小圈子"会影响选人用人的公信度。④ 领导干部一旦产生"小圈子"意识，考虑问题就会围着圈中人的利益转，选人用人首先考虑的是自己圈子内的人。你是我这个"小圈子"的人，不管德才如何，都委以重任；不是这个"小圈子"的人，不管你多有才干，就是不用。"小圈子"一旦形成，在选人用人上就很难公平公正，不但会给党内民主、党内和谐带来巨大伤害，还会诱导干

① 周鹏：《破除"圈子文化"》，《学习时报》2014 年 8 月 4 日。

② 司徒伟智：《"圈子情结"的前世今生》，《是与非》杂志 2013 年第 10 期。

③ 刘子平：《领导干部"小圈子"问题的成因及对策分析》，《党政干部论坛》2010 年第 12 期。

④ 李章军：《领导干部谨防"小圈子"》，《人民日报》2010 年 1 月 5 日。

部的投机心理。在"小圈子"问题严重的个别地方，有的干部不是以真才实学、真抓实干为荣，而是以能否进入某位领导的"小圈子"为目标。由此可见，"小圈子"在用人方面的危害之大。① 中央首份"官场赌风"治理清单显示，官场小圈子往往与官场"赌博风"相联，容易使小圈子变成"腐败圈"。2014 年 10 月 10 日，中央晒出首份"官场赌风"治理清单，"整治查处党员干部参赌涉赌案件 6122 起，涉及 7162 人。""官场赌风"潜藏着诸多公权力的"腐败暗道"，往往有官场"圈子文化"的影子，有时候是官商"勾肩搭背"的表现形式之一，一些好赌官员在牌桌上隐藏着自身的利益诉求，披着"玩牌"的外衣形成了权钱交易的"暗道"。一家民营企业负责人说，通过打麻将、赌博等向需要打通关节的官员"送钱"是常有的事情，一场下来，输个几千、上万甚至十几万也是正常的，主要看要做的生意、要签的合同有多大。这位负责人说，为了让嗜赌的官员高兴而来，尽兴而归，要找隐蔽的地方，有时还把关系不错的官员请到自己家里打麻将，这样即使被发现了也可以说是亲戚朋友之间随便玩玩。浙江省纪委一位干部说，党员领导干部参加赌博有四个特点：一是赌博与贪污、贿赂和挪用公款等腐败问题联系在一起；二是往往涉及赌资巨大，有的在国（境）外赌场参与赌博，造成国有资金和社会财富大量流失；三是参赌主体向党政机关和企事业单位的党员干部延伸，涉案干部级别从低向高蔓延；四是败坏党风政风，带坏社会风气，严重损害党和政府的形象，严重影响当地的经济发展和社会稳定。②

　　关于如何破除小圈子。有文章认为，破除"小圈子"的途径有很多，但最关键的是要摆正组织和个人的关系，学会正确对待组织和领导干部个人，个人要服从组织，遵守党的纪律，积极参加党内生活，认真接受党组织的监督。同时要牢记感恩组织，而不是感恩个人，个人进步靠组织关心培养，而不是靠圈子帮衬，感恩的对象应该是组织，而不是领导个人；又要牢记对组织忠诚，而不是对个人忠诚；还要牢记维护组织利益，而不是维护个人私利。③ 也有文章认为，主子与走狗组成的小圈子、小团体，是通过权力、位子、利益三者关系运行的，主子用权力安排走狗的位子，走狗

---

① 沈小平：《领导干部"小圈子"现象透视》，《领导科学》2010 年第 19 期。

② 《7000 多"官赌"暴露了哪些"腐败暗道"？》，2014 年 10 月 10 日新华社电，转引自《深圳特区报》2014 年 10 月 11 日。

③ 周鹏：《破除"圈子文化"》《学习时报》2014 年 8 月 4 日。

为主子输送利益，因此，监管好权力、位子，才能斩断利益链。解决之道，将权力锁进笼子，让位子阳光透明，在用人问题上按制度办事，谨防一把手说了算、安排自己关联人的现象。解决之略，突破利益固化的藩篱，完善制度设计，斩断固化的利益链。解决之计，加强社会主义核心价值观建设，端正为官之德，防止正常的同事关系演变为庸俗的主子与"走狗"的关系。① 还有文章指出，治理领导干部"小圈子"现象要注意以下四点：首先，加强思想教育，增强党性修养，是破除领导干部"小圈子"的思想依据。要深入开展马克思主义世界观、人生观、价值观和正确的权力观、地位观、利益观教育，以及党的光荣传统和优良作风教育，教育引导领导干部提高党性修养和文化素养，培养健康的生活情趣，正确选择爱好，增强择善交友意识，纯洁交友动机，自觉抵制不良的交友思想和行为，自觉谨防"小圈子"，不断筑牢拒腐防变的思想道德防线。其次，严格管理干部，强化监督约束，是破除领导干部"小圈子"的重要措施。要努力抓好领导干部廉洁自律工作，着力解决领导干部利用职权的影响，以各种形式为配偶、子女以及其亲友、身边人谋取不正当利益的问题。针对领导干部在交友方面存在的突出问题，要建立规范和约束领导干部交友行为的制度。通过严格执行党内民主制度，加大干部交流力度，加强干部监督，让干部不能搞、不敢搞"小圈子"。再次，发展党内民主，扩大政务公开，是破除领导干部"小圈子"的关键环节。党内民主发挥得越好，"小圈子"就越难生存。要切实保障党员行使党章赋予的各项权利，切实保障人民群众的知情权、参与权、监督权、表达权，严肃查处侵犯权利、压制民主的行为，为讲真话、讲实话的同志提供强有力的支持和保护。要大力推进制度创新，强化对领导干部特别是主要领导干部行使权力的制约监督，推进民主决策、科学决策、集体决策，推进决策过程的透明化、公开化，防止暗箱操作，防止权力为少数人所用，使"小圈子"失去存在的空间。最后，坚持以德为先，端正用人导向，是破除领导干部"小圈子"的根本保证。不让老实人吃亏，不让投机钻营者得利，历来是我们党选人用人的重要原则。要始终坚持德才兼备、以德为先的用人标准和正确的用人导向，重用那些党性强、品行好、搞五湖四海的干部，对那些拉拉扯扯、搞"小圈子"、跑官要官的干部，不仅不能提拔，已进班子的，还要坚决调整，使热衷于搞"小

---

① 谢京辉：《"走狗"新论》，《新民晚报》2014 年 7 月 15 日。

圈子"的人没有市场。①

　　这里我们特意要介绍李永忠的文章，他在"利益圈子""腐败圈子"问题上，特别是在干部任用制度上的病根和解决"腐败圈子"的出路，在改革政治体制上，有着独到和深刻的见解。李永忠认为，应从周永康案中进一步反思：他是怎样在现行权力结构和选人用人体制中腐败的？他为什么又在不断腐败的状况下还能够提拔到最高级别？我们过去选人用人还是以等级授职制，以委任制、任命制占主导地位，甚至是压倒性的方式。而各种形式的选举，实际上是控制性选举，以此来实现组织意图，因而才会出现那么多的高票甚至全票当选。第一没有竞选；第二没有比较大的差额；第三没有秘密投票间。所谓的组织意图，更多的是主要领导人的个人意图。领导喜欢的，迅速提到领导身边；而群众拥护的，则永远留在群众中间，"脱离群众的现象大量存在"实属必然。周永康走到哪里，就把自己用得顺手的人带到哪里；临离开时，便将信得过的人留下来充当代理人，形成越来越大的势力网。这并非孤例，一些深谙此道的领导干部，都利用此道形成一荣俱荣、一损俱损的大小团伙。升迁的机会基本上不来自于老百姓，而主要来自于领导上级，这种用人的导向必然导致尾随、依附领导。"两森现象"值得我们深思："领导干部的优秀楷模"——孔繁森，在副处级岗位上干了十多年；而腐败分子——王宝森，从副处级干到副部级仅仅用了十年。冀文林的升迁也同样可以看出玄机。1966 年 7 月出生的冀文林，参加工作五年后才入党，30 岁的时候还只是一个主任科员，但自从当上周永康秘书后，从主任科员到副厅局级干部只用了不到六年（任四川省委常委办公室副厅级副主任）；2013 年初，不到 47 岁就被选为海南省最年轻的副省长。我们党的很多优秀好干部却很难得到应有的提拔，因为他们不懂得或者不屑于依附于哪个领导。而掌握重权的领导能够通过输送利益来判定下属依附自己的程度。喜欢政治好处的，就歌功颂德；喜欢经济好处的，就送金条；前两者不缺的送美色。而不予好处者，则升迁无望。在周永康案件中，那么多人都死心塌地地依附他，在薄熙来案中，他妻子杀了人，也会有人帮他打掩护，政治利益、经济利益最后都会形成一种休戚相关、荣辱与共的文化。李永忠认为：如果不及时推行用人方面的政治体制改革，我们会相继出现三种层面的权力交易形式：第一是权钱交易，这是最低层

---

① 　沈小平：《领导干部"小圈子"现象透视》，《领导科学》2010 年第 19 期。

次的腐败。第二个层次即权色交易，这个色不单指美色，而是泛指所有的非物质化贿赂。不推行政治体制改革，势必出现最高层面的腐败——权权交易：我是某省的省委书记或某政治局委员，我把你的儿子弄到手下重要岗位，你把我的女儿弄到你那里，这样我们的子女很容易接我们的班。习近平总书记提出要把权力关进制度的"笼子"里。制度反腐的核心就是形成科学的权力结构，才能避免第二个、第三个周永康的出现。浙江省金华市武义县后陈村十年前由于村级财富急剧增加、监管不力，村支部书记违纪违法被抓，村民上访不断。在这种情况下，村里百姓自发地组织了一个村务监督委员会，成为独立于党支部和村委会的第三方权力。这十年，他们有效地监督保证了没有一个村干部违纪违法，没有一笔村集体财产流失，没有一个村民去上访。习近平当时在浙江任省委书记，他看到了这个异体监督的成功案例，并在九年前带队调研，充分肯定了这个村的经验。后陈村设立村务监督委员会的经验也写进了《中华人民共和国村民组织法》。李永忠认为，经改看小岗，政改看后陈，如果能够把后陈村的经验推进到乡一级、县一级甚至更上层，我们将走出中国特色社会主义的一条新路。①

在我们党成立 93 周年之际，在习近平总书记主持下，中共中央政治局就加强改进作风建设进行第 16 次集体学习。习近平在主持学习时提出了当前加强党的作风建设、从严治党的一项紧迫任务：必须营造一个良好的从政环境，也就是要有一个好的政治生态。习近平强调：营造良好从政环境，要从各级领导干部首先是高级干部做起。笔者认为，小圈子的一个重要危害，就是营造了一个不好的从政环境，破坏了良好政治生态。要解决政治生态问题，一个重要的方面，就是要按照总书记的要求，从各级领导干部首先是高级干部做起，从破除小圈子入手。这不只是笔者学习习近平总书记上述讲话的体会，而且也是笔者学习邓小平和习近平关于小圈子问题多次讲话的体会，不只是笔者观察分析这些年来官场实况的感悟，而且也是许多正直学者的共同认知。有位学者在一家省级党委机关报上发文说：并不良好甚至恶劣的"从政环境"，在一些地方、某些层面，多年来是一个客观存在。比如说，"圈子文化"在某些地方的盛行。大大小小的"圈子"林立，或拉帮结派，或党同伐异，"哥们儿"之间互相勾连，同进共退，结盟抱团，享利分赃。"圈子"的"组织化"色彩，成为某些人仕途的"快车

---

① 李永忠：《苏联式干部任用制度亟需改革》，《凤凰周刊》2014 年第 23 期。

道"，进了这个"圈子"，不行也行，否则纵有德才勤绩，也轮不到你。"圈子"又与买官卖官互相勾连，在一些地方，"小弟"也要向"大哥"孝敬，而金钱与乌纱的交易确立了"朋党"的身份。被小平同志痛斥为"害死人"的"小圈子"，一方面使小人佞臣如鱼得水，另一方面，则使正直君子无路可走。你敢于对"上面"的错误决策说个"不"字吗？你勇于对周围的不正之风发一点声音吗？那就会"枪打出头鸟"，就会"出头椽子先烂"，就会"不见容于众"，形只影单，被视为"异端"，甚至被"孤立"、穿小鞋、挨棍子、受打击、遭"逆淘汰"。作者还列举了他朋友的一个真实事例。他朋友到某地级市当了市长，谁料上任一月，送礼"孝敬"者几乎要挤破门槛。有几个晚上，拜访的"客人"走后，市长夫人才发现连沙发缝中都塞着"红包"。市长大惊失色，更是面对两难——收吧，"数额巨大"，要"杀头"；不收吧，将被视为异类，以后寸步难行。至于交到纪委去，那更是破了潜在的"规矩"，今后怎么工作？结果，这位好友只好"惹不起还躲得起"，辞去市长去省城一个清水衙门任职，进而再退一步，做了一个经济学者，终于平安着陆，避免了前两任书记、市长因为受贿而身陷囹圄的下场。关于这位市长，也有评论说他不该"逃避"，应当起来斗争。这当然有道理，但一个市长的"挂印封金"，毕竟说明了在某些地方，"潜规则"多么可怕，也更说明了"从政环境"对于官员是多么重要！[①] 是的，只有领导干部特别是高级领导干部带头，认真破除"害死人"的恶劣"小圈子"，才能营造良好的从政"大环境"。

（五）官员雷语怨言析

在党的十八大之前，我们听到官员的各种"雷语"比较多，公众对此的关注度也比较高。之所以叫雷语，也许因为是惊人之语，一般指狂妄嚣张居多。

较早报刊披露这样一则消息：一个农民因妻女被拐卖，到镇上派出所报案，要求惩治人贩子。但冤没有申，反而多次被毒打。这个农民走投无路，投诉无门，被迫走上了上访之路。一告就是十年，历尽艰难困苦。在他告状过程中，遭遇到许多哭笑不得的怪事。他所在县的政法委书记、法院院长、原公安局长，分别在它的上访材料上作"御批"："到银河系找外星人解决""到月球找秘书长处理"。如此批文，刷新了世界纪录。另有一

---

① 凌河：《必须营造良好的从政环境》，《解放日报》2014年7月4日。

则消息，农民状告当官的，当官的呵斥老百姓，甚至狂言："告到联合国安南那里，我也不怕。"当官的还略知些时政，知道安南时任联合国秘书长。

后来听说很有代表性的雷语。如贵州某官员在接受电视台采访时这样质问记者："你是为人民服务还是为党服务的？"河南某官员也质问一记者："你替党说话还是替老百姓说话？"当官的似乎都应该知道，共产党的宗旨是全心全意为人民服务，作为一名工作人员，包括新闻媒体的工作人员，他的工作既是为人民服务，也是为党服务，两者是一致的，怎么到官员们这里竟提出把两者对立起来的问题呢？

网民还提供了这样的雷语："我是处级领导，谁敢查我的车？""警察不打人，养他们干嘛？""有意见去厕所提去"……

十八大以后，特别是党的群众路线教育实践活动开展以来，我们党横扫"四风"，严打贪腐，禁令频发，曝光不断，使官员总感觉头上悬着一把剑，伸手就怕触上高压线。于是听到的狂言雷语少了，怨言、哀语多了。什么"官不聊生""为官不易""官不好当了""当官不发财，请我也不来"的怨言先后冒了出来，有的甚至消极怠工、"为官不为"了。先前讲雷语的"精气神"没有了，代之以泄了气的皮球样。

雷语、怨言，两种情况，状态不同，但实质是相同的，那就是都没有公仆样。何为公仆？公仆就是为公众服务的公职人员。我们常说的"人民公仆"，就是为人民服务的公职人员。按照中国共产党章程规定，党的干部是人民的公仆。十八大之前那些年，在官场，同志的称谓消失了，听见的都是×长，有的在圈子里还把那些大官称作"老板""老大"。本来，与公仆对应的应是"老爷"，但"老爷"的称谓封建色彩明显，而"老板"则体现的是与资本主义接轨，与钱结缘，"老大"则与权结合，于是"老板""老大"在官场流行起来。既然流行的是老板与老大，相应的雷人雷语也就应运而生。于是，"同志"的称谓弃之不用了，与人民的距离越来越远了，公仆的意识淡漠了。应该说，这是一种变态。十八大以来这几年，上述那种变态开始改变了，党风和民风开始好转了，风清则气正，气正则心齐，因而得到人民群众拍手称快、衷心拥护。而一部分官员的心倒是与老百姓的心齐不起来，他们开始难受了，感到不方便了，感到不自由了，也开始发牢骚了，怨言哀语也就来了。应该说，这也是一种变态。因为它离以习近平为总书记的党中央的精神和部署远了，离人民群众的感情远了。一句话，也是公仆的意识淡漠了。

习近平在党的群众路线教育实践活动总结大会上的讲话，专门批评了"为官不易"和"为官不为"问题。他指出："当前，所谓'为官不易'、'为官不为'问题引起社会关注，要深入分析，搞好正面引导，加强责任追究。党的干部都是人民公仆，自当在其位谋其政，既廉又勤，既干净又干事。如果组织上管得严一点、群众监督多一点就感到受不了，就要'为官不易'，那是境界不高、不负责任的表现。这一点，要向广大干部讲清楚。我们做人一世，为官一任，要有肝胆，要有担当精神，应该对'为官不为'感到羞耻，应该予以严肃批评。我一再强调，领导干部要严以修身、严以用权、严以律己，谋事要实、创业要实、做人要实。这些要求是共产党人最基本的政治品格和做人准则，也是党员、干部的修身之本、为政之道、成事之要。我们现在对党员、干部的要求是不是过严了？答案是否定的。很多要求早就有了，是最基本的要求。现在的主要倾向不是严了，而是失之于宽、失之于软，不存在严过头的问题。"[①] 习近平又一次对党的干部是人民公仆作性质定位，为我们辨析某些官员的雷语和怨言提供了思想武器和参照标杆。我们的干部只有回归公仆本质，才能适应和习惯我们今天党和国家的新变化、新常态，否则，就会有被淘汰出局的危险。

总而言之，只要我们的党员、干部，特别是领导干部这个"关键少数"，按照全面从严治党的要求，强化自我修炼、自我约束、自我塑造，切实做到"三严三实"，炼就"金刚不坏之身"，永葆人民公仆本色，我们的党就有牢固的根基，就有鲜活的血脉，就有无穷的力量，就能始终成为中国特色社会主义事业的坚强领导核心，就能团结和带领全国各族人民，满怀自信，发愤为雄，在中国特色社会主义旗帜下，积极推进"四个全面"战略布局，为实现富强民主文明和谐的社会主义现代化和中华民族的伟大复兴而奋斗！

---

① 《历史使命越光荣奋斗目标越宏伟　越要增强忧患意识越要从严治党》，《人民日报》2014年10月9日。

附录一

在和平发展、公平正义、
民主自由的旗帜下 *

——学习习近平关于纪念中国抗战、世界反法西斯战争
胜利和联合国成立 70 周年系列讲话

朱峻峰

    2015 年是中国抗日战争和世界反法西斯战争胜利 70 周年，也是联合国成立 70 周年。几十年前的那场战争，是日本军国主义和德国、意大利法西斯挑起和发动的，它们破坏和平和发展，进行战争和掠夺，破坏公平和正义，进行屠杀和侵略，破坏民主和自由，实行专制和独裁。但最终，正义取得了胜利，和平取得了胜利，人民取得了胜利。我国包括阅兵在内的纪念中国抗战暨世界反法西斯战争胜利 70 周年系列活动是空前的，习近平作为党的总书记、国家主席和军委主席，频频出席这些重要活动，屡屡发表系列重要讲话，也是空前的。这些系列讲话，包括在纪念大会上讲话、招待会讲话、颁发纪念章仪式讲话，又包括会见台湾各界代表人士讲话、在中央政治局第 25 次集体学习时讲话、在政治局常委听取抗战胜利 70 周年纪念活动总结工作报告时讲话。还包括在纪念抗战胜利 69 周年座谈会讲话，

---

* 这是作者 2015 年 9 月 25 日在上海浦东新区党史办公室、地方志办公室主办的"浦东与抗战"学术研讨会上的发言，在习近平总书记出席联合国成立 70 周年系列峰会时的讲话发表后作了增写。全文首载 2015 年 12 月 1 日《光明网·理论专题》"习近平重要讲话解读系列二"，并被全网转发，首发当天就有 54 家媒体转发。

在南京大屠杀死难者国家公祭仪式上讲话，还包括习近平致"2015·北京人权论坛"的贺信。因本届论坛以"和平与发展：世界反法西斯战争的胜利与人权进步"为主题，贺信便从抗战说起，一半的内容讲抗战。这是在国内。在国际，习近平在联合国总部出席联合国成立70周年系列峰会，在六场多边峰会上作了讲话，这里主要谈在第70届联合国大会一般性辩论时的讲话。习近平的这一系列讲话（下称系列讲话）围绕"铭记历史、缅怀先烈、珍爱和平、开创未来"这个主题，回顾那场战争的历史，总结那场战争胜利的经验，揭示那场战争的性质、取得胜利的伟大意义和重大影响，并且以史鉴今，回答"世界向何处去""21世纪世界和平与发展"的时代课题，立意高远，思想深刻，论述精辟，具有重大现实意义和深远历史意义。

一 高扬和平正义旗帜，彰显中国主张，揭示抗战性质和和平正义必胜的伟大真理

习近平怀着深情说："自古以来，和平就是人类最持久的夙愿。和平像阳光一样温暖、像雨露一样滋润。有了阳光雨露，万物才能茁壮成长。有了和平稳定，人类才能更好实现自己的梦想。"习近平在纪念大会上的简短讲话，先后18次讲和平。据不完全计算，系列讲话93次讲和平（本文所涉数据，均系国内系列讲话，在联合国的讲话不计在内）。和平是中国的一贯主张。世界上主张和平的不一定是社会主义，但真正的社会主义必然主张和平，我们搞的是中国特色社会主义，是主张和平的社会主义。和平是中国人民的呐喊和期盼，饱受外国侵略、长期遭受战争苦难的中国人民，酷爱和珍惜和平，追求和向往和平。

几十年前那场战争，是万恶的日本军国主义强加给中国人民的，是万恶的德国、意大利法西斯强加给苏联人民和世界人民的。中国人民和世界各国人民只有奋起抗击，才能制止战争、维护和平。人民奋起抗击、制止战争、维护和平是正义的。习近平指出："中国人民抗日战争和世界反法西斯战争，是正义和邪恶、光明和黑暗、进步和反动的大决战。"这就指明了这一场战争的性质。系列讲话讲正义的有17处之多。战争的性质决定了战争的结局，日本军国主义早已被钉在历史的耻辱柱上。但是，与德国不同，日本军国主义没有被彻底肃清，日本存在着军国主义复活的危险。在日本，总有那么一些人，依然矢口否认日军侵略的野蛮罪行，依然执意参拜双手沾满中国人民鲜血的甲级战犯亡灵，依然在发表美化侵略战争和殖民统治

的言论，首相安倍晋三就在散布"侵略的定义在国际上尚无定论"，依然在藐视历史事实和国际正义，依然在挑战世界和平和人类良知。中国和世界各国正在纪念抗战和反法西斯战争胜利70周年的当下，日本公然解禁"集体自卫权"，公然强行通过"新安保法"，名为推动"积极和平主义"，实在推行战争法案，公然践踏战后和平宪法，公然挑战联合国和《联合国宪章》。更应引起世界关注的是，日本的上述行为，是在美国的支持和纵容下进行的，其结果必然是搬起石头砸自己的脚。正如习近平总书记在纪念大会上所振臂高呼的："正义必胜！和平必胜！人民必胜！"这是历史所启示的伟大真理，也是不以人的意志为转移的客观规律！

有人说，中国大阅兵，是在"炫耀武力"，是搞"武力威胁"。这种说法，不是出于偏见，就是出于别有用心。和平的得来和维护，不能凭善良愿望，也不能靠祈祷乞求，只能以实力支撑，靠军力作后盾。我们的大阅兵，展示军力国威，是彰显制止战争、维护和平的决心和能力。这种决心和能力越大，制止战争、维护和平才有可能，才能得到保障。习近平指出："战争是一面镜子，能够让人更好认识和平的珍贵。今天，和平与发展已经成为时代主题，但世界仍很不太平，战争的达摩克利斯之剑依然悬在人类头上。"他要求我们以史为鉴，警惕军国主义卷土重来，绝不允许历史悲剧重演，绝不允许任何势力侵犯中国主权、安全、发展利益和民族尊严。我们的大阅兵，展示的就是对敌对势力侵略、颠覆和分裂中国图谋的有力遏止，就是对可能发生的侵略战争、可能卷土重来的军国主义的有力防备，说到底，展示的是和平的力量。

大阅兵展示的是和平的力量，习近平在大会上宣布的裁军30万的庄严承诺，展示的是和平的诚意！世界上有哪一个国家像我国这样，在30年左右的时间内，先后裁军100万、50万、30万？日本的领土比我国小得多，人口比我国少得多，每年军费却超过我国，日本的自卫队还要扩充为国防军，军费又得增加多少？我们的裁军，既是和平诚意的展示，又是我们有信心、有力量的表现。我们永远不称霸，永远不搞扩张，我们始终不渝走和平发展道路。

二 高扬爱国主义旗帜，彰显中国精神，揭示抗战必胜和实现中华民族伟大复兴的精神动力

中国积贫积弱，日本的经济和军事实力远超中国，再加上军国主义凶恶残忍，但我们没有被打垮，没有被灭族，反而打败了敌人，迫使敌人在

投降书上签字画押，创造了堪称世界军事史上以弱胜强的奇迹。原因是多方面的，但决定性的因素是什么？习近平作出了如下揭示："以爱国主义为核心的伟大民族精神是中国人民抗日战争胜利的决定因素……爱国主义是中华民族民族精神的核心。近代以来，中国人民为争取民族独立和解放进行的一系列抗争，就是中华民族觉醒的历史进程，就是中华民族精神升华的历史进程。这种民族觉醒和民族精神升华，在抗日战争时期达到了全新的高度……面对民族存亡的空前危机，中国人民的爱国热情像火山一样迸发出来。全体中华儿女众志成城、共御外侮，为民族而战，为祖国而战，为尊严而战，汇聚起气势磅礴的力量。中国人民抱定了'我们万众一心，冒着敌人的炮火前进'的决心，抱定了血战到底、抗战到底的信念，谱写了惊天地、泣鬼神的爱国主义篇章。"

习近平总书记说："在中国人民抗日战争的壮阔进程中，形成了伟大的抗战精神，中国人民向世界展示了天下兴亡、匹夫有责的爱国情怀，视死如归、宁死不屈的民族气节，不畏强暴、血战到底的英雄气概，百折不挠、坚忍不拔的必胜信念。"这是对抗战精神的精辟定义。习近平总书记在颁发纪念章仪式上，按上述抗战精神定义的四个要点，详细阐述了在抗战英雄身上充分展现的爱国情怀、民族气节、英雄气概和必胜信念，说来情真意切，读来感人肺腑。系列讲话讲民族精神、抗战精神、爱国和爱国主义的就有近30处。"天地英雄气，千秋尚凛然。"一个有希望的民族不能没有英雄，一个有前途的国家不能没有先锋。包括抗战英雄在内的一切民族英雄，都是中华民族的脊梁，他们的事迹和精神都是激励我们前行的强大力量。系列讲话中提到的一批抗日英烈，八路军、新四军、东北抗联、国民党军的众多英雄群体，以及外国一批反法西斯战士和国际友人，在他们身上都凝结着伟大的抗战精神，他们用血肉之躯和献身精神，奏响了一曲曲动人心弦的壮丽凯歌，鼓舞着全国各族人民同仇敌忾、团结抗战，也鼓舞着后人一代又一代接续奋斗、不断前行。正如习近平指出的："伟大的抗战精神，是中国人民弥足珍贵的精神财富，永远是激励中国人民克服一切艰难险阻、为实现中华民族伟大复兴而奋斗的强大精神动力。"这就揭示了爱国主义不仅是抗战必胜的精神动力，也是实现中华民族伟大复兴的精神动力。

三 高扬统一战线旗帜，彰显中国力量，揭示中国共产党的中流砥柱作用是抗战胜利的关键

毛泽东曾经明确指出中国共产党在抗日战争中的中流砥柱作用。他说：

抗日战争的经验，给了我们和中国人民这样一种信心，"没有中国共产党的努力，没有中国共产党人做中国人民的中流砥柱，中国的独立和解放是不可能的"。习近平也明确指出："中国共产党的中流砥柱作用是中国人民抗日战争胜利的关键。"

有人提出：国民政府是当时代表中国的合法政府，直接领导和组织了全国的抗战。如何认识这个问题？我认为，只要我们认真学习习近平关于纪念抗战胜利系列讲话，结合抗战的历史实际，采取实事求是的科学态度，我们就会确认，中国共产党的中流砥柱作用是抗战胜利关键的科学结论。习近平在中央政治局第25次集体学习时要求"让历史说话，用史实发言，着力研究和深入阐述"三个问题，一是中国人民抗日战争的伟大意义，二是中国人民抗日战争在世界反法西斯战争中的重要地位，三是中国共产党的中流砥柱作用是中国人民抗战胜利的关键。

习近平集中地阐述了共产党的中流砥柱作用是中国人民抗日战争胜利关键的问题。一是从中国共产党自成立起就承担实现中华民族伟大复兴历史使命的角度讲，共产党捍卫民族独立最坚定，维护民族利益最坚决，反对外来侵略最勇敢。二是从共产党坚持全面抗战路线的角度讲，共产党制定正确战略策略，开辟广大敌后战场，成为坚持抗战的中坚力量。三是从统一战线中的两条路线的角度讲，无论条件多么艰苦、形势多么险恶、战争多么残酷，中国共产党始终坚持抗战、反对投降，坚持团结、反对分裂，坚持进步、反对倒退，同各爱国党派团体和广大人民一起，共同维护团结抗战大局。四是从共产党引领夺取胜利正确方向讲，中国共产党人以自己的政治主张、坚定意志、模范行动，支撑起全民族救亡图存的希望，引领着夺取战争胜利的正确方向，成为夺取战争胜利的民族先锋。

首先，共产党倡导建立抗日民族统一战线。在国外强敌大规模入侵的情况下，必须建立一个广泛的民族统一战线。日本军国主义大规模入侵，民族危机空前严重，中日矛盾上升为主要矛盾，中国共产党主动自觉地提出"停止内战，一致抗日"，积极促成了西安事变的和平解决，率先倡导和建立抗日民族统一战线，推动第二次国共合作，团结和形成了广泛的中华民族抗日力量，实行全民族的抗战路线。我这里用了"主动""自觉"这两个词语，一是为了与国民党比，国民党是被动、消极、保守的，二是共产党掌握和运用了事物矛盾原则和发展规律，原来国内的阶级矛盾是主要矛盾，现在是民族矛盾、中日矛盾上升为主要矛盾。同时，由共产党的性质和宗旨决定，其宗旨是为人民服务，性质是从它一成立起就是工人阶级的先锋队，又是中华民族和中国人民的先锋队，就能主动、自觉地承担起民族独立和人民解放的重担，就责无旁贷和义不容辞地承担起政治领导责任。

习近平多次满怀深情地描述了在同一中国共产党倡导建立的抗日民族统一战线旗帜下的不同生动情景：地不分南北，人不分老幼；全体中华儿女不分党派、民族、阶级、地域；众志成城、同仇敌忾，万众一心、团结奋斗；筑起抗日的钢铁长城，形成人民战争的汪洋大海，掀起保家卫国的伟大斗争，义无反顾投身到抗击日本侵略者的洪流之中……抗日民族统一战线确是我们战胜日本侵略者的重要法宝。

其次，共产党领导抗日敌后战场。抗战中形成了两个战场，即国民党指挥的正面战场，共产党领导的敌后战场。共产党领导的人民军队开辟敌后战场，并建立了抗日民主根据地，党领导的人民武装力量逐步成为整个抗战的中坚力量。

最后，共产党开展的人民战争。这里的要点是：一是人民，只有人民，才是创造历史的真正动力。系列讲话出现频率最多的是"人民"一词，一共200多次。共产党深入群众、发动群众、组织群众、武装群众。二是游击战的战略地位，它不是小打小闹，也不仅是战术性的，它实行灵活机动的战略战术。对此，习近平是这样评价的：全民族抗战是中国人民抗日战争胜利的重要法宝。人民群众是战争胜利最深厚的伟力。中国共产党坚持动员人民、依靠人民，提出和实施持久战的战略总方针和一整套人民战争的战略战术，广泛开展伏击战、破袭战、地雷战、地道战、麻雀战等游击战的战术战法，使日本侵略者陷入人民战争的汪洋大海之中。因此，习近平在大会上的讲话，最后振臂高呼："人民必胜！"这是由抗日战争历史所启示的伟大真理。

四　高扬民族复兴旗帜，彰显中国梦想，揭示抗战胜利对开启中华民族浴火重生、伟大复兴征程的伟大意义和光明前景

何为复兴？复兴就是过去辉煌，后来衰败，现在要重振雄风，再铸辉煌。系列讲话出现"民族复兴"字样的有20多处。

习近平详细回顾了中华民族伟大复兴的由来和发展过程。他说：中华民族是一个有着5000多年文明史的伟大民族，为人类文明进步作出了不可磨灭的贡献。进入近代以后，由于列强的入侵和封建统治的腐败，中国落后了，一步步成为半殖民地半封建社会，特别是由于日本军国主义的野蛮

入侵，中华民族濒临亡国灭种的境地。接着又回顾了抗日战争的过程、抗战的惨烈和抗战的胜利。关于抗战胜利的意义，习近平指出：这是近代以来中国抗击外敌入侵的第一次完全胜利，是中华民族由近代以来陷入深重危机走向伟大复兴的一个历史转折点。他还一连用了三个排比句加以阐述：这一伟大胜利，彻底粉碎了日本军国主义殖民奴役中国的图谋，洗刷了近代以来中国抗击外来侵略屡战屡败的民族耻辱；这一伟大胜利，重新确立了中国在世界上的大国地位，使中国人民赢得了世界爱好和平人民的尊敬；这一伟大胜利，开辟了中华民族伟大复兴的光明前景，开启了古老中国凤凰涅槃、浴火重生的新征程。

中国共产党从成立那一天起，就是中国工人阶级的先锋队，同时是中国人民和中华民族的先锋队，就肩负起实现中华民族伟大复兴中国梦的庄严使命。中国抗日战争胜利70年来，中国发生了翻天覆地的变化。中国共产党团结带领人民前仆后继、持续奋斗，把贫穷落后的旧中国变成了日益走向繁荣富强的新中国。一方面，习近平指出：我们现在比历史上任何时期都更加接近中华民族伟大复兴的目标；另一方面，习近平又指出："我们也清醒地认识到，实现我们的奋斗目标，逐步实现全体人民共同富裕，实现中华民族伟大复兴的中国梦，必须准备进行具有许多新的历史特点的伟大斗争。"这里的最后一句话，是一个重要提法，是一个重大命题，是在习近平负责起草的十八大报告中第一次提出来的，以后又重提多次。我个人体会，准备进行具有许多新的历史特点的伟大斗争，自然要解决发展起来后出现的3+1道难题，三道是国内的，一道是国际的，这就是：政治上的权力腐败，经济上的两极分化，思想上的道德下滑，再加上国际上的美国围堵。美国围堵，包括经济上的围堵、军事上的围堵，有的美国亲自出马，有的支持、纵容、鼓励、鼓动菲律宾、日本这样的盟友，在南海和东海兴风作浪，唯恐天下不乱！我们深信，以习近平为总书记的党中央，有决心和勇气，有智慧和能力，带领全党和全国人民，迎接新的伟大斗争，克服一切艰难险阻，协调推进"四个全面"，朝着"两个一百年"目标，夺取新的伟大胜利！

五　高扬人类文明旗帜，彰显中国智慧，揭示各种文明互流互鉴和谐共存规律和合作共赢发展新路

在世界反法西斯战争胜利凯歌声中诞生的联合国和《联合国宪章》，确立了全球范围内的主权平等原则，战后和平与安全得到了基本保障。但至今《联合国宪章》的宗旨和原则并未得到完全遵守，国际关系中的不公正现象屡有发生。近年来，一些地区和国家，政治动荡、文明摩擦、恐怖危机、经济低迷、社会失序，造成国际经济政治秩序的不正常、不公正、不平等、不合理。历史已站在一个新的起点上。世界向何处去？世界将建立一个什么样的国际关系？一个什么样的国际关系才能更好地贯彻和落实《联合国宪章》的宗旨和原则，才能更有效地维护和发展以联合国为核心的国际体系？联合国将怎样深入思考、更好回答 21 世纪世界和平与发展这一重大课题？

正当中国人民和世界人民隆重纪念中国抗日战争和世界反法西斯战争胜利 70 周年之际，正当联合国成立 70 周年之际，中国国家主席习近平健步走上联合国大会神圣而庄严的讲台，向世界发出了中国声音，传递了中国理念，提出了中国倡议，回答了时代需要人们回答的问题，彰显了中国智慧和中国贡献，从而构建了新型国际关系理论体系，指明了世界和平发展的新路。

首先，习近平宣告："和平、发展、公平、正义、民主、自由，是全人类的共同价值，也是联合国的崇高目标。目标远未完成，我们仍须努力。当今世界，各国相互依存、休戚与共。我们要继承和弘扬《联合国宪章》的宗旨和原则，构建以合作共赢为核心的新型国际关系，打造人类命运共同体。"这里的第一句话，高扬了人类文明的旗帜，揭示了全人类的共同价值和奋斗目标，即揭示了新型国际关系的总依据。最后一句话阐明了当今世界的主题，揭示了新型国际关系的总任务。这个总任务的核心是合作共赢，合作而不是对抗，共赢而不是独占、单赢，就是不搞零和博弈和赢者通吃。

接着，围绕上述总依据和总任务，习近平阐述了"五位一体"的总布局：

——我们要建立平等相待、互商互谅的伙伴关系。世界的前途命运必须由各国共同掌握。世界各国一律平等，不能以大压小、以强凌弱、以富欺贫。主权原则不仅体现在各国主权和领土完整不容侵犯、内政不容干涉，还应该体现在各国自主选择社会制度和发展道路的权利应当得到维护，体现在各国推动经济社会发展、改善人民生活的实践应当受到尊重。要坚持多边主义，不搞单边主义；要奉行双赢、多赢、共赢的新理念，扔掉我赢你输、赢者通吃的旧思维。协商是民主的重要形式，也应该成为现代国际治理的重要方法，要倡导以对话解争端、以协商化分歧。要在国际和区域层面建设全球伙伴关系，走出一条"对话而不对抗，结伴而不结盟"的国与国交往新路。大国之间相处，要不冲突、不对抗、相互尊重、合作共赢。大国与小国相处，要平等相待，践行正确义利观，义利相兼，义重于利。

——我们要营造公道正义、共建共享的安全格局。弱肉强食是丛林法则，不是国与国相处之道。穷兵黩武是霸道做法，只能搬起石头砸自己的脚。要摒弃一切形式的冷战思维，树立共同、综合、合作、可持续安全的新观念。要充分发挥联合国及其安理会在止战维和方面的核心作用，通过和平解决争端和强制性行动双轨并举，化干戈为玉帛。要推动经济和社会领域的国际合作齐头并进，统筹应对传统和非传统安全威胁，防战争祸患于未然。

——我们要谋求开放创新、包容互惠的发展前景。大家一起发展才是真发展，可持续发展才是好发展。要实现这一目标，就应该秉承开放精神，推进互帮互助、互惠互利。我们要共同营造人人免于匮乏、获得发展、享有尊严的光明前景。

——我们要促进和而不同、兼收并蓄的文明交流。人类文明多样性赋予这个世界姹紫嫣红的色彩，多样带来交流，交流孕育融合，融合产生进步。文明相处需要和而不同的精神。只有在多样中相互尊重、彼此借鉴、和谐共存，这个世界才能丰富多彩、欣欣向荣。不同文明凝聚着不同民族的智慧和贡献，没有高低之别，更无优劣之分。文明之间要对话，不要排斥；要交流，不要取代。人类历史就是一幅不同文明相互交流、互鉴、融合的宏伟画卷。我们要尊重各种文明，平等相待，互学互鉴，兼收并蓄，推动人类文明实现创造性发展。

——我们要构筑尊崇自然、绿色发展的生态体系。要解决好工业文明带来的矛盾，以人与自然和谐相处为目标，实现世界的可持续发展和人的全面发展。建设生态文明关乎人类未来。国际社会应该携手同行，共谋全球生态文明建设之路，牢固树立尊重自然、顺应自然、保护自然的意识，坚持走绿色、低碳、循环、可持续发展之路。

以上关于新型国际关系的总依据、总任务和总布局的阐述，句句都是和平外交宣示，条条都是合作共赢主张，从而构成新型国际关系理论体系的基本框架和世界和平发展新路的基本线路。

在阐明新型国际关系的总依据、总任务和总布局即世界和平发展新路的基本内容后，习近平阐述了中国梦与各国人民梦想的关系，即世界和平发展道路与中国和平发展道路的关系，中国和平发展对世界和平发展的贡献——13亿多中国人民正在为实现中华民族伟大复兴的中国梦而奋斗。中国人民的梦想同各国人民的梦想息息相通。实现中国梦，离不开和平的国际环境和稳定的国际秩序，离不开各国人民的理解、支持、帮助。中国人民圆梦必将给各国创造更多机遇，必将更好促进世界和平与发展。然后，习近平向世界作出了三条中国承诺：

——中国将始终做世界和平的建设者，坚定走和平发展道路，无论国际形势如何变化，无论自身如何发展，中国永不称霸、永不扩张、永不谋求势力范围。

——中国将始终做全球发展的贡献者，坚持走共同发展道路，继续奉行互利共赢的开放战略，将自身发展经验和机遇同世界各国分享，欢迎各国搭乘中国发展"顺风车"，一起来实现共同发展。

——中国将始终做国际秩序的维护者，坚持走合作发展的道路。中国是第一个在《联合国宪章》上签字的国家，将继续维护以《联合国宪章》宗旨和原则为核心的国际秩序和国际体系。中国将继续同广大发展中国家站在一起，坚定支持增加发展中国家特别是非洲国家在国际治理体系中的代表性和发言权。中国在联合国的一票永远属于发展中国家。

而后，习近平向世界宣布了支持联合国和平与发展事业、支持发展中国家开展南南合作、支持联合国维护和平行动、支持世卫组织和联合国妇女署工作、向非盟提供无偿军事援助等一系列行动措施，做出中国担当，彰显中国贡献。

最后，习近平向世界发出呼吁和号召：在联合国迎来又一个10年之际，让我们更加紧密地团结起来，携手构建合作共赢新伙伴，同心打造人类命运共同体。让铸剑为犁、永不再战的理念深植人心，让发展繁荣、公平正义的理念践行人间！

附录二

党内民主是党的生命[*]
——读列宁的政治遗嘱《给代表大会的信》

朱峻峰

　　我这一辈子读过无数的书，但没有这本书这样多次激荡过我的心扉，这本书也不是一部鸿篇巨制，而是只有几页纸的短短信札。这些信札不仅多次震撼了我，也震撼过世界上无数各种不同心态的人们。这就是作为列宁政治遗嘱的《给代表大会的信》。

　　作为列宁的政治遗嘱，广义来说，是他病重病危，不能写了，由他口授记录下来属于政治方面的文字，包括以下两部分：一是分6天口授《给代表大会的信》（以下简称《信》）；二是他多次口授，记录下来后成多篇文章，即《关于民族或"自治化"问题》（以下简称《民族》）、《论合作社》、《论我国革命》、《我们怎样改组工农检查院》（以下简称《改组》）、《宁肯少些，但要好些》（以下简称《宁肯》）等。内容涉及党的建设、党和国家政治制度改革、民族问题、合作社、革命道路、发展生产力、文化革命等问题。狭义来讲，称为列宁遗嘱的就是《给代表大会的信》。除《信》和《民族》外，其余几篇都在列宁逝世前发表过。

　　我最早读到列宁的《信》是在20世纪80年代末《列宁全集》第二版第43卷刚出版时，以后多次阅读这些信，是在1995年6月《列宁选集》第

---

　　*　这是作者参加2011年1月《求是》杂志社机关党委组织的"书香难忘"有奖征文活动，经专家匿名评审，此文荣获一等奖。此文主体内容以《列宁对党内民主的最后交代》为题发表于2011年2月21日中央党校《学习时报》。

三版第 4 卷刚出版时。因为以前版本的《列宁全集》和《列宁选集》都未刊登这些信。多次阅读，我都很震撼，体会一次比一次深。当我看了我党的十六大报告后，我再读列宁的《信》，得到最深刻的体会是这样九个大字——"党内民主是党的生命"。

一　列宁忧心忡忡抱病口授遗嘱

列宁经常极度紧张和不间断地工作，致使他于 1922 年 5 月第一次中风，右臂右腿部分失去作用。同年 12 月，他第二次中风，病情恶化，先右臂右腿瘫痪，后整个右半身瘫痪，丧失了独立工作能力，但头脑非常清醒，能深度思考问题。当时，俄国内的战争已经结束，由于实行新经济政策，经济形势已经好转，对此列宁是放心的。令他不安的是，党的建设有所削弱，而党的高层权力过多集中于斯大林，党的集体领导、党内民主以及党和人民的监督相当薄弱，高层不稳，存在分裂的危险。面对列宁的病情，俄共（布）中央政治局通过决定，不准他过问所有党政事务，并委托斯大林负责列宁的生活和医疗。就是说，让斯大林负责断绝列宁同工作人员之间的个人联系和信件往来，负责监督执行医生为列宁规定的制度。列宁清楚地意识到自己的生命即将走向尽头，而一些有关党和国家的重大事情，使他焦虑不安、忧心如焚，他决定口授一系列札记。但中央政治局的决定又不让他这么做，于是他向中央要求，允许他每天用很短的时间口授日记，否则他完全拒绝治疗。这似是一个"最后通牒"。在此情况下，斯大林、加米涅夫、布哈林代表政治局与医生研究后决定：第一，列宁每天可以口授 5～10 分钟，但这不应带有通信的性质；第二，禁止会客；第三，无论是朋友还是家属，都不要向列宁报告任何政治生活的事，以免引起他的思索和激动。为了列宁的健康，对他的一些活动作些限制，这是必要的，但连通信会客都不准，连跟家属也不能谈政治，这就有些难以接受。此时斯大林已经掌握了最高权力，并觉察到列宁对他有所不满，因此也不想让列宁谈及政治。而列宁对不让他谈任何政治问题非常不满，他对他妹妹乌里扬诺娃多次抱怨说，政治活动家怎么能不谈政治，而去谈别的东西？面对压力，列宁出于对党的前途和命运的无比忧虑和高度负责，不顾病魔折磨，以他特有的坚强意志和惊人毅力，毅然从 1922 年 12 月 23 日起开始口授给代表大会的信和其他政治遗嘱，以表达他对党和国家一些重大政治问题的深度不安和高度关切。

二　遗嘱的核心思想内容——党内民主

分6天口授的遗嘱，一共3000多字，没有任何"民主"或"党内民主"的字样，但全信通篇都体现了"党内民主"的重要思想。

其一，列宁作为党的创始人和领袖，临终自然要考虑接班人问题，但他没有指定也没有明确建议谁当接班人。他着眼于党内民主制度建设，着眼于党的制度的改革，因此遗嘱的第一句话就开宗明义："我很想建议在这次代表大会上对我们的政治制度作一系列的变动"。接着又讲对中央委员会的构成进行改革，"不实行这种改革"，"我们的中央委员会就会遭到很大的危险"。

其二，他的信是专门写给党代表大会的，既不是写给中央委员会，也不是写给中央政治局、中央组织局或中央书记处，因为党代表大会是党的最高权力机关，中央最高领导班子的事，接班人的事，应由党代表大会决策和选举产生。

其三，他反复建议中央委员会的人数增加到几十人到100人，这些人又必须是工人和农民党员，即通过增加中央委员人数和改变中央结构成分，用权力配置和权力制衡来解决权力集中在极少数人、集中到斯大林一人身上的弊端，依靠多数中央委员形成和通过党的正确决议，提高党中央领导集体的威信，加强和改善中央的集体领导，加强中央领导集体对最高层的监督和制约，防止小部分人特别是斯大林与托洛茨基这两个"强人"之间的冲突引起党中央分裂的危险。这是列宁关于通过加强党的集体领导达到党的团结统一与党内民主高度一致的重要思想。列宁还强调，这样做"就能比其他任何人更好地检查、改善和改造我们的机关"，因为这些机关"实质上是从旧制度继承下来的""糟透了的机关"。

其四，怀着对党的事业高度负责的精神，对6位中央领导人的德才表现和优缺点作了客观公正的评价，一是供代表大会选举领导人作重要参考；二是期望他们各自能扬长避短、发扬成绩、弥补不足、知错补过，相互之间能取长补短、谦恭礼貌、关心同志，妥善处置意见分歧，避免冲突，防止分裂；三是因为他们各有优缺点，没有一个占绝对优势，因此必须戒骄戒躁，更要发扬集体领导作用，避免将权力集中到个人手里。列宁健在时，凭他的崇高威望，加上他能团结中央高层一班人共同工作，因而中央是稳定的，现在他意识到在他病危和不在世的情况下，党中央可能出现不稳定、分裂的危险。他在信中尖锐指出：国内外的敌人反对苏维埃俄国的赌博中，"把赌注押在我们党的分裂上"，"又把赌注押在党内最严重的意见分歧上"。列宁分析了当时中央两位主要领导斯大林和托洛茨基的"个人特性"和相互关系，提出了防止分裂的措施。他说："稳定性的问题基本在于像斯大林和托洛茨基这样的中央委员。依我看，分裂的危险，一大半是由他们之间的关系构成的，而这种分裂是可以避免的，在我看来，把中央委员人数增加到50人，增加到100人，这应该是避免分裂的一种办法。"

　　其五，列宁对中央6位领导人的评价，充分体现了列宁善于团结不同意见特别是反对过自己的同志一道工作的民主作风，体现了革命领袖的博大胸怀和领导品格。托洛茨基曾经反对过列宁的建党思想，挑起关于工会问题的争论，不支持列宁关于同德国签订布列斯特和约的主张，但他担任党中央政治局委员和军事要职。列宁在信中肯定了他的杰出才能，当然也指出他过分自信等缺点。布哈林是"左派共产主义者"的首领，反对列宁签订布列斯特和约，不支持列宁关于工会问题的主张。但他担任中央政治局候补委员。列宁在信中首先肯定他"是党的最宝贵的和最大的理论家"，"被认为是全党喜欢的人物"，当然也指出"他的理论观点能不能说是完全马克思主义的，很值得怀疑"，"其中有某种烦琐哲学的东西"，"从来没有完全理解辩证法"。季诺维也夫和加米涅夫在十月革命前夕反对武装起义，还公开泄露党准备武装起义的计划，列宁痛斥他们"叛变"，骂他们为"内奸"，但他们仍是中央政治局委员和任苏维埃要职。列宁在信中一方面严肃指出他们的上述错误"不是偶然的"，同时又说"但是此事不大能归罪于他们个人"。对斯大林，列宁是最放心不下的。列宁强调，"斯大林同志当了总书记，掌握了无限的权力，他能不能永远十分谨慎地使用这一权力，我没有把握。"正是斯大林与托洛茨基之间的关系构成了党中央分裂的危险，并且严厉地指出："斯大林太粗暴"，而这一缺点"在总书记的职位上就成为不可容忍"，因此列宁郑重"建议同志们仔细想个办法把斯大林从这个职位上调开，任命另一个人担任这个职位，这个人在所有其他方面只要有一点强过斯大林同志，这就是较为耐心、较为谦恭、较有礼貌、较能关心同志，而较少任性等等。"这是列宁遗嘱的核心和实质所在。

　　除了在信中批评斯大林外，列宁还在《民族》等文章中严厉地指名批评了斯大林在民族问题上的"大俄罗斯民族主义"的错误倾向。1922年10月，俄共（布）中央通过了包括俄罗斯联邦在内的各民族共和国根据平等原则联合成苏维埃社会主义共和国联盟的决议，规定格鲁吉亚等三国通过外高加索联邦而不是直接加入即将成立的苏联。但格鲁吉亚反对，他们要求直接加入苏联。为此引起了民族纠纷，格鲁吉亚多个领导人受到被撤职等处分，甚至有的还挨了打。斯大林在处理这个问题时采取了大俄罗斯民族主义态度，列宁批评他在这件事情上表现出来的"急躁"和"愤恨"，对这一事件起了决定性的作用，"愤恨通常在政治上总是起极坏的作用"，斯大林应承担政治上的责任。

其六，为了加强对党中央高层的监督，加强对总书记和政治局的监督，列宁强调必须加强中央监察委员会。列宁在信中谈到作为国家监察机关的工农检查院，当时的工农检查院不能胜任检查的职能，只是成了中央委员的"附属品"和"助手"。因此列宁在《改组》和《宁肯》等文章中提出要改善和改造工农检查院，并且把加强中央监察委员会与工农检查院的改组结合起来。他建议要从工人和农民中选出 75～100 名新的中央监察委员，当选者应经过党的资格审查，通过多种考试，以提高其素质，且享受中央委员的一切权利，有权参加政治局的一切会议，审议政治局的任何决定和文件。这样就形成了以党的监察为核心，把党、国家和人民的监察统一和结合起来。列宁特别强调，具有很高威信的中央监察委员会能够监察总书记。他指出："有一定的人数必须出席政治局每次会议的中央监察委员会的委员们，应该形成一个紧密的集体，这个集体应该'不顾情面'，应该注意不让任何人的威信，不管是总书记，还是某个其他中央委员的威信，来妨碍他们提出质询，检查文件，以至做到绝对了解情况并使各项事务严格按照规定办事。"列宁在这里又一次点出"总书记"，又一次强调中央监察委员会应该监督中央的决策，能够监督和制约总书记。

三 遗嘱遭遇的命运

列宁的这些信，是要提交给即将召开的党的十二大的，希望在十二大解决信上提出的问题。除第一封信当天即送斯大林外，其他的信都是密封的，列宁要求负责记录的值班秘书在信封上写明只有列宁本人才有权拆阅，如果他去世，只有他的夫人克鲁普斯卡娅有权拆阅。

在党的十二大召开前夕，列宁病情恶化，丧失语言能力，他已无法安排和嘱咐其秘书或夫人向十二大送交这些信件了，其夫人也没有把信交给十二大。列宁逝世后，到 1924 年 5 月 18 日，党的十三大前夕，克鲁普斯卡娅将列宁的信交给中央委员会。列宁的信不是在十三大的大会上向全体代表全文传达，而只是给各代表团团长传达，由团长再向代表作要点传达，而且信件不能复印，这就限制了传达的范围和内容。一直到1956年苏共召开二十大，才向全体代表传达，还分发给各地党组织，并由《共产党人》杂志公开出版。

在以后的实践中，列宁的遗嘱没有得到贯彻落实，除有些措施本属于探索性质而带有某种设想成分或情况有所变化外，主要是斯大林的干扰和否定。

关于增加工农成分扩大中央委员会，被斯大林利用，因为书记处、组织局都是斯大林负责的，而增选的人都由书记处和组织局提名、审查、挑选、任命，在中央就造成了有利于斯大林的大多数。

关于把斯大林调离总书记职位的建议，在实践中被否定了，因为一方面，斯大林表示接受列宁的批评，且在开始的时候斯大林还注意收敛和改进，另一方面，中央也没有因为斯大林而出现分裂，因而政治局多数不赞成列宁的建议，权力更加集中到斯大林一人手里。

关于总书记应该受到制约和监督的思想，也被斯大林给否定了。第一，在中央委员会与中央监察委员会的关系上，列宁规定两者是平等的，监察委员会监督中央委员会，斯大林把这改变为中央委员会领导中央监察委员会，具体表述为："党的监察委员会按党和中央的指示进行工作"，并规定由中央委员会派书记处书记为监察委员会领导者，中央监察委员会成为中央委员会的"附属品"。第二，中央监察委员会本来由党的代表大会这一最高权力机关选举，斯大林把这改为监察委员会由中央委员会任命。第三，中央监察委员有权监督党和国家领导机关和领袖人物，但到斯大林时，监督对象不是"对上"，而是"对下"了，规定中央监察委员会的"主要注意力集中于检查党和党中央委员会决议的执行情况"，"对中央机关决议情况的检查"。

四 列宁逝世32年后苏共二十大掀起"斯大林问题"的政治大风波

列宁在1924年初与世长辞，终年54岁，属英年早逝。这对苏联党和国际共产主义运动都是重大损失。列宁谢世32年后的1956年2月，苏共二十大公布了列宁的政治遗嘱，赫鲁晓夫在他所作的关于斯大林个人崇拜及其后果的长篇"秘密报告"中宣读了这个遗嘱，从而掀起了"斯大林问题"

的政治大风波。苏共二十大对个人崇拜的批判，在社会主义国家中有其积极的一面，但它全盘否定斯大林，把所有问题完全归罪于斯大林个人及其性格，不仅造成了苏共党内思想的大混乱，也导致了国际共产主义运动的大分裂，以美国为首的西方资本主义国家，也借此掀起反苏、反共、反社会主义的大恶浪，在全世界造成了极其严重的后果。在中苏两党之间也由此开始了大争论。1961 年苏共二十二大又掀起批判斯大林的高潮，1963 ～ 1964 年中苏两党展开了公开的大论战，斯大林问题是这次大论战中最突出的问题之一。以毛泽东为首的党中央全面地阐明了我们党对待斯大林问题的原则立场，在国际共产主义运动中引起了强烈反响。

苏共批判斯大林，毛泽东的心情是复杂的，因为在民主革命时期，造成最大损失的王明"左"的错误，根源在于斯大林和共产国际对中国革命的错误指导，抗战胜利后，斯大林又不让中国共产党反抗蒋介石发动的反革命内战，中国革命胜利了，毛泽东又被斯大林怀疑为"半个铁托"。此时，毛泽东完全抛开个人感情，从国际共产主义运动的大局出发，旗帜鲜明地强调："我们第一条是保护斯大林，第二条是也批评斯大林的错误"；斯大林有伟大功绩，也有严重错误，而功绩是主要的。此时，毛泽东既有喜，也有忧，喜的是可以破除迷信，解放思想，敢讲真话，敢想问题，忧的是对斯大林全盘否定，一棍子打死，会引起思想的混乱和严重后果。

"斯大林问题"出来后，毛泽东利用各种机会，在各个不同场合，在各种会议上和各种交谈中，跟其他中央领导谈，也跟起草相关文件的负责同志谈，在党的八大上讲，也跟外国党的代表团讲，反复强调的是要从中总结和吸取经验教训，这主要是：

第一，解放思想，独立思考，破除那种认为苏联、苏共和斯大林一切都正确的迷信，有利于反对教条主义，从此不要再硬搬苏联的一切了，应该把马列主义的基本原理同中国革命和建设的具体实际结合起来。在民主革命时期，在吃了亏之后成功地实现了这种结合，取得了新民主主义革命的胜利，现在是社会主义革命和建设时期，我们要进行第二次结合，努力探索和找出在我们国家里怎样建设社会主义的具体道路。

第二，要用制度来防止个人崇拜，保证集体领导的实施。他说，要在中国党和国家的政治生活中建立一种制度，用以防止发生个人突出和个人崇拜，保证群众路线和集体领导的贯彻实施，减少工作中脱离实际情况的主观主义和片面性。

第三，我们破除了苏联关于社会主义社会只有差别没有矛盾的传统观念，初步认识了社会主义社会的矛盾问题。在社会主义社会里，革新与守旧、先进与落后、正确与错误、积极与消极这些矛盾，都是经常会发生的，旧的矛盾解决了，新的矛盾又产生了。毛泽东说：斯大林在一个长的时期，就是不承认社会主义社会有矛盾。但到他的晚年，1952年的时候，他写了一本书叫作《苏联社会主义经济问题》，在那本书里头承认生产关系与生产力之间是有矛盾的。两者处理好，就可以不发展为对抗的矛盾；处理得不好，那就要发展为对抗，就发展为冲突。他已经看出这一点了。应该肯定，社会主义社会矛盾是存在的。基本的矛盾就是生产关系同生产力之间、上层建筑同经济基础之间的矛盾。这些矛盾表现为人民内部的矛盾。

第四，由于斯大林在晚年深陷个人崇拜和主观主义的泥坑，违反党的民主集中制，违反集体领导，破坏国家法制，因而发生了肃反扩大化的严重错误，造成了不少冤假错案。在八大期间，毛泽东跟一个外国党的代表团说："我们曾和苏联同志谈过，如果过去对布哈林、季诺维也夫，甚至托洛茨基，不采取赶走他们和枪毙他们的办法，而仍留他们在党内，仍选举他们做中央委员，是否会更好一些。"毛泽东还讲，苏联在社会主义条件下仍找专政对象，大批捉人杀人，继续行使国家机构的专政职能，还要继续进行阶级斗争，这就是错误的根源。他还说，斯大林严重破坏社会主义法制这样的事件，在英、法、美这样的西方国家不可能发生。

五　牢记"党内民主是党的生命"，把我们党建设成最具生命力的党

当年列宁在遗嘱中说："斯大林……掌握了无限的权力，他能不能永远十分谨慎地使用这一权力，我没有把握。"列宁的话不幸言中。在谨慎使用权力上，斯大林只做到"一时"，却没有做到"永远"，不仅不谨慎，简直是滥用，教训不可不谓深刻。后来苏联解体、东欧剧变、苏共执政地位丧失，原因是多方面的，但苏共长期以来党内民主和国家法制遭到破坏，可以说早已埋下了祸根。教训不可不谓深刻。

毛泽东总结斯大林问题的上述几条经验教训，不可不谓深刻。但在后来的实践中并没有解决问题，发生了"文化大革命"这样的悲剧，教训也不可不谓深刻。邓小平在十一届三中全会以后曾经精辟指出："斯大林严重破坏社会主义法制，毛泽东同志就说过，这样的事件在英、法、美这样的西方国家不可能发生。他虽然认识到这一点，但是由于没有在实际上解决

领导制度问题以及其他一些原因，仍然导致了'文化大革命'的十年浩劫。这个教训是极其深刻的。"江泽民同志的十六大报告，正是鉴于苏联党和中国党的历史经验教训，第一次响亮地提出"党内民主是党的生命"，并指出：党内民主对人民民主具有重要的示范和带动作用。在这个基础上，胡锦涛同志的十七大报告进一步指出："党内民主是增强党的创新活力、巩固党的团结统一的重要保证。"同时又与"党内民主是党的生命"相对应，鲜明地提出"人民民主是社会主义的生命"，并且进一步强调党内民主和人民民主的相互关系，指出："要以扩大党内民主带动人民民主，以增进党内和谐促进社会和谐。"把民主提高到党的生命和社会主义生命的高度，并这样强调党内民主和人民民主两者之间的关系，在党和社会主义的历史上是第一次，是对社会主义发展规律和执政党建设规律的深刻认识。

让我们牢记"党内民主是党的生命"，把我们党建设成最具生命力的党！让我们牢记"人民民主是社会主义的生命"，把我们国家建设成最具生命力的中国特色社会主义国家！

附录三

"永远紧跟党高高举起
中国特色社会主义伟大旗帜"*

——我是怎样学习和宣传党的十八大精神的

朱峻峰

现在，人们都在热议中国梦，有的地方和单位正在举办"中国梦·我的梦""我的中国梦"等活动，由此将学习和贯彻十八大精神推向新的高潮。笔者联系自己学习宣传十八大精神和习近平总书记一系列重要讲话，领悟融入中国梦的我的梦。

在党的十八大召开之前，我应社会科学文献出版社之约，撰写了一部书稿——《中国共产党与中国特色社会主义道路》，全书 69.8 万字，由中宣部、新闻出版总署确定为"迎接党的十八大主题出版重点出版物"，在十八大召开前夕即 2012 年 10 月出版。此书以党的领导为核心，以中国特色社会主义道路为主题和主线，以中国特色社会主义理论体系和中国特色社会主义制度作配合，以实现现代化和中华民族伟大复兴为目标，对中国特色社会主义及其方方面面，作出全面而深刻的阐述。全书分上、下两篇。上篇是本书的主体，共十二章，是在十八大前夕紧张赶写出来的，主要包括：

---

* 此文由中国社会科学网于 2013 年 6 月 18 日全文首发，原标题的主标题为"融入中国梦的我的梦"。现标题的主标题是收入本书时改的，出自习近平总书记的讲话（《习近平谈治国理政》，外文出版社，2014，第 50~51 页）。从此文的内容和时间上看，此文应为朱峻峰所作《道路自信》一书附录《在中国特色社会主义伟大旗帜下》的续篇，而本书的出版又为此文增添了新的一页。

中国共产党领导社会主义现代化建设的基本经验；中国特色社会主义道路的理论渊源；毛泽东对这条道路的艰辛探索；邓小平对这条道路的成功开辟；江泽民对这条道路的拓展；胡锦涛对这条道路的发展；中国特色社会主义道路的界定和框架结构；中国特色社会主义理论体系；中国特色社会主义制度；中国特色社会主义道路同旗帜、事业、理论体系、制度和基本路线的关系；中国特色社会主义的世界意义；"中国道路"和"中国模式"评析；需要坦诚直面和稳妥解决中国特色社会主义道路躲不开、绕不过的3＋1道难题——政治领域的权力腐败、经济领域的两极分化、思想领域的道德下滑、国际领域的美国围堵；坚持中国特色社会主义道路，实现中华民族的伟大复兴。通过以上理论探析，强调中国共产党对社会主义现代化建设的坚强领导和基本经验，阐释中国共产党探索、开辟、坚持和发展中国特色社会主义道路的必然性和正确性，坚定坚持这条道路的信念，为实现中华民族的伟大复兴而努力奋斗。下篇首先按中国特色社会主义道路内容的框架结构形成各大主题，在各大主题下汇编的是笔者自十一届三中全会到十八大前夕在报刊上发表的部分文章，基本上按发表的时间，同时又按邓小平、江泽民、胡锦涛论述为序排列。下篇如此排列主要是为了体现中国特色社会主义道路内容和框架结构，同时为了真实地反映历史和现实，一方面可以真实地体现中国特色社会主义理论和中国特色社会主义道路形成和发展的历程，另一方面可以真实地反映笔者既沐浴着几届党中央领导集体创新理论的阳光雨露又进行着艰辛和不倦耕耘所留下的和着时代节拍的理论足迹。因此，全书以一部专著和一批文章展现出中国共产党和中国特色社会主义道路的巨幅画面，也反映了融入中国梦的我的梦。

十八大召开后，我逐字、逐句、逐段地反复学习十八大报告和十八大通过的党章，力求深刻、全面、准确地领会十八大精神。为了总结自己学习十八大报告和党章的体会，我写了《党的十八大对坚持和发展中国特色社会主义的历史性贡献》的学习提纲。这个提纲共分七部分：前五个部分讲十八大报告的主要内容（一是总结了近五年和近十年的成就，确立了科学发展观为党的指导思想，二是揭示了中国特色社会主义以道路、理论体系和制度为一体的丰富内涵，提出了夺取中国特色社会主义新胜利的基本要求，三是确认了我国仍处于重要战略机遇期，规划了全面建成小康社会和全面改革开放的目标，四是提出了中国特色社会主义伟大事业五位一体的总体布局，并相应作出了全面部署，五是提出了党的建设新的伟大工程五位一体的总体布局，对全面提高党的建设科学化水平提出了明确要求）；第六部分讲新党章的内容，特意与十七大的老党章逐字、逐句、逐条作对照，整理出 31 处修改，在老党章上一一增写修改上去，在新党章上又一一标示出来，着重领会这 31 处修改的内容和意义；第七部分讲选举产生了以习近平为总书记的新一届党中央领导集体。

2012 年 11 月底，我在社会科学文献出版社学习十八大精神会议上，应邀作了《党的十八大对坚持和发展中国特色社会主义的历史性贡献》的辅导发言，并制作了一个 PPT。这个辅导发言和 PPT 都是在上述《学习提纲》基础上所作的展开，其中都包含新党章新增写的内容。

2012 年 12 月中旬，我住地的社区居委会主任兼党总支书记井爱荣找我说："您知道十八大的党章修改了多少处吗？"我脱口而出："修改了 31 处"，而且告诉她具体修改的地方。原来事情是这样的。井爱荣的老妈陈宝秀 86 岁，不久前骨折伴有并发症，住进了一家解放军医院，陈老太 19 岁参军，参加过三大战役，立过八次战功，党龄 63 年，军队离休干部。井爱荣到医院看她老妈，老妈提出："十八大开过了，我在医院住着，我是个党员，我只从电视里看到新闻，说党章修改了，改了几处呀？"井爱荣告诉老妈："是修改了，几处不太清楚呢！党章刚发到，还没有学呢！"对女儿的说法，老妈很不满意，老妈说："女儿还是党总支书记呢，怎么不知道党章修改了几处？"一个病在医院的老革命、老共产党员、离休干部，那么关心党的十八大，关心新党章，完全出于自觉，她认为对女儿提这样的问题是合情合理、理所当然的，女儿回答她的问题也是应该的。殊不知，老妈这样提问题，对于一个最基层领导的女儿来说实在是一个苛求。井爱荣说："我听过几场关于十八大精神的辅导报告，涉及'党章修改多少处'的说法大不相同。想照搬人家现成的不行，自己又不可能都弄清，这下让老妈问住了，挺郁闷，可老妈是糊弄不得的。"正在她一筹莫展的时候，无意中问到了我，找到了满意的答案，我不仅给了她我那辅导提纲 PPT，而且交给她新老党章如何修改的材料。她看了非常满意，高兴地说："太精确了，老党章是怎样的，新党章是怎样修改的，连修改的标点符号都标注出来了。这下可好了，我在老妈那里可过关了。"然后，井爱荣拿着我提供的这些材料到医院，一样一样给她老妈看，一条一条给她老妈讲，她老妈还不时提问，包括"为什么要把生态文明写进党章呀"等问题。这位陈老太在病床上学习党章的事在医生护士中传开了，有护士查房问她党章修改多少处，老太能迅速准确地回答。井爱荣还让我到本社区和街道其他社区辅导十八大精神和讲党章。由于当时正在忙于根据十八大精神对《中国共产党与中国特色社会主义道路》一书作修订，我便婉言谢绝，并告诉她：根据我提供的 PPT 和相关材料，你完全可以自己去作辅导。在我的帮助、鼓励下，井爱荣在社区的党员大会上作了十八大精神的辅导。她还把我提供的 PPT 发给所属街道的其他社区，包括七个党委、两个党支部，供他们学习十八大精神时参考。

2013 年 3 月，社会科学文献出版社出版了我的《道路自信——中国共产党与中国特色社会主义道路》。此书是根据十八大精神对《中国共产党与中国特色社会主义道路》所作修订精简而成，因此叫"修订简明版"，全书 21.5 万字。这次修订唯一的根据是十八大精神和习近平总书记多次重要讲话，使十八大精神在书中得到全面、充分、准确的体现，为学习领会十八大精神和中国特色社会主义道路、理论体系和制度提供参考。2013 年 3 月 30 日，社会科学文献出版社与上海市中国特色社会主义理论体系研究中心联合主办、中国浦东干部学院中国特色社会主义研究院和浦东新区图书馆联合协办《中国道路——中国共产党与中国特色社会主义道路》出版座谈会暨理论研讨会。有 30 多位理论工作者和党政机关领导干部参加。会议由上海市社会科学界联合会专职副主席、上海市中国特色社会主义理论体系研究中心副主任兼秘书长、上海市委宣传部理论处处长刘世军和社会科学文献出版社马克思主义理论编辑部主任祝得彬（代表该社社长谢寿光）主持。我在会上首先对此书作了简要介绍，主要阐述对党的十八大报告关于中国特色社会主义道路界定的理解，包括内容、结构框架、内在关系及其伟大意义，接着表示自己愿与大家共勉，就是要不断和努力学习习近平总书记对中国特色社会主义理论体系的新发展。我强调：根据十八大后习近平总书记履新四个多月的实践，完全可以预料，中国特色社会主义理论体系必然会有一系列重大发展、一系列重大创新，并且必然会将马克思主义中国化、时代化、大众化极大地推向前进。习近平总书记的讲话，其中有一个非常鲜明的特点，就是往往妙趣横生，妙语不断，人民群众喜闻乐见，已经博得全党和全国广大人民的深情拥护，还赢得世界的广泛好评。比如，中国梦的多次阐述，不仅讲中国复兴，又讲俄罗斯的复兴，还讲其他发展中国家的复兴，不仅讲中国梦，又讲非洲梦，还讲世界梦，不仅激励着中国，又感动了世界。又如，关于反腐败，他说，打铁还需自身硬，要切实解决我们党自身存在的突出问题，又说要把权力关进制度的笼子里，还说官商交往要有道，相敬如宾而不要勾肩搭背，还说反腐败要苍蝇老虎一起打。这样思想深刻而鲜明、生动、形象的语言，如果只是关在屋子里苦思冥想，不是长期扎根于群众之中，深切体会群众疾苦、群众感情、群众要求、群众情绪，那是不可能想出来、讲出来的。即便是一个理论工作者，如果不是及时地和如饥似渴地学习习近平总书记的一系列讲话，也必然会有"理论恐慌"之感。所以，我们要有高度的道路自觉和道路自信，要有高度的理论自觉和理论自信，要有高度的制度自觉和制度自信，就要对中国特色社会主义理论体系的最新成果的学习高度自觉和高度自信。

在上述《道路自信》出版座谈会暨理论研讨会上，中国浦东干部学院常务副院长冯俊在致词中说：习近平总书记指出，"道路问题是关系党的事业兴衰成败第一位的问题，道路就是党的生命"，并强调"党的十八大精神归结为一点，就是坚持和发展中国特色社会主义"，要求全党要坚定"道路自信，理论自信，制度自信"。朱峻峰的这本书可谓恰逢其时，具有很强的时代感和针对性。朱峻峰作为重要的理论家，为党的理论工作耕耘多年，成果卓著。如今虽已退休，但仍笔耕不辍，始终围绕党的重大理论问题撰文著书。他的这本《道路自信》是学习贯彻党的十八大精神的重要著作，也是干部教育培训的重要教材，我们将在学院有关班次上向学员推荐使用此书。上海市人大常委会研究室原主任、上海马克思主义研究会副会长周锦尉说：我们党历来重视理论创新，实现指导思想的与时俱进，朱峻峰长期以来注重我们党的核心理论和指导思想的研究，是献身于党的指导思想方面研究的优秀学者。他对中国特色社会主义道路的阐述，既忠实于党的十八大报告的界定，又不是对十八大报告的简单诠释，而是融入了他自己的深刻理解，他在书中指出，"何谓道路？即党规定在一定时期内的指导方针、基本任务、基本途径和奋斗目标"，他根据这样的理解，对十八大对中国特色社会主义道路的界定作出准确而深刻的阐述，并用一张图表用以表示道路的框架结构，这是很有创见的。上海市政协文史委原副主任，上海市地方志办公室原党组副书记、副主任，上海市地方史志学会会长朱敏彦说：《道路自信》是朱峻峰集数十年对中国特色社会主义理论研究和思考的代表性成果，我有幸在第一时间拜读着还散发出油墨香的这本专著，深深为作者深厚的理论功底所折服。纵观《道路自信》全书，有不少思考作者都有其独到见地，大体有以下几个方面：一是关于中国特色社会主义道路内容界定和框架结构，以深入浅出的理论功底，通过图表形式和"4 块 11 条"的归纳方法对十八大报告界定的中国特色社会主义道路作了通俗化、大众化的解读，简洁、易记、易懂；二是关于中国特色社会主义的世界意义，以苏联解体、东欧剧变和由美国引发的国际金融危机为两个参照系，把中国特色社会主义道路的探索和中国特色社会主义事业的发展放在这样的历史背景、国际环境下进行分析和阐发；三是关于中国特色社会主义建设中躲不开、绕不过的3＋1道难题，既肯定我国改革开放30多年来取得的巨大成就，又指出要坦诚直面和稳妥解决发展起来以后的3＋1道难题，这就是政治领域的权力腐败、经济领域的两极分化、思想领域的道德下滑和国际领域的美国围堵；四是关于毛泽东对中国社会主义建设道路的艰辛探索，作者从毛泽东在1956年集中几个月调研形成《论十大关系》、毛泽东对苏共二十大和斯大林问题的思考、党的八大召开及八大所阐述的一系列新的理论观点和方针政策中，概括出以毛泽东为核心的党中央领导集体对适合中国特点的社会主义建设道路的成功探索的理论要点，并对此作出全面、客观的评述，同时作者也实事求是地指出毛泽东从1957年起探索陷入迷途，停止和否定了1956年的正确探索。中国浦东干部学院科研部主任助理王友明博士说：《道路自信》这本书抓住了我们党和国家、我国理论和实践中一个亟待宣传，也极需要加深认识的问题，也是十八大所强调的一个问题，就是坚持中国特色社会主义道路的自信问题。《道路自信》在阐述十八大报告这一论述时说："十八大报告强调，道路关乎党的命运，关乎国家前途、民族命运、人民幸福。十八大报告昭示：在改革开放30多年一以贯之的接力探索中，我们坚定不移地高举中国特色社会主义伟大旗帜，既不走封闭僵化的老路，也不走改旗易帜的邪路，就是坚定不移地走中国特色社会主义道路。"我个人从三个维度理解这一点，一是从科学社会主义理论逻辑和国际共产主义运动实践逻辑看，二是从资本主义发展的历史逻辑看，三是从中国近现代历史发展的逻辑看，都揭示了我们必须走中国特色社会主义道路，不能走封闭僵化的老路，更不能走资本主义的邪路。浦东新区宣传部原部长、上海市徐汇区人大常委会主任陈高宏说：对于我们来说，《道路自信》的作者朱峻峰是老领导了，他退休快十年了，我们今天能共同分享他的理论成果《道路自信》，感到十分高兴。书名叫《道路自信》，其实书里有专门一章讲理论自信，还有一章是讲制度自信，中国特色社会主义的"三个自信"都讲了。道路的内容包括在理论体系中，道路是有理论支撑的。要做到自信，就要通过理论学习，也通过实践。像这样的理论专著，读者对象主要是党政机关干部、党员骨干和理论工作者，通过这些人的理论自信，带动广大人民群众也信，就是通过自信达到他信。如何做到自信？我体会就是要做到理论和实践的结合，通过自觉、自强、自律达到自信。会上发言踊跃，欲言不休，有的做了准备还轮不到发言。

在上述《道路自信》出版座谈会暨理论研讨会后，上海的主要报刊很快作了报道，有的报刊还很快发了书评和对我的访问记。浦东新区宣传部原副部长、上海金桥开发区管委会副主任李幼林的文章《自信的力量——评浦东朱峻峰及其新作〈道路自信〉》说：读了《道路自信》并联想到与作者平日里交往的一些往事，"更为先生的为文者的大家手笔、为事者的执着精神、为人者的长者风范所折服。"《道路自信》以独特的视角，紧紧围绕我们党探索、开创、坚持和发展中国特色社会主义这条主线，着重阐述中国特色社会主义道路、理论体系、制度及其相互关系，从而坚定我们坚持和发展中国特色社会主义道路自信、理论自信和制度自信，激励我们走好复兴路、实现中国梦。全书内容充实、论述严密、论据充分，全面展示出理论著作所具有的权威性、准确性、理论性和学术性的特点，字里行间无不体现出作者深厚的理论功底和渊博的学术见识。书里乾坤，文如其人，从作者的著述中，我们可以深切地感受到作者的人生自信、学术自信、文章自信，而这种自信源于作者一以贯之的洞察力、赤诚心、故乡情。自信就是一种力量，而力量来自真性情。关于一种洞察力。从一个曾经在基层工作多年的宣传工作者的角度，我们认为一本好的理论读物至少必须具备两个条件，一是从功能上看能起到解疑释惑的作用，也就是解理论之疑、释现实之惑，以此增强基层宣传工作者的理论自信并能将这种自信转化为他信，将这种自信升华为自觉；二是从特征上看应该是权威性和时效性的统一，能解决基层宣传工作者"当下的理论饥渴、本领恐慌"，以此增强基层宣传工作者的主流话语权并能将这种话语权转化为工作主动权，将这种话语权升华为工作有效性。以中国特色社会主义道路为例，它的理论渊源起自何处？它与中国特色社会主义理论体系、旗帜、事业、制度之间的关系又该如何界定？它该如何回应人民群众的现实关切？它又具有什么样的世界意义？可喜的是，这些问题我们都能从《道路自信》一书中找到答案。其原因在于作者长期从事党的理论工作，练就出敏锐的政治洞察力和独到的理论前瞻性。关于一片赤诚心。作者常自谦所写理论文章多是"遵命文章"，事实上却篇篇体现出作者对党的事业，尤其是党的理论事业的一片赤诚之心。其心之忠诚，不仅见于作者所言所书，更见之于作者一生所为，作者尽管自 1968 年起就职于不同的工作单位，却始终战斗在我们党的理论战线，40 年如一日，孜孜以求，坚持在中国特色社会主义文化和理论园地里耕耘，以自己的一片赤诚之心、以自己的一份勤奋之力，在党的宣传理论战线上取得了累累硕果。"忠诚"这个词我们现在说得少了，但作者以其言行，阐释了"忠诚"二字的真正内涵，这是一个党的优秀理论工作者的修为，也是一个优秀共产党员的品格。关于一份故乡情。让浦东人尤感自豪的是在《道路自信》一书中，环衬一幅以东方明珠为中心的浦东陆家嘴金融城彩色照片，作者浓浓乡情溢于言表。作者虽少小离家，却深爱着浦东这片养育他的土地，对家乡充满真情实感，为家乡建设不遗余力。《浦东开发》杂志主编谢国平写的一篇题为《一个学者的故乡情——记〈求是〉杂志社原副总编朱峻峰教授》的文章说：细读《道路自信》，深深敬佩作者的用功之深。一个从浦东农村走出来的学子，最后在理论学术界成就辉煌，一路走得艰辛，但是用作者本人所概括的家乡人的品质——聪敏加诚实来说，正是聪敏加诚实伴随了他的一生。这种品质让后来成为理论工作者的朱峻峰坚持实事求是，不跟风，老老实实地在理论研究中走出了一片新天地。作者的家乡在邓小平理论的照耀下实现了翻天覆地的变化，因此，朱峻峰对邓小平理论及其发展，即中国特色社会主义理论体系，怀有更深厚的感情。他觉得，联系历史，展望未来，对比别国，只有这一理论才能解决中国的前途命运问题，即中国的发展问题，只有这一理论才能解决中华民族伟大复兴大业问题。他认为，邓小平关于浦东开发的论述，就是与这一点联系在一起的。浦东开发，不只是一个城市的发展问题，因为浦东不仅属于上海，而且属于中国，浦东的开发，着眼于中国特色社会主义事业的发展和中华民族的伟大复兴，这是邓小平论述浦东开发的出发点。对于浦东未来，朱峻峰充满着美好憧憬，他希望浦东未来的建设和发展，起点要高，动作要大，树立旗帜，打出王牌，面向世界，彰显中国特色社会主义勃勃生机。浦东文学学会副会长、浦东文史专家、我高中的老同学徐文昶看了《道路自信》后，作诗一首《贺〈道路自信〉出版——致朱峻峰教授》，诗中说："学名贵福先人愿，高才登攀男儿声。① 家国忠孝双兼顾，实

---

① "贵福"系作者由父母所起的乳名，寄托着旧社会穷人的期盼。作者上初中时用"峻峰"为笔名，后以笔名为正式名。此名寓意：作者家乡上海市浦东川沙县江镇乡，这些地名都带水，水太多了，就是缺山，借用"山水相依""山明水秀""山高水长"，故取"山"字旁的两字，寄托对家乡的美好感情。

践理论必先行。著书立说成果丰，牵梦系魂中华情。道路自信仗特色，举旗迈步新征程。"

与此同时，人民日报出版社的同志在看到我的《中国共产党与中国特色社会主义道路》一书后，找我为他们撰写一本《理论自信》的书。该出版社按十八大报告关于"三个自信"要求，一个自信一本书，共三本，让我承担其中的一本《理论自信》。我一开始未轻言答应，因为我退休多年，已到古稀之年，再加上我的那本书要修订再版，恐怕力不从心。在他们的说服动员下，我还是答应了，乐意支持出版社的这项重要工作。此书叫《理论自信十讲》，已由人民日报出版社于 2013 年 3 月出版，全书 15 万字。这是我在十八大之后，也是继《道路自信》之后研究和宣传中国特色社会主义"三个自信"的第二本专著。这更可说得上反映了融入中国梦的我的梦。该书详细分析了中国特色社会主义理论体系的科学内涵，包括主题和主线、精髓、核心内容、一系列基本理论和四个基本问题。这样的概括和具体阐释，具有理论性、权威性、学术性和创新性。

2013 年 4 月 7 日，求是杂志社求是研究所召开十八大报告学习心得汇报会，我就十八大报告关于中国特色社会主义道路的界定谈了自己的体会，阐述对中国道路与中国模式的看法，阐述中国特色社会主义理论体系对开辟中国道路的评价及其相关的一系列问题。这主要是：中国特色社会主义理论体系包括邓小平理论、"三个代表"重要思想、科学发展观；马列主义是这一理论体系的渊源之作，毛泽东关于适合中国情况的社会主义建设思想是这一理论体系的准备之作，邓小平理论是这一理论体系的开创之作，"三个代表"重要思想是这一理论体系的拓展之作，科学发展观是这一理论体系的创新之作。以习近平为总书记的党中央领导集体还会对这一理论体系进一步丰富和发展。

2013 年 5 月 3 日，正值劳动节刚过、青年节即将来临之际，我接受社会科学文献出版社 14 位共青团员的集体专访，与青年们座谈了两个半小时，我谈话的主题是，学习和贯彻十八大精神，青年要把自己的美好理想融入中华民族伟大复兴的中国梦之中，鼓励青年们把国家和民族复兴的伟大事业与本单位出版事业的发展、个人的美好理想统一起来和结合起来，正确处理好工作、生活、学习的关系，做到爱岗敬业，踏实肯干，在投身民族复兴和单位发展的实际工作中实现青年自己的梦。

正当《道路自信》和《理论自信十讲》两本拙著付梓出版之际，我在报纸上看到习近平总书记在中央党校建校 80 周年庆祝大会暨 2013 年春季学期开学典礼上的讲话全文，这是一篇专讲学习问题的讲话，讲话系统阐述了为什么学、学什么、怎么学等问题，强调了以学益智、以学修身、以学增强本领三方面的重要意义，要求领导干部应该把学习作为一种追求、一种爱好、一种健康的生活方式，做到好学乐学，如饥似渴地学，沉下心来学，持之以恒地学。习近平总书记的谆谆教诲应该成为我们的座右铭。当我把拙著《道路自信》送给社区居委会主任兼党总支书记井爱荣时，她被我这样一个退休干部对党的指导思想和创新理论的不懈追求和刻苦学习而感动，我也为她们母女俩（一个离休老干部、一个基层现职干部）那样对党的深情和对学习党的十八大精神的渴望和努力而感动。习近平总书记号召我们："好学才能上进。中国共产党人依靠学习走到今天，也必然要依靠学习走向未来。我们的干部要上进，我们的党要上进，我们的国家要上进，我们的民族要上进，就必须大兴学习之风，坚持学习、学习、再学习，坚持实践、实践、再实践。"我在此表示：终身看书学习要养成习惯，活到老，学到老，生命不息，学习不止，写作不停；学习和研究我们党的指导思想和创新理论，是我的生命，我的寄托，我的追求，我的真爱，我的生活方式。

后　记

"梦在前方，路在脚下。"

我们三人的梦，决不是只属于自己的个人梦，而是融入我们党提出并为之奋斗的中国梦的梦，是我们党的创新理论和党的指导思想指引下的梦。即将出版的这本民主专著，是我们三人研究民主问题三部曲的第三部。应该是我们三人合作的收官之作。借此机会，我把我们三人相识相知以及合作研究民主问题的有幸结缘作一简要介绍。

我们三人相识在 20 世纪 80 年代初，我在北京师范大学马列主义研究所科学社会主义研究班脱产进修一年，徐鸿武和李敬德是我的老师，徐鸿武老师是班主任。正是我的这两位老师和其他老师为人师表、言传身教、诲人不倦，为我的人生道路和学术生涯打下了坚固厚实的政治方向基础、理论学术基础和以诚信为重点的职业道德基础。我们三人的接近和结交，还因为我们三人都是党的宣传干部出身，对中国特色社会主义一直有着一致的政治认同、理论认同和情感认同。正是在 20 世纪 80 年代，随着我国改革开放的深入推进，我们深感民主问题事关党和国家生死存亡，事关社会主义现代化建设的兴衰成败。由此，我们合作撰写了《社会主义民主概论》一书，1984 年由吉林人民出版社出版。这本书是我国新时期最早出版的系统阐述社会主义民主理论的专著，在社会上引起很大反响。出版后半个月内，全国各地书店销售一空。该书曾在《光明日报》"科学社会主义"专版作过报道，是当时全国科社界三本畅销书之一（另外两本是：高放教授所著《社会主义的过去、现在和未来》、于幼军所著《社会主义四百年》）。时隔五年，我们三人又合作写了《社会主义民主政治之路》

一书，1989 年由春秋出版社（中共中央党史出版社）出版，其作为《社会主义民主概论》的姊妹篇，进一步总结我国改革开放以来民主政治建设新的研究成果和实践经验，对社会主义民主理论进行了新的概括。同时，我们三人合作或分别写作（含笔名），在《人民日报》、《求是》杂志、《光明日报》、《解放军报》、《学习时报》、《北京日报》、《解放日报》、《文汇报》等主要报刊发表上百篇有关政治体制改革、民主政治建设和中国特色社会主义的论文，在社会上产生了广泛、良好的影响。现在，我们应社会科学文献出版社盛情之邀，共同写作了社会主义民主建设的第三本专著《制度自信——在习近平总书记系列重要讲话精神指引下推进民主政治建设》（简称《制度自信》）。这部民主政治专著三部曲的最后一部是我们三人多年学术积累的进一步梳理和提升，也是我们学习习近平总书记系列重要讲话精神的初步成果。书中不足之处在所难免，诚望同行专家和广大读者不吝赐教。

《制度自信》是一本民主政治专著，又是一本中国特色社会主义"三个自信"中的"制度自信"专著。这对于我来说，又是一本圆梦之作。十八大以来，按照十八大报告中国特色社会主义道路、理论和制度的"三个自信"，我先后出版了《道路自信——中国共产党与中国特色社会主义道路》（社会科学文献出版社，2013 年，2015 年第二次印刷）、《理论自信十讲》（人民日报出版社，2013 年）和现在出版的这本《制度自信》。在我的《道路自信》中，除了全书和专章阐述中国特色社会主义道路外，又专章阐述中国特色社会主义理论体系和中国特色社会主义制度，还专章阐述了"道路"、"理论体系"和"制度"这三者之间的关系。在专章阐述"中国特色社会主义制度"中，又分别阐述了"人民代表大会制度的根本政治制度，中国共产党领导的多党合作和政治协商制度、民族区域自治制度以及基层群众自治制度等基本政治制度，中国特色社会主义法律体系，公有制为主体、多种所有制经济共同发展的基本经济制度"。可以说，已初步形成了中国特色社会主义制度体系，初步构建了"制度自信"的雏形。在《理论自信十讲》出版时的座谈会上，一位理论界的领导在发言时对着我鼓励我说：期待你的"制度自信"专著问世，这样关于中国特色社会主义"三个自信"你就拥有三部专著。在这里，我要感谢我的两位老师一起成全了我，圆了"三个自信"三部曲的梦。

如前所说，这部《制度自信》专著，是我们三人和谐合作的结果。我们首先共同确认以习近平总书记系列重要讲话为本书的写作指针并为贯穿全书的主线，接着共同拟订写作提纲，然后确定分工撰写、文责自负，徐鸿武撰写第一、二、四章，李敬德撰写第五、七、八章，朱峻峰撰写绪论和第三、六、九章以及后记。

在《制度自信》这部圆梦之作即将出版之际，我又一次翻开《习近平谈治国理政》，又一次阅读其中多篇关于"实现中华民族伟大复兴的中国梦"的文章，特别是习近平总书记在 2013 年 5 月 4 日同各界优秀青年代表座谈时的讲话，久久激荡着我的心扉。总书记强调中国特色社会主义是我们党带领人民历经千辛万苦找到的实现中国梦的正确道路，要求我们坚持用党的指导思想和创新理论武装头脑，"不断增强道路自信、理论自信、制度自信，增强对坚持党的领导的信念，永远紧跟党高高举起中国特色社会主义伟大旗帜"。① 这是习近平总书记对青年的谆谆教诲，也是对所有人的殷殷嘱托，而对共产党员自己来说，应是一种义不容辞的责任担当。无论是我们的民主政治三部曲，还是我们的中国特色社会主义"三个自信"三部曲，当属不负总书记的殷殷嘱托，也是我们义不容辞的责任担当，都是"紧跟党高高举起中国特色社会主义伟大旗帜"的体现，也代表我们对习近平总书记关于中国特色社会主义理论体系丰富和发展的政治认同、理论认同和情感认同。这"三个认同"决不是凭空产生的，而是长期以来我对中国特色社会主义理论认知的必然升华。我在回顾自己从事理论工作经历时，写过《邓小平理论哺育我成长》的文章，总结我的体会是："邓小平理论的创立和发展的过程，就是我学习邓小平理论的过程，也是我作为一个理论工作者'立德、增智、创业'的过程。邓小平理论哺育我成为一个对党的中国特色社会主义理论事业忠心耿耿的理论工作者。"此文在 2011 年第 3 期《邓小平理论研究》杂志头篇重要位置发表，还专门配发了一个"编者按"，"编者按"指出："本刊本期发表的朱峻峰《邓小平理论哺育我成长》一文，记述了一个马克思主义理论工作者思想成长和理论研究宣传的足迹。事实上，改革开放以来中国特色社会主义理论的形成发展以及它的大众化，都离不开理论工作者的辛勤劳动。""编者按"倡导对理论工作者思想活动与贡献进行研究，并指出这种研究是对中国特色社会主义理论研究的重要内容之一。在我的《道路自信》一书出版时举办的出版座谈会上，我就提出：

---

① 《习近平谈治国理政》，外文出版社，2014，第 50 ~ 51 页。

"我们要不断和努力学习习近平总书记对中国特色社会主义理论体系的新发展。根据十八大后习近平总书记履新四个多月的实践，完全可以预料，中国特色社会主义理论体系必然会有一系列重大发展、一系列重大创新，并且必然会将马克思主义中国化、时代化、大众化极大地推向前进。"并且提出要对习近平总书记关于中国特色社会主义理论体系最新成果的学习必须坚持高度自觉和高度自信。这是我对习近平总书记履新四个多月的理论和实践得出的体会。现在，习近平总书记任职已经三年多了，他发表的一系列讲话，集中体现了十八大以来我们党的理论创新成果，我们必须自觉深入学习、切实贯彻落实，真正做到"虔诚而执着、至信而深厚"。

有些好心的朋友看到我在理论工作方面的成绩和得到的某种荣誉，以为我始终一帆风顺、万事如意。其实远非如此，因为这不符合事物发展规律和客观实际。正如习近平总书记在上述讲话中所说的："人生之路，有坦途也有陡坡，有平川也有险滩，有直道也有弯路。"① 他还说，人间万事出艰辛，道路不可能一帆风顺，蓝图不可能一蹴而就，梦想不可能一夜成真。因此，一方面，总书记要求全党上下不懈努力，实现党风和社会风气的根本好转，营造风清气正的政治生态，创造良好的工作和生活环境，从而焕发大家的工作热情和创造潜能；另一方面，总书记要求我们历练宠辱不惊的心理素质，坚定百折不挠的进取意志，保持乐观向上的精神状态，变挫折为动力，用从挫折中吸取的教训启迪人生，使人生获得升华和超越，从而留下充实、温暖、持久、无悔的回忆。② 说到政治生态，此时我情不自禁地想起，习近平总书记正以顽强的意志品质，领导全党和全国人民，在严惩和预防腐败、根除顽疾"四风"的同时，又在治理污浊的政治生态、恶劣的从政环境和社会环境。在党的十八届四中全会上，习近平总书记严肃批评了一部分组织和领导干部只满足于反腐败而忽视政治生态的错误倾向，他说："这些年，在干部监督上，相当一部分党组织习惯于把防线只设置在反对腐败上，认为只要干部没有腐败问题，其他问题就都可忽略不计，没有必要加以追究，也不愿意加以追究。有的干部也认为，自己没有腐败问题就行了，其他问题都不在话下，没有什么可怕的。"接着他无情揭露了"七个有之"的政治丑态，他说："一些人无视党的政治纪律和政治规矩，为了自己的所谓仕途，为了自己的所谓影响力，搞任人唯亲、排斥异己的

---

① 《习近平谈治国理政》，外文出版社，2014，第 54 页。
② 《习近平谈治国理政》，外文出版社，2014，第 54 页。

有之，搞团团伙伙、拉帮结派的有之，搞匿名诬告、制造谣言的有之，搞收买人心、拉动选票的有之，搞封官许愿、弹冠相庆的有之，搞自行其是、阳奉阴违的有之，搞尾大不掉、妄议中央的也有之，如此等等。有的人已经到了肆无忌惮、胆大妄为的地步!"① 我注意到总书记在揭露"七个有之"后的用语是"如此等等"，他要求应从党纪国法的高度来查处和纠正。我坚信：在习近平总书记坚强卓越领导下，我们的党风会全面好起来，政治生态会全面好起来，政风和社会风气会全面好起来，人们的精神面貌和道德情操也会全面好起来，从而凝聚起实现中华民族伟大复兴的磅礴力量。我们确实比历史上任何时期都更接近实现中华民族伟大复兴的目标，比历史上任何时期都更有信心、更有能力实现这个目标。距离实现中华民族伟大复兴的目标越近，我们越不能懈怠，越要加倍努力。梦在前方，路在脚下，自胜者强，自强者胜，实现我们的梦想，需要锲而不舍的拼搏、驰而不息的奋斗。

这里，我还要说的是，本书的出版，靠的是有关各方的不懈努力和通力合作，特别是社会科学文献出版社领导和该社马克思主义理论编辑部领导的关心和指导，该社各部门的支持和帮助，责任编辑和其他有关同志的敬业和奉献。尤其要说的是，责任编辑安静除了竭尽其编辑工作外，还帮助录入了书稿大部分文字和收集有关资料。对此，作者表示由衷的敬佩和衷心的感谢。

最后，正值本书出版之际，请允许我表达这样的心愿，以期同广大读者共勉：

对中国特色社会主义，坚定"三个自信"——道路自信、理论自信、制度自信!

对习近平总书记系列重要讲话精神，坚定"三个认同"——政治认同、理论认同、情感认同!

朱峻峰

写于 2015 年 11 月 29 日——习近平总书记参观
《复兴之路》展览首次提出"中国梦"三周年纪念日

---

① 《习近平关于协调推进"四个全面"战略布局论述摘编》，中央文献出版社，2015，第143 ~ 144 页。

参考文献

一 政治理论文献

1. 《马克思恩格斯全集》，人民出版社。
2. 《马克思恩格斯选集》，人民出版社。
3. 《列宁全集》，人民出版社。
4. 《列宁选集》，人民出版社。
5. 《毛泽东选集》，人民出版社。
6. 《毛泽东文集》，人民出版社。
7. 《建国以来毛泽东文稿》，中央文献出版社。
8. 《邓小平文选》，人民出版社。
9. 《江泽民文选》，人民出版社。
10. 《三中全会以来重要文献选编》（上）（下），中央文献出版社。
11. 《十二大以来重要文献选编》（上）（中）（下），中央文献出版社。
12. 《十三大以来重要文献选编》（上）（中）（下），中央文献出版社。
13. 《十四大以来重要文献选编》（上）（中）（下），中央文献出版社。
14. 《十五大以来重要文献选编》（上）（中）（下），中央文献出版社。
15. 《十六大以来重要文献选编》（上）（中）（下），中央文献出版社。
16. 《十七大以来重要文献选编》（上）（中）（下），中央文献出版社。
17. 《中国共产党章程》，人民出版社。
18. 《中华人民共和国宪法》，人民出版社。
19. 《十八大以来重要文献选编》（上），中央文献出版社。

20. 《论群众路线——重要论述摘编》，中央文献出版社、党建读物出版社。

21. 习近平：《之江新语》，浙江人民出版社。

22. 《习近平谈治国理政》，外文出版社。

23. 《习近平关于党的群众路线教育实践活动论述摘编》，党建读物出版社、中央文献出版社。

24. 《习近平关于实现中华民族伟大复兴的中国梦论述摘编》，中央文献出版社。

25. 《习近平关于党风廉政建设和反腐败斗争论述摘编》，中央文献出版社、中国方正出版社。

26. 《习近平关于全面深化改革论述摘编》，中央文献出版社。

27. 《习近平关于全面依法治国论述摘编》，中央文献出版社。

28. 《习近平关于协调推进"四个全面"战略布局论述摘编》，中央文献出版社。

29. 《习近平关于严明党的纪律和规矩论述摘编》，中央文献出版社、中国方正出版社。

30. 习近平：《做焦裕禄式的县委书记》，中央文献出版社。

31. 《中共中央关于全面深化改革若干重大问题的决定》，人民出版社。

32. 《中共中央关于全面推进依法治国若干重大问题的决定》，人民出版社。

33. 《中共中央关于制定国民经济和社会发展第十三个五年规划的建议》，人民出版社。

二 政治理论著作

34. 中共中央宣传部：《习近平总书记系列重要讲话读本》，学习出版社、人民出版社。

35. 中共中央文献研究室：《毛泽东传（1049~1976）》，中央文献出版社。

36. 中共中央文献研究室：《邓小平年谱（1975~1997）》，中央文献出版社。

37. 国务院新闻办公室：《中国的民主政治建设》白皮书，新华网，2005年10月19日。

图书在版编目(CIP)数据

制度自信:在习近平总书记系列重要讲话精神指引下推进民主政
治建设/徐鸿武,李敬德,朱峻峰著. —北京:社会科学文献出版
社,2016.3(2016.7 重印)
ISBN 978 - 7 - 5097 - 8692 - 5

Ⅰ.①制… Ⅱ.①徐… ②李… ③朱… Ⅲ.①社会主义民主 -
民主政治 - 政治建设 - 研究 - 中国 Ⅳ.①D621

中国版本图书馆 CIP 数据核字(2016)第 013270 号

制度自信

——在习近平总书记系列重要讲话精神指引下推进民主政治建设

著　　者／徐鸿武　李敬德　朱峻峰

出 版 人／谢寿光
项目统筹／祝得彬
责任编辑／张苏琴　安　静

出　　版／社会科学文献出版社·马克思主义理论编辑部(010)59367004
　　　　　地址:北京市北三环中路甲 29 号院华龙大厦　邮编:100029
　　　　　网址:www. ssap. com. cn
发　　行／市场营销中心(010)59367081　59367018
印　　装／北京季蜂印刷有限公司

规　　格／开 本:787mm × 1092mm　1/16
　　　　　印 张:34.25　字 数:577 千字
版　　次／2016 年 3 月第 1 版　2016 年 7 月第 3 次印刷
书　　号／ISBN 978 - 7 - 5097 - 8692 - 5
定　　价／98.00 元

本书如有印装质量问题,请与读者服务中心(010 - 59367028)联系